Lothar von Seltmann

Die Chali

W0057939

R.Brockhaus

Die zizierten Bibelstellen wurden, wenn nicht anders vermerkt, mit freundlicher
Genehmigung des Verlags der folgenden Bibelübersetzung entnommen:

Lutherbibel, revidierter Text 1984, durchgesehene Ausgabe in neuere Rechtschreibung,
© 1999 Deutsche Bibelgesellschaft Stuttgart

Offenbarung 3,8 und Jakobus 4,15 sind im Wortlaut der
Lutherbibel von 1964 ziziert.

1. Auflage 2008

© 2002/2004 R. Brockhaus Verlag im SCM-Verlag GmbH & Co. KG, Witten
Umschlaggestaltung: Ursula Stephan, Wetzlar
Umschlagfoto (Hintergrund): Helge Lindau, Hannover
Textfotos im Innenteil: Privat
Satz: QuadroMedienService, Bergisch Gladbach-Bensberg
Druck u. Bindung: Finidr s.r.o., Tschechien
ISBN 978-3-417-26264-3
Bestell-Nr. 226.264

Inhalt

2. Teil

Du schickst deine Engel zur rechten Zeit

Ein notwendiges Vorwort

Nachdem mein Buch über die »Chali« und ihre Arbeit unter den Zigeunern in Hamburg und anderswo erstaunlich gut und dankbar von einer großen Leserschar angenommen worden ist, hatte ich in einem zweiten Buch von Schwester Gertrud Wehls anderem Aufgabenfeld erzählt, das sie eigentlich erst nach ihrer Pensionierung betreten hat. In diesem Sammelband finden Sie nun beide Geschichten vereint.

Es geht mir nicht in erster Linie darum, sämtliche Ereignisse in allen Einzelheiten und ihrer genauen zeitlichen Abfolge zu schildern. Der Platz zischen zwei Buchdeckeln würde dazu ohnehin nicht reichen. Orte und Zeitpunkte sind zudem nicht mehr vollständig recherchierbar. Es gibt leider kein akribisch geführtes Tagebuch, sondern nur eine große Fülle von Einzelinformationen, sowohl aus der Zeit bei der Hamburger Zigeunergemeinde als auch über die Kaserneneinsätze in den neuen Ländern und die Missionsreisen in die Gebiete Russlands. Der Wahrheit des jeweiligen Geschehens tut das keinen Abbruch. Gerade im ersten Buch geht es besonders darum, wichtige Entwicklungsphasen der Sinti-Gemeinde »Geborgenheit« an exemplarischen Ereignissen aus dem Leben von Gertrud Wehl deutlich zu machen. (Hier werden die Begriffe »Zigeuner« und »Sinti« bzw. »Roma« bewusst nebeneinander verwendet. Dahinter steht die Absicht, den negativ besetzten Begriff positiv zu belegen und einen Beitrag zur Annahme der Menschen aus diesem Volk zu leisten.)

Es kann und soll in diesem Buch vornehmlich um die Ehre Gottes gehen, der selbst der Missionarin den Auftrag aufs Herz gelegt hat und der dafür gesorgt hat, dass er an vielen Orten auf unterschiedliche Weise ausgeführt wurde. Meine Hoffnung ist, dass das eigentliche Anliegen des Buches spürbar wird: das Handeln Gottes deutlich zu machen an Szenen aus dem Leben einer ungewöhnlichen und begnadeten Frau. Ihre Grundhaltung soll Sie durch dieses Buch begleiten: »Nicht uns, Herr, nicht uns, sondern deinem Namen gib Ehre um deiner Gnade und Treue willen« (Psalm 115,1).

Lothar von Seltmann

1. Teil

Die Chali
hat uns Gott geschickt

Schwester Gertrud –
ein Leben für die Sinti

Eine denkwürdige Hausaufgabe

Herbst 1936, Stolp in Hinterpommern, Bütower Straße 25. Hier befand sich das großräumige Anwesen des angesehenen Kaufmanns Paul Wehl. Seine Frau Martha war die Mutter der vier Kinder und zugleich Prokuristin seines Geschäfts, das die Stadt und ihre Umgebung mit Brennstoffen, Baumaterial und Eisenwaren aller Art versorgte. An das Haupthaus, in dem die Familie Wehl lebte, grenzte ein Anbau, in dem sich die Geschäftsräume befanden, dazu Wohnräume für mehrere Angestellte.

Im großen Wohnzimmer im ersten Stock fanden sich Eltern, Kinder und das Personal regelmäßig zu Andachten zusammen, in denen das Wort Gottes, Gebet und gemeinsames Singen einen festen Platz hatten. Wenngleich das Interesse an diesen Zusammenkünften bei den einzelnen Teilnehmern durchaus unterschiedlich war.

Tochter Gertrud zum Beispiel nahm an den täglichen Andachten eher aus Pflicht teil denn aus Neigung. Ihre Gedanken flogen meist zu anderen als geistlichen Themen, wenn der Vater aus der Bibel las und vom Glauben an den Heiland Jesus Christus sprach. Andere Familienmitglieder waren viel interessierter an Glaubensdingen.

Eines Tages saß die Sechzehnjährige am Schreibtisch ihres Zimmers über den englischen Hausaufgaben. An ihrem Stift kauend blickte sie immer wieder einmal von ihrem Heft auf und sah durchs Fenster hinaus in den baumumstandenen Hof, wo Baumaterial, Brennholz und Kohle lagerten und auf ihre Käufer warteten. Die emsig beschäftigten Arbeiter und die beiden dunkelhaarigen, dunkelhäutigen Kinder, die ihrer Mutter halfen, ein paar Eimer mit Kohlen zu füllen, bemerkte sie nur am Rande. »Zigeunerpack!«, schoss es ihr für einen Moment durch den Kopf. Dieser Frau da unten hatte sie noch eine Ohrfeige heimzuzahlen, mit der sie ihre zugegeben wenig liebevolle Anrede mit »Zigeunerpack« vor ein paar Tagen auf der Straße beantwortet hatte. Ärgerlich und peinlich.

Aber jetzt beschäftigte die hübsche dunkelhaarige Handelsschülerin anderes. Wie gerne wäre sie draußen in der hellen

Oktobersonne, wie gerne würde sie ein wenig durch das erste Laub im Schlosspark rascheln oder sich für ein paar Minuten auf eine Bank setzen, um die Vögel zu beobachten, die sich um herumliegende Samen stritten, oder den Eichhörnchen zuschauen, wie sie in den Haselnusssträuchern herumkletterten, um sich für den Winter mit Vorrat einzudecken. Gerne würde sie auch den Kindern zusehen, die auf den Parkwiesen herumtobten, um die vielleicht letzten warmen Herbststrahlen der Sonne einzufangen. Es mussten ja nicht wieder schmuddelige Zigeunerkinder sein. Wie gerne würde sie jetzt … anstatt hier zu sitzen und …

Gertrud erschrak ein wenig. Sie war doch tatsächlich ins Träumen geraten. Also rasch zurück zu diesem blöden englischen Text und dem Satz, der gerade zur Übersetzung dran war. »She was very anxious about moments of her own eternity.« Was hieß denn nur dieses »anxious«? Der Rest war klar. »… über Momente ihrer eigenen Ewigkeit.« Aber »anxious«? Das Mädchen griff zum Wörterbuch und schlug nach. Aha, hier stand es: »to be anxious« hieß »besorgt« oder »beunruhigt sein«. Jetzt war der Satz klar, also rasch aufschreiben.

Noch während des Schreibens hakten sich drei Wörter in Gertruds Gedanken fest: »anxious about eternity«, »beunruhigt über Ewigkeit«. Diese wenigen Wörter begannen in ihrem Kopf zu kreisen, sich gegenseitig zu jagen, sich in verschiedenen Formen zu verbinden: unruhige Ewigkeit, ewig besorgt, ewige Unruhe, ewig unruhig sein, besorgt wegen Ewigkeit … Dann mischte sich das Wort »eigene« auch noch dazu: »Besorgt, beunruhigt um eigene Ewigkeit.«

Das Mädchen versuchte, diese wirbelnden Gedanken zu beruhigen und zu ordnen. Mit Mühe gelang es ihr für ein paar Momente, aber nur so lange, bis sie die Hausarbeit fertig hatte. Dann waren die Gedanken wieder da.

Wieso machte ihr das plötzlich solche Unruhe? Sie war doch noch jung. Was hatte sie denn schon mit Ewigkeit zu tun? Das war doch eine Sache für später, fürs Alter, etwas für nach dem eigentlichen Leben. Um ihre Gesundheit war es zwar nicht immer bestens bestellt. Da gab es häufig solch merkwürdige Phasen körperlicher Schwäche, die bisher kein Arzt erklären konnte. Das würde sich mit dem Älterwerden geben, war ihren Eltern gesagt worden. Also hatte sie doch noch viel Zeit. Sie wollte erst einmal

Elternhaus in Stolp/Hinterpommern, Bütower Straße 25

wirklich leben, etwas werden und in einem richtigen Beruf arbeiten, später dann eine Familie haben mit vielen Kindern und das möglichst in einem großen Haus in der Hauptstadt Berlin. Sie wollte sich noch lange an den Schönheiten der Welt in ihrer unendlichen Vielfalt freuen. Also weg mit den lästigen und überflüssigen Ewigkeitsgedanken.

Aber so einfach war das nicht. Der englische Satz und seine Übersetzung hatten sich einfach festgehakt. Gertrud konnte fast keinen anderen Gedanken mehr bewegen. »Anxious about her own eternity.« Das machte sie nicht nur innerlich, sondern auch äußerlich unruhig.

Sie musste mit irgendjemandem darüber reden. Am besten gleich. Die Eltern waren zu einem Geschäftsbesuch außer Haus. Vater und Mutter hätten ihr sicher in ihrer inneren Bedrängnis raten und helfen können. Also musste sie mit Hildegard sprechen. Möglichst bald. Sie musste ihre Schwester suchen. Die war mit ihren knapp fünfzehn Jahren schon ein frommes Mädchen, war mit dem Herzen bei der Sache, las die Bibel und betete und glaubte an den Erlöser Jesus Christus.

Wie von ungefähr hängte sich der Blick des Mädchens für ein paar Sekunden an den Spruch, den ihr Pastor Werner de Boor vor zwei Jahren auf Wunsch der Mutter zu ihrer Konfirmation zugesprochen hatte. Der Vers aus dem 40. Psalm hing in Kunstschrift eingerahmt an der Zimmerwand: »Lass dir's gefallen, Herr, dass du mich errettest; eile, Herr, mir zu helfen.« Das ist genau das, was ich jetzt brauche, ging es Gertrud blitzartig durch den Kopf.

Rasch legte sie ihre Sachen zusammen, verließ ihr Zimmer und rief in dem geräumigen Haus nach Hildegard. Keine Antwort. Gertrud sprang nach unten, schaute in alle Räume und lief schließlich auch nach draußen auf die Straße. Dort sah sie Hildegard von der anderen Straßenseite herüberkommen. Aufgeregt lief sie ihr ein paar Schritte entgegen. »Hildchen, ich brauche dich. Gut, dass du kommst.«

»Was ist denn mit dir los, Schwesterherz?«, fragte Hildegard, »du bist ja so unruhig. Ist etwas passiert?«

»Ich weiß nicht«, gab Gertrud zurück, »irgendwas treibt mich um. Ich muss mit dir reden.«

»Über was?«

»Über Ewigkeit.«

»Über Ewigkeit?«

»Ja, über meine Ewigkeit. Komm, lass uns raufgehen. Hier draußen ist nicht der rechte Ort. Aber ich halte das nicht mehr lange aus.« Gertrud griff ihre Schwester bei der Hand und zog sie eilig nach oben.

»Was hältst du nicht mehr lange aus?«, fragte Hildegard im Laufen.

»Warte einen Moment, ich zeig dir, was es ist.« Und einen Moment später: »Hier, schau.« Im Zimmer angekommen zeigte Gertrud ihrer Schwester das offene Heft mit dem englischen Satz und seiner deutschen Übersetzung.

»Sie war sehr besorgt über Momente ihrer eigenen Ewigkeit«, las die jüngere der beiden Schwestern und schaute die ältere fragend an.

»Ich muss Gewissheit haben«, meinte die, immer noch sehr aufgeregt.

»Gewissheit? Worüber?«

»Über meine eigene Ewigkeit, Hildchen. Verstehst du? Wo bin ich, wenn ich nicht mehr bin? Wo? Was ist mit meinem Leben? Was ist mit meiner Schuld? Was ist mit meiner Sünde? Habe ich Vergebung?« Gertrud begann bitterlich zu weinen, die Tränen liefen ihr nur so über das Gesicht.

»Jetzt beruhige dich erst einmal, Trudchen. Du willst ja wohl noch nicht gleich sterben. Im Gegenteil, du willst leben. Ich weiß, was dich umtreibt.«

»Und was?« Gertrud blickte die Schwester mit ihren großen, dunklen und jetzt tränenverschleierten Augen fragend an.

»Gott klopft wieder mal an die Tür deines Herzens.«

»Gott klopft wieder mal?«

»Du weißt es doch, Schwesterherz. Gott will dich haben. Er will dein Leben.«

»Aber ich lebe doch mit Gott. Ich kenne die Wahrheiten der Bibel. Ich sitze täglich in der Familienandacht. Ich gehe immer mit in die Stunden und Gottesdienste …«

»Richtig. Gott hat ein paar Stunden von deiner Zeit, aber eben nur ein paar Stunden, zu denen du dich mehr oder weniger zwingst. Manchmal nur ein paar Minuten am Tag, in denen du mit dem Herzen aber gar nicht dabei bist. Du hast Gott bisher kaum den kleinen Finger gereicht. Er will dich aber ganz.«

»Er will mich ganz?«

»Gott will dich ganz, mit Haut und Haaren. Es reicht nicht, anderen nachzuplappern: Jesus ist der Herr. Du selbst musst sagen können: Jesus ist *mein* Herr. Jesus will dein Leben mit allem, was dazugehört.«

Nach einem Innehalten fragte Hildegard: »Erinnerst du dich?«

»Woran soll ich mich erinnern?«

»Na, an den arabischen Evangelisten neulich in Berlin.«

»Arabischer Evangelist neulich in Berlin?«

»Schwesterchen, denk nach! Wir waren im August bei Tante Gretel und in der Zeit auch auf dem Olympiagelände in diesem Missionszelt«, erinnerte Hildegard ihre Schwester. »Der Prediger vorn auf der Kanzel war ein feuriger Araber, und der hat davon gesprochen.«

»Wovon?«

»Trudchen!«, Hildegard legte ein wenig Nachdruck in ihre Stimme. »Dieser orientalische Evangelist hat am Ende seiner Rede zum Glauben an Jesus eingeladen und dazu gesagt: Sei ganz sein oder lass es ganz sein.«

»Richtig, jetzt erinnere ich mich«, sagte Gertrud. »Ein halber Christ ist ein ganzer Unsinn, hat er noch gesagt.«

»Genau. Da hat Gott schon einmal ganz massiv bei dir angeklopft. Aber du hast gemeint, die Frage der Bekehrung sei für dich noch nicht wichtig. Und jetzt ist sie es offenbar doch.«

»Nein, ich meine, ja, jetzt ist sie für mich wichtig, sogar sehr wichtig«, gab die Schwester zu, »dieser englische Satz in meiner Hausaufgabe hat mich aufgeschreckt.«

»Ist doch wohl gut so. Da hat Gott seine Hände im Spiel. Was hindert dich, Jesus jetzt dein Leben zu geben?«

»Nichts, Hildchen, nichts soll mich mehr hindern. Komm, lass uns auf die Knie gehen. Ich muss das jetzt klar machen. Jesus wartet auf mich.« Gertrud wischte sich noch ein paar Tränen vom Gesicht und kniete sich neben ihrer Schwester vor einen Stuhl auf den Boden.

Nach einem Bekenntnis- und Hingabegebet aus tiefstem Herzen erhoben sich die beiden Mädchen wieder und fielen sich in die Arme.

»Jetzt ist es gut«, atmete Gertrud auf, als sei ihr eine schwere Last von den Schultern gefallen. »Jesus ist mein Herr, ich gehöre ihm, für immer und ewig!« Jetzt waren es ein paar Tränen der Freude, die über ihr hübsches Gesicht rollten.

»Amen!«, ergänzte Hildegard und drückte ihrer Schwester einen dicken Kuss auf die Wange. »Igitt, wie salzig«, meinte sie lachend. »Ich gratuliere dir zum Geburtstag, meine Liebe. Heute Abend müssen es die Eltern erfahren. Du weißt ja: ›Wer mich bekennet vor den Menschen …‹ Die Eltern werden sich freuen!«

Schade, dass diese Freude nicht jetzt schon vermittelt werden konnte. Musste sie halt warten. Gertrud nahm sich dafür sofort eine andere Arbeit vor: Sie machte sich eine Liste über Dinge, die sie in Ordnung bringen musste, wo sie Versäumnisse und Schuld eingestehen und Dinge in Ordnung bringen musste.

Es wurde eine lange Liste. Aber mit jeder Zeile wurde es dem neuen Gotteskind leichter ums Herz. Wenn das alles erledigt war, war Gertrud endgültig frei, frei von allem, was sie heute Nachmittag plötzlich als schwere Last empfunden hatte. »Danke, Herr Jesus, für deine Liebe, für deine Vergebung, für das Geschenk des ewigen Lebens!«

Den Eltern war es am Abend ein besonderes Geschenk, von der Bekehrung und Wiedergeburt der Tochter zu hören. Für sie erfüllte sich das letzte Stück ihrer persönlichen Familienverheißung, wie sie einst dem Kerkermeister von Philippi gesagt worden war: »Glaube an den Herrn Jesus Christus, so wirst du und *dein Haus* selig!« Gertrud hatte zur vollständigen Erfüllung der Verheißung noch gefehlt.

Es wurde ein fröhliches Loben und Danken bei der abendlichen Familienandacht. Endlich war auch Gertrud mit dem Herzen dabei. Sie musste sich um ihre Ewigkeit keine Sorgen mehr machen. Sie hatte dem Heiland ihr Leben gegeben, war Kind Gottes geworden, war nach Hause gekommen, ihre »own eternity« war geordnet …

Kinder mit schwarzen Haaren

Gertruds Entscheidung für ein Leben unter der Herrschaft des Herrn Jesus Christus hatte bald noch andere Konsequenzen. Sie wollte nicht länger ein halber Christ sein, sondern ein ganzer. Und ein ganzer Christ musste auch nach außen aktiv und erkennbar sein. Außerdem brauchte er die Gemeinschaft mit anderen jungen Leuten, die dem Herrn Jesus Christus nachfolgten und für ihren Herrn unterwegs waren.

Als Hildegard ihre Schwester einlud, mit ihr in den EC zu gehen, den Jugendbund für entschiedenes Christentum, war sie mit Freude sofort dabei. Ihre bisherigen Vereinsbindungen, die Mitgliedschaft in Hitlers »Bund deutscher Mädchen« (BDM), löste sie sofort auf. Die wollte sie nicht mehr. Die konnten ihrer Seele nichts mehr geben.

Im EC fand sie, was sie jetzt brauchte, um ihren Glauben zu ernähren und geistlich zu wachsen. Hier lernte sie, die biblischen Texte richtig zu lesen und das Evangelium zu verstehen. Hier übte sie sich darin, alle Dinge des Lebens im einsamen und gemeinsamen Gebet in Gottes gute Hände zu legen. Gerne und mit Begeisterung sang sie die fröhlichen Glaubenslieder und lernte mit der Zeit auch, sie auf dem Klavier und der Gitarre zu begleiten. Klavierspielen hatte sie gelernt. Gitarrespielen brachte sie sich selbst bei. Das machte ihr wenig Mühe und viel Freude. Sie schaute sich die Technik und die Griffe einfach bei denen ab, die es konnten.

Ein Lied hatte es ihr besonders angetan. Gertrud bekam immer
so etwas wie eine Gänsehaut, wenn sie es mit der Gruppe sang:

> »Gott ruft nach einer Jugend in sturmbewegter Zeit,
> die sich zu Gottes Streitern mit Leib und Seele weiht;
> doch nicht im eignen Wollen des Wesens Kräfte regt:
> Gott ruft nach einer Jugend, von Gottes Geist bewegt.«

Vor allem bei der zweiten Strophe lief es ihr immer heiß und kalt
den Rücken herunter, und sie meinte, ihren Herrn direkt zu sich
reden zu hören:

> »Gott ruft nach einer Jugend, die für den Heiland brennt,
> die nicht nur mit den Lippen ihn Herrn und Meister nennt,
> nein, die in stiller Treue ihn fest im Herzen trägt:
> Gott ruft nach einer Jugend, von Gottes Geist bewegt.«

Dann faltete das Mädchen unter dem Tisch immer die Hände und
schickte ein Stoßgebet zum Himmel: »Herr, wohin soll ich gehen,
wenn ich unterwegs sein soll? Ich will für dich brennen. Zeig mir
nur, wohin ich das Feuer tragen soll.«

Auf dem Schriftentisch fiel ihr ein Verteilblatt in die Augen:
»Rettung«. Der Titel sprang ihr so richtig entgegen. Das war's!
Gertrud wusste sofort, was sie tun würde. In der Stadt gab es eine
Menge Kneipen und Gasthäuser, wo viele Menschen beim Alkohol
ihr fragwürdiges Vergnügen suchten oder ihre Enttäuschungen
ertränkten. Für die wollte sie etwas tun.

Vom nächsten Wochenende an war das Mädchen unterwegs, um
das Verteilblatt des Blauen Kreuzes in die Gasthäuser und Wirts-
stuben der Stadt zu tragen und so den Menschen dort das Evangelium von der Befreiung aus Bindung und Sucht durch Jesus
Christus zu bringen. »Wen der Sohn frei macht, der ist recht frei!«
Das war die Botschaft, die diese Menschen brauchten.

Dann war es wieder ein Lied, das Gertrud zutiefst bewegte und
beunruhigte. Im Jugendbund wurde es gerne gesungen; aber es
wurde eben nur gesungen und hatte eigentlich kaum Konsequenzen:

> »Sterbend ein armer Zigeunerknab wacht;
> ihm wird die Botschaft des Lebens gebracht.
> Hell horcht er auf: ›Ist es Wahrheit?‹, er fragt,
> ›niemand hat je mir vom Heiland gesagt.‹«

Zigeuner gab es ja auch hier in Stolp. Bisher hatte sie nicht unbedingt freundliche Gedanken über dieses »Pack« gehegt. Die Ohrfeige der Zigeunerin brannte ihr plötzlich wieder auf der Wange. Zigeuner. Ziehende Gauner. Mit denen sollte sie sich befassen? Ausgerechnet mit Zigeunern?

Die Leute einer größeren Sippe in der Stadt waren vielleicht auch Gauner, wenn auch keine ziehenden. Sie lebten in einer elenden Barackensiedlung, nur ein paar Straßen vom Wehlschen Haus entfernt. Ungeliebt, wie wahrscheinlich überall. »Leute, nehmt die Wäsche rein, Zigeuner kommen!« Dieser Spruch war auch in Hinterpommern und hier in Stolp bekannt. Auch die überzeugten Christen gingen denen meist lieber aus dem Weg, als dass sie sich mit ihnen abgaben.

Der Vater hatte allerdings ein gutes Verhältnis zu den Leuten. Es kamen ja auch immer wieder welche und holten sich bei ihm Kohlen und Brikett, manchmal auch Baumaterial. Meist waren es Frauen und Kinder, die in ärmlicher Kleidung und oft ohne Schuhe an den Füßen die schweren Eimer und die anderen Dinge zu ihren Barackenwohnungen schleppten. Wo das Geld wohl herkam, mit dem sie die Sachen bezahlten?

Männer kamen eher seltener. Die kamen dafür regelmäßig in jedem Jahr am 1. August mit einer Musikantengruppe, um dem Großkaufmann Paul Wehl mit Geigen, Gitarren, Klarinetten, Knopfharmonika und einer Harfe ein Ständchen zum Geburtstag zu bringen.

Nun ja, Gertruds Vater war ein angesehener Mann in der Stadt und eben auch bei den Menschen von diesem dunkelhaarigen Volk. Man mochte seine aufrechte, hilfsbereite und fröhliche Art.

Die Musikalität der Zigeuner hatte Gertrud jedes Mal sehr imponiert, und ihre Art der Musik hatte sie immer fasziniert.

Sollte sie jetzt etwa denen das Evangelium bringen? Die waren doch angeblich fromme Katholiken, wenn sie auch selten oder nie in die Kirche gingen. Aber kannten sie Jesus als ihren Retter? Lebten sie nicht eher aus der Marienverehrung als in der Liebe zu Jesus?

Waren sie nicht auch verflochten in dunkle Geschichten wie Wahrsagerei und Kartenlegen und solche Sachen? Suchten sie nicht immer wieder auf dem Friedhof Kontakt zu ihren Toten? Sagte man ihnen nicht auch Falschheit, Unehrlichkeit und Betrug bei ihren Geschäften nach? Hatte nicht Vaters Geschäft schon Kohlen- und Brikettklau zu spüren bekommen? Sie waren doch längst nicht alle ehrlich. Wer mochte sich schon mit solchen Leuten abgeben? Wer mochte sich um sie kümmern? Und wen kümmerte gar ihr Seelenheil? Dabei galt es dann wohl erst recht für diese Menschen wie für den Knaben im Lied: »Niemand hat je mir vom Heiland gesagt«? Wer hätte es denn auch tun sollen?

> »Sagt's noch einmal! Sagt's noch einmal!
> Kündet die Botschaft zu Berg und zu Tal.
> Sagt's immer wieder, dass keiner mehr klagt:
> ›Niemand hat je mir vom Heiland gesagt.‹«

Der Kehrreim des Liedes ging der jungen Gertrud nicht mehr aus dem Sinn. Hier musste sie irgendetwas tun. Sie hatte an denen ja auch etwas gutzumachen. Ihr war, als hätte der Herr Jesus sie mit ihrer Bekehrung persönlich dazu beauftragt. Ja, sie würde ihre Einstellung ändern und sich irgendwie um die Leute kümmern. Am besten zunächst um die Kinder, denen sie immer wieder auf der Straße begegnete.

Das Mädchen besorgte sich kleine Bildchen, die auf der Vorderseite Jesus in den verschiedensten Situationen seines Lebens zeigten, und auf der Rückseite die jeweilige Geschichte mit wenigen einfachen Worten erzählten. Ein paar dieser farbigen Bildchen, die in der Gemeinde als »Fleißkärtchen« für den regelmäßigen Besuch der Sonntagsschule verteilt wurden, trug Gertrud bei sich, wenn sie in der Stadt unterwegs war. Sie wollte wenigstens den Kindern auf diese Weise die frohe Botschaft bringen.

Die Kinder anzusprechen, damit hatte sie keine Probleme. Die wussten nichts von der »Zigeunerpack«-Geschichte mit der Ohrfeige, oder sie nahmen ihr mit ihren kindlichen Gemütern die Sache nicht übel. Bald kannte sie viele mit Namen. Rasko, Pitzo, Ninna, Gali, Blümchen, Pöppele, Fausto … Merkwürdige Namen, manchmal wirkten sie richtig fremd und komisch. Es waren Namen von Kindern, die nun für sie nicht mehr »Pack« waren, sondern von Gott geliebte Menschen wie alle anderen auch.

Oft war Gertrud von einer Schar der kleinen dunkelhäutigen, manchmal nicht ganz sauberen und zuweilen barfüßigen Gestalten mit den schwarzen, wuscheligen Haaren umringt, wenn sie durch die Straßen ging. Es fiel schon manchem auf, dass sich ein junger

Mensch mit diesen Kindern abgab. Und dass dieser junge Mensch den Kindern immer wieder etwas zusteckte, mal ein paar Schuhe, mal ein warmes Kleidungsstück gegen die Winterkälte, mal eine Süßigkeit, das fiel schon auf.

Aber Gertrud ließ sich nicht beirren. Die Kinder des Zigeunervolkes lagen ihr seit kurzem am Herzen, und sie sollten und mussten etwas vom Heiland erfahren. Wenn auch zunächst nur über die »Fleißkärtchen« mit der kurzen biblischen Geschichte, den kleinen Geschenken und den paar Worten, die sie mit den Kindern sprechen konnte. Aber konnte nicht auch diese geringe Saat eines Tages aufgehen, wenn sie auf guten Boden fiel? Und konnte diese geringe Saat über Bildchen und Texte durch die Kinder nicht auch in die Elendsbaracken ihrer Familien getragen werden und dort eines Tages Frucht bringen? Gertrud war davon überzeugt, dass die Gottesverheißung aus dem Prophetenbuch auch hier ihre Gültigkeit hatte und das Wort nicht leer zurückkommen würde.

Dass diese erste Zuwendung zu den Zigeunern und die wachsende Zuneigung zu den Menschen dieses ungeliebten Volkes einmal ihr Lebensinhalt werden sollte, das konnte die sechzehnjährige Handelsschülerin damals noch nicht ahnen. Aber das Lied vom sterbenden Zigeunerknaben und ihr Umgang mit den Zigeunerkindern ihrer Heimatstadt hatten bereits unauslöschliche Spuren in das Leben von Gertrud Wehl gezeichnet.

Überstürzte Flucht

Zunächst aber sollte es noch einige andere aufregende Jahre in Gertruds Leben geben.

Das Mädchen beendete seine Schulbildung auf der Handelsschule mit der Mittleren Reife.

Danach übernahm der Vater sie in die eigene Firma als Lehrling für den Beruf eines Groß- und Einzelhandelskaufmanns. Ihr zweiter Lehrmeister war ihre Mutter in ihrer Eigenschaft als Prokuristin.

Zugegeben, Lehrling im eigenen Haus und Betrieb zu sein, war nicht immer einfach. Die Mutter war eine strenge Lehrmeisterin. Da gab es keine Chance des vorübergehenden inneren Rückzugs. Betriebs- und Hausgemeinschaft waren fast identisch, und Arbeitszeit und Feierabend wurden auch nicht immer getrennt.

Dennoch war Gertrud gerne bei der Arbeit und machte ihre Sache gut. Nach Abschluss ihrer Ausbildung ging sie dann aber gerne für einige Zeit nach Berlin, um die Enge der Kleinstadt einzutauschen gegen die Weite der Großstadt mit ihrem vielfältigen Getriebe, ihren Gerüchen und Geräuschen. Sie wollte anderes und Neues in unterschiedlichen Arbeiten kennen lernen, zum Beispiel als Haushaltshilfe und Kinderpflegerin in verschiedenen Häusern, und auch als zeitweilige Schülerin einer Privatschule. Sie lernte, veränderte Bedingungen ohne die vertraute Familie zu meistern und im Leben zu stehen. Und sie übte sich darin, sich auf neue Menschen einzulassen, in verschiedenen christlichen Kreisen und Gemeinden, in die sie kam, und bei geistlichen Seminaren, die in Berlin in den ersten Kriegsjahren ab 1939 noch reichlich angeboten wurden.

In Berlin hätte sie es wohl auch noch ein wenig länger ausgehalten, wenn nicht der Krieg auch bald über die Hauptstadt des Reiches gekommen wäre. Aus dem Inferno der Bombennächte riefen die Eltern die inzwischen Dreiundzwanzigjährige nach Stolp zurück. Hier im ländlichen Hinterpommern waren die Zeiten noch relativ ruhig, und es lebte sich noch sicherer. Außerdem wurde sie im elterlichen Geschäft gebraucht, seit der Hitlerstaat den ein oder anderen männlichen Angestellten für den schlimmen Krieg beanspruchte.

Aber es sollte nicht mehr lange dauern, bis der Krieg auch diese Region Deutschlands sehr direkt erfasste. Die Gefahr von Osten kam rasch näher.

Der Kalender zeigte Mittwoch, den 7. März 1945. Sehr früh am Morgen klopfte es heftig bei Wehls an die Haustür. Die Mutter öffnete – sie hatte nur rasch einen Hausmantel übergeworfen – und stand einem Offizier der Wehrmacht gegenüber. Der ließ es gar nicht zu einem Morgengruß kommen, sondern sprach die Mutter sehr erregt an: »Frau Wehl, Ihr Mann schickt mich her. Es ist soweit. Sie müssen packen. Sie müssen schnellstens hier raus. Die Russen sind nicht mehr weit. In zwei, drei Tagen können die hier sein. Ich bin in einer Stunde zurück. Ich bringe Sie nach Stolpmünde. Von dort geht es mit dem Schiff weiter.«

»Ja, aber … Was soll ich denn … Was wird mit meinem Mann?«, versuchte die Mutter mehr zu erfahren. Dabei wusste sie, dass Paul wegen seiner Zugehörigkeit zum Volkssturm nicht mitkommen konnte.

Als Antwort hörte sie nur: »Ihr Mann muss leider hier bleiben. Bitte nur das Nötigste. Der Platz im Auto ist begrenzt!« Dann saß der Offizier auch schon wieder hinter dem Steuer seines Wagens, dessen Motor er gar nicht ausgeschaltet hatte, und fuhr davon.

Für einen Moment stand die Frau wie gelähmt. Dass die Zeit plötzlich so knapp wurde, damit hatte im Haus niemand gerechnet. Und jetzt der Mann nicht da, eingezogen zum Volkssturm, um zu halten, was wohl doch nicht mehr zu halten war. Dafür ein paar Verwandte im Haus, Tante Ida, Brigitte und Gotthold, die unter größten Gefahren und Schwierigkeiten über das Haff aus Ostpreußen geflüchtet waren. Die mussten dann ja auch mit. Wie gut, dass die letzten Angestellten schon seit ein paar Tagen entlassen waren, damit sie sich rechtzeitig in Sicherheit bringen konnten.

Aber was sollte sie jetzt zuerst tun? »O Gott, wie soll das gehen? Herr, steh uns bei!«, kam es ihr über die Lippen. Dabei schloss sie die Haustür und versuchte, ihre Gedanken zu ordnen. Jetzt musste ein klarer Kopf her, um Wichtiges und Notwendiges von Überflüssigem und Sinnlosem zu unterscheiden. Schließlich hatte jede Person nur einen Rücken und zwei Hände zum Tragen von Gepäckstücken. Und alle zusammen hatten sie nur eine Stunde Zeit zur Vorbereitung.

Gertrud hatte inzwischen den Kopf durch die Tür gesteckt. »Was ist los, Mutter?«

»Es ist soweit, Kind, wir müssen weg. Uns bleibt eine knappe Stunde zum Packen. Weck bitte die anderen, damit sie ihre Sachen packen. Und du pack deine. Rucksack und ein Koffer. Mehr geht nicht.«

»Ich habe aber doch zwei Hände«, wandte Gertrud ein.

»Die zweite Hand brauchst du für den Koffer mit den wichtigsten Dokumenten, den Vater schon gepackt hat.«

»Und was ist mit Vater? Was ist mit den Geschwistern? Und was mit Haus und Geschäft?«

»Das steht alles bei Gott. Vater wird nachkommen und uns finden. Johannes ist irgendwo an der Front, Hilde und Christa schon irgendwo bei Neubrandenburg ...« Für einen Moment versagte der Mutter die Stimme. Sie musste schlucken. Wer konnte sagen, wie Gottes Wege mit den Lieben waren? Aber es würden Gottes Wege mit ihnen sein! Die Gewissheit blieb.

Die Wehls waren es gewohnt, die Tagesgeschäfte mit kühlem Kopf zu erledigen. Aufgeregte Hektik war ihnen fremd. Das kam ihnen in dieser besonderen Situation zugute. Mutter und Tochter und die Verwandten im Haus packten und stellten ihre Gepäckstücke bald in den Flur. Es blieb danach sogar noch ein wenig Zeit für ein kurzes Frühstück und Proviantordnen im Stehen und für ein Gebet, das die augenblickliche Situation, die eigene ungewisse Zukunft und die ihrer Lieben in die Hände Gottes legte. »Du hast's in Händen, kannst alles wenden, wie nur heißen mag die Not.«

Leicht fiel es nicht, und es ging auch nicht ohne Tränen ab, das Haus wenig später zu verlassen und sich auf einen Weg zu machen, von dem niemand wusste, wo er denn hinführte und wo er enden würde. Haus, Grundstück und Geschäft – was würde aus ihnen werden? Wie würden die Russen mit allem umgehen? Wer würde davon Besitz ergreifen? Würden sie selbst jemals wieder zurückkommen können? Irdisches Gut ist immer Leihgabe auf Zeit. »Der Herr hat's gegeben, der Herr hat's genommen. Der Name des Herrn sei gelobt.« Das Bekenntnis des Hiob fiel der Mutter wahrhaftig nicht leicht, und doch brachte sie es über die Lippen, als das mit Personen und Gepäck voll gestopfte Auto auf dem Weg nach Stolpmünde die Bütower Straße verließ und gerade noch einen letzten Blick zurück erlaubte, wobei der Mutter die Tränen über die Wangen liefen. Gertrud ging es nicht anders.

Am Stadtausgang fuhren die Flüchtlinge an den Baracken der Zigeuner vorbei. Gertruds Abschiedsgedanken wurden für ein paar Momente überlagert von Erinnerungen an ihre kleinen Freunde mit den schwarzen Locken. Was wohl aus denen geworden war, die dort einmal gewohnt hatten, aus Rasko, Pitzo, Ninna, Gali, Blümchen, Pöppele, Fausto und all den anderen Kleinen und Großen aus der Sippe Adler, denen sie vor Jahren die Fleißkärtchen geschenkt hatte und die inzwischen zu jungen Leuten herangewachsen waren? Sie hatte sie nach ihrer Rückkehr aus

Berlin nicht mehr angetroffen. Der Hitlerstaat hatte sie mit ihren Familien schon lange eingesammelt und abtransportiert. Aber wohin und mit welcher Absicht? Darüber war nichts Genaues bekannt. Man munkelte nur einiges. Ob eins von ihnen den Heiland mitgenommen hatte auf den eigenen unbekannten Weg oder wenigstens eines der Bildchen mit der biblischen Geschichte? »Dein Wort kommt niemals leer zurück! Gott im Himmel, nimm dich ihrer an und sei mit ihnen, wo sie jetzt auch sein mögen.« Gertrud schloss für einen Moment die Augen zu diesem Kurzgebet. »Und nimm dich auch unser an und hilf uns durch, wo immer der Weg hingeht.«

Die Strecke zum Küstenort Stolpmünde war zwar nur knapp 20 Kilometer lang, dennoch brauchten die Reisenden, besser die Flüchtenden, fast eine Stunde, bis sie endlich ankamen. Sie waren ja nicht die Einzigen, die unterwegs waren, um den heranrückenden Russen zu entkommen. Mit Autos, mit Fuhrwerken, zu Fuß waren die Leute auf der Straße, bepackt mit dem Nötigsten, um möglichst bald die Ostseeküste zu erreichen, wo hoffentlich Schiffe zur weiteren Flucht bereitstanden. Es schien, als wäre der Großteil der Bevölkerung aus Stolp und den umliegenden Dörfern auf dem kurzen Treck. Dass die Russen nicht mehr sehr weit weg sein konnten, verkündete der Geschützdonner, der immer wieder trotz der Geräusche der Straße aus der Ferne zu hören war.

Im kleinen Hafen des Küstenstädtchens herrschte großes Gedränge. Die Menschenmenge war kaum zu überblicken. Der Wehrmachtsoffizier hielt seinen Wagen nur kurz an und zeigte auf ein kleines Küstenschiff vorne an der Kaimauer, dessen Schornstein kräftig Rauch ausstieß: »Dort drüben die ›Ostseeperle‹ nimmt euch mit. Die wartet auf euch.« Dann ließ er seine Fahrgäste aussteigen, wünschte ihnen Glück, wendete und fuhr zurück. Mutter und Tochter konnten ihm gerade noch ein paar Grüße an den Mann und Vater mitgeben. An anderes zu denken war jetzt keine Zeit mehr.

Die kleine Menschengruppe wühlte sich durch die Menge, die zu anderen Schiffen drängte, um rasch auf das ihnen angezeigte Schiff zu kommen. Wie viele Leute da wohl schon an Bord waren?

Der Kapitän, ein guter Bekannter der Familie, begrüßte seine Fahrgäste persönlich. »Gut, dass Sie hier sind, Frau Wehl, unser kleines Schiff ist voll bis an die Reling. Ich wusste, dass Sie kommen. Ich habe nur noch auf Sie gewartet.« Dann gab er den Befehl, die Leinen zu lösen und abzulegen. Mit einem lauten Sirenenton legte die »Ostseeperle« ab und dampfte auf das offene Meer zu.

Zurück blieb eine kleine Zahl weiterer Schiffe, die sicher wenig später mit den Flüchtenden ablegten und nachkamen. Ob die Leute wohl alle einen Platz finden würden? Zurück blieb auch – vielleicht für immer – das Land rechts und links der Stolpe, des Flüsschens, das die Heimat Hinterpommern wie ein einendes Band zusammenhielt. Würde es je eine Rückkehr geben?

Wie gut, dass die See einigermaßen ruhig war und nicht einer der Frühjahrsstürme tobte! Es wehte nur eine leichte östliche Brise, nicht einmal sehr kalt. So kam die »Ostseeperle« gut voran, und niemand an Bord wurde seekrank und fütterte die Fische. Das wäre bei der Enge an Deck für manche auch schwierig geworden.

Mutter und Tochter Wehl und ihre Verwandten fanden einen geschützten Platz hinter einem Aufbau. Nahezu schweigend verbrachten sie dort die vielstündige Fahrt. Worüber hätten sie auch reden sollen? Jeder an Bord hing mehr oder weniger denselben Gedanken nach. Die Heimat hinter sich und verloren, Haus und Hof, liebe Menschen, vertrautes Vieh, ihre vielen Pferde so plötzlich verlassen, Unbekanntes vor sich und dabei keine Garantie für das glückliche Gelingen der Reise. Manche Menschen weinten still vor sich hin, andere schienen zu beten, wenige äußerten sich laut und beklagten die Situation. Innerlich haderte wohl mancher mit dem Hitlerstaat und seinem »Führer«. Der war es schließlich, der durch seinen Größenwahn das deutsche Volk in diese verzweifelte Lage gebracht und das alles zu verantworten hatte. Und dann die großen Sprüche, die er immer noch über die Volksempfänger verbreiten ließ oder selbst verbreitete. Dem gehörte doch ein schlimmerer Platz als ein solcher auf einem Flüchtlingsschiff …

Die »Ostseeperle« erreichte die Pommersche Bucht vor Mitternacht, konnte aber wegen der Dunkelheit nicht in den Hafen von Swinemünde einlaufen und dort festmachen. Das wäre zu gefährlich gewesen. Das Schiff blieb also liegen, und die Passagiere mussten die Nacht in der Märzkälte an Bord verbringen. Im frühesten Morgengrauen nahm das Schiff dann wieder Fahrt auf und erreichte bald den kleinen Hafen. Die Flüchtlinge konnten das Schiff verlassen.

Aber wie sollte es weitergehen? Es hieß, die Leute sollten sich irgendwie nach Anklam durchschlagen. Von da könne es mit der Bahn nach Neubrandenburg in Mecklenburg weitergehen. Dort gebe es ein Notaufnahmelager für Flüchtlinge. Und dort bestünde auch die Möglichkeit, weiter nach Westen zu kommen.

Unter den Menschen, die sich bald nach der Ankunft des Schiffes auf den Weg machten, waren auch Mutter und Tochter Wehl. Mit den Verwandten vereinbarten sie, nicht um jeden Preis beieinander zu bleiben. In zwei kleineren Gruppen würde man besser vorankommen. Irgendwann würde man sich schon wieder begegnen.

In der Ortsmitte von Swinemünde stellte Gertrud plötzlich einen ihrer Koffer ab. »Da, schau, Mutter, den schickt uns der Himmel.«

»Wen schickt uns der Himmel?«, fragte die erstaunt zurück.

»Na, diesen Lastwagen dort drüben, wo die vielen Leute draufstehen. Die Aufschrift ist mir bekannt. Der war doch schon mit Baustoff- und Brikettlieferungen bei uns auf dem Hof.«

»Hast Recht, Kind. Das ist ein LKW vom Möller aus Rostock. Ob der noch Platz auf seiner Pritsche hat?«

»Das werden wir gleich wissen«, versprach Gertrud und sprang schon über die Straße. Die Mutter sah ihre Tochter mit dem Fahrer, einem älteren Mann, reden. Dann kam sie eilig zurück, wobei sie heftig mit beiden Armen winkte.

»Er nimmt uns mit nach Anklam. Auf, Mutter, das ist eine Gelegenheit, die uns Gott schenkt!«

Momente später standen die beiden Frauen mit ihren Verwandten und vielen anderen Flüchtlingen, die meisten Frauen und Kinder, auf der Ladefläche des MAN. Wen störte es, dass der Kohlestaub die ohnehin nicht mehr sauberen Schuhe zusätzlich verschmutzte! Und wen störte es, dass man seinem Nachbarn eng auf die Pelle rückte! So konnte wenigstens niemand umfallen. Und los ging die Fahrt.

Die Landstraße hinüber zum etwa 50 Kilometer entfernten Anklam war ähnlich überfüllt wie die von Stolp zur Küste. Nur dass hier alle Menschen landeinwärts strebten. Nur heraus aus der unmittelbaren Gefahrenzone; nur weg von Orten, die die Russen bald erreichen konnten.

Vielleicht zwei Stunden später hielt der Lastwagen vor dem Bahnhof des vorpommerschen Städtchens. Anscheinend abfahrbereit stand ein Zug am Bahnsteig, so dass die LKW-Reisenden rasch von der Pritsche sprangen und sich beeilten, den Zug noch zu erreichen. Mutter und Tochter Wehl taten das auch, aber nicht ohne sich noch bei dem Fahrer zu bedanken. Der winkte ab und setzte sein Gefährt schon wieder in Bewegung, offenbar zur Rückfahrt. Was tat dieser Mann in der gefährlichen Situation für andere Menschen!

Der Zug nach Neubrandenburg war so überfüllt, dass eigentlich niemand mehr irgendwo dazwischenpasste. Und doch drückte sich die Schicksalsgemeinschaft der Flüchtenden noch enger zusammen, so dass Mutter und Tochter mit ihren Verwandten und allem Gepäck doch noch Plätze im Zug fanden. Zwar nicht im selben Abteil, aber wenigstens im selben Zug. Am Ziel würden sie sich wohl wiederfinden. Zum Glück mussten sie nicht außen auf den Trittbrettern stehen wie viele andere. Das wäre ihnen doch zu gefährlich gewesen.

Am Abend fanden sich alle auf einem Bahnsteig in Neubrandenburg in Mecklenburg wieder. Tante Ida und ihre Tochter Brigitte versuchten bei Verwandten in der Stadt Aufnahme zu finden, was ihnen auch gelang. Die anderen drei begaben sich zum Sammellager für Flüchtlinge. Es befand sich in einem Schulkomplex nicht weit vom Bahnhof entfernt. Viel Platz gab es in den Räumen nicht mehr. Hier mussten schon mehrere Hundert Flüchtlinge sein.

»Wie soll es jetzt weitergehen, Mutter?«, fragte Gertrud, als die beiden einen Platz für die Nacht angewiesen bekommen hatten.

»Ich weiß nicht, Kind. Jetzt sind wir erst einmal hier. Gott sei Dank! Er hat uns gut durchgeholfen. Andere hatten es wohl nicht so leicht wie wir.«

»Gut, dass wir durch die Firma so viele Bekannte haben.«

»So wird es sein. Aber ich denke, ich versuche morgen mit Gotthold zu Pastor Mrotzek nach Plath zu kommen. Ich hoffe, Hildegard und Christa-Maria sind bei ihm. Du bist ein erwachsener Mensch. Wenn du weiter nach Westen reisen willst, magst du mit Gott gehen. Ich möchte warten, ob Vater nicht doch nachkommt.«

»Und du hast nichts dagegen, wenn ich mich morgen nach möglichen Zielen erkundige?«

»Nein, Gertrud, bestimmt nicht. Du musst an deine Zukunft denken. Und die kann ohnehin nicht immer bei deinen Eltern sein. Wenn es für dich die Möglichkeit gibt weiterzukommen, solltest du sie nutzen. Wir werden uns später wiederfinden.«

»Bist du dir sicher, Mutter?«

»Ich bin mir sicher, Kind. Gott wird es führen. Und jetzt erst einmal gute Nacht.«

»Danke, dass du mich verstehst, Mutter. Ich denke auch, Gott ist überall derselbe, und er macht es richtig. Und jetzt schlaf du auch gut, Mutter. Und versuch, an eine gute Zukunft zu denken.«

»Dafür zu beten, Kind«, korrigierte die Mutter noch, zog sich die dünne Wolldecke über die Schultern und drehte sich auf ihrer Matratze auf die Seite.

Am nächsten Vormittag erkundigte Gertrud sich nach Möglichkeiten, von hier fortzukommen. Sie erfuhr, dass es Gelegenheit gebe, sich einem Transport anzuschließen, der nach Oldenburg in Niedersachsen gehen sollte. Dort sei ein großes Notaufnahmelager. Sie müsse sich in zwei Tagen dafür bereithalten.

Gertrud ließ sich in die Liste eintragen. Ihre Mutter konnte tatsächlich am nächsten Tag ins Pfarrhaus im Nachbardorf umsiedeln. So blieb sie in der Nähe der Stadt und konnte auf ihren Mann warten. Sie war überzeugt, dass er nachkommen würde. Es würde sich sicher nur um wenige Tage handeln. Bei Pastor Mrotzek fand sie auch ihre beiden anderen Töchter, von denen Hildegard kurz vor der Geburt ihres zweiten Kindes stand. Gott sei Dank war alles in Ordnung bei ihr. Auch Gotthold konnte vorerst in Plath bleiben.

So trennten sich also die Wege von Mutter und Tochter für unbestimmte Zeit. Die Mutter blieb in der Nähe von Neubrandenburg und konnte dort tatsächlich wenige Tage später ihren Mann gesund in die Arme schließen. Paul Wehl und seine Volkssturmtruppe waren zur Verteidigung der Stadt gar nicht mehr zum Einsatz gekommen. Die Sinnlosigkeit eines solchen Vorhabens war bald erkannt und die Truppe aufgelöst worden. So waren die Eheleute also wieder zusammen, sogar mit einem Teil der Familie. Sie würden später zunächst im mecklenburgischen Hagenow und schließlich im münsterländischen Coesfeld eine neue Heimat finden.

Gertrud Wehl kam einige Tage später nach umständlicher Reise in Oldenburg an, von wo sie weiter in das verträumte Städtchen Zwischenahn geschickt wurde. Dort fand sie am Dienstag, dem 20. März 1945, eine Bleibe bei einer gütigen Fleischer-Familie und sogar nach wenigen Tagen eine Arbeit in der Niederlassung einer Bremer Spinn- und Webstoff-Fabrik. Die junge Frau war dankbar und glücklich, dem Unheil, das die Russen über den Osten brachten, rechtzeitig entronnen zu sein. Die Eltern, den Bruder und die Schwestern mit ihren Familien würde sie bestimmt irgendwann und irgendwo wiederfinden. Dessen war sie sich so sicher, wie die Mutter sich sicher gewesen war, den Mann wiederzubekommen. Freilich wusste Gertrud davon noch nichts. Wenn sich für sie jetzt noch ergäbe, dass sie Kontakt zu Christen bekäme, dann wäre für die junge Frau trotz der so rasch veränderten Lebensbedingungen die Welt erst einmal wieder einigermaßen in Ordnung.

Im Oldenburger Land

Kontakte zur evangelischen Gemeinde in Zwischenahn knüpfte Gertrud sehr bald. Es gab zwar keinen Jugendkreis in diesem Städtchen am Zwischenahner Meer, der sich neben seinen geistlichen Zusammenkünften auch schon einmal zu einer Bootspartie treffen könnte oder zu einer Wanderung um den See mit einem Picknick an einem der schönen weidenbestandenen Uferplätze oder im Winter zum gemeinsamen Schlittschuhlaufen. Eigentlich ein bisschen schade, fand sie. Doch das war in den letzten Kriegstagen und der ersten Zeit nach der deutschen Kapitulation wohl auch eine zu kühne Vorstellung.

Aber es gab einen Frauenhilfskreis, der sich regelmäßig mittwochs im Gemeindehaus traf. Lieber diesen Kreis besuchen als gar keinen, dachte sich Gertrud. Schon bei ihrem ersten Besuch musste sie feststellen, dass sie bei weitem die Jüngste unter den Frauen war. Viele von ihnen kamen mit verhärmten Gesichtern und in schwarzen Kleidern. Ein paar von ihnen hatten mindestens einen Verlust in ihrer Familie zu beklagen. Entweder war der Mann an irgendeinem Frontabschnitt gefallen oder ein Sohn war nicht zurückgekehrt. Andere hatten Nachrichten aus irgendwelchen französischen, englischen oder amerikanischen Kriegsgefangenenlagern. Irgendwann würde der Mann oder der Sohn von dort sicher nach Hause entlassen werden. Wieder andere Frauen hatten bisher nur sehr vage Informationen über den Verbleib eines vermissten nahen Menschen. Wer seinen Angehörigen im sowjetischen Machtbereich wusste, hatte bisher gar keine Nachrichten erhalten.

Wie gut war es doch für diese Frauen, sich wöchentlich zu treffen, um sich gegenseitig ihr Leid zu klagen und sich Trost, Mut und Hoffnung zusprechen zu lassen. Und es tat ihnen gut, eine junge fröhliche Christin unter sich zu haben, deren Glaubenszuversicht ansteckend wirkte, die ihre Lieder auf dem Klavier begleitete und mit ihnen neue Glaubenslieder sang.

Gertrud Wehl tat schon durch ihr Dabeisein den Zwischenahner Frauen gut. Und bald wurde auch der Pastor auf sie aufmerksam, durch ihr Wesen und ihre Fähigkeit, mit Menschen umzugehen, mit ihnen über den Glauben zu reden und diesen Glauben praktisch vorzuleben. Dabei fiel sie durch ihre umfangreiche Bibelkenntnis auf. Die junge Frau kannte die Bibel ja fast besser als mancher Gemeindehirte! Das war schon erstaunlich.

»Fräulein Wehl, Sie sind für das Fließband zu schade«, sprach er sie an einem Mittwoch im Sommer 1945 nach der Frauenhilfsstunde an.

»Wie meinen Sie das, Herr Pastor?«, fragte die inzwischen Fünfundzwanzigjährige.

»Nun, ich denke, Sie können mehr als eine Stickmaschine bedienen. Sie müssen mit Menschen arbeiten.«

Gertrud Wehl schaute den Pastor fragend an. »Wie soll ich das verstehen?«

»Ich glaube, Gott hat Ihnen dafür ein besonderes Talent anvertraut, Fräulein Wehl. Sie haben so eine erfrischende Art, auf Leute zuzugehen und mit ihnen in Kontakt zu kommen. Sie kennen die Bibel besser als ich. Sie müssen Menschen das Evangelium weitergeben. Sie sollten biblischen Unterricht erteilen.«

»Nichts lieber als das, Herr Pastor, aber wo und wie, wenn nicht mehr hier bei den Frauen?«

»Wissen Sie, Fräulein Wehl«, setzte Pastor Frerichs etwas umständlich an, »ich werde demnächst nach Apen gehen. Das liegt etwa zwanzig Kilometer westlich von hier. Dort brauche ich jemanden, der mir beisteht und an meinen verstreuten Predigtorten den Kindergottesdienst hält und der mir auch ein wenig im Gemeindebüro hilft. Und da hatte ich gedacht ...«

»... dass das eine Aufgabe für mich sein könnte?«, setzte sie ein wenig ungläubig den Satz fort.

»Das hatte ich gedacht, Fräulein Wehl. Sie sind die richtige Person für diese Aufgabe. Die Kirchengemeinde Apen wird Sie gerne für diese Aufgaben einstellen und bezahlen. Und übrigens gibt es in Vreschenbokel, das auch zur Gemeinde gehört, einen EC-Kreis. Den vermissen Sie doch hier so sehr, wie Sie gesagt haben.«

»Mit Speck fängt man Mäuse, Herr Pastor«, schmunzelte Gertrud, »aber ein Jugendbund wäre schon was Gutes. Und wann soll das alles losgehen?«

»Mein Dienst in Apen beginnt am 1. Oktober. Ihrer könnte am 15. beginnen. Bis dahin kann ich alles vorbereiten für Ihr Kommen.«

»Ist das Ihr Ernst?«

»Mein liebes Fräulein Wehl, ich pflege mit solchen Dingen keine Scherze zu machen. Es ist mein Ernst. Also, was ist?«

Gertrud jubelte: »Ich komme, ich komme! Ich freue mich mit Zittern. Aber ich will es mit Gottes Hilfe wagen: Kindergottesdienst, Mitarbeit in der Gemeinde, Flüchtlingsbetreuung ... Das wird herrlich!«

Gertrud wäre dem Mann am liebsten um den Hals gefallen. Aber das ließ sie dann doch sein. Es gehörte sich sicher nicht, einen Pastor vor Freude zu umarmen, zumal noch einen, der verheiratet war. Aber sie war einfach glücklich über diese Wendung der Dinge. Gott, wie bist du so gut!, jubelte sie innerlich.

Gleich am nächsten Tag kündigte sie ihre Stelle bei der Firma Deiters & Co., was man dort mit großem Bedauern aufnahm.

Wenige Wochen später stand Pastor Frerichs bei Gertrud Wehl in der Tür. »Ich komme, um Sie abzuholen. Der Kirchenvorstand von Apen möchte Sie gerne kennen lernen.«

»Und wie kommen wir dahin, etwa mit dem Ruderboot über das Meer?«, scherzte Gertrud.

»Ich entschuldige mich, Fräulein Gertrud.« Dem Pastor schien seine Antwort peinlich zu sein. »Sie hätten mit dem Zug nach

Apen kommen können. Aber Sie müssen sich jetzt einfach zu mir auf mein Motorrad setzen.«

»Ich auf einem Motorrad? Ich habe noch nie auf so einem Ding gesessen. Aber wir sind ja für Gott unterwegs und dann wohl auch mit Gott.« Gertrud musste lachen. »Ich komme, Herr Pastor, ich ziehe mir nur rasch den Mantel an.«

»Und wickeln Sie sich auch einen Schal um. Es ist zwar noch einigermaßen warm draußen. Aber es zieht immer ein bisschen auf der Maschine.«

Wenige Minuten später waren der Pastor und seine neue Mitarbeiterin unterwegs ins Zentrum des Kirchspiels Apen. Zwei Stunden später waren sie schon wieder auf dem Rückweg.

»Der Kirchenvorstand ist begeistert von Ihnen. Er freut sich auf Ihre Arbeit. Herzlich willkommen als meine Mitarbeiterin, Fräulein Gertrud. Bis nächste Woche wird das mit der Wohnung klappen, und dann hole ich Sie endgültig hier ab. Sie werden wahrscheinlich im Ortsteil Augustfehn ein Zimmer bekommen.«

»Das ist alles einfach wunderbar, Herr Pastor. Ich danke Ihnen, und ich danke Gott für diese Führung.«

Am Samstag, dem 20. Oktober, kam Pastor Frerichs, um Gertrud Wehl nach Augustfehn zu holen. Diesmal kam er mit einem PKW, wegen des Gepäcks, wie er erklärte.

»Übrigens, Fräulein Gertrud, Sie sind gleich morgen dran.«

»Gleich morgen? Womit?« Die neue Gemeindehelferin blickte ihren Arbeitgeber erwartungsvoll an.

»Kindergottesdienst in Apen und in Augustfehn. Lassen Sie sich etwas einfallen, wie Sie bei den Kindern einsteigen. Sie machen das schon. Da bin ich sicher.«

»Mit Gottes Hilfe will ich es wagen«, ergänzte die junge Frau.

»Und mit einer Gitarre. Haben Sie eine für mich? Oder steht da ein Klavier?«

»Hm, ein Klavier haben wir da nicht. Aber ich denke, ich werde bis morgen eine Gitarre auftreiben. Es muss in der Gemeinde irgendwo eine geben.«

»Dann kann es losgehen, Herr Pastor. Sie sagen mir aber noch, wann ich wo sein muss und wie ich dahin komme.«

»Alle Fragen werden nach Möglichkeit beantwortet. Aber, da gibt es noch etwas.« Pastor Frerichs zögerte.

»Und was ist das?«, wollte Gertrud natürlich wissen.

»Sie werden nicht nur Kindergottesdienst halten, sondern auch Religionsunterricht.«

»In der Schule? Ich als Lehrerin in der Schule?« Die junge Frau blickte jetzt ein wenig erschrocken.

»Nicht in einer Schule. Religionsunterricht in vier Schulen.«

»Das kann doch wohl nicht wahr sein, Herr Pastor!« Gertrud schüttelte ungläubig den Kopf. »Nein, das geht nicht. Dazu reicht meine Kraft nicht. Gibt es denn da keine Religionslehrer?«

»Wenn es sie gäbe, würden Sie wohl nicht um diese Arbeit gebeten, oder?«, erwiderte Pastor Frerichs und erklärte ihr: »Die wenigen Lehrer, die da sind, werden für die anderen Fächer gebraucht. Übrigens meist Frauen. Viele Männer sind nicht mehr da oder sie sind noch nicht wieder da. Und mit Ihrer Gesundheit wird das schon gehen. Wenn der Mensch wirklich einmal krank wird, muss er halt eine Pause einlegen. Das gilt auch für Sie.«

Jetzt erschrak Gertrud noch ein wenig mehr. Der Pastor meinte es wirklich ernst. Sie sollte tatsächlich ohne Ausbildung an vier Schulen Religionsunterricht erteilen oder evangelische Unterweisung, wie das genauer hieß. Reichten denn dazu ihre Fähigkeiten aus?

»Machen Sie sich da mal keine Gedanken, Fräulein Gertrud. Ich habe mich schon erkundigt. Sie werden von uns und von der Schulbehörde zu einigen Katechetenkursen geschickt, und dort erhalten Sie das notwendigste Rüstzeug für die Arbeit. Übrigens wird der Religionsunterricht zusätzlich bezahlt. Und das ist ja auch was. Also was ist?«

»Schon wieder Mäusespeck«, musste Gertrud Wehl denken und atmete erst einmal tief durch. Dann entspannten sich ihre Züge, und es legte sich sogar wieder ein Lächeln auf das hübsche Gesicht. »Wenn es denn Gott von mir so erwartet, Herr Pastor, dann will ich auch diese Aufgabe mit seiner Hilfe anfassen. Er wird auch die Kraft und Zurüstung geben. Ich werd's probieren. Ich sage ja.«

Für die junge Gemeindehelferin begann eine wunderbare Zeit. Arbeitsreich und wunderbar, wenn auch in äußeren Dingen für einige Jahre sehr bescheiden. Sieben Jahre lang durfte sie das Evangelium von Jesus Christus Hunderten von Kindern sagen und mit Liedern beibringen. Und das, ohne dass es dabei irgendwann irgendwelche nennenswerten Schwierigkeiten gegeben hätte. Die Jungen und Mädchen aus den Dörfern und Siedlungen an der Jümme und den vielen Moorkanälen waren ein braves Völkchen. Sie hörten gerne zu, lernten fleißig und gehorchten willig. Natürlich wurden sie auch von ihren Eltern dazu angehalten. Es war für ihre Lehrerin eine Lust, mit ihnen zusammen zu sein und zu arbeiten.

Immer wieder einmal wurde Gertrud von der Gemeinde oder auch von der Schulbehörde nach Oldenburg, Aidlingen und anderswohin zu Fortbildungskursen geschickt, wo sie lernen konnte, wie sie ihren Kindergottesdienst und ihren Schulunterricht noch besser und interessanter gestalten konnte, so dass die Kinder noch leichter gutes geistliches Wissen mitnehmen konnten. Hoffentlich blieb es nicht in den Köpfen, sondern traf auch die Herzen!

In den Häusern der Gemeinde sprach es sich rasch herum, dass es sich lohnte, die Kinder zu Gertrud Wehl in die Gruppen zu schicken. Und die Jungen und Mädchen kamen gerne und füllten die Räume. Hier bekamen sie gutes geistliches Brot von dem, der sich selbst als das Brot des Lebens bezeichnet hatte. Als in einem der Ortsteile die Kinderzahl im Kindergottesdienst über die Hundertvierzig ging, musste die Gruppe sogar geteilt werden.

Pastor und Kirchenvorstand hatten ihre Freude an der guten Arbeit ihrer Gemeindehelferin und am guten Verlauf und offenbar gesegneten Wachstum der Kinder- und Jugendarbeit in der Gemeinde. Nicht anders erging es den deutschen und englischen Aufsichtsbehörden, die immer wieder einmal den Unterricht in den Schulen besuchten. Auch sie waren mit der jungen Lehrerin mehr als zufrieden.

Nur der neue Schulleiter in Augustvehn war es nicht. Der hatte es nicht so mit dem Glauben. Ihm gefiel es nicht, dass die Kinder ihre im Unterricht gelernten Glaubenslieder auch auf dem Schulhof und auf den Dorfstraßen sangen. »Welch Glück ist's, erlöst zu sein, Herr, durch dein Blut ...« Das berührte ihn merkwürdig und unangenehm. Traf diese Aussage vielleicht sein unerlöstes Gewissen? Aber in der Frage der Unterrichtsinhalte biss er bei seiner Fachlehrerin auf Granit. Die ließ sich ihre frommen Lieder nicht verbieten. Und die Kinder sangen sie nun mal gerne. Dann sollten sie sie auch singen, wo immer sie wollten.

Gertrud Wehl war selbst immer wieder dankbar und beschämt, dass Gott ihrer unterschiedlichen Arbeit so viel Gelingen schenkte, wenn sie auch zuweilen von den vielen Dingen erschöpft und müde war. Sie war schließlich auch zwischen den einzelnen Einsatzorten und Terminen ständig mit dem Fahrrad unterwegs und das bei Sonne und Regen, Sommerhitze und Winterkälte, bei klarer Sicht und dickem Nebel. Vor allem dann konnte der Weg gefährlich sein. Immer wieder einmal verpasste jemand bei schlechter Sicht den Weg und landete in einem der ungezählten kleineren und größeren Kanäle, die die weite Moorlandschaft durchzogen. Vor solch einem Unfall blieb die Lehrerin und Gemeindehelferin aber immer verschont. Gott sei Dank!

Die Arbeit mit den Kindern, das Miteinander mit den Erwachsenen in Gemeinde und Schule – alles machte einfach sehr viel Spaß und Freude, und der Segen, den Gott ganz offenbar auf ihre Arbeit legte, war für alle spürbar. So konnte es gerne noch ein paar Jahre weitergehen.

Dass ihre Kräfte begrenzt waren, war der Gemeindehelferin und Religionslehrerin dabei sehr bewusst. Sie bekam es auch immer wieder zu spüren. Dann nahm sie ihren Einsatz einfach ein wenig zurück, ohne dass die Menschen um sie herum viel davon mitbekamen. Es kam ab und an vor, dass sie einen Tag oder zwei mit der Arbeit aussetzen musste, weil ihr wieder einmal so ein Kräftetief zu schaffen machte. Aber das ging vorüber, und dann machte sie mit neuem Elan weiter.

Alexander

Eine Sache machte ihr dann um das Jahr 1950 herum aber doch etwas mehr zu schaffen. Es ging um Alexander, der um einen Platz in Gertruds Herzen und Leben warb.

In Stolp war Gertrud noch zu jung gewesen, um sich mit der Liebe zu beschäftigen. In den Berliner Jahren hatte es vielleicht einmal einen Blickwechsel mit einem Jungen gegeben, der etwas tiefer gegangen war als ein normaler Blick. Aber festgesetzt hatte sich im Herzen des jungen Mädchens nie etwas, was als Liebe hätte bezeichnet werden können. In den Kriegsjahren hatte es an Gelegenheiten gemangelt, dauerhafte Kontakte zu knüpfen.

Es war ihr aber nicht als Mangel ihres jungen Lebens aufgefallen. Dann jedoch war Alexander aufgetaucht, ein junger Mann um die dreißig, auch Flüchtling aus dem Osten, hübsch, schwarzhaarig, zuvorkommend und von angenehmem Wesen.

Alexander stand eines Morgens in Vreschenbokel, wo sie einige Stunden unterrichtete, auf dem Schulflur und wurde der Religionslehrerin Gertrud Wehl als Hospitant der Lehrerbildungsanstalt Oldenburg vorgestellt. Aber die kleine, adrette Lehrerin hatte es ihm wohl bald mehr angetan als der Unterricht, den sie mit den Jungen und Mädchen abhielt. Bei nächster Gelegenheit saß der Hospitant mit im Kreis des Jugendbundes, der sich wöchentlich im Haus von Amke und Dietrich Wilken traf. Er kam eigens aus Oldenburg für den Abend angereist. Er war Christ, aber ob er überhaupt ein Ohr für die Botschaft des Evangeliums hatte?

Das wurde nicht sehr deutlich. Dass er Augen für Gertrud hatte, war nicht lange geheim zu halten. Alexander gab sich auch gar keine Mühe, sein Bemühen um das Herz der jungen Frau zu verbergen. Wo auch? In der moorigen Gegend gab es ja keine Berge!

Gertrud vermochte sich dem Werben Alexanders nicht lange zu widersetzen. Von den Frauen in ihrem Alter waren viele schon verheiratet oder hatten feste Freundschaften.

Die beiden jungen Menschen kamen sich bald innerlich und äußerlich näher, wobei Gertrud ihre Verhaltensgrundsätze hatte. Sie trafen sich mal in Oldenburg, mal in Augustfehn, und sie genossen es, zusammen zu sein, sich zu unterhalten über Gott und die Welt, über das Studium und den Lehrerberuf und über ein mögliches gemeinsames Leben.

Dann gab es irgendwann die Verlobung und erste Gespräche über eine zu planende Hochzeit. Aber merkwürdig, nach der Verlobung änderte Alexander nach und nach sein Verhalten. Er wurde in seinen Ansichten über das Leben und über den Glauben immer enger, bestimmender, fordernder. Er beschnitt zunehmend die Freiheiten seiner Gertrud und versuchte, von seinem Studien- und Wohnort in ihre Freizeit und in ihre Arbeit hineinzureden.

Zunächst fiel das der verliebten jungen Frau nicht einmal auf.

Bekanntlich macht Liebe blind für manche Realitäten. Aber mehr und mehr erschien ihr dieses Verhalten dann doch unnormal und unerträglich. So konnte Alexander mit ihr doch nicht umgehen. Er konnte ihr doch nicht den Umgang mit den Jugendbündlern und anderen Leuten der Gemeinde verbieten, nur weil er nicht mit ihnen zurechtkam und sie ihm nicht fromm genug waren. Er konnte ihr auch nicht vorschreiben, welche Lieder sie denn nun noch singen konnte und welche nicht, nur weil er seine besonderen Vorstellungen von geistlichen Liedern hatte. Schon gar nicht konnte er ihr verwehren, evangelistisch zu arbeiten. Galt für ihn der Missionsbefehl Jesu plötzlich nicht mehr? Und dazu entwickelte er auch noch merkwürdige Vorstellungen davon, wie eine Frau sich gegenüber ihrem Mann zu verhalten hatte. Das würde ja ein Sklavenleben werden! Das war ja beängstigend, ja schon irgendwie krankhaft. Nein, Alexander, so nicht! Mit Gertrud Wehl nicht!

Die junge Frau geriet in innere Konflikte, die ihr bald auch äußerlich anzumerken waren. Die Freude und das Lachen kamen ihr abhanden und die Offenheit im Umgang mit den Menschen. Die Wesensveränderung fiel ihrer Umgebung bald auf.

Auch Oltmann Timmermann, in dessen Wohnzimmer sonntags Bibelstunden stattfanden und mit dem sie schon einige Bibelwochen und Evangelisationen vorbereitet und manches seelsorgerliche Gespräch geführt hatte, war deutlich aufgefallen, dass die Kindergottesdienst-Helferin litt und mit ihr ihre Arbeit, und er konnte sich denken, worunter. Der Kirchenälteste war ein guter Menschenkenner und ein warmherziger Mann. Er sprach die junge Frau an, als sie zu einem dienstlichen Besuch im Auftrag des Pastors in seinem Wohnzimmer saß.

»Sie sind unglücklich, Fräulein Wehl, hab ich Recht?«, fragte er sie.

Gertrud fühlte sich augenblicklich von dem alten Herrn erkannt und durchschaut. Sie errötete leicht und blickte ein wenig verlegen auf ihre Hände. An ihrer linken Hand blinkte ein kleiner goldener Ring. »Sie haben Recht, Herr Timmermann«, gab sie ohne Umschweife zu.

»Und es liegt an Alexander?«

»Ja, es liegt an Alexander. Er hat sich in der letzten Zeit so verändert.« Gertrud hob ihre Augen und schaute ihr Gegenüber mit unsicherem Blick an.

»Mir ist das auch aufgefallen, Fräulein Wehl. Und ich sage Ihnen, beten Sie um Gewissheit Ihres Weges. Sie sind zu schade für den Mann. Er blockiert Sie.«

Gertrud atmete tief und hörbar und erwiderte leise: »Aber ich liebe ihn doch, und er liebt mich.«

Oltmann Timmermann zögerte einen Moment mit seiner Antwort, als überlege er noch, ob er weiterreden dürfe. Dann sagte er deutlich und bestimmt: »Liebt er Sie wirklich? Oder liebt er nicht vielmehr sich selbst? Ich rate Ihnen, Fräulein Wehl, lösen Sie die Verlobung. Geben Sie den Mann los und sich selbst die Freiheit zurück.« Und nach einem tiefen Atemzug fügte er hinzu: »Sie wissen möglicherweise nicht, was ich weiß.«

»Bitte sagen Sie mir, was ich nicht weiß«, forderte die junge Frau.

»Alexander ist krank, Fräulein Wehl, psychisch krank. Er musste sich schon klinisch behandeln lassen. Auf einer solchen Grundlage lässt sich keine gemeinsame Zukunft aufbauen.«

»Alexander hat mit mir nie über eine Krankheit gesprochen und schon gar nicht über eine psychische«, wehrte Gertrud diese Aussage erschrocken ab. »Woher wissen Sie …?«

»Ich weiß es halt, Fräulein Wehl. Haben Sie einfach Vertrauen, dass ich es gut mit Ihnen meine. Hören Sie auf meinen Rat. Dann werden Sie auch wieder glücklich. Ich mag es nicht und die Gemeinde mag es auch nicht, dass Sie nicht mehr lachen können und so bedrückt umhergehen. Außerdem müssen Sie wieder für Ihre Arbeit frei werden. Die leidet wie Sie selbst.«

Sehr unruhig im Herzen verließ Gertrud Oltmann Timmermann. Wie sollte sie mit dem Rat des liebenswürdigen alten Herrn jetzt umgehen? Er hatte ganz sicher Recht, sein Eindruck von Alexander entsprach ganz dem, was sie für sich selbst mehr und mehr empfunden, aber sich bisher nicht eingestanden hatte. Mit einem psychisch labilen oder gar wirklich kranken Menschen ein ganzes Leben verbringen? Das konnte es nicht sein. Und warum hatte er ihr diese Krankheit verschwiegen, wenn er sie, seine Gertrud, tatsächlich liebte?

Noch andere Gedanken gingen Gertrud durch den Kopf: Hatte sie denn diese Frage zu wenig mit Gott besprochen? Hatte die Liebe sie wirklich blind und geistlich oberflächlich werden lassen? War sie mit ihrer Liebe zu Alexander und ihrer Bindung an ihn eigene Wege gegangen? War die Verlobung vielleicht gar ein Akt des Ungehorsams gewesen?

Merkwürdig, bei ihren angestrengten Überlegungen, wie sie denn nun mit dieser Beziehungssache umgehen sollte, kam ihr ihr Konfirmationsspruch plötzlich deutlich vor Augen. Gertrud nahm sich den 40. Psalm vor und las die 18 Verse im Zusammenhang. Die Worte König Davids bewegten sie sehr. Sie trafen ihre Situation vor allem als Anfrage an ihren Glauben und seine Umsetzung im Lebensalltag. Den Vers 14 machte sie besonders zu ihrem Gebet: »Lass dir's gefallen, Herr, mich zu erretten; eile, Herr, mir zu helfen!«

Nach ein paar Wochen der Unruhe und des Kampfes wusste Gertrud Wehl, dass sie am nächsten Samstag nach Oldenburg fahren und Alexander den Verlobungsring zurückgeben würde. Sie würde die Begegnung so kurz halten wie eben möglich. Gott würde ihr die Kraft zu dieser schwierigen Sache geben.

So wurde es auch. Gott gab ihr die Kraft zu einer kurzen, aber entscheidenden Begegnung. Und er gab ihr den Mut, dem jungen Mann noch im Bahnhof Oldenburg deutlich zu machen, dass er ihr seine Krankheit nicht hätte verschweigen dürfen. Das sei für sie ein bedauerliches Zeichen mangelnden Vertrauens, das sie sehr enttäuscht habe. So Leid es ihr auch tue, damit sei die Grundlage für ein gemeinsames Leben leider zerstört.

Anderes, was ihr zuletzt in ihrer Beziehung Mühe gemacht hatte, sprach sie gar nicht mehr an. Was hätte ein längeres Gespräch noch geändert?

Alexander versuchte natürlich, Gertrud ihr Vorhaben auszureden, ihr sein Verhalten zu erklären und sie von seiner Liebe zu überzeugen. Vergeblich. Die Frau ließ sich auf keine Argumentation ein. Der junge Mann musste die Kröte schlucken und den Ring zurücknehmen, so sehr er sich auch dagegen sträubte.

Nach kurzem und endgültigem Abschied nahm Gertrud den nächsten Zug zurück nach Augustfehn. Wie froh war sie, dass sie das kleine Zugabteil für sich allein hatte. So konnte sie ihren Gefühlen freien Lauf lassen. Und auch den Tränen, die nun doch flossen, nachdem die Spannung der letzten halben Stunde sich allmählich löste. Den Ring zurückzugeben war ihr erschienen wie die Pflanze der Liebe aus dem Herzen reißen. Das hinterließ eine blutende, schmerzhafte Wunde, die wohl eine Zeit zum Heilen brauchen würde. Nein, der jungen, enttäuschten Frau ging es gar nicht gut während der Fahrt. Sie fühlte sich sehr elend und tief enttäuscht und niedergedrückt von einer unendlichen Traurigkeit. Und doch fühlte sie sich irgendwie erleichtert und von einer schweren Last befreit.

Das Kapitel Liebe war in ihrem Leben zunächst einmal beendet. Sie war wieder frei für ihre anderen Beziehungen und für ihre Arbeit. Hoffentlich war sie auch bald wieder ganz frei von dem, was sie in den letzten Wochen so sehr belastet hatte.

Eine neue Berufung

Es konnte also gerne weitergehen mit der Gemeinde- und Schularbeit. Wenn nicht, ja, wenn nicht nach sieben Jahren guter geistlicher Arbeit zwei biblische Worte immer wieder vor den Augen der inzwischen Zweiunddreißigjährigen aufgetaucht wären, die ihr zunehmend eine ganz andere und neue Unruhe machten: »Gehe aus deinem Vaterland und von deiner Freundschaft und aus deines Vaters Hause in ein Land, das ich dir zeigen werde«, hatte Gott einst dem Abraham gesagt, nach 1. Mose 12. Und im Psalm 32, Vers 8 zitiert der königliche Sänger David einen Hinweis Gottes: »Ich will dich unterweisen und dir den Weg zeigen, den du wandeln sollst. Ich will dich mit meinen Augen leiten.«

Die junge Frau geriet innerlich in Bedrängnis. Sie empfand diese Schriftstellen mehr und mehr als deutliche Weisung Gottes für ihre Zukunft. Was sollte sie tun? Wie sah der notwendige Schritt des Gehorsams gegenüber diesen Weisungen aus? Sollte sie ihre gute Stellung kündigen? Ja, der Schritt konnte nur Kündigung heißen! Andernfalls wäre sie ja nicht frei zu gehen, wo sie doch jetzt auch nicht mehr an einen Menschen gebunden war.

Und danach? Darüber machte sich Gertrud Wehl zunächst einmal keine Gedanken. »Ich will dich unterweisen und dir den Weg zeigen, den du wandeln sollst.« Das genügte ihr fürs Erste. Ihr künftiger Weg war Gottes Sache. Eines schien ihr dabei allerdings schon klar: In eine Ehe und Familie würde dieser Weg nach der Enttäuschung mit Alexander wohl nicht führen.

Wie gerne hätte Gertrud über diese Zukunftsfrage mit ihren Eltern gesprochen. Doch die lebten in Hagenow, einer Stadt in Mecklenburg in der DDR, und das lag wegen der politischen Verhältnisse sehr weit weg. Und ob die Eltern diesen menschlich gewiss unlogischen Schritt verstanden und befürwortet hätten, war wohl auch fraglich. Diese Bedrängnis musste die Diakonin und Lehrerin also allein durchstehen. Und so machte sie sich denn auf den Weg.

Sie schrieb ihre Kündigung zum 15. April 1952. Natürlich schrieb sie sie gleich zweimal. Einmal an ihren verehrten Pastor Weise, der inzwischen ihrem ersten Pastor im Amt nachgefolgt war, und dann natürlich an die Schulbehörde in Oldenburg.

Die Beamten dort nahmen die Kündigung gelassen. Das war für sie nichts Besonderes, wenngleich in diesem besonderen Falle bedauerlich. Die Bestätigung der Kündigung machte das deutlich. Gertrud Wehl hatte sich einen guten Namen gemacht.

Dagegen waren Pastor Weise und sein Kirchenvorstand mehr als erschrocken. Ihre Gemeindehelferin wollte sie verlassen? Das konnte nicht angehen. Das musste verhindert werden! Eine solche begnadete Arbeitskraft konnte man nicht einfach gehen lassen. Da musste alles Mögliche versucht werden, um sie zu halten.

Aber aller noch so guter Zuspruch half nicht. Gertrud Wehl blieb fest bei ihrem Entschluss. Sie wusste sicher, dass Gott sie gerufen hatte, auch wenn die Zukunft, Weg und Ziel noch ungewiss waren.

Der Kirchenvorstand ließ sich etwas anderes einfallen, um die Gemeindehelferin umzustimmen. Etwa zehn Tage später war Missionar Heinrich Thiessen in Apen, ein schon älterer, liebenswürdiger weißhaariger Herr. Er hielt als Mitglied des Missionsvorstandes der »Mission für Süd-Ost-Europa« hier im Norden eine Evangelisationswoche und bekam den Auftrag, die beliebte und allseits geschätzte Gemeindehelferin in ihrer Wohnung zu besuchen und möglichst in ihrer Entscheidung umzustimmen.

»Liebes Fräulein Wehl, nehmen Sie Ihre Kündigung zurück. Bruder Weise braucht Sie. Die Gemeinde Apen braucht Sie. Soll es denn so plötzlich aufhören mit Ihrer gesegneten Arbeit unter den Kindern? Das können Sie doch nicht wollen.«

»Das will ich auch nicht, Herr Thiessen. Aber ich kann nicht anders. Meine Zeit hier ist für mich abgelaufen. Gottes Weisung ist für mich eindeutig und klar. Da gibt es für mich kein Zurück.« Gertruds Antwort klang fest und bestimmt, und sie ergänzte: »Die Arbeit wird auch ohne mich weitergehen. Die darf und wird nicht an meiner Kündigung scheitern. Ein Vikar ist doch bereits in Aussicht. Der wird meine Arbeit aufnehmen und fortsetzen.«

»Aber was wollen Sie denn nach dem Ende Ihres Dienstes hier in Apen machen? Wo wollen Sie denn hingehen?«

»Ich weiß es nicht«, konnte die junge Frau nur antworten. »Seit ich das Buch über die kleine englische Missionarin Gladys Aylward gelesen habe, bin ich mir sicher: Gott wird es wissen und es mir rechtzeitig deutlich machen, so wie er es ihr deutlich gemacht hat.«

»Dass es so etwas noch gibt!«, schüttelte der Missionar sein weißes Haupt. »Kann ein Mensch sich denn so auf Gottes Weisungen verlassen?«

»Diese ›unbegabte Frau‹, wie sie genannt wurde, konnte das. Und sie hat Wunderbares erlebt.«

»›Eine von den Unbezwungenen‹. Ich kenne das Buch. Diese Frau hat wirklich wunderbare Gotteserfahrungen gemacht. Aber unabhängig davon – haben Sie denn wirklich keine noch so vage Vorstellung davon, wie es weitergehen könnte?«

»Doch, ich habe schon eine Vorstellung. Aber die ist in diesem Falle sicher nicht maßgebend«, räumte Gertrud ein.

Jetzt schaute der alte Bruder sie doch neugierig an: »Und wie sieht diese Vorstellung aus?«

»Wenn Sie mein Herz fragen würden, was nicht entscheidend ist – dann möchte ich nicht gleich nach China, sondern am liebsten zu Zigeunern. Aber ich weiß nicht, wie man das macht und wie das gehen könnte«, meinte sie ein wenig zaghaft. Dabei erschrak sie ein wenig vor ihrer eigenen Antwort. Wie kam sie jetzt auf Zigeuner, die seit Jahren in ihrer Gedankenwelt kaum vorgekommen waren und in ihrem Blickfeld schon mal gar nicht? Merkwürdig und doch irgendwie schön und richtig. Die Zigeuner, die waren es!

»Fräulein Wehl, sagen Sie das noch mal!«, rief der alte Herr erstaunt aus.

»Ja, ja, Sie haben schon richtig gehört«, bestätigte Gertrud.

»Wenn es nach mir gehen könnte, ginge ich am liebsten zu Zigeunern. Zu Sinti oder Roma oder zu beiden.«

Heinrich Thiessen holte tief Luft: »Eigentlich sollte ich Sie dazu bewegen, Ihre Kündigung zurückzunehmen. Pastor Weise und sein Kirchenvorstand hatten mich darum gebeten. Aber jetzt sage ich Ihnen etwas ganz anderes.«

»Da bin ich aber gespannt«, schaute Gertrud den alten Herrn erwartungsvoll an.

»Kommen Sie zu uns, Fräulein Wehl. Ich gehöre zum Vorstand der Mission für Süd-Ost-Europa. Unsere Zentrale ist in Geisweid im Siegerland. Wir suchen seit einiger Zeit dringend eine hauptamtliche Missionarin, die bereit ist, in Deutschland zu Zigeunern zu gehen. Es gibt so viele davon, denen niemand Gottes Wort bringt. Wir beten schon lange um eine geeignete Person. Sie scheinen die Gebetserhörung zu sein. Kommen Sie zu uns, Fräulein Wehl. Sie könnten morgen anfangen.«

Jetzt war es an Gertrud Wehl, ihren Mund vor Erstaunen offen stehen zu lassen. Nach ein paar Sekunden meinte sie dann: »Ich werde über Ihr Angebot nachdenken und um Klarheit beten. Wenn ich sie bekommen sollte, werde ich mich in der Missionszentrale melden, auch wenn ich Ihre Mission bisher nur vom Hörensagen kenne.«

»Das kann sich schnell ändern. Sie werden unser Werk bald kennen lernen. Darf ich Ihnen schon einmal die Adresse geben?« Missionar Thiessen bemühte sich, das entzündete Flämmchen am Brennen zu halten oder gar ein wenig anzufachen.

»Sie dürfen. Wenn ich die Anschrift wirklich brauchen sollte, habe ich sie schon einmal.«

»Ich würde mich sehr freuen, wenn Sie in unserem Sinne Klarheit für Ihren Weg bekämen, Fräulein Wehl. Und nicht nur ich würde mich freuen. Sicher auch die Zigeuner, mit denen Sie dann zu tun bekämen. Da bin ich ganz sicher.«

Der alte, liebenswürdige Herr verabschiedete sich und ließ eine einigermaßen verwirrte und möglicherweise angehende Zigeunermissionarin zurück. Denn so viel war Gertrud Wehl schon klar: Diese Begegnung konnte kein Zufall sein. Da musste Gott seine Hände im Spiel gehabt haben. Dennoch: Sie musste die Sache zunächst überschlafen und durchbeten. Gott würde ihr die letztlich entscheidende Antwort geben. —

In der folgenden Zeit bis zur Beendigung ihres Dienstes in Apen kreisten Gertrud Wehls Gedanken immer wieder um die Frage ihres künftigen Weges. Dabei musste sie mehr und mehr darum kämpfen, dass ihre Unsicherheit die Arbeit nicht negativ beeinflusste. Das sollte man ihr nicht nachsagen können, dass sie nach ihrer Kündigung ihre Aufgaben vernachlässigen würde. Wenn sie doch nur Klarheit bekäme! Gott, schenk mir Gewissheit, ob und dass der Weg zu den Zigeunern mein Weg ist!

Eines Abends saß die junge Frau wie meistens vor Tagesschluss wieder an ihrem Tisch zu Andacht und Gebet, vor sich die wie zufällig aufgeschlagene Bibel. Sie las, was da vor ihren Augen lag. Sie las es noch einmal. War das Gottes Antwort auf ihre Bitte um Klarheit? Das musste sie sein. Ja, das war die Antwort! Gertrud las wieder und wieder den 13. Vers aus dem 13. Kapitel des Hebräerbriefs: »So lasst uns nun hinausgehen aus dem Lager und seine Schmach tragen.«

Blitzartig wurde ihr deutlich: »Du musst gehen! Du sollst gehen, Gertrud Wehl! Irgendwo sind Zigeuner, die warten auf dich. Du darfst deinen gesicherten Lagerplatz getrost verlassen und neue Orte aufsuchen, auch wenn es offenbar nicht leicht werden wird. Von ›Christi Schmach tragen‹ hast du hier nicht viel gespürt. Da warten andere Plätze auf dich, Wohnplätze von Zigeunern, neue Bedingungen, neue Aufgaben, neue Arbeit für neue Menschen. Auf, Gertrud Wehl! Warum zögerst du noch, den Brief nach Geisweid zu schreiben? Schreib ihn, schreib ihn jetzt!«

Das Dankgebet für diese Offenbarung ihres künftigen Weges fiel kurz, aber kräftig aus. Dann griff Gertrud zu Briefpapier und Füllfederhalter, um den erforderlichen Brief an den Leiter der Mission für Süd-Ost-Europa zu schreiben: »Sehr geehrter Herr Wißwede! Wie Sie sicherlich bereits durch Herrn Missionar Heinrich Thiessen erfahren haben, sehe ich meinen künftigen Weg vor Gott in der Arbeit unter Zigeunern ...«

Ihr erster Weg am nächsten Morgen war der zum Briefkasten. Und dann folgten ein paar Tage erhöhter Spannung, wie die Reaktion aus Geisweid wohl lauten würde.

Der Antwortbrief kam nach wenigen Tagen und enthielt die Einladung, doch möglichst umgehend in die Missionszentrale zu kommen. Missionsleiter Paul Wißwede wolle sie gerne kennen lernen und mit ihr über ihre Anstellung reden und über ihre Arbeit allgemein und speziell unter Zigeunern. Sie möge ihr Kommen nur bitte kurz anzeigen.

Nichts lieber als das! Gertrud Wehl meldete sich für die kommende Woche an. Erst wollte sie die Verabschiedung aus der Gemeindearbeit in Apen noch hinter sich bringen. Leicht würde ihr die Feier sicher nicht fallen, die Pastor Weise und einige Verantwortliche der Gemeinde mit den Kindern vorbereitet hatten. Dafür war sie einfach zu gerne hier gewesen und sehr beliebt bei den kleinen und großen Leuten der Gemeinde. Hinter sich bringen wollte sie auch die Verabschiedung aus den Schulen, in denen sie mit großer Freude einen guten Religionsunterricht gehalten hatte. Auch hier war die Trennung sicher schmerzlich. Aber sie musste sein. Gott wollte es so, da war sich Gertrud Wehl mehr als sicher.

Ein paar Tage später stieg die junge Frau dann in Geisweid im Kreis Siegen aus dem Zug, erkundigte sich nach dem Weg zur Siegherd-Fabrik und begab sich zu Fuß dorthin. Auf dem Firmengelände fand sie bald die Baracke, die der Unternehmer Heinemann zur Verfügung gestellt hatte und die der Mission für Süd-Ost-Europa nach der Vertreibung aus Schlesien seit 1946 als Zentrale diente.

Hier lebte und arbeitete also die Missionsfamilie unter der Führung von Missionsinspektor Paul Wißwede, einem Herrn, der die siebzig bereits überschritten hatte, der aber immer noch sehr aktiv und offenbar eine starke geistliche Persönlichkeit war.

Diesem ehrwürdigen Herrn im dunklen Anzug mit Weste, die über seinem Bäuchlein ein wenig spannte, weißhaarig, mit Brille und kleinem Schnäuzer unter der Nase in einem freundlichen Gesicht – diesem gütigen Mann saß die Missionsaspirantin dann bald gegenüber.

Paul Wißwede faltete zunächst die Hände, dankte Gott für die Begegnung und erbat seine Leitung und seinen Segen für das folgende Gespräch und für die Zeit des Aufenthalts seines Gastes in der Missionsbaracke.

Gertrud Wehl war sehr beeindruckt von dem würdigen Mann und seiner Art, ihr als fremder Frau zu begegnen. Den musste man einfach mögen, ging es ihr durch den Kopf.

44

»Ich begrüße Sie noch einmal herzlich in unserer Missions-familie, Schwester Gertrud«, begann der Missionsleiter dann das Gespräch.

Die zum ersten Mal als »Schwester Gertrud« angeredete junge Frau bedankte sich höflich für die Einladung und die freundliche Begrüßung und fragte ein wenig erstaunt zurück: »Bin ich denn schon angestellt? Sie kennen mich doch noch gar nicht.«

»Muss ich Sie näher kennen, Schwester Gertrud? Sie hatten Ihrer Besuchsanmeldung Ihr Zeugnis beigelegt, und ich habe es gelesen. Ihr Zeugnis sagt mir genug.« Der alte Herr nahm das Papier der Evangelisch-lutherischen Kirchengemeinde Apen in Oldenburg, das er vor sich auf dem Schreibtisch liegen hatte, in die Hand und zitierte: »›Alle diese Dienste tat sie in tiefer Gläu-bigkeit, mit großem Fleiß, treuer Gewissenhaftigkeit und ganzer Hingabe.‹« Er blickte vom Papier auf und sah die junge Frau an. »Wozu brauche ich mehr Zeugnis, Schwester Gertrud? Diese Worte Ihres Pastors in Apen sagen doch alles aus, was eine Mis-sionarin kennzeichnen sollte. Also, keine weiteren Überlegungen zur Einstellung. Wenn Sie selbst keine Bedenken haben …«

»Welche sollte ich haben, Herr Wißwede? Eher unbewusst hatte ich wohl schon lange den inneren Wunsch, mit dem Evangelium zu den Zigeunern zu gehen. Ich sehe es deutlich als Gottes Weg für mich, dass ich in Augustfehn Missionar Thiessen begegnet bin und er mich auf Ihre Mission aufmerksam gemacht hat.«

»Das ist fein, und wir sehen das auch so. Wann möchten Sie kommen?«

»Am liebsten sofort. Aber ich hätte da schon noch eine Bitte.«
»Und die wäre?«

»Schon vor der Begegnung mit Missionar Thiessen hatte ich eine Einladung von Major Thomas, dem Begründer der Fackel-trägerbewegung in Capernwray Hall. Ich hatte das Bedürfnis, mein Englisch aufzubessern und im College ein bisschen mitzu-hören.«

»Gehen Sie mit Gott zunächst nach England, Schwester Ger-trud, und kommen Sie danach zu uns. Ihren Platz bei uns nimmt Ihnen niemand mehr weg. Ein Stück mehr Zurüstung kann nie schaden.«

Das Gespräch ging noch eine Weile um dies und das aus dem

Leben und der bisherigen Arbeit der neuen Mitarbeiterin und um die verschiedenen Arbeiten der Mission für Süd-Ost-Europa. Schließlich lud der Missionsleiter seine neue Angestellte zu einem abschließenden Gebet ein und verwies sie dann an einige Mitarbeiterinnen des Hauses, die sich weiter um sie kümmern würden und die sie vorab schon einmal in die Arbeit des Werkes einführen sollten. Sie dürfe gerne ein paar Tage in der Zentrale bleiben, um Informationen und Eindrücke zu sammeln. Unterkunft und Versorgung seien kein Problem. Sie solle aber auf jeden Fall vor ihrer Abreise noch einmal zu einem Gespräch kommen.

In den nächsten Tagen lernte Schwester Gertrud – so wurde sie von Anfang an von allen Leuten in der Missionszentrale genannt, und so war das offenbar in diesem Werk üblich – schon einmal die verschiedenen Arbeitsbereiche kennen, die es bis zur zwangsweisen Umsiedlung des Werkes ins Siegerland gegeben hatte und die seit dem Neuanfang nach dem Krieg dazugekommen waren. Besonders waren es Meta Kalow, Martha Westermann und Lotte Kühne, die die Neue abwechselnd liebevoll unter ihre Obhut nahmen, ihr dies und das zeigten und ihr von Ereignissen und Geschichten aus Vergangenheit und Gegenwart der Arbeit in der Mission für Süd-Ost-Europa erzählten.

Schöne Tage waren das für Schwester Gertrud, die ihr Herz aufblühen ließen und es so richtig mit Vorfreude auf die Arbeit einstimmten, die vielleicht in einem halben Jahr beginnen würde.

Von den Vätern lernen

Während ihres Aufenthalts in Capernwray Hall lud das kinderlose Ehepaar Montequê Goodman und seine Frau Gertrud Wehl in seine Villa in Seven Oaks bei London ein, um ihr beim Sprachstudium zu helfen. Mr. Goodman war Präsident des Londoner Bible College.

Für die Sprachstudentin vergingen die Wochen und Monate in London viel zu schnell. Der private Sprachunterricht, das Leben mit den Goodmans, die Besuche der vielen Sehenswürdigkeiten in der Stadt, und die Ausflüge ins Umland – das alles war einfach wunderbar. Wenn nur nicht immer wieder diese Zeiten mit dem berüchtigten Londoner Nebel gewesen wären! Die machten der jungen Frau jedes Mal zu schaffen. Der dicke, feuchte Nebel raubte ihr den Atem und die Kraft. Gertruds Gesundheit war ja nie über längere Zeit hundertprozentig stabil gewesen. Es hatte in ihrem Leben immer wieder Phasen der Krankheit und der physischen und psychischen Schwäche gegeben. Sie kannte ihre Grenzen, und hatte gelernt, damit umzugehen. Aber der Londoner Nebel setzte ihr ganz besonders zu. Ob die hier überhaupt richtigen Sommer kannten, der länger als drei Tage dauerte? Gertrud Wehls Erfahrung sprach eher dagegen. An solchen Tagen mochte sie am liebsten gar nicht vor die Tür gehen. Aber sie musste ja zu ihrem Unterricht auf die Straße und um ein paar Ecken.

Dabei passierte es dann einmal, dass irgendein unbekannt gebliebener Gauner die Situation ausnutzte und ihr von hinten die Handtasche von der Schulter riss mit allem, was der Mensch so an Papieren und Geld brauchte.

Der Kerl verschwand nach dem Diebstahl einfach im dicken Nebel. Weg war er.

Es war danach sehr schwierig gewesen, alle die notwendigen Dinge und Papiere aus Deutschland wieder zu beschaffen. Ohne die Hilfe von Mr. Goodman, der in seinem bürgerlichen Beruf Rechtsanwalt war, wäre das wohl kaum so bald gelungen.

Die neue Tasche hängte die Bestohlene sich künftig so um, dass ein Dieb ihr schon den Kopf hätte abreißen müssen, wenn er sie hätte wegnehmen wollen. Auf ein solches Erlebnis konnte Gertrud Wehl künftig gerne verzichten.

Dafür hätte sie ein anderes gerne wiederholt, wenn es möglich gewesen wäre. Sie nutzte natürlich immer wieder die Möglichkeit, mit ihren Gastgebern an Gemeindeveranstaltungen teilzunehmen. Darunter war auch eine Missionsveranstaltung, in der die von ihr so sehr verehrte Chinamissionarin Gladys Aylward persönlich aus ihrer Arbeit berichtete. Diese Gelegenheit ließ sich Gertrud Wehl natürlich nicht nehmen! Was hatte diese kleine, unscheinbare Frau nicht alles geleistet und erlebt als Missionarin, als »Fuß-Inspektorin Ai-weh-deh«, als »Mutter« ungezählter Kinder, als …

Sie hatte in jungen Jahren den Ruf Gottes in die Missionsarbeit in China verspürt. Aber alle ihre Bewerbungen bei verschiedenen Missionen waren mit der Begründung abgelehnt worden, sie sei für einen solchen Dienst zu unbegabt und ungeeignet. Daraufhin hatte Gladys Aylward sich autodidaktisch auf ihre spätere Arbeit vorbereitet und nebenher gearbeitet, um das Geld für ihre Ausreise zu verdienen. Als sie glaubte, genug beieinander zu haben, war sie 1932 ohne die sichernde Rückendeckung einer Missionsgesellschaft, aber im festen Vertrauen auf ihren Herrn und Gott auf abenteuerlichen Wegen über Russland nach China gereist. Dort hatte sie eine Missionsarbeit begonnen.

Nach vielen Jahren treuen Bemühens hatte Gott ihre Arbeit durch eine reiche Ernte gesegnet. Welch eine Frau! Was für eine Bestätigung einer »fehlenden« Begabung! Von dieser Frau wollte die angehende Zigeunermissionarin gerne lernen und sich das unerschütterliche Gottvertrauen der kleinen Chinamissionarin wenigstens ein Stück weit zu Eigen machen. Wusste sie denn, was auf sie zukam, wenn sie demnächst irgendwo unter deutschen Sinti arbeitete, auch wenn sie Beter und Geber eines sendenden und Sicherheit gebenden Missionswerks hinter sich hatte?

Ein bisschen Zeit bis dahin hatte Gertrud Wehl noch. Die wollte sie gerne noch genießen. Sie würde es schon rechtzeitig erleben, welche Portionen an Gottvertrauen sie aufbringen musste.

Für Paul Wißwede, den Leiter der Mission für Süd-Ost-Europa in Geisweid, dauerte Schwester Gertruds Zeit in London allerdings zu lange. Er schrieb ihr einen Brief mit der Frage, wann sie denn endlich zurückkäme, sie werde dringend gebraucht.

Die Empfängerin des Schreibens wusste nicht so recht, ob sie sich über den Brief ärgern oder freuen sollte. Der Missionsleiter hatte doch ihrem Aufenthalt in England zugestimmt. Warum drängte er sie dann zur Rückkehr? Ihm musste wohl sehr an einem baldigen Beginn ihrer Zigeunerarbeit gelegen sein.

Also die Londoner Zeit doch nicht noch einmal um vier Wochen verlängern, was Gertrud leicht hätte tun können, sondern zum Monatsende nach Deutschland zurückreisen und in Geisweid mit der neuen Arbeit beginnen. Schwester Gertrud meldete ihr Kommen für den 1. Oktober an.

Beim Abschied bekam die Zigeunermissionarin von ihren Gastgebern Goodman in London zum Andenken eine kleine Kachel mit einem Wort aus dem Römerbrief: »If the Lord ist with us, who will be against us?« – »Ist Gott für uns, wer kann dann gegen uns sein?« Das machte Mut für neue Taten.

Mit einem Herzen voll Dank für die zu Ende gegangene Zeit und voller Zuversicht für die beginnende brach die junge Frau dann ins Siegerland auf, um ihren neuen Dienst anzutreten.

Die kurze Zeit im Missionshaus in Geiswald tat Gertrud Wehl gut, besonders auch die Gemeinschaft mit Meta Kalow und Lotte Kühne und den anderen Mitarbeitern. Ebenso die täglichen Andachten und Gebetszeiten. Hier erfuhren die Mitarbeiter immer die neuesten Nachrichten von den Missionsstationen und Arbeitsfeldern und konnten die Dinge immer gleich zu Gebetsanliegen machen. Hierbei ging es auch immer wieder um die Frage, wo denn Schwester Gertruds Einsatzort sein würde. Diese Frage war offenbar selbst bei den Brüdern der Missionsleitung noch nicht beantwortet. Das hielt die Spannung nicht nur in Schwester Gertrud aufrecht.

In dieser Zeit erhielt die neue Missionarin übrigens auch die Gelegenheit, sich den Brüdern vom Missionsvorstand vorzustellen, die die Anstellung durch den Missionsleiter ohne Bedenken einmütig bestätigten.

Schwester Gertrud erfuhr auch einiges über die Geschichte der Mission, hörte, dass der Mitbegründer Reinhold Urban schon eine große Liebe zum Volk der Zigeuner empfunden und selbst für längere Zeit mit Zigeunern gelebt hatte, um ihre Sprache zu erforschen und Teile des Neuen Testaments für sie zu übersetzen. Warum dieser begnadete Mensch schon im Alter von nur siebenunddreißig Jahren im Ersten Weltkrieg fallen musste, wusste wohl nur Gott allein.

Eine Niederschrift von Theodor Urban, einem weiteren Gründer des »Missionsbundes«, vermochte sie zunächst überhaupt nicht zu begeistern. Da las sie: »... Bisher scheiterten alle Versuche, den Zigeunern das Wort Gottes nahe zu bringen. Auch die verschiedenen humanen Bemühungen, Zigeuner zu ändern, sind fehlgeschlagen ...«

Das hörte sich ja schlimm und eher entmutigend an, nicht als Ansporn für den Einstieg in die Arbeit. Da musste man sich wohl eher an einem Satz wie diesem festhalten: »Dass die Bekehrung eines Zigeuners möglich ist, dafür bürgen die Verheißungen

Gottes.« Nun, wenn es stimmte, dass der englische Evangelist Gipsy Smith und der Schriftsteller John Bunyan, von denen sie in England gehört hatte, Zigeuner gewesen waren, dann war dieser Satz schon mal richtig und er vermittelte Zuversicht.

Was Schwester Gertrud dann weiter las, gab ihr allerdings wieder neu zu denken: »Zur Mission unter Zigeunern sind Männer und Frauen voll Heiligen Geistes nötig, die eine brennende Liebe zu diesem Volk haben. Sie dürfen sich nicht beirren lassen durch schwerste Belastungen ihrer Geduld. Solche, die weiche Kleider lieben und ein behagliches Leben beanspruchen, kann Gott in dieser Aufgabe nicht gebrauchen.«

Diese Sätze machten ihr Mühe. Ob die heute noch galten? Oder hatten sich die Bedingungen seit jener Zeit geändert?

»... brennende Liebe zu diesem Volk ...« – das würde sie schon für sich beanspruchen. Und Geduld und langen Atem würde sie wohl aufbringen. Aber »Frauen voll Heiligen Geistes ...«? Ob sie eine solche Frau war?

Schwester Gertrud geriet ins Grübeln über diesen Text. Doch dann blätterte sie in den Unterlagen weiter. Sie fand das Zeugnis eines Zigeunermissionars, der vor etwa fünfzig Jahren in der Slowakei und in Ungarn gearbeitet hatte. Dieser Johann – oder wie auch immer er hieß – Rohaczek hatte geschrieben: »Wir glauben nicht, dass die Verbesserung der äußeren Lage und irgendwelche Erziehungsversuche die Zigeuner umgestalten. Allein das Evangelium ist hierzu fähig. Von innen nach außen, das ist der Weg! Auch in der Seele eines Zigeuners ist Resonanz für die Liebe Gottes. Das Blut Jesu Christi, des Sohnes Gottes, hat Kraft, Zigeunerherzen zu reinigen. Die Macht des Heiligen Geistes vermag ihr Leben zu einem Gott wohlgefälligen umzugestalten.«

Schwester Gertrud las diesen Text noch mehrmals. Das war wohl tatsächlich die einzige Grundlage, auf der diese Arbeit ausgeführt werden konnte. Ob sie diesen Anforderungen jemals gerecht werden konnte? Die junge Frau begann an ihrer Entscheidung für den Weg in diese Arbeit zu zweifeln.

Dann atmete sie aber doch wieder auf. Sie fand einen Brief, den derselbe Missionar 1907 aus dem Gefängnis geschrieben hatte: »... Heute ist der dritte Tag, dass ich im Kerker sitze. Werde ›per Schub‹ nach Hause geschickt. Es bleibt aber dennoch bei Römer 8,31: ›Ist Gott für uns, wer mag wider uns sein?‹«

Wie von einem heftigen Windstoß waren alle Zweifel und Fragen im Nu weggefegt. Das war doch dasselbe Wort, das ihr ihre neuen englischen Freunde auf der kleinen Kachel beim Abschied aus London mitgegeben hatten.

Also doch mutig an die Arbeit! Gott war an ihrer Seite. Wer wollte sich dann gegen sie stellen? Das Wort des Paulus galt! Dass die Arbeit nicht einfach werden würde, das war Schwester Gertrud bei der Lektüre der Unterlagen schon deutlich geworden. Aber sie würde sich mit Gottes Hilfe und der Leitung seines Heiligen Geistes nicht unterkriegen lassen. Und ins Gefängnis kam heutzutage niemand mehr, weil er unter Zigeunern missioniert hatte.

Als sie dann noch Zeugnisse des Zigeunermissionars Jaija Sattler las, der selbst ein Zigeuner war, Lesen und Schreiben gelernt, eine gute Ausbildung an der Missionsschule erfahren hatte und der dann mit Pferd und Wagen unter seinem Volk auf dem Balkan mit der frohen Botschaft vom Sünderheiland unterwegs gewesen war – warum nur musste dieser Mensch wie viele seines Volkes auch von den Hitlerschergen umgebracht werden, warum nur?! Aber wer verstand schon Gottes Wege und wer wollte in solchen Fragen mit ihm rechten? Beim Lesen dieser Zeugnisse keimte in Schwester Gertrud bereits der Wunsch, es möge ihr geschenkt sein zu erleben, dass Zigeunerbrüder unter ihrem eigenen Volk mit dem Evangelium unterwegs seien, ja, dass es wenigstens in ihrer Dienstzeit einen gäbe, der sich sogar auf einer Bibelschule zu diesem Dienst ausbilden ließe ...

»Schwester Gertrud, ich denke, Sie waren lange genug hier in der Zentrale. Sie wissen jetzt, wie der Geschäftsbetrieb funktioniert. Sie sollten endlich hinausgehen und missionieren«, offenbarte ihr eines Abends nach der Gebetszeit der Missionsleiter.

»Nichts lieber als das, Bruder Wißwede«, freute sich die Angesprochene. »Wo soll ich denn hin?«

»Ich habe gedacht, Sie gehen mit Schwester Hedwig Ryll noch für einige Tage in die DP-Arbeit. Ich habe noch keine Klarheit, wohin ich Sie zu den Zigeunern schicke. Vielleicht sollten Sie noch an anderer Stelle ein wenig Erfahrung sammeln.« Für einen Moment erschrak Schwester Gertrud. DP-Arbeit? Doch nicht DP-Arbeit! »Displaced persons« wurden die Menschen genannt, die als ehemalige Zwangsarbeiter oder als Überlebende aus den Konzentrationslagern entlassen waren, aber keine Bleibe, keine Familie und eine ungewisse Zukunft hatten.

Aber Schwester Gertrud hatte sich rasch wieder gefangen. »Warum nicht, ich bin zu allem bereit, Bruder Wißwede, wenn ich nur missionieren kann. Wo soll es denn hingehen?«

»Schwester Hedwig geht morgen nach Augustdorf. Dort ist ein großes Lager mit vielen ›displaced persons‹ aus Polen, der Tschechoslowakei, der Ukraine und aus anderen Ländern. Die Leute brauchen Trost und Zuspruch und Hilfe. Vor allem brauchen sie das Evangelium. Das ist für einen allein ein sehr großes Feld. Besser ist es, wenn Sie zu zweit zusammenarbeiten.«

»Ich freue mich. Gleich morgen spreche ich mit Schwester Hedwig, wann wir fahren und wie das alles werden kann.«

»Tun Sie das, Schwester Gertrud. Gott segne Sie!«

»Danke, Bruder Wißwede, danke!« Endlich ging es an die eigentliche Arbeit. Dass das noch nicht bei irgendwelchen Zigeunern war, war zwar schade. Aber der Einsatz kam sicher.

Am folgenden Montag saß Schwester Gertrud mit Schwester Hedwig Ryll und einer schwedischen Helferin, Dagny Jansson, die sich den beiden angeschlossen hatte, im Zug nach Bielefeld. Von dort ging es weiter mit dem Bus nach Augustdorf. In diesem Ort im Lippischen Wald bekamen die drei Frauen Quartier bei gläubigen älteren Leuten, die ein Herz für die vielen Menschen hatten, die seit den ersten Jahren nach dem Krieg als Heimatlose und Vertriebene in den Lagern lebten. Diese Menschen sollten in den nächsten Wochen reichlich mit dem Evangelium versorgt werden.

Täglich waren die drei Frauen von Tür zu Tür unterwegs, um Menschen verschiedener Nationen ihre Schriften anzubieten, bei einer Tasse Tee oder Kaffee zuzuhören, zu trösten, Mut zu machen, ihnen ein Lied zu singen, ihnen die frohe Botschaft zu bezeugen …

Hier und da trafen sie auf gläubige Leute, denen es gut tat, dass jemand mit ihnen betete. Hedwig Ryll genoss den Vorteil, Polnisch zu können und so auch andere slawische Sprachen zu verstehen und sich mit manchem verständigen zu können. Hier und da war die Verständigung auf Englisch möglich. Das kam dann eher Schwester Gertrud und der schwedischen Kollegin entgegen. Manchmal blieb wegen der Sprachbarriere allerdings auch nur der freundliche Händedruck zu einem Lächeln und das Traktat oder Testament in der Sprache des Menschen. Aber auch das würde seine Wirkung tun.

Schwester Gertrud genoss die Tage in Augustdorf. Sie vergingen ihr viel zu schnell. Es war einfach schön, auf diese Weise Menschen auf den Heiland hinzuweisen und ihnen Hilfen für ihr Seelenheil anzubieten. Auch genoss sie die Gemeinschaft mit den beiden anderen Frauen und ihren alten Gastgebern. Herrlich, wenn Kinder Gottes so an einem Strang zogen und gemeinsam unterwegs waren. An ihrem künftigen Einsatzort würde ihr diese Gemeinschaft wahrscheinlich zunächst einmal fehlen. Hoffentlich klärte sich diese Frage nur bald.

Mühsamer Anfang in Hamburg

Der 1. Mai 1953 war ein Freitag. Unter den vielen Menschen, die an diesem Feiertag auf dem Bahnsteig in Siegen auf den Schnellzug nach Hagen warteten, waren auch Paul Wißwede und seine erste hauptamtliche Zigeunermissionarin nach dem Zweiten Weltkrieg, Schwester Gertrud Wehl. Erst zwei Tage zuvor hatte der alte Missionsleiter seiner Mitarbeiterin mitgeteilt, sie möge in die Hansestadt Hamburg reisen und eine Arbeit unter den dort lebenden Sinti beginnen.

Eine Frau Wolf aus Hamburg-Wilhelmsburg sei der Anstoß zu dieser Entscheidung gewesen. Sie habe in der Missionszentrale angerufen und unter anderem von ihren Traktat-Aktionen auf einem der Hamburger Zigeunerplätze berichtet. Das habe für den Missionsvorstand wie ein Signal von Gott gewirkt, die neue Missionarin nach Hamburg zu schicken. Wobei sicher auch denkbar sei, dass von Hamburg aus weitere Zigeunerplätze in Norddeutschland besucht und betreut werden könnten. Diese Wege würden sich sicher im Laufe der Zeit ergeben.

Schwester Gertrud war bei dieser Weisung zunächst ein wenig erschrocken. Nach Hamburg? In diese große Stadt, wo es eine solche Arbeit in organisierter Weise noch gar nicht gab? Also bei null anfangen?! Pionierarbeit leisten? Gut, wenn es so sein sollte, warum nicht?

»An wen soll ich mich denn dort wenden?«, hatte sie gefragt.

»Das weiß ich auch nicht. Sie finden schon Kontakte, liebe Schwester«, hatte der Missionsleiter freundlich geantwortet. »Vielleicht wenden Sie sich zunächst einmal an die Bahnhofsmission. Die nehmen Sie auf, bis Sie für sich eine Unterkunft gefunden haben. Alles andere überlasse ich Ihnen und Ihrer Liebe. Und Gottes Führung.« Dann hatte er noch angefügt: »In Hamburg gibt es auch Kinder Gottes«, und er hatte ihr dabei eine Liste mit Anschriften von Hamburger Predigern und Pastoren ausgehändigt und sich dann einer anderen Sache zugewendet. »Ach ja, ich bringe Sie am Freitag auch selbst an den Zug«, hatte er ihr zuletzt noch nachgerufen, als sie sein Büro verließ.

Na, denn man tau, min lütt Deern. Dat sull wat wern. Die auf solch nüchterne Weise ergangene Mitteilung hatte zunächst auf Schwester Gertrud wie eine kalte Dusche gewirkt. Dann war in ihr allerdings doch langsam die Freude aufgestiegen, dass sie endlich mit der gewünschten Arbeit beginnen konnte. Und sicher würde Gott ihr in Hamburg schon Orte und Wege zeigen. Das war doch von Anfang an ihre Zusage aus dem Psalm gewesen: »Ich will dich unterweisen und dir den Weg zeigen, den du wandeln sollst. Ich will dich mit meinen Augen leiten.« Der Zielort war endlich klar, und alles andere würde sich durch Gottes Leitung ergeben.

Der Zug kam und die Reisenden stiegen ein. Schwester Gertrud fand gleich einen Platz. Sie öffnete das Fenster zum Bahnsteig hin, um ihrem Missionsleiter noch einmal zuzuwinken.

»In den Schnellzug nach Hagen über Kreuztal, Altenhundem, Finnentrop, Plettenberg, Altena, Hohenlimburg bitte einsteigen und die Türen schließen. Bitte Vorsicht bei der Abfahrt!«, tönte es aus dem Lautsprecher. Dann ließ der Bahnbeamte mit der roten Mütze auch schon seinen Signalpfiff ertönen und hob seine grüne Kelle. Der Missionsleiter reichte seiner Missionarin noch einmal die Hand und ging einige Schritte neben dem anfahrenden Zug mit. »Schwester Gertrud, jetzt wird es Ernst. Beginnen Sie in Hamburg eine gute Zigeunerarbeit. Gott segne Sie! Wir beten für Sie!«

»Danke, Bruder Wißwede, danke. Ich melde mich, sobald ich kann.«

»Tun Sie das, Schwester. Gott segne Sie!« Das war ihre ganze Aussendungsfeier!

Gertrud Wehl etwa 1953

Der Zug gewann schnaufend und fauchend an Fahrt und ließ einen alten Herrn auf dem Bahnsteig zurück, der seiner so unromantisch ausgesandten Missionarin mit seinem Hut nachwinkte, bis Gertrud Wehls Hand nicht mehr zu sehen war.

Es war schon Abend und die Dämmerung machte sich bereits bemerkbar, als Schwester Gertrud endlich ihr Reiseziel erreichte. »Hamburg Hauptbahnhof, Hamburg Hauptbahnhof. Aus dem D-Zug von Hannover bitte aussteigen, der Zug endet hier!«, krächzte es heiser aus den Lautsprechern. Der Zug leerte sich rasch. Manche Fahrgäste strebten eilig den Ausgängen zu. Andere wurden offenbar erwartet und von Angehörigen freudig begrüßt. Dann zog es auch diese Leute nach Hause oder wo sie hinwollten. Das Wochenende rief sie wohl alle.

Zurück blieb eine einzelne Reisende, die Handtasche in der Hand, den Koffer neben sich auf dem Pflaster, von niemandem erwartet und selbst nicht wissend, wo sie denn heute ihr Haupt hinlegen sollte.

»Bin ich hier eigentlich richtig?«, ging es Schwester Gertrud für einen Moment durch den Kopf. Ja, sie war hier richtig. Hier in der Millionenstadt Hamburg war nach ihres Gottes und der Missionsleitung Anweisung ihr Platz, wenn sie den für ihr Haupt für die nächsten Nächte auch noch suchen musste. Gott wollte sie hier haben und er würde ihr zeigen, wohin sie sich jetzt wenden sollte. »Vater im Himmel, jetzt geh voran. Ich will gerne folgen«, betete die junge Frau im Stillen, griff ihren Koffer und stieg die Treppe hinauf, um zur Bahnhofshalle zu kommen.

Oben schaute sie sich um und fand, was sie suchte: das Hinweisschild auf die Räume der Bahnhofsmission. Dort stand sie wenige Minuten später einer freundlichen, kleinen älteren Dame gegenüber. Sie stellte sich ihr vor und erklärte mit einigen Sätzen ihre Situation.

»Kommen Sie bitte. Wir haben ein Bett für Sie. Sie sollen doch nicht irgendwo auf der Straße schlafen müssen.« Sie ging voran und öffnete ihr einen kleinen Raum, spärlich möbliert mit zwei Betten, einem Tisch mit zwei Stühlen und einem schlichten Schrank. Sogar ein Handwaschbecken war darin, welcher Luxus! »Das zweite Bett wird sicher auch noch belegt. Aber das darf Ihnen nichts ausmachen. Das ist bei uns nun mal so, dass die unterschiedlichsten Leute zusammengesteckt werden müssen.«

Der Gast für die Nacht bedankte sich herzlich, musste sich dann aber noch eine Frage gefallen lassen: »Wieso hat Ihre Mission Ihnen denn kein Quartier vorbereitet? Man lässt doch einen Menschen nicht so ins Ungewisse reisen.«

Was sollte Schwester Gertrud jetzt antworten, ohne ihrem Missionswerk einen kleinen Makel anzuheften? Dann fiel ihr wohl doch die richtige Antwort ein: »Nun, die Zeit vor meiner Abreise war zu knapp, um noch etwas vorzubereiten. Aber ich habe einige Adressen. Nur scheint es mir jetzt zu spät, eine von ihnen noch aufzusuchen. Ich kenne mich ja auch in Hamburg nicht aus. Morgen bei Tag wird das leichter sein.«

Die kleine, alte Dame schien die Antwort zu akzeptieren. Sie wünschte eine Gute Nacht, wies noch auf das mögliche Frühstück am Morgen hin und ging, dabei dennoch ihren Kopf schüttelnd über das, was sie gehört hatte.

Das zweite Bett blieb doch frei. Schwester Gertrud war gar nicht böse deswegen, obwohl ihr der andere Fall sicher nichts ausgemacht hätte. Im Gegenteil, vielleicht hätte sie ja einem Menschen etwas von Jesus sagen können. Nun, es hatte wohl nicht so sein sollen. Am nächsten Morgen stand sie auf, machte sich ein wenig frisch, zog sich an und begab sich in den Frühstücksraum. Ein paar übernächtigte Leute saßen an den kleinen Tischen, jeder schien mit sich selbst beschäftigt. Schwester Gertrud setzte sich an einen freien Tisch. Sie mochte zu dieser Stunde noch kein Gespräch beginnen und auch nicht in eines hineingezogen werden. Ihre Gedanken waren auf den Tag gerichtet und darauf, ob sie wohl irgendwo eine offene Tür für sich und ihr Anliegen finden würde.

Das Marmeladenbrötchen schmeckte und der warme Kaffee tat ihr gut. Nach dem Frühstück blieb Schwester Gertrud noch für ein paar Augenblicke sitzen, um still mit ihrem Herrn zu reden. Dann erhob sie sich, bedankte sich bei der Frau, die heute Morgen hier Dienst tat, und verabschiedete sich. Beim Hinausgehen wandte sie sich noch einmal um.

»Darf ich notfalls heute Abend wieder hier übernachten, wenn ich wider Erwarten keine andere Möglichkeit finde?«

»Ja, das können Sie gerne. Dafür sind wir um Gottes willen da. Wer Hilfe braucht, bekommt Hilfe. Also kommen Sie ruhig zurück, wenn es sein muss.«

Die Missionarin bedankte sich und verließ die Räume der Bahnhofsmission, um sich an einem Kiosk vor dem Bahnhof einen Stadtplan zu kaufen. Mit dem erstandenen Faltplan zog sie sich in eine Ecke der Bahnhofshalle zurück, um die Adressen zu suchen, die auf ihrer Liste standen. Dann machte sie sich Notizen auf ihrer Liste und ging los, um nacheinander die einzelnen Pastoren und Predigerbrüder aufzusuchen, ihnen ihr Anliegen zu erklären und sie um Hilfe zu bitten. »Gott, weise mir den Weg und öffne mir Türen und Herzen.«

Am Abend dieses 2. Mai fand sich eine einigermaßen erschöpfte und verzagte Gertrud Wehl wieder in den Räumen der

Bahnhofsmission ein. Die freundliche kleine Frau von gestern hatte auch heute Dienst. »Na, Sie haben wohl niemanden angetroffen von Ihren Freunden auf der Liste?«, fragte sie. Dabei klang Bedauern in ihrer Stimme.

»Angetroffen schon, aber meine Besuche waren erfolglos; keine Zeit, kein Platz, keine Möglichkeit, keine Gelegenheit«, musste Schwester Gertrud mit einem Anflug von Traurigkeit in der Stimme zugeben.

Die Frau blickte die Missionarin mitleidig an: »Ja, ja, die Frommen. Große Worte und dann keine Taten, dazu Angst vor Zigeunern. Sie könnten ihnen ja welche ins Haus bringen. Und dann ist morgen Sonntag, Tag des Herrn. Sie kommen sicher morgen Abend auch wieder her.«

»Wenn es sein muss, ja«, seufzte Schwester Gertrud leise auf, und sie ärgerte sich ein wenig über ihre eigene Bemerkung und auch über den Kommentar der Frau. Dabei musste sie zugeben, dass sie wohl in allen Punkten Recht hatte. Dennoch würde sie es morgen wieder versuchen. Ein paar Namen standen noch auf ihrer Liste. Die Stadt war doch sehr groß, und heute hatte sie lediglich drei Besuche machen können. Morgen, am Sonntag, würde sie bei einer der verbleibenden Anschriften den Gottesdienst besuchen und dann dem Prediger ihr Anliegen schildern.

Aber der Sonntag verlief ähnlich wie der Samstag. Schwester Gertrud hatte nur »Nieten« gezogen. Der Gottesdienst von Direktor Heitmüller in der Freien evangelischen Gemeinde am Holstenwall hatte sie zwar innerlich gestärkt, dennoch war sie an diesem Abend noch ohne Bleibe. Wie gut, dass heute Abend eine andere Frau Dienst in den Räumen der Bahnhofsmission hatte, die die Vorgeschichte der beiden letzten Tage nicht kannte. So musste sie keine neuen Erklärungen abgeben. »Herr, Gott, gib mir morgen einen besseren Tag!« Mit diesem Gebet schlief die Missionarin in ihrem schon bekannten Zimmerchen ein.

Am Montag hatte sie dann mehr Glück, oder besser: Heute hatte Gott ihr Gebet erhört. Der Besuch bei Pastor Neumann von einer Freien evangelischen Gemeinde bedeutete zwar noch kein Quartier, aber doch wenigstens den verheißungsvollen Hinweis auf eine Möglichkeit. In der Gärtnerstraße wohne eine Familie Lüdecke. Die Frau gehöre zur Gemeinde, habe ein wenig Platz in ihrer Wohnung und sei sicher bereit, für eine überschaubare Zeit ein Quartier zur Verfügung zu stellen.

So war es dann auch. Schwester Gertrud hatte Grund, ein herzliches Dankgebet zu sprechen. Frau Lüdecke öffnete ihr Haus und auch wohl ein Stück weit ihr Herz für die Zigeunermissionarin. Sie schien auch keine Angst davor zu haben, ein Mensch des schwarzhaarigen Volkes könne vielleicht einmal ihre Wohnung betreten.

Platz für einen Gast hätte es auch kaum gegeben. Das Zimmer, das sie anbieten konnte, war eher ein Zimmerchen mit Tisch und Stuhl und Kanapee und lag auch noch im dunklen Hinterhaus. Aber wie hatte Theodor Urban geschrieben: »Solche, die ein behagliches Leben beanspruchen, kann Gott in dieser Aufgabe nicht gebrauchen.«

Also sei dankbar, Schwester Gertrud, nimm, was sich bietet. Erst mal so anfangen, weitersuchen kannst du immer noch.

Jetzt, wo die Wohnungsfrage zunächst einmal geklärt war, konnte die Missionarin das Nächste in Angriff nehmen. Sie war doch hier, um Zigeunern das Evangelium zu bringen. Im Stadtbild hatte sie in den vergangenen Tagen Menschen jeden Alters gesehen, darunter viele Kinder, die dem Aussehen und der Kleidung nach zu dem dunkelhaarigen Volk gehören mussten. In der Hansestadt sollten etwa 4000 von ihnen leben. Aber bitte schön, wo denn? Diese Frage mussten ihr doch eigentlich die städtischen Behörden beantworten können. Also warum nicht dort nachfragen?

Die erstaunten und ungläubigen Augen, die sie nach ihrer persönlichen Vorstellung bei ihrer Frage nach den Lagerplätzen der Zigeuner aus drei Gesichtern anschauten, waren schon bemerkenswert.

»Sie wollen zu Zigeunern?«, fragte einer der beiden Männer im Büro.

»Ja, ich suche Zigeuner.«

»Wissen Sie, worauf Sie sich da einlassen?«, wollte der Zweite wissen.

»Ich weiß nicht, ob ich es weiß«, gab sie auf diese Frage ehrlich zurück.

»Das sind doch alles Gauner und Halunken, Taschendiebe und

Betrüger und Säufer, ziehen den Leuten mit ihrer Wahrsagerei das Geld aus der Tasche. Denen geht man besser aus dem Weg«, meinte der Erste sie informieren zu müssen.

Die Bemerkung tat Schwester Gertrud ein wenig weh, und sie erwiderte mutig: »Leider denken die meisten Menschen in unserem Land so. Ich allerdings denke anders.«

»Wie denken Sie denn?«, fragte der Erste.

»Auch Zigeuner sind Geschöpfe Gottes und von ihm geliebt. Wie Sie und ich«, bekam er als Antwort. Er konnte nicht reagieren, denn die einzige weibliche Angestellte im Raum mischte sich in deutlich freundlicherem Ton ein: »Suchen Sie eine bestimmte Sippe?«

»Keine bestimmte. Ich suche sie alle«, gab die Missionarin zur Antwort.

»Aber doch nicht alle auf einmal, das wäre ein bisschen schwierig«, kommentierte der Erste wieder ein wenig spöttisch.

»Und was wollen Sie von denen?«, wollte der andere wissen.

»Ich möchte ihnen die frohe Botschaft von der Liebe Gottes bringen, die er in Jesus Christus allen Menschen gezeigt hat.«

»Was, Sie wollen den Zigeunern predigen? Dass Sie sich da man nich übernehmen, gute Frau«, bekam Schwester Gertrud nun zu hören.

»Schaden kann's denen nich. Kann den Leuten nur zur Besserung dienen«, meinte der andere Angestellte.

»Seien Sie vorsichtig, die Sippen vertragen sich nicht unbedingt untereinander«, wurde sie vom ersten Sprecher belehrt, »da geht es schon mal kräftig zur Sache, und die Polizei kriegt Arbeit.«

Das ist ja alles sehr Mut machend, ging es Schwester Gertrud durch den Kopf. Die hier schienen das schwarzhaarige Volk auch nicht gerade zu lieben. Laut sagte sie: »Machen Sie sich um mich mal keine Sorgen. Ich habe den lebendigen Gott auf meiner Seite.«

»Denn man tau, junge Frau, un viel Glück bei dem Stück.« Mit diesen Worten drückte ihr die freundliche Angestellte eine Liste mit Hamburger Ortsangaben über die etwa zehn einzelnen Zigeunerplätze in die Hand.

»Lassen Sie aber alle Wertsachen zu Hause, wenn Sie auf die Plätze gehen«, meinte einer der beiden Männer ihr noch als Rat mitgeben zu müssen. Und der andere fügte an: »Und vergessen Sie nicht Gummistiefel und Stock gegen den Dreck und gegen die Hunde.«

»Herzlichen Dank, die Herrschaften, für Ihre freundlichen Hinweise. Irgendwann werden Sie sich gerne an mich erinnern. Dafür wird Gott selbst sorgen. Auf Wiedersehen.«

In ihrem Stübchen nahm Schwester Gertrud später ihren Stadtplan und markierte für sich die Orte, wo sich der Liste nach die Lagerplätze der Zigeuner befanden, zum Beispiel an der »Alten Fähre« in Wilhelmsburg zwischen Süder- und Norderelbe im Süden der Stadt, in Billstedt und Rothenburgsort nahe der Billwerder Bucht, am Bekkamp in Jenfeld im Osten, am Pferdeweg in Harburg noch weiter südlich, in Neugraben, in Moorfleet im Südosten, in Eidelstedt eher zentral, in …

Auf der Liste standen auch die Namen der größten Zigeunersippen, die auf den verschiedenen Plätzen lebten, wie Bamberger, Böhmer, Ernst, Kirsch, Kreuz, Laubinger, Lutz, Mechau, Mettbach, Reinhardt, Rosenberg, Schubert, Steinbach, Wagner, Weiß …

Der Missionarin wurde ganz schwindlig. Die Plätze lagen ja meilenweit auseinander. Das waren Wege für mehrere Stunden, um von einem Ort zum anderen zu gelangen. Und das alles mit Bus und Straßenbahn und zu Fuß. Und dann die vielen unterschiedlichen Namen! Was würden die Menschen erst alles für Vornamen haben! Und dann hatten diese Leute ja auch noch alle ihre bürgerlichen Vornamen.

Die Namen der Kinder aus der Sippe in Stolp tauchten plötzlich aus ihrem Gedächtnis auf, und ihre Gesichter standen ihr vor Augen: Rasko, Pitzo, Ninna, Gali, Blümchen, Pöppele, Fausto …

Na, das würde etwas werden. Nur gut, dass Rom auch nicht in einem Tag erbaut worden war. Und Namen ließen sich lernen im Umgang mit den Leuten. Sie hatte doch Zeit, viel Zeit. Und wie die sinnvoll zu nutzen war, würde sich schon ergeben. »Ich will dich mit meinen Augen leiten!« Das Wort Gottes galt! Und Gott war auf ihrer Seite!

Die Spannung in der Missionarin wuchs. Bald würde sie die ersten Begegnungen haben. Sie musste sich nur noch entscheiden, auf welchen Platz sie als Erstes gehen würde.

Zum ersten Mal an der »Alten Fähre«

In ihrer Stillen Zeit am Morgen fiel Schwester Gertrud der Name der ihr bisher unbekannten Frau Wolf ein, die in ihrem Telefonat mit der Missionszentrale doch erzählt hatte, dass sie ab und an auf dem Platz an der »Alten Fähre« in Wilhelmsburg Traktate verteilt hatte oder verteile. Also gab es auf diesem Platz schon so etwas wie eine vorbereitete Situation. Warum also nicht dort mit der Arbeit beginnen?

Schwester Gertrud straffte ihren Körper, verscheuchte die morgendliche Müdigkeit – die vergangenen Tage waren recht anstrengend gewesen –, faltete die Hände und dankte Gott für den Weg, den sie jetzt deutlich vor sich sah, und für den Mut und die Kraft, die er ihr geben würde und die sie jetzt auch brauchte, wenn sie sich auf den Weg machte.

Dann ordnete sie die Dinge, die sie mitnehmen wollte – Bibel, Gitarre, Liederheft, große Bonbontüte und anderes –, zog sich den Mantel über und schaute noch einmal in den Stadtplan nach dem Weg, den sie von Eimsbüttel ins südlich gelegene Wilhelmsburg nehmen musste.

»Auf in den Kampf, Torrero!«, ging es ihr durch den Kopf, als sie das Haus Richtung Straßenbahnhaltestelle verließ. Sie summte die Melodie eines EC-Liedes vor sich hin. Dabei änderte sie ihrer Aufgabe gemäß gedanklich den Text. Das war ihr Auftrag. Das war ihr Wunsch und ihr fester Wille. Dafür war sie jetzt unterwegs:

> »Zigeunerwelt für Jesus, heißt das Losungswort.
> Wie der Windsturm brauset, zieht der Ruf uns fort;
> stählet unsern Willen, treibt von Ort zu Ort.
> Zigeunerwelt für Jesus, heißt das Losungswort.«

Etwa zwei Stunden später näherte sich Schwester Gertrud, Zigeunermissionarin von Gottes Berufung, dem Rande des Platzes an der »Alten Fähre«. Die Maisonne schien herrlich vom nur gering bewölkten Himmel. Fröhliches Vogelgezwitscher aus blühendem Schlehengesträuch und aus den hellgrünen Baumwipfeln füllte die Luft. Es duftete nach Blüten und Lagerfeuer, nach

Brackwasser und Moor, nach wer weiß was noch allem. Eine merkwürdige Geruchsmischung, ging es der fremden Frau am Zufahrtsweg durch den Kopf.

Als sie die Deichkrone erreicht hatte, blieb sie erst einmal stehen. Welches Bild tat sich da vor ihr auf! So viele Behausungen füllten den geräumigen Platz auf der ungewöhnlich großen, ebenen Fläche auf dem Deich an der Süderelbe. Das waren wohl mehr als 40 Wagen, Hütten und Bretterverschläge unterschiedlichster Art. Dazwischen flatterte Wäsche an vielen Metern Leine im leichten Wind. Dazwischen auch eine Menge Müll, Dreck und Gerümpel. Das waren wohl ideale Lebensbedingungen für Ratten und sonstiges Ungeziefer, ging es ihr durch den Kopf. Und große Autos, die aber sicher eher als »Rostlauben« und »Schäbikarossen« bezeichnet werden mussten. Ob die überhaupt verkehrstüchtig waren?

Zwischen dem allen tummelten sich struppige Pferde, ein paar Schafe und scharrendes, pickendes Federvieh. Über dem Platz sah sie einen Pulk Möwen, die immer wieder einmal im Sturzflug auf irgendwas herabstießen, das ihnen wohl fressbar erschien. Welche Idylle! Zigeuneridylle!

Vor einigen Wagen und Hütten saßen ältere Männer in Hemdsärmeln und mit großen Schlapphüten auf kleinen Hockern und Stühlen beim Pallaver. Ein paar jüngere spielten auf ihren Instrumenten.

Vor anderen Wohnwagen und Baracken waren ältere Mädchen und Frauen jeden Alters in langen Röcken und bunten Blusen mit allerlei Küchengeschirr beschäftigt, mit Waschzubern und Wäsche oder sonstigen Dingen, einige auch mit ihren Säuglingen.

In einer riesigen Pfütze, die wohl von den vergangenen Regentagen übrig geblieben war, spiegelten sich die nahen Elbbrücken, die Weiden an der Deichkante und weiße Wölkchen vom blauen Himmel. Am Rand des kleinen »Binnensees« spielte eine Schar ärmlich gekleideter schwarzhaariger Jungen unterschiedlichen Alters mit Stöckchen und Brettchen, mit Steinen und Dosen, mit Spielzeug, das ihnen der Platz bot oder das sie auch irgendwo auf dem Müll gefunden hatten. Mädchen in kurzen oder langen Kleidchen, mit ebenso dunklem Haar, das zu dicken Zöpfen geflochten war oder auch in offenen, kurzen Locken getragen wurde, standen redend und lachend dabei und trugen kleine Kinder auf den Armen.

Hier wohnten sie also, die »Gauner und Betrüger und Säufer, Wahrsager und Handleser«, wie der Angestellte des Ordnungsamtes die Leute bezeichnet hatte. Hier wohnten sie also, die von Gott ebenso Geliebten wie du und ich, korrigierte Schwester Gertrud ihren eigenen Gedanken. Aber sie waren sicher nicht alle auf dem Platz. Viele mussten doch wohl unterwegs sein auf Geschäft irgendwo in der Stadt oder im Umland. Aber wenn die, die zu Hause waren, sie schon aufnehmen würden ...

Sang man in Deutschland nicht gerne das Lied vom »lustigen Zigeunerleben ...«?, ging es Schwester Gertrud durch den Kopf. Das sah hier ja auch wirklich alles sehr idyllisch aus, vor allem wegen der strahlenden Frühlingssonne. Aber lustiges Zigeunerleben? Sie hatte eher das Empfinden, als liege trotz der Maisonne und der Heiterkeit eines schönen Frühlingstages irgendwie doch eine gewisse Finsternis über diesem bunten Platz, die Finsternis einer Welt ohne das Licht Gottes.

Mehrere Hunde zerrten wie wild an ihren Ketten und bellten in ihre Richtung. Sie hatten die fremde Person schon im Blick, und einige frei laufende Viecher, die eben noch die Möwen gejagt hatten, kamen bereits bedrohlich auf die Unbekannte zu. Mit ihnen wandten sich ungezählte Gesichter ihr zu. Wer das wohl war, der sich da auf ihren Platz verirrt hatte? Da war Vorsicht geboten! Zigeuner waren gebrannte Kinder.

Eine plötzliche Angst vor dem Unbekannten und auch vor den kläffenden Hunden, die sich drohend und zähnefletschend vor ihr aufbauten, kroch in der Missionarin hoch. »Mein Gott, jetzt bin ich ganz auf dich angewiesen. Herr Jesus, hilf mir da jetzt rein und durch! Erweise dich als der Herr!«, betete sie im Stillen und ging mit festen Schritten auf die Menschen am ersten Wagen zu. Die Hunde wichen tatsächlich zurück. Einige wurden wohl auch deutlich zurückgerufen von den Männern, die allerdings in wenigen Momenten allesamt aus ihrem Blickfeld verschwunden waren. Auch die meisten Frauen verzogen sich schleunigst in ihre Wagen und Hütten. Nur die Kinder blieben an ihrer Pfütze und schauten der fremden Frau mit der Gitarre und der Tasche über der Schulter neugierig entgegen.

Eine ältere schwarzhaarige Frau und eine jüngere – sie waren vielleicht Mutter und Tochter –, beide in langen Röcken, bunten Blusen und Schultertüchern und mit großen goldenen Ringen an den Ohren, machten sich gerade an einer Zapfstelle auf der Mitte des Platzes zu schaffen. Ob das wohl die einzige Wasserstelle auf diesem großen Platz war?

Die beiden Frauen blieben mit ihren gefüllten Eimern wartend stehen. »Was willst du hier? Wer bist du?«, fragte die Ältere die Fremde.

»Ich bin Schwester Gertrud Wehl. Ich bin Missionarin. Ich möchte euch das Wort Gottes bringen. Ich möchte euch Lieder vom Sünderheiland Jesus singen und euch von ihm erzählen.«

»Davon wollen wir nichts hören. Unsere Männer machen bessere Musik«, gab die Jüngere zurück, »und wir glauben alle an Gott und Maria.«

»Es ist besser, du gehst wieder«, bestätigte die Ältere. »Wir brauchen dich auf unserem Platz nicht. Wir wollen hier keine Fremden.«

»Schmeißt die Chali vom Platz«, ließ sich von irgendwoher hinter den Wagen eine barsche, raue Männerstimme hören, »die ist falsch. Die will hier nur spionieren.« Andere Männerstimmen schimpften und fluchten.

Schwester Gertrud erschrak ein wenig bei diesem Empfang. Sie und falsch? »Schade«, meinte sie nur. Aber so schnell wollte sie den Platz nun doch nicht wieder verlassen. Sie erinnerte sich an eine gelesene Information, dass Zigeuner eine hohe Ehrfurcht vor dem Wort Gottes haben sollten, auch wenn viele von ihnen es selbst nicht lesen könnten. Und sie erinnerte sich an das Gesetz des Gastrechts, das bei ihnen in Ehren gehalten wurde. Mit Gewalt würde sie sicher niemand vom Platz entfernen. Sie überhörte deshalb einfach die Männerstimmen, ließ die immer noch bellenden Hunde Hunde sein, ging mutig an den beiden Frauen vorbei und wandte sich den Kindern zu, die kichernd und tuschelnd erwartungsvoll am Rand ihrer Pfütze standen und ihr entgegenschauten.

»Hallo, ihr Kinder, ich bin Schwester Gertrud. Darf ich euch ein Lied singen und euch eine Geschichte aus dem Wort Gottes erzählen?«

Dabei zog sie bereits ihre Gitarre aus der Umhüllung. Sie legte

Handtasche und Segeltuch auf den Boden, hängte sich die Gitarre um und griff in die Saiten.

> »Kommt, stimmet alle jubelnd ein: Gott hat uns lieb.
> Freut euch in seinem Gnadenschein, Gott hat uns lieb.
> Die ihr in Sünden schlaft, erwacht.
> Suchet, was euch nun selig macht.
> Hin ist die bange Todesnacht. Gott hat uns lieb.
> Gott hat uns lieb. Ja, das ist wahr!
> Gott hat uns lieb. Halleluja!
> Kommt, stimmet alle jubelnd ein: Gott hat uns lieb.«

Mit großen Augen standen die kraushaarigen Jungen in ihren viel zu weiten Hosen und die doppelt oder einfach bezopften Mädchen in den zu großen Kleidchen wie angewurzelt und hörten zu, schienen dabei etwas verlegen und wussten wohl nicht, wie sie sich verhalten sollten. Andere Kinder waren dazugekommen, von dem Singen angezogen. Von den Wagen und Hütten her war keine Reaktion zu hören. Auch die Hunde hatten sich beruhigt. Schwester Gertrud spürte allerdings deutlich, dass viele Augenpaare sie in dieser Situation beobachteten. Was würde die Chali jetzt noch machen? Wie würde die mit den Kindern umgehen?

»Ich habe euch meinen Namen gesagt, ihr Kinder. Sagt ihr mir auch eure Namen?« Keine Reaktion. Die Kinder standen einfach, schauten weiter aus ihren großen, dunklen Augen und warteten wohl, was noch käme. Ein paar schauten sich an und kicherten verlegen in sich hinein.

»Schade«, bedauerte Schwester Gertrud. »Dann kann ich euch leider nicht mit euren Namen anreden. Aber ich erzähle euch jetzt noch eine Geschichte. Darf ich?« Wieder keine Reaktion.

Die Missionarin ließ sich nicht entmutigen. Sie begann einfach zu erzählen, wie Mütter zu Jesus kamen und ihre Kinder mitbrachten und wie der Heiland diese Kinder lieb hatte und sie segnete.

»Seht ihr, Kinder, wie der Herr Jesus damals die Kinder lieb hatte, so hat er euch Kinder auch lieb. Und eure Eltern hat er lieb und die Großeltern. Alle Menschen hat er lieb. Mich auch. Darüber freue ich mich jeden Tag. Ich glaube, ich singe euch mein Lied noch einmal. Vielleicht könnt ihr euch die Melodie schon merken. Ihr seid doch alle musikalisch, oder?«

Schwester Gertrud hängte sich die Gitarre wieder um und sang die Strophe von vorhin noch einmal: »Kommt, stimmet alle jubelnd ein: Gott hat uns lieb …« Und dann hängte sie noch ein paar Sätze des Gebetes an, wobei ein paar der Kinder sogar die Hände falteten. Sie wussten offenbar, was beten bedeutete.

»So, Kinder. Schade, dass ich eure Namen noch nicht kenne. Aber jetzt muss ich wieder gehen. Denkt dran: Gott hat euch lieb, und der Herr Jesus will euch auch segnen.«

Jetzt kam doch ein wenig Bewegung in die kleine Schar und sie sprachen untereinander in ihrer Sprache. Die Missionarin verstand kein Wort. Dann fragte eines der größeren Mädchen: »Kommst du wieder?«

Das war doch etwas, freute sich die Missionarin und antwortete fröhlich: »Wenn ich wiederkommen darf, komme ich gerne wieder. Dann singe ich euch neue Lieder und erzähle euch mehr von Jesus.«

Jetzt sprachen sie plötzlich alle durcheinander: »Ja, ja, komm wieder.« »Bring die Gitarre wieder mit.« »Erzähl uns mehr Geschichten.« »Komm wieder, Schwester.«

Die steckte ihre Gitarre in den Sack, griff in ihre Tasche und nahm die Bonbontüte heraus. »Für jeden noch eine Süßigkeit, ehe ich gehe.« Dabei reichte sie einem der kleineren Mädchen ein Bonbon und die Hand: »Auf Wiedersehen, Hommi.«

»Ich heiße doch nicht Hommi, ich bin Hotti«, kam es spontan zurück. Na, die alte Methode, Kindern ihre Namen zu entlocken, hatte wieder einmal geholfen.

»Ich bin Meuni.« »Ich bin Propso.« »Ich heiße Angela.« »Ich heiße Robert.« Trauba, Prinzo, Gilta … So ging es weiter, bis Schwester Gertrud auch die Namen von Caruso, Bärbel, Hommi und einigen anderen Kindern der Gruppe erfahren hatte. Ihr Herz jubelte: Gott, du bist groß!

Hier war vielleicht doch bereits ein Stückchen Land gewonnen.

Nachdem jedes Kind ein Bonbon bekommen hatte, wandte sich die Missionarin mit einem fröhlichen »Tschüss, ihr Kinder« zum Gehen. Die Erwachsenen des Platzes schienen sie nicht weiter zu beachten. Doch, die raue Männerstimme von vorhin warf ihr beim Gehen aus dem Hintergrund noch ein paar Schimpfworte nach. »Hau ab, Chali, und bleib, wo du hingehörst! Wir brauchen dich nicht!« Sollte sie darauf reagieren? Nein, sie tat es nicht. Wie hätte sie es auch richtig tun sollen? »Doch, ihr braucht mich und das Evangelium von Jesus, das ich euch bringe«, ging es ihr durch den Kopf, »und ich komme wieder, schon bald komme ich wieder.« Dabei grüßte sie lächelnd nach rechts und links zu den Wagen und Hütten, hinter deren Scheiben sie die Gesichter der Männer und Frauen wusste und vereinzelt herausschauen sah. Irgendwann würden sie sich nicht mehr verstecken.

Dass es dazu noch vieler, vieler Besuche brauchte, konnte die Missionarin noch nicht ahnen. Vielleicht wäre sie trotz des frohen Erlebens bei ihrem ersten Besuch auf dem Platz an der »Alten Fähre« mutlos geworden. Jedenfalls war heute erst einmal ein kräftiges Dankgebet dran. Gott hatte geholfen! Ihm gehörte alle Ehre! Halleluja!

Der Empfang beim nächsten Besuch auf dem Platz war ähnlich wie der Erste. Die Erwachsenen verhielten sich wieder abweisend, einige Männer schimpften und fluchten. Dabei hielten sie sich meistens irgendwo unsichtbar im Hintergrund in den Wagen und Hütten oder dahinter. In eine der schlichten Wohnungen wurde Schwester Gertrud auch diesmal nicht hineingelassen. Die Türen blieben vorerst für sie verschlossen.

Nur die Kinder waren wieder da, eine ganze Reihe mehr als beim ersten Besuch. Sie hörten wieder das bereits bekannte Lied und sangen sogar den Refrain schon mit: »Gott hat uns lieb.« Die Missionarin veränderte dabei den Text, indem sie das »uns« ersetzte durch einzelne Namen, durch »Tatta« und »Mamma«, »Mami« und »Papo«.

»Und was ist mit dir?«, fragte eins der Kinder.

»Was meinst du?«, fragte Schwester Gertrud zurück.

»Na, Gott hat dich doch auch lieb, hast du gesagt. Das müssen wir doch auch singen.«

»Na, dann singen wir's«, griff die Missionarin noch einmal in die Saiten.

»Gott hat die Chali lieb«, sang jetzt die ganze Kindermeute, so dass der Gesang wohl in allen Wagen des Platzes zu hören war.

»Danke, Kinder, das war schön! Es ist richtig schön bei euch«, freute sich Schwester Gertrud und lachte in die Runde.

In ihrem »Gepäck« hatte sie diesmal übrigens nicht nur die Geschichte, die sie erzählen wollte, sondern auch die Bilder dazu.

Sie hatte ein Dreifußgestell dabei und eine Flanelltafel, auf der sie die heutige Geschichte vom verlorenen Schaf, das der Hirte sucht, bis er es gefunden hat, wunderschön illustrieren konnte. Die Kinder waren fasziniert. Hören und Sehen, das kam gut an, das kam sogar besser an als nur das Hören. Bilder prägten sich den Menschen schon immer tiefer ein als reine Worte.

Ob die Sintiza, die während der ganzen Zeit auf einer Wagentreppe saß, etwas von der Geschichte mitbekommen hatte? Die hübsche Frau war offenbar als Aufpasserin und Wache abgestellt und hieß wohl Marta. Ob die Menschen auf dem Platz befürchteten, Schwester Gertrud nähme vielleicht eins der Kinder mit?

Die standen heute nicht mehr um die Missionarin herum. Die ganze Schar saß auf dem Boden, der durch das gute Maiwetter weiter abgetrocknet und ein wenig erwärmt war. Und sie waren voll bei der Sache. Das war einfach herrlich!

Beim abschließenden Gebet falteten viele Kinder wieder die Hände und senkten sogar die Köpfe.

Schwester Gertrud hatte auch heute viel Grund, Gott zu danken. Kleine Schritte waren getan, die sie gerne weiter gehen wollte und dabei Samen streuen auf jungen, aufnahmefähigen, guten Boden. Die Kinder waren der Schlüssel, dessen war sie sich sehr bewusst. Irgendwann aber würden auch die Erwachsenen aus ihren Verstecken herauskommen.

Wie eine Verheißung für ihr Bemühen tauchte vor Schwester Gertruds innerem Auge ein Bild auf, das der Prophet Hesekiel schon gesehen hatte. Es war das Bild von dem Feld voller Totengebeine, die Gott ins Leben zurückruft: »Ihr verdorrten Beine, hört des Herrn Wort! So spricht der Herr Herr von diesen Gebeinen: Siehe, ich will einen Odem in euch bringen, dass ihr sollt lebendig werden. Ich will euch Adern geben und Fleisch lassen über euch wachsen und mit Haut überziehen und will euch Odem geben, dass ihr wieder lebendig werdet; und sollt erfahren, dass ich der Herr bin.«

»Danke, Herr, für dieses Bild und die Verheißung, die du mir damit gibst. Ich nehme sie für mich in Anspruch. Danke, Herr.«

Bei ihren späteren Besuchen hatte die Missionarin dann immer wieder auch Dinge in den Taschen, die äußere Nöte lindern konnten. Mal war es ein Höschen für eins der Mädchen, das unter seinem Röckchen offenbar keins anhatte, mal waren es ein paar

Schuhe für einen der vielen Barfüßigen, mal war es ein Hemd, mal eine Jacke, mal ... Seelsorge musste immer mit »Leibsorge« verbunden werden, war einer ihrer Grundsätze, die Schwester Gertrud immer zu praktizieren versuchte. So war es für sie später selbstverständlich, Familien, die ihren Wagen für sie geöffnet hatten, ganz praktische Haushaltshilfe zu leisten, den Wagen zu reinigen, die Wäsche zu waschen, das Essen zu kochen, einen Säugling zu wickeln, wenn zum Beispiel eine Mutter krank war oder sonstige Not herrschte.

Glücklich und dankbar war Schwester Gertrud auch darüber, dass sie bei ihrer vielfältigen Arbeit auf diesem Platz und den anderen Zigeunerplätzen in Hamburg nicht lange alleine gelassen wurde.

Wie Christen das tun sollten, suchte sie bald nach ihrer Ankunft in Hamburg einen geistlichen »Hafen«, in dem sie selbst immer wieder vor Anker gehen konnte, um Lasten abzuladen und neue Kräfte zu schöpfen. Sie fand Heimat in der größten Freien evangelischen Gemeinde Hamburgs, die ihr Haus am Holstenwall hatte. Dankbar nahm die Missionarin die Einladung zu einem persönlichen Gespräch mit Friedrich Heitmüller an, dem Direktor des Diakonischen Werkes »Elim« der Freien evangelischen Gemeinde in Hamburg und zugleich Leiter und Prediger dieser Gemeinde.

»Schwester Gertrud, ich begrüße Sie herzlich in unserer Gemeinde. Ich freue mich, dass Sie nach Hamburg gekommen sind. Sie tun hier eine Arbeit, die wir nicht tun können. Wir haben keine Mitarbeiter dafür. Aber Sie dürfen versichert sein: Ich stelle mich persönlich hinter Sie, und die Gemeinde steht ebenso hinter Ihnen und unterstützt Sie in allen Dingen, so gut wir alle das können. Wenn Sie bestimmte Wünsche haben, wenden Sie sich gerne an den Geschäftsführer des Diakonischen Werkes der Kirche, Herrn Jahnke. Er macht zuweilen sogar das Unmögliche möglich. Ich denke, es wird mit der Zeit auch Leute geben, die Ihnen bei Ihrer Arbeit helfen.«

Die Missionarin wurde bald Mitglied in dieser Gemeinde. Zu ihrer Aufnahme bekam sie ein Wort aus dem Propheten Jesaja zugesprochen, das ihr wohl tat: »Es sollen wohl Berge weichen und Hügel hinfallen, aber meine Gnade soll nicht von dir weichen, und der Bund meines Friedens soll nicht hinfallen, spricht der Herr, dein Erbarmer.«

Ein wunderbares Wort für ihre Arbeit, freute sich Schwester Gertrud. Wie Gott die Dinge doch lenkte und ineinander greifen ließ! Neulich erst hatte sie ein Wort von der Gnade Gottes zugesprochen bekommen, als sie beim fünfzigjährigen Jubiläum der Mission für Süd-Ost-Europa vor der großen Gemeinde der Mitarbeiter und Freunde des Werkes nachträglich offiziell in den Dienst gesandt wurde. Die Brüder Wißwede, Thiessen, Suckut und Eichelberg hatten ihr unter Gebet und Handauflegung das Wort mitgegeben, das einst Paulus von Gott als Antwort auf seine Bitte um besonderen Beistand erhalten hatte: »Lass dir an meiner Gnade genügen, denn meine Kraft ist in den Schwachen mächtig.« Der Apostel war mit dieser Zusage trotz seiner gesundheitlichen Probleme in großem Segen unterwegs gewesen. Also würde sie mit ihrer kleinen Kraft auch im Segen unterwegs sein dürfen. Gott war doch immer größer als das Verzagen, das in ihr zuweilen aufkommen wollte.

Schwester Gertrud besuchte natürlich nicht nur den Platz an der »Alten Fähre«. Sie besuchte auch die anderen Plätze in und um Hamburg. Wo sie auch hinkam, sah sie ähnliche Bilder und erging es ihr ähnlich. Überall begegnete ihr deutliches Misstrauen der Erwachsenen, offene Ablehnung und Feindschaft oder auch nur Gleichgültigkeit. Nur die Kinder konnte sie auch auf anderen Plätzen mit biblischen Geschichten, Liedern und Chorussen erreichen. Das war doch wenigstens schon einmal ein Anfang.

Die Männer ließen sich auch auf den anderen Plätzen in der Regel gar nicht sehen oder verschwanden sehr schnell, und die Frauen hielten sich zurück, stellten nur immer eine »Wache«.

Und wenn eine Sintiza sie doch einmal in ihren Wagen eingelassen hatte, warf der Sinto sie wieder hinaus.

Schwester Gertrud machte sich bald keine Illusionen mehr: Die Erwachsenen zu erreichen, wurde ein langer und beschwerlicher Weg. Sie hatte inzwischen erfahren, dass sie bei ihrer Arbeit gegen die Erinnerung an eine gewisse Hamburger Fürsorgerin ankämpfen musste, die sich später als Mitarbeiterin eines Nervenarztes, eines gewissen Dr. Robert Ritter, herausstellte. Dieser Arzt hatte in den Jahren der nationalsozialistischen Herrschaft die »Rassenhygienische Forschungsstelle« in Berlin geleitet. Er hatte sich zum Ziel gesetzt, durch entsprechende »rassenhygienische« Untersuchungen nachzuweisen, dass Zigeuner Menschen artfremden Blutes seien. Damit arbeitete er der »Reichszentrale zur Bekämpfung des Zigeunerunwesens« in die Hände, die ihre Fühler natürlich auch nach Hamburg ausgestreckt hatte. Um Ergebnisse zu erzielen, musste er sich Zugang zu den Sinti und Roma verschaffen. Dazu hatte er überall seine Helfer, auch in Hamburg. Seine »Gutachten« über viele Tausend Sinti und Roma dienten dazu, diese in Konzentrationslager einzuweisen.

In Hamburg gehörte eben diese Fürsorgerin zu seinen Helfern, die von den Zigeunern wegen ihrer rotblonden Haare »Lolitschei« genannt wurde, was soviel wie »rotes Mädchen« heißt. Diese Frau war zur Erledigung ihres fragwürdigen Auftrags unter dem Deckmantel der Frömmigkeit mit Bibel und Gesangbuch auf die Zigeunerplätze gekommen und hatte sich auf fromme Tour das Vertrauen der Leute erschlichen. Im Geheimen hatte sie dann Listen der häufig polizeilich nicht gemeldeten Bewohner angelegt und sie an die Forschungsstelle weitergegeben. Dadurch war es dem Hitlerstaat leichter geworden, die Zigeuner zu erfassen und in Konzentrationslager zu transportieren. Zigeuner gehörten nach der NS-Ideologie zu den »Fremdkörpern«, zu den »Läusen und Wanzen« und zu den Rassen, die kein Lebensrecht zu beanspruchen hatten. Die hansestädtischen NS-Behörden erwiesen sich in dieser Frage als sehr linientreu und gehorsam und leisteten die geforderte Zuarbeit.

In der Folge wurden im Morgengrauen des 16. Mai 1940 551 Hamburger Sinti aus ihren Betten geholt und zunächst im Sammellager im Fruchtschuppen 10 an der Baakenbrücke 2 im Hamburger Hafen mit 359 weiteren aus Norddeutschland zusammengepfercht. Am 20. Mai wurden sie dann ins Konzentrationslager Belzec bei Lublin im besetzten Polen abtransportiert.

Wie viele von ihnen in den Jahren danach an diesem und an anderen bösen Orten jener Zeit den Weg in die Gaskammern hatten antreten müssen, wie viele per Genickschuss starben oder brutal erschlagen wurden, wie viele für die medizinische Forschung missbraucht wurden, einfach verhungerten oder sonst wie ums Leben kamen, weiß wohl niemand genau. Statistiken besagen, es seien im Einflussbereich der Nazis insgesamt etwa 500 000 gewesen.

Die wenigen, die nach schlimmem Martyrium die Freiheit wiedererlangten, waren für den Rest ihres Lebens gezeichnet, durch die eintätowierten KZ-Nummern, durch bleibende körperliche Krankheiten und Schäden und durch schwere seelische Verwundungen.

Wen sollte es verwundern, dass die jetzt Lebenden misstrauisch gegen jeden Fremden waren, der auf ihre Plätze kam, und erst recht gegen jeden, der mit einem ähnlichen Anliegen kam, wie es jene Frau damals vorgegeben hatte? Zumal Schwester Gertrud wohl auch eine gewisse Ähnlichkeit mit jener »Lolitschei« hatte.

Auf dem kleinen Wohnwagenplatz am Schulterblatt im Stadtteil Eimsbüttel zum Beispiel versuchte die junge Missionarin in ihrer ersten Zeit Zugang zu der Sippe dort zu bekommen. Sie kam einmal spät bei heftigem Regen und Sturm auf den schlammigen Platz. Kein Mensch war zu sehen. Bei diesem Wetter waren die Leute alle in ihren Wagen. Aus den erleuchteten Fenstern waren Stimmen und laute Musik zu hören. Ein paar Hunde begannen zu bellen.

Schwester Gertrud klopfte an einen Wagen. »Hallo, ich möchte zu euch!«, rief sie gegen die Musik an. Die Wagentür öffnete sich und heraus schauten ein paar große Jungen. »Komm rein, Frau, und erzähl uns, was du willst. Hier drin ist es trockener als draußen«, lud sie einer von ihnen ein.

Schwester Gertrud hatte sich gerade vorgestellt und für die Einladung bedankt, als sich eine Sintiza aus dem hinteren Bereich des Wagens wutentbrannt den Weg nach vorne bahnte. In ihrer erhobenen Hand hielt sie eine kurzstielige Peitsche. Sie stieß die Jungen zur Seite und ging mit glühenden Augen und wie eine Furie auf die Missionarin los: »Ihr Chale, ihr Verfluchten! Ihr mit eurer Bibel, ihr Verräter! Ihr habt uns ins KZ gebracht!« Die Frau war schier außer sich. Hätten die Jungen sie nicht festgehalten, wer weiß, sie hätte wohl zugeschlagen.

Schwester Gertrud war zutiefst erschrocken. Wie tief mussten die Verwundungen dieser Frau sein, wie tief musste der Hass auf die Deutschen in ihrem Herzen Platz gewonnen haben! Die Missionarin zog es vor, den Wagen wieder zu verlassen. Einer der

Jungen kam mit ihr nach draußen, um das Verhalten der alten Mami zu entschuldigen.

Für ein paar Momente standen die beiden im Regen unter dem Schirm der Missionarin. »Schwester, bitte, Sie müssen verstehen. Das Herz meiner Schwiegermutter blutet aus allen Wunden. Im KZ hat man neun ihrer Kinder vergast. Nur zwei sind ihr geblieben.«

»Glaub mir«, erwiderte Schwester Gertrud, von dieser Mitteilung sehr betroffen, »ich kann deine Schwiegermutter gut verstehen. Ich leide auch unter diesen Dingen, durch die Deutschland sich an deinem Volk schwer versündigt hat. Sie begegnen mir auf allen Plätzen eures Volkes. Aber ich möchte euch die Liebe Gottes bringen. Die kann auch solche Wunden heilen.« Nach einer kurzen Pause fuhr sie fort: »Ich denke, ich komme später einmal wieder. Ich werde für euch beten, vor allem für deine Schwiegermutter.«

»Tun Sie das, Schwester, vielleicht ist sie dann ruhiger«, beendete der Sinto das Gespräch und verschwand wieder in dem Wagen.

Sehr still geworden machte sich Schwester Gertrud zu Fuß auf den Heimweg. Regen und Wind empfand sie nicht. Ihre Gedanken blieben noch eine Weile bei dieser geschundenen Frau und ihren Leidensgefährten unter den Sinti und Roma, die es auf allen Plätzen gab, die sie bisher besucht hatte. Hier war eine mühsame, geduldige Kleinarbeit nötig, um Vertrauen aufzubauen. Da konnte nur Liebe helfen, immer wieder Liebe; Liebe, die sich nicht beirren ließ. Dessen wurde sich Schwester Gertrud mehr und mehr bewusst. Wie gut, dass Gott ihr das Bild aus Hesekiel 37 geschenkt hatte! Der Herr würde es schon richten. Er würde die »toten Gebeine« schon aufrichten, mit neuem »Odem« versehen und zum Leben bringen. Er selbst würde Vertrauen pflanzen und wachsen lassen. Er hatte auch unter diesen Leuten sein Volk. Hätte er Schwester Gertrud sonst hierhin berufen und gesandt? Er würde ihr auch das nötige Durchhaltevermögen schenken.

Schwester Gertrud konnte diese arme Frau vom Eimsbütteler Platz später immer wieder besuchen; sie blieb allerdings für ihr Leben lang verschlossen. Ihrer Tochter und den Enkeln konnte die Missionarin später ein wenig Liebe weitergeben und ihnen ihre dunklen Tage dadurch ein bisschen heller machen. In einer besonderen Notsituation nahm sie sie mit ihren Kindern vorübergehend in ihrer Wohnung auf und kümmerte sich auch danach immer wieder einmal um die Familie. Auf diese Weise konnte sie die Liebe Gottes weitersagen und praktisch vorleben. Dennoch blieben die meisten Herzen dieser Leute verschlossen. Ihr Sohn wagte später den sehr schwierigen Schritt heraus aus einer finsteren Vergangenheit hinein in den Glauben an Jesus Christus. Also war die Saat doch noch aufgegangen. Gott sei Dank!

Auf einem anderen Platz ging es Schwester Gertrud zunächst ähnlich wie in Eimsbüttel, wobei die Begegnung allerdings ein erstaunliches Ende nahm.

Es war an einem Februartag 1954, als die Missionarin bei Ananza im Wagen saß. Die ältere Sintiza hatte die Missionarin zu sich in den warmen Wagen eingeladen. Hier gab es also schon einmal einen Einstieg in weitere Arbeit.

Während sich die beiden Frauen in der wohligen Wärme unterhielten, peitschte draußen wie so oft in Hamburg der Regen gegen die Wände, und der Sturm rüttelte an den geschlossenen kleinen Schlagläden. Ab und an klang es wie Donner herein. Ein rechtes Wintergewitter tobte wohl da draußen.

Plötzlich wurde die Wagentür aufgerissen und herein stürmte ein Sinto, der offenbar Schutz vor dem Wetter suchte. Er wollte gerade sein überstürztes Eindringen erklären, als er die fremde Frau auf der Bank sitzen sah. »Wer ist das, Ananza?«, stieß er hervor.

»Frag sie doch selbst«, gab die Frau zurück.

Schwester Gertrud kam der Frage zuvor: »Ich bin Schwester Gertrud.«

»Ah, wohl von der Heilsarmee, was?«, fragte der Sinto erregt.

»Nein, nicht von der Heilsarmee, aber von einer Mission.«

»Hm, Mission. Ihr redet immer von Gott«, verstand der Mann und fuhr in gesteigerter Erregung fort: »Das sag ich Ihnen, das ist alles Quatsch und Blödsinn, Ihr Reden von Gott. Um uns hat sich noch nie ein Gott gekümmert. Wo war denn euer Gott, als sie uns damals im Fruchtschuppen zusammengetrieben haben? Wo war er, als wir in die KZs geschickt wurden? Wo war er denn, als die Nazis meine Mutter und den Vater vergasten und meine Kinder umbrachten? Sei mir bloß still von deinem Gott! Wenn's den überhaupt gibt, kann er nur blind und stumm und taub sein!« Der aufgebrachte Mann war schier nicht zu bremsen. Dabei kam er Schwester Gertrud bedrohlich nahe. Musste sie sich etwa vor ihm fürchten?

»Herr, bring den Mann zur Ruhe«, betete sie im Stillen. Und dann musste der ja auch einmal atmen. Diesen Moment nutzte die Missionarin, selbst etwas zu sagen. »Guter Mann, ich verstehe Sie sehr gut. Aber jetzt lassen Sie mich auch ein wenig reden, ohne mich zu unterbrechen. Danach bin ich gerne wieder bereit, Ihnen zuzuhören.«

Schimpfend und mit Mühe willigte der Sinto ein und hörte sich an, was sie in schlichten Worten erzählte von ihrem eigenen Leben ohne Gott, von ihrer Verlorenheit in der Sünde, von der Errettung durch das Blut Jesu und von ihrem Weg als neuer Mensch im Glauben, den sie nie bereut habe und von dem sie nie wieder weichen wolle.

Je länger Schwester Gertrud sprach, desto ruhiger wurde der Sinto. Klug ließ sie ihre Rede unmittelbar einmünden in das gesungene Lied:

»In der stillen Nächte Stunden, horch, was klopft in dir!
Hörst du's klopfen, immer klopfen? Sprich, was ist es hier?
Sage nicht, es sei dein Pulsschlag, es muss tiefer sein:
Jesus ist's, dein Heiland klopfet: Hör und lass mich ein.

Sieh, der Tod kommt oft geschritten schnell zu Arm und Reich.
Doch er fragt und klopft nicht lange, dringt hinein sogleich.
Aber Jesus wartet, wartet vor der Herzenstür.
Endlich geht er traurig weiter; oh, dann wehe dir!

Dann wirst du einst draußen stehen, bittend: ›Lass mich ein!‹
Händeringend wirst du flehen, doch zu spät wird's sein.
Schnöder Sünder, hast vergessen, wer einst klopfte, wer?
Er, der einst um dich geworben, kennt dich nun nicht mehr!«

»Jetzt bin ich fertig. Jetzt sind Sie wieder dran«, erinnerte Schwester Gertrud an ihre Abmachung von eben und sah den Sinto mit aufmunterndem Blick an. Der Mann gab ihr jedoch nur die Hand und meinte mit leiser Stimme: »Ich habe nichts mehr zu sagen, Schwester. Ich möchte Sie nur bitten, auch noch in meinen

Wagen zu kommen, ehe Sie nach Hause gehen. Meine Familie muss Sie auch kennen lernen.«

Nichts lieber als das! Wenige Minuten später saß Schwester Gertrud im Wagen des Mannes, der so viel Böses erlebt hatte, und seiner großen Familie und konnte zum zweiten Mal für heute in Lied und Wort ein fröhliches Zeugnis der Liebe Gottes geben. Hier hatte der Geist Gottes unmittelbar gewirkt und nicht nur die Türe eines weiteren Wagens auf dem Platz geöffnet, sondern ein Stück weit auch schon ein paar Herzenstüren. Den letzten Liedvorschlag machte der Sinto selbst, und er begleitete auch selbst auf seiner Gitarre: »Gott ist gegenwärtig, lasset uns anbeten und in Ehrfurcht vor ihn treten ...« Woher er wohl dieses Lied kannte?

Erste Anerkennung

Nach den ersten Monaten mit Besuchen auf den Hamburger Zigeunerplätzen und den Plätzen in entfernteren Orten, nach der ersten Erfahrungszeit in und mit der Gemeinde am Holstenwall, nach den ersten Höhen und Tiefen, Freuden und Enttäuschungen der Arbeit, die auch mit Wohnungsproblemen verbunden waren – Schwester Gertrud hatte mehrfach umziehen müssen, weil es wegen ihrer Arbeit unter den Zigeunern Probleme mit den Vermietern gab –, folgte erst einmal eine längere Pause. Die Missionarin wurde für mehrere Monate Bibelschülerin. Von Oktober 1953 bis Mai 1954 besuchte sie die Bibelschule St. Chrischona in Bettingen in der Schweiz. Die Missionsleitung hatte sie auf ihren Wunsch großzügig für diese Zeit beurlaubt.

In diesen acht Monaten erfuhr Schwester Gertrud eine intensive Ausbildung in Fächern wie Glaubenslehre, Biblischer Unterricht, Bibelauslegung, Seelsorge, Kirchengeschichte, Missionsgeschichte, Psychologie usw. Eine herrliche Zeit des Studiums war das – und der Gemeinschaft mit Mitschülerinnen, die alle jünger waren als sie, mit den Ausbildern, der Schwesternschaft und der Gemeinde auf dem »heiligen Berg« bei Basel unweit der Grenze zu Deutschland. –

Nach dieser Zeit ging es neu motiviert und innerlich aufgebaut wieder mitten hinein in die Hamburger Arbeit. Hier stellte sich natürlich zunächst wieder die Wohnungsfrage. Aber Gott hatte auch hier schon vorgesorgt.

Schwester Gertrud besuchte Herrn Jahnke vom Diakonischen Werk, um ihn um Hilfe für ihre Arbeit und für ihre Zigeuner zu bitten. Viele von ihnen waren einfach bettelarm. Die Sozialhilfe reichte vorne und hinten nicht. Und die »Geschäfte« brachten nicht das regelmäßige tägliche Brot.

»Schwester Gertrud, reden wir jetzt mal nicht zuerst von Ihren Zigeunern. Reden wir doch erst einmal über Sie und über die Hilfe, die Sie für sich persönlich brauchen.« Herr Jahnke ahnte offenbar, dass es da gewisse Notwendigkeiten gab.

»Wenn Sie mich so direkt fragen, Herr Jahnke, bitte. Ich brauche eine Wohnung. Möglichst eine, die ich auch öffnen könnte für meine Leute. Ich rechne fest damit, dass Gott sie bald für das Evangelium bereitmacht.«

»Das trifft sich ja hervorragend, Schwester Gertrud. Da weiß ich etwas Gutes für Sie. Die Mitternachtsmission wird ihre Etage in dem schönen Haus an der Schmilinskystraße demnächst frei machen. Ein geräumiges Patrizierhaus. Sie kennen es doch, oder? Das wäre was für Sie. Diese Räume sollten Sie bekommen können.«

»Das wäre ja wunderbar«, begeisterte sich die Missionarin. »Herzlichen Dank! Endlich unabhängig sein von Vermietern, die mit meiner Arbeit nicht zurechtkommen und ihre alten Vorurteile gegen die Zigeuner nicht ablegen können. Und dann auch noch an einem so zentralen Platz nahe am Hauptbahnhof.«

»Ich werde mich für Sie verwenden, Schwester Gertrud, und ich bin sicher, das wird etwas!«

Es wurde etwas! Schwester Gertrud sah deutlich Gottes lenkende Hand. Bald konnte sie die frei gewordene Etage in Besitz nehmen und sich in den Räumen einrichten. Die sanitären Einrichtungen waren zwar für ein solches Haus bescheiden, aber ausreichend. Hier war Platz genug für ein Büro mit Telefon. Hier gab es ein großes Wohnzimmer, das viel Platz bot, ihre neuen Freunde einzuladen.

Die »Einweihung« jedenfalls konnte sie am 6. Oktober 1956 schon einmal mit einer Gruppe von Kindern von der »Alten Fähre« feiern. Und wie erwartet: Wenn die Kinder hierher kamen, waren zwangsläufig ein paar Mütter dabei. Die ließen ihre Kleinen doch nicht allein in dem Getriebe der Stadt!

Übrigens hatte auch die Missionsleitung in Geisweid ihr Einverständnis signalisiert, die Etage als Wohnung und als Zentrum der Abteilung der Mission für Süd-Ost-Europa »Arbeit unter den Zigeunern Hamburgs« zu übernehmen. Diese Adresse wurde für viele Jahre eine zentrale Anlaufstelle, zum offenen Haus für große und kleine Zigeuner und für so manchen anderen Gestrandeten der Millionenstadt und ihrer nahen und weiteren Umgebung.

Doch die Arbeit von Schwester Gertrud blieb nicht mehr nur auf die Plätze der Sinti und vereinzelter Roma in der Stadt und in der unmittelbaren Umgebung begrenzt. Sie reiste auch nach Bremen, Kiel, Buxtehude, Stade, Hameln und sonst wohin ins Land, wo sie von Lagerplätzen des dunkelhaarigen Volkes erfuhr, das ihr immer mehr ans Herz wuchs. Dabei gab es nur eins zu bedauern. Die Entfernungen waren so groß und der Zeitaufwand erheblich. Aber auch dort war es ähnlich: Das Misstrauen war groß gegen die fremde Frau, die mit Bibel, Gitarre und Flanelltafel auf die Plätze kam, und es konnte wohl auch hier nur mit immer neuer Liebe überwunden werden.

»Du solltest den Führerschein machen, Schwester Gertrud«, sagte sie sich immer wieder einmal. »Du könntest viel mehr unterwegs sein und die einzelnen Plätze häufiger besuchen.« Bis es dahin kam, vergingen aber noch einige Jahre.

Vorerst blieben ihr Bahnen und Busse und die eigenen Füße zur Fortbewegung. Beinahe täglich besuchte sie auf irgendeinem Platz Sinti, die dabei jedes Mal etwas vom Evangelium zu hören bekamen. Die Kleinen und Jugendlichen wurden dabei immer vertrauter und offener, die meisten Erwachsenen und Alten blieben weiter distanziert und verschlossen und mehr oder weniger feindselig. Nur wenige ließen es allmählich zu, dass das Eis ihrer Herzen schmolz.

Etwa anderthalb Jahre – mit der Unterbrechung durch die Chrischona-Zeit – war Schwester Gertrud unermüdlich immer wieder auf die Plätze gekommen. Sie hatte sich von der ablehnenden Haltung der Erwachsenen und von den vielen Rauswürfen aus den Wagen nicht entmutigen lassen, hatte sich dafür aber die

Herzen der Kinder erkämpft. Zum Beispiel auch das des kleinen Manno, der mitten in einer Frostperiode ärmlich gekleidet und barfüßig vom Schlittern auf dem Eis der gefrorenen Wiesen hinter dem Deich in die Freiluft-Kinderstunde gekommen war. Schwester Gertrud hatte den kleinen frierenden Kerl in den Arm genommen. »Manno, ich hab dich lieb«, hatte sie zu ihm gesagt. Da hatte der Junge seinen schwarz gelockten Kopf zu ihr erhoben, sie mit großen, erstaunten Augen angeschaut und geantwortet: »Kannst du mir das schöne Wort noch einmal sagen?«

Die Missionarin hätte in diesem Augenblick weinen mögen. Zigeuner liebten ihre Kinder. Sie waren ihnen das wertvollste Gut, und sie würden alles für sie geben. Aber dieser kleine Kerl litt wohl unter Liebesmangel und darunter, dass eben niemand so etwas zu ihm sagte. Und so nahm sie ihn noch einmal in die Arme und wiederholte ihr »Manno, ich hab dich lieb«.

Später erfuhr Schwester Gertrud, dass Mannos Eltern Alkoholiker waren, die sich wegen ihrer Trunksucht kaum um den Jungen kümmerten. Wenn doch Gottes Liebe und sein Wort diese Menschen in ihren Bindungen erreichte, dann würde sich die Situation des Kleinen ändern. Aber das konnte nur Gott bewirken. Sie wollte weiter bemüht sein, das ihre dazu zu tun.

Übrigens hatte es am Rande dieser frostigen Kinderstunde ein erstes, bescheidenes Signal gegeben. Eine ältere, vornehm erscheinende Sintiza schien Vertrauen zu fassen in die Missionarin, die selbst bei dieser Kälte für die Kinder auf den Platz kam. Vielleicht tat sie ihr aber auch nur Leid. Immerhin erzählte sie neben den anderen Kindern auch ihrem Enkel Kako die »schuka Schichta«, die schönen Geschichten aus der Bibel, und brachte dem musikalischen Jungen die wunderbaren Lieder bei. Sie selbst wollte das zwar alles nicht hören. Sie schaute den Leuten lieber auf den Verlauf ihrer Handlinien und in die Augen, um ihnen die Zukunft zu deuten, als dass sie Frommes hören wollte. Aber sie hatte dabei doch ein gutes Herz. Jedenfalls brachte Galitschai der Chali eine Tasse dampfenden Kaffee. Und sie öffnete sich dem Wort Gottes!

Wie tat das gut und wie wärmte der Kaffee von innen!

Was ihr eine andere Sintiza im Brustton der Überzeugung sagte, klang dagegen weniger verheißungsvoll: »Schwester Gertrud, du wirst es nie schaffen, den Namen Jesu zu uns Sinti zu bringen. Wir glauben an unseren Baro Debel. Der ist unser

Kinderstunde 1956: Schwester Gertrud mit den Kindern

Gott. Baro Debel ist für alles da und hilft uns auch dann, wenn wir mal Böses tun.«

Die Missionarin war für einen Moment sprachlos bei der Rede der alten Sintiza. Dann antwortete sie ihr ruhig: »Liebe Mami, das ist nicht meine Sache. Der Herr Jesus wird selbst Eingang bei euch finden. Er ist unser himmlischer Herr. Er wurde Mensch für uns. Für unsere Sünde und auch für die Sünde der Sinti hat er am Kreuz den Erlösungspreis bezahlt. Dann ist er von den Toten auferstanden und lebt! Auch ihr Sinti könnt ihn suchen und ihm begegnen. Hör zu, liebe Mami, was die Kinder singen.«

Dann sang die Schar fröhlich und laut bereits auswendig:

> »Gott ist die Liebe, lässt mich erlösen
> Gott ist die Liebe, er liebt auch mich.
> Drum sag ich noch einmal, Gott ist die Liebe,
> Gott ist die Liebe, er liebt auch mich.
>
> Jesus, mein Heiland, gab sich zum Opfer,
> Jesus, mein Heiland, büßt meine Schuld ...
> Du heilst, o Liebe, all meinen Jammer,
> du stillst, o Liebe, mein tiefstes Weh ...
>
> Er sandte Jesus, den treuen Heiland,
> er sandte Jesus und macht mich los ...«

Während des ganzen Liedes war Kakos Großmutter nachdenklich am Rande der Gruppe stehen geblieben, hatte ihr Tuch eng um sich gezogen und dem Gesang der Kinder zugehört. Dann hatte sie sich aber schnellstens kopfschüttelnd in ihren warmen Wagen verzogen. Schwester Gertrud hatte dennoch einen besonderen Grund, ihrem Herrn zu danken.

»Da schau, Henna. Die Heilige ist wieder da. Und das bei diesem Wetter!«, rief Theo Weiß seine Frau ans Fenster, beide in den Dreißigern. Draußen goss es in Strömen. Kein Wetter, um »auf Geschäft« zu gehen. Da blieb man besser im Trockenen und in der Wärme des Wagens.

Das Wasser hatte den Platz längst in eine Schlammwüste verwandelt. Und in diesem strömenden Regen auf dem matschigen Boden standen Schwester Gertrud, eine Mitarbeiterin aus der Freien evangelischen Gemeinde und eine kleine Kinderschar unter einigen Regenschirmen im Kreis, um gegen Regen und Wind anzusingen. Heute übrigens ohne offensichtliche »Bewachung« durch Marta. Die saß wahrscheinlich auch im Trockenen und »bewachte« aus dem Wagen durch die Scheibe.

»Kommt, stimmet alle jubelnd ein, Gott hat uns lieb«, sang die Schar unter den Regenschirmen. In den Refrain setzten sie inzwischen Begriffe aus der Zigeunersprache ein.

Der Gesang war trotz des Trommelgeräusches auf dem Dach des Wohnwagens auch bei Theo und Henna innen zu hören: »Gott hat den Tata lieb, … die Mama …, den Papo …, die Mami …, die Bibi …, die Sinti …«, und natürlich auch »… die Chali.«

»Theo, wenn die Chali bei solchem Wetter zu uns auf den Platz kommt, muss die echt sein. Die will uns nichts Böses. Die lass ich jetzt bei uns rein. Hier ist es trocken. Die sollen sich alle in den Wagen setzen.«

Der Sinto wollte protestieren, aber seine Frau ließ ihm keine Chance. Sie öffnete bereits die Wagentür und rief nach draußen: »He, ihr da! Kommt in den Wagen! Ihr werdet ja ganz nass.«

Mitten im Lied unterbrach Schwester Gertrud. Hatte sie richtig gehört? »Kommt in den Wagen!«, hatte die Zigeunerin gerufen. Das war eine Gebetserhörung und Gelegenheit! »Kinder, kommt, wenn diese Mama ruft, müssen wir folgen.« Und schon stürmte die Meute in Theos und Hennas Wagen und drängte sich dort eng zusammen, damit auch alle Platz bekamen. Henna selbst hatte sich in den hinteren Teil ihrer Wohnung zurückgezogen und in die Ecke gesetzt. Ihr Mann Theo war nicht zu sehen. Er musste wohl in den Schrank gesprungen sein und sich dort versteckt haben. Andere Möglichkeiten gab es nicht. Auf jeden Fall mussten beide mithören, wie Schwester Gertrud singend, erzählend und betend ihre Kinderstunde hielt.

Innerlich jubelte es dabei in ihr: »Gott, wie bist du groß! Der erste Wagen ist für die Arbeit geöffnet. Danke, danke! Herr, segne die Bewohner dafür reichlich und öffne nicht nur ihren Wagen, sondern auch ihre Herzen!«

Von jetzt an ging es aufwärts mit der Arbeit auf dem Platz an der »Alten Fähre«, mit kleinen Schritten zwar, aber eben doch aufwärts. Während Schwester Gertrud auf andern Plätzen immer wieder daran gehindert wurde, Wagen und Wohnungen zu betreten – wenn sie doch einmal irgendwo von einer Frau eingelassen wurde, wurde sie vom Mann wieder rausgeschmissen –, passierte das an der »Alten Fähre« immer seltener. Es öffneten sich nach und nach andere Wagen und Wohnungen, zunächst nur, damit sie ihre Kinderstunde bei schlechtem Wetter nicht im Freien halten musste.

Für Sinti endete der Tag nicht zu der Zeit, in der deutsche Menschen sich in die Betten legten. Der Tag reichte bis weit in die Nacht. Es musste ja auch niemand morgens früh aufstehen und an irgendeinem Arbeitsplatz eine Stechuhr bedienen. Die Kinder, die mehr oder weniger freiwillig die Schule besuchten, kamen immer pünktlich, ob sie nun um acht in der Klasse saßen oder erst um elf.

Deshalb konnte sich die Missionarin künftig sogar vereinzelt und dann mehr und mehr am Abend mit Frauen und Kindern zusammensetzen, um ihnen biblische Geschichten zu erzählen und Lieder und einfache, eingängige Chorusse zu singen. Jetzt waren ja auch die Frauen da, die tagsüber auf »Mangepen« waren, um durch Handel mit Kurzwaren, Spitzendecken und manchem anderen und auch zuweilen mit zweifelhaften Geschäften wie Handlinienlesen und Wahrsagen den Lebensunterhalt zu verdienen. Abends konnten sie ihren »Geschäften« weniger nachgehen. Deshalb saßen sie dann häufiger mit Schwester Gertrud zusammen und hörten ihr zu. Männer setzten sich nie mit in die Runde. Die lauschten höchstens heimlich draußen unter dem Fenster.

Schwester Gertrud ging bei ihren Besuchen sehr geschickt vor. Sie beendete ihre Erzählungen immer wieder an den spannendsten Stellen, so dass das Ende jeweils offen blieb. Ob denn Daniel nun von den Löwen wirklich gefressen wurde, das wollten die kleinen und großen Zuhörer auf jeden Fall erfahren, oder auch, wie denn die Geschichte mit Josef weiterging und ob denn die zehn Aussätzigen wirklich geheilt zurückkamen ...

Also musste die Chali wiederkommen, und der nächste Abend wurde mit Spannung erwartet.

Immer wieder war es die letzte Straßenbahn von der Kornweide in die Stadt, die nach solchen Abenden auf dem Platz Schwester Gertrud und ihre Helfer, die sie gelegentlich begleiteten, nach Hause brachte. Nur war bei allem Bemühen leider die eine Freude bisher ausgeblieben: Bekehrt hatte sich weder eins der Kinder noch eine der Frauen. Von den Männern ganz zu schweigen. Gesät war reichlich, die Ernte ließ noch auf sich warten. Aber sie würde kommen! Gott hatte sie zugesagt. Und der hielt sein Wort.

»Heilandsbus« und Hütte »Geborgenheit«

»Kinder, kennt ihr noch die Telefonnummer Gottes?« Und ob die Kinder von der »Alten Fähre« diese Nummer kannten. »50/15«, »50/15«, »50/15« scholl es fröhlich durcheinander. Diese Nummer hatten sie gut gelernt. Natürlich kannten sie auch den Wortlaut aus dem Psalm: »Rufe mich an in der Not, so will ich dich erretten, und du sollst mich preisen.«

»Warum fragst du?«, wollte eins von den Kleinen wissen.

»Wir müssen sie in Zukunft öfter verwenden«, gab Schwester Gertrud zur Antwort.

»Warum? Wieso? Weshalb?«, kam vielstimmig die Rückfrage.

Schwester Gertrud erklärte: »Wisst ihr, Kinder, wir brauchen einen eigenen Raum, in dem wir uns zusammensetzen können. Dann brennt uns die Sonne nicht mehr auf den Kopf, und wir werden bei Regen nicht mehr nass.«

»Dann brauchen wir uns auch nicht mehr in einen von unseren Wagen zu quetschen. Da ist es doch immer so eng.«

»Und im Winter brauchen wir nicht mehr zu frieren.«

»Dann kannst du immer alle Kinder auf einmal zusammenhaben.«

»Dann müssen wir uns nicht teilen, weil zu wenig Platz im Wagen ist.« So und ähnlich kamen die Kommentare der Jungen und Mädchen.

In diese Überlegungen machte eins der Kinder den Vorschlag: »Wir müssten den Bus kaufen können, wo Ziega wohnt. Der will doch nach Kiel umziehen.«

Jetzt schüttelte Schwester Gertrud natürlich energisch den Kopf. »Kinder, nein. Wir können Ziega und seine Frau doch nicht aus ihrem Bus vertreiben. Wenn ihr alle kräftig mitbetet, wird Gott uns einen Wagen oder eine Hütte schenken. Da bin ich ganz sicher. Gott ist größer als unser Problem!«

Am Ende der heutigen Kinderstunde beteten tatsächlich einige Kinder mit schlichten Worten für einen Wagen als Ort für ihre künftigen Versammlungen. Hoffentlich wurde ihr Gebet bald erhört. Das wäre ein gutes Zeugnis des Glaubens.

Ihr gemeinsames Anliegen teilte Schwester Gertrud natürlich auch ihren Freunden am Holstenwall und in den anderen Hamburger Gemeinden mit, die sie inzwischen für sich gewonnen hatte. Und auch denen in der weiteren Umgebung. Es gab jetzt viele Beter, die das Anliegen ihrer Missionarin vor Gott brachten, in der festen Zuversicht, dass Gott ihre Gebete erhören würde.

Aber die kleinen und großen Beter wurden auf eine harte Geduldsprobe gestellt. Lange tat sich nichts. Es war kein Wagen irgendwo zu finden, den Schwester Gertrud bzw. ihre Mission hätte kaufen und auf den Platz stellen können. Und dann war es Ende 1955 doch Ziega, dessen Bus plötzlich zur Disposition stand. Der Sinto hatte sich tatsächlich entschlossen, mit seiner Familie zu seinen Verwandten nach Kiel umzusiedeln. Sein Bus sei für 175 Mark zu haben. Da hieß es zugreifen. Das war Gottes Gelegenheit.

Welche Vorplanung Gottes: Die Kaufsumme war sogar bereits zusammengelegt. Der Frauenkreis der Holstenwall-Gemeinde, den ein Fräulein von Scheve leitete, eine treue Missionsfreundin von Schwester Gertrud, hatte für dieses Projekt nicht nur gebetet,

sondern auch gesammelt. In der Sammeldose befanden sich genau
175 Mark.

Gott, wie bist du so groß! War das eine Freude für die Missionarin und die Kinder an der »Alten Fähre«. Und auch für einige
der Frauen. Wie die Männer über die Sache dachten, ließen sie sich
zumindest nicht anmerken. Jedenfalls hatte Gott der Zigeunerarbeit die erste »Kirche« geschenkt. Halleluja!

In der Zwischenzeit hatte es am Holstenwall einen personellen
Zuwachs gegeben. Johannes Lichtenberg, ein siebenundzwanzig-
jähriger junger Mann, war gekommen, um als Jugendpastor in
den norddeutschen Freien evangelischen Gemeinden zu arbeiten.
Für Schwester Gertrud war das die Gelegenheit, einen neuen
Freund ihrer Arbeit zu gewinnen. Und wenn sie ihn gewonnen
hatte, dann würden sicher nach dem Effekt der Vervielfältigung
andere Freunde vor allem aus der Jugend nachkommen. Sie konnte
ja unmöglich alle Arbeiten auf den vielen Plätzen und an den vielen Orten Norddeutschlands alleine bewältigen. Da mussten andere
dazukommen und mit anfassen.

Schwester Gertrud rannte bei Johannes Lichtenberg sozusagen
offene Türen ein. Er hatte an seinem vorigen Dienstort in Frankfurt bereits einmal mit einer Zigeunerfamilie zu tun gehabt. So
war sein Herz vorgewärmt. Von Schwester Gertruds Arbeit in
Hamburg hatte er bereits erfahren. Und so trafen sich Nachfrage
und Angebot auf wunderbare Weise. Hier hatte der gute Gott
offenbar schon wieder langfristig vorgesorgt.

Fortan konnte Schwester Gertrud die Sinti-Plätze Hamburgs
immer wieder auch in Männerbegleitung besuchen. Die Einweihung des alten Postbusses auf der »Alten Fähre« sollte Johannes
Lichtenbergs erster zigeuneröffentlicher Einsatz werden.

Zunächst gab es da natürlich noch einiges vorzubereiten. Der
»Heilandsbus«, wie die Kinder vom Platz das räderlose Fahrzeug
bald nannten, musste innen und außen hergerichtet werden. Die
Wände brauchten neue Farbe. Die Kinder entschieden sich für
leuchtendes Grün. Mit Begeisterung wurde die Außenwand
gestrichen. Innen wurde der Ofen in Ordnung gebracht, wurden
Einrichtungsteile entfernt, dafür mehr Sitzgelegenheiten geschaffen. Jede Bank bekam dabei einen eigenen farbigen Anstrich.
Herrlich sah das aus. Möglichst viele Kinder sollten Platz finden

Sinti-Kinder vor dem »Heilandsbus«

können. Und nicht nur Kinder. Vielleicht gingen ja unter den neuen Versammlungsbedingungen Wunsch und Gebet in Erfüllung, dass auch Jugendliche und Erwachsene kamen und das Evangelium hörten ...

Den Tag der geplanten festlichen Einweihung im Frühjahr 1956 konnten die Kinder vom Platz an der »Alten Fähre« kaum erwarten. Am Tag selbst stieg die Spannung von Straßenbahn zu Straßenbahn. Jede Bahn aus der Stadt erwarteten die Kinder an der Endstation an der Kornweide sehnsüchtig. Endlich wurde ihr Warten belohnt. Johlend und jauchzend nahmen sie Schwester Gertrud und ihre Begleiter in Empfang und geleiteten sie auf den Platz. Sogar aus der Missionszentrale in Geisweid war eine Mitarbeiterin gekommen, Martha Westermann, um das Fest mitzuerleben.

Der Heilandsbus war bald bis auf den letzten Platz gefüllt, und es wurde eng in der ersten »Zigeunerkirche« Hamburgs. Das störte allerdings niemanden. Johannes Lichtenberg geriet ganz schön ins Schwitzen, auch weil der Kanonenofen eine wohlige Wärme ausstrahlte, die bald zur schier unerträglichen Hitze wurde. Der junge Pastor sang mit den Kindern ein Lied nach dem anderen und wiederholte Chorusse, die sie bereits kannten. Damit hatte der »Neuling« die Herzen der Kinder rasch auf seiner Seite.

Im zweiten Teil der Einweihung entführte er die Kinder per Dia-Schau in die Schweiz. Solch großartige Bilder hatten die Jungen und Mädchen noch nie gesehen. Dass es so etwas gab in Gottes Welt! Immer wieder wurden »Schuka!«-Rufe laut angesichts der schneebedeckten Berge, der Almen mit den Kühen und ihren großen Glocken an den Hälsen und der Seen mit vielen großen und kleinen Booten. Dass es die auch in einem Land gab, das gar nicht an der Nordsee lag, schien manchen wie ein Wunder. Deshalb wohl fragte die kleine Meuni einmal dazwischen: »Sag mal, Onkel Lichtenberg, ist das alles richtige Wirklichkeit?« Der Onkel konnte es ihr natürlich bestätigen: »Ja, Kind, so schön ist Gottes Welt. So schön hat Gott die Welt geschaffen. Einfach zum Staunen und Freuen.«

Wer konnte heute ahnen, dass eine große Sinti-Gruppe wenige Jahre später diese Schönheiten mit eigenen Augen würde sehen können?

Geschickt ließ der junge Mann seine Reise mit dem Bild eines Gipfelkreuzes enden. Hier konnte er die Botschaft vom stellvertretenden Leiden und Sterben des Heilandes am Kreuz anhängen und in den Chorus einmünden lassen:

> »Er hat mich so geliebt,
> er starb für mich auf Golgata,
> er hat mich so geliebt.«

Für den Abend war eine Einweihungsfeier mit den Erwachse-nen vorgesehen. Freilich musste der Bus zunächst mit sanfter Gewalt geleert werden. Die Kinder wollten einfach nicht Platz machen. Dann aber gaben sie die Bänke doch frei. Aber würden die Älteren kommen? Wenigsten Einzelne? Frauen und Männer? Es wurde spannend.

Vom Holstenwall waren ein paar Posaunenbläser eingetroffen, die im Freien mit ihren Chorälen und Liedern zur Versammlung einluden, und eine kleine Gitarrengruppe war auch dabei, die während der Veranstaltung im Bus spielen sollte.

Die Blechmusik schien bei den Zigeunern nicht gut anzukommen. Die liebten mehr die Instrumente, mit denen man »schluchzen« und »weinen« und feurige Melodien spielen konnte, wie Geigen aller Größen und Klarinetten und Harmonikas. Auf ihrem Platz war schließlich das berühmteste deutsche und sogar durch einige Filme bekannt gewordene Zigeunerorchester »Charlos Weiß« zu Hause. Nein, Blech war nicht das Rechte für sie. Ob sich die Männer deshalb nicht einladen ließen?

Dennoch war der Bus am Abend tatsächlich gefüllt mit Jugendlichen und Frauen und mit einzelnen Männern, die hörten und sangen »Gott ist die Liebe, er liebt auch mich«, »Das Blut des Lammes reinigt uns und machet alles neu«, »Ja, das ist Gnade für mich, ja, das ist Gnade für dich: Jesus allein kann erretten, ja, das ist Gnade für dich.«

Dann erzählte Pastor Vachek als Verkündiger des Abends den Leuten die Botschaft vom guten Hirten, der sein Leben für die Schafe ließ. Das galt auch für die Männer und Frauen in den Wagen und Hütten.

Ein denkwürdiger Tag und ein Meilenstein in der Arbeit unter den Sinti war das geworden. Gott hatte eine »Kirche« geschenkt, in der sich die Gemeinde sammeln konnte. Und sie würde sich sammeln. Beinahe trotzig hielt Schwester Gertrud an den Verheißungen Gottes fest, obwohl nach fast drei Jahren des Bemühens immer noch kein Kind und kein Erwachsener wirklich zum Glauben gekommen war. Auf diesem Platz konnte sie jetzt jedenfalls nicht mehr aus irgendeinem Wagen hinausgeworfen werden. Sie hatte für ihre Arbeit nun den »Heilandsbus«.

Die Versammlung am Sonntag wurde nun zur festen Einrichtung. Die herzliche Einladung erging immer wieder an die Leute an der »Alten Fähre«. Sie alle konnten gerne kommen. Aber außer den Kindern kam niemand. An manchem Sonntagabend saß Schwester Gertrud sogar mit ihren Helferinnen und Helfern allein im Bus. Dann beteten sie und mussten, was die Sinti anging, unverrichteter Dinge den Heimweg antreten. Welch eine Probe der Geduld und des Glaubens!

An einem Sonntagabend war es wieder genauso. Niemand kam. Schwester Gertrud saß heute, was selten vorkam, allein im Bus, betete und wartete, wartete und betete. Auf dem Platz war es für die späte Stunde noch sehr laut und lebhaft. Kindergeschrei und Klappern von Kochgeschirr mischten sich mit Hundegebell und Leutepalaver und mit den Klängen verschiedener Musikinstrumente, die immer in oder bei irgendeinem Wagen gespielt wurden.

Etwa um zehn Uhr schickte sich die Missionarin an, nach wieder einmal vergeblichem Bemühen und Warten den Heimweg anzutreten, als plötzlich die Stimme von August Kalo Weiß alle Geräusche des Platzes übertönte. »Leute, nun geht schon hin in den Bus. Die Chali sitzt immer noch da und wartet auf euch!«

Das Wort des »Bürgermeisters« hatte Gewicht, wie das Wort der Alten übrigens immer Gewicht hatte gegenüber dem der Jungen. Und tatsächlich: Wenig später kamen ein paar Frauen, dann noch ein paar Jugendliche, zuletzt sogar ein, zwei Männer. Kalo selbst kam allerdings nicht. Noch nicht.

Schwester Gertruds Herz jubelte. Ein erster, wegen der späten Zeit aber nur noch kurzer Gottesdienst war möglich mit Jesusliedern, einfachen, eingängigen Chorussen und einer sehr schlicht vorgetragenen biblischen Botschaft vom Heiland Jesus Christus, der aus der Finsternis der Sünde und der Bindungen hineinführt in das Licht der Vergebung und der Befreiung.

An diesem Abend wäre die letzte Straßenbahn von der Kornweide beinahe ohne die Missionarin in die Stadt gefahren. Aber was hätte das an solch einem Tag schon bedeutet. Gott hatte Großes getan! Da hätte sie den Rückweg auch mit einem Taxi gerne auf sich genommen.

Wenn Schwester Gertrud seit jenem Tag gehofft hatte, dass es nun mit der Arbeit an der »Alten Fähre« deutlich aufwärts ging, dann täuschte sie sich leider. Die ersten Leute kamen zwar in die Versammlungen, aber sie blieben in ihrem Innersten weiterhin verschlossen. Es kamen auch die ersten Männer. Selbst Kesa, der Orchesterleiter, saß ab und an mit im Heilandsbus und begleitete sogar die Lieder mit den für ihn fremden Melodien auf seiner Geige, ähnlich wie schon vorher Hennas Mann Theo sie im Wagen mit seiner Gitarre begleitet hatte. Wenn Gott doch nur diesen Leuten die Herzen auftat!

Dadurch, dass die Frucht der Arbeit auszubleiben schien, gab es in Schwester Gertruds Arbeitstagen immer häufiger Momente, in denen sie verzagen wollte und in denen ein paar Tränen der

Enttäuschung rollten. Arbeitete sie nicht manchmal bis an den Rand der Erschöpfung? Und nichts rührte sich. Dann trieben solche Phasen der Niedergeschlagenheit die inzwischen bald Vierzigjährige umso mehr ins Gebet, allein und immer wieder mit anderen. Aber es kam auch immer wieder die Erinnerung ihres Gottes an seine Verheißungen, die er nun mal über der Zigeunerarbeit seiner Dienerin ausgesprochen hatte.

Dennoch – eines Tages stellte sie in einem Brief an die Missionsleitung ihre Kündigung in Aussicht. Postwendend kam die Antwort von Missionsinspektor Wißwede: »Liebe Schwester Gertrud! Im Blick auf Ihre bisher anscheinend vergebliche Arbeit stehen wir hier unter dem Eindruck des Wortes aus 1. Korinther 16,9: ›Ich habe vor dir gegeben eine offene Tür, die viel Frucht wirkt und sind viele Widersacher da.‹ Ich möchte Ihre Kündigung nicht annehmen. Machen Sie weiter. Gott wird segnen! Ihr Paul Wißwede.«

Das war eindeutig. Also nicht aufgeben, sondern weitermachen!

Vorerst ergab sich auf dem Platz in Wilhelmsburg aber eine neue Herausforderung, der sich die Missionarin nicht entziehen wollte. In der nationalsozialistischen Zeit war den Kindern von Zigeunern eine Schulbildung versagt worden. Diese »Vagabunden« und »Schädlinge« sollten nicht an deutscher Bildung teilhaben!

Im Nachkriegsdeutschland setzte sich in dieser Frage erst nach und nach eine neue Überzeugung durch. Wenn man das fahrende und unstete Volk für immer sesshaft machen und in die örtliche Bevölkerung integrieren wollte, dann durften seine Kinder nicht länger von den Bildungsmöglichkeiten ihrer deutschen Altersgenossen ausgeschlossen bleiben. Für Zigeunerkinder galt also hinfort auch die Schulpflicht.

Das konnte freilich etwas werden. Die Begeisterung über dieses Gesetz, das auch den Senat Hamburgs passiert hatte, hielt sich bei den meisten Sinti und Roma der Stadt in deutlichen Grenzen. Was sollte das? Ihre Kinder waren nie zur Schule gegangen. Die meisten Alten konnten doch auch nicht lesen und schreiben, und trotzdem hatte die Kommunikation untereinander und nach außen immer funktioniert. Die Angehörigen der Sippe Weiß waren schon seit Jahrhunderten im Umfeld von Hamburg sesshaft und bodenständig, abgesehen von jährlichen Reisezeiten. Ob hinter dieser neuen Regelung nicht wieder irgendeine raffinierte Bosheit des Staates stand?

Diese Einstellung vieler Sintifamilien war verständlich. Sie hatten zudem auch Bedenken, ob das überhaupt gehen würde, wenn Sintikinder neben deutschen Kindern die Schulbank drückten. Die bekannten Vorurteile gegen Zigeuner saßen doch tief im Bewusstsein der Bevölkerung und umgekehrt doch ähnlich. Die Rede von Integration und Eingliederung, um die sich die Sippe Weiß nachweislich seit vielen Jahrzehnten bemühte, war doch graue Theorie. Und das lag wahrhaftig nicht nur an den Zigeunern.

Dennoch gab es auch besonnene Leute auf den verschiedenen Plätzen, die die Vorteile der neuen Regelungen erkannten und ihre Kinder gerne zur Schule schickten, wenn die denn bereit waren zu gehen. Die etwa 35 schulpflichtigen Kinder an der »Alten Fähre« sollten nach Rönneburg eingeschult werden oder in die Schule mit dem schönen Namen »Licht Liebe Leben« am Kurdamm in Wilhelmsburg. Der Schulweg nach Rönneburg, jenseits der Süderelbe, war mehr als fünf Kilometer weit. Auf diesen Weg würde kein Sinto und keine Sintiza ihr Kind schicken. Das war viel zu gefährlich. Zur Schule mit dem wundersamen Namen war der Weg nicht ganz so weit. Dennoch weigerten sich manche Eltern auch hier, ihre Kinder in den Unterricht zu schicken.

So blieben es wenige, die in »Licht Liebe Leben« eingeschult wurden und mehr oder weniger regelmäßig den Unterricht dort auch tatsächlich besuchten. Kako und Lolo, Tutti und Hotti, Sonja und Sitta, Manno und Prinzo, Mäuschen, Trauba und Anni und noch ein paar andere Jungen und Mädchen ließen sich von ihren Eltern schicken oder wurden täglich gebracht und hielten auch mehr oder weniger ausdauernd durch. Dass es immer wieder einmal Schwierigkeiten mit Mitschülern und mit Lehrern gab, die auch nicht ohne Vorurteile waren, hatten sie fast erwartet.

Eltern, die ihre Kinder hätten schicken sollen, aber das nicht wollten, und manche Analphabeten unter den Erwachsenen wandten sich an Schwester Gertrud mit der Bitte, ihren Kindern und ihnen selbst einen Schulunterricht zu organisieren, damit sie auf dem Platz Lesen und Schreiben lernten. Tante Balla würde doch demnächst umziehen. Ihre Baracke könnte dann zum Unterrichtsraum werden.

Schwester Gertrud sah in der besonderen Bitte eine Chance der weiteren Vertrauensbildung und versprach, sich der Sache anzunehmen und sie mit ihren Freunden zu besprechen. Die Baracke wäre sicher eine Ergänzung zum Heilandsbus, der inzwischen für manche Veranstaltungen zu klein und zu eng geworden war. Willige Lehrer für einen Deutschunterricht ließen sich wohl unter den Freunden am Holstenwall oder auch in anderen Gemeinden finden. Auch hier würde Gott die Lösung des Problems zeigen.

Eines Tages kam die Missionarin wieder auf den Platz, um ihre Kinderstunde zu halten. Die Vorschläge zur Durchführung eines Lese- und Schreibunterrichts für die Kinder des Platzes hatte sie bei sich. Freunde hatten ein offenes Ohr für das Anliegen der Sinti von der »Alten Fähre« gehabt und auch ihre Bereitschaft zur Mitarbeit erklärt.

Als Schwester Gertrud den Weg von der Straßenbahnhaltestelle hinüberging, sah sie über dem Platz Rauch aufsteigen. Der konnte nicht von einem der häufigen offenen Feuer stammen, die immer mal wieder angezündet wurden, wie das halt bei Zigeunern so war. Da musste etwas anderes brennen, ging es ihr durch den Kopf. Dann hörte sie auch schon aufgeregtes Ge-schrei der Sinti, vor allem von Frauen, das sich mit den vielen anderen Geräuschen des Platzes mischte.

Und dann erschrak sie doch heftig. Tante Ballas Hütte, die der künftige Unterrichtsraum sein sollte, stand in hellen Flammen. Was war hier nur passiert?

Schwester Gertrud hatte den Platz kaum betreten, als eine Kinderschar sie schon bestürmte. »Tante Gertrud, Tante Gertrud, Tante Balla ist gestorben. Jetzt müssen ihre Sachen alle verbrannt werden.« Das war es also. Die harten Zigeunergesetze erforderten diese Handlung wegen ihres Totenkultes.

»Oh, ihr armen Leute«, ging es der Missionarin durch den Kopf, und ein paar Tränen des Schmerzes und der Enttäuschung rannen ihr über die Wangen, »wer hat euch bezaubert, dass ihr der Wahrheit nicht gehorcht? Mein Gott, wann öffnest du diesen Leuten die Augen für die Freiheit, die sie in dir gewinnen können?«

Was sollte nun aus dem Unterrichtsprojekt werden? Der Heilandsbus war zu klein, und die Baracke lag in Schutt und Asche, vorsätzlich angezündet, um den Sitten zu genügen und die Totengeister zu besänftigen.

Die Kinderstunde heute verlief sehr mühsam. Auf dem Platz war es unruhig wie selten. Die Kinder ließen sich immer wieder von dem Geschehen um die verbrannte Hütte ablenken. Schwester Gertrud selbst war mit ihren Gedanken nicht voll bei der Sache. So intensiv und hautnah wie heute hatte sie die abergläubische Gebundenheit ihrer Sinti noch nicht erlebt, und es trieb sie innerlich um. Trotz der hellen Tageszeit empfand sie eine große Dunkelheit über dem Platz, ähnlich, wie es ihr erster Eindruck damals im Mai 1953 gewesen war, und eine tiefe Traurigkeit breitete sich in ihr aus. Sie fühlte sich plötzlich müde, unendlich müde. War denn alles bisherige Bemühen wirklich ohne jede Folge geblieben?

»O Herr, schaffe Licht! Schaffe doch endlich Licht! Und gib Kraft, das hier auszuhalten!«, schrie sie in ihrem Herzen. Für den Bruchteil einer Sekunde schoss ihr der Gedanke durch den Kopf, das Handtuch zu werfen, aufzuhören und aufzugeben, nach Hause zu gehen und die Koffer zu packen.

Im selben Augenblick tauchte aber wieder das prophetische Bild des Hesekiel vom Totenfeld und der göttlichen Wiederbelebung der Gebeine vor ihren Augen auf. Das Zeichen war deutlich. Es hieß: Weitermachen! »Herr, danke für das Bild. Vergib mir meine Verzagtheit und meinen Kleinglauben!«

Schwester Gertrud riss sich zusammen, atmete tief durch, packte ihre Sachen, um »Bürgermeister« August Kalo Weiß an der verbrannten Hütte anzusprechen. Am liebsten hätte sie ihn auf dieses Geschehen, den finsteren, abergläubischen Hintergrund hingewiesen. Aber sie unterließ es. Sie war sich sicher, dass sie den Mann mit laut geäußerten kritischen Bemerkungen nicht gewinnen würde. Die notwendige, im Sinne des Wortes die Not wendende Kritik musste Gott selbst anbringen. Also fragte sie den Sinto lediglich: »Und was ist nun mit unserem Unterrichtsraum?«

»Weiß ich auch nicht, Schwester Gertrud. Das hier musste sein, und du musst dir was anderes einfallen lassen. Dein Gott weiß schon einen Weg.« Sprach's und ließ die Enttäuschte stehen.

Die machte sich alles andere als beschwingt auf den Heimweg. Aber sie wollte Gott vertrauen, dass er einen Weg in dieser Sache zeigte.

Und er tat es wie so oft. Der gewünschte Unterricht für die Sinti konnte beginnen. Jürgen Otte, ein Student, und Herr Wenske, ein älterer Lehrer, waren bereit, ihre Schülerinnen und Schüler in verschiedenen Wagen zu sammeln und sie in die Grundtechniken des Lesens und Schreibens einzuführen. Freilich war das Ganze für die beiden freiwilligen Helfer ein schwieriges und mühsames Unterfangen. Längere Konzentration auf eine Sache war nicht unbedingt ein Ding von Zigeunern. Sinti bei gutem Wetter im Wagen zu halten, damit sie die Kulturtechniken der Zivilisation lernten, war nicht einfach, und sie im Freien zu unterrichten, lenkte zu sehr ab.

Von irgendwoher bekam Schwester Gertrud eines Tages dann den Hinweis auf eine relativ geräumige Baubude, die übernommen werden könnte. Aber für ein »offizielles« Gebäude musste eine Baugenehmigung her. Das konnte man nicht einfach übernehmen und auf den Platz stellen. Das war ja kein Wagen, kein mobiles Gefährt.

Die Missionarin besorgte sich Zeichnungen und Pläne der Bauhütte, notwendige Antragsformulare, füllte die Papiere aus und trug das Paket zur zuständigen Baubehörde mit der Bitte, doch möglichst bald den Antrag auf Baugenehmigung zu genehmigen.

Viel schneller als erwartet wurde sie dann zur Behörde gebeten, um sich die Baugenehmigung und die damit verbundenen Auflagen persönlich anzuhören und abzuholen. Das war ja alles wunderbar! Die festgelegte Einschränkung des Baus, die Hütte müsse stehen bleiben, wenn der Platz an der »Alten Fähre« einmal umgesiedelt würde, es lägen tatsächlich entsprechende Pläne in den Schubladen, ließ sich heute ertragen. Wenn es so weit käme, würde Gott schon weiterhelfen, wie er bis hierher geholfen hatte.

Jetzt galt es, den Aufbau der neuen Hütte zu organisieren. Die Arbeit auf den anderen Plätzen in Hamburg und die Besuche auf weiter entfernt gelegenen Plätzen mit Kinderstunden und

Gottesdiensten in auch dort vereinzelt bereits aufgestellten Wagen sollten während der Bauzeit nicht zu kurz kommen. Auf dem Platz in Rothenburgsort stand zum Beispiel seit einiger Zeit ein ausrangierter Bauwagen, die »Gotteshütte«, und in Buxtehude gab es auf einem der beiden dortigen Plätze inzwischen die Hütte »Sonnenaufgang«.

Wie gut, dass es Johannes Lichtenberg gab. Der eifrige junge Pastor konnte Leute aus seinen Jugendkreisen vom Holstenwall motivieren, Zeit und Kraft zur Verfügung zu stellen, damit die Baubude am alten Standort abgebrochen und am neuen wieder aufgebaut wurde.

Beide Aktionen gelangen in einer Woche. Gott schenkte in seiner Gnade passendes Wetter und ein fröhliches Miteinander der Freiwilligen am Bau. Die Hütte sollte nicht unmittelbar auf dem Boden stehen, also wurde ein stabiler Untergrund gelegt. Dann wurden die Wände wieder aufgestellt und zusätzlich isoliert, damit im Sommer die Hitze draußen blieb und im Winter die Wärme drinnen.

Die Männer verlegten elektrische Leitungen, sie spachtelten, strichen und pinselten und dazwischen sangen sie immer wieder fröhliche Glaubenslieder. Das Miteinander am Bau war ein deutliches und sichtbares Zeugnis der Liebe der Bauleute zu den Sinti und der Liebe Gottes, von der alle lebten.

Dieser Baueinsatz imponierte den Leuten auf dem Platz durchaus. Er motivierte allerdings kaum jemanden, selbst einmal Hand anzulegen. Das Zuschauen war auch interessant, und das Kommentieren des Geschehens machte Spaß. Nach dem Motto »Mit Musik geht alles besser« verlegten Kapellmeister Kesa und seine Musiker des Charlos-Weiß-Orchesters immer wieder einmal ihre Proben in die Nähe der ·Baustelle, meist zur Freude der Bauleute.

Ein Problem gab es dann aber noch zu lösen, das einigen Sintifamilien Mühe machte. Auf dem Platz gab es seit längerer Zeit einen einzigen, zentralen Stromanschluss. In einigen Wagen und Hütten standen inzwischen aber die ersten Waschmaschinen und Radios, Plattenspieler und anderes elektrisches Gerät, die das schwache Stromnetz belasteten. Immer wieder knallten die drei vorhandenen 16-Ampère-Sicherungen durch, und prompt befanden sich alle Wohnungen auf dem Platz im Dunkeln. Was tun, um durch die Bauhütte das Netz nicht zusätzlich zu belasten? Es wäre nicht gut, wenn durch sie die Lebensqualität der Menschen in ihren Wagen beeinträchtigt würde. Sie würden das sicher übel nehmen und sich weiter verschließen.

Johannes Lichtenberg verhandelte mit Verantwortlichen der zuständigen »Hamburgischen Electricitätswerke« wegen der Verstärkung des Netzes. Keine Chance, wurde ihm geantwortet. Aber er solle doch einmal bei der Firma Robert Krebs hinter dem Deich vorsprechen, ob man dort nicht bereit sei, einen Anschluss zur Verfügung zu stellen, mit einem entsprechenden Zwischenzähler und so. Der Strom könne vielleicht durch ein Erdkabel in die Hütte geführt werden.

Das war ein ausgezeichneter Vorschlag, der bald erfolgreich in die Tat umgesetzt wurde. Jetzt hatte die Hütte Strom, und das Netz des Platzes wurde nicht belastet. Halleluja! Da bei der freundlichen Firma per Gewerbetarif bezahlt werden konnte, brauchte nicht einmal ein Abnahmevertrag mit den »Hamburgischen Electricitätswerken« abgeschlossen werden. Noch einmal ein Halleluja!

In der nächsten Zeit wunderten sich manche Sinti immer wieder, wieso in der Hütte immer noch Licht brannte, während der Platz wegen herausgeflogener Sicherungen wieder einmal im Dunkeln lag. »Das ist unser Geheimnis«, bekamen die Fragenden dann immer schmunzelnd zur Antwort und mussten sich zunächst einmal damit zufrieden geben.

Den Namen für die neue Missionshütte brachte Schwester Gertrud von einer ihrer Reisen durch die verschiedenen Gemeindekreise in Deutschland mit nach Hamburg. Am Freiburger Münster war ihr ein Plakat der Inneren Mission aufgefallen, auf dem eine Mutter ihr Kind in den Armen hielt. »Geborgenheit« stand unter dem Motiv. Das war's! Es ging doch bei der Zigeunerarbeit darum, den Menschen menschliche Geborgenheit zu bieten in einer Welt, die ihnen überwiegend mit Kälte, Misstrauen und Ablehnung begegnete. Vor allem aber sollten sie von der Geborgenheit erfahren, die sie in der Liebe Gottes finden konnten.

Hütte »Geborgenheit« – so hieß künftig der Gottesdienst-, Unterrichts- und Versammlungsraum für alle möglichen Aktivitäten, die erst noch zu wirklichen Gemeindeveranstaltungen werden sollten. In großen Buchstaben stand der Name einladend über dem Eingang. Auch die, die nicht lesen konnten, wussten bald, was die Schrift auf dem Schild bedeutete. Und sie wussten auch, dass die Geborgenheit, die hier gemeint war, etwas anderes war als die, die sie in ihrer Sippe und im Zusammenhalt ihrer großen Familienverbände erlebten.

Nachdem immer mehr Sinti eine Ahnung von dieser besonderen Geborgenheit bekamen und sich auch immer mehr deutsche Freunde zu den Gottesdiensten an der »Alten Fähre« einfanden, musste die Hütte sogar erweitert werden.

Nach einer vorsichtigen Anfrage bei der Baubehörde bekam Schwester Gertrud telefonisch Bescheid, sie solle einfach erweitern. Daraufhin verlängerten die jungen Leute die Hütte »Geborgenheit« auf 15 m Länge. Bald aber traf ein offizielles Schreiben ein: »Wir haben festgestellt, dass Sie ohne Baugenehmigung Ihre Hütte erweitert haben. Nach § ... müssen wir Sie auffordern, auf eigene Kosten den Anbau wieder abzureißen. Weil Sie aber für Ihre fürsorgliche und seelsorgliche Arbeit zurzeit keinen anderen Raum haben, befristen wir den Abriss auf unbestimmte Zeit. Überweisen Sie eine Gebühr von DM 5,– auf unser Konto ...!« Wie fein verstanden es die leitenden Herren, ihre Ordnungsgesetze zu wahren und doch das Werk der Mission an dem Zigeunervolk zu unterstützen!

Welch ein Bekenntnis Gottes zu der Arbeit an der »Alten Fähre« und zu den Leuten, die sie taten!

Eines Nachmittags im Juli 1959 kam Schwester Gertrud auf den Platz und fand eine merkwürdige Unruhe, Hektik und ein fast panisches Durcheinander vor. Sofort wurde sie von ihren Kindern und von einigen Müttern umringt und bestürmt. »Schwester Gertrud, sie haben uns wieder aufgeschrieben.« »Die haben Listen gemacht.« »Die wollen uns umsiedeln.« »Du musst uns helfen, Schwester Gertrud.« So und ähnlich ging es laut und aufgeregt durcheinander.

Die Missionarin konnte sich keinen Reim aus den aufgeregten Mitteilungen der Kinder und Erwachsenen machen. »Liebe Leute, lasst mich doch erst einmal ankommen und dann erzählt mir in Ruhe, was los ist. Oder ich spreche am besten gleich mit dem Bürgermeister. Ihr wartet auf mich bei der Hütte. Einverstanden?«

Sie fand August Kalo Weiß einigermaßen mürrisch bei seinem Wagen und erkundigte sich nach dem Grund der Aufregung. »Am Montag waren einige Leute des Ordnungsamtes hier auf dem Platz und haben alle Wohnwagen registriert und vermessen und Listen von ihren Bewohnern gemacht«, erfuhr Schwester Gertrud.

»Wozu soll das dienen?«, fragte sie ein wenig erschrocken.

»Die Behörden planen, uns demnächst wirklich umzusiedeln. Bisher war davon immer nur die Rede, aber jetzt wird es wohl wirklich so.«

»Macht das die Leute hier so unruhig?«

»In einigen von den Älteren kommen die alten Erinnerungen an diese Lolitschei hoch. Registrierung zur Abschiebung nach irgendwo mit anschließender Vernichtung.« August Kalo Weiß schüttelte sich ein wenig. Er hatte da auch so seine eigenen Erinnerungen.

»Aber darum kann es doch jetzt gar nicht gehen. Diese Zeiten sind doch nun endgültig vorbei«, bemühte sich Schwester Gertrud, ihn zu beruhigen.

»Ich habe damit ja auch kein Problem, Schwester Gertrud. Ich versuche nur schon seit Tagen, meinen Leuten das auch zu erklären. Aber hier ist etwas aufgewühlt, das schwer zu beruhigen ist.«

»Das ist sicher irgendwo verständlich«, gab Schwester Gertrud zu. »Haben die Behörden denn einen Ort genannt, wohin ihr umsiedeln sollt?«

»Haben sie. An die Hörstener Straße haben sie gedacht.«

»Auf den Aschenberg in den Moorwiesen etwa? Das wäre ja schlimm.«

»Ich habe mich auch schon energisch gegen diese Pläne ausgesprochen. Die Hörstener Straße können wir unmöglich akzeptieren. Dort werden unsere vielen Asthmatiker überhaupt nicht mehr gesund in dem Nebel und Dunst, der da ständig auf dem Gelände liegt.«

»Und für die Kinder gibt es doch auch keinerlei Spielgelände«, ergänzte die Missionarin. »Nein, Hörstener Straße darf nicht sein. Kann ich für euch etwas tun in dieser Sache?«

Der »Bürgermeister« blickte der Missionarin in die Augen, als wollte er fragen, ob sie denn dazu wirklich schon wieder bereit sei. Dann sagte er: »Schwester Gertrud, du kannst vielleicht aus der Sicht der Mission argumentieren, uns so ein bisschen offiziell und quasi amtlich unterstützen, nicht nur privat als unsere Missionarin.«

»Das will ich gerne tun, lieber Kalo. Ich mache mir Gedanken, wie das am besten gehen kann. Aber ihr seid doch nicht gegen eine grundsätzliche Umsiedlung?«

»Wenn uns die Stadt bessere Möglichkeiten bietet, als wir sie hier haben, sind wir sicher damit einverstanden. Wir würden am liebsten feste Wohnungen haben, also irgendwo eine eigene Siedlung bauen. Nur gegen die Hörstener Straße werden wir uns mit aller Macht wehren.«

»Und ich wehre mich mit, lieber August Kalo. Was ich tun kann, werde ich tun«, versprach sie, »und jetzt gehe ich zu den Kindern. Die wollen etwas vom Herrn Jesus hören.« Schwester Gertrud wandte sich zum Gehen und meinte dabei wie beiläufig: »Der wird dich übrigens auch noch einholen, Kalo. Jesus liebt dich wie alle Zigeuner.«

Der »Bürgermeister« reagierte nicht auf diese liebevoll, aber deutlich nachgeschobenen Worte und wandte sich wieder seiner Beschäftigung zu.

In den nächsten Wochen bemühte sich Schwester Gertrud immer wieder, die Umsiedlung zu verhindern. Sie holte sich dafür auch offizielle Rückendeckung bei der Missionsleitung. Papiere mit Stempeln darauf wirkten schon immer besser als solche ohne Stempel und schwungvolle Unterschrift. Sie wurde mehrmals bei Ämtern vorstellig und begleitete auch den »Bürgermeister« mehrfach bei seinen vielen Behördengängen.

Am Ende hatten die Bemühungen Erfolg. Das Projekt Hörstener Straße wurde gestoppt. Was blieb, waren die grundsätzlichen Überlegungen zu einer Umsiedlung der Bewohner des Platzes. Über die konnte ohne besondere Aufregung nachgedacht werden, zumal die Sinti von der »Alten Fähre« in die Vorüberlegungen einbezogen wurden.

Schwester Gertrud hatte ihren Kopf wieder frei für ihre eigentliche Arbeit in der Hütte »Geborgenheit« und anderswo in und um Hamburg. Gott sei Dank!

Es geschehen Wunder

In manchen Herzen war die Sehnsucht nach der Geborgenheit längst erwacht, von der der Name der Hütte sprach. Die inzwischen über viele Jahre von Schwester Gertrud und ihren Helferinnen und Helfern ausgestreute Saat begann zu keimen. Zwei Kinder gehörten zu den Ersten, bei denen kleine grüne Spitzen aufwachsender Frucht aus dem Boden schauten. Anni, Tochter des Kapellmeisters Kesa, und Kako, sein Neffe, hatten ihre neunjährigen Herzen schon dem Heiland geöffnet. Später kamen Wildo und Lolo dazu. Schnulla, Annis Mutter, folgte irgendwann ihrer Tochter, dazu das Mädchen Gina und auch Marta, die so häufig während der Freiluft-Kinderstunden hatte Wache stehen müssen und später lange Abschnitte der Bibel auswendig lernte, darunter auch den Psalm 119 mit seinen 176 Versen.

Die beiden Frauen waren die ersten Erwachsenen, die auf dem Platz an der »Alten Fähre« zum Glauben kamen. Andere, die es konnten, lasen inzwischen die Bibeln, die sie von Schwester Gertrud erhalten hatten. Wieder andere ließen sich von ihren Kindern aus Gottes Wort vorlesen. Manche von ihnen zunächst heimlich. Öffentlich zu lesen wäre ja schon ein Bekenntnis gewesen. Das ließ ihr angeborener Stolz noch nicht zu.

Zunächst blieb es bei den wenigen Frauen und den paar Kindern. Aber wenigstens sie wurden zu ersten Mitstreitern und Mitbetern aus dem Volk der Sinti auf diesem Platz. Die Missionarin war nicht mehr allein in ihrem Bemühen um das Heil ihrer Zigeuner.

Danach dauerte es ein paar Jahre, bis sich weitere Herzen dem Glauben öffneten. Dazu musste es aber wohl erst zu einer Katastrophe kommen.

Auch an anderen Orten und auf anderen Plätzen zeigten sich erste Reaktionen auf das missionarische Bemühen der eifrigen Missionarin. In Jenfeld zum Beispiel bekehrte sich als Erster ein junger Mann: Fredy Braun. Er brach mit seinem alten, zwielichtigen Leben und begann, das Evangelium zu lieben und zu leben. Große Teile der Bibel lernte er mit der Zeit auswendig. Bald öffnete er auch seinen Wagen für Bibelstunden, damit die Leute seines Volkes die Botschaft von der rettenden Liebe Gottes erfuhren. Zum 1. Mai 1963, zu Schwester Gertruds zehnjährigem Dienstjubiläum in Hamburg, schrieb er ihr in großer Liebe und Dankbarkeit mit ungelenker Hand ein Gedicht:

> Zehn Jahre hast du treu gedient,
> du kleines, frommes Gotteskind.
> Wir haben es dir oft so schwer gemacht
> und manchmal auch noch ausgelacht.
>
> Du gingst nicht vorbei an den Zigeunerwagen,
> du hast Schuld und Leid mit uns getragen.
> Du hast uns Jesu nah' gebracht,
> und wir haben dann nicht mehr gelacht.
>
> Denn in harter Lager Pein
> wurde unser Herz zu Stein.
> Doch die Jesusflamme, die du trägst,
> selbst das stärkste Herz zerschlägt.
>
> Aus den schwarzen Augen rannen Tränen.
> Wir empfanden heißes Sehnen
> nach dem Heiland Jesus Christ,
> der für uns gestorben ist.
>
> Wir danken dem Herrn, dass er uns schenkt
> Geschwister und Brüder
> und sie singen mit uns die heiligen Lieder.
> Dank sei Gott Vater, Sohn und Heiliger Geist,
> der uns für ewig zusammenschweißt.

Bemerkenswert war auch die Geschichte von Lieschen und Sohni Weiß, die ihren Wohnwagen in der Clemens-Schultz-Straße nahe der Reeperbahn im Stadtteil St. Pauli stehen hatten. Hier auf dem Kiez waren die beiden auch besser zu Hause als bei ihrer Sippe an der »Alten Fähre«. Dort hätten sie wegen ihrer Lebensweise gar nicht hingepasst. Denn Sohni war einer, der mit Haut und Haar in die Kategorie »Gauner« hineinpasste.

Sein Lieschen hatte in ihrem Leben noch nie viel zu lachen gehabt, als Mädchen nicht und als Ehefrau und Mutter auch nicht. Als Neunjährige kam auch sie mit ihrer Mutter ins KZ, nachdem der Vater bereits nach Unbekannt abtransportiert worden war. Fünf grauenvolle Jahre verbrachten Mutter und Tochter in zwei Konzentrationslagern in Polen. Dort sah Lieschen ihre Mutter sterben. Sie selbst entkam dem Tod durch ein Wunder.

Eines Tages wurden Kinder wie Ware auf einen Lastwagen geworfen. Lieschen merkte, dass sie und die anderen Kinder umgebracht werden sollten, und versteckte sich unter einer Baracke. Die SS-Frau, die sie fand, brachte sie zum Laster und fragte nach ihrer Nationalität. Als sie erfuhr, dass Lieschen ein Zigeunermädchen war, ließ sie sie mit den fünf Zigeunerkindern, die schon auf dem Lastwagen waren, ins Lager zurückgehen: »Heute werden nur Judenkinder abtransportiert.«

Als Lieschen mit den übrig gebliebenen Gefangenen des NS-Staates endlich befreit wurde, war sie ein herzkrankes und nierengeschädigtes Mädchen, das nicht lesen und nicht schreiben konnte und in dem sich der Hass und die Verachtung ihrer Peiniger tief eingegraben hatte. Mit siebzehn Jahren heiratete sie ihren Sohni, der nicht viel älter war als sie und der gerade erst über die grüne Grenze aus der damaligen DDR in den Westen nach Hamburg gekommen war.

Bei ihrem Mann kam sie aus dem Regen in die Traufe. Sohnis »Beruf« waren Einbruch und Diebstahl, wo immer sich die Gelegenheit bot. Der junge Sinto war als Fassadenkletterer ein wahrer Meister. Und er konnte alles gebrauchen, was er in fremden Wohnungen fand und sich irgendwie zu Geld machen ließ. Hehler gab es auf dem Kiez genug. Die wachsende Familie lebte nicht schlecht. Sie hätte besser leben können, wenn der Ehemann und Familienvater nicht den größten Teil des Einkommens wieder versoffen hätte. Im Suff traktierte er dann häufig seine Frau und die Kinder mit den Fäusten. »Lustig ist das Zigeunerleben ...«

Allerdings waren die Weißens ständig auf der Flucht vor der Polizei. Wenn Sohni wieder einmal erwischt wurde, ergab er sich selten kampflos. Er war ein starker Kerl und ein brutaler Schläger. Mancher Polizist bekam von ihm eins auf die Nase. Das brachte ihm dann immer zu den Anklagepunkten Diebstahl, Einbruchdiebstahl, Raub, schwerer Raub noch den des Widerstands gegen die Staatsgewalt und Körperverletzung oder gar schwere Körperverletzung ein. Sohni kannte viele Gefängnisse von innen. Er hatte immer wieder Gelegenheit, ein weiteres Semester »Knastologie« zu studieren.

Einmal gelang ihm der Ausbruch. Danach war er fünf Jahre lang als »ziehender Gauner« mit Pferd und Wagen, Frau und Kind in ganz Deutschland unterwegs. Wo immer er hinkam, hinterließ er die Spuren seiner Einbrüche und Diebestouren. In Braunschweig wurde er schließlich erwischt und verhaftet. Die folgende Anklage lautete auf 48 Einbrüche und, wie gehabt, auf schwere Körperverletzung. Zu seiner Verteidigung gab es wenig vorzutragen. Sein Verteidiger hatte keine Argumente gegen das Urteil: Drei Jahre Zuchthaus in der berüchtigten und gefürchteten Strafanstalt »Santa Fu« in Hamburg-Fulsbüttel.

Den Aufenthalt dort verlängerte sich Sohni durch sein schlagkräftiges Verhalten selbst um ein weiteres halbes Jahr. Erst dann konnte er sein Lieschen und seine Kinder wieder in die Arme schließen. Aber Santa Fu hatte ihn ein Stück weit geheilt. Er hatte die Nase voll. Seine Einbruchs- und Diebestouren ließ er künftig sein. Er suchte und fand Arbeit im Hafen und diente sich bald zum Vorarbeiter hoch. Nur das Saufen behielt er bei. Und dann wehe seinem Lieschen und den Kindern, wenn er nach dem Heuerempfang am Wochenende nach Hause kam, das heißt, wenn er den Wohnwagen auf St. Pauli überhaupt gefunden hatte … Allerdings rührte er das Haushaltsgeld nicht an, das seine Frau bekam. Vorsichtshalber steckte Sohni es immer in einen Schuh, damit er es nicht auch versaufen konnte. Sein Lieschen musste ihn und die Kinder ja versorgen können.

In seinem Wohnwagen auf dem kleinen Platz in St. Pauli tauchte eines Tages die Missionarin Gertrud Wehl auf, die den Zigeunern der Stadt das Wort Gottes bringen wollte. Nur Lieschen und die Kinder waren zu Hause. Die Kinder waren es gewesen, die Schwester Gertrud aufmerksam gemacht hatten, dass hier Zigeuner lebten. Den Kindern sollte die fremde Frau auch gerne biblische Geschichten erzählen. Das konnte wohl nicht schaden. Lieschen, gastfrei, wie Zigeuner sind, öffnete ihren Wagen also für die erste christliche Kinderstunde auf dem Kiez, die künftig regelmäßig von Schwester Gertrud oder von einer weiteren Mitarbeiterin der Mission, Margitta Hermann, oder von beiden gemeinsam gehalten wurde.

Ihrem Sohni gefiel das gar nicht. Die »Betschwestern und Himmelsziegen« mit ihrem frommen Geschwätz mochte er nicht leiden. Wenn er die im Wagen antraf, schimpfte er wie ein Rohrspatz, verzog sich schnellstens wieder in irgendeine Kneipe, um erst zurückzukommen, wenn die »Heiligen« endlich verschwunden waren.

Lieschen war in den Kinderstunden im Wagen mal dabei, mal nicht. Sie mochte dieses fromme Gerede eigentlich auch nicht hören. Sie musste halt wegen der Kinder in der Nähe bleiben. Als Katholikin fühlte Lieschen sich als fromme Sintiza, die regelmäßig betete, zu den Toten, zu den Heiligen, zu Bildern, zu Maria, zum Kreuz … Wozu brauchte sie diesen Jesus, von dem die Missionarinnen redeten? Und doch ließ sich die Sintiza ab und zu in die Bibelstunde am Holstenwall einladen, aber nur, um dadurch ihrem Sohni und den wieder einmal katastrophalen Zuständen in ihrem Wohnwagen zu entgehen.

Dennoch, Gottes Wort begann in Lieschen zu arbeiten und versetzte sie in wachsende innere Unruhe. Es brauchte aber noch etwa anderthalb Jahre, bis endlich die Saat des Wortes Gottes aufging. Die Missionarinnen hatten in der Passionszeit den Kindern die Geschichte vom Leiden und Sterben Jesu am Kreuz auf der Flanelltafel sehr eindrücklich vor Augen geführt. Die junge Sintiza war wegen des schlechten Wetters zwangsweise dabei gewesen und hatte mithören müssen. Sie begann angesichts dieser Geschichte zu fragen, was denn nun eigentlich Sünde sei. Sie war doch ein guter Mensch, der in seinem ganzen noch jungen Leben kaum jemandem ein Leid zugefügt hatte, der aber großes Leid ertragen und geduldet hatte. Sie war doch eine treue Ehefrau, die ihrem Mann auch in schlimmsten Zeiten nicht davongelaufen war. Sie war doch eine Mutter, die ihre Kinder liebte und oft unter eigenem Verzicht versorgt hatte. Sie eine Sünderin?

Die Frage begann, sie umzutreiben, bis sie eines Tages mitten im Gewühl der Menschen auf der Seilerstrasse, einer Parallelstraße zur Reeperbahn, unter dieser Frage förmlich zusammenbrach. Sie ging in einer Hausecke mit Schwester Margitta, die längst auch ihre Seelsorgerin geworden war, auf die Knie und übergab ihr Leben dem Heiland der Welt: »Herr Jesus, vergib mir meine Schuld. Ich habe geglaubt, ich bin in Ordnung. Aber jetzt weiß ich: Ich bin eine große Sünderin. Ich habe alle Gebote übertreten. Rette mich, komm in mein Herz!«

Als die siebenundzwanzigjährige Sintiza sich vom Straßenpflaster erhob, war sie eine andere, eine neue Kreatur. »Ist jemand in Christus, so ist er eine neue Kreatur, das Alte ist vergangen, siehe, Neues ist geworden.«

Aber wie würde ihr Mann auf ihre Bekehrung reagieren? Würde Sohni bereit sein, in einem Wagen mit einer frommen Frau zusammenzuleben, die sich mit den »Himmelsziegen« verbündet hatte? Würde er sie wieder verprügeln? »Lieber Herr Jesus, halte doch Sohnis Hände fest, damit er mir nichts tun kann! Du kannst das doch, du hast die Kraft«, betete Lieschen noch einmal mit ihrer Begleiterin.

Wenige Minuten später erfuhr sie, dass ihr neuer Herr und Heiland dieses Gebet bereits erhört hatte. Sohni begegnete seiner Frau erstaunlich friedlich, sogar ein wenig liebevoll. Das hatte Gott bewirkt, war Lieschen sich sicher. Und fortan betete sie darum, dass auch ihrem Mann die Augen geöffnet würden für seine Verlorenheit in der Sünde.

Und Sohni? Er war vor dem KZ verschont geblieben. Seine Mutter hatte ihn in Berlin zuweilen in den Kindergottesdienst geschickt, um vor dem wilden Jungen Ruhe zu haben. Dort hatte er als Kind das Lied »Gott ist die Liebe, er liebt auch mich« gelernt und auch das Beten. Das hatte er beibehalten, sogar auf seinen Diebestouren. »Klauen und Beten« war der Zweiertakt seines Lebens geworden. Und er hatte das immer in Ordnung gefunden. Dass seine Frau jetzt auch fromm geworden war, störte ihn wenig, ihre positive Veränderung gefiel ihm sogar. Dass sie sich unter großem Energieaufwand bemühte, die Bibel lesen zu lernen, beeindruckte ihn. Dass die »Betschwestern und Himmelsziegen« immer wieder in den Wagen kamen, störte ihn aber auch weiterhin, und er verzog sich meistens schnell.

Dennoch ließ er sich im März 1958 von Schwester Gertrud einladen, wenigstens einmal ins Gemeindehaus am Holstenwall mitzukommen. Dort hielt in diesen Tagen Major Thomas von den englischen Fackelträgern eine Evangelisation.

Sohni war inzwischen doch neugierig geworden, was denn am Evangelium eigentlich dran war, von dem die frommen Frauen in seinem Wagen immer wieder geredet hatten. Auch wenn er selbst nie richtig zugehört hatte. Er ging tatsächlich mit in das fromme Haus, aber er fühlte sich gar nicht wohl dabei.

An diesem Sonntag hörte der Sinto zum ersten Mal in seinem Leben die klare Botschaft von der Sünde des Menschen und ihrer Vergebung durch Jesus Christus. Sohni wurde von der Botschaft gepackt. Sie riss ihn förmlich vom Stuhl. Dieses Angebot der Liebe Gottes für solch einen Dreckskerl wie ihn? Keine Sünde, keine Schandtat, kein Verbrechen war so groß, dass es nicht durch das Blut Jesu vergeben werden würde? Wenn das wahr war, dann wollte er dieses Angebot unbedingt annehmen. Er wollte raus aus dem Sumpf seines Lebens, raus aus allem Dreck, raus aus dem Suff, aus allem Zwielichtigen, raus aus der Finsternis. Er wollte Licht, Licht für sein finsteres Leben.

Als am Ende seiner Predigt Major Thomas zur Entscheidung für ein Leben mit Jesus aufrief, sprang Sohni von seinem Sitz und rief laut durch den Saal: »Ich will den Herrn Jesus annehmen!« Er lief nach vorne, als ob es jetzt um Sekunden ginge, und fiel mit dem Prediger auf die Knie. In einem Übergabegebet lieferte er Jesus sein ganzes verpfuschtes, sündiges Leben aus und tauschte es ein gegen ein reines, neues, herrliches Leben.

Als Sohni später nach Hause kam, brauchte er seiner Frau gar nichts von dem Ereignis zu sagen. Sie sah es ihm beim Reinkommen schon an: »Du hast Jesus angenommen, ich sehe es, ich weiß es. Gott hat mein Gebet erhört. Halleluja!«

Ja, Gott hatte gründlich erhört und verändert. Es dauerte gar nicht lange, da wusste es der Kiez, da wussten es viele seiner Knastbrüder, da wussten es viele Leute seines Volkes: Sohni ist wie sein Lieschen ein Kind Gottes. Er ist ein ganz anderer geworden. Kein Suff mehr, keine fragwürdigen Touren mehr, keine Schlägereien. »Ist jemand in Christus ...«

Selten war die Erneuerung eines Menschen so deutlich wie bei diesem Sinto, der in seinem kleinen Wohnwagen bald für seine Verwandten Bibelstunden anbot und später sogar selbst hielt.

Jahre später nahm Sohni die Bibelstunden mit in seine Wohnung nach Billstedt und führte sie dort weiter. Dabei wusste er immer, dass ein leerer Magen keine Ohren hat. Das hatte er bei Schwester Gertrud gelernt: Leibsorge und Seelsorge gehörten zusammen. Vor der Wortverkündigung gab es also immer erst ein gutes Abendessen für die manchmal zwanzig Gäste. Die Kosten dafür erarbeitete sich der fromme Sinto häufig über Doppelschichten an seinem Arbeitsplatz. Welch ein Zeugnis des ehemaligen Verbrechers, Säufers und Schlägers!

Später pflegte Sohni lange Zeit liebevoll sein schwer krankes Lieschen, bis sie zu ihrem Heiland heimgehen durfte. Und auch allein, und inzwischen selbst ein kranker Mann, ist Sohni immer noch unterwegs, um seinen ehemaligen Knastbrüdern und den Menschen seines Volkes weit über Hamburg hinaus das befreiende Evangelium von der Liebe Gottes in seinem Sohn Jesus Christus zu bringen. Wie viele Frauen und Männer seines Volkes in der Folgezeit durch sein Zeugnis zum Glauben kamen, weiß wahrscheinlich nur der Himmel.

Immer wenn Schwester Gertrud wieder einmal verzagt werden wollte, weil die Frucht ihrer Arbeit so lange auf sich warten ließ, weil es so viele Widerstände gab, weil das Misstrauen der Leute nicht aufhören wollte, weil die Gleichgültigkeit immer noch Macht hatte, weil die Finsternis stärker zu sein schien als das Licht, weil …, stellte sie sich selbst Sohni und sein Lieschen vor Augen und das Wunder, das Gott an den beiden Menschen getan hatte. Dann festigte sich die Gewissheit wieder, dass er weitere ähnliche Wunder tun würde.

Die große Flut

Mit viel Liebe und Fantasie hatten Schwester Gertrud und die anderen Missionarinnen, Maria Mötzing, Maria Bergner und Alice Ludwig, die die Mission für Süd-Ost-Europa zu ihrer Unterstützung inzwischen nach Hamburg geschickt hatte, sich bei immer neuen Gelegenheiten bemüht, die Herzen der kleinen und großen Sinti für das Evangelium zu öffnen. Seit die Wohnung in der Schmilinskystraße zur Verfügung stand, gab es immer wieder Tee-Nachmittage und fröhliche Abende für die Zigeuner von den verschiedenen Orten und Plätzen und für deutsche Freunde aus den verschiedenen Gemeinden, immer unter dem Motto: »Wer liebt, wird Liebe haben – Wer schenkt, wird reich sein.«

Hamburg, Schmilinskystraße 30

Natürlich wurde das Zusammensein der jungen und älteren Sinti mit den Chale nicht nur mit Kuchen und Kakao gefüllt, sondern immer auch mit Liedern, Chorussen und biblischer Botschaft.

Schwester Gertrud hatte auch immer wieder Busse gemietet, hatte die Kinder dann an den Plätzen abgeholt und war mit ihnen zu irgendeinem schönen Ziel über Land gefahren. Sie hatte ihre kleinen Freunde auch in den Zug gesetzt, um ihnen einen schönen Ausflugstag zu gestalten. Sie hatte mit ihnen Bootsfahrten auf der Alster, im Hafen und auf der Elbe gemacht, Hagenbecks Tierpark besucht und ungezählte andere Dinge veranstaltet.

Die Eltern und Großeltern hatten gegen solche Aktionen nie Einwände gehabt, aber sie hatten natürlich immer ein paar Mütter mitgeschickt. Die mussten doch aufpassen, dass keins von ihren Kleinen verloren ging. Dabei hörten diese Frauen dann auch immer wieder die biblische Botschaft, mit der sie sich auseinander setzen mussten. Gottes Wort kam nicht leer zurück!

Dass sie alle Wege mit Bahn und Bus und auf den eigenen Füßen zurücklegen musste, wurde für Schwester Gertrud mit der Zeit immer lästiger. Wie viel Zeit ging dabei für die Arbeit verloren! Ein Auto müsste herbei, ging es ihr immer wieder durch den Sinn, und sie machte dieses Anliegen zu ihrem häufig wiederholten Gebet.

Zunächst musste sie freilich die Ausbildung und die Prüfung für den Führerschein hinter sich bringen. Aber erstens kostete das auch wieder Zeit, und zweitens kostete das Geld. Drittens würde ein Auto wohl auch nicht gerade als Geschenk vom Himmel fallen.

Aber gerade in diesen Überlegungen täuschte sich die Missionarin. Wie so oft erfuhr sie auch darin die Vorsorge Gottes.

Eines Tages ließ Pastor Hausen aus Wankendorf, einem Dorf am Westrand der Holsteinischen Schweiz, ihr seinen gut erhaltenen Volkswagen vors Haus stellen. Er habe sich ein neues Auto gekauft, und sie solle doch nicht mehr länger auf öffentliche Verkehrsmittel angewiesen sein. Jetzt war zwar ein Auto da, aber noch keine Fahrerlaubnis.

Wenig später drückte ihr eine Frau Wendt einen Umschlag in die Hand mit der Bemerkung: »Schwester Gertrud, Sie verbrauchen zu viel Zeit für Ihre vielen Wege. Sie sollten den Führerschein machen. Ich habe den Eindruck, ich sollte Ihnen die Ausbildung bezahlen. Bitte nehmen Sie das Geld.« Mit großer Dankbarkeit für diese unerwartete Hilfe der Spenderin und mit größerem Dank an Gott nahm die Missionarin den Umschlag an.

Da war also tatsächlich beides, Führerschein und Auto, wie ein Geschenk im Doppelpack vom Himmel gefallen. Gott hatte schneller erhört und gehandelt bzw. handeln lassen, als Schwester Gertrud es erwartet hatte.

Jetzt musste sie sich natürlich der Aufgabe stellen, möglichst bald Autofahren zu lernen. Sie tat es mit dem ihr eigenen Elan. Dank ihres Lerneifers in Theorie und Praxis konnte sie sich einige Wochen später ans Steuer ihres VW setzen und war dadurch jetzt wesentlich beweglicher. Herrlich, die Wegverkürzung und die Zeitvermehrung durch den netten Käfer, in den sie sich immer wieder Kinder zur Mitfahrt einladen konnte und mit dem sie fortan auch die eine oder andere Sintiza zu irgendeinem Bibelstundenort mitnehmen konnte. Gott, wie bist du groß!

Fortan brauchte sich die Missionarin übrigens kaum um neue Fahrzeuge zu kümmern, wenn das jeweils alte nicht mehr wollte oder konnte. Die Hilfe irgendwelcher ferner und naher Freunde für ein Ersatzfahrzeug war immer rechtzeitig da.

Am frühen Morgen des 17. Februar 1962, einem Samstag, wurde Schwester Gertrud sehr früh von Sohni Weiß aus dem Bett geklingelt. »Schwester Gertrud, du musst rasch aufstehen. Du musst mitkommen. Die Elbe ist über die Ufer. Die ›Alte Fähre‹ ist untergegangen.«

Die Missionarin erschrak bis ins Mark. Die »Alte Fähre« untergegangen? Das konnte doch wohl nicht wahr sein! Erst jetzt bemerkte sie, dass es draußen heftigst stürmte. Sie schaltete das Radio ein und hörte mit Sohni zusammen die Nachrichten von den schrecklichen Ereignissen der vergangenen Nacht: Eine schwere Sturmflut mit orkanartigen Winden hatte seit etwa Mitternacht die Wasser der Elbe landeinwärts gedrückt und viele Deiche bersten lassen. Breite Landstriche an der Unterelbe seien überschwemmt. In den Hamburger Stadtteilen Moorburg, Moorfleet, Finkenwerder und Wilhelmsburg stünden ganze Straßenzüge unter Wasser, und die unteren Stockwerke vieler Häuser seien überflutet. Die ersten Opfer seien zu beklagen. Die Stromversorgung sei zusammengebrochen. Polizei, Technisches Hilfswerk, Feuerwehr, Rotes Kreuz, Einheiten der Bundeswehr und andere Hilfsorganisationen seien schon seit Stunden im Einsatz, um zu retten, was noch zu retten sei, und um zu helfen, wo es eben ging. Ironie des Schicksals: Das Orkantief von Island her hieß »Vincinette«. Das hieß die »Siegreiche«.

Die Chali und der Sinto gerieten in Panik. »Junge, wir müssen beten und dann werden wir fahren. Wir müssen sehen, was mit dem Platz ist und was mit unseren Lieben ist.« Die beiden knieten für ein paar Minuten und beteten um die Rettung und Bewahrung des Platzes und seiner Bewohner. Dann machten sie sich in Regenkleidung und gummistiefelbewehrt auf den ungewissen Weg, um möglichst bald nach Wilhelmsburg zu kommen.

Das war freilich auch ein vergebliches Unterfangen. Nicht weil der rasende und tosende Sturm und der peitschende Regen an ihrem Käfer rüttelten. Die Wassermassen in den Straßen des Stadtteils hielten sie auf. Sie mussten den VW bald an einem sicheren Platz stehen lassen, um möglichst in ein Boot umzusteigen. Aber woher sollten sie ein solches Gefährt bekommen? In der Innenstadt gab es doch gar keine freien Boote mehr. Die waren alle irgendwie im Rettungseinsatz. Es gab so einfach kein Weiterkommen.

Die Sorge um die Leute auf dem Platz brachte die beiden Menschen schier um. Schwester Gertrud und Sohni versuchten, auf anderen Wegen voranzukommen. Aber überall dasselbe: Wasser, Wasser und wieder brodelndes, aufgepeitschtes Wasser, auf dem eine Menge Zeug herumschwamm, das von den Fluten irgendwo losgerissen worden war. Immer wieder Schlauchboote, Motorboote und Kähne mit Helfern, die einzelne stehende und schwimmende Häuser anfuhren und ihre menschlichen und tierischen Bewohner aufnahmen, um sie in Sicherheit zu bringen. Andere suchten wohl auch nach Opfern und fanden auch welche. In der Luft überdröhnten Hubschrauber das Sturmgeheul. Ihre Besatzungen versuchten, Leute von hoch gelegenen Balkonen und von Dächern aufzunehmen oder auch Eingeschlossene mit Lebensmitteln zu versorgen. Eine schlimme und irgendwie gespenstische Szene.

Für die beiden Missionsleute gab es auch auf Nebenwegen kein Durchkommen. Sie mussten ihre Versuche, den Platz an der »Alten Fähre« irgendwie zu erreichen, für heute aufgeben.

Müde, traurig, enttäuscht und niedergeschlagen kehrten Schwester Gertrud und Sohni schließlich in die Schmilinskystraße zurück. Unterwegs fiel ihnen zu allem Schreck noch die Überschrift einer Zeitung in die Augen: »Sturmflut – Zigeunerlager fortgeschwemmt.«

Das durfte doch nicht wahr sein! Das war doch wohl hoffentlich eine Ente, wenngleich eine sehr makabre. Dass sie diese Überschrift auch noch lesen mussten! Die Nachricht vermochte nicht, ihre Niedergeschlagenheit aufzuhellen. Aber sie trieb die beiden noch einmal ins Gebet.

Danach schickte sich Sohni zum Gehen an. »Vielleicht ist die Meldung ja doch falsch, Schwester Gertrud«, versuchte er seine Missionarin ein wenig zu trösten. Er spürte deutlich, wie diese Frau litt. »Gott kann doch Wasserfluten bändigen und aufhalten, wie damals bei Mose. Oder kann er das heute nicht mehr?«

»Er kann es, Sohni, er kann. Aber ob er es immer tut, wenn es uns recht ist?«, gab die Missionarin zurück. Ihre Stimme klang belegt.

Schwester Gertrud fühlte sich entsetzlich müde und innerlich völlig leer. Sie hatte das Empfinden, dass ihre Beine sie nicht mehr tragen wollten. Sie musste sich setzen. Am Tisch nahm sie ihren Kopf zwischen die Hände und schloss die Augen. Herr, was machst du hier? Warum dieses Unwetter? Weshalb müssen Menschen mit Leib und Leben, mit Hab und Gut in solche Not geraten? Weshalb? Wozu diese Flut? Was ist mit unseren Sinti? »Mandrenke – Zigeunerlager fortgeschwemmt.« Der Platz an der »Alten Fähre« fortgeschwemmt, womöglich mit Menschen, Vieh und allen Wagen und Hütten? Schwester Gertrud schüttelte sich vor Entsetzen bei diesem Gedanken. Kleinmut wollte sich ihrer bemächtigen.

Sie registrierte es kaum, dass Sohni sich verabschiedete: »Wenn es geht, bin ich morgen Früh wieder da, Schwester Gertrud. Vielleicht kommen wir dann durch. Gott macht es möglich.«

»Wir beten weiter, Sohni. Danke für deine Hilfe«, gab sie müde zurück, ohne den Kopf zu heben.

Dann riss sich die Missionarin doch wieder zusammen und versuchte per Telefon, bei der Polizei, den Rettungsdiensten und anderen Stellen irgendwelche Informationen über die Zustände auf dem Platz zu erhalten. Sie bekam keine verwertbaren Nachrichten. Entweder war die Leitung tot, oder sie erreichte niemanden, oder ihre Gesprächspartner wussten auch nichts Genaues. Also warten und beten, zittern und bangen, beten und warten …

Schwester Gertrud konnte sich nicht erinnern, jemals in einer solchen Spannung gewesen zu sein. –

Nach einer unruhigen Nacht mit wenig Schlaf und viel Gebet machte sie sich ohne Sohni, aber dafür mit Frau Moormann, einer Fürsorgerin, die sich für die Stadt um die Zigeuner in Wilhelmsburg kümmerte, wieder auf den Weg. Es war Sonntag, Tag des Herrn. In den tief gelegenen Stadtteilen tobte die Hölle. Dennoch: Die Losung des Tages gab Schwester Gertrud und ihrer Begleiterin Zuversicht. Sie hatten noch einmal gemeinsam die Prophetie des Jesaja gelesen: »Der Herr macht im Meer einen Weg und in starken Wassern Bahn.«

Wenn das keine Verheißung war! Die musste für diesen Tag einfach wörtlich genommen werden. Schwester Gertrud war sich sicher, dass sie heute an ihr Ziel kommen würden. Gott würde in den Wassern Bahn machen. Gott war größer als diese Katastrophe. Er war und ist größer als alles.

Der Sturm war über Nacht wesentlich schwächer geworden. Von oben her war es trocken, als die beiden in ihr Auto stiegen und losfuhren. Am Bahnhof Veddel wurden sie von der Polizei aber schon wieder aufgehalten. »Hier kommen Sie nicht weiter. Kehren Sie um!«, wurden sie angewiesen. Schwester Gertrud konnte den Beamten dennoch dazu bewegen, sie noch ein Stück weiterfahren zu lassen. An der »Wassergrenze« stellten sie den Wagen ab und gingen zu Fuß weiter. Dass ihnen das Wasser zuweilen in die Stiefel lief und sie nasse Füße bekamen, störte sie nicht. Sie klettern auf den Bahndamm, um eine bessere Übersicht zu haben.

Was sie von hier oben zu sehen bekamen, ließ ihren Atem stocken: Wasser, nichts wie Wasser. Schreckliche Bilder von Zerstörungen, die die Fluten angerichtet hatten. Überall schwimmender Unrat und treibende Trümmer und dazwischen einzelne Tierkadaver und – wie furchtbar und entsetzlich – ums Leben gekommene Bewohner des Stadtteils. Aber auch überall Boote der Bundeswehr, der Feuerwehr und anderer Hilfskräfte. Hier wurde jemand aufgenommen, dort bekam jemand irgendwelche Hilfsgüter gereicht. Hier wurde ein Flutopfer geborgen, dort ein anderes. Wie viele Opfer hatte diese Flut wohl gefordert? Schlimm, das alles! O Herr, warum und wozu?

Und was war mit den Leuten von der »Alten Fähre«? Wenn doch von irgendwoher ein Signal käme, ob die schlimme Zeitungsnachricht von gestern stimmte oder vielleicht doch eine Falschmeldung war!

Schwester Gertrud begab sich mit Frau Moormann zurück zu ihrem Wagen. Es gab von hier aus keine Möglichkeit, in die Nähe des Platzes zu kommen. Sie mussten es auch heute auf anderen Wegen und Straßen versuchen. Auf Wegen und Straßen? Die waren doch alle in den Fluten versunken. Dennoch, wer nicht versucht, hat keinen Erfolg. Gottes Verheißung für den Tag galt. Er würde in den starken Wassern Bahn machen und einen Weg zeigen.

Auf dem Rückweg zum Auto holten die beiden einen alten Mann ein. Er machte einen zerbrochenen und hilfsbedürftigen Eindruck. Für den Moment vergaß Schwester Gertrud den Grund ihres Hierseins und sprach ihn an: »Kann ich Ihnen helfen?«

»Wie wollen Sie mir denn helfen?«, gab der Mann ungläubig und müde zurück. »Ich wollte nach Hause. War auf dem Bahndamm. Hatte gehofft, von hier in meine Wohnung zu kommen. Aber es geht nicht.«

»Kennen Sie denn einen anderen Weg?«

»Es geht vielleicht über die Ernst-August-Schleuse. Ich würde es gerne dort versuchen. Aber das ist weit für mich.«

»Kommen Sie mit uns. Wir fahren Sie hin. Wir möchten auch gerne nach Wilhelmsburg hinein«, bot die Missionarin dem alten Herrn an. Der stieg gerne mit in den VW und ließ sich ein paar tröstliche Worte sagen.

Zu dritt ging es dann hinüber zum angegebenen Platz. An der Ernst-August-Schleuse konnten sie ihr Fahrzeug auf trockenem Grund parken und zu Fuß weitergehen. Überall das gleiche Bild: Wasser, so weit das Auge blicken konnte. Und immer wieder Rettungsboote, Menschen, Zerstörungen, Schäden und auch immer wieder Opfer. Herr, erbarme dich!

Der alte Herr bedankte sich und suchte sich einen Weg zu seinem Zuhause. Schwester Gertrud und die Fürsorgerin fanden ihren Weg über trockenen Boden auf erhalten gebliebenen Deichen, auf angelegten Stegen und immer wieder durch Wasser. Es gelang ihnen, unter vielem Hin und Her und Rauf und Runter, sich bis zur Kornweide durchzuschlagen. Jetzt war der Platz nicht mehr weit.

Es war inzwischen Mittag geworden, als sie den Platz vor Augen hatten. In der Senke vor dem Deich, in der sich die Fabrik Krebs befand, stand relativ wenig Wasser. Dort kamen sie leicht durch. Das Wasser lief ihnen höchstens wieder in die Stiefel, und sie bekamen einmal mehr nasse Füße. Was machte das schon? Die waren doch sowieso schon lange nicht mehr trocken.

Jedenfalls stand das Wasser auf der Innenseite des Deiches nicht bis an die Krone. Also konnte es möglich sein, dass ... Schwester Gertrud und Frau Moormann begannen zu laufen, so schnell es das Wasser in den Stiefeln und drum herum zuließ. Die Spannung, was sie dort auf der Deichkrone vorfinden würden, trieb sie vorwärts.

Und dann standen die beiden auf dem Wohnwagenplatz auf der Deichkrone und trauten ihren Augen und Ohren nicht. Im Nu waren sie umringt von jubelnden und jauchzenden Müttern und Kindern. Sie lagen sich in den Armen und weinten miteinander.

»Tante Gertrud, Tante Gertrud, wie schön, dass du kommst! Wir sind alle wieder hier. Und keinem ist was passiert.«

Das konnte doch nicht wahr sein!? War das eine Fata Morgana? Träumten sie? Schwester Gertrud und Frau Moormann rieben sich die Augen. Der Platz lag tatsächlich vollständig im Trockenen! Der ganze Platz lag trocken! Genau hinter dem Wohnwagenplatz begann die ruhig stehende Wasserwüste, die sich weit in den Hafen und in den Stadtteil Wilhelmsburg hinein fortsetzte. Die Baumkronen der tiefer stehenden Weiden schauten wie Besen heraus und bewegten sich kaum im nur noch flau wirkenden Wind.

Die Wagen und Hütten hier oben standen alle an ihren Plätzen, und keine Behausung schien beschädigt. Die Hütte »Geborgenheit« stand völlig unversehrt an ihrem Platz. Pferde, Schafe und Hühner liefen herum, als wäre es ein ganz normaler Tag. Eine Meute großer und kleiner gesunder und unversehrter Zigeunerkinder hing ihnen beiden an den Kleidern. Ihre Mütter kamen lachend oder auch vor Freude weinend und winkend auf sie zu. Die Männer gingen wie auf einem Kontrollgang in Gruppen von Wagen zu Wagen, von Hütte zu Hütte, umsprungen von ihren freudig kläffenden Hunden. Hier streichelte ein Sinto ein Pferd, dort kraulte ein anderer ein Schaf.

Das war einfach nicht zu fassen, was Gott hier getan hatte! Dafür konnte es nur ein einziges Wort als Erklärung geben: Wunder! Hier hatte Gott ein Wunder getan, ein großes Wunder! Unbegreiflich! Einfach unbegreiflich!

Schwester Gertrud konnte bald die Leute nicht mehr erkennen, die ihr die Hände reichten und ihr nacheinander um den Hals fielen. Tränen der Freude verschleierten ihr den Blick, die Stimme versagte ihr. Gott, wie bist du so groß! Halleluja!

Sie brauchte einige Minuten, um die Situation auf dem Platz zu realisieren. Erst dann konnte sie die vielen Hände bewusst drücken und die vielen Freudenumarmungen recht erwidern. Ganze Stadtteile von Hamburg standen unter Wasser, ein Sechstel des Stadtgebietes, und der Platz der Zigeuner lag trocken und war bewahrt geblieben! Wer konnte das fassen? – *Sturmflut* – viele Menschen in den tiefer gelegenen Straßen hinter den an 60 Stellen gebrochenen Deichen waren umgekommen, und die hier oben durften alle leben und waren alle unversehrt. Nicht einmal ein Schnupfen oder ein Husten schien sich bei jemandem eingestellt zu haben. Einfach unbegreiflich, das Ganze! Einfach unbegreiflich!

Wie würden die Sinti wohl auf dieses offenkundige Wunder Gottes reagieren? Würden sie es in ihrer stolzen Art als ein Stück Wiedergutmachung für vielfach erlittenes Leid empfinden? Würden sie es nach ein paar Tagen wegstecken unter dem Motto »Noch mal Schwein gehabt«? Oder würden sie es als Reden Gottes erkennen, auf das sie eine Antwort schuldig waren?

Diese Gedanken gingen der Missionarin für ein paar Augenblicke durch den Kopf. Sie hatte gar nicht recht gemerkt, dass Frau Moormann sich verabschiedet hatte. Aber dann wollte Schwester Gertrud doch auch wissen, wie denn die letzten beiden Tage für ihre Leute abgelaufen waren. Sie waren doch bei dem Sturm sicher nicht hier auf der Deichkrone geblieben.

»Kommt, wir setzen uns in die Hütte und ihr erzählt mir, was alles passiert ist. Hier ist es doch noch immer sehr windig«, forderte die Missionarin die Frauen und Kinder auf, die um sie herumstanden und sich immer wieder in ausgelassener Dankbarkeit in die Arme fielen.

Gesagt, getan. In der Hütte erfuhr Schwester Gertrud dann die erstaunliche Geschichte von der wunderbaren Bewahrung der Leute von der »Alten Fähre«.

Schon in den Zehn-Uhr-Nachrichten des 16. Februars hatte der Rundfunk eine Hochwassermeldung weitergegeben: »Von Island her bewegt sich das Sturmtief ›Vincinette‹ mit orkanartigen Böen über die Nordsee auf das Festland zu. Die Windgeschwindigkeiten können 160 Kilometer pro Stunde erreichen. Für die gesamte Nordseeküste besteht die Gefahr einer schweren Sturmflut. Nach Mitteilung des Deutschen Hydrographischen Instituts Hamburg wird das Nachmittagshochwasser in der Deutschen Bucht und der Unterelbe um voraussichtlich 2,5 bis 3 Meter höher eintreffen als das mittlere Hochwasser.«

Da es noch kaum ein Radio in den Wohnungen auf dem Zigeunerplatz gab, hatte niemand diese stündlich wiederholte Meldung gehört. Dass es an der »Alten Fähre« immer wieder einmal heftig wehte und stürmte, war den Sinti nichts Neues. Und dass das Wasser der Elbe auch gelegentlich der Deichkrone etwas näher kam, hatten sie auch schon häufig erlebt. Das waren sie auf ihrem Platz auf der Deichhöhe gewohnt. Wenn es draußen ungemütlich wurde, nahmen sie Bewegliches mit hinein oder banden es fest und hielten sich selbst eben in ihren Wagen und Hütten auf.

Dann hörte gegen Abend doch einer die Unwetterwarnung: »Der orkanartige Sturm ›Vincinette‹ drückt das Nordseewasser weiter in die Elbmündung hinein und verhindert heute Abend das Niedrigwasser. Auflaufendes Wasser der Elbe erhöht die Gefahr. Von der Unterelbe ist der Bruch des Oste-Deichs zu melden. Etwa 1000 Hektar Land stehen bereits unter Wasser. Die ersten Opfer sind zu beklagen. Nach letzten Berechnungen der Experten in der Bernhard-Nocht-Straße wird die erwartete Flut den bisher höchsten Stand aus dem Jahr 1825 wesentlich übersteigen. Es besteht die Gefahr, dass einzelne Deiche im Stadtbereich Hamburgs dem Wasserdruck nicht standhalten. Bewohner der tiefer liegenden Stadtteile Moorburg, Moorfleet, Finkenwerder und Wilhelmsburg werden dringend aufgefordert, entsprechende Vorkehrungen zu treffen. Innensenator Helmut Schmidt hat für Polizei, Feuerwehr, Rotes Kreuz und Technisches Hilfswerk Alarmstufe 3 angeordnet.«

In panischem Schrecken kämpfte sich der Sinto gegen Sturm, Regen und Dunkelheit hinüber zum Wagen des »Bürgermeisters« August Kalo Weiß, um ihn zu informieren. »Kalo, die Flut wird uns vom Platz wegschwemmen. Das Radio tut eine Sturmflut melden. Was machen wir nur?«

»Ruhe bewahren und erst mal bei der Polizei anrufen, was los ist«, gab sich der Mann äußerlich ruhig und besonnen.

Die Verbindung zur Polizeistation Wilhelmsburg war schnell hergestellt. Der Beamte am anderen Ende reagierte entsetzt: »Leute, ihr seid noch auf dem Platz? Ist das die Möglichkeit? Ihr müsst schnellstens zusehen, dass ihr euch in Sicherheit bringt. Sonst sauft ihr uns alle noch ab.«

»Wohin sollen wir?«, fragte Kalo zurück, äußerlich immer noch ruhig, aber innerlich aufs Höchste alarmiert.

»Versucht, die Schule am Kurdamm zu erreichen. Dort seid ihr sicher. Die Straßen dorthin sind noch frei.«

Der »Bürgermeister« bedankte sich, lief hinaus und gab in allen Ecken des Platzes sofort lautstark die Anweisung an seine Leute, unverzüglich aufzubrechen. Im Nu wurde es sehr lebendig auf dem dunklen Platz. Panikartig verließen die Bewohner an der »Alten Fähre« ihre Wohnungen. In das Geheul des Sturmes mischten sich Kommandorufe der Männer und das Geschrei der Mütter, der Kinder und der neun Säuglinge, die aus dem Schlaf gerissen werden mussten. Jeder wollte, sollte und musste ja auch einen Platz in den wenigen verfügbaren Autos haben. In der Finsternis des stürmischen Abends eine schwierige Sache. Erst als die ersten Autoscheinwerfer aufleuchteten und den Platz an verschiedenen Stellen ausleuchteten, verlief der Aufbruch besser.

»Frauen, Kinder und Kranke zuerst!«, ordnete der »Bürgermeister« an. Der letzte Teil der Anordnung bezog sich wohl auf Mutschi, die mit ihrem Gipsbein und den anderen Verletzungen, die sie vor kurzem bei einem Autounfall erlitten hatte, natürlich auch mitmusste. Es wurde eng in den einzelnen Fahrzeugen. Kalo selbst verließ den Platz erst mit dem letzten Auto, nachdem er sich vergewissert hatte, dass niemand zurückgeblieben war. Außer den Tieren. Aber die konnten leider nicht mitgenommen werden. Das arme Vieh. Hoffentlich … Aber jetzt waren die Menschen wichtiger. Die mussten gerettet werden, wenn das denn noch möglich war.

Jetzt wurde es auch zeitlich eng. Drei Kilometer waren ein langer Weg bis zur Schule am Kurdamm, und es ging bereits durch Wasser, das offenbar von unten aus der Kanalisation drückte. Das urplötzlich und mit solcher Macht, dass die letzten Autos den Schulhof nicht mehr erreichten. Sie mussten bereits um hoch gesprungene Kanaldeckel Slalom fahren und blieben schließlich doch stecken. Ihre Insassen mussten das letzte Stück Weg durchs Wasser zur Schule waten. Das Licht im Gebäude brannte noch und wies ihnen den Weg. Zusätzlich kam jetzt auch aus allen Ecken das Wasser in die Straße geströmt. Wo es herkam, war in der Dunkelheit nicht zu sehen. Irgendwo mussten wohl die Deiche gebrochen sein.

In der Schule atmeten die weit mehr als 100 Personen erst einmal auf. Hier waren sie wohl in Sicherheit. Doch nicht sehr lange. Das Wasser stieg unaufhörlich, drückte die Kellerfenster der Schule ein und drang auch bald ins Innere des Gebäudes. Es stieg draußen und drinnen weiter und erfasste auch das Erdgeschoss. Die verschreckten Sinti mussten in den oberen Stock ausweichen.

Dann fiel der Strom aus und damit Licht und Heizung. Es herrschte absolute Finsternis in dem Gebäude, und es wurde lausig kalt. In ihrer Panik hatte natürlich niemand daran gedacht, Decken und Kerzen mitzunehmen. Auch war es niemandem in den Sinn gekommen, Verpflegung mitzunehmen, die sie ja wohl alle brauchen würden. Vor allem die Kinder begannen bald, ihren Hunger anzumelden.

Es wurde eine schlimme Nacht in der Schule mit dem merkwürdigen Namen »Licht Liebe Leben«. Nur wenige Sinti vermochten zu schlafen. Panische Angst und tiefes Entsetzen machten sich breit.

Es wurde Morgen, Samstagmorgen. Es wurde hell, so dass auch die Flüchtlinge in der Schule das Ausmaß der Katastrophe sichtbar vor Augen hatten. Schulhof und Straße und anliegende Grundstücke standen tief unter Wasser. Unrat aller Art schwamm herum, abgerissene Äste, ganze Bäume, Hausteile und sogar ganze Häuschen aus den Kleingartenkolonien. Nur noch wenige ihrer Fahrzeuge schauten mit den Dächern aus den Fluten. Die anderen waren ganz verschwunden. Boote mit Hilfskräften waren unterwegs, Menschen von den Dächern ihrer schwimmenden Häuschen aufzunehmen, andere in ihren höher gelegenen Stockwerken zu versorgen, zu helfen, wo es notwendig und möglich war.

Aber die Menschen in der Schule wurden von ihnen nicht gesehen und beachtet. Ihr Rufen und Schreien wurde nicht gehört.

Es ging unter im Brodeln der Wasser und im Tosen des Sturmes. Die Ärmsten blieben unentdeckt. Und die Not wuchs von Stunde zu Stunde, vor allem die körperliche und damit die Angst um Leib und Leben. Die Kälte war den alten und jungen Sinti längst tief in die Knochen gestiegen. Sie vermochten kaum, sich ein wenig gegenseitig zu wärmen. Den Hunger konnten die Älteren wohl beherrschen. Den Jüngeren fiel das schon schwerer. Die vor Kälte und Hunger unaufhörlich schreienden Kleinkinder waren schließlich nicht mehr zu beruhigen.

Aber woher etwas für sie nehmen? Auf der anderen Straßenseite gab es ein Geschäft, das ebenfalls mit seinem Untergeschoss im Wasser stand. Ein paar jugendliche Sinti wagten sich watend und schwimmend durch die brodelnde Flut nach drüben, um hoffentlich wenigstens ein paar Tüten Milch für die Kleinsten zu bekommen. Das Unternehmen gelang, aber was sie von dem freundlichen Kaufmann bekamen und herüberbringen konnten, reichte nicht weit. Warum nur kam keine Hilfe? Warum nur fuhren die Hilfsboote alle vorbei?

Der Tag verging, ohne dass die Eingeschlossenen in ihrem Gefängnis entdeckt worden wären. Die Polizei hätte doch wissen müssen, dass sie hier waren. Sie hatte sie doch hierher geschickt. Warum hatte man sie vergessen?

Die Verzweiflung im Schulgebäude wuchs mit der wachsenden Dunkelheit des Samstagabends und nahm schließlich überhand. Die meisten Frauen schrien und weinten, die Männer fluchten oder schimpften durcheinander, wenige saßen apathisch auf dem Boden und stierten aus hohlen Augen ins Nichts. Was half es? Dadurch kam keine Hilfe, und ihre Lage wurde nicht besser.

Aber die Not machte einer der Frauen Mut, das elende und schier unerträgliche Verzweiflungsgeschrei zu übertönen. Schnulla, die Frau von Kesa, dem Kapellmeister des »Charlos-Weiß-Orchesters«, hatte in ihrer Ecke immer wieder still für sich gebetet und zum Vater im Himmel gefleht, er möge doch Hilfe schicken. Marta hatte sich zu ihr gehockt. Das Beten hatten sie doch bei Schwester Gertrud vor einiger Zeit gelernt.

Jetzt fasste Schnulla Mut und rief ihren Leuten zu: »Was schreit und flucht und schimpft ihr hier rum? Das hilft nicht. Betet! Betet doch zu Jesus Christus! Es wird sich zeigen, ob das wahr ist, was Schwester Gertrud uns immer wieder gesagt hat und was ihr immer nicht hören wolltet.«

Tatsächlich wurde es augenblicklich still in dem Klassenraum, und Schnulla begann, laut den Heiland Jesus Christus anzurufen und um Rettung zu beten. Marta tat es ihr nach. Andere, die bis zu diesem Augenblick nie gebetet hatten, wenigstens nicht laut und noch weniger öffentlich, folgten, ungeübt wie sie waren. Einige legten in ihren Gebeten sogar Gelübde ab: »Herr Jesus, wenn du uns hier rausholst, will ich dir mein Leben geben.« »Herr Jesus, wenn du uns rettest, will ich dir gehören.« »Jesus Christus, wenn du uns die Hilfe schickst, dann weiß ich, dass es dich wirklich gibt, und dann will ich dir in Zukunft dienen.« Die erste Sinti-Gebetsstunde, und das unter solchen Bedingungen!

Während die Leute noch beteten, stellte sich Nenne, der Onkel von Kako, mit seiner Taschenlampe wieder zur Straße hin ins geöffnete Fenster, wo er schon öfters gestanden hatte, und gab immer wieder Blinkzeichen in die Dunkelheit. Doch die Boote drüben, wo die Straße unter dem Wasser verlief, fuhren vorbei wie bisher. Ihre Besatzungen hörten auch nicht die lauten Hilferufe. Die waren wohl auch wegen der Motorgeräusche ihrer eigenen Fahrzeuge und wegen des immer noch um die Häuser tosenden Sturmes gar nicht zu hören.

Nennes Bemühen schien auch diesmal wieder vergeblich. Bald heulte draußen wieder nur der Sturm und die Wasser rauschten.

Der Sinto wollte sein Blinken schon aufgeben, als er noch einmal Motorengeräusch zu hören glaubte und einen Scheinwerfer auftauchen sah. Er blinkte wieder hinüber und rief laut in die Dunkelheit um Hilfe. Andere taten es ihm gleich, während hinter ihnen weiter gebetet wurde.

Und wirklich: Das Boot drehte bei und hielt auf die Schule zu. Sie waren entdeckt! Sie waren tatsächlich entdeckt! Endlich! Hatte Gott etwa so schnell ihre Gebete erhört?

Ein Sturmboot mit Soldaten der Bundeswehr kam auf das Schulgebäude zugefahren. Dabei blieb es zunächst am hohen Zaun auf der Schulhofmauer hängen. In mehreren Anläufen fuhren die Männer mit ihrem Boot schließlich den Zaun nieder, suchten sich im Licht des Scheinwerfers den Weg ans Gebäude, drehten unter dem Fenster bei, machten Halt und stoppten den Motor, damit die Verständigung möglich wurde.

»Habt ihr Brot und Milch für uns?«, rief einer der Sinti hinunter. »Wir haben Kinder und Kleinkinder hier oben und nichts zu essen und nichts zu trinken.«

»Wer seid ihr eigentlich?«, wurde von unten gefragt.

»Wir sind die Leute von der ›Alten Fähre‹.«

»Ach du Schreck; ihr Ärmsten. Wie viele seid ihr?«

»Mehr als hundert«, rief Nenne hinunter. »Bringt uns zu essen und Decken. Wir frieren uns noch tot, und unsere Kinder haben Hunger. Oder holt uns hier raus.«

»Dazu brauchen wir Verstärkung. Habt noch ein bisschen Geduld«, bekam er zur Antwort, »wir kommen bald zurück.«

»Beeilt euch!«, riefen die Sinti am Fenster dem abdrehenden Boot noch nach, »unsere Kinder kommen hier sonst um!«

Dann gab es die ersten Umarmungen und Freudentränen in der Dunkelheit des Klassenraumes. Die Hilfe kam! Und es gab die ersten Dankgebete. Gott hatte offenbar sofort auf die Gebete reagiert.

Wenige Minuten später waren wieder Motorengeräusche zu hören.

Den Eingeschlossenen war die Zeit dennoch wie Stunden erschienen. Jetzt blitzten gleichzeitig mehrere Scheinwerfer durch die Nacht. Mehrere Boote kamen auf die Schule zugefahren. Aber wie sollten die Menschen in der Dunkelheit aus dem zweiten Stockwerk in die schwankenden Rettungsfahrzeuge gelangen? Springen war doch wohl zu gefährlich. Der Abstand war zu hoch. Und die Scheinwerfer der Boote standen nicht ruhig, leuchteten die Szenerie also nicht gut aus.

»Keine Sorge, ihr Leute«, wurde von unten getröstet, »wir machen das schon.« Die Soldaten rammten mit einem der Boote einfach die Schultür ein und fuhren so nach innen bis an die Treppe heran. Mit einem Freudengeheul der Sinti, die ihnen auf der Treppe entgegenkamen, wurden die Retter begrüßt.

»Frauen und Kinder zuerst!«, hieß das Kommando eines der Bootsführer.

»Das ist doch wohl selbstverständlich«, lautete die Antwort.

»Wo fahrt ihr uns hin?«, fragte ein andrer.

»Zur Notversorgung an den Haulander Weg in die ›Linde‹. Da könnt ihr euch erst einmal aufwärmen und stärken. Danach wahrscheinlich weiter nach Harburg. Dann sehen wir weiter.«

Eine Stunde später war die Schule geräumt und die hungrigen, durstigen und frierenden Sinti saßen dicht gedrängt, in Decken gehüllt und mit dampfenden Teetassen in den Händen im Gastraum der »Linde« am Haulander Weg. Für die Kleinen gab es endlich die ersehnten Fläschchen und eine dringend notwendige Reinigung. Für die Erwachsenen gab es belegte Brote gegen den ersten Hunger. Auch konnten sie nasse Kleidung gegen trockene austauschen. Wie wohltuend war das alles!

Nach und nach entspannten sich die Züge der Männer, Frauen und Kinder, und über den Raum legte sich so etwas wie eine heitere Dankbarkeit gegenüber den Menschen, die sie endlich aus ihrem Wassergefängnis befreit hatten und die ihnen hier die erste Versorgung zuteil werden ließen. Aber auch gegenüber Gott, der ihre Gebete ganz offenbar erhört hatte. Wunderbar!

Aus der »Linde« wurden die Zigeuner dann zunächst wie angekündigt in die Schule in der Maretstraße in Harburg gebracht, wo sie sich auf richtigen Lagern bis zum nächsten Morgen ausruhen konnten. Hier erfuhren sie dann nach Tagesanbruch die unglaubliche Nachricht: Sie könnten auf ihren Platz zurückkehren, wurde ihnen gesagt. Er sei weitgehend unversehrt und liege völlig im Trockenen. Der Sturm habe ja wesentlich nachgelassen, und die größte Gefahr sei ohnehin vorbei.

Dann standen sie am Sonntag, den 18. Februar 1962 gegen Mittag tatsächlich wieder auf ihrem Platz und kamen aus dem Staunen nicht heraus. Lachend und weinend zugleich lagen sie sich immer wieder in den Armen. Was sie da erlebten, war einfach nur unbegreiflich, ein Wunder, wie es allein Gott bewirken konnte, auf dessen Stimme sie jahrelang nicht hatten hören wollen, der aber ihre Stimmen gehört und Mensch und Vieh, Hab und Gut so wunderbar bewahrt hatte, dass kaum irgendwo auch nur ein geringer Schaden zu entdecken war.

»Wenn jetzt Schwester Gertrud hier sein könnte und das erleben, was wir hier erleben«, meinte jemand. Er konnte dabei nicht ahnen, dass sie bereits auf dem Weg zu ihnen war und bald ebenso staunen würde, wie sie alle immer noch und immer wieder staunten und sich wunderten.

Folgen der großen Flut

Dann kam der Augenblick, in dem Schwester Gertrud nach der freudigen Begrüßung auf dem Platz sich in der dicht gefüllten Hütte mit ihren Zigeunern so freute über das Wunder an der »Alten Fähre«. Sie verlangte nach einer Gitarre, damit sie mit ihren Leuten singen konnte. Sofort sprang einer der Jungen, um ein Instrument zu holen. Vorher aber griff die glückliche Missionarin nach ihrer Bibel, die sie natürlich auch heute in ihrer Tasche hatte. Sie schlug Jesaja 43 auf, das Kapitel, aus dem die Losung des Tages genommen war. Am liebsten hätte sie alle 28 Verse gelesen. Sie beschränkte sich aber auf einige besonders markante:

> »Fürchte dich nicht, denn ich habe dich erlöst; ich habe dich bei deinem Namen gerufen; du bist mein!«
> »... weil du in meinen Augen so wert geachtet und auch herrlich bist, und weil ich dich lieb habe. Ich gebe Menschen an deiner statt und Völker für dein Leben. So fürchte dich nun nicht, denn ich bin bei dir.«
> »Ich, ich bin der Herr, und außer mir ist kein Heiland.«
> »Aber mir hast du Arbeit gemacht mit deinen Sünden und hast mir Mühe gemacht mit deinen Missetaten. Ich, ich tilge deine Übertretungen um meinetwillen und gedenke deiner Sünden nicht.«

Zu jedem der gelesenen Verse sagte sie ein paar Gedanken und las dann abschließend die Verse, die heute eine besondere Bedeutung haben sollten:

> »Ich bin der Herr, euer Heiliger, der ich Israel geschaffen habe, euer König.
> So spricht der Herr, der im Meer einen Weg und
> in starken Wassern Bahn macht,
> der ausziehen lässt Wagen und Rosse, Heer und Macht,
> dass sie auf einem Haufen daliegen und nicht aufstehen,
> dass sie verlöschen, wie ein Docht verlischt:
> Gedenkt nicht an das Frühere und achtet nicht auf das Vorige!
> Denn siehe, ich will Neues schaffen, jetzt wächst es auf,
> erkennt ihr's denn nicht?

Ich mache einen Weg in der Wüste
und Wasserströme in der Einöde.
Das Wild des Feldes preist mich, die Schakale und Strauße;
denn ich will in der Wüste Wasser und
in der Einöde Ströme geben,
zu tränken mein Volk, meine Auserwählten;
das Volk, das ich mir bereitet habe,
soll meinen Ruhm verkündigen.«

In der Hütte herrschte eine tiefe, andächtige Stille, als wagte keiner, auch nur zu atmen. Schwester Gertrud ließ den Text einfach ein paar Augenblicke wirken. Dann sagte sie nur einen Satz: »Merkt ihr, dass hier von euch die Rede ist?« Anschließend dankte sie mit bewegten Worten für die Bewahrung und Rettung bei dieser großen und verheerenden Flut, ergriff die inzwischen eingetroffene Gitarre und sang mit den Frauen und Kindern im dicht gefüllten Bus das Lied:

»Ich hab einen herrlichen König,
den einzig erkenne ich an;
ich will keinen andern auf Erden,
und stünd ich allein auf dem Plan.

Ich stell zur Verfügung mich gerne
dem König, der königlich liebt,
und tue mit Wonne den Willen
des Königs, der königlich gibt.

Ich traue den Worten des Königs
und richte mich immer danach
und folg seiner siegenden Fahne,
und geht's auch durch Schmerzen und Schmach.

Ich will, dass mein Alles im Leben
dem König sei untertan,
und sehe mit sehnender Seele
sein ewiges Königreich nah'n.

Jesus, mein Stolz, meine tiefe Ruh,
Jesus, dir jauchze ich selig zu!
Ich hab einen herrlichen König,
o Jesus, Jesus nur du!«

»Bürgermeister« Kalo Weiß und Schwester Gertrud − Flutgedenktag 1967

Beim letzten Chorus sangen einige der Kinder und Frauen bereits mit. Von der Bustür her hörte Schwester Gertrud jemanden sagen: »Welch ein schönes Lied!« Die Stimme hätte die von Kesa sein können, schoss es der Sängerin durch den Kopf. Sie konnte dem Gedanken aber jetzt nicht weiter nachgehen.

»Und jetzt möchte ich jede Wohnung besuchen und mit allen Bewohnern unserem treuen Gott danken für seine Bewahrung und Errettung. Und ich möchte darum beten, dass Gott uns allen die Augen öffnet, warum er gerade an den Zigeunern dieses Wunder getan hat.« Schwester Gertrud machte sich auf ihren Rundgang.
Heute blieb kein Wagen und keine Hütte für sie verschlossen. Bei jeder Familie konnte sie ein paar geistliche Gedanken zu der besonderen Situation sagen und alle hörten zu. In jeder Wohnung konnte sie mit den Menschen und für die Menschen beten. Das Staunen über die unbegreifliche Güte Gottes brachte sie alle zum Schweigen und zur Anbetung. Würde es auch ihre harten und verschlossenen Herzen öffnen?

Selten hatte Schwester Gertrud eine so große Dankbarkeit empfunden wie am Abend dieses denkwürdigen Tages. Gott hatte Wort gehalten. Er hatte in starken Wassern Bahn gemacht und ihre Sinti in dieser Sturmflut vor bösem Schaden bewahrt. Und er würde in ihren Herzen Bahn machen. Mehr denn je war die Missionarin davon überzeugt. Sie war gespannt, was die nächsten Wochen bringen würden. Diese besondere Situation galt es jetzt zu nutzen.

Das weitere Abflauen des Sturmes und der allmähliche Rückfluss der Wassermassen offenbarte in den nächsten Tagen erst so richtig die verheerenden Folgen der Jahrhundertflut. Zerstörte Schrebergartenhäuschen, abgedeckte Dächer, eingedrückte Fenster, beschädigte Häuserwände, aufgerissene und geborstene Straßen, zerstörte Autos, Unrat in Massen, Tierkadaver und, was am schlimmsten war: Mehr als 360 Tote, die vorübergehend in verschiedenen Kirchen aufgebahrt wurden, ehe sie ordentlich beerdigt werden konnten. Welches Leid, welche Trauer in vielen Familien und Häusern! Es war alles einfach entsetzlich und schlimm, sehr schlimm.

Aber diese traurige Bilanz der Sturmflut ließ das Wunder von der »Alten Fähre« nur umso heller erstrahlen. Alle Sinti lebten! Alle ihre Tiere lebten! Alle ihre Wohnungen standen! Nicht einer hatte sich auch nur eine Erkältung geholt! Da tat es schon ein bisschen weh, dass gerade dieses besondere Ereignis bei manchen Menschen in Stadt und Land die alten Vorurteile gegen die Zigeuner erneut hochkommen ließ. »So viele Menschen mussten sterben, aber dieses Unkraut lebt noch!«, mussten sich Kalo Weiß und andere Sinti von Passanten einmal anhören. Warum nur konnten sich Menschen nicht einfach auch freuen über ein solches wunderbares Ereignis? Warum konnten sie nicht dafür danken?

Da machten es die Männer von der Bundeswehr doch anders. Sie besuchten die Sinti, die sie aus der Schule gerettet hatten, um sich mit ihnen über die Unversehrtheit des Platzes und seiner Menschen zu freuen, mit ihnen einen Kaffee zu trinken und sich ein bisschen zu unterhalten.

Es erschien wie ein Geschenk Gottes, dass für den März eine Woche der besonderen Evangelisation in der Hütte »Geborgenheit« vorgesehen war. Pastor Rudolf Ahrens aus Lüdenscheid im

Sauerland und zwei andere Brüder, alles Freunde ihrer Arbeit, die Schwester Gertrud bei ihren häufigen Besuchen in verschiedensten Gemeinden innerhalb der Evangelischen Allianz für ihre Anliegen unter den Hamburger und norddeutschen Sinti gewonnen hatte, hatten ihre Beteiligung zugesagt. Was sich geändert hatte, war die Voraussetzung der Arbeit: Die schrecklichen, notvollen und doch so merkwürdig wunderbaren Ereignisse des Flutwochenendes hatten den Boden für die besondere Saat des Evangeliums bereitet.

Die Hütte »Geborgenheit« war in den Kinderstunden an den Nachmittagen bis auf den letzten Platz gefüllt, und an den Abenden war es nicht anders. Kleine und Große, Junge und Alte drängten sich in der Hütte, waren begierig und offen, das Evangelium von dem Gott, der allein Wunder tut, und von seiner befreienden Liebe zu hören. Sie saugten die Geschichten von Jesus, dem Sünderheiland, und die Nachricht seiner rettenden Liebe in sich auf wie ausgetrocknete Schwämme. Die bunten Flanellbilder und die fröhlichen, einprägsamen Lieder, die die gesprochene Botschaft unterstützten, halfen ihnen zu verstehen. In diesen Tagen öffneten sich auch die letzten Wagen für persönliche Evangelisation und Seelsorge.

Und es öffneten sich Herzen. Viele waren bereit und kamen, Jungen und Mädchen, Frauen und Männer, um »sich bekehren zu lassen«, wie sie sagten, ihr Leben vor Gott in Ordnung zu bringen, ihre Sünde des Lebens ohne Gott in zwielichtigem und zweideutigem Handeln zu bekennen und den Zuspruch aus dem 1. Johannesbrief ganz persönlich zu hören und seine Wahrheit zu erfahren: »So wir aber unsere Sünden bekennen, so ist er treu und gerecht, dass er uns die Sünden vergibt und reinigt uns von aller Untugend.«

Pastor Ahrens, Schwester Gertrud, Johannes Lichtenberg und andere Helfer hatten alle Hände voll zu tun, jeden bußfertigen Sinto und jede bekehrungswillige Sintiza geduldig anzuhören und ihnen ihre Befreiung von Sünde und Schuld zuzusprechen. Die Gespräche in der Hütte »Geborgenheit« oder in den Wagen gingen oft bis in die tiefe Nacht.

Einerseits waren das so viele erfreuliche Ereignisse, denen sich jeder Seelsorger gerne aussetzte. Andererseits musste das auch alles verarbeitet werden, was der Einzelne da zu hören bekam über kleinere und größere Unredlichkeiten, über Lug und Betrug, über

Wahrsagerei und Geschäfte damit. Die Männer und Frauen packten aus und luden ab, was ihnen an Sünden ins Bewusstsein gekommen und zur Last geworden war. Und viele gaben ab, was ihnen bisher an »Arbeitsutensilien« heilig gewesen war wie Pendel, Tarotkarten, Glaskugeln, an Gegenständen wie Marienstatuen und Rosenkränzen, heiligen Bildern und Dingen, die sie zur Verehrung ihrer Toten gebraucht hatten. Das konsequente Loslassen dieser Bindungen machte viele frei und glücklich, wenn auch unter schwersten Kämpfen.

Die Freude der erfahrenen Erlösung und Rettung sprang über von Wagen zu Wagen und erfasste nahezu den ganzen Platz an der »Alten Fähre«.

Und sie sprang in den folgenden Wochen vereinzelt auch über auf Wagen und Wohnungen in anderen Stadtteilen. Die Bekehrungen der Menschen auf dem Platz an der Elbe sprach sich herum bis in alle Stadtteile, und der Geist Gottes ergriff auch dort einzelne Sinti, um sie aus der Finsternis eines verdorbenen Lebens hineinzustellen in das Licht einer vom Evangelium geprägten Lebensweise.

Wenn die Freude im Himmel schon groß war »über einen Sünder, der Buße tut«, dann musste die Freude an diesem besonderen Ort in diesen Wochen besonders groß sein. Das Fest nahm schier kein Ende. Der treue und gütige Gott hatte seine Verheißung wahr gemacht und Totengebeine zum Leben erweckt ...

Lebensveränderungen

Aber wo Licht ist, ist auch Schatten. In die Freude über die geschenkte Befreiung von Sünde und Schuld und über die gewonnenen Ewigkeitsrechte mischte sich bei manchem Sinto und mancher Sintiza bald die Sorge um das tägliche Brot. Wovon sollten sie denn nun leben, wenn der Unterhalt nicht mehr auf krummen Wegen beschafft werden konnte? Die Leute an den Haustüren und auf der Straße übers Ohr hauen und über den Tisch ziehen, das ging nun nicht mehr. Das wollten die neuen Sintichristen auch nicht mehr. Das vertrug sich nicht mit ihrem neuen Leben. »Ist jemand in Christus, so ist er eine neue Kreatur, das Alte ist vergangen, Neues ist geworden.« Das galt, da gab es keine Kompromisse. Aber die Mägen wollten gefüllt werden, Kleidung musste sein, die Wohnungen sollten warm sein, neue Fahrzeuge wurden gebraucht, da die meisten alten seit der großen Flut und der Flucht in die Schule am Kurdamm nur noch Schrottwert hatten.

Schwester Gertrud und ihre Mitstreiter hatten alle Hände voll zu tun, um Hilfe zu organisieren, Behördengänge zu machen oder zu begleiten, für Schreibunkundige Briefe zu schreiben, als Bittsteller aufzutreten und neue Freunde zu gewinnen, die bereit waren, den Sintichristen in dieser ersten materiellen Not beizustehen, bis sie sich arbeits- und einkommensmäßig neu orientiert hatten.

Manche Frauen behielten ihre Haustürgeschäfte bei, wickelten sie aber nun redlich ab. Andere blieben künftig auch zu Hause, um sich besser um die Kinder kümmern zu können. Die sollten doch auch einen neuen Lebensstil kennen lernen, und der bedeutete zum Beispiel, regelmäßig zur Schule zu gehen und anderes zu lernen als die bisherigen fragwürdigen Geschäfte ihrer Eltern.

Manche Männer ordneten ihre alten Tätigkeiten nach christlichen Grundsätzen, oder sie suchten sich andere Betätigungsfelder im Handel mit Schrott, mit Tieren, Textilien, Autos und Ersatzteilen, Musikinstrumenten, Antiquitäten und mit diesem und jenem, was in Ehrlichkeit angefasst werden konnte.

Wenn Schwester Gertrud in diesem Umstellungsprozess Hilfe leisten konnte, tat sie es selbstverständlich. War das nicht auch eine Art von Seelsorge? Seelsorge, die die Leibsorge vergaß, leistete nur einen Teil der erforderlichen Hilfe. Davon war die Missionarin zutiefst überzeugt, und davon war ihr Verhalten gegenüber den ihr anvertrauten Menschen wesentlich bestimmt. Die jeweilige Situation musste vorgeben, was zunächst notwendiger war, Hilfe für den Leib oder für die Seele.

Da gab es zum Beispiel eine Sintiza, der eine Zeit nach ihrer Bekehrung plötzlich aufging, dass sie als Frau, die nicht standesamtlich, sondern nur nach Sitte der Zigeuner verheiratet war, eigentlich kein Recht hatte, für sich selbst Sozialhilfe zu bekommen. Ihr Mann hatte doch Einkommen, wenngleich nur ein Geringes. Das unrechtmäßig erhaltene Geld begann ihr in den Händen zu brennen. Es wurde ihr zur Anfechtung und zur Not.

Als sie es nicht mehr aushielt, wandte sie sich an Schwester Gertrud. »Du musst mit mir zum Sozialamt, Schwester Gertrud. Ich will die Stütze nicht mehr.«

Die Missionarin holte tief Luft: »Weißt du, was das für dich und deine Familie bedeutet?«

»Ich kann zwar nicht lesen und schreiben, Schwester Gertrud, aber ich kann rechnen. Und dann weiß ich, dass es eng werden tut mit dem Geld«, gab die Sintiza zurück. »Ich will es trotzdem nicht mehr.«

»Gut, wenn du überzeugt bist, dass du deine Lage beim Sozialamt klären solltest, dann geh und tu, was dein Gewissen dir sagt. Ich gehe gerne mit dir hin.«

»Du tust wirklich mit mir hingehen?«

»Natürlich gehe ich mit. Ich will doch erleben, was unser Gott aus der Sache macht.«

Die Sintiza wurde neugierig: »Wie meinst du das, Schwester Gertrud?«

»Na, du hast gesagt, du kannst rechnen. Vielleicht doch nicht so richtig.«

»Wieso?«, wurde die Frau ein wenig ungeduldig.

»Na, vielleicht wollen die ja von dir das zu viel gezahlte Geld zurückhaben.«

»Nein, das darf nicht sein, Schwester Gertrud! Das Geld habe ich doch gar nicht. Und mein Mann hat es auch nicht.« Die Sintiza war richtig erschrocken.

»Siehst du? Dann wollen wir Gott bitten, dass das Sozialamt gnädig mit deinem Bekenntnis umgeht. Oder willst du lieber doch nicht …?«

»Doch, doch! Ich bleibe dabei. Ich will das Geld nicht, weil es mir nicht zustehen tut.«

»Also gut, beten wir, dass Gott es gut macht«, meinte die Missionarin.

Das taten die beiden Frauen jetzt sofort und in den nächsten Tagen mehrfach einzeln und gemeinsam. Als sie dann einige Tage später der zuständigen Sachbearbeiterin gegenübersaßen und ihre Sache vorbrachten, sahen sie in ein erstauntes Gesicht und hörten nach einer Weile des Gesprächs und des Überlegens eine erstaunliche Antwort. »Wissen Sie, so ein Fall ist mir in meinem Dienst noch nicht vorgekommen. Bei mir hat noch nie jemand aus

Glaubensgründen und wegen eines schlechten Gewissens auf Zahlungen verzichtet. Aber ich muss die Sache ja nun aufnehmen. Ich möchte aber doch nicht erwarten oder gar anordnen, dass die unrechtmäßig gezahlten bzw. erhaltenen Beträge erstattet werden müssen.«

Dass die Frau ihre Rede unterbrach und nachdachte, erhöhte die Spannung und wandelte sich bald in überraschte Freude. Denn die Angestellte fuhr fort: »Ich werde es so machen, dass ich Ihre Meldung als Abmeldung registriere und ab dem nächsten Ersten die Zahlungen schlicht einstelle. Können Sie mit dieser Lösung einverstanden sein?«

Das war nun eine Frage, über die sich nicht nachzudenken lohnte. Dazu musste man Ja sagen! Welch eine Güte Gottes sprach aus dieser Lösung des Problems! Die Sintiza fiel Schwester Gertrud vor Freude um den Hals, und beide waren voll des Lobes und des Dankes, und das nicht nur gegenüber der Dame vom Sozialamt.

Dass ungläubige Zigeuner die Missionarin und andere mit ähnlichem Verhalten für dumm und verrückt erklärten, war nicht verwunderlich. Diese Leute hatten bei ihren Geschäften weiterhin wenig Skrupel und verstanden ohnehin nicht, wie sich die fromm gewordenen Leute ihrer Sippe jetzt verhielten. Bei denen waren auf irgendeine merkwürdige und unerklärliche Weise offenbar die Sicherungen durchgebrannt. Selbst schuld, wenn sie jetzt mit ihren Mitteln nicht mehr zurechtkamen.

Ihre Hilfsbereitschaft auch in ganz anderen Dingen wurde für Schwester Gertrud zuweilen zu einem spannenden Geschäft, das sie ab und an sogar selbst in Bedrängnis brachte.

Da kam doch eines Tages im April 1962 ein namhafter Sinto in die Schmilinskystraße und legte der Missionarin eine großkalibrige Armeepistole auf den Tisch, geladen mit 18 Schuss Munition. Wie erleichtert ließ sich der Mann auf einen Stuhl fallen: »Schwester Gertrud, ich gehöre doch jetzt Jesus. Da brauche ich die Pistole nicht mehr. Und ich will sie auch nicht länger in meinem Wagen versteckt halten. Sie ist mir zu heiß geworden.«

Die Missionarin erschrak heftig, als sie das gefährliche Ding auf ihrem Tisch liegen sah. Welches Unheil mochte mit dieser Waffe angerichtet worden sein? »Was soll ich damit? Ist die auch gesichert? Hast du sie jemals ...?«, fragte sie ein wenig ängstlich den Sinto, der ihr mit flehenden Augen und bittender Geste gegenübersaß.

»Keine Bange, Schwester Gertrud, die Waffe ist gesichert. Und sie ist unbenutzt«, ergänzte er, als hätte er den angedeuteten Gedanken gelesen. »Kannst du die Waffe bitte für mich bei der Polizei abliefern?«

Schwester Gertrud atmete tief durch: »Möchtest du das nicht lieber selber tun?«

Jetzt war das Erschrecken auf der Seite des Sinto. »Schwester Gertrud, das kann ich nicht. Für die bin ich ein Zigeuner. Was werden die mit mir machen? Die werden fragen, wo ich die Waffe herhabe. Das weiß ich doch selbst nicht mehr. Da wird mir auch keiner glauben, dass ich die Waffe nie benutzt habe. Und die nehmen mir doch auch nicht ab, was ich erzählen muss von Bekehrung und Leben mit Jesus und so. Die verstehen doch davon nichts.« Der starke Sinto geriet in spürbare innere Not. »Bitte, Schwester Gertrud, ich kann das nicht. Du musst für mich gehen. Bitte!«

»Gut«, gestand die Missionarin nach ein paar Momenten des Nachdenkens zu. »Ich übernehme das für dich. Es könnte dich wirklich in Bedrängnis bringen. Und das möchte ich nicht. Sei ganz beruhigt. Das wird in Ordnung gehen.«

Dabei konnte sie nicht ahnen, welche Konsequenzen diese Hilfe für sie selber haben würde. »Ich gehe nachher gleich hinüber in die Bülaustraße und liefere das gefährliche Ding ab. Aber vorher reden wir mit Jesus darüber.«

»Machen wir, Schwester Gertrud, danke. Gerne beten wir. Jesus wird dir helfen, dass das alles richtig wird.«

Dem Sinto schien eine große Last vom Herzen genommen, als die beiden miteinander die Hände gefaltet und die Angelegenheit zum Gebet gemacht hatten. Sein Gesicht hatte sich wieder aufgehellt. Fest drückte er der Missionarin beide Hände: »Danke, Schwester Gertrud, danke! Jetzt geht es mir wieder gut. Die Sache hatte mich zuletzt sehr belastet.«

Kurze Zeit später stand Schwester Gertrud in der Revierwache 122 in der Bülaustraße einem erstaunten jüngeren Polizeibeamten gegenüber, der seinen Augen nicht trauen wollte. »Was bringen Sie mir denn da? Wo haben Sie das Ding denn her?«

»Mein Name ist Gertrud Wehl«, stellte sie sich vor. »Ich bin Missionarin, Herr Wachtmeister. Das müssen Sie wissen, um mich zu verstehen.«

»Und weiter?« Der Beamte schaute sie erwartungsvoll an.

»Da ist ein Mann, der sein Leben mit Gott in Ordnung gebracht hat. Er ist Christ geworden. Er gab mir diese Waffe und bat mich, sie bei der Polizei abzuliefern.«

»Lobenswert, dass Sie das auch tun, Frau Wehl«, bestätigte der Mann, nahm die Pistole vorsichtig in die Hand und verschwand damit in einem Nebenraum. »Warten Sie bitte einen Moment. Ich bin gleich zurück.«

Bald tauchte er wieder auf, jetzt in Begleitung eines älteren Polizisten, wohl des Dienststellenleiters. Der stellte sich mit seinem Namen vor: »Schön, Frau Wehl, dass Sie uns diese russische Waffe samt der Munition abliefern. Nicht ausdenkbar, was die anrichten kann, wenn sie in den falschen Händen ist.«

»Da bin ich ganz Ihrer Meinung, Herr Waluks. Deshalb bin ich ja hier«, bestätigte Schwester Gertrud. »Stellen Sie mir bitte eine Quittung aus?«

»Gerne, aber vorher müssen wir schon wissen, wer Ihnen den Auftrag gegeben hat, die Pistole ...«

»Das werden Sie von mir sicher nicht erfahren«, unterbrach die Missionarin den Beamten sofort, und das klang fest und bestimmt.

»So geht das aber nicht, Frau Wehl«, wurde der Mann ein wenig ungehalten. »Bitte bedenken Sie, dass Sie sich möglicherweise wegen Mitwisserschaft von Straftaten verdächtig machen, wenn Sie sich nicht gar strafbar machen.«

»Mag sein, dass Sie das so sehen müssen, Herr Waluks«, gestand Schwester Gertrud zu. »Aber ich kann Ihnen die Auskunft trotzdem nicht geben. Ich bin als Seelsorgerin dem Beichtgeheimnis verpflichtet.«

Die beiden Beamten schauten sich gegenseitig an und dann wieder ihr Gegenüber, offenbar unsicher geworden, wie sie mit dieser Angelegenheit umgehen sollten. »Gut«, meinte dann der ältere der beiden, »wir nehmen jetzt Ihre Personalien auf und machen ein Protokoll. Dann bescheinigen wir Ihnen den Empfang der Pistole und der Munition, und dann werden Sie mit Sicherheit irgendwann wieder von uns hören. Also halten wir fest: Sie liefern uns diese Waffe ab, weigern sich aber, uns die Herkunft preiszugeben.«

»Machen Sie es so«, war Schwester Gertrud einverstanden. »Ich habe damit keine Probleme.«

»Aber was schreibe ich?«, fragte der jüngere Beamte, der sich inzwischen an die Schreibmaschine gesetzt hatte. »Ich kann doch nichts von Gott und so ins Protokoll schreiben.«

»Warum nicht?«, lachte die Missionarin und bot an, den Text zu diktieren. Die Beamten nahmen das Angebot gerne an. Schwester Gertrud diktierte also einen Text, der einem Zeugnis der Liebe Jesu gleichkam und den sie schließlich gerne unterschrieb. Ein solches Schriftstück war wohl in einer Polizei-Dienststelle noch nie verfasst worden: Rückgabe einer russischen Armeepistole aus den Händen eines ungenannten Vorbesitzers, der sich aus Glaubensüberzeugung und Gewissensnot von der Waffe getrennt und befreit hatte.

Die Bescheinigung, die der Polizist ausstellte, war dagegen sehr knapp gehalten.

>   »Frau W e h l hat am 15. 4. 1962 auf der PRW 122
>   eine Armeepistole mit 18 Schuss Munition abgeliefert.
>   Die Pistole hat die Nr. RT 886, Baujahr 1938.
>
>   Waluks, PHW 12695«

Schwester Gertrud steckte das Papier ein und verabschiedete sich von den beiden Männern, denen die Verwunderung immer noch anzusehen war. Die Beamten gaben ihr pflichtgemäß noch einmal den Hinweis mit, dass die Angelegenheit durchaus nicht abgeschlossen sei. Sie müsse damit rechnen, dass sie Besuch be-käme oder auch vorgeladen würde, denn das Geheimnis um die Waffe müsse schon gelüftet werden. Vielleicht wäre es sinnvoll, ihre Tätigkeit als Seelsorgerin unter dem Schutz des Beichtge-heimnisses von irgendwoher bestätigen zu lassen. Diese Bestäti-gungen würde sie sicher bekommen.

Einige Zeit später bekam Schwester Gertrud tatsächlich Besuch von einem Kriminalbeamten, der sich alle Mühe gab, den Vorbesitzer der Waffe in Erfahrung zu bringen. Die Missionarin ihrerseits wich keinen Jota von ihrer Position, was den Beamten sehr beeindruckte. Die Bestätigungen ihres Seelsorgedienstes mit der selbstverständlichen Wahrung des Beichtgeheimnisses durch die Missionsleitung in Geisweid und die Hamburger Evangelische Allianz halfen, den Mann davon zu überzeugen, dass er die Akte wohl schließen müsse.

Schwester Gertrud konnte aufatmen, denn die Angelegenheit hatte sie schon ein wenig unter Spannung gehalten. Mit ihr atmete auch der Sinto auf, dem es zuletzt doch Mühe gemacht hatte, dass seine Seelsorgerin durch seine Angelegenheit belastet wurde.

Dieser Fall war bei weitem nicht der Einzige, den Schwester Gertrud für ihr geliebtes Volk zu klären hatte. Immer wieder einmal machte sie stellvertretende Besuche bei irgendeiner Polizeistation, um Gegenstände abzuliefern, die den gläubig gewordenen Sinti plötzlich in den Händen brannten und deren Besitzer nicht mehr zu ermitteln waren. Mal war es wieder eine Schusswaffe, mal waren es gestohlene Damen-Fahrräder, Einrichtungsgegenstände oder Textilien.

Mit der Zeit war die Missionarin bei der Polizeibehörde bekannt. Mal glaubte man ihr die Redlichkeit ihres Handelns und den von ihr immer wieder angeführten Schutz des § 53 der Strafprozessordnung, ohne weiter nachzufragen. Mal stellte man sie in Frage. Irgendwann war sie es dann auch einmal leid, sich bei solchen Aktionen rechtfertigen zu müssen. Sie ging in der Dunkelheit eines späten Abends mit einem Sinto einfach auf eine der Elbbrücken und versenkte alles unrechte Gut, das ihm in den Händen brannte, in den Fluten. Darunter befand sich übrigens auch wieder eine Pistole. Gott würde diese Aktion schon recht verstehen.

Auch vor Gericht wurde Schwester Gertrud bald bekannt als eine Frau, die sich eifrig für ihre schuldig gewordene Schützlinge einsetzte. Immer wieder einmal wurde sie als Zeugin geladen, um in Strafverfahren für einen Sinto oder eine Sintiza auszusagen und sich für diese Leute zu verwenden, die sich in der Konsequenz ihrer Bekehrung freiwillig den Behörden gestellt hatten. Diese Gelegenheiten nutzte die Missionarin gerne, um von der lebensverändernden Gnade Gottes zu erzählen. Immer wieder durfte sie dann auch die Erfahrung machen, dass die Behörden sich in der Lage zeigten, Gnade vor Recht ergehen zu lassen, auf Rückzahlungen und Erstattungen von Kosten zu verzichten, Strafmaße zu begrenzen oder Strafen auch gleich zur Bewährung auszusetzen.

Eine besondere Geschichte war die eines jungen Deutschen, der mit einer Sintiza verheiratet war. Er fand mehr als zwei Jahre nach einer schweren Tat keine Ruhe mehr, nachdem ihn inzwischen das Evangelium erreicht hatte.

»Hast du Zeit für mich, Schwester Gertrud, ich muss mit dir reden?«, sprach er nach einer Bibelstunde die Missionarin an. In solchen Fällen hatte Schwester Gertrud immer Zeit.

»Komm, sag mir, was dich bedrückt«, ermunterte sie den jungen Mann, als die beiden sich in einem stillen Raum gegenübersaßen.

Nach einer Weile des Schweigens und innerlichen Kämpfens brach das ganze Elend aus dem Mann heraus, das er unter dem Einfluss des Evangeliums nicht länger zu tragen vermochte. Einbrüche, Diebstähle, Betrügereien, Alkoholexzesse, Ausflüge in die Drogenszene ... Die Liste der Einzelheiten seines verfehlten Lebens war lang, die die Seelsorgerin unter Tränen vorgelegt bekam.

Das folgende Gespräch wurde noch länger, aber am Ende konnten die beiden miteinander beten, und der junge Mann lieferte sein Leben dem Herrn Jesus aus und bekam die Vergebung seiner Schuld zugesprochen. Zwei dankbare Menschen erhoben sich von den Knien in dem Bewusstsein, dass es im Himmel wieder etwas zu feiern gab.

Dennoch hatte Schwester Gertrud das Empfinden, dass der junge Mann irgendetwas zurückbehalten hatte, das er auch noch hätte preisgeben müssen, um wirklich ganz frei zu sein. Aber sie mochte ihn jetzt nicht auf ihr Empfinden ansprechen. Hier galt es wohl zu warten und zu beten, dranzubleiben und sich in Geduld zu üben.

Es dauerte einige Monate, bis der junge Deutsche der Missionarin wieder gegenübersaß, blass und zitternd. Er hatte heftige Gewissenskämpfe hinter sich. Zweimal hatte er versucht, seinem Leben ein Ende zu machen, weil er den wachsenden inneren Druck nicht mehr aushalten konnte. Seine Frau, eine junge Sintiza, hatte ihn immer wieder aufzufangen vermocht. Sie hatte ihren Mann schließlich dazu bewegen können, sich auch mit dem letzten notwendigen Bekenntnis an Schwester Gertrud zu wenden.

Bruchstückhaft und stockend kam es dann heraus. Vor mehr als zwei Jahren noch hatte er eine ungute Bindung an einem dreiundvierzigjährigen Hamburger gehabt, bei der viel Alkohol geflossen war. Immer wieder hatten die beiden miteinander gezecht. Mehr und mehr war dabei deutlich geworden, dass der Zechkumpan homosexuell war. Lange hatte sich der junge Mann gegen eindeutige Annäherungen wehren können. Er vermochte sich aber nicht von dem Mann zu trennen. Bis es an einem Januarabend zum letzten und entscheidenden Exzess gekommen war. Der Mann war so zudringlich geworden, dass sich sein Opfer in hochgradiger Erregung nur mit Gewalt der Zudringlichkeiten erwehren konnte. Der junge Mann hatte in seiner Not einen Kochtopf vom Herd gegriffen und heftigst zugeschlagen. Danach hatte er die Wohnung in Brand gesteckt, um seine Spuren zu verwischen. Was auch gelungen war, denn er war nie zum Kreis der Verdächtigen gezählt worden.

»Ich bin ein Mörder, Schwester Gertrud, verstehst du, ich bin ein Mörder. Ich habe einen Menschen auf dem Gewissen. Und ich bin doch Christ geworden. Ich kann mit dieser Schuld nicht mehr leben, Schwester Gertrud. Vergibt Jesus mir auch diese Schuld? Tut er das? Sag es mir, Schwester Gertrud! Ich muss das wissen, oder ich will nicht mehr leben.«

Die letzten Sätze schrie der Gequälte schier, dann brach er schluchzend zusammen, am ganzen Körper zitternd. Die Seelsorgerin setzte sich neben ihn und hielt den Mann einfach nur fest. In ihren Gedanken schrie sie zu Gott um das rechte Verhalten in dieser schlimmen und doch eigentlich erfreulichen Situation.

Es dauerte eine Weile, bis der Mann sich beruhigt hatte und sie ihn endlich ansprechen konnte: »Glaub mir, Lieber, auch für diese Schuld ist Jesus gestorben, und er vergibt sie dir, wie er dir alles andere auch vergeben hat. Das Wort Gottes gilt: ›Wenn eure Sünde gleich blutrot ist, soll sie doch schneeweiß werden.‹«

»Darf ich das denn so einfach annehmen, Schwester Gertrud?«, fragte der junge Mann mit gebrochener Stimme zweifelnd zurück. »Hier geht es um Mord, Schwester Gertrud, nicht um Diebstahl und Drogenmissbrauch. Um Mord, verstehst du?«

»Da darfst du völlig ruhig sein. Sünde ist Sünde. Vor Gott gibt es keine kleinen und großen Sünden. Da gibt es auch keine

Abstufung in der Vergebung. Gott vergibt ganz, wenn jemand die Vergebung sucht, oder er vergibt gar nicht, wenn jemand keine Vergebung seiner Schuld braucht.«

»Ich brauche sie, Schwester Gertrud, ich brauche sie nötiger als alles.« Es schrie fast wieder aus dem Mann heraus.

»Sei ganz sicher, du darfst es annehmen. Ich sage es dir im Namen Jesu. Er vergibt dir auch diesen Mord.«

Der junge Mann hörte diesen Zuspruch mit gesenktem Kopf und geschlossenen Augen, schwer atmend, die Hände ineinander gelegt, so dass die Knöchel weiß hervorstanden. Schließlich ging ein Ruck durch seinen Körper. Er richtete sich auf und sah mit immer noch tränenverschleiertem Blick der Seelsorgerin in die Augen. »Sag das bitte noch einmal, Schwester Gertrud.«

»Du hast richtig gehört. Jesus vergibt dir auch diesen Mord.«

»Das ist gut, Schwester Gertrud, das ist gut.« Der junge Mann atmete hörbar auf, und wie ein schwerer Felsbrocken fiel es von seinem Herzen. »Jetzt geht es mir besser, viel besser. Du musst mit mir beten, Schwester Gertrud. Wir müssen das mit Jesus in Ordnung bringen, jetzt sofort.«

Nichts lieber als das, ging es der Missionarin durch den Kopf. Und diesmal erhob sich ein wirklich freier Mensch von seinen Knien. Diesmal war nichts Unausgesprochenes zurückgeblieben. Diesmal konnte ohne Einschränkungen im Himmel gefeiert werden. Gott sei's gelobt!

Beim Verabschieden musste die Seelsorgerin noch eine Frage loswerden: »Du weißt, was du jetzt tun musst?«

Der junge Mann senkte für einen Moment den Blick. Dann blickte er wieder auf und bestätigte ihren Gedanken: »Ich weiß, Schwester Gertrud, ich muss mich stellen. Aber noch kann ich es nicht. Da brauche ich noch ein bisschen Zeit. Bitte versteh mich.« Nach einem Moment gemeinsamen Schweigens über der angesprochenen Frage fügte er an: »Wenn ich mich stelle, gehst du dann mit aufs Revier, Schwester Gertrud?«

Die Missionarin atmete tief durch. Sie hatte die Frage erwartet und sie antwortete: »Ich werde dich begleiten. Ich warte auf dein Signal. Und ich bete um Kraft für dich.«

Schon nach kurzer Zeit war der Mörder stark genug und bereit, vor den Beamten der Mordkommission im Polizeipräsidium am

Berliner Tor seine Tat zu bekennen und die Konsequenzen der Selbstanzeige auf sich zu nehmen.

Danach dauerte es wieder Monate, bis der Mordprozess vor der Großen Strafkammer 21 angesetzt wurde. Schwester Gertrud war mit anderen als Zeugin geladen. Nach ihrem Aufruf in den Zeugenstand wurde sie nach ihrem Verhältnis zu dem Angeklagten gefragt und danach, ob sie ihn zu seiner Selbstanzeige gedrängt habe.

»Gedrängt dazu habe ich ihn nicht, hohes Gericht.« Dabei warf sie dem blassen jungen Mann auf der Anklagebank einen Mut machenden Blick zu. »Ich war seine Seelsorgerin und habe ihn aufgrund biblischer Aussagen darin bestärkt, seine Sache nicht nur vor Gott in Ordnung zu bringen, sondern auch vor den Menschen. Er hat die Entscheidung zur Selbstanzeige völlig allein getroffen.«

Bei diesen Worten der Missionarin erscholl aus den Zuschauerbänken ein zorniges, protestierendes Pfeifen und Buh-Rufen, so dass der leitende Richter Ruhe gebieten musste. Nach Meinung der zahlreichen Prozessbeobachter aus der früheren Umgebung des Angeklagten und auch mancher Sinti war Schwester Gertrud eine Verräterin, die den Täter einfach den Justizbehörden ausgeliefert hatte. Die Tat wäre doch nie bekannt geworden, wenn sie nicht …

Aber sie bekam doch die Gelegenheit, die Anwesenden vom Gegenteil zu überzeugen und auch davon, dass das Verhalten des Angeklagten nur die logische Folge seiner Hinwendung zum Glauben an Jesus Christus gewesen war.

Der junge Mann bestätigte auf Befragen des Richters genau dies. »Ich bin zum Glauben an Jesus Christus gekommen. Seitdem weiß ich, dass ich mit so was nicht leben kann und auch nicht leben will. Nur deshalb bin ich jetzt hier.«

Der vorsitzende Richter Schenck verhehlte sein Erstaunen nicht: »Eine solche Haltung habe ich in meiner Arbeit noch nicht erlebt. Die Sitzung wird für heute geschlossen und morgen mit der Urteilsverkündung fortgesetzt.«

Am nächsten Tag gab es dann eine Überraschung, die Schwester Gertruds kühnste Erwartungen und intensiven Gebete übertraf.

»Im Namen des Volkes ergeht in der hier verhandelten Mordsache folgendes Urteil: Der Angeklagte wird aufgrund seiner Tat zu zwei Jahren Freiheitsstrafe verurteilt. Die Strafe wird zur Bewährung ausgesetzt.«

Aus den Besucherbänken kam diesmal anerkennender Beifall für die Entscheidung des Gerichts. Schwester Gertruds Herz jubelte, und von ihrem Herzen fiel eine große Last. Der junge Mann konnte den Gerichtssaal als freier Mann verlassen. Gott hatte offenbar die Herzen der Richter und Schöffen bewegt, ein solch gnädiges Urteil zum Wohl des Angeklagten festzulegen. Und auch der wusste kaum, wie ihm geschah. Auch von seinem Herzen fiel eine Zentnerlast. Wenn er gekonnt hätte, wäre er seiner Seelsorgerin wohl um den Hals gefallen vor Freude und Dankbarkeit und natürlich auch seiner Frau. Wenn die beiden nicht zu ihm gestanden hätten, wer weiß, was geworden wäre!

Neue Lieder auf alten Saiten

Als Schwester Gertrud am Anfang ihres Hamburger Dienstes Informationen über die Zigeunerplätze der Stadt eingeholt hatte, war sie bereits auf das »Charlos-Weiß-Orchester« aufmerksam gemacht worden, das sein Zuhause auf dem Platz an der »Alten Fähre« hatte. Seine Musiker gehörten alle zu Familien aus der Sippe Weiß, und sie waren allesamt hervorragende Künstler. Jeder war mit seinem Instrument ein guter Solist und in der Formation ein exzellenter Orchestermusiker. Die meisten von ihnen waren Naturtalente, hatten ihren Unterricht bei den eigenen Leuten erfahren oder waren aufgrund ihrer besonderen Musikalität auch auf dem Konservatorium gewesen und hatten dabei klassisches Instrumentalspiel gelernt. Ihr Orchesterleiter Kesa konnte stolz auf seine Truppe sein, die weit über Hamburg hinaus durch Rundfunk und Schallplatten, durch Film und Fernsehen bekannt geworden war. Ungezählte Zuschauer in den deutschsprachigen Ländern und darüber hinaus hatten die Zigeunermusiker in Filmen wie »Gräfin Maritza«, »Die schöne Lügnerin«, »Die große Starparade«, »Drei Birken auf der Heide« zusammen mit namhaften Schauspielern und Sängern wie Romy Schneider und Rudolf Schock gesehen, gehört und bewundert. Das »Charlos-Weiß-Orchester« hatte Konzertsäle gefüllt und die Zuhörer begeistert. Mit manchem Hamburger Lokal, vor allem in St. Pauli, hatten die Musiker feste Verträge für regelmäßige Auftritte, die natürlich auch ein gutes Einkommen sicherten. Zigeunermusiker litten in der Regel keine materielle Not, wenn sie nur recht mit ihrem Einkommen umgehen konnten.

Gerne hatte Schwester Gertrud der Musik der Sinti zugehört, wenn sie auf den Platz gekommen war und die Musiker einzeln und gemeinsam ihre Proben abhielten. Die Zigeunermusik war so anders als das, was gemeinhin im Rundfunk und von Schallplatten zu hören war. Die Sintimusiker spielten ihre Geigen und Gitarren, ihre Klarinetten, Akkordeons, Bandoneons und Knopfharmonikas so ganz anders, als deutsche oder ausländische klassische Musiker die gleichen Instrumente spielten. Da war viel mehr Seele drin, viel mehr Gefühl. Die Palette reichte von wild rhythmisch in rasendem Fortissimo bis gefühlvoll getragen in flüsterndem Pianissimo, alles überwiegend in Moll, von jubelnd und jauchzend bis weinend und schluchzend, einfach in besonderer Weise faszinierend. Zigeunermusik eben.

Bei all ihrem Musizieren brauchten diese Künstler nie Noten. Manche konnten nicht einmal Noten lesen, geschweige denn nach diesen schwarzen Punkten auf, unter und über den fünf Linien spielen. Sie lernten vom Hören, sie spielten auswendig und nach Gefühl und harmonierten doch einer mit dem anderen.

Wenn diese prachtvollen Männer doch ihre Musik auch zur Ehre Gottes spielen würden, ging es der Missionarin gelegentlich durch den Kopf, wenn sie mal wieder einem von ihnen zuhörte oder wenn die Zeitungen mal wieder eine Reportage über das Charlos-Weiß-Orchester und eins seiner viel beachteten Konzerte veröffentlichten.

Aber auch darin brauchte Schwester Gertrud einige Jahre Geduld. Und zur Erhörung ihrer Gebete musste erst die große Flut über Hamburg hereinbrechen und das Wunder an der »Alten Fähre« passieren.

Natürlich hatten auch die Musiker des Zigeunerorchesters seit Jahren immer wieder Gottes Wort gehört. Einige von ihnen waren auch immer wieder einmal dabeigeblieben, wenn Schwester Gertrud in ihren Wagen mit den Frauen und Kindern in der Bibel las und von Jesus sprach. Einige hatten sich vereinzelt in den »Heilandsbus« oder die Hütte »Geborgenheit« einladen lassen, um das Evangelium zu hören. Dabei hatten sie natürlich auch die ein und andere Melodie der Evangeliumslieder aufgenommen und vielleicht sogar mehr oder weniger heimlich nachgespielt. Dass einer einmal die geistlichen Lieder sogar begleitet hätte, war kaum vorgekommen. Der Orchesterleiter Kesa hatte sich einige Male einladen lassen. Aber diese fromme Musik war nichts für einen großen und berühmten Musiker. Kleine Kinder und weniger musikalische Leute konnten solche Musik machen. Doch nicht er und seine Leute!

Das sollte sich aber in der »neuen Zeit« an der »Alten Fähre« bald ändern, nachdem zunächst ein gewisser Schock für die Beteiligten überwunden war.

Die Ereignisse des Flutwochenendes vom Februar 1962 hatten auch die Musiker des »Charlos-Weiß-Orchesters« zutiefst getroffen und beeindruckt. Sie ließen sich fast alle einladen, in der folgenden Evangelisationswoche im März Abend für Abend in der Hütte »Geborgenheit« dabei zu sein und auf die Verkündigung der frohen Botschaft zu hören. Und einer nach dem anderen kam in die Aussprache, um sein sündiges Leben mit Gott in Ordnung zu bringen und sich von Jesus Christus als seinem Retter neu zu orientieren. Einer der Letzten von ihnen war Kesa.

Die Veranstaltung war lange vorbei, als der Sinto in die Hütte zurückkam, wo er Schwester Gertrud noch fand. »Kesa? Du noch? Was führt dich denn noch so spät hierher?«, fragte die Missionarin erstaunt.

»Schwester Gertrud, ich muss mein Gelübde einlösen.«

»Welches Gelübde, Kesa?«

»Neulich bei der Flut in der Schule habe ich in der Not der Nacht gebetet: ›Gott, wenn du uns hier rausholst, dann will ich mein Leben ändern.‹«

»Und du musst dieses Gelübde jetzt einlösen?«

»Nein, nicht muss, Schwester Gertrud, ich will es einlösen. Ich brauche Vergebung meiner Sünde.«

Diesem Bekenntnis schloss sich ein langes Nachtgespräch an, in dem der bekannteste Zigeunermusiker Deutschlands sein Leben ordnete und unter die Herrschaft eines neuen Herrn stellte. Er gab gewissermaßen den Dirigentenstab seines Lebens ab, den er bisher selbst in den Händen gehalten hatte.

Am nächsten Tag wusste es bald der letzte Sinto und die letzte

Sintiza auf dem Platz, dass Kesa Weiß sich bekehrt hatte und fortan seinem neuen Herrn dienen wollte.

Das hatte Konsequenzen, die in ihrer Radikalität sogar die Missionarin und ihre deutschen Mitstreiter erschreckte: Das »Charlos-Weiß-Orchester« sollte aufhören zu existieren! Musste das tatsächlich die Folge der Bekehrung der Musiker und ihres Leiters sein? War das wirklich notwendig, die schicken farbigen Kostüme in den Schränken zu verbergen und die wertvollen Instrumente künftig in ihren Koffern zu lassen? Nein, nein, nein, das konnte Gott nicht wollen, dass solche Talente künftig vergraben wurden!

Schwester Gertrud besprach sich mit Johannes Lichtenberg und anderen über diese Frage. Sie waren sich alle darin einig, dass die Musiker vom Platz an der »Alten Fähre« nicht einfach aufhören durften zu spielen. Dass sie nicht mehr zu Festen und Feiern, nicht mehr für Film und Fernsehen, nicht mehr zu Lustbarkeiten und in öffentlichen Lokalen auftreten wollten, das war ja verständlich. Musik für die gottlose Welt wollten sie nicht mehr machen. Das war verständlich und sicher lobenswert. Aber dann sollten sie doch Musik für ihren neuen Herrn machen! Die Bibel sprach doch immer wieder vom Musizieren zur Ehre Gottes.

Schwester Gertrud musste möglichst bald das Gespräch darüber mit Kesa suchen. Er selbst musste gewonnen werden; er würde den entsprechenden Einfluss auf seine Musiker haben.

Mit Kesa zu reden war zunächst nicht leicht. Schwester Gertrud und Johannes Lichtenberg gaben sich alle Mühe, dem begnadeten Menschen deutlich zu machen, dass mit seiner Bekehrung seine Begabung auch unter der Gnade Gottes stand und geheiligt war und er sein Talent nicht vergraben durfte.

»Die Musik ist vom Teufel! Wir wollen damit nichts mehr zu tun haben!«, war das Argument, das Kesa mehrfach wiederholte. »Wir haben mit unserem Spielen Menschen zur Sünde verführt. Das können wir nicht mehr tun, und das wollen wir nicht mehr tun.«

»Das sollt ihr auch nicht mehr, lieber Kesa«, versuchte Schwester Gertrud den Mann zum Nachdenken zu bewegen. »Aber ihr könnt doch ganz neue Melodien in euer Repertoire nehmen.«

»So ähnlich, wie es David im Psalm 40 singt«, ergänzte Johannes Lichtenberg. »Auch David wusste sich von Gott aus einer grausigen Grube gezogen und aus dem Schlamm; genau wie du dich aus dem Schlamm deiner Sünde gezogen weißt. Und dann bekennt David, dass Gott ihm ein neues Lied in seinen Mund gegeben hat, um ihn zu loben, damit es viele sehen und den Herrn fürchten. Genau so hat Gott dir ein neues Lied auf deine Saiten gegeben, um ihn zu loben, damit andere davon erfahren, die es bisher nicht wissen. Kesa, kannst du dich dem wirklich entziehen?«

Diese Worte schienen Eindruck zu machen. Kesa schien nachzudenken.

Schwester Gertrud nutzte die Gelegenheit und ergänzte die Aufforderung des 98. Psalms: »Hör, Kesa, was hier steht: ›Singt dem Herrn ein neues Lied, denn er tut Wunder.‹ Dass Gott hier an der ›Alten Fähre‹ ein Wunder getan hat, bestreitet sogar die Welt nicht.«

Kesa nickte bei diesen Worten. Er schien zu verstehen.

»Und hier steht noch was, Kesa«, fuhr die Missionarin fort. »›Jauchzt dem Herrn, alle Welt, singet, rühmt und lobt. Lobt den Herrn mit Harfen und Saitenspiel. Mit Trompeten und Posaunen jauchzt vor dem Herrn, dem König.‹ Ihr Sinti liebt das Blech nicht unbedingt. Aber hier können ebenso gut Geigen, Celli, Klarinetten, Akkordeons und so weiter eingesetzt werden. Die Hauptsache ist doch, dass Gott mit den Instrumenten die Ehre gegeben wird.«

»Übrigens erwähnt der Letzte der Psalmen ausdrücklich die Saiteninstrumente«, ergänzte Johannes Lichtenberg und fuhr fort: »Gebt dem Teufel ja nicht die Ehre, eure Instrumente wegzuschließen, lieber Kesa. Das Lob Gottes unter den Sinti verkünden könnt ihr mit eurem Musikstil viel besser, als wir Chale das mit unserem können. Wir treffen doch gar nicht eure Harmonien und musikalischen Empfindungen.«

Der bekehrte Zigeunermusiker hatte aufmerksam zugehört. Jetzt ging es wie ein Leuchten über sein Gesicht: »Ihr habt Recht, Schwester Gertrud und Bruder Johannes. Ich muss es einsehen. Spielen wir also in Zukunft zur Ehre Gottes. Meine Leute werden dabei sein.«

»Und der Herr wird euren Dienst segnen. Ihr werdet es erfahren, lieber Kesa.« Schwester Gertrud faltete die Hände zum Beten.

Vor dem Angesicht Gottes machten die drei Menschen den neuen Auftrag für das ehemalige »Charlos-Weiß-Orchester« fest:

Freiluft-Probe des »Charlos-Weiß-Orchester«

Musik zur Ehre Gottes hieß dieser Auftrag und zur Erbauung der Gemeinde, die freilich noch im Entstehen war, aber sich bereits mehr und mehr abzeichnete.

»Ach, übrigens, Kesa«, meinte Schwester Gertrud beim Verabschieden zu dem Sinto, »im nächsten Gottesdienst spielst du uns dein neues Lieblingslied. Abgemacht?«

»Abgemacht, Schwester Gertrud«, bestätigte Kesa und spielte gleich die Melodie des Refrains an:

> »Jesus, mein Stolz, meine tiefe Ruh,
> Jesus, dir jauchze ich selig zu!
> Ich hab einen herrlichen König,
> o Jesus, Jesus nur du!«

Ab dem nächsten Gottesdienst konnte Schwester Gertrud ihre Gitarre in der Hülle lassen. Von jetzt an begleitete das alte, jetzt aber erneuerte Zigeunerorchester die Lieder und Chorusse der Gläubigen in den Gottesdiensten und Zusammenkünften. Und das bald nicht nur in der Hütte an der »Alten Fähre«.

Hier hatte Gott also wieder einen neuen Sieg errungen, dessen Auswirkungen nicht auf den Platz begrenzt blieben, sondern sich im Laufe der Zeit über Hamburg, das umliegende Land und weit über Norddeutschland hinaus verbreiteten.

Auf das, was an der »Alten Fähre« geistlich geschehen war und auf die Konsequenzen, die das Geschehen hatte, wurde bald die Presse aufmerksam, die christliche und auch die weltliche. Der Evangeliums-Rundfunk in Wetzlar brachte immer wieder Sendungen über die Sinti-Arbeit in Hamburg, wobei Lieder und Glaubenszeugnisse zum Inhalt gehörten. Manche Mitarbeiter dieses privaten Rundfunks wurden treue Freunde der Arbeit.

Die Nachricht von der Erweckung unter den Zigeunern verbreitete sich somit rasch über ganz Deutschland und in die Nachbarländer. Echos auf Sendungen und Artikel zeigten, dass viele vom »Wunder an der ›Alten Fähre‹« gehört hatten.

Schwester Gertrud leitete ihre Sinti-Geschwister sehr bald an, von ihrem Erleben mit Gott während der großen Flut zu erzählen und Zeugnis von ihren Bekehrungen und ihrem jungen Glauben zu geben. Diese Wundertaten Gottes mussten von den Betroffenen selbst unter die eigenen Leute gebracht werden und auch unter andere. Das wirkte wesentlich besser, als wenn sie, die Missionarin, bei ihren Berichtsdiensten und in ihren Rundschreiben quasi von außen von den Ereignissen berichtete. Das tat sie natürlich auch, und sie erfuhr viele Antworten ungeteilter Mitfreude und Dankbarkeit gegen Gott. Aber die »Originaltexte« kamen doch besser an. Wer also schreiben konnte, schrieb sein Zeugnis auf, wer nicht schreiben konnte, diktierte es einem anderen.

Künftig reiste Schwester Gertrud deshalb auch seltener allein, wenn sie in Gemeinden unterwegs war oder zu Konferenzen eingeladen wurde. In ihrem Auto war ja für mehrere Leute Platz. Ihre Leute hatten sich auch selbst bald wieder neue Fahrzeuge beschafft. So waren sie wieder mobil und konnten zu mehreren mit ihrer Missionarin unterwegs sein.

Sie erzählten meist mit Worten und Liedern von ihrer Lebenswende und hinterließen in den verschiedenen Gemeinden tiefe Eindrücke. Sogar Papo Rudolf Weiß, mit seinen fünfundsiebzig Jahren der Senior der Sippe, ließ sich dazu bewegen, auf dem Katheder vor vielen zu stehen und mit bewegenden Worten sein von Jesus geschenktes Anrecht auf die Ewigkeit in Herrlichkeit zu bezeugen. Kaum ein Auge blieb trocken, wenn der alte Sinto seinen Zuhörern fröhlich die Wichtigkeit seines neuen Lebensmottos deutlich machte: »Wir haben hier keine bleibende Statt, sondern die zukünftige suchen wir.« Warum nur hatte er so alt werden müssen, bis diese Botschaft ihn und sein Volk erreichte?

Noch dreizehn Jahre waren ihm vergönnt, seinen Glauben zu leben und zu bezeugen und sein geliebtes Cello zur Ehre des Herrn zu spielen.

Papo Weiß hatte sein Zeugnis übrigens zuvor im Pferdestall geübt. »Du machst mir noch zum Prediger, und ich übe mir schon darin«, hatte er zu Schwester Gertrud einmal gesagt, als sie ihn um seine Mitarbeit gebeten hatte. Damit hatte er nicht einmal Unrecht. Die in schlichten Worten und zuweilen in holprigem Deutsch vorgetragenen Zeugnisse der Zigeuner wirkten oft mehr als ausgefeilte Predigten von theologischen Profis.

Aber auch die kamen in der kommenden Zeit immer häufiger in die Hütte, um den Sinti das Wort Gottes zu predigen. Die Liste der bekannten Evangelisten und Prediger aus den verschiedenen Gegenden und geistlichen Lagern Deutschlands, die zu Freunden der Sinti und der missionarischen Arbeit unter ihnen geworden waren, wurde im Laufe der Zeit lang und länger. Schwester Gertrud hatte in ihrer Arbeit viele Verbindungen geknüpft und damit auch manchen persönlichen Freund gewonnen.

Dabei musste freilich der eine oder andere Prediger lernen, seine Sprache ein wenig anzupassen. Theologische Wahrheiten in dogmatischer Sprache kam bei den Zigeunern nicht an. Da strahlte keine Wärme heraus. Die musste aber sein. Die Sinti selbst sprachen in schlichter, bilderreicher und blumiger Weise, wenn sie die deutsche Sprache benutzten. So wollten sie es auch hören. Also mussten sich die Redner darauf einstellen. Wem es gelang, der hatte gewonnen. Wer seine Liebe zu dem dunkelhaarigen Volk nicht nur in der Zuwendung, sondern auch in seiner Sprache deutlich machen konnte, dem wurde gerne und lange zugehört.

Die jungen Gläubigen konnten nicht genug biblische Botschaft hören. Sie wollten lernen, was das Wort Gottes zu sagen hatte und welche Lebenskraft und Sterbenshoffnung in ihm wohnte. Und sie konnten nicht genug davon bekommen. Was sie dann gehört hatten, vertieften sie in ihren Bibelstunden, Frauenstunden, Männertreffen, Jugendstunden und Hauskreisen, die nach und nach eingerichtet wurden und immer gut besucht waren. Wer nicht lesen konnte, hörte umso besser zu und lernte die Texte und Bibelstellen auswendig. Kassettentechnik machte es zusätzlich möglich, getreu dem Rat des weisen Salomo: »Schreibe die Gebote auf die Tafel deines Herzens.«

Welch ein geistlicher Aufbruch als Antwort Gottes auf ungezählte Gebete während neun Jahren anscheinend vergeblicher Arbeit! Wie konnte Schwester Gertrud jetzt loben und dafür danken, dass Gott sie auf diese Weise erfahren ließ: Seine Verheißungen galten und fanden in Jesus Erfüllung.

Nicht zuletzt wurde die Hamburger Entwicklung auch durch Schwester Gertruds Zugehörigkeit zur »Internationalen Zigeuner-Missions-Konferenz« bekannt, die sich alle zwei Jahre in irgendeinem europäischen Land zusammenfand, um über die Arbeit unter Sinti und Roma zu beraten und Erfahrungen auszutauschen.

Immer wieder wurden auch die Musiker zu Konzerten und Konferenzen eingeladen, um ihr musikalisches Zeugnis vor vielen Menschen abzugeben. Füllte das »Charlos-Weiß-Orchester« vormals weltliche Konzertsäle, so füllten die Männer in ihren schmucken neuen Anzügen, die ihnen ein frommer Textilfabrikant geschenkt hatte, jetzt Gemeindesäle. So kam das Wirken Gottes auf besondere Weise unter die Leute. Und die Zigeuner reisten ja ohnehin gerne.

Aufmerksam auf die neu gestaltete musikalische Arbeit der Zigeuner-Musiker wurden auch verschiedene christliche Schallplattenproduzenten. So blieb es nicht aus, dass in den nächsten Jahren eine ganze Reihe Schallplatten entstanden, mit einer Auswahl beliebter geistlicher Lieder in Deutsch und in Romani. Denn die Sinti sangen inzwischen auch Lieder in ihrer eigenen Sprache. Schwester Gertrud förderte diese Entwicklung, wo immer sie konnte. Die meisten Kontakte liefen ohnehin über sie und ihren eigentlich gar nicht so sehr geliebten Schreibtisch. Die Zeit, die sie dort verbringen musste, fehlte ihr für ihre stillen Vorbereitungen im Bibelstudieren vor den missionarischen Aktionen in und um Hamburg und für die Seelsorge, die jetzt einen breiten Raum in ihrer Arbeit einnahm. Gut, dass sie inzwischen durch weitere Mitarbeiterinnen ihrer Mission und manchen freiwilligen Helfer aus Hamburger Gemeinden und der Umgebung ein wenig entlastet war. Sie musste längst nicht mehr ständig selbst auf allen Zigeunerplätzen Hamburgs, Schleswig-Holsteins und Niedersachsens präsent sein. Sie konnte sich mehr auf die Gemeinde an der »Alten Fähre« konzentrieren und auf die Leute, die sich hierher orientierten. Und das war ihr auch lieb so.

Schwester Gertrud griff also die Anfrage des »Missionstrupps Frohe Botschaft« in Großalmerode auf. Sein Leiter Wolfgang Heiner war einer der Ersten, der sich auf die Ereignisse um die Sturmflut und ihre Folgen für die Sinti gemeldet hatte. Zu ihm vermittelte sie die Zigeunermusiker zur Plattenaufnahme ins Studio. Oder sie holte ein Studio samt dem Pianisten Peter van Woerden nach Hamburg. Später veröffentlichte der Verlag Hermann Schulte Aufnahmen, die weite Verbreitung fanden.

Dass aber ein Tonträger mit Liedern und Zeugnissen der Zigeuner in die Hände eines großen Politikers geraten würde, hatten Schwester Gertrud und ihre Leute der Initiative von Pastor Hermann Reske zu verdanken, der seit 1961 als ehrenamtlicher Vorsitzender der Mission für Süd-Ost-Europa und als hauptamtlicher Leiter der Lobetalarbeit in Celle die Hamburger Sinti-Arbeit aufmerksam begleitete und unterstützte.

»Schwester Gertrud, möchten Sie einmal dem deutschen Außenminister begegnen?«, fragte er am Telefon.

»Ich verstehe nicht, Bruder Reske«, gab die Missionarin verwundert zurück.

»Nun, liebe Schwester, ich lade Sie nach Celle ein. Wir bekommen Besuch aus Bonn. Der Außenminister Willy Brandt kommt am 1. Juni hierher. Er will unsere Einrichtung kennen lernen und sich ansehen, was wir hier so machen. Da hatte ich gedacht, das wäre eine gute Gelegenheit für Sie, auf Ihre Arbeit unter den Sinti hinzuweisen.«

»Aber wird das denn gehen? Ihr Programm ist doch sicher sehr gefüllt.«

»Das werden wir schon arrangieren, Schwester Gertrud«, beruhigte sie Pastor Reske.

»Ob ich dem Herrn Außenminister dann wohl eine unserer

Schallplatten überreichen darf?«, hatte sie sofort einen bestimmten Gedanken.

»Warum denn nicht? Das ist eine großartige Idee. Tun Sie das ruhig, Schwester Gertrud. Sie kommen also?«

»Gerne komme ich, Bruder Reske.«

Am 1. Juni in Celle war Schwester Gertrud schon ein wenig nervös vor der Begegnung mit einem der wichtigsten deutschen Politiker. Dann kam der große Moment. Der Fahrzeugkonvoi war unter Blaulichtblitzen und flankiert von »Weißen Mäusen« auf das Gelände gefahren; die würdigen Herren aus Bonn in Begleitung weniger Damen waren ausgestiegen und vom Leiter der Lobetalarbeit gebührend begrüßt worden.

Pastor Reske stellte Willy Brandt verschiedene leitende Mitarbeiter seines Werkes vor und kam dann auf Schwester Gertrud zu, um seinen großen Gast mit der Missionarin bekannt zu machen.

»Herr Außenminister, diese Frau ist eine besondere Frau und sie tut eine besondere Arbeit. Frau Wehl arbeitet seit 1953 als Missionarin unter den Sinti und Roma in Hamburg.«

Der hohe Herr reichte Schwester Gertrud freundlich die Hand und gab ihr die Gelegenheit, ihm die Schallplatte »Wir singen von Jesus« mit dem »Tatsachenbericht von Gottes Wirken heute unter den Zigeunern« zu überreichen.

»Herr Außenminister, wir haben in Hamburg aus großer Not heraus eine tief greifende Erweckung erlebt. Davon berichtet diese Schallplatte. Ich möchte sie Ihnen überreichen mit herzlichen Grüßen der Zigeunergemeinde und mit dem Wunsch, dass Gott Sie segnet.«

Der Außenminister reichte Schwester Gertrud noch einmal die Hand: »Vielen Dank, Frau Wehl, ich werde Gelegenheit suchen, die Platte anzuhören. Vielen Dank. Grüßen Sie die Männer und Frauen und auch die jungen Leute Ihrer Gemeinde herzlich.«

Damit war die kurze Begegnung auch schon vorbei. Dass sie Auswirkungen haben möge für den Minister selbst und für andere, die die Platte vielleicht anhören würden, ging der Missionarin betend durch den Kopf. Gott konnte auch durch ein solches Mittel wirken.

Dass der Inhalt der schwarzen Scheibe nicht ohne Wirkung geblieben war, sah Schwester Gertrud an zwei Dankesbriefen, die sie aus dem Außenministerium erhielt. Gott wirkte auch hier auf seine Weise, indem das Glaubenszeugnis der Zigeuner einzelne Menschen beeindruckte. Und Jahre später setzte sich Willy Brandt als Bundeskanzler im Zusammenhang mit der geplanten Auflösung des Platzes am Georgswerder Bogen dafür ein, den Hamburger Sinti würdige Wohnplätze zu schaffen.

Durch die Zigeunermusik wirkte Gott jedenfalls immer wieder, ob nun bei direkten Auftritten des Orchesters oder auch über die Schallplatten. Meistens still und eher unbemerkt, indem er durch die Musik und die Lieder der Männer Menschen im Glauben stärkte und Mut machte, auf dem Weg mit Jesus zu bleiben oder auch diesen Weg erst zu betreten. Zuweilen aber auch mit deutlich sichtbarem Ergebnis.

So jedenfalls hatte Goldschawi, ein schon älterer Sinto aus Finkenwerder in Hamburg den Einsatz der Musiker erfahren. Die Veränderung dieser Männer faszinierte ihn. Er war selbst hoch musikalisch und spielte vorzüglich Gitarre. Bisher hatte er ein eher unruhiges und unstetes Leben geführt. Der Alkohol und seine unguten Einflüsse hatten sein Leben bestimmt. Im Suff tat der Mensch manches, was ihm im nüchternen Zustand nicht in den Sinn gekommen wäre. Goldschawis Leben war verpfuscht, und er empfand es seit langem schon so. Seine Suche nach Harmonie und Frieden für seine Seele war bisher noch ohne Ergebnis geblieben.

Diese veränderten Musiker vom Platz an der »Alten Fähre« aber hatten etwas, was er brauchte. Das spürte er. Er ließ sich zu den Gottesdiensten in die Hütte einladen und hörte zum ersten Mal die Botschaft von der heilenden und rettenden Kraft des Evangeliums. Der Sinto öffnete sein Herz für die Einladung, wie sie der Kerkermeister damals in Philippi aus dem Mund des Paulus gehört hatte: »Glaube an den Herrn Jesus Christus, so wirst du und dein Haus selig.«

Mit der Antwort Goldschawis war eine Seele für den Himmel gewonnen und zugleich ein treues Glied der Gemeinde, das seine musikalischen und sprachlichen Gaben gerne einsetzte. Nur das mit dem »Haus« blieb vorläufig sein Gebetsanliegen, wenngleich seine Familie in den Gottesdiensten meistens dabei war. Goldschawis Platz jedenfalls war künftig unter den Musikern, sein Gitarrenspiel gehörte zum Programm. Sein Bekenntnis wird in den Gottesdiensten der Sinti immer noch gerne gesungen:

U Truschel zickerell men u Drom kehri,
U Rei Jesus Pinela, kon ap Miro Lab patzela,
Djiwela, wehl Djujo annu Djie,
an leskro Wast schipp tiro Jiepen.
Drum Penja un Prala awen schunen dicken,
Jesuszestro Ratt Krehl men Piro!
Newo Djie, newo Djiepen, und Kamlapen,
dehl Joop, dehl Joop, awen schunen.

Das Kreuz zeigt uns den Weg nach Haus.
Der Herr Jesus spricht:
Wer an meine Worte glaubt, wird leben,
bekommt ein reines Herz.
In seine Hand leg du dein Leben!
Drum Schwestern und Brüder, kommt und hört
und seht: Jesu Blut macht uns frei.
Neues Herz, neues Leben und Liebe
gibt er, gibt er. Kommt, hört und seht!

Umzugsprobleme

Schwester Gertrud hatte sich in letzter Zeit immer wieder einmal
für ein paar Tage zurückziehen müssen, weil ihre Reserven einfach
erschöpft waren. Diese merkwürdige körperliche Schwäche, die
sich gelegentlich zeigte, hatte sie inzwischen auch mehrmals zu
kurzzeitigen Aufenthalten im Krankenhaus Elim gezwungen.
Hier kümmerte sich Dr. Heitmüller, Sohn des Direktors Friedrich
Heitmüller, jeweils persönlich liebevoll um die Patientin, bis er
seine »Zickzack«, wie er Schwester Gertrud gerne nannte, mit
Vitaminspritzen wieder auf die Beine gestellt hatte.

Die große Flut vom Februar 1962 hatte auch Folgen, die
Schwester Gertrud, ihren deutschen Freunden und vor allem den
Sinti Kopfzerbrechen und sehr viel Mühe machten.
   Im Frühjahr 1964 saßen Die Missionarin, »Bürgermeister«
August Kalo Weiß und Pastor Johannes Lichtenberg im Wil-
helmsburger Rathaus drei Herren der Stadtverwaltung, der städ-

tischen Finanzbehörden und des Amtes für »Strom- und Hafenbau« gegenüber. Thema der Verhandlung war die notwendige Verlegung des Zigeunerplatzes vom Platz an der »Alten Fähre« an einen neuen Ort. Im Zuge der Deicherneuerungen sollte und musste auch an der »Alten Fähre« gebaut werden. Der Platz musste also geräumt werden. Diese Notwendigkeit sahen inzwischen nach vielen Diskussionen unter den Sinti die meisten von ihnen ein. Schwester Gertrud, Bruder Johannes, wie die Sinti den Jugendpastor vom Holstenwall und freien Mitarbeiter in der Arbeit inzwischen nannten, der »Bürgermeister« und andere einsichtige Männer aus den eigenen Reihen hatten schwierige Überzeugungsarbeit leisten müssen.

Also umziehen. Aber wohin nur?

»Meine Dame und meine Herren. Die Lage ist sehr schwierig, wenn nicht gar verzweifelt«, begann einer der Vertreter der Stadt, Herr Westphal, das Gespräch. Er schien selbst ein wenig bedrückt. Mindestens drei Augenpaare schauten ihn fragend an. Was würde jetzt kommen? Hoffentlich kam die Hörstener Straße nicht wieder ins Gespräch. An jeden anderen Ort, aber nicht auf die alte Kippe, nicht auf diesen Aschenberg in den Moorwiesen!

»Wir haben uns sehr bemüht, ein geeignetes Gelände für die Sintifamilien zu finden. Leider bisher vergeblich.« Der Beamte seufzte leicht auf. »Kein Landwirt ist bereit, auch nur einen Quadratmeter Land herzugeben. Auch die Bundesbahn zeigt keine Neigung, von ihren Grundstücken hinter dem Deich eine ausreichende Parzelle zur Verfügung zu stellen.« Als müsse er sich für diese Aussage entschuldigen, schaute er seine Gesprächspartner einen nach dem anderen Verständnis heischend an.

»Und was soll nun werden?«, fragte Schwester Gertrud ein wenig erschrocken.

»Tja, Frau Wehl«, Herr Westphal musste sich sichtlich überwinden, um die folgende Antwort zu geben. »Wir sehen keine andere Möglichkeit, als Ihnen das Grundstück im Gleisdreieck an der Kornweide zu überlassen. Das gehört der Stadt, darüber können wir verfügen.«

»Nein, doch nicht das!«, kam es wie aus einem Munde von den drei Vertretern der Sinti.

»Der Platz ist doch viel zu klein«, ergänzte Kalo Weiß. »Wie sollen denn dreiundvierzig Familien mit ihren Wagen und Hütten in der Enge dort unterkommen? Und dann unsere Hütte ›Geborgenheit‹, die muss doch auch mit.«

»Ich weiß, ich weiß, Herr Weiß«, räumte der Amtsleiter ein. »Es wird sehr eng werden. Der Platz entspricht etwa einem Drittel des jetzigen. Aber wir sehen einfach keine andere Lösung.«

»Und was ist mit der großen Weidekoppel im Dreieck?«, warf Johannes Lichtenberg ein.

»An die können wir nicht ran. Der Besitzer lässt sich auf kein Gespräch ein. Den müssen Sie als Nachbarn ertragen, und seine Pferde und Kühe, die dort weiden, müssen die Sinti ertragen«, meinte einer der anderen Herren.

Für einige Sekunden herrschte betretenes Schweigen, bis der Sinti-Bürgermeister es brach: »Und wie hatten Sie sich die Umsiedlung vorgestellt?«

»Ich lese Ihnen etwas vor«, antwortete Herr Westphal und nahm die Wohnwagenplatz-Verordnung von 1905 in die Hand. »Hier steht: ›Bei Verlegung eines Wohnwagenplatzes hat jeder Teilnehmer das Recht, dass sein Wohnwagen auf Stadtkosten auf einen anderen Platz gezogen wird.‹«

»Das hört sich gut an. Aber was ist, wenn sich ein Wagen gar nicht mehr ziehen lässt, weil er einfach schon zu lange steht? Und was ist mit den Anbauten und mit den Hütten, die gebaut werden mussten, weil die Familien gewachsen sind und die Wagen zu klein wurden?«

Die Frage des »Bürgermeisters« war nur zu berechtigt. Sie entlockte den Gesprächsteilnehmer sogar ein leichtes Lächeln.

»Sehr kurzsichtig von unseren Amtsvätern«, gestand Herr Westphal zu. »Die haben damals nicht daran gedacht, dass sich eine Familie auch einmal vergrößert.«

Dann verkündete der Mann von der Finanzbehörde die nächste Hiobsbotschaft: »Wir haben auch leider bisher keine Firma gefunden, die den Umzug kostengünstig durchführen würde.«

»Wieso das?«, fragte Schwester Gertrud erstaunt.

»Tja, die Firmen haben Angst, es ginge zu viel dabei zu Bruch, und die Schäden müssten übernommen und ersetzt werden.«

Wieder betretenes Schweigen und fragendes Herumschauen von einem zum anderen.

Dann machte Johannes Lichtenberg einen mutigen Vorschlag:

»Ich biete an, dass unser Jugendkreis vom Holstenwall den Umzug übernimmt. Dann entstehen dafür gar keine Kosten.«

»Und das werden die jungen Leute machen?«, fragte Herr Westphal erstaunt zurück.

»Ich bin davon überzeugt, dass das klappt«, bestätigte der Pastor. »Aber ich schlage vor, jede Familie bekommt dafür einen bestimmten Betrag als Ausgleichszahlung. Die Sinti sind findige Leute. Die bauen sich von dem Geld neu, was kaputtgeht.«

Die drei Vertreter der Stadt schauten sich an, als wollte einer den anderen ermuntern, die Zustimmung zu dem Vorschlag zu geben. Dann war es Herr Westphal, der Johannes Lichtenbergs finanziellen Gedanken sogar noch erweiterte. An seinen Finanzkollegen gewandt sagte er: »Das hört sich gut an. Ich beantrage zusätzlich einen Fond von 3000 DM für eventuelle Härtefälle. Außerdem schlage ich vor, dass die Stadt eine Firma mit der Umsetzung der Gottesdiensthütte beauftragt und die Kosten dafür übernimmt. Wäre das eine Lösung, Frau Wehl und meine Herren?«

Den Angesprochenen verschlug es für einen Moment die Sprache. Welch ein Entgegenkommen! Schwester Gertrud fragte aber dann doch noch einmal vorsichtig zurück: »Und Sie können das gegen die bestehenden Vorschriften …?«

»Ich denke, wir können das. Sie können uns beim Wort nehmen, Frau Wehl«, bestätigte Herr Westphal. Die beiden anderen Herren zeigten durch ihr Kopfnicken ihr Einverständnis.

»Und wann, denken Sie …?«, fragte Kalo Weiß.

»Das wäre auch für mich wichtig zu wissen«, ergänzte der Jugendpastor vom Holstenwall, »denn ich müsste mit meinen jungen Leuten planen können.«

Jetzt antwortete der Herr vom »Strom- und Hafenbau«: »Ich denke, bis Mitte Mai ist der Platz vorbereitet und Sie können ans Werk gehen.« Wie zur Entschuldigung der städtischen Behörden ergänzte er: »Es tut uns Leid, dass es sehr eng werden wird. Aber wir sehen wirklich keine andere Möglichkeit. Und wir danken Ihnen sehr für Ihre erfreuliche Bereitschaft zur Zusammenarbeit. Ich will heute schon hoffen, dass es langfristig eine bessere Lösung Ihrer Wohnprobleme geben wird.«

Sehr dankbar und zufrieden verließen die drei Vertreter der Sinti das Rathaus. Und doch erfüllte sie ein wenig Bangigkeit.

Würde das alles so klappen? Waren genug junge Leute bereit, Hand anzulegen? Wie würden die Sintifamilien reagieren, die sich nicht zur Gemeinde hielten? Die hatten sich vorher schon quer gestellt und mit einer Klage gegen die Stadt gedroht.

Schwester Gertrud verabschiedete sich von den beiden Männern: »Das ist wieder einmal ein Fall, ihr lieben Brüder, in dem wir beten müssen, als würde alles Arbeiten nicht helfen ...«

»... und in dem wir arbeiten müssen, als würde alles Beten nicht helfen«, ergänze Johannes Lichtenberg.

»Und der Heiland wird bei beidem helfen«, war »Bürgermeister« Kalo sich sicher.

Am Freitag des vorletzten Maiwochenendes schien herrlich die Sonne. Die Vögel zwitscherten fröhlich in den frischen grünen Zweigen der Weiden und Erlen am Rande des Platzes. Unter einem blauen, mit wenigen Schönwetterwölkchen verzierten Frühlingshimmel herrschte geschäftiges Treiben an der »Alten Fähre«. Leider hatte niemand Zeit, auf die Schönheiten dieses Spätfrühlings-Tages zu achten.

Rund 50 junge Leute aus verschiedenen Jugendkreisen in Hamburg hatten sich eingefunden, um gemeinsam mit den Sinti den Umzug auf das Gleisdreieck zwischen den Dämmen der Hohe-Schaar-Bahn zu bewerkstelligen. Die Mädchen sollten beim Aus- und Einräumen der Wohnungen helfen, die Jungen beim eigentlichen Umzug der Wagen und Hütten. Ein kleiner und ein größerer Traktor standen zur Verfügung. Johannes Lichtenberg hatte eigens einen Traktor mit Hänger vom Hof seines Schwiegervaters mehr als siebzig Kilometer über Land hierher gebracht. Einer der Jungen hatte von einem Ort jenseits der alten Süderelbe sogar einen langen Tieflader-Anhänger herbeigeschafft, und mehrere Werkzeugkisten waren auch vorhanden. Die Stadt Hamburg stellte zusätzlich einen Kranwagen zur Verfügung, der sich aber später auf dem sandigen Gelände an der »Alten Fähre« als unbrauchbar erwies.

Nach einer Kurzandacht von Bruder Johannes zum Psalm 127 »Wo der Herr nicht das Haus baut, da bauen die Bauleute umsonst ...«, nach einer kräftigen Gebetsgemeinschaft der Truppe und nach der Lagebesprechung mit Aufgabenverteilung konnte das Volksfest losgehen. Zu dem wurde die Aktion nämlich vor

Umzug: schwere Arbeit, aber fröhliche Männer

allem für die Kinder, die zuweilen dadurch helfen mussten, dass
sie sich vorne auf den leichteren Traktor setzten, damit das
Fahrzeug auch mit den Vorderrädern auf der Straße blieb, wenn
die hinten anhängende Last die Zugmaschine vorne anhob.

In den nächsten drei Tagen wurde ein Wohnwagen nach dem
anderen auf den knapp zwei Kilometer entfernten neuen Platz
gezogen, wenn er denn wirklich zu ziehen war und nicht erst einmal provisorische Achsen erhalten musste. Die jungen Leute und
die Bewohner vom Platz an der »Alten Fähre« wussten sich zu
helfen.

Mehrere Behausungen mussten ausgeräumt und zerlegt werden,
um in Einzelteilen transportiert, wieder zusammengebaut und neu
eingerichtet zu werden. Wie befürchtet ging dabei manches zu
Bruch, weil es im Laufe der Zeit morsch und faul geworden war.
Manche Hauswand und mancher Fußboden musste neu hergestellt
werden, und manche Hütte brauchte dann doch ein neues Dach.

Dennoch hielt sich die Aufregung, die mit dem allen verbunden war, in Grenzen. Dafür sorgte auch Schwester Gertrud, die
mehrmals zwischen den beiden Plätzen pendelte und sich
zwischendrin immer wieder um die Kinder und die älteren Leute
kümmerte, hier jemanden besänftigte, dort aufgeregte Herzen

beruhigte und vereinzelt schlichtete, wenn es um die Platzvergabe Unstimmigkeiten gab. Ein Streifen von lediglich drei mal zwölf Meter stand jedem Wohnungsinhaber zu. Da war das Zuweisen der Parzellen nicht immer einfach. Es sollte ja auch niemand bevorzugt oder benachteiligt werden.

Während der Arbeit kam dann irgendjemand auf die Idee zu überlegen, ob nicht die kleinen Häuschen komplett auf den Tieflader gehievt werden könnten. Nach dem Motto »Wer nicht wagt, der nicht gewinnt« wurde diese Verladetechnik probiert, und bei einigen Wohnungen funktionierte sie sogar. Das vereinfachte und beschleunigte den Umzug erheblich. Zudem gab es jeweils erheiternde Bilder, wenn das Gefährt, von einer Meute kläffender Hunde umsprungen, mit seiner Last durch die Straßen zuckelte und die Hausbewohner aus den Fenstern heraus den erstaunten Passanten zuwinkten.

Einer der Höhepunkte war der, als eine der Hütten transportiert wurde und Kako den Transport auf dem mit verladenen Klavier fröhlich musikalisch begleitete. Sogar vorbeifahrende Polizisten hatten ihre Freude daran. Die Beamten bestanden ausnahmsweise einmal nicht auf der Einhaltung der Bestimmungen der Straßenverkehrsordnung, sondern winkten den Schleppzug-Besatzungen fröhlich und anerkennend zu.

Ein wenig Unruhe entstand bei der Aktion, als die widerspenstigen und klagewilligen Sinti, die immer noch auf dem alten Platz saßen, allmählich befürchten mussten, auf dem neuen Gelände keine Parzelle mehr zu bekommen. Allein an der »Alten Fähre« zurückbleiben wollten sie dann doch nicht.

Schwester Gertrud vermochte auch hier zu beruhigen. Dass die Familien, die sich bisher nicht zur Gemeinde gehalten hatten, in die Umzugsaktion einbezogen wurde, war ein gutes Zeugnis für die Christen und schuf neues Vertrauen. Vielleicht öffnete sich ja auch im Zuge dieser Ereignisse das ein oder andere Herz …

Am Ende des mehrtägigen Umzugs gab es eine Menge erschöpfte, aber fast nur dankbare und zufriedene Leute. Auch Nennes Taubenschlag war mit umgezogen, wie der Werkstattwagen eines Sinto, der auf Eisenrollen über das Pflaster gerattert war, die gerade mal einen Durchmesser von acht Zentimetern hatten. Für den alten und kranken Steppchen war sogar ein noch relativ brauchbarer alter Bauwagen weit über Land herbeigeholt worden, weil sein maroder Wohnwagen beim Transportversuch völlig auseinander gebrochen war. Da war nichts mehr zu reparieren oder zu flicken gewesen.

Allerdings waren 700 Mark aus dem besonderen Fond für Härtefälle zu bezahlen. Am nächsten Tag gab es Ärger. Der Beamte im Finanzamt wollte dieses Geld für den Bauwagen nicht bewilligen. Aber Johannes Lichtenberg konnte ganz gefasst sagen: »Mein Herr, ich finde Ihre Auffassung traurig, wo es um einen wirklich armen und hilflosen alten Mann geht. Aber dann werden unsere jungen Mädchen und jungen Männer zu ihrem kostenlosen Einsatz auch noch die 700 Mark zusammenlegen. Den kranken Mann lassen wir nicht im Stich!« In dem Augenblick kam der leitende Herr vom »Strom- und Hafenbau« dazu und sagte ganz trocken: »Kommt überhaupt nicht in Frage, den Bauwagen schiebe ich unter meinen neuen Deich.« Er brauchte dann aber seinen Deichbau doch nicht um 700 Mark höher zu berechnen. Gott bewog den Finanzbeamten, aus dem Fond für Härtefälle das Geld doch zur Verfügung zu stellen.

Verhungert war in diesen Tagen auch niemand. Frieda Weiß hatte einen großen Topf Erbsensuppe gekocht, und die alte Tante Fina – noch hatte sie dem Evangelium ihr Herz nicht geöffnet – hatte gar ihre sämtlichen Hühner geschlachtet und weiteres Fleisch dazugekauft, um die fleißigen Arbeiter bei Kräften und bei Laune zu halten.

Was aber für alle noch wichtiger war: Es war auch niemand in irgendeiner Weise zu Schaden gekommen. Beim Auf- und Abladen hatte es wahrhaftig die eine oder andere brenzlige und gefährliche Situation gegeben, glücklicherweise aber immer ohne Folgen. Ein besonderer Grund zur Dankbarkeit!

Als dann auch die Hütte »Geborgenheit« ihren Platz in der Enge an der »Kornweide« gefunden hatte, nachdem die von der Stadt beauftragte Baufirma sie am alten Platz abgebaut und am neuen sogar vergrößert und mit einigen Veränderungen wieder aufgebaut hatte, konnte bereits am Abend des 7. Juni ein Lob- und Dankgottesdienst gefeiert werden; freilich zunächst bei Gasbeleuchtung, denn die elektrischen Anschlüsse fehlten noch.

»Am Sonntagabend wurde in einer ungewöhnlichen Feierstunde auf dem Wohnwagenplatz an der Kornweide die Kirchenbaracke der Süd-Osteuropa-Mission der evangelischen Kirche eingeweiht. Diese kleine Feierstunde, an der viele Mitglieder der Zigeunerfamilie Weiß teilnahmen, war so recht dazu angetan, Vorurteile, die viele unserer Mitbürger gegenüber den Zigeunern oft heute noch empfinden, endgültig abzubauen ... Ortsamtsleiter Westphal dankte den Zigeunern der Sippe Weiß für die Disziplin und Geduld, die sie bei dem kürzlich erfolgten Umzug gezeigt hätten ... Westphals besonderer Dank galt der Schwester Gertrud Wehl für ihre aufopfernde Hilfe für die Zigeuner, ganz besonders bei dem Umzug. Er überreichte ihr einen Blumenstrauß und Hans Lichtenberg und seinen Helfern von der evangelischen Jugend aus Hamburg und aus Toppenstedt – die sich ebenfalls tatkräftig eingesetzt hatten – ein Aquarell unserer verstorbenen Heimatmalerin Dora Gartmann, das sie von den Wohnwagen bei der Alten Fähre gemalt hatte ...«

So stand es am folgenden Dienstag in der Zeitung. Welch schönes Zeugnis vor der Öffentlichkeit Hamburgs und der Region für Schwester Gertrud, ihre Mitarbeiter, für die freiwilligen Helfer, vor allem aber für das Wirken Gottes unter den Sinti. Auch vor den bisherigen Glaubensskeptikern des Platzes, von denen zum ersten Mal einige am Gottesdienst teilnahmen. Ob Gott an ihnen arbeitete?

Freilich wusste an diesem schönen Tag niemand der vielen Beteiligten, dass zwei Jahre später wieder eine Einweihung einer Hütte »Geborgenheit« gefeiert werden konnte. Allerdings wusste jeder Platzbewohner bei aller Freude über die Veränderungen, dass die Enge hier nicht lange zu ertragen war. Die Bewohner konnten sich bei geöffneten Fenstern gegenseitig die Hände reichen. Wäsche war schwierig zu waschen und noch schwieriger aufzuhängen. Für die Kinder gab es nur wenig Spielplatz, und das Kleinvieh wusste auch kaum, wo es denn picken und scharren konnte. Zudem hatten sich die sanitären Bedingungen gegenüber dem alten Platz noch erheblich verschlechtert. Es gab viel zu wenig Wasserstellen und nur ein kleines, völlig unzureichendes Toilettenhäuschen. Ein besonderes Ärgernis entstand noch dadurch, dass mancher Lokomotivführer sich offenbar einen Spaß daraus machte, gerade dann die Pfeife seiner Maschine zu betätigen, wenn er am Gleisdreieck vorbeifuhr. Und zwar überwiegend nachts. Nein, lange würde das Leben hier nicht auszuhalten sein.

Ein Lichtblick war, dass der Besitzer der Wiese nebenan bald einsehen musste, dass er seinem Vieh keinen Gefallen tat, es auf der Weide in unmittelbarer Nachbarschaft zu den Wohnungen der Zigeuner weiden zu lassen. Die armen Tiere hatten viel unter den Kindern zu leiden, die trotz Verbot in der Koppel mit Pferden und Kühen immer wieder Fangen spielten. Der Bauer brachte seine Tiere auf andere Weideplätze. So vergrößerte sich wenigstens der Aktionsradius der Kinder und auch des Kleinviehs.

Drei Jahre währte die Enge auf der Kornweide, die bald tatsächlich dazu führte, dass Aggressionen entstanden und wuchsen und sich immer wieder untereinander und gegenüber der Bevölkerung in der Nachbarschaft auf unschöne Weise entluden. Die Gläubigen waren auf engstem Raum umgeben von Ungläubigen. Licht war umgeben von Finsternis. Die so unterschiedlichen Lebensweisen der Menschen vertrugen sich nicht und rieben sich hart aneinander. Immer wieder gab es Auseinandersetzungen, Streit, Wunden und Tränen. Den Kindern machten die engen Verhältnisse noch nicht sehr viel aus. Die Erwachsenen konnten teilweise damit umgehen. Die Jugendlichen hatten es am schwersten, und sie machten die meisten Probleme.

Immer häufiger musste »Bürgermeister« Kalo Weiß Halbwüchsige aus der Sippe vom Polizeirevier abholen, die sich dort die ersten scharfen Verwarnungen einholten, ehe sie von ihm in quasi zweiter Instanz gemaßregelt wurden.

Immer wieder musste auch Schwester Gertrud vermittelnd eingreifen, um Verständnis werben, zurechtweisen, helfen und trösten. Das raubte ihr zuweilen die letzten Kräfte und machte sie müde und mutlos.

Zunehmend verließen einzelne Familien den Platz, weil sie irgendwo eine feste Wohnung gefunden hatten. Die Gefahr zeichnete sich immer deutlicher ab, dass der Sippenverband auseinander brechen konnte, wenn nicht in absehbarer Zeit eine andere Wohnlösung gefunden wurde.

Schwester Gertrud und ihre Freunde lagen den Behörden ständig in den Ohren, die Bedingungen zu verbessern. Am meisten aber lagen sie Gott in den Ohren, der am ehesten dafür sorgen konnte, dass sich irgendwo Neues auftat. Die Missionarin machte die Not ihrer Leute auch mit Rundbriefen und in persönlichen

Berichten im Land bekannt, damit die Last auf viele Seelen und Schultern verteilt wurde.

Auch jetzt erhörte Gott die vielen Gebete um eine Verbesserung der Wohnverhältnisse oder um neuen, besseren Wohnraum. Die Stadt Hamburg eröffnete den Sinti die Möglichkeit, familienweise nach Georgswerder umzuziehen und dort die Plattenhäuschen einer Arbeitersiedlung am Georgswerder Bogen zu beziehen, sobald wieder eins der Häuschen frei wurde. Die bisherigen deutschen Bewohner zogen nach und nach in andere Stadtgebiete um. Sie taten es sogar beschleunigt, seitdem eine Zigeunerfamilie nach der anderen in ihre Nachbarschaft zog. Wer konnte, machte schnellstens von der Möglichkeit Gebrauch und siedelte um.

Die Bedingungen in dieser Plattensiedlung waren zwar auch nicht ideal, aber doch wesentlich besser als in der Enge des Gleisdreiecks auf der Kornweide. Auf dem Gelände war ausreichend Platz, und man saß sich nicht gegenseitig auf der Pelle. Die sanitären Bedingungen waren in Ordnung, jeder hatte seine eigenen Anschlüsse für Wasser und Kanalisation. Nur mussten die Häuschen renoviert werden, um eine schöne Wohnung beziehen zu können.

Als es sich dann abzeichnete, dass bald die ganze Siedlung von Sinti bewohnt werden konnte, begannen auch die Überlegungen zur Umsetzung der Gottesdiensthütte. Ein entsprechender Antrag bei der zuständigen Behörde wurde bald gestellt. Deren grundsätzliche Genehmigung ließ nicht einmal lange auf sich warten. Es ging nur noch um den genauen Standort.

An einem Sonntagabend im Frühjahr 1966 schlug Schwester Gertrud nach dem Gottesdienst auf der Kornweide vor, noch gemeinsam an den Georgswerder Bogen zu fahren. Sie hatte das starke Empfinden, Gott gebe an diesem Abend ein Signal für den Standort seines Hauses am neuen Platz. Und wenn Gott sprach, sollte der Mensch gehorchen.

So stand denn die Missionarin mit ihren Mitarbeitern und einigen Sinti-Brüdern wenig später unter sternklarem Himmel im hellen Schein des vollen Mondes auf dem Platz, den sie sich für die Hütte vorstellen konnte. Das Gespräch um das gemeinsame Anliegen ging für ein paar Minuten hin und her. Schwester Gertruds Eindruck, dass genau dieses Geländestück der richtige Platz war, übertrug sich auf die anderen, und sie kamen überein, die entsprechende Zuweisung zu beantragen. Dann stellten sie sich in einen Kreis, sagten sich gegenseitig Mut machende Gottesworte und gingen auf die Knie, um ihr Anliegen bei der höchsten zuständigen Instanz vorzubringen. Mit einem in die klare Nacht hineingesungenen »Großer Gott, wir loben dich« ging dieser denkwürdige Abend zu Ende.

Und es war wieder sehr bemerkenswert: Drei Wochen später wurde genau dieser Platz zu Errichtung der neuen Hütte »Geborgenheit« freigegeben. So erhörte Gott Gebet! Halleluja!

Am 17. Mai begann bereits der Abriss der Hütte an der Kornweide und der Transport der Einzelteile an den Georgswerder Bogen. Wenige Tage später begann der Aufbau am neuen Ort.

Fast genau zwei Jahre nach der letzten Einweihung gab es dann bereits die nächste Feier zur Einweihung einer neuen, größeren und schöneren Hütte »Geborgenheit«. Viele Freiwillige hatten geholfen, die Baugrube auszuheben, die Fundamente zu legen, die Wände aufzurichten, das Dach aufzubringen, Fenster und Türen einzusetzen und die Inneneinrichtung zu erstellen. Sogar von der Lobetalarbeit in Celle hatte Pastor Reske ein paar Handwerker geschickt. Und von Hohenlockstedt bei Itzehoe war Otto Schäfer gekommen, ein Bruder, der die Zigeunerarbeit bei einem Missionseinsatz kennen gelernt hatte und sie für lange Zeit begleitete. Der stille Mann richtete in liebevoller Kleinarbeit das Gelände her, pflanzte Sträucher, zimmerte Bänke, umgab das ganze Grundstück mit einem wunderschönen Jägerzaun und verstand es dabei geschickt, Sinti in die Arbeit einzuspannen.

Herrlich, wie sie alle mit Begeisterung am Haus des Herrn bauten. Am 26. Juni, dem Einweihungstag, war zwar längst nicht alles fertig, aber das Ende war abzusehen. Gottes Wirken ließ sich nicht aufhalten.

Das üble Werk der Finsternis allerdings auch nicht. »Euer Widersacher, der Teufel, geht umher wie ein brüllender Löwe und sucht, welchen er verschlinge.« Das war zu Zeiten des Apostels Petrus so, und das hatte sich über die Jahrtausende nicht geändert. Er brüllte immer wieder lautstark und entsetzlich; auch hier und heute in der Plattensiedlung, wie er auf den anderen Plätzen auch immer wieder gebrüllt hatte. Manchmal schlich er aber auch auf

Samtpfoten auf dem Gelände zwischen den Menschen herum und schlug unangemeldet und unerwartet zu. Immer wieder kam es vor, dass während der Gottesdienste in der Hütte die Reifen der geparkten Fahrzeuge zerstochen wurden. Irgendwann ging ein PKW in Flammen auf. Immer wieder flogen Steine und klirrten Fensterscheiben. Dann wurden Kabel zerschnitten und andere Zerstörungen angerichtet. Die Übeltäter blieben in der Regel unerkannt.

Diesem Treiben galt es zu widerstehen, festen Glauben dagegenzusetzen. Das bedeutete freilich nicht, dass die Fenster nicht auch durch Schlagläden gesichert und andere Schutzmaßnahmen ergriffen wurden. Johannes Lichtenberg brachte an einzelnen Häusern Schutzvorrichtungen an, damit die Bewohner einigermaßen sicher leben konnten. Aber die Unberechenbarkeit der Lage ging den gläubigen Sinti ganz schön an die Nerven, kam doch der Widerstand auch aus den Reihen der eigenen ungläubigen Verwandtschaft. Das brachte andererseits die Leute zusammen und trieb sie ins Gebet: »Hilf, o Herr, und werde deinen Widersachern zu stark!«

Auch Schwester Gertrud und die Mitarbeiter schickten manchen Seufzer gen Himmel. Dennoch: Vor dem Bösen durfte nicht das Feld geräumt werden. Die Steine, die immer wieder durch die Fenster flogen, wurden gesammelt. Beschriftet mit Aussprüchen des Sieges Gottes und seines Christus und mit erlebten Glaubenserfahrungen, wurden sie der Gemeinde eine ständige Mahnung zum Durchhalten. »Dass Jesus siegt, bleibt ewig ausgemacht!« »Es ist Kraft und Sieg in dem Blut des Heilandes!« »Jesus kommt wieder!« »Darum wachet!« »Jesus spricht: Die Pforten der Hölle sollen meine Gemeinde nicht überwältigen!«

Aber allen Widerständen zum Trotz: Die mit der großen Flut begonnene Erweckung setzte sich auch in der Plattensiedlung fort. Der unermüdliche Einsatz von Schwester Gertrud und ihren verschiedenen Mitarbeiterinnen aus dem eigenen Werk wie Alice Ludwig und Maria Mötzing trug Früchte. Die beiden verstärkten inzwischen die Arbeit unter Hamburgs Zigeunern in anderen Stadtteilen, ehe sie 1970 in die Region Bremen und nach Bad Hersfeld umsiedelten.

Die Arbeit ihrer wechselnden Praktikantinnen und Praktikanten und ihrer vielen freiwilligen Helfer aus den Gemeinden tat das ihre dazu und bereitete so eine ganze Reihe besonderer Feste vor.

Noch einer wirkte treu bei der Arbeit mit und verbreitete Licht: Der frühere Gastwirt Hermann Krause, im Alter erst zum Glauben gekommen, hatte die Arbeit kennen gelernt und lieb gewonnen. Er wurde den Zigeunern ein Zigeuner, nahm sich zuletzt sogar eine Wohnung in der Plattensiedlung und half, wo er helfen konnte. Er legte Hand an, besuchte die Kranken, verteilte Schriften, las den Unkundigen vor und tat insgesamt siebzehn Jahre lang einen stillen, aber sehr wirksamen Dienst. Wenn es solche treuen Diener doch nur mehr gäbe, war immer wieder Schwester Gertruds Gebet.

Im Februar 1967 begingen die Hamburger Sinti-Christen den ersten Flutgedenktag und setzten das jeweils im Fünfjahresabstand über viele Jahre fort. Erinnerung musste sein. »Lobe den Herrn, meine Seele, und vergiss nicht, was er dir Gutes getan hat ...« Gottes große Tat von 1962 musste immer wieder ins Bewusstsein der Sinti und der Missionsfreunde gerückt und wach gehalten werden. Die Sturmflut »Vincinette« hatte doch den Aufbruch unter dem dunkelhaarigen Volk ausgelöst. Das Wunder an der »Alten Fähre« war doch die Erhörung ungezählter Gebete durch neun Jahre vermeintlich vergeblicher Arbeit der Missionarin. Da war fröhliches und dankbares Feiern angesagt. Nicht zur eigenen Ehre! Ein solcher Gedanke lag Schwester Gertrud so fern wie irgendwelche Galaxien. Die Güte Gottes musste gelobt, das Erbarmen des Retters Jesus Christus musste geehrt werden zur Förderung des Glaubens der Erweckten und zur Erwärmung der Herzen derer, die es noch nicht waren.

Um dieses Anliegen zu unterstützen, kamen immer wieder Freunde und Förderer der Hamburger Missionsarbeit von weither in die Hütte »Geborgenheit.« Missionsleiter Ernst Fehler, Nachfolger des 1963 verstorbenen Paul Wißwede, kam regelmäßig als gern gesehener Gast aus der neuen Missionszentrale in Geisweid; die Pastoren Heitmüller und Laubach und Professor Thielicke kamen aus Hamburg ebenso wie der Wissenschaftler Immanuel Sücker. Pastor Arno Pagel kam aus dem Bergischen Land, Evangelist Anton Schulte vom Westerwald, Missionsleiter Lienhard Pflaum aus dem Schwarzwald, Hans-Ulrich Linke aus dem Frankenland, Pastor Gustav Kemper aus Detmold, Richard Straube aus Hessen, die Pastoren Heinrich Kemner und Klaus Vollmer aus der Heide, Friedrich Hänssler aus dem Schwabenland ...

Die Liste der namhaften und weniger bekannten Gäste ließe sich unendlich fortsetzen. In allen Gegenden Deutschlands hatte die Sinti-Mission inzwischen wachsende Freundeskreise, die ihre Mitarbeiter nach Hamburg schickten und die Abordnungen der jungen Gemeinde gerne bei sich aufnahmen, wenn diese bei ihnen die frohe Botschaft verkündigten und von ihrem Glauben Zeugnis gaben. Dass immer wieder Brüder und Schwestern aus der Leitung, dem Vorstand und anderen Arbeitszweigen der Mission nach Hamburg kamen, Anteil nahmen und mitarbeiteten, versteht sich von selbst. Vor allem, wenn Schwester Berta Isselmann zu Hilfe kam, die einen erstaunlichen Zugang zu ungeliebten und vergessenen Menschen an den Rändern der Gesellschaft hatte, war in Hamburg jeweils Besonderes im Gange. War das eine begnadete Frau; ein besonderes Original Gottes!

Für Schwester Gertrud waren das immer erfreuliche Begegnungen und gemeinsame Wegstrecken, die ihrer Seele wohltaten, wenn sie wieder müde zu werden drohte. Die Last der Arbeit mit all ihren dunklen Begleiterscheinungen war in der Regel viel schwerer, als es nach außen hin erschien. Viele Sinti hielten an alten Volkssitten fest, Gläubige heirateten Ungläubige, jemand verlor den Partner durch Tod oder auch Verlassen, die begabten Musiker mussten mit lukrativen Angeboten der Unterhaltungsindustrie zurechtkommen, von irgendwoher flossen falsche Lehren ein. Dies alles konnte sehr bedrängend sein. Da waren Lastenträger nach Galater 6,2 immer gerne willkommen: »Einer trage des anderen Last, so werdet ihr das Gesetz Christi erfüllen.«

Eine andere regelmäßige Veranstaltung mit vielen unterschiedlichen Helfern als Organisatoren und Verkündiger hatte ihre Anfänge bereits im Jahr 1954. Sie wurde seitdem jährlich wiederholt und vereinigte jeweils eine große Zahl Zigeunerfamilien, unter denen sich einige der biblischen Botschaft noch nicht geöffnet hatten: das Weihnachtsfest. Es hatte unter den Sinti im Jahresablauf schon immer einen besonderen Platz. Darin waren sie nicht anders als ihre deutschen Nachbarn. Wie konnte diese missionarische Chance genutzt werden?

Schwester Gertrud machte sich bald Gedanken darüber, wie sie dieser besonderen Situation gerecht werden konnte, nachdem sie auf den verschiedenen Plätzen des dunkelhaarigen Volkes wenigstens schon den Zugang zu den Kindern hatte. Von den Kleinen würden sich ihr zu Weihnachten viele, sehr viele leere und bittende Hände entgegenstrecken, um ein Geschenk zu empfangen. In Gedanken addierte die Missionarin die Kinderscharen der verschiedenen Orte. Sie kam auf etwa 150 Jungen und Mädchen, die zu beschenken waren.

Und was war mit den Erwachsenen? Würden die nicht auch mehr oder weniger offen ihre Hände hinhalten? Geistliche Gaben zu empfangen waren sie noch kaum bereit, aber materielle würden sie schon gerne nehmen. Es musste eine Möglichkeit geben, beides zu verbinden. Mit der Fantasie der Liebe fand Schwester Gertrud immer wieder die richtigen Dinge. Und die Zeit, sich hinzusetzen, Briefe zu schreiben und ins Land zu schicken.

Die Antwort war überwältigend. Der Paketdienst der Deutschen Post bekam in der Vorweihnachtszeit viel zu tun. Bald stapelten sich in der Schmilinskystraße 30 zum ersten Mal Pakete und Päckchen mit Kleidungsstücken, Spielsachen, Lebensmitteln und Süßigkeiten. Welch ein Echo aus den Reihen ihres noch relativ kleinen Freundeskreises!

Viele Stunden mussten investiert werden, um die Dinge zu sortieren. Schwester Gertrud, Hedwig Ryll – die beiden hatten schon vor der Hamburger Zeit für »Displaced Persons« zusammengearbeitet –, und andere Helferinnen, vor allem vom Holstenwall, hatten in den Adventswochen alle Hände voll zu tun, die vielen Gaben aufzuteilen und weihnachtlich zu verpacken, damit sie später auf den einzelnen Plätzen verteilt werden konnten.

Die erste »Weihnachtsfeier« an der »Alten Fähre« hatte eine ganz besondere Romantik. Am 3. Advent war zwar noch kein Schnee gefallen, aber es war trocken. Die Veranstaltung musste nämlich noch weitgehend im Freien stattfinden. Hedwig Ryll begleitete Schwester Gertrud. Beide waren über und über mit Weihnachtspäckchen beladen, dazu mit Taschen voller Kerzen. Zur Begleitung der Weihnachtslieder musste die Gitarre natürlich auch mit. Eins kannten die Kinder ja bereits: »Gott ist die Liebe« hatten sie seit langem in den Köpfen. Oder war das kein Weihnachtslied?

Die beiden Frauen wurden an diesem besonderen Tag an der »Alten Fähre« heiß erwartet. Eine große Schar kleiner, temperamentvoller, schwarzäugiger Kinder kam ihnen schon auf der Zufahrt entgegen, jauchzend vor Freude. Das konnte ein Fest werden!

Ein Fest? Nein, viele kleine Feste. Die beiden bepackten Weihnachtsbotinnen gingen von Wagen zu Wagen, zündeten jeweils Lichter an, sangen ein, zwei Weihnachtslieder und gaben die Botschaft von der Menschwerdung des Gottessohnes in den ärmlichen Verhältnissen des Stalles von Bethlehem weiter. Das wurde von Alt und Jung verstanden, brachten diese Sinti ihre Kinder doch auch immer noch in ähnlichen Verhältnissen zur Welt, im Stall oder unter freiem Himmel, niemals aber im Wagen oder in der Wohnung. Der eine oder andere fiel beim Hören der Weihnachtsgeschichte sogar auf die Knie, und die innere Bewegung der Männer und Frauen ging bei einigen so tief, dass ihnen die Tränen über die Wangen liefen. Bei den Gebeten, die die einzelnen kleinen Feiern jeweils abschlossen, wurde es immer sehr still. Hier wehte nicht nur die leichte Brise von der Elbe her. Hier wehte der Geist Gottes. Und er würde zu seiner Zeit seine Wirkung haben.

Sehr spät am Abend brachte die letzte Straßenbahn zwei sehr erschöpfte, aber unendlich glückliche und dankbare Missionarinnen zurück in die Stadt. Sie waren sich sicher, dass in den Wagen auf dem Wilhelmsburger Platz noch lange über diese besondere Weihnachtsüberraschung gesprochen würde. Die zurückgelassenen Geschenke waren handgreifliche Erinnerungen an die Botschaft von der Geburt des Heilandes auch für sie.

Auf anderen Plätzen und in den Wohnungen einzeln wohnender Familien erging es Schwester Gertrud und ihren jeweiligen Helferinnen ähnlich. Bei den Weihnachtsfeiern, zu denen sie später in die Schmilinskystraße eingeladen hatte, war das nicht anders. Hier konnte es zusätzlich Getränke und Kuchen geben, was die Wirkung der Feier noch erhöhte. Sinti waren gastfreundliche Leute, und sie liebten es, Gäste zu sein.

Alle Beteiligten waren sich nach diesem besonderen Fest einig, dass Gott die außergewöhnlichen Gelegenheiten in seiner Weise nutzen und segnen würde. –

Schwester Gertrud mit glücklichen Sinti-Kindern

In den nächsten Jahren verliefen die Adventswochen ähnlich wie im ersten Jahr. Bald aber ließ Weihnachten sich auf diese Weise nicht mehr feiern. Die Zahl der Kinder aller Plätze und Einzelwohnungen wuchs auf über 400. Hier mussten die Feiern an zentraleren Orten konzentriert werden. Sie fanden sich zunächst in der Möglichkeit, die nach und nach aufgestellten Missionswagen und -hütten zu nutzen. Später erklärte sich die Gemeinde am Holstenwall oder die Kirche in Billstedt bereit, Weihnachtsfeiern in ihren Häusern und Sälen auszurichten. Das hatte den Vorteil, dass zur Seelsorge des Wortes eine andere Form der Liebe hinzukommen konnte: Es gab jeweils Berge von Kuchen und kannenweise Kakao.

Ehe aber dieser Teil des Festes jeweils begann, gab es jetzt abwechslungsreiche Programme mit Liedern und Chorussen, mit Gedichten der Kinder und Zeugnissen der Erwachsenen und mit weihnachtlichen Anspielen, in die die Zigeunerkinder zunehmend mit einbezogen wurden. Das alles im Glanz der strahlenden Kerzen eines großen und bunt geschmückten Christbaumes. Die Botschaft »Euch ist heute der Heiland geboren«, verkündet aus

Kindermund, hatte eine ganz andere Wirkung, als wenn sie von einem Erwachsenen gesprochen wurde. Dennoch: Die Mitte der Weihnachtsfeiern bildete jetzt immer eine kurze, einprägsame Predigt von einem der vielen Freunde der Arbeit. Das wurde auch gerne angenommen.

Die Gemeinde »Geborgenheit« musste später mit ihren Weihnachtsfeiern in eine große Schulaula umziehen. Sie brauchte Platz für mehr als 250 große und kleine Leute, die sich ge-meinsam an dem freuen wollten, was die meisten von ihnen inzwischen begriffen hatten: »Christ, der Retter, ist da!« »Balu« Wiedner und Tante Edith Ennulat wurden treue, langjährige Mitarbeiter. Hanna Meesen kochte ungezählte Kannen Kakao, und Kuchen gab es immer genug.

Wenn Sinti reisen

Christen brauchen Horizonterweiterung. Sie dürfen sich nie klein-kariert auf ihre eigenen geistlichen vier Wände beschränken und sich nie mit dem begnügen, was sie bei sich selbst finden. Scheuklappen eigener Glaubensprägung sind für das innere Wachstum des Einzelnen und einer Gemeinde hinderlich und können auf die Dauer tödlich sein. Ein Blick über den Tellerrand ist deshalb eine notwendige Folge der Hinwendung zu Jesus Christus und der Neuorientierung des Lebens.

Diesen Grundsatz hatte Schwester Gertrud für sich selbst immer gelebt. Und sie übertrug ihn von Anfang an auch auf die Sinti. Schon deshalb hatte sie Jung und Alt immer wieder in ihre Wohnung in die Schmilinskystraße eingeladen, damit sie sich besser kennen lernten und Gemeinschaft untereinander hätten. Sie behielt dies auch nach dem späteren Umzug der Hamburger Missionszentrale in die Steinfeldtstraße bei. Schon deshalb nahm sie auch immer wieder einzelne Gläubige bald nach ihrer Bekehrung mit auf ihre Reisen ins Land und griff Einladungen auf, mit kleinen und größeren Gruppen Gemeinden und Freizeitheime zu besuchen, wo immer sie konnte. Die Liste der Gemeinden, die sie im Laufe der Jahre besuchte, wurde lang und länger. Und die Heime und Häuser in allen deutschen Regionen, in denen sie mit den Sinti immer wieder Freizeiten durchführte, lassen sich ebenso wenig alle aufzählen.

Eine der ersten Einladungen an die jungen Zigeunerchristen kam aus Norwegen. Warum sollte Schwester Gertrud also nicht mit einer Schar junger Sinti zur dortigen Inneren Mission an den Oslofjord reisen? Sie waren eingeladen, um im »Strandheim« bei Spiel, Sport und Wandern, beim Hören, Musizieren, Singen und Beten den Segen Gottes in seiner Schöpfung und in froher Gemeinschaft mit heimatlosen Kindern aus 14 Nationen zu erleben. Herrliche, beeindruckende Tage für die jungen Leute! Besonders beeindruckend war das Zeugnis der Hamburger Sintijungen. Sie sangen auf die Bitte von norwegischen Botschaftsvertretern bei einem Besuch im »Strandheim« als »Nationalhymne« ihres Heimatlandes:

> »Der Kluge baut sein Haus auf Felsengrund,
> und der Regen strömt herab, und die Flut steigt hoch,
> doch das Haus auf dem Fels bleibt stehn.

> Ein Narr aber hat's auf Sand gebaut,
> und der Regen strömt herab und die Flut steigt hoch,
> und das Haus auf dem Sand fiel um.

> Drum bau dein Haus auf den Herrn Jesus Christ,
> und der Segen strömt herab, und Gebet steigt hoch,
> drum bau dein Haus auf den Herrn.«

»Einigkeit und Recht und Freiheit ...«, das hatte ihnen niemand beigebracht. Aber das Lied vom richtigen Fundament des Lebens hatten sie bei ihrer Tante Gertrud gelernt. Welch ein Zeugnis der jungen, wilden, erweckten Kerle vor den Politikern in ihrem Gastland und vor den anderen Zuhörern aus vielen anderen Ländern Europas und der Welt!

Warum sollte Schwester Gertrud nicht die Einladung von Major Ian Thomas, dem Begründer der »Fackelträger«-Bewegung, annehmen, mit zwei Fahrzeugen voller Leute per Fähre über den Kanal nach England übersetzen und die Millionenstadt London und die Britischen Inseln erleben?

»Schwester Gertrud, wir können nicht nach England. Wir müssen zurück.« Ganz betrübt stand Lolo kurz vor der Grenze vor ihr, drehte verlegen seinen Pass in den Händen und wagte kaum aufzuschauen.

»Was ist los?«, fragte sie besorgt.

»Schwester Gertrud, er ist abgelaufen.«

»Na, da ist guter Rat teuer«, seufzte die Missionarin für einen Moment auf. Ordnung war nicht seine Stärke, ging es ihr durch den Kopf. Aber warum hatte sie die Pässe auch nicht selbst vorher kontrolliert! Also nicht Lolo die Schuld geben!

»Was machen wir jetzt?«, fragte sie ihr Reisevölkchen, das einigermaßen betreten neben den beiden Fahrzeugen stand.

»Nur nicht zurückfahren, Schwester Gertrud, das kommt nicht infrage«, protestierten einige sofort.

»Beten, Tante Gertrud. Du sagst doch immer, das hilft«, schlug ein anderer vor.

»Ihr habt Recht. Das hilft. Das hilft zwar nicht automatisch und immer; zumal nicht, wenn wir die Fehler selbst gemacht haben und verantworten müssen. Dennoch, unser treuer Gott kann Gnade schenken. Also kommt in den Kreis.«

Das hatten die Grenzer sicher noch nicht oft erlebt, dass da eine Gruppe Menschen im Kreis stand und miteinander darum betete, dass den Beamten die Augen gehalten würden und ihnen das falsche Datum nicht auffiel.

»So, ihr Leute, und jetzt mutig voran«, löste Schwester Gertrud den Kreis auf. Die nächsten Minuten wurden spannend.

Ein Grenzbeamter ließ sich die Pässe geben, hielt sie aufgestapelt in der einen Hand und blätterte sie nacheinander mit der anderen durch. Die erledigten steckte er nach unten. Lolos Pass lag auf dem Stapel ziemlich tief, rückte bei dieser Technik also nach und nach höher. Die Spannung in der Reisegesellschaft stieg mit jedem kontrollierten Pass. Die zwölf Einreisewilligen wagten kaum zu atmen und starrten gebannt abwechselnd auf die Hände des Mannes und auf sein Gesicht.

Da passierte es: Dem Zollbeamten fiel durch eine Ungeschicklichkeit der Stapel Pässe aus der Hand. Alle lagen sie auf dem Boden verteilt. Der Mann hob sie umständlich auf, stapelte sie neu, überlegte offenbar für einen Moment, ob er sie alle noch einmal durchsehen sollte. Dann gab er sie einfach zurück. »It's okay. You may go on.«

Die Sinti blickten ihre Reiseführerin mit großen Augen an. Es verstand ja niemand seine Sprache. Was hatte er gesagt? »Kinder, wir können weiter«, verkündete Schwester Gertrud fröhlich.

Hätte er richtig hingehört, dann hätte der Mann eine große Menge Steine von den Herzen auf den Boden fallen hören, und er hätte so manches schnelle Dankgebet vernommen. Gott hatte sie erhört und geholfen! Wunderbar!

Dann folgte die Überfahrt bei heftigem Sturm auf dem wilden Wasser des Kanals. Die Seekrankheit erfasste sie alle, zumal die Tabletten gegen Übelkeit offenbar nicht anschlugen. Kesa traf es am schlimmsten. Er musste unter Deck gebracht werden. Dem armen Kerl ging es entsetzlich elend.

Schließlich hatten doch alle die Überfahrt überlebt, und auf festem Boden in Dover kamen auch die Lebensgeister wieder zurück. Die Einzige, die den Fischen nicht hatte opfern müssen, war Schwester Gertrud gewesen. Sie hatte sich auch keine Pille geben lassen. Wie gut, es stellte sich nämlich heraus, dass Herma Müller, die Missionsfreundin und Begleiterin der Gruppe, aus Versehen Schlaftabletten verteilt hatte!

Schwester Gertrud war zehn Jahre vorher zwar schon einmal in London gewesen, aber abends bei Dunkelheit fand sie sich dann doch nicht mehr zurecht. Sie telefonierte mit den Marburger Schwestern, in deren Gästehaus die Gruppe ihr Quartier haben sollte. Schwester Maria beschrieb zwar den Weg in allen Einzelheiten, aber sie konnten mit der Beschreibung in der Dunkelheit nichts anfangen. Was tun? Natürlich um einen Engel beten, der ihnen den Weg zeigte!

Und Gott erhörte sie wieder prompt. Der Engel kam in Person eines jungen Mannes auf einem Motorrad. Er stoppte seine Maschine und fragte: »Can I help you?« Ein großes, dankbares Aufatmen ging durch die Gruppe.

»You can, of course«, antwortete Schwester Gertrud erfreut und beschrieb dem jungen Mann ihr Fahrtziel Holland Road.

»O dear, I know. But that's difficult for you to find. Please, follow me. I will show you the way.« Sprach's, trat seine Maschine wieder an und fuhr den beiden deutschen Autos voran. Am Ziel angekommen winkte er nur mit der Hand und verschwand im Verkehrsgewühl. Nicht einmal mehr bedanken konnten sich Schwester Gertrud und ihre Leute.

Dass Engel Motorrad fahren, war eine ganz neue Erfahrung für die Reisegruppe und machte auf die Sinti großen Eindruck.

Es wurden wunderschöne Tage auf der Insel. Sie kamen alle aus dem Staunen nicht heraus über die stille und liebevolle Gastfreundschaft der Schwestern Maria und Babette, über die beeindruckenden Sehenswürdigkeiten der englischen Hauptstadt, die sie in den nächsten Tagen gründlich erkundeten, über die weite abwechslungsreiche Landschaft später auf dem Weg nach Schottland zu Major Thomas in Capernwray Hall.

Hier im Fackelträger-Freizeitzentrum lag der Schwerpunkt des Aufenthalts auf der geistlichen Gemeinschaft und dem besinnlichen Miteinander. Die Worte des Freundes, der seine Bibelarbeiten auf Deutsch hielt, hinterließen tiefe Spuren in den Herzen der jungen Leute.

Große Dankbarkeit für eine bewahrte und gesegnete Reise erfüllte ihre Herzen. Sie trugen sie nach der Heimkehr in ihre Familien und in die Gemeinde.

Einige Tage nach der Einweihung der umgesetzten und erweiterten Hütte »Geborgenheit« auf der Kornweide machte sich eine große Gruppe Männer und Frauen, Jungen und Mädchen mit acht PKW auf eine weite Reise gen Süden in die Schweiz. Ihnen winkten verschiedene Einsätze auf dem Weg und einige Tage Freizeit auf der Meielisalp im Berner Oberland. Sicher würde das eine wunderbare Abwechslung zum tristen Leben in der Enge der Kornweide werden.

Die erste Station war Siegen, übrigens nicht zum ersten Mal – die erste Reise nach den Ereignissen der Sturmflut war wie selbstverständlich eine Fahrt nach Siegen zum Sitz der Mission für Süd-Ost-Europa gewesen, wo die ganze Truppe in der bekannten »Hammerhütte« einen Missionstag mit ihren Beiträgen bereicherte.

Über Mainz, wo es eine gute Begegnung mit dem Mathematikprofessor und Seelsorger Hans Rohrbach und seiner Frau gab, und Reutlingen, wo sie das Grab von Paul Wißwede besuchten, ging es an die Schweizer Grenze bei Kreuzlingen. Hier hieß es für die Wagenkolonne zunächst einmal: »Stopp!«

Die Reisenden hatten Anweisungen von ihrer Reiseleiterin, in den Fahrzeugen zu bleiben. Nur Schwester Gertrud selbst stieg aus und begab sich mit der Namensliste der Teilnehmer und mit dem großen Stapel Pässe ins Zollgebäude.

Der Schweizer Beamte wirkte ein wenig mürrisch, als er zunächst einen Blick nach draußen über die Wagenkolonne warf und sich dann die Namensliste und die Pässe anschaute. Welche Laus war ihm wohl über die Leber gelaufen? Dann gab er mit einer knappen Geste der Reiseleiterin die Unterlagen zurück mit dem lakonischen Kommentar: »Einreise verweigert! Kehren Sie um.«

Schwester Gertrud traute ihren Ohren nicht. »Warum das?«, konnte sie in ihrem Schreck nur fragen.

»Sie sind Zigeuner«, kam es nur knapp zurück.

»Entschuldigen Sie bitte«, bemühte sich Schwester Gertrud freundlich zu bleiben. »Wir sind Deutsche, Bürger der Stadt Hamburg. Unsere Pässe sind alle in Ordnung.«

»Bemühen Sie sich nicht, gute Frau, Sie sind Zigeuner und kommen bei uns nicht rein.«

Damit wollte sich Schwester Gertrud nun absolut nicht zufrieden geben. »Ich möchte bitte Ihren Dienststellenleiter sprechen.«

Nach längerem Warten wurde sie endlich vorgelassen.

Die Sinti hatten die Wagen inzwischen doch verlassen, standen aufgeregt in Gruppen an ihren Fahrzeugen und diskutierten, versuchten wohl auch, mit den Schweizer Grenzern zu reden, die zur Kontrolle und Bewachung herumstanden. Vielleicht betete auch der eine oder andere um eine Lösung des Problems.

Als Schwester Gertrud endlich dem Leiter der Grenzstation gegenübersaß, bekam sie auch von diesem Herrn freundlich, aber bestimmt die Auskunft: »Wir dürfen Sie hier nicht ins Land lassen. Allen Grenzstationen liegt ein entsprechender Erlass unserer Bundesregierung vor. Es tut mir aufrichtig Leid für Sie und für Ihre Leute.«

»Darf ich denn wenigstens die Begründung dafür erfahren?«, wollte die Missionarin nicht locker lassen.

»Die Begründung sind Zigeuner«, bekam sie zur Antwort.

»Wie muss ich das bitte verstehen?«

Der Beamte atmete einmal tief ein: »Sehen Sie, gute Frau, da kam vor kurzem eine Gruppe Zigeuner aus Frankreich. Die haben in der Schweiz nur Unruhe gestiftet und Ärger gemacht und Schäden angerichtet.«

»Und wir müssen jetzt darunter leiden?«

»So ist es. Sie kennen die Rede: Einmal Zigeuner, immer Zigeuner. Mitgegangen, mitgefangen, mitgehangen.«

»Aber meine Leute sind Christen, auf die kann ich mich verlassen. Und Sie könnten es auch«, machte Schwester Gertrud einen letzten Versuch.

»Das mag ja so sein«, gestand der Beamte zu. »Aber ich bin an meine Weisungen gebunden. Und jetzt entschuldigen Sie mich bitte.« Er hatte wohl Schwester Gertruds Gedanken gelesen. Beim Hinausgehen gab er ihr noch den Hinweis: »Versuchen Sie es erst gar nicht, an einem anderen Grenzübergang ins Land zu kommen. Die Kennzeichen Ihrer Fahrzeuge sind notiert und die Grenzposten wissen bereits Bescheid.«

Das waren ja gute Aussichten!

Die Sinti ahnten den Misserfolg ihrer Bemühungen, als sie Schwester Gertrud mit enttäuschter Miene zurückkommen sahen. Schwester Gertrud vermochte nicht, sich auf irgendeine Diskussion mit ihren enttäuschten und auch erbosten Leuten einzulassen: »Wir müssen zurückfahren.« Sie dirigierte die Kolonne auf den nächsten Parkplatz. Der lag schattig in einem lichten Hain und wäre im Normalfall ein richtig schöner Lagerplatz gewesen. Aber jetzt unter diesen Umständen?

Niemand hatte einen Blick für die Idylle. Jeder wollte nur wissen, was denn eigentlich los war und wie es denn jetzt weitergehen sollte. »Kinder, wir müssen beten. Ich weiß auch keine Lösung.«

»Aber Jesus weiß eine!«, meinte Papo Rudolf Weiß, der die Situation mit stoischer Ruhe zu ertragen schien.

Bald saßen 43 Zigeuner im großen Kreis, und einer nach dem anderen, vom Ältesten bis zum Jüngsten, klagte Gott das Leid der Stunde. »Lieber Heiland, du hast doch gesagt, dass du helfen kannst, so hilf uns doch jetzt.« »Herr, du bist ein Gott, der Wunder tut! Wir vertrauen dir.«

Die unruhigen Geister wurden allmählich ruhig, obwohl auch nach dem Gebet niemand die Lösung kannte. »Wir fahren ins nächste Dorf hinter Konstanz und suchen eine Telefonzelle. Ich muss telefonieren«, gab Schwester Gertrud bekannt.

In der Enge der schönen deutschen Grenzstadt hätte die Reisegruppe auch keinen gemeinsamen Parkplatz gefunden. Aber auf dem nächsten Dorfanger war dann genug Platz, und es gab auch eine Telefonzelle. Schwester Gertrud begab sich mit ihrem Adressbuch und Kleingeld in das gelbe Häuschen, um ihr Glück zu versuchen, an irgendeinem Ort in erreichbarer Nähe Unterkunft für ihre Gruppe zu bekommen.

Während dessen packten die Sinti-Musikanten ihre mitgeführten Instrumente aus und veranstalteten eine spontane Freiversammlung. Die Missionarin musste bei sich über diese Szene lächeln, und es ging wie ein Licht durch ihre angespannte Seele. So waren sie halt, diese erneuerten Menschen; brave, zeugnisbereite Christen!

Doch die Spannung vermochte zunächst nicht von ihrer Seele zu weichen. Wohin immer sie Verbindung bekam – die Verbindungen mussten hier noch über eine Handvermittlung hergestellt werden –, bekam sie negativen Bescheid. Wer konnte denn schon von jetzt auf gleich 44 Männer, Frauen, Jugendliche und Kinder, von denen einige noch ganz klein waren, unterbringen?!

Schwester Gertrud befürchtete schon, sie müsse mit den Sinti die Nacht in den Fahrzeugen oder im Freien verbringen, da schaltete sich plötzlich die Telefonistin des Telegrafenamtes ein: »Verzeihen Sie, Schwester, ich habe Ihre Gespräche mitgehört. Sie scheinen da in großer Not zu sein. Vielleicht kann ich Ihnen helfen?«

Erfreut und erstaunt zugleich über diesen Eingriff in ihre Bemühungen fragte die Missionarin ihr unbekanntes telefonisches Gegenüber: »Wie könnten Sie das tun?«

»Ich werde Sie mit dem Hausvater der Jugendherberge Konstanz verbinden. Ich kenne den Mann. Er weiß sicherlich Rat. Bleiben Sie dran.« Eine solche Lösung hatte Schwester Gertrud nicht in ihren Überlegungen gehabt. Sie konnte sich nicht einmal mehr bei der angenehmen Stimme bedanken, schon war sie mit einem freundlichen Herrn verbunden, der sofort anbot, die gestrandete Gruppe aufzunehmen.

Schwester Gertruds Herz jubelte, und ihre Nachricht löste kurz darauf große Freude und den spontanen Gesang aus: »Welch ein Freund ist unser Jesus …« und »O lasst uns mit Jauchzen erheben den Schöpfer und Herrscher der Welt … Gelobt sei Gott, gelobt sei der Herr, unser Heil, wir traun auf ihn. Er ist unser Gut, unser Teil.«

Die großen und kleinen Dörfler, die sich inzwischen als Zuhörer eingefunden hatten, staunten nicht schlecht über das, was sie da erlebten. Ein merkwürdiger Zigeunerhaufen! –

So blieb denn diese besondere Reiseschar im schönen Konstanz, während Schwester Gertrud mit Gonno, der als ihr Fahrer ohne Schwierigkeit einreisen konnte, und mit dem Schweizer Prediger Studer, der die Gruppe auf der Meielisalp geistlich betreuen sollte, nach Bern fuhr, um dort an höchster Stelle die Einreisegenehmigung für ihre Leute zu erwirken.

Ein befreundeter Pfarrer half am Schweizer Regierungssitz mit, die Eidgenössische Fremdenpolizei davon zu überzeugen, dass die Hamburger Gruppe aus anderen Zigeunern bestand, als sie den Leuten gemeinhin vor Augen standen – mit allen Vorurteilen, die damit verbunden waren. Nach vielen Gesprächen mit unterschiedlichen Leuten hatte das Bemühen schließlich den erbetenen Erfolg. Die Behörden stellten eine Sondergenehmigung aus, die später die erstaunten Grenzer dazu bewegte, die Schlagbäume zu heben. – Gott, wie bist du so groß!

Herrlich war die Zeit in der Bergwelt des Berner Oberlandes. Sie präsentierte sich in einer solch überwältigenden Schönheit, als wollte sie sich für die Mühsale entschuldigen, die die Schweizer Einreisebeschränkungen den Zigeunern verursacht hatten. Das war ja alles noch viel schöner, als es die Bilder von Johannes Lichtenberg damals bei der Einweihung des »Heilandsbusses« gezeigt hatten.

> »Du großer Gott, wenn ich die Welt betrachte,
> die du geschaffen durch dein Allmachtswort,
> wenn ich auf alle jene Wesen achte,
> die du regierst und nährest fort und fort,
> dann jauchzt mein Herz dir, großer Herrscher, zu:
> Wie groß bist du, wie groß bist du!«

Dieses Lied aus Schweden wurde der Freizeitschlager von der Meielisalp. Niemand hat gezählt, wie oft es in der leider verkürzten Zeit gesungen wurde. Und auch die andere Strophe gewann ihre besondere Bedeutung:

> »Wenn mir der Herr in seinem Wort begegnet,
> wenn ich die großen Gnadentaten seh,
> wie er das Volk des Eigentums gesegnet,
> wie er's geliebt, begnadigt je und je,

dann jauchzt mein Herz dir, großer Herrscher, zu:
Wie groß bist du, wie groß bist du!«

Die leider unvermeidliche Rückreise ins norddeutsche Tiefland hatte noch eine bedeutsame Station im theologischen Seminar in St. Chrischona bei Direktor Schmid: »Zigeuner hat es auf Chrischona noch nie gegeben.« Dozenten, Studierende und viele Gäste der Umgebung erlebten tief ergriffen eine begeisternde Zeugnisveranstaltung der Hamburger Sinti.

Sehr beeindruckend war auch noch der Dienst in der Strafanstalt Butzbach in Hessen. Es war schon ein besonderes Erlebnis für die Zigeuner, durch Eisentore und Schleusen in den Gottesdienstraum geführt zu werden, dort einer großen Schar von Schwerverbrechern gegenüberzusitzen und ihnen als begnadigte Sünder das befreiende Evangelium zu singen und zu sagen.

»Ja, da ist Gnade für dich,
ja, da ist Gnade für mich:
Jesus allein kann erretten.
O ja, da ist Gnade für mich!«

Diese Lied von ehemaligen Knackis oder solchen, die wussten, dass sie es eigentlich hätten sein müssen, anderen Knackis gesungen, hatte schon eine besondere Wirkung.

Die Sommerreisen mit ihren Zigeunern plante Schwester Gertrud immer mit großer Begeisterung und mit großer Weitsicht und Sorgfalt. Sie kannte ihre Leute und wusste, was sie an Anleitung brauchten, wenn sie unter völlig veränderten Bedingungen und in ganz neuem Auftrag unterwegs waren:

»Wir sind alle in Privatquartieren untergebracht. Wir wollen durch eine gute, saubere Haltung unserm Herrn Ehre machen ... Ich möchte sehr dringend darum bitten, dass alle Autos vor neun Uhr morgens bereits getankt haben. In den vergangenen Jahren haben wir uns gerade dadurch verloren, weil sich der eine oder andere aus der Kolonne löste, um noch zu tanken ... Badezeug mitbringen ... Für unsere Kinder haben wir wieder die Freude, Tante Margarete unter uns zu haben, die die Kinder während unserer Bibelarbeit beschäftigt … Mit unserem Gelde wollen wir sehr sparsam umgehen, weil wir mancherlei in der Schweiz und in Italien brauchen werden … Bis jetzt haben wir von der Schweiz bis Italien noch keine Unterkunft gefunden … Evtl. müssen wir eine Nacht am Waldesrand im Wiesengrund ausruhen (Altromantik am Lagerfeuer!). Warme Decken und eventuell Kissen mitbringen … Wir bitten, in Friolsheim selbst nicht ›auf Geschäft‹ zu gehen; damit würden wir vielleicht Misstrauen hervorrufen … Bei den Missionseinsätzen wollen wir Blusen *mit Ärmel* tragen … Schwester Erna Dreyszas aus Kiel, die mit uns fährt, nimmt sich der Kinder an … So möchte ich mich besonders für alle Hilfe und Handreichung bedanken, die ich von einigen Geschwistern wohltuend erfahren durfte … Wenn wir uns unter die Zucht des Heiligen Geistes stellen lassen, dann werden organisatorische Fragen in den Hintergrund und helfende Bruderschaft und Dienst für den Herrn in den Vordergrund treten …«

Es gab wohl keine größere oder kleinere Reise oder irgendeine Freizeit, in der es zu nennenswerten Schwierigkeiten untereinander und mit den Menschen drum herum gegeben hätte. Sobald sich so etwas andeutete, wurde es in feiner geistlicher Weise in Ordnung gebracht. Es gab aber nicht zuletzt auch dadurch kaum eine Aktion, die nicht vom Segen Gottes begleitet gewesen wäre. So hatte Gott Menschen verändert und geformt, denen in ihren »weltlichen« Zeiten doch manche Lebensweise der Zivilisation abgegangen war. »Ist jemand in Christus, so ist er eine neue Kreatur …« Bei den meisten gläubigen Zigeunern bewahrheitete sich diese Paulus-Erkenntnis in ganz besonderer Weise.

Eine Reise wurde übrigens nach den Ereignissen vom Februar 1962 bald zu einer regelmäßigen jährlichen Einrichtung der neuen Gemeinde. Schwester Gertrud war Pastor Heinz Stoßberg begegnet, der in Braunfels an der Lahn gerade die Leitung des neuen Freizeit- und Erholungsheims »Höhenblick« übernommen hatte. Diesem Mann wurde die Zigeunermission sofort zum großen eigenen Anliegen.

Seitdem gibt es in jedem Frühjahr eine Freizeit in Braunfels, »Höhenblicke« für alle Sinti, die daran teilnehmen. Pastor

Bei einer Freizeit 1990: junge Sinti beim Küchendienst

Stoßbergs Nachfolger Kemper, Liese und Kraft setzten diese gute Tradition gerne fort. Und so heißt es in jedem Frühjahr neu: Auf nach Braunfels!

Beistand an vielen Stellen

Auf die Zigeunerplätze hatte die Missionarin in der Anfangszeit ihrer Arbeit immer nur am Tag gehen können. An den Abenden allein in ihrem Zimmerchen zu sitzen, um ihr Arbeitsmaterial vorzubereiten, wenn sie nicht in irgendeinem Gemeindekreis sein konnte, gefiel ihr überhaupt nicht. Das füllte sie nicht aus. In ihrer stillen Zeit hatte sie Gott immer wieder daran erinnert, dass er sie doch mit seinen Augen leiten wollte, und das doch wohl nicht nur im Bereich der direkten Zigeunerarbeit. Da gebe es vielleicht noch anderes zu tun.

Bald nach ihrer Ankunft in Hamburg hatte sie von der Mitternachtsmission erfahren, von der mühevollen Arbeit, die deren Mitarbeiter abends und nachts vor allem auf dem Kiez von St. Pauli taten. Warum sollte sie nicht ab und an dort mit unterwegs sein, um den gestrandeten Menschen auf der Reeperbahn und ihren Nebenstraßen die Liebe Gottes im Heiland Jesus Christus zu bezeugen.

Was sie aber in dieser gleißenden und glitzernden Scheinwelt vor ihre Augen bekam, traf die Missionarin bis in die Tiefen ihrer empfindsamen Seele. Sie war entsetzt von dieser Fleischbeschau auf den Straßen, in den Schaufenstern und in den Etablissements. Entsetzt von den Menschen, die an diesem schlimmen Ort ihr Vergnügen suchten.

»O Herr, welches Sündenbabel musst du dir hier anschauen; dass du das aushältst«, ging es ihr durch den Sinn. Am liebsten hätte sie den Stadtteil mit geschlossenen Augen wieder verlassen. Ihr war eine solche Welt bisher nie vor Augen gekommen. Sie war auch in einer ganz anderen Welt erzogen, in einer Welt, die von Reinheit und Keuschheit geprägt war, in der diese Tugenden gepredigt und gelebt wurden. Den Ausspruch »Rein bleiben und reif werden ist schwerste und schönste Lebenskunst« von Walter Flex hatte sie zu Hause in Stolp über ihrem Bett hängen gehabt. Und die Zeitschrift »Reinheit« der Frau von Dobbeler aus Berlin war ihr eine liebe und regelmäßige Lektüre gewesen. Das hier auf St. Pauli beleidigte und verletzte zutiefst ihr Schamgefühl. Nein, das war nicht ihr Platz. Hier konnte sie nicht häufig hinkommen. Hier wollte sie nur noch hinkommen, wenn es unbedingt erforderlich war.

Schwester Gertrud stieg aus dieser Arbeit aus, ehe sie richtig eingestiegen war. Ihr dritter Einsatz war zugleich ihr letzter. Sie hätte auch nicht weiterarbeiten können, denn die Zigeuner, die ja ihr eigentliches Arbeitsfeld waren, lebten in einer ausgesprochenen Schamkultur. Öffentliche Nacktheit und Zur-Schau-Stellung war auf ihren Plätzen nicht denkbar. Das gehörte zu ihren Tabus, die man nicht brach und die ein Zigeuner achtete. Zumindest dort, wo er lebte, und erst recht im Verband seiner Sippe.

Und doch blieb der Kurzeinsatz auf der Reeperbahn nicht vergeblich. Hier begann die Geschichte mit der Ägypterin Jasmin, die Schwester Gertrud fortan eine Reihe von Jahren begleitete. Schwester Getrud half ihr, aus der Nacht der Sünde ins Licht der Freiheit eines Gotteskindes zu treten.

Jasmin, ein Mädchen aus vornehmer ägyptischer Familie, hatte vor Jahren in ihrer Heimatstadt Kairo einen deutschen Mann kennen und lieben gelernt. Die beiden hatten geheiratet und später eine kleine Tochter bekommen. Dann hatte der Mann unter Vorspiegelung falscher Tatsachen Frau und Tochter mit nach Deutschland genommen. Hier hatte er die beiden dann ohne Versorgung einfach sitzen lassen und sich selbst aus dem Staub gemacht. Jasmin hatte eine Bleibe in einem Wohnwagen auf dem Zigeunerplatz Rothenburgsort gefunden, wo sie Schwester Gertrud bei einem ihrer Besuche schon einmal begegnet war. Weil sie Geld verdienen musste, hatte Jasmin ihr Kind dann in einen Hort gegeben. Sie selbst ging unter der Obhut einer »Mutter« in deren Etablissement auf St. Pauli »anschaffen«.

Dort stand sie Schwester Gertrud bei deren letztem Einsatz völlig unerwartet gegenüber. Sie stieß einen schrillen Schrei des Schreckens aus: »Nein, Schwester, nicht du! Rühr mich nicht an! Ich bin unrein!«

Schwester Gertrud erfasste augenblicklich, was zu tun war. »Jasmin, Mädchen, sei ganz ruhig. Ich bin hier, um dich abzuholen. Das ist hier kein Ort für dich. Gott hat dich lieb, und er hat Besseres mit dir vor.«

Wenn Schwester Gertrud gehofft hatte, die Frau würde jetzt ihr Bündel packen und mitkommen, sah sie sich zunächst getäuscht. Sie musste ohne sie das Haus verlassen. Die »Mutter« setzte die »fromme Spinnerin« postwendend vor die Tür.

Einige Tage später begegneten Jasmin und die Missionarin sich dann wieder auf dem Platz. Jetzt konnten sie miteinander reden. Die Frau weinte bitterlich über ihre elende, verlorene und verzweifelte Situation. Schwester Gertrud gelang es, sie zu beruhigen, und sie sagte ihr die Botschaft vom möglichen Neuanfang mit Jesus, der allen Schmutz der Sünde durch sein heiliges Blut abwäscht, wenn der Mensch bereit ist, sich reinwaschen zu lassen.

»Wenn eure Sünde gleich blutrot ist, soll sie doch schneeweiß werden; und wenn sie rot ist wie Scharlach, soll sie doch wie Wolle werden.« Sie gab der verzweifelten Frau eine Karte mit diesem Wort aus dem Propheten Jesaja, damit sie es sich immer wieder vor Augen halten konnte. Dann betete sie mit ihr um Befreiung von Sünde und Schuld, um Hoffnung und Perspektive. Jasmin sprach zwar das »Amen« nach, vermochte auch ihre Tränen zu trocknen. Aber ob die Botschaft ihr Herz erreicht hatte, blieb zunächst offen.

Als Schwester Gertrud das nächste Mal auf den Platz kam, war Jasmin nicht mehr da. Niemand wusste, wohin sie gegangen war. Schade, ich werde umso mehr für sie beten, nahm sich Schwester Gertrud vor. Sie hatte das Empfinden, dass die Frau sich melden würde, wann und von woher auch immer.

Monate später meldete sich Jasmin tatsächlich per Telefon. Sie hatte Platz und Stadt einfach fluchtartig verlassen und war ins Ruhrgebiet gezogen. Dort hatte sie mit ihrem Kind Aufnahme in einem Lager gefunden. Nie wieder ins Milieu zurück, das war ihr fester Wille. Deshalb freute sie sich auch darüber, eine ordentliche Arbeit gefunden zu haben.

Ob sie sie gelegentlich besuchen dürfe, fragte Schwester Gertrud. Gerne dürfe sie das tun, freute sich Jasmin und gab ihre Anschrift an, wohl wissend, dass sie bei der Missionarin gut aufgehoben war.

Wochen später war Schwester Gertrud in Gemeinden im Ruhrgebiet unterwegs zu Berichten von ihrer Arbeit. Da nutzte sie die Gelegenheit und suchte Jasmin auf. Die beiden Frauen fielen sich in die Arme. Jasmin war kaum wiederzuerkennen. Ein wenig von ihrer alten orientalischen Würde war zurückgekehrt. Die Spuren, die der Kiez verursacht hatte, waren verblasst. Und sie zeigte sich im Gespräch offen für das Evangelium.

»Hast du die Karte noch?«, fragte Schwester Gertrud.

»Ich habe sie noch«, antwortete Jasmin freudig, »und ich glaube, sie hat die ganze Zeit zu mir gesprochen.«

»Dann kannst du dein Leben bei Jesus abgeben?«

»Schwester Gertrud, ich glaube, ich kann es. Bitte, bete mit mir.«

Nichts lieber als das, jubelte die in ihrem Herzen. Gott, wie bist du so groß! Du gehst den Leuten nach, holst sie ein und ziehst sie zu dir!

Als die beiden nach einer Weile des gemeinsamen Betens von den Knien aufstanden, konnten zwei Menschen Wiedergeburt feiern. Dem Herrn sei Dank, ein Mensch war den Klauen des Teufels und der Sünde endgültig entrissen!

Die beiden Frauen sprachen dann noch eine Weile über den notwendigen Anschluss der jungen Christin an eine örtliche Gemeinde, über die mögliche Zukunft für Jasmin und ihr Kind, sich endgültig von ihrem Mann zu trennen, mit dem sie formal immer noch verheiratet war, über eine neue Arbeit und noch über dies und jenes. Schließlich versprachen sie sich, künftig im engeren Kontakt zu bleiben. Schwester Gertrud wollte doch informiert sein über den weiteren Weg, den Gott Jasmin führen würde.

Es wurde ein schwieriger Weg über Höhen und durch Tiefen, mit Rückschlägen und Neuanfängen. Aber es wurde ein guter Weg, der zuletzt in eine neue und glückliche Ehe führte und in eine neue Heimat in Nordhessen. Nicht zuletzt auch durch die beständige Begleitung durch die Hamburger Missionarin und Seelsorgerin.

Auf einem Platz außerhalb der Stadt Buxtehude wohnte der Zigeuner Tießchen mit seiner Großfamilie. Irgendjemand hatte Schwester Gertrud auf die Leute aufmerksam gemacht, die dort am Rande einer Müllkippe ziemlich einsam in elendesten Verhältnissen lebten. Außerdem sei der alte Sinto sehr krank.

Schwester Gertrud machte sich auf den Weg, um die Familie zu suchen und zu besuchen. Sie fand sie nach einem langen Fußweg durch Morast und Schlamm und stinkendes Gerümpel. Dass das möglich war, dass an einem solchen Platz Menschen leben mussten! Dabei war das Wort »leben« hier wohl überhaupt nicht angebracht.

Vielleicht deshalb, weil sich ein Mensch in diesen vergessenen Winkel verlaufen hatte, wurde die Missionarin nicht gleich wieder vor die Tür gestellt, wie das vorher bei vielen Zigeunern noch der Fall gewesen war. Sie wurde hereingelassen, einigermaßen freundlich begrüßt und auch nach Zigeunersitte bewirtet, wenngleich nur sehr bescheiden.

An der Ausstattung der ärmlichen Behausung sah sie sofort, dass diese Leute tief ins Netz dunkler Bindungen und Machenschaften verstrickt sein mussten, verbunden mit einem tiefen Marienglauben. Ob sie in diese Dunkelheit das Licht der frohen Botschaft bringen konnte? Ob sie hier mit der Bibel kommen konnte? Ob hier einmal die Freude der Erlösten einziehen würde? Solche Fragen gingen Schwester Gertrud durch den Sinn, als der alte Tießchen ihr vorwurfsvoll entgegenhielt: »Hat man endlich entdeckt, dass wir Zigeuner auch Menschen sind und eine Seele haben?«

Was sollte sie darauf antworten? Der Mann hatte ja so Recht. Sie versuchte einfach eine Entschuldigung für alle, die der Sinto meinen konnte. Und das waren ja wahrhaftig viele. Aber dann durfte sie erzählen, warum sie überhaupt gekommen war. Sie durfte erzählen von Jesus, dem Retter, der sich auch um den gekümmert hatte, der von sich sagen musste: »Ich habe keinen Menschen.«

Und die Leute im Wagen hörten begierig zu, während der Hund unter dem Tisch im Schlaf vor sich hin knurrte und die Katze leise schnurrte, wobei eine Ratte über den Fußboden huschte, ohne dass ihre Erzfeindin sich darum kümmerte. Für einen Moment lief der Missionarin eine Gänsehaut über den Rücken. Dann hatte sie sich wieder in der Gewalt und erzählte weiter, sang auch einen Chorus von der Liebe Gottes und verabschiedete sich. Sie musste ja zum Zug.

Dass sie aber ja wiederkäme, wurde ihr sehr nachdrücklich ans Herz gelegt. Ja, sie würde sicher wiederkommen, versicherte sie beim Gehen. Und sie kam häufig wieder. Hier in dieser Elendsbehausung schien ihr besondere Zuwendung notwendig, die nicht auf den geistlichen Zuspruch beschränkt werden durfte. Hier war auch ganz praktische und materielle Hilfe nötig.

Dann saß sie eines Abends wieder einmal in dem Wagen. Nachdem sie ein paar Lebensmittel und verschiedene gebrauchte, aber

noch gute Kleidungsstücke ausgepackt hatte, erzählte sie Tießchen, seiner Frau und seinen Kindern von Jesus und davon, wozu
er in diese verdorbene Welt gekommen war und dass er bald
wiederkäme, um die seinen zu sich zu nehmen. Schwester
Gertruds Zuhörern standen die Münder offen. So etwas hatte
ihnen bisher niemand erzählt. Das war spannend und wichtig
zu hören. Dem kranken Mann schien diese Botschaft direkt gut
zu tun.

Plötzlich entdeckte Schwester Gertrud mit leichtem Erschrecken, wie spät es schon war. Hoffentlich erreichte sie den letzten
Zug noch. Nach hastigem Aufbruch brachten Tießchens Söhne
sie mit dem Wagen von der Müllhalde zum Bahnhof. Doch, o
Schreck, der Zug war weg. Die Bahnhofsuhr zeigte eine ganz
andere Zeit als die Uhr im Wohnwagen. Warum hatte sie denn
nicht auf die eigene Armbanduhr geschaut, um zu wissen, wie spät
es war? Was nun?

»Wir nehmen dich wieder mit zu uns, Schwester Gertrud. Wo
willst du denn sonst hin? Morgen Früh tun auch wieder Züge
fahren.«

»Ihr seid mir ja lustige Leute«, versuchte sie der Situation etwas
Gutes abzugewinnen. Aber was blieb ihr jetzt anderes übrig, als
gute Miene zum merkwürdigen Spiel zu machen. Irgendwie kam
ihr die Sache schon seltsam vor. Dass die Männer sie nach Hause
brachten, wollte sie von ihnen nicht verlangen.

Die Missionarin fuhr also wieder mit zurück auf den Müllplatz
zu Hund, Katze und Ratten und zu Tießchen und seiner Familie.
Beim Betreten des Wagens grinsten die Töchter sie ein wenig verlegen an. »Habt ihr etwa …?«, setzte sie ihre Frage an. Die Antwort kam, ehe die Frage gestellt war.

»Entschuldige, Schwester Gertrud, du hast so spannend erzählt
und so tolle und interessante Sachen, da taten wir einfach die Uhr
verstellen, damit du noch nicht gehst. War das jetzt schlimm?«

»Na, nicht gerade gut, aber auch nicht schlimm. Jetzt bin ich
wieder hier und muss wohl auch für die Nacht hier bleiben.«

»Wo so viele wie bei uns leben, tut noch einer mehr reinpassen,
Schwester Gertrud«, lud die Mama ein, die Nacht tatsächlich mit
ihnen im Wagen zu teilen. An Schlaf war allerdings nicht zu denken; zu viele Fragen hatten sich inzwischen angesammelt, die die
beiden Erwachsenen und ihre Kinder beantwortet haben wollten.

Sie waren alle nicht mehr fern vom Reich Gottes. Und es kam der Tag, an dem sie es annahmen. Gott sei Dank!

Tießchen musste seine Krankheit noch ein paar Jahre tragen, bis sein Herr ihn erlöste und er den schauen konnte, dem er sein Leben noch rechtzeitig anvertraut hatte. Die geistliche Gemeinschaft, die Schwester Gertrud und Johannes Lichtenberg mit dem befreiten Wahrsager-Sinto später noch haben konnten, war für alle eine erquickende Sache.

Eine andere Geschichte war die von Dieter G., einem Deutschen, den Schwester Gertrud auch über einige Jahre hinweg begleitete und betreute.

Die Missionarin hatte wieder einmal eine Begegnung mit Dr. Dwight Wadsworth von der Organisation der Fackelträger gehabt, deren deutsches Zentrum in Klostermühle bei Limburg an der Lahn lag. »Um Dieter sollten Sie sich ein bisschen kümmern, Schwester Gertrud«, hatte der Bruder ihr gesagt und ihr dabei dessen Hamburger Adresse gegeben.

Da hatte sich Schwester Gertrud nun auf eine Sache eingelassen! Sie rief Dieter G. an, und seitdem rief er immer zurück, an manchen Tagen bis zu fünfmal. Der Mensch steckte voller Probleme. Er selbst war ein Problem, für sich selbst und für seine Umgebung. Seine Ehe funktionierte mehr schlecht als recht. Die Arbeit hatte er auch nicht erfunden. Manchmal kam er tagelang nicht nach Hause, sondern blieb im Suff irgendwo liegen, übernachtete im Freien, an einem der Hamburger Pennerplätze oder in irgendeinem leer stehenden Gebäude. Irgendwann lief ihm seine Frau weg. Mit diesem »Alki« und »Assi« konnte sie nicht länger zusammenleben.

Das brachte den Mann nur noch tiefer in den Sumpf. Alles Mahnen und Zureden half nichts. Sein Lotterleben schien ihn aufzufressen, und es hätte ihn beinahe umgebracht. Für Schwester Gertrud war er eines Tages einfach verschwunden. Alle Versuche, wieder Kontakt zu ihm zu bekommen, scheiterten. Dieter G. war nicht zu finden. Schwester Gertrud hoffte nur, dass das Evangelium, das sie ihm immer wieder hatte sagen können, in ihm nicht verloren ging.

Eines Tages bekam die Missionarin einen Anruf aus der Klinik St. Georg in der Hamburger Innenstadt. Ein Dieter G. sei bei ihnen in stationärer Behandlung und wünsche ihren Besuch. Sie möge möglichst bald kommen.

Sobald sie frei hatte, machte sie sich auf den Weg, um den Patienten zu besuchen. Der Weg aus der Schmilinskystraße zur Klinik war nicht weit. Als sie dem Mann schließlich gegenüberstand, erschrak sie heftig. Er lag in einem Einzelzimmer auf seinem Bett. Welch ein Wrack, welch ein Häufchen Elend, an beiden Beinen amputiert und zusätzlich eine Hand in einem dicken Verband, ein Mann, der offensichtlich nach außen und innen völlig am Ende war.

»Dieter, was ist nur passiert?«

»Weißt du, Schwester Gertrud. Irgendwann musste das wohl so komm. Ich war völlig versumpft und verkommen. Ich war wohl immer auf der Flucht.«

»Auf der Flucht? Vor wem?«

»Schwester Gertrud, du hast mir erzählt, dass Gott scharf ist auf mein Leben, dass er es haben will, dass ich raus muss aus mein Sumpf, dass Jesus mich frei macht von Alkohol un so. Aber ich wollte und konnte nich raus aus mein Sumpf. Bier un Schnaps schmeckten zu gut. Un krumme Dinger drehn war lustig un intressant. Un ich musste ja von irgendwas leben.« Dieter machte eine Pause. Tief atmete er durch. Er schien Schmerzen zu haben.

»Erzähl weiter«, ermunterte ihn seine Besucherin.

»Weißt du, Schwester Gertrud, ich tat einfach vor Gott wechlaufen; einfach wech, wie Jona. Ich wollte nich, dass er mich kricht. Das wollt ich nich. Nur mich tat kein Fisch verschlucken, wie du siehst.« Dieter lächelte dünn und gequält.

»Und jetzt hat er dich doch eingeholt?«

»Jetz hat er mich eingeholt, Schwester Gertrud. In der Ruine im Frost tat er mich einholen. Ich kann ihm jetz nich mehr wechlaufen. Ich hätt gar keine Beine mehr dafür.«

»Das ist schlimm, Dieter, was du dir da angetan hast.«

»Is schlimm, Schwester Gertrud, wirklich schlimm. Aber musste wohl so sein. Gott hat mich eingeholt. Mit einer Hand kann ich jetz auch nich mehr klauen und auch keine Flasche mehr richtig halten.«

»Und hat er dich jetzt?«, hakte die Besucherin nach, ohne auf die letzten beiden Bemerkungen einzugehen.

»Ich glaube, jetzt er hat mich, Schwester Gertrud. Ich will jetzt nich mehr ohne. Ich geb auf, Schwester Gertrud, ich tu ihm mein Leben geben. Soll er mit machen, was er mit einem Krüppel noch hinkricht. Oder will er mich jetz nich mehr, Schwester Gertrud?« Dieters Stimme klang ängstlich.

»O doch, mein Lieber, Gott will dich noch«, bestätigte Schwester Gertrud dem kranken Mann in seiner Seelennot. »Gott freut sich auch, wenn ein Krüppel zu ihm kommt und sein Leben bei ihm abliefert.«

»Schwester Gertrud, tu mit mir beten.«

Gerne wollte sie das tun. Vorher erklärte sie dem Patienten noch einmal mit ein paar Sätzen, was es mit Bekehrung und Wiedergeburt auf sich hat. Dann betete sie für Dieter und mit ihm. Beim Übergabegebet sprach der so schwer geschlagene Mann Satz für Satz nach und schloss mit einem kräftigen Amen.

»Schwester Gertrud, wenn ich jetzt sterbe, dann bin ich im Himmel, oder?«, fragte Dieter G. mit feuchten Augen.

»Du bist, mein Lieber, du bist es sicher. Jesus hat einen Platz für dich reserviert«, bestätigte die Seelsorgerin. »Aber noch stirbst du nicht, Dieter. Gott will dich bestimmt noch gebrauchen.«

»Mich Krüppel gebrauchen?«, fragte er und verwies auf seine dick verbundenen Beinstümpfe und die schwer verletzte Hand.

»Zum Beten muss man nicht laufen können, Dieter. Dazu muss man auch nicht unbedingt die Hände falten können. Also kannst du für mich beten und für meine Arbeit. Ich brauche Leute, die meine Arbeit auf diese Weise unterstützen.«

»Das tu ich mir merken, Schwester Gertrud, kanns dich in Zukunft auf mich verlassen. Ich tu für dich beten. Un die Bibel kann ich auch mit einer Hand halten. Brings du mir eine, Schwester Gertrud?«

»Muss ich gar nicht mehr, ich habe eine mit. Die lasse ich dir hier.«

»Fein, Schwester Gertrud, un danke. Ich versprech, drin zu lesen.«

Um Dieter G., den Gott in einer scharfen Frostnacht auf seinem Lager in einer Ruine in Wandsbeck eingeholt hatte, kümmerte sich Schwester Gertrud und ihre Mitarbeiter weiter. Auch als er nach seiner Entlassung aus St. Georg einen Platz in einer betreuten Wohnung in einer Stadt südlich von Hamburg erhielt.

Als er ein paar Jahre später an einem Weihnachtstag in den Himmel aufgenommen wurde, standen nur eine Hand voll Leute an seinem Grab, trauerten um Dieter G. und freuten sich zugleich, dass ein Mensch am Ende eines über lange Zeit völlig verpfuschten Lebens doch am Ende noch das Ziel seines Glaubens erreicht hatte und nach Hause gekommen war.

Einzelseelsorge von Schwester Gertrud brauchten auch immer wieder Menschen unter den Sinti. Die Fantasie ihrer Liebe zu ihren Leuten war dabei schier unerschöpflich.

Im Herbst 1964 baute ein vierzehnjähriger Sintijunge einen Unfall. Er hatte sich unberechtigterweise ans Steuer des Wagens gesetzt, während sein Vater sich in einem Haus aufhielt. Beim Zurücksetzen war es dann passiert. Ein parkendes fremdes Auto bekam einen erheblichen Schaden ab. Ein Fall für die Versicherung, wenn die denn in diesem besonderen Fall bereit war, die Reparaturkosten zu übernehmen.

Der Angestellte hatte da schon seinen Vorschlag: »Wissen Sie, Herr Weiß, so wie Sie den Fall beschreiben, sind wir nicht zuständig. Ihr Sohn hat keinen Führerschein und ist zudem noch minderjährig. Da müssen Sie schon selbst ran. Wir könnten Ihnen aber vielleicht entgegenkommen.«

Damit reichte er seinem Gegenüber ein Formular über den Schreibtisch.

Der Sinto wurde neugierig, zögerte aber noch zuzugreifen.

»Ich zerreiße Ihre Anzeige. Sie schreiben eine neue und tragen sich selbst als Fahrer ein. Dann geht das in Ordnung.«

»Ne, mein Herr, das is zwar gut gemeint von Ihn«, gab der Betroffene entschieden zurück. »Aber das is nich redlich. Ich bin Christ. Und das is Betrug. Das tu ich nich machen. Ne, niemals!«

Die Weigerung, den gut gemeinten Vorschlag anzunehmen, hätte den Angestellten eigentlich in Verlegenheit bringen müssen. Aber der nahm nur sein Formular wieder zurück und meinte: »Dann eben nicht. Dann müssen Sie die Kosten schon selber zahlen.«

Da war nun guter Rat teuer. Woher sollte der Sinto das Geld nehmen? Er hatte es nicht. Die Reparatur sollte 1300 Mark kosten. Eine riesige Summe. Die Rechnung hatte zwar lange auf sich warten lassen. Aber jetzt lag sie im Wohnwagen auf dem

Tisch. Den Sohn zum wiederholten Male zu maßregeln, wenn er aus der Schule kam, brachte das Geld nicht herbei, sorgte nur für neuen Ärger und neuen Unfrieden. Was also tun?

In seiner Not besuchte der Mann seine Missionarin in der Schmilinskystraße.

Schwester Gertrud sah sofort, dass irgendetwas passiert sein musste, was den Mann in große Erregung versetzt hatte. »Was ist los«, machte sie ihm Mut, offen zu reden.

»Ich hab Ärger, Schwester Gertrud, großen Ärger.«

»Dann sag mir, was los ist.«

»Heute kam die Rechnung von dem Unfall im Herbst. Ich kann das Geld nich bezahlen. Ich hab kein Konto und nur ein bisschen Reserve für Krankheit. Da darf ich nich ran. Was soll ich machen, Schwester Gertrud?«

Die dachte einen Moment nach, blickte dann den Sinto liebevoll und aufmunternd an und sagte: »Wir haben doch einen Herrn. Du hast doch seine Hilfe früher schon oft erfahren. Oder nicht? Jesus kümmert sich sicher auch um diese Angelegenheit. Unsere Verlegenheiten sind seine Gelegenheiten.«

»Gott tut nur bei Lasten helfen, die er auflegt. Aber diese Last haben wir uns selber aufgelegt, Schwester Gertrud«, meldete der Sinto seinen Zweifel an.

»Da ist sicher was dran. Trotzdem beten wir jetzt für die Sache, und dann lassen wir Gott handeln.«

Irgendwie schien der geplagte Vater erleichtert, als die beiden ihre Angelegenheit im Gebet bei Gott abgeliefert hatten. »Tu mir nur den Gefallen und straf den Jungen nicht noch mal. Der leidet unter der Sache. Ich weiß es. Er hat vor ein paar Tagen sein Leben neu mit Jesus geordnet.«

»Ich tu mir Mühe geben, Schwester Gertrud«, versprach der Sinto. »Auch wenn es mir schwer fällt«, ergänzte er beim Hinausgehen.

Am Nachmittag desselben Tages noch fuhr die Seelsorgerin an die Kornweide, um die leidende Familie zu besuchen. Sie fand eine düstere und traurige Stimmung vor. Der Vater lag wie in einer Depression in seinem Bett, die Mutter hatte ein völlig verweintes Gesicht, die Töchter drängten sich verängstigt in eine Ecke des Wagens, der Sohn ließ den Kopf hängen.

Sinti-Kinderchor, 1991

Nach ein paar Sätzen freundlicher Zuwendung fragte Schwester Gertrud: »Darf ich euren Jungen mitnehmen, Mama Weiß? Ich möchte ein bisschen allein mit ihm reden.«

»Nimm ihn mit und bring ihn wieder«, bekam sie nur knapp zur Antwort.

»Wo fahren wir hin?«, fragte der verschüchterte Junge.

»Mal sehen, wo wir landen«, gab Schwester Gertrud fröhlich zurück. »Lass dich überraschen.«

Der Junge fügte sich gerne und ließ sich tatsächlich überraschen. Nach einer kurzen Fahrt in die Stadt fand er sich in der Ecke eines netten kleinen Cafés wieder, ein Stück Eistorte und eine Tasse mit dampfendem Kaffee vor sich. Aber sein Gesicht wollte sich trotzdem nicht aufhellen. Zu sehr belastete ihn die Zahl, die ihm sein Vater vorhin noch unter die Augen gehalten hatte. »1300 Mark, Schwester Gertrud. Das ist sehr viel Geld. Und die Versicherung ist auch noch nicht bereit, einen Teil zu übernehmen. Vater hat es versucht. Warum habe ich das auch nur gemacht?«

»Nun verfall mal nicht gleich in Verzweiflung, Junge. Unser Herr Jesus ist immer noch größer als alle unsere Probleme. Und die Verheißungen der Bibel gelten doch, oder?«

»Ja, sie gelten, Schwester Gertrud. Ich will es ja glauben. Aber in der Sache fällt mir das sehr schwer. Ich hab das schließlich alles selber verbockt.«

»Kann ich verstehen. Und dennoch. Schau, was hier steht.« Die Seelsorgerin hatte ihre Bibel auf dem Tisch aufgeschlagen und zeigte auf eine Stelle im ersten Samuelbuch.

Der Junge las: »Es ist dem Herrn nicht schwer, durch viel oder wenig zu helfen.«

»Und jetzt lies hier«, zeigte sie auf eine Stelle aus dem Markusevangelium.

»Alle Dinge sind möglich dem, der da glaubt«, las der Junge.

Und noch ein Prophetenwort stellte Schwester Gertrud ihm vor Augen: »Mein ist beides, Silber und Gold, spricht der Herr.«

»Ein Wort sage ich dir noch dazu, mein Junge.« Der schien schon begriffen zu haben, aber er schaute Schwester Gertrud doch mit großen, fragenden Augen an.

»Der Apostel Jakobus sagt etwas ganz Wichtiges: ›Wer da zweifelt, der ist gleich wie die Meereswoge, die vom Winde getrieben und bewegt wird. Solcher Mensch denke nicht, dass er etwas von dem Herrn empfangen werde.‹« Nach einer Atempause fragte sie sehr direkt: »Willst du nun empfangen oder nicht?«

»Natürlich will ich, Schwester Gertrud«, bestätigte der junge Sinto.

»Dann glaube!«, sagte sie ihm beinahe im Befehlston. »Und jetzt beten wir zwei hier in unserer Ecke, und dann bring ich dich wieder nach Hause. Und dann warten wir ab, was Gott tut.«

Sie mussten nur wenige Tage warten, bis Gott antwortete. Und er antwortete wieder in denkwürdiger Weise. Als Erstes bekam der Vater Bescheid, dass die Versicherung bereit sei, einen Teilbetrag von 600 Mark zur Schadensregulierung zu übernehmen. Als Zweites bekam Schwester Gertrud den Brief einer gläubigen Frau mit vier Fünfzigern darin und der Bemerkung: »Das Geld ist schon lange für die Geschwister unter den Zigeunern bestimmt. Heute habe ich den Auftrag erhalten, es abzuschicken.« Das Datum des Briefes bezeichnete den Tag, an dem das Gespräch mit dem Jungen im Café gewesen war.

Schwester Gertrud brachte das Geld noch am selben Tag auf die Kornweide. Die Eltern Weiß kamen aus dem Staunen nicht heraus.

Dem Jungen, den die Missionarin anschließend von der Schule abholte, ging es nicht anders. Nach einem spontanen Dank-gebet im Auto meinte er allerdings: »Noch fehlen 500 Mark. Ob die auch noch kommen, Schwester Gertrud?«

»Ich bin überzeugt davon, mein Junge. Wir müssen weiter glauben.«

Am nächsten Tag kam eine Christin in die Schmilinskystraße und brachte Schwester Gertrud 250 Mark. »Sie werden es sicher brauchen«, meinte sie nur. Und ob sie es gebrauchen konnte! Jetzt fehlten nur noch einmal 250 Mark. Die kamen am nächsten Tag in zwei Beträgen. Die Erkenntnis des Psalmbeters hatte sich wie-der einmal bewahrheitet: »Der Herr hat Wohlgefallen an seinem Volk, er hilft den Elenden herrlich.«

Welch ein Zeugnis der fürsorglichen Liebe Gottes! Lob und Anbetung waren die Antwort in der Sinti-Familie.

Darf der Mensch lügen? Er tut es. Er hat es schon immer getan, seit er sich damals im Paradies gegen Gottes Weisung entschieden hatte. Viele Zigeuner lebten von der Lüge, solange sie in ihren alten Beziehungen blieben. Davon waren ihre Geschäfte be-stimmt. Sonst wären die Leute häufig auch kaum durchgekom-men. Zu lügen war für sie ganz normal und wenig anrüchig. Wenngleich niemand einen Zigeuner Lügner nennen durfte. Das ließ sich ein Zigeuner nicht sagen, selbst wenn es der Wahrheit entsprach. Das hätte böse Folgen gehabt.

Die Sinti mussten lernen, dass Gottes Wort von Menschen, die sich bekehrt hatten, etwas anderes erwartete. »Leget die Lüge ab und redet die Wahrheit, ein jeglicher mit seinem Nächsten, weil wir untereinander Glieder sind«, hatte schon Paulus der Gemeinde in Ephesus geschrieben. Für manche Sintiza und für manchen Sinto wurde das eine schwierige Lektion.

Einer kam zu Schwester Gertrud mit einem besonderen Anliegen.

»Schwester Gertrud, ich brauche deine Hilfe.«

»Wenn ich kann, will ich dir gerne helfen«, antwortete sie selbstverständlich.

Der Mann druckste ein wenig herum. Dann kam er mit der Sprache heraus: »Ich muss meinen Antrag auf KZ-Entschädigung abgeben. Da brauche ich eine halbe Lüge von dir.«

»Diese Hilfe kann ich dir nicht geben«, sagte die Missionarin sehr deutlich.

»Schwester Gertrud, warum nicht? Du kannst mich doch nicht im Stich lassen.«

»Das ist ganz einfach, lieber Bruder«, sagte sie mit deutlichem Nachdruck. »Halbe Lügen sind auch Lügen. Das Wort Gottes verbietet aber die Lüge. Das kannst du zum Beispiel im Kolosserbrief nachlesen.«

Der Sinto hatte wohl mit dieser ernsten Reaktion nicht gerechnet. Sein Gesicht verfinsterte sich, und er funkelte die Frau böse an. Durch seine zusammengepressten Zähne zischte er ihr zu: »Das wirst du spüren!« Und weg war er.

Na, was würde das jetzt werden?

Am kommenden Sonntagabend herrschte im Gottesdienst spürbar dicke Luft. Schwester Gertrud fühlte das schon beim Hereinkommen. Irgendetwas braute sich da zusammen. Ob das etwas mit ihrer Weigerung gegenüber dem Sinto zu tun hatte, mit der »halben Lüge« und mit seiner Drohung? Sie hatte ihn zwar nicht direkt Lügner genannt, aber sich geweigert, ihm mit einer halben Lüge zu helfen.

Pastor Johannes Lichtenberg hielt an diesem Abend die Predigt. Nicht dass die Missionarin Angst vor irgendetwas empfunden hätte, aber richtig zuhören konnte sie doch nicht. Sie betete immer wieder zwischen dem Hören für den Sinto und die Situation, wie immer sie sich entwickeln würde. Und sie nahm sich vor, nachher besonders wachsam zu sein.

Der Gottesdienst ging zu Ende. Der Raum leerte sich. Zwei Frauen blieben vor der Tür stehen und tuschelten miteinander. Ein paar Männer blieben auf ihren Stühlen sitzen. Schwester Gertrud sprach noch mit Bruder Johannes. Das Gespräch zog sich eine Weile hin. Die Männer saßen immer noch auf ihren Plätzen, während die Frauen nicht mehr zu sehen waren. Sie waren wohl gegangen.

Als Schwester Gertrud ihr Gespräch schließlich beendet hatte, kam einer der Männer auf sie zu. »Schwester Gertrud, lass bitte dein Auto an der Hütte stehen. Heute fahren wir dich nach Hause.«

»Aber warum denn, ihr Brüder?«, fragte die Missionarin erstaunt.

»Weißt du, Schwester Gertrud, du hast einen Sinto der Lüge bezichtigt. Seine Verwandten lauern dir auf. Sie wollen dich schlagen.«

Jetzt überkam die Frau doch ein leichter Schrecken. Wenn Sintifrauen die Beherrschung verloren, konnte das recht heftig werden. Die verstanden es zuzuschlagen. Diese beiden Frauen, die jetzt also irgendwo am Weg auf sie warteten, kamen zwar in die Gottesdienste, aber bekehrt hatten sie sich noch nicht. In ihnen steckte noch voll das alte Wesen. Was also tun? Ihnen aus dem Weg gehen? Ihnen dennoch begegnen?

Die Männer schienen Schwester Gertruds Gedanken zu erraten. »Bitte, lass dich nicht mit den beiden ein. Da bist du uns zu schade zu. Wir fahren dich nach Hause.«

»Aber ich könnte doch mit Bruder Johannes fahren«, schlug sie vor.

»Das könntest du tun, Schwester Gertrud. Aber der soll den normalen Weg fahren. Wir schalten alle Lichter aus und fahren dich einen anderen Weg.«

»Gut, wenn ihr meint, ihr Brüder, machen wir es so.«

In der Dunkelheit der Nacht stieg Schwester Gertrud also zu den Sinti ins Auto und ließ sich von ihnen auf Umwegen nach Hause bringen. Ihr war doch leichter ums Herz, sich von den Brüdern beschützt zu wissen. Ihr Auto wurde ihr am folgenden Tag in die Schmilinskystraße gebracht.

Zwei Wochen später begegnete sie den Frauen, und Schwester Gertrud sprach die beiden einer spontanen Eingebung folgend auf die Sache von neulich an. Die beiden Zigeunerinnen fühlten sich ertappt und gaben ihre Absicht sofort zu. Die Missionarin konnte mit ihnen ein gutes Gespräch führen über Wahrheit und Lüge und über den Umgang miteinander.

Bei einer spannungsgeladenen Begegnung konnte Johannes Lichtenberg den beleidigten Sinto, der noch immer voller Rachegedanken war, zur Ruhe führen. Es kam auch zu einer Entschuldigung, aber war da wirklich Einsicht in die Falschheit des Denkens und Handelns? Hier hatte Gott noch eine Menge Arbeit mit harten Herzen, die um des eigenen Vorteils willen die Dinge nicht so genau nahmen. Die Männer, die sie vor der nächtlichen Konfrontation bewahrt hatten, waren da wohl schon viel weiter. Wenn doch Gottes Geist auch die anderen zur Umkehr führen würde!

»Geborgenheit« am neuen Ort

1965 waren die ersten Familien aus der bedrängenden Enge der Kornweide in die frei gewordenen Plattenhäuschen am Georgswerder Bogen umgesiedelt. Ein Jahr später war die neue Hütte »Geborgenheit« eingeweiht worden. Nach und nach waren andere Sinti-Familien herübergekommen und hatten zum ersten Mal in ihrer Geschichte feste Wohnungen beziehen können, mit eigenen Sanitärräumen und mit viel Platz um ihr Häuschen. Das war ja richtiger Luxus, wenngleich schon ein wenig alt.

Hier waren die »Straßen« zwischen den Häusern einigermaßen fest und versanken nicht gleich bei jedem Regen im Schlamm. Es gab genügend Standplätze für die Autos. Hier konnten auch die Männer ihre Geschäfte viel einfacher tätigen, und es gab Lagerplatz für Schrott und Gartenartikel, mit denen einige handelten. Die Frauen konnten die Wäsche ordentlich waschen und im Wind trocknen lassen. Und für die Kinder gab es viel Raum zum Spielen.

Die auseinander gerissene Gemeinde fand sich zu großen Teilen allmählich wieder zusammen. Es hatte sich als großer Nachteil für die Betreuung der Leute erwiesen, dass sie durch die getrennten Wohnplätze weniger Gemeinschaft miteinander haben konnten.

Dennoch, Schwierigkeiten blieben. Es gab sie immer wieder zwischen den gläubigen und den ungläubigen Familien. Es gab sie immer wieder zwischen Sinti und Deutschen, die auch noch hier wohnten. Und es gab sie mit Menschen aus der Nachbarschaft. Jugendliche machten immer wieder den Platz und seine Umgebung unsicher. Schlägereien, Diebstähle, Einbrüche mehrten sich. Die Polizei war häufiger Gast auf dem Gelände.

Wann würde das endlich aufhören?, seufzte die Missionarin immer wieder bei sich selbst, im Gespräch mit ihren Freunden und vor allem im Gespräch mit ihrem Gott. Herr, erbarme dich!

Langfristig war die Plattensiedlung sowieso keine Lösung. Die städtischen Behörden hatten mit diesem Gelände auch längst andere Pläne, als Zigeuner hier leben zu lassen. Die wussten nur noch nichts davon.

Auf einer Verkündigungsreise

Je länger die etwa 180 Leute hier wohnten, handelten, sich vertrugen und immer wieder stritten, desto unsauberer wurde der Platz. Die Zigeuner lebten halt anders als die deutschen Vorbewohner. Sie ramponierten die unbefestigten Straßen, schonten das Gelände nicht und verwohnten ihre Häuser wesentlich schneller, als das bei den früheren Arbeiterfamilien der Fall gewesen war.

Mit der Zeit wurde die Siedlung zum Ärgernis für manche Leute, die hier lebten, aber noch mehr für die Menschen in der Nachbarschaft. Die Klagen über die Verhältnisse am Georgswerder Bogen häuften sich. Immer wieder mussten Vertreter der Behörden nach dem Rechten sehen, und das Sozialamt bekam mehr und mehr Arbeit.

Dazu kam eine ganz natürliche Sache: Die kleinen Plattenhäuschen aus Beton, 1943 als Behelfsheime gebaut, also während des Zweiten Weltkriegs, wurden nicht jünger. Ihre Bausubstanz wurde allmählich morsch und ihre Technik marode. Die Dächer wurden undicht und Fenster und Türen windschief. Viele Sinti wurden durch die Feuchtigkeit in den Wohnungen krank, einige von ihnen, die ohnehin schon Asthmatiker waren, sogar ernsthaft.

Der Begriff »seuchengefährdet« tauchte in offiziellen Verlautbarungen auf.

Für Schwester Gertrud ergab sich dadurch eine neue Belastung und Herausforderung. Manche Not wurde ihr aufs Herz gelegt und vergrößerte die, die sie ohnehin wegen mancher desolaten Zustände litt. Sie hatte es aber auch nie vermocht, vor der Not anderer die Augen zu verschließen und sich aus den Dingen herauszuhalten.

So war sie immer wieder – mal allein und mal mit anderen – als Bittstellerin unterwegs auf den unterschiedlichen Behörden, um Verständnis für zuweilen überzogenes Verhalten zu erbitten und wenigstens ein Minimum an würdiger Existenz für ihre Leute zu erreichen. Das zehrte an ihren körperlichen und seelischen Kräften.

Im Spätsommer 1972 fiel dann die Wasserversorgung der Siedlung aus. Welches zusätzliche Elend! Und welche Sturheit auf den Ämtern! Der Platz solle doch sowieso demnächst aufgegeben werden und einem Straßen- und Brückenprojekt weichen. Da lohne es einfach nicht mehr, 95.000 Mark für ein neues Wasserleitungsnetz zu investieren, lautete die lakonische Mitteilung.

Eine böse Nachricht, die in der Lage war, weiteres böses Blut zu verursachen. Und zugleich ein Skandal! Wurden denn die Zigeuner schon wieder als Menschen dritter Klasse angesehen, als Ungeziefer, das man am besten …? Ein einziger Hydrant wurde ihnen zugestanden, von dem 180 Menschen das Wasser für ihren täglichen Bedarf zapfen durften. Nein, nein, nein! So nicht! So konnte es nicht gehen!

Schwester Gertrud, tief traurig und erbost zugleich und zusätzlich gepeinigt von Kieferproblemen, alarmierte ihre Freunde im Land und die Behörden. Die einen sollten Gott in den Ohren liegen, die anderen sollten endlich etwas tun.

Sie taten etwas. Aber erst, nachdem das Gesundheitsamt eingeschaltet war und das Fernsehen auf dem Platz Aufnahmen gemacht und über die katastrophalen Lebensbedingungen berichtet hatte.

Innerhalb von drei Tagen waren die alten Wasserleitungen wenigstens grob repariert, so dass die meisten Hähne wieder Wasser gaben.

Warum nicht gleich so?

Aber eine Dauerlösung war das dennoch nicht. Den Platz-
bewohnern wurde geraten, sich irgendwo in der Stadt neue Wohnungen zu suchen. Man wolle ihnen dabei sogar behilflich sein.
Die eine oder andere Sinti-Familie machte sich auch auf Suche,
und wenn sie fündig geworden war, siedelte sie um.

Die gläubigen Sinti lehnten den Vorschlag grundsätzlich ab. Sie
wollten zusammenbleiben und möglichst an einem neuen Ort eine
neue Siedlung in angemessener und menschenwürdiger Art errich-
tet wissen.

Die Sitzungen zu dieser Thematik häuften sich. Einen
Tiefpunkt erlebte die Gemeinde zwei Wochen vor Pfingsten 1972.
Die zuständigen Ämter hatten Vertreter der Mission und der Sinti,
Architekten, Vertreter der Wohnungsbaugesellschaft SAGA,
Leute vom Holstenwall und andere zu einer gemeinsamen Sitzung
in die Hütte eingeladen. Die Sitzung verlief äußerst stürmisch und
endete im Chaos.

Mit der Aussage, es sei kein Geld vorhanden, eine neue Siedlung zu bauen, wollten sich die Sinti nicht zufrieden geben.
Andere Vorschläge aber lehnten sie kategorisch ab. Sie verließen
lärmend und unter lautstarken Protesten den Saal. Sie waren doch
kein Vieh, das man von einer Koppel in die Nächste treiben konnte,
auf der dann auch wieder keine Weide war und kein Futter wuchs,
vom Wasser ganz abgesehen!

In der Folge wurden Vorwürfe gegen die Mission laut, sie küm-
mere sich nicht genügend um das Schicksal ihrer Leute. Dieser
Vorwurf traf Schwester Gertrud besonders hart. Sie geriet wieder
einmal an die Grenzen ihrer Belastbarkeit. So viel geweint wie in
diesen Tagen hatte sie lange nicht. Die treue Missionarin – sie war
inzwischen in den Fünfzigern und seit mehr als zwanzig Jahre in
Hamburg – wurde müde und verzagt. Wie hatte sie sich die Füße
wund gelaufen und den Mund fusselig geredet, um ihren geliebten Zigeunern zu helfen. Und dann dies. Wenn Gott hier kein
Wunder tat …

Und das alles wenige Tage vor dem Pfingstfest. Wie würde das
gehen? Der Besuch im Pfingstgottesdienst würde wohl ein
Zeichen dafür sein, ob die Gemeinde weiter Bestand hatte oder ob
sie durch die ungeklärte Lage vor dem Zerbruch stand.

Vor diesem Tag fürchtete die Missionarin sich wie vor nichts
anderem.

In ihrer Not nahm sich Schwester Gertrud den jungen Daniel zum Vorbild, der dreimal am Tag seine »offenen Fenster nach Jerusalem« nutzte. Und sie durfte es doch wieder erleben, dass Gott die Herzen zum Frieden lenkte und die Sache Jesu nicht verloren war.

Welch ein dankbares Aufatmen: 120 Zigeuner füllten den Raum und hörten die Botschaft vom Wirken des Heiligen Geistes damals und heute. Der heutige Gottesdienst war selbst ein sichtbares Zeichen von der Wahrheit dieser Botschaft.

Nach vielen Gesprächen mit Brüdern und Schwestern war die Harmonie auch wieder hergestellt. Die Missionarin konnte erneut dankbar aufatmen. Es würde doch letztlich alles gut werden.

In der Folgezeit gab es weitere Sitzungen, die zwar alle einen besseren Verlauf nahmen, aber immer noch keine Lösungen brachten. Dann fand im November, einige Tage, bevor sich Schwester Gertrud einer nicht länger vermeidbaren Kieferoperation unterziehen musste, eine weitere Ausschusssitzung in der Hütte »Geborgenheit« statt. An der Wand leuchtete die Zeile des Liedes, das in jeder Gebetsstunde gesungen wurde: »Beter sind Wundervollbringer«. Ob das nicht ein besonderer Hinweis auf den einzigen Weg war, die anstehenden Probleme zu lösen? »Beter tun Siegesgeschäfte, beten den Tag herbei.«

Die Sache zog sich dennoch hin. Auf dem Platz wurde es aber schon dadurch ruhiger, dass einige der schlimmen Familien wegzogen. Auch dadurch, dass nun doch noch dringend notwendige Reparaturen an den Häuschen ausgeführt wurden.

Während der Zeit reiften auch in den Köpfen der Verantwortlichen und auf den Reißbrettern des Architekten Carl Groth von der SAGA die Pläne, am Niedergeorgswerder Deich eine ganz neue Wohnanlage zu bauen mit Häusern, die der Wohnkultur der Zigeuner entgegenkamen und den notwendigen Freiraum boten, den sie für ihre Geschäfte brauchten. Das neue Gelände wurde dadurch frei, dass es den Baubehörden gelang, dem dort ansässigen Sportverein ein anderes Terrain zuzuweisen.

Zurück blieben Sportanlagen und ein aus Holz gebautes Clubhaus. Der Platz war gut. Gegen den konnte niemand ernsthafte Einwände haben. Ob sich aber das Clubhaus auch als neue Hütte »Geborgenheit« eignete? Da gab es zudem andere Interessenten. Die mussten erst aus dem Wettbewerb »gedrängt« werden. Die evangelische Kirche hatte Interesse angemeldet, die katholische ebenso. Weil die meisten Zigeuner von Haus aus katholisch waren, wurde eine gemeinsame Nutzung diskutiert.

Dann meldete sich auch noch das Sozialamt an, das Gebäude für die Betreuung der Zigeuner nutzen zu wollen. Wer also sollte es schließlich bekommen?

Irgendjemand in der Verwaltung von Wilhelmsburg kam dann auf die glorreiche Idee, die künftigen Bewohner des Geländes selbst zu fragen. Das war ein sehr mutiges Unterfangen, dessen Ausgang völlig offen schien. Jede befragte Familie sollte ihren Wunsch in einer Liste kennzeichnen. Das Ergebnis war verblüffend. Am Ende hatten alle 43 Familien dafür gestimmt, dass das Clubhaus für die Gemeinde »Geborgenheit« genutzt werden sollte. Das bedeutete, dass auch alle Familien, die sich nicht zur Gemeinde hielten, für diese Lösung gestimmt hatten.

Welch ein Wirken Gottes, von dem Schwester Gertrud völlig überrascht wurde! Sie hatte von dieser Befragung vorher gar nichts gewusst. Sie konnte also den leisen Vorwurf deutlich zurückweisen, sie habe durch entsprechende Beeinflussung der Leute das Ergebnis herbeigeführt. Nein, auch hier war nur Gott die Ehre zu geben. »250 Zigeuner erhalten ›neue Heimat‹« – »Nach 30 Jahren endlich ein Heim für Zigeuner!«

Diese Mitteilungen in der Hamburger Presse machten es auch der breiten Öffentlichkeit bekannt: Am Niedergeorgswerder Deich war Richtfest gefeiert worden. Im Sommer 1981 war auf großzügigem Gelände nach den Plänen der Wohnungsbaugesellschaft SAGA mit dem Bau von 21 zweigeschossigen Reihenhäusern begonnen worden.

Die Gebäude standen beidseitig entlang einer breiten Ringstraße, dem Georgswerder Ring. Sie waren teilweise durch geräumige Garagen miteinander verbunden, wobei immer noch viel Platz zwischen den Einheiten blieb zum Anlegen kleiner Vorgärten, zum Abstellen von Autos und Wohnwagen, zum Lagern von Handelsgütern ...

Der Bau war der Hamburger Beitrag eines bundesweiten Versuchs für »zigeunergerechtes Wohnen«. Zum anderen war es auch ein Akt der Wiedergutmachung für die in der NS-Zeit verfolgte Minderheit, gegenüber der die Stadt ja nun doch einiges gutzumachen hatte. 13 Millionen Mark waren insgesamt für das Projekt veranschlagt.

Die Angehörigen der Sippe Weiß wohnten ja nun auch seit einigen Jahrhunderten in Hamburg und Umgebung. Von Hamburg aus waren sehr viele von ihnen in die Hände der NS-Schergen ausgeliefert worden.

So war die Baumaßnahme endlich auch einmal ein sichtbares Signal dafür, die Zigeuner als gleichwertige Menschen anzuerkennen, wenngleich manche von ihnen jahrelang um ihre Anerkennung als Verfolgte des Nationalsozialismus hatten kämpfen müssen, Einzelne leider am Ende vergeblich.

Im Herbst 1982 war das Bauen am Niedergeorgswerder Deich so weit fortgeschritten, dass 43 Familien aus der Plattensiedlung hierher umziehen konnten. Ob das neue Gotteshaus dann auch schon fertig war? Es wäre schon wichtig gewesen, auch für die Gemeindearbeit einen fließenden Übergang zu haben. Vom neuen Ort aus noch die alte Hütte für die Gottesdienste zu benutzen, das würde nicht lange gehen. Die SAGA hatte signalisiert, die Plattenhäuschen sofort nach Freiwerden abzureißen, damit nicht andere zuvor von ihnen Besitz ergreifen konnten und für die Stadt neue Probleme entstünden. Zusätzlich sollte das Gelände am Georgswerder Bogen durch künstliche Barrieren unzugänglich gemacht werden.

Schon im Juni 1982 begab sich Schwester Gertrud ins Wilhelmsburger Rathaus, um dem neuen Amtsleiter ihre Sorge vorzutragen und mit ihm die Angelegenheit zu erörtern. Herr Dey nahm das Anliegen freundlich auf. Er sei selbst an einem guten Fortgang der Sache interessiert und werde sich gerne darum kümmern.

Vier Wochen später bekam die Missionarin dann eine Antwort, die sie nicht ganz befriedigte. Das Clubhaus werde nicht vor Ende Oktober frei. So lange sei es durch die Bauleitung belegt. Danach seien sicher Renovierungs- und Umbauarbeiten erforderlich. Andererseits müsse das alte Gelände konsequent geschlossen werden. Alle Beteiligten müssten einfach für die Situation Verständnis aufbringen und sicher auch eine Portion Geduld.

Um die musste Schwester Gertrud für sich selbst und auch bei ihren Sinti kämpfen. Aber das Ende war ja glücklicherweise abzusehen, und so sollte es doch im geistlichen Umgang mit der Sache möglich sein, die erneute gemeindliche Durststrecke gemeinsam zu bestehen.

Am Sonntag, 26. September 1982, wurde die bisherige gemeinsame Geschichte der Sinti-Christen zunächst einmal in »einer besonderen festlichen Dankes- und Abschiedsstunde an lieb gewordener Stätte« abgeschlossen. Welche Zeit der Not, der Anfechtungen, des Bangens und Betens, aber auch des Segens, der Freude, des Lobens und Dankens ging hier und heute zu Ende!

Was würde die neue Zeit am hoffentlich endgültigen Ziel eines unruhigen und qualvollen Wanderweges bringen? Das Wort über dem Tag machte Mut und gab Zuversicht: »Und siehe, ich bin mit dir und will dich behüten, wo du hinziehst … Denn ich will dich nicht verlassen, bis ich alles tue, was ich dir zugesagt habe.« Gottes Zusage an Jakob hatte nichts von ihrer Verbindlichkeit verloren. Sie galt auch heute!

Und Gott war dabei, als doch bereits am 24. Oktober der erste Gottesdienst im Clubhaus gefeiert werden konnte. Mit den Besuchern bei der Einweihung der nunmehr vierten Hütte »Geborgenheit« war Schwester Gertrud voller Dank und Freude. In die mischten sich allerdings auch wieder die leisen Befürchtungen und Sorgen, ob denn das Steinewerfen wieder losginge, wie umzugehen sei mit den feindlichen Attacken, die von einem Irrlehrer ausgingen, der in letzter Zeit die Sinti auf den Plätzen Hamburgs und selbst bei Hausbesuchen verunsicherte, wie die umfangreiche Seelsorge an einzelnen Frauen, Männern und Familien geleistet werden konnte, wie die Arbeiten zur bereits absehbaren notwendigen Erweiterung der Hütte zu finanzieren und zu bewerkstelligen waren. Gut, dass die Missionsleitung mit der jungen Dorothea Lambertus eine neue Mitarbeiterin zur Entlastung in die Hamburger Arbeit geschickt hatte.

Wenn doch einmal Ruhe einkehren könnte, die länger anhielte als die Dauer eines dankbar und fröhlich gefeierten Gottesdienstes!

In Hamburg gab es damals einen Verein »Aktion Gitano«, den die Studienrätin Kästner gegründet hatte. Dieser Verein sammelte Zigeunerkinder aus verschiedenen Stadtteilen, um sie regelmäßig schulisch zu fördern und um mit ihnen zu musizieren. Die Arbeit von Frau Kästner und ihren Helfern geschah ehrenamtlich. Kosten wurden weitgehend selbst getragen. Es war eine gute Sache, die hohe Anerkennung verdiente.

1980 startete zusätzlich eine Initiative von Hamburger Sinti und Roma, die bei ihren Leuten besondere Autorität genossen, um ein kulturelles Zigeunerzentrum zu gründen. Es sollte von Sinti selbst verwaltet werden und Schulung und Beratung anbieten. Die Überlebenden der NS-Verfolgung suchten nach Wegen, mehr Anerkennung in der Öffentlichkeit zu erhalten. Das geplante Zentrum sollte eine Hilfe dazu sein. Sicher kein schlechter Weg.

Der Hamburger Senat versuchte nun, den bestehenden Verein »Aktion Gitano« und die Kultur-Zentrums-Initiative irgendwie zusammenzuführen. Das missionarische Werk der Zigeuner-Mission, das ja zugleich auch ein soziales war, sollte nach den Vorstellungen des Senats möglichst mit eingebunden werden. Es wurde sogar eine staatliche finanzielle Hilfe zur Finanzierung der Arbeit angeboten.

Schwester Gertrud hatte an entsprechenden Gesprächen teilgenommen. Später las sie dann in einem Protokoll: »Die Maßnahmen der Betreuungsverbände sind personalintensiv. Es werden in verstärktem Umfang ehrenamtliche Helfer benötigt, um die Betreuung der Familien, insbesondere die Schularbeitshilfen, zu intensivieren. Für die Betreuung von rund 150 Familien werden die beiden Organisationen Aufwandsentschädigungen von DM 150.000,– pro Jahr benötigen.«

Das hörte sich nicht schlecht an. Aber so ein umfangreiches Unternehmen würden die Möglichkeiten der Missionsmitarbeiter weit übersteigen, und den Erwartungen des Trägerkreises konnten sie nicht entsprechen. Dem Sintivolk war die Förderung ja sehr zu gönnen. Aber was nicht zu leisten war, musste leider anderen überlassen werden. Eigentlich schade, fand Schwester Gertrud.

Nach diesen grundsätzlichen Entscheidungen der Missionsleute gegen so eine starke Erweiterung der Arbeit wurde es zunächst ruhig um die Sache. Dann aber bemerkte Schwester Gertrud eine wachsende Unruhe in der Gemeinde. Das Gerücht kursierte, die Mission habe 150.000 Mark vom Staat erhalten und nicht an die Sinti weitergeleitet. Dabei war das Geld nie gezahlt worden, weil die Initiative erfolglos geblieben war und das Kulturzentrum nie zustande kam. Wer das Gerücht in die Welt gesetzt hatte, wurde nie geklärt. Aber es hatte Folgen.

Der Missionarin schlug plötzlich kalte Ablehnung entgegen. Der Gottesdienstbesuch nahm von Sonntag zu Sonntag ab. Immer mehr Plätze blieben leer, bis an einem Abend nur noch acht Leute anwesend waren.

Als ihre Sinti dann sogar noch einen Juristen in die Sache einschalteten, zerriss es Schwester Gertrud schier das Herz. Woher kam nur dieser Verlust an Vertrauen? Wer hatte das angezettelt? Es musste der Teufel persönlich gewesen sein, ging es ihr immer wieder durch den Kopf, wenn sie grübelnd, zweifelnd, beinahe verzweifelnd, weinend und immer wieder betend versuchte zu erfahren, was diese Geschichte zu bedeuten hatte.

Aufhören? Sollte sie tatsächlich aufhören? Aufgeben? Das Handtuch werfen? Nach Hause gehen und für die wenigen Jahre bis zu ihrer Pensionierung noch etwas ganz anderes beginnen? Nein, nein und nochmals nein! Sie würde dem Teufel und seinen Attacken nicht nachgeben. Der Böse würde sie nicht aus Hamburg und von ihren Zigeunern vertreiben!

Da konnte sie auch der vielleicht gut gemeinte Rat einer jungen Sintiza nicht überzeugen, die zu ihr gesagt hatte: »Gib auf, Tante Gertrud, aus deiner Arbeit wird nichts mehr. Das Vertrauen zu dir ist zerbrochen.«

»Nein«, hatte die leidende Missionarin geantwortet, »niemals gebe ich auf. Ich bin mir keiner Schuld bewusst. Wir haben nie Geld vom Staat bekommen. Es wird sich alles aufklären. Du wirst es erleben. Jesus ist Sieger!«

Nein, sie würde nicht aufgeben. Gott hatte sie hierher gestellt und ihre Arbeit bisher vielfältig bestätigt. Sie würde dem Teufel keinen Triumph gewähren. Der Sieg gehörte Christus! Und so blieb es! Viele Missionsfreunde im Land bestätigten sie in ihrer Meinung und Absicht.

In ihrer Not bat sie aber dann doch die Behörden, ihr eine Bescheinigung auszustellen mit der eindeutigen Aussage, dass nie Gelder gezahlt worden seien. Diese Bescheinigung heftete Schwester Gertrud an eine Fensterscheibe der Hütte »Geborgenheit«, so dass sie weithin sichtbar war. Wer wohl diese behördliche Rechtfertigung zuerst gelesen hatte? Sie musste sich rasch in der Siedlung herumgesprochen haben. Der Gottesdienstraum füllte sich allmählich wieder. Die Leute hatten wohl endlich eingesehen, dass sie sich hatten lieblos beeinflussen lassen.

Die Überraschung kam am nächsten Weihnachtsfest. Ein Sinto-Bruder bat um Verzeihung für das Verhalten der Geschwister und überreichte der Missionarin einen großen Blumenstrauß. Das war eine feine Art der Wiedergutmachung und ein schönes Zeichen neu geschenkten Vertrauens und neuer Liebe. Dankbar nahm Schwester Gertrud diese Geste an. Dabei konnte sie ein paar Tränen der Freude und Erleichterung nicht zurückhalten. Ihre Sinti, solch prachtvolle Menschen, aber so anfällig gegenüber Verführungen und bösen Einflüssen.

Die neue Hütte »Geborgenheit« erwies sich sehr bald als zu klein. Die Gottesdienstbesucher fanden nicht alle Platz. Sich gegenseitig auf dem halben Schoß sitzen oder immer stehen – das konnte nicht lange so bleiben. Es sollte doch niemand aus Platzmangel draußen bleiben müssen.

Wieder waren Vorstellungen bei den zuständigen Behörden angesagt, um möglichst bald die Genehmigung zum Anbau zu erhalten. Wieder war die Bitte an die nahen und fernen Missionsfreunde ins Land unterwegs, dieses neue Projekt betend und gebend zu unterstützen. Und wieder mussten Helfer gesucht werden, die die Arbeiten kostengünstig ausführten. »Glaube, glaube und vertraue …« Die Missionarin brauchte sich im dreißigsten Jahr ihrer Arbeit nicht über Langeweile zu beklagen. Sie war mehr als ausgelastet.

Wie gut, dass sie bei allem immer wieder Augenblicke der besonderen Freude genießen konnte wie den, als sie Ende März in Coesfeld, der Nachkriegsheimat ihrer Eltern, die Autoschlüssel eines neuen Fahrzeuges in die Hand nehmen konnte, das weitgehend von einem Detmolder Missionsfreund finanziert worden war. Schade, dass der Vater diesen Augenblick nicht miterleben konnte. Er fehlte seiner Tochter schon länger als Berater, Beter und Unterstützer ihrer Arbeit. Bereits ein paar Jahre zuvor war er im hohen Alter heimgegangen zu seinem Herrn. Auch die Mutter lebte seit ein paar Jahren nicht mehr.

Die Baugenehmigung für die Hüttenerweiterung kam, das Geld wurde gespendet, die Baumannschaft gefunden.

Aber da gab es ein Problem in Gestalt einiger großer Pappeln hinter der Hütte. Diese Bäume mussten weg. Sie standen dem

Anbau im Weg. Die Ausnahmegenehmigung zum Fällen der Bäume vom zuständigen Naturschutzreferat in Hamburg-Harburg war erteilt.

Der Rotenburger Missionsfreund Wolfgang Schmidt war nicht nur ein guter Evangelist und Seelsorger, der der Zigeunergemeinde immer wieder zu geistlichen Diensten zur Verfügung stand. Er war auch ein geschickter Handwerker, der mit einer Motorsäge umgehen konnte. Er war bereit, sich der Pappeln fachgerecht anzunehmen und den notwendigen Platz für den Hüttenanbau zu schaffen.

An einem Freitagnachmittag sollte es soweit sein. Der Tag machte die Mitarbeiter im Voraus nervös, weil niemand wusste, wie denn die Nachbarn außerhalb des Geländes und einige ungläubige Sinti reagieren würden. Die hatten sich im Vorfeld vehement gegen das Fällen der Bäume ausgesprochen. Die dürfe man nicht so einfach umlegen. Von ihnen käme schließlich der Sauerstoff, den ihre vielen Asthmakranken so dringend benötigten, und außerdem ... Der Widerstand dieser Leute war zu erwarten. Es war nur die Frage, wie heftig er ausfallen würde.

Schwester Gertrud organisierte Gebetsgruppen in den Häusern der Gläubigen. An der bei Theo und Henna nahm sie selbst teil, während Wolfgang Schmidt und seine Helfer sich an die Arbeit machten.

Dann geschah es wie befürchtet: Die erste Pappel war genau in die richtige Richtung gefallen, lag kaum auf dem Boden und war noch nicht entastet, als die Polizei mit Blaulicht und Signalhorn auf das Gelände kam. Aufgebrachte Nachbarn hatten sie alarmiert.

Schwester Gertrud, die sofort herbeigerufen wurde, konnte den Beamten natürlich die Fäll-Genehmigung vorlegen und sie damit von der Rechtmäßigkeit der Aktion überzeugen. Die Männer waren zufrieden und fuhren wieder ab. Dafür lief eine große Schar ungläubiger Zigeuner zusammen und machte ein schier teuflisches Geschrei: »Die Bäume, die Bäume! Wer hat euch das erlaubt? Aufhören! Sofort aufhören! Ihr könnt nach vorne bauen. Lasst die Bäume stehen!« Sie waren offensichtlich von irgendwem aufgehetzt worden.

So und ähnlich ging es eine ganze Weile hin und her. Dann kamen Frauen dazu und vergrößerten das Geschrei. Die Szene drohte zur Schlägerei auszuarten. Gott bewahre! Einige Besonnene hatten alle Mühe, eine handgreifliche Auseinandersetzung zu verhindern.

Zuletzt ließen sich auch noch die Kinder anstecken. Mit geballten Fäusten sprangen sie dazwischen und schrien: »Wir werden die ganze Hütte anzünden!« Voller Verachtung spuckten sie vor Wolfgang Schmidt, vor den Helfern und selbst vor Schwester Gertrud auf den Boden.

Die stand äußerlich ruhig wie ein Fels in der Brandung. Innerlich wechselten ihre Empfindungen zwischen großem Frieden, tiefer Traurigkeit und panischer Angst, die Situation sei nicht in den Griff zu bekommen. Ihre ruhigen Worte der Erklärung wurden im Geschrei der Meute kaum gehört, geschweige denn verstanden. Wie gut, dass sich das Chaos nicht auch noch auf die gläubigen Sinti übertrug, die in mehreren Gruppen angespannt und betroffen herumstanden.

Da erklang plötzlich, alles andere übertönend, der Choral »Nun danket alle Gott« über die Szene. Wolfgang Schmidt und ein paar seiner Leute hatten die Werkzeuge aus der Hand gelegt und ihre Trompeten aus den Koffern genommen. Mutig und fröhlich bliesen sie das Gotteslob dem Angriff der Finsternis entgegen.

Erstaunlich, wie das wirkte! Die wie entfesselt lärmenden Männer und Frauen wurden ruhig und zogen sich tatsächlich zurück. Nur eine Gruppe Jungen blieb. Die Kerle sprangen plötzlich in die Fundamente und zertrampelten den noch frischen Beton. »Wir machen alles kaputt! Ihr baut hier nicht!«, tönten sie.

Einer von ihnen war Schawo Hamlo, ein Kinderstundenjunge von Schwester Gertrud. Sie erschrak richtig, als sie den Neunjährigen da wie einen Wilden herumtoben sah. Sie machte ein paar schnelle Schritte auf ihn zu und griff ihn am Arm. »Und du bist auch dabei?«, sprach sie ihn an. »Weißt du denn nicht, dass die Hütte das Haus Gottes ist?«

Der Junge erschrak heftig, wohl auch vor sich selbst. Schwester Gertrud führte ihn ein paar Schritte zur Seite. »Warum machst du das hier mit? Sag mir's bitte, warum?«

»Was soll ich denn machen, Tante Gertrud? Ich kann mich doch nicht gegen die anderen stellen«, gab er betroffen zurück.

»Doch, du kannst es!«, bekam er deutlich zur Antwort.

»Dann tun sie mich alle verachten und keiner spielt mehr mit mir«, trotzte der Junge.

Die neue Hütte »Geborgenheit«

»Das mag sein«, gestand Schwester Gertrud zu. »Aber bedenk, mein Lieber, der Herr Jesus stellte sich auch oft allein gegen die anderen. Der war auch oft allein und einsam. Und du hast ihm doch in der Kinderwoche dein Herz geschenkt.«

Der Junge seufzte auf: »Ja, das habe ich. Komm.« Er zog die Frau an der Hand in die Hütte, während draußen das Geschrei der anderen Kinder noch im Gange war und die Bläser dagegen anspielten: »Du meine Seele singe«. »Tu mit mir beten, Tante Gertrud.«

Das war wohl im Augenblick wirklich die einzige Möglichkeit, das Chaos draußen zu beenden. Der Junge betete selbst auch, bat seinen Heiland um Vergebung und um Hilfe, die Sache wieder gutzumachen.

Nach dem Gebet verließ er als ein anderer die Hütte. Er lief sofort an die Baugrube und schrie seine Altersgenossen an: »Hört auf! Hört sofort auf! Es ist falsch, was ihr macht! Ihr tut Jesus beschimpfen. Das dürft ihr nicht! Hört sofort auf!«

Das kleine Wunder geschah. Die Meute ließ sich von Schawo Hamlo beruhigen, wurde still und verzog sich nach und nach verschämt von der Baustelle. Da war ein kleiner, zuvor verführter Christ zum Friedensboten geworden.

Gott sei Dank! Die Baumfällarbeiten konnten ungestört zu Ende gebracht werden. Auch alle weiteren Bauarbeiten blieben in der nächsten Zeit unbehindert. Im Gegenteil, es gab ein paar Männer und Frauen, die durch den Verlauf der Dinge fragend wurden, ihre Gegnerschaft aufgaben, die Nähe der Christen suchten und sich sogar für ihr Verhalten bei Schwester Gertrud und der Gemeinde entschuldigten. Das Licht erwies sich wieder einmal als stärker als die Finsternis!

Die erweiterte Hütte »Geborgenheit« stand bald im neuen Gewand und wurde nach einigen Jahren schon wieder zu klein. Und der wiederum fällige Anbau sollte nicht der Letzte sein ...

Auch in den nächsten Jahren weitete sich die Arbeit ständig aus. Die alten und neuen Mitarbeiterinnen und Mitarbeiter hatten alle Hände voll zu tun, den einzelnen Zigeunerfamilien im Stadtgebiet nachzugehen und die Gemeinde am Georgswerder Ring zu betreuen. 1986 kam Rudi Pieper mit seiner Familie in die Hamburger Arbeit. Er war als zukünftiger Leiter der Hamburger Zigeunermission berufen worden. Aber auch die Gruppen in Billstedt und in Buxtehude brauchten Betreuung und Fürsorge. Auch hier und an anderen Orten wuchs die Arbeit weiter unter der geistlichen Betreuung von Schwester Gertrud, von der ein Sinto bei einem ihrer Dienstjubiläen sagte: »Du bist nicht nur unsere Schwester, du bist unsere Mutter.« Recht hatte er! Sie hatte tatsächlich viele von ihnen unter bisweilen schwerem Ringen zum neuen Leben gebracht.

Irgendwann in den achtziger Jahren wurde Gertrud Wehl, die Hamburger Zigeuner-Pioniermissionarin, auch einmal formell pensioniert, und es war bezeichnend für sie: Sie hatte es gar nicht bemerkt. Die Arbeit ging für sie weiter, als gäbe es so etwas wie eine Altersgrenze überhaupt nicht. Zu viel war zu tun, damit die vierte und fünfte Zigeunergeneration genauso betreut wurden wie die vorigen, damit Zigeunerseelen für Christus gewonnen, bereits gewonnene gepflegt und versorgt, Kranke und Leidende besucht, schwachwerdende wieder aufgerichtet und Sterbende getröstet und gestärkt wurden. Auch damit die jungen, geistlich heranwachsenden Sinti-Brüder in die Lage versetzt wurden, sich selbst mit dem biblischen Wort zu versorgen und ihrem eigenen Volk an anderen Orten das Evangelium zu predigen, was die Brüder Kako, Jani, Sohni, Maset – der sogar als Angestellter der Mission – und eine ganze Reihe weiterer Männer mehr und mehr und mit wachsender Vollmacht taten. Auch damit junge und ältere Frauen sich einübten, die Arbeit unter den Kindern, den Mädchen und jungen Frauen eines Tages in eigener Verantwortung weiterzuführen ...

Schwester Gertrud würde wohl erst arbeitslos werden, wenn sie die Arbeit los wurde, weil Gott selbst sie ihr aus der Hand nahm.

Aber da gab es für die Missionarin inzwischen ja noch einen ganz anderen Arbeitsbereich, eine neue Passion, deren Anfänge auch schon weit zurücklagen, deren Umsetzung aber erst möglich wurde, als Gott eine einschneidende politische Veränderung in die Wege leitete.

Bibeln für Russland

Das Elternhaus von Schwester Gertrud war ein frommes Haus gewesen. Vater Paul hatte selbst gläubige Eltern, in deren offener Wohnung regelmäßig Versammlungen abgehalten wurden. Als Achzehnjähriger machte er für sein Leben Ernst mit dem, was ihm sein Elternhaus vorlebte. Nachdem er später als Kaufmann seine eigene Familie hatte und eine große Mitarbeiterschar seines Großhandels dazu, praktizierte er das, was er von zu Hause gewohnt war: Er engagierte sich in der Landeskirchlichen Gemeinschaft seiner Stadt und hielt im eigenen Haus täglich Familienandachten, in die er seine Angestellten, die unter seinem Dach wohnten, einbezog.

Unter denen war während des Krieges eine russische Fremdarbeiterin, die dem Geschäft als Hilfe zugewiesen worden war. Als sie zum ersten Mal im abendlichen Familienkreis den Hausvater und Chef aus einer Bibel vorlesen sah und hörte, fing sie an zu weinen. Die Tränen rollten ihr nur so über die Wangen. Auf die Frage nach dem Grund antwortete sie traurig in gebrochenem Deutsch: »Ihr hier Bibel, wir keine.« Das war es also. Da war in ihrer Mitte ein Mensch aus einem Land ohne Bibeln, der dieses wertvolle Buch offenbar vermisst hatte und unter diesem Mangel litt.

Dem war natürlich schnell abzuhelfen. Wenige Tage später konnte Paul Wehl seiner Mitarbeiterin eine russische Bibel überreichen. Die Frau war glücklich und las in jeder freien Minute in dem kostbaren Buch.

Der jungen Gertrud Wehl, die gerade aus dem umkämpften Berlin nach Hause zurückgekehrt war, hatte diese Geschichte großen Eindruck gemacht. Das Erlebnis hatte sich ihr tief eingeprägt, wenngleich es zunächst wieder von anderen Themen und Ereignissen ihres Lebens und von ihrer Berufung in die Zigeunerarbeit überlagert wurde.

Bis in einer Veranstaltung in der Gemeinde am Holstenwall im Frühjahr 1965 Dr. Dwight Wadsworth die bereits im Verborgenen angelegte Liebe zu Russland für die Zukunft weckte. Ob sie nicht einmal mit in dieses ferne, weite, bibellose Land reisen mochte, fragte er sie. Da seien viele Christen, die Ermutigung brauchten.

Hatten ihr diese Frage ein Jahr zuvor nicht schon einmal Mitarbeiter des Bibelchristenbundes gestellt? Sie war damals noch nicht auf die Einladung eingegangen.

Aber jetzt war die Frage plötzlich wieder da und beschäftigte ihre Gedanken.

»Ich habe das Geld nicht, Bruder Wadsworth«, antwortete Schwester Gertrud. »Meine Mission kann mir die Reise nicht finanzieren.«

»Das will ich gerne glauben, Schwester, aber Sie haben Freunde«, bekam sie zur Antwort, und er fügte an: »Und wenn Gott will, dass Sie reisen, werden Sie es können und tun.«

Na, der war ja gut, ging es der Missionarin durch den Kopf. Sie konnte ihren Freunden doch wohl nicht sagen: »Hört mal, ich will nach Russland. Gebt mir bitte das Geld für die Reise.« Nein, das ging nicht. Aber das andere war ja doch auch richtig: »Wenn Gott will, dass Sie reisen ...«

Schwester Gertrud gab die Frage an Gott ab. Der himmlische Vater würde es schon richtig machen. Einige Zeit später meldete sie sich für die Reise nach Moskau und in andere Gebiete Russlands an. Die Reisekosten waren dank ihrer Freunde gedeckt, ohne dass sie jemanden hätte bitten müssen.

Aber in das kommunistische, bibellose Land reisen, nur um bedrängten Glaubensgeschwistern zu begegnen und die Schönheiten des Landes zu sehen, das konnte es auch nicht sein. Irgendwie musste sie den Hinweis der Reiseinformationen umgehen, keine verbotenen Gegenstände im Gepäck mitzuführen. Waren Bibeln und Neue Testamente verbotene Gegenstände? Das konnte doch wohl nicht sein! Wer wollte es verbieten, solche kostbaren Dinge, nach denen sich die Menschen sehnten und die sie in ihrem Land nicht oder nur äußerst schwer bekamen, als Gastgeschenke mitzubringen? Man musste sie ja nicht im Koffer transportieren. Der würde sicher bei den Zollkontrollen geöffnet. Aber es würde sicher keine Leibesvisitationen geben.

Schwester Gertrud setzte sich hin und nähte, heimlich, versteht sich, eine raffiniert gestaltete Schmugglerschürze, die sie unter Kleid und Mantel zu tragen gedachte. In die vielen Taschen dieser Spezialschürze sollten 25 wertvolle Bücher passen. Dass sie dadurch wohl entgegen ihrer natürlichen Figur ein wenig pummelig aussehen würde – wen störte das schon? Wer sie nicht kannte, wusste ja nicht, dass sie eigentlich eher schlank war. Schwester Gertrud zählte nicht, wie oft sie beim Nähen und wiederholten Anprobieren ihr gefährliches Unterfangen in Gottes gute Hände befahl. Eine entsprechende Strichliste wäre sehr lang geworden. Mit seiner Hilfe und unter seinem Schutz würde die Sache gut gehen, und mancher Mensch würde große Freude erleben.

Die Reise wurde ein voller Erfolg. Bis irgendjemand aus der Reisegruppe um Dwight Wadsworth gemerkt hatte, was die Hamburger Missionarin unter Rock und Mantel mit sich trug und dass sie eigentlich gar nicht so pummelig war, wie das den Anschein hatte, hatten die meisten Bibeln schon ihre Empfänger gefunden, meistens verborgen und im Stillen.

Wie freute sich die Babuschka in der Empfangshalle des Moskauer Flugplatzes, als sie als erste Beschenkte das kostbare Buch in die Hand bekam und es blitzschnell in ihrer Tasche verschwinden ließ. Die Tränen liefen ihr über das Gesicht wie damals der russischen Fremdarbeiterin in Stolp. Da mochte sich mancher wundern, warum diese Alte plötzlich zu weinen anfing.

Eine kritische Situation während einer Besichtigung ließ Schwester Gertrud für Sekunden das Blut in den Adern stocken. Sie spürte plötzlich, dass an ihrer Schmugglerschürze ein Knopf abgerissen sein musste. Wenn sich das Kleidungsstück jetzt nur nicht selbstständig machte! Hatte die russische Reisebegleiterin etwas gemerkt? Warum schaute sie so merkwürdig herüber? Oder täuschte sie sich?

»Herr, halt die Schürze fest!«, schrie es in ihr auf, und sie schaute sich nach einem Platz um, an dem sie die Sache regulieren konnte. Sie fand eine Toilette, wo sie den Schaden mit einer Sicherheitsnadel notdürftig beheben konnte. Gott sei Dank! Das war noch einmal gut gegangen.

Es ging insgesamt gut. Die meisten Mitreisenden bekamen von der mutigen Aktion überhaupt nichts mit. Der leitende Bruder erfuhr schließlich davon und konnte sich ein paar leise Vorwürfe wegen des gefährlichen Alleingangs der Missionarin nicht verkneifen.

»Lieber Bruder Wadsworth, haben Sie mir nicht selbst gesagt: Wenn Gott will, dass Sie reisen ...«

»Das habe ich gesagt. Und so ist es ja auch wohl geworden«, gab er zu.

»Sehen Sie«, rechtfertigte Schwester Gertrud ihr Handeln, »Gott wollte es, dass ich mitkam. Und ich konnte unmöglich ohne Gastgeschenke hierher fliegen.«

Dem wusste der Bruder dann doch nichts mehr entgegenzusetzen.

Im Jahr darauf reiste Schwester Gertrud ein zweites Mal mit einer Gruppe Christen nach Russland. Diesmal war sie noch mutiger, fand allerdings auch andere mit gleichem Mut. 80 russische Neue Testamente, Konkordanzen und diesmal auch Medikamente für kranke Geschwister waren in der bewährten Schürze und anderswo versteckt. Sie blieben den Kontrolleuren verborgen und fanden an vielen Orten dankbare und beglückte Abnehmer, zu denen dieses Mal auch die hübsche, freundliche russische Reisebegleiterin gehörte, die trotz ihrer kommunistischen Überzeugung offen war, sich mit dem Glauben ihrer Gäste auseinander zu setzen.

Nach dieser zweiten Russlandreise mit ihren vielfältigen weltlichen und geistlichen Erlebnissen wurde die besondere Liebe zu dem weiten, verschlossenen Land im Osten und seinen bedrängten und doch so fröhlichen Christen zunächst wieder überlagert von der Hamburger Arbeit und den Ereignissen um die Erweckung unter den Zigeunern. –

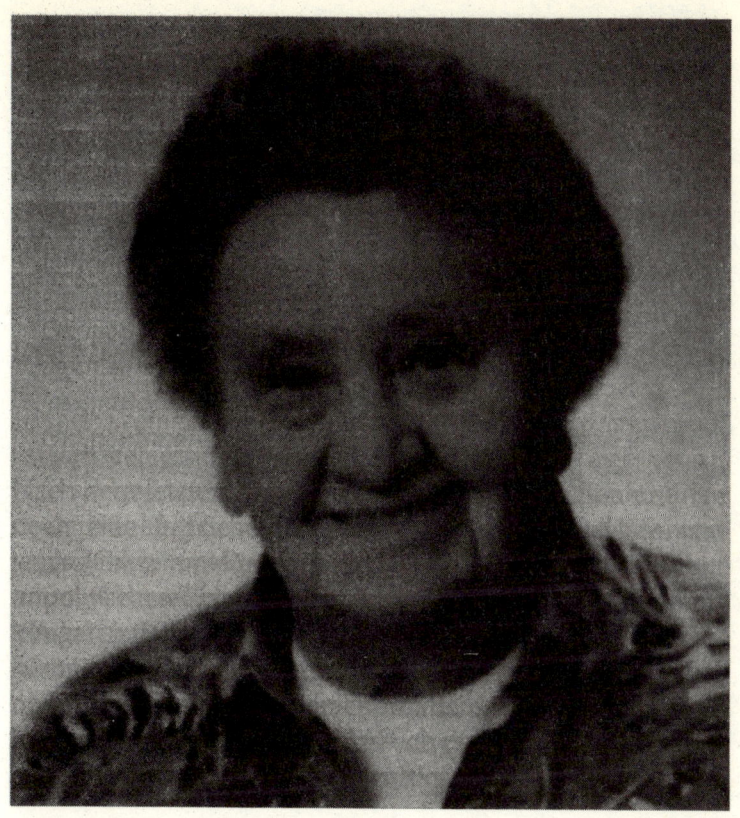

Schwester Gertrud heute

Etwa zwanzig Jahre später – sie war bereits im offiziellen Ruhestand – begegnete Schwester Gertrud mehrmals auf verschiedene
Weise ein Wort aus dem 5. Buch Mose: »Ihr seid lange genug an
diesem Berge gewesen ... Wendet euch und zieht in das Land, das
vor euch liegt. Geht hinein und nehmt es ein!«

Dieses Wort Gottes an seinen Knecht Mose begann sie zu
bedrängen. Was hatte es ihr zu sagen? Irgendetwas Neues sollte sie
tun. Aber was?

Ihr Eindruck wurde durch einen anderen Vers desselben
Kapitels verstärkt: »Siehe, das Land, das vor dir liegt, hat der Herr,
dein Gott, dir gegeben. Zieh hinauf und nimm's ein! Fürchte dich
nicht und lass dir nicht grauen.«

Schwester Gertrud wartete und betete, suchte und fragte, immer in Erwartung eines deutlichen Hinweises auf die richtige Richtung.

Gottes Stunde kam aber erst 1989. Im November öffneten sich die Grenzen ins östliche Deutschland. Russland lag plötzlich beinahe vor den Toren Hamburgs. Wie viele russische Soldaten mit ihren Familien wohnten wohl in der DDR? Sie waren alle ohne Evangelium. Sie hatten mit Sicherheit keine Bibeln. Sie waren aber jetzt erreichbar. Man musste nicht mehr nach Moskau, Leningrad oder sonst wohin fliegen, um russischen Menschen die biblische Botschaft zu bringen.

Dennoch, langsam, langsam. Nichts überstürzen, sondern weiter abwarten, Schwester Gertrud, welche Türen Gott öffnen würde, sagte sie sich immer wieder selbst und wartete dabei auf irgendein Signal, dem sie dann gerne folgen wollte.

Das Signal kam in der Person eines Bekannten, der sie fragte, ob sie nicht Lust habe, am kommenden Sonntag mit nach Mecklenburg zu fahren, um christliche Literatur in Russisch zu verteilen. Nichts lieber als das! Diese Frage war die Antwort darauf, was die Worte aus dem Mosebuch für sie bedeuten sollten.

Mit Freuden fuhr die »Missionarin mit erweitertem Auftrag« ab jetzt an ungezählten Wochenenden mit anderen an Orte, wo es sowjetische Einrichtungen in der DDR gab. Bald fuhr sie auch mit neuen Freunden, die sie für diese besondere Aufgabe zur Mitarbeit, zur Finanzierung und zur betenden Begleitung gewinnen konnte. Die Zeit würde sicher nicht lange währen, bis die Armee aus der DDR abgezogen würde. Diese Zeit musste unbedingt genutzt werden. Die Russen wurden ihre zweite Liebe.

Dabei erkannte sie bald, dass Gott die Situation längst vorbereitet hatte. Es war einfach wunderbar, welche Türen sich für Schwester Gertrud und ihre Helfer öffneten.

Kasernen, Krankenstationen, Schulen, Kasinos. Bis in die höchsten militärischen Chargen hinein konnte sie Verbindungen knüpfen. In voll besetzten Sälen vor Hunderten von Soldaten und in Schulklassen vor ungezählten Jungen und Mädchen konnten die Missionsleute von der Liebe Gottes in seinem Sohn Jesus Christus erzählen. Viele hunderte Bibeln und Testamente wechselten die Besitzer. Am liebsten wurden Kinderbibeln angenommen.

Sie waren auch für die Erwachsenen einfacher zu lesen und zu verstehen.

Das Literaturlager der Mission in Siegen war bald geräumt. Aber es gab ja noch andere Quellen für russische Literatur. Und das Geld dafür kam zu aller Erstaunen und Freude immer wieder zusammen. Der 100.000-DM-Betrag einer Freundin des Frauen-Missions-Gebetsbundes, dem Schwester Gertrud seit 1970 als Mitglied angehörte, war die weitaus größte Summe und kam schon einem Wunder gleich.

Das größte Wunder bei der ganzen Sache war aber wohl, dass sich der Schlagbaum des Oberkommandos der Roten Armee in der DDR öffnete. Auf diesem Gelände in Wünsdorf bei Berlin gab es wohl kein einziges christliches Buch, geschweige denn eine Bibel. In die Räume der Armeeführung war wohl nie zuvor ein Christ geraten. In die zugehörigen Wohnblocks der hohen und niederen Ränge und der einfachen Soldaten, in ihre Gruppenräume und Schulklassen war wohl selten ein deutscher Fuß getreten. Und jetzt konnte sogar durch eine deutsche Frau aus dem feindlichen Westen das Evangelium dorthin getragen werden. Welche Führung Gottes!

Der für die Schulbildung der sowjetischen Kinder in der DDR zuständige Minister folgte sogar einer Einladung nach Hamburg, wo Schwester Gertrud ihm und seinen Begleitern einige schöne Tage bereitete. Nie zuvor war der Mann in einer westlichen Stadt gewesen. Und nie zuvor hatte er so intensiv christliche Nächstenliebe erlebt wie hier. Er war tief beeindruckt.

Welche Segensspuren von hier aus nach Russland gingen – wer vermochte das zu ahnen? Einzelne Spuren konnten freilich in den folgenden Jahren verfolgt werden, weil sich Menschen bekehrten und auch von Russland aus nach ihrer Rückkehr die Verbindung nach Hamburg aufrechterhielten.

Für den Spätherbst 1992 hatte Schwester Gertrud wieder einmal einen Einsatz in einer russischen Kaserne geplant. Diesmal ergab sich allerdings die Schwierigkeit, dass sich niemand fand, der Zeugnisse und Predigt hätte übersetzen können. Harry Bergen, der russland-deutsche Freund und bisherige Übersetzer, hatte keine Zeit.

Das Problem wurde zum Gebet gemacht, das Gott doch bitte

möglichst bald erhören möge. Er hatte es bereits erhört, ehe es so recht verklungen war.

Am Sonntagabend saß unter den Zuhörern im Gottesdienst in der Hütte ein Fremder. Schwester Gertrud ging nach dem letzten Lied auf den jungen Mann zu und begrüßte ihn. »Sie sind das erste Mal bei uns?«

»Ja, ich freue mich, dass ich hier dabei war. Aber ich suche eigentlich Schwester Gertrud Wehl. Ich soll ihr von einem Bruder Grüße ausrichten«, antwortete er mit einem starken Akzent.

»Das ist ja interessant«, freute sich die Missionarin, »ich bin Schwester Gertrud. Von wem sollen Sie mich grüßen?«

»Von Bruder Kriega«, antwortete der Fremde.

»Dem Jugendleiter aus Moskau?«, staunte sie.

»Ja, von dem. Aber er wohnt zurzeit nicht in Moskau.«

»Lebt er an einem neuen Ort?«

»Nein«, lüftete der Mann sein Geheimnis. »Bruder Kriega ist irgendwo in Deutschland. Er hat bis vor kurzem hier in Hamburg das Theologische Seminar besucht und lässt Sie herzlich grüßen.«

Die Missionarin kam aus dem Staunen nicht heraus und blickte den jungen Mann erwartungsvoll an. Was kam wohl noch?

»Auch von Bruder Koslow soll ich grüßen.«

»Dem Mitarbeiter von ›Licht im Osten‹?«

»Er ist inzwischen pensioniert, aber immer noch aktiv.«

»Jetzt sagen Sie mir aber doch bitte, wer Sie denn sind und was Sie hier in Hamburg machen, dass Sie uns hier in der Hütte aufsuchen«, bat Schwester Gertrud um weitere Auskunft.

»Mein Name ist Wladimir Rjagusow, ich komme aus Moskau. Ich studiere Theologie am baptistischen Seminar in Hamburg-Horn und Psychologie an der Universität.«

»Sie sind ein Russe! Und Sie sprechen so ausgezeichnet Deutsch!« Die Feststellung klang wie ein freudiger Ausruf. Bei Schwester Gertrud klingelte es. Dieser Mann musste ihre Gebetserhörung sein.

»Das hört man wohl vom Namen und an meiner harten Aussprache«, lachte der junge Mann.

»Darf ich Sie etwas fragen?«

»Bitte.« Neugierig erwartete der junge Mann, was wohl jetzt kam.

»Am kommenden Samstag möchten wir nach Wünsdorf bei Berlin ins russische Hauptquartier fahren. Wir wollen den Soldaten und ihren Familien christliche Literatur bringen. Wir sind ein kleines Team, aber uns fehlt der Übersetzer.«

»Dann fehlt er ihnen jetzt nicht mehr, Schwester Gertrud«, verstand Wladimir Rjagusow die versteckte Bitte sofort. »Ich begleite Sie gerne zu meinen Landsleuten und übersetze gerne Ihre Botschaft. Ich fahre mit, keine Frage.«

»Gelobt sei Gott!«, entfuhr es Schwester Gertrud spontan. »Sie sind mir und uns eine lebendige Gebetserhörung.«

Diese überraschende Begegnung in der Hütte »Geborgenheit« hatte Folgen, die weit in die nächsten Jahre reichten. Von jetzt an gab es den Übersetzer für die Dienste in den russischen Versammlungen an den verschiedenen Orten. Dazu hatte die Gemeinde einen neuen, ständigen Gast, der bald auch manchen Sinti-Geschwistern zu einem guten Freund wurde.

Leider ging die gemeinsame Zeit zu Ende, als Wladimir Rjagusow sein Examen bestanden und sein Studium abgeschlossen hatte. Er kehrte nach Russland zurück, um in Moskau die Leitung des Bibelinstituts zu übernehmen und als Pastor Gemeindedienst zu tun.

Die Zigeunergemeinde gestaltete dem neuen Freund einen feierlichen und bewegten Abschied. Ein richtiges Fest wurde das mit Gedichten und Liedern, vielen Segensworten und mit einer fröhlichen Kaffeetafel. Dies alles als Dank für viel Offenheit und Hilfe.

Dem russischen Freund fiel der Abschied offenkundig schwer. Er drückte seine Hoffnung aus, seine deutschen Freunde und Geschwister würden ihn bald in Moskau besuchen.

Diese Einladung nahmen Schwester Gertrud, einige Sinti-Brüder und andere Mitarbeiterinnen und Mitarbeiter sehr ernst. Russlandreisen in unterschiedlichen Besetzungen gehören seitdem zum jährlichen Dienstprogramm. Willi Buchwald vom Missionswerk »Neues Leben« wurde zum ständigen Begleiter, der die Verkündigungsdienste und Seelsorge an besonders belasteten Menschen in den Gemeinden übernahm. Harry Bergen fuhr öfters als Übersetzer mit. Vereinzelt auch einmal einer der Sinti-Brüder. Für andere Evangelisten, zum Beispiel Ulrich Bombosch von der Neukirchener Mission, wurden die Wege bereitet und die Türen geöffnet, um den Mangel der russischen Geschwister an manchen Stellen zu vermindern.

Kontaktadressen zu gläubigen Russen hatten sie ja seit den Begegnungen mit dem russischen Militär ohnehin schon. Hier konnten sie viele gute Dinge der Seelsorge und der Sorge um das leibliche Wohl miteinander verbinden. Reisen für Evangelisationen, Bibelstunden, Besuche bei Gemeinden und einzelnen Mitarbeitern verbanden sie mit praktischer Hilfe in Form von Fachliteratur und speziellen Arzneimitteln. Mal konnten sie einem Pastor ein Fahrzeug mitbringen, um ihm die Besuche in seiner weitläufigen Gemeinde zu erleichtern, mal einem Gelähmten einen Rollstuhl. Vieles wurde so möglich. Neben der geistlichen sollte immer auch ein wenig die materielle Not in den Gemeinden gelindert werden, soweit das eben ging. Die Mittel für solche Hilfeleistungen kamen immer zusammen. Gott gab und ließ geben. Durch Schwester Gertruds Initiativen wurde fortan vieles möglich. Unter den Freunden ihrer Arbeit wuchs nach und nach eine Verantwortung auch für ihre zweite Liebe und für die betende Begleitung der Russlandreisen. Auch bei den Zigeunergeschwistern wuchs mehr und mehr eine solche Verantwortung.

Bei einer der vielen Reisen kam Schwester Gertrud mit ihren deutschen und russischen Begleitern in die Großstadt Samara an der Wolga. In dieser Stadt trafen sie auf russische Zigeuner. Diese Leute gehörten entweder der orthodoxen Kirche an oder sie waren Moslems. Sie hatten im Laufe der Zeit die Religion des jeweiligen Landes übernommen und sich den Glaubensrichtungen ihrer Umgebung angepasst.

Die meisten von ihnen waren Händler. Das war offenbar in Russland auch nicht anders als in den anderen Staaten, in denen Sinti und Roma auf ihrer Wanderung von Indien nach Westen vor Jahrhunderten hängen geblieben waren und sich niedergelassen hatten. Die russischen Roma verdienten mit Teppichen, Waffen, Drogen und wer weiß was noch offenbar viel mehr Geld als die Zigeuner an anderen Orten der Welt und auch als ihre russischen Mitbürger. Ihre Häuser hoben sich deutlich von denen der anderen Bevölkerung ab. Sie schienen wie Paläste, pompös, großflächig mit Ausstattungen, die ihresgleichen suchten. Die schicken Häuser am Georgswerder Ring machten sich dagegen recht mickrig aus.

Schwester Gertrud äußerte vor ihren Freunden den Wunsch, den Präsidenten der russischen Zigeuner zu besuchen, der auch in Samara lebte. Sie hoffte, ihren missionarischen russischen Freunden hier vielleicht Türen öffnen zu können oder auch grenzüberschreitende Verbindungen zu knüpfen.

Ihr Wunsch konnte erfüllt werden. Der Roma-Führer war mit einer Begegnung einverstanden. Und so saß Schwester Gertrud ein paar Tage später tatsächlich mit Willi Buchwald, Dr. Wladimir Rjagusow, Rudi Pieper, dem Sinti-Bruder Kako und weiteren russischen Freunden dem »Baron«, wie er offenbar genannt wurde, in seinem Palast gegenüber. Einige Älteste der russischen Zigeuner waren auch anwesend. Na, das konnte interessant werden.

Nach ein paar Höflichkeiten wurden die Gäste zunächst einmal nach guter Zigeunersitte zum Essen eingeladen. Was da alles aufgefahren wurde! Das war ja nicht zu fassen! Die gewöhnlichen russischen Menschen wussten oft nicht, woher sie das tägliche Brot nehmen sollten, und hier kam eine Fülle an Speisen und Getränken auf den Tisch, die schon ans Sündhafte grenzte. Es fehlte nahezu nichts, was in einem guten deutschen Delikatessengeschäft auch zu bekommen gewesen wäre. Zu horrenden Preisen wahrscheinlich. Aber das entsprach nur dem Erscheinungsbild des Hauses, nein des Palastes, in dem die Begegnung stattfand.

Nach dem Essen, besser nach dem opulenten Mahl, kam der Zigeunerbaron zur Sache. Der kleine, rundliche, dunkelhäutige Mann hatte sich inzwischen ein buntes Hemd übergezogen. Bisher hatte er lediglich in einer Art Unterhemd am Tisch gesessen. Schuhe trug er übrigens auch nicht. Seine bloßen Füße steckten lediglich in ein paar flachen Pantoffeln. Seine Roma-Freunde machten ebenfalls nicht den gepflegtesten Eindruck. Ein deutlicher Kontrast zum Aussehen und Erscheinungsbild der Gäste.

»Warum seid ihr hier?«, wollte der Baron endlich wissen.

»Wir sind Christen, die an Gott glauben«, bekam er zur Antwort. Wladimir Rjagusow übersetzte auch jetzt wieder das Gespräch.

»Und wir suchen als deutsche Zigeuner den Kontakt zu russischen Roma, die wie wir Christen sind«, fügte Kako freundlich hinzu. Der Baron hatte ihn an einigen Wörtern vorher bereits als Zigeuner erkannt und deshalb noch einmal besonders freundlich begrüßt.

»Das ist gut, da seid ihr richtig, wir glauben auch an Gott«, schien sich der Russe über die Absicht seiner Gäste zu freuen.

Mit dieser Antwort gab sich der deutsche Sinto aber nicht zufrieden. »Wir sind Christen, die eine persönliche Beziehung zu Gott haben. Wir lieben Jesus Christus, den Sohn Gottes«, beschrieb er die Position der Besucher etwas genauer.

»Persönliche Beziehung zu Gott? Davon habe ich nie gehört. Erklärt mir das«, forderte der Mann sie auf.

Das war die Gelegenheit für Kako, ein deutliches Zeugnis seines Lebens mit Gott und Jesus Christus zu geben. Den russischen Zigeunern standen vor Staunen Augen, Ohren und Mund offen über die Möglichkeit einer solchen Lebensweise, wie dieser Sinto sie beschrieb. Er fragte erstaunt: »Wie lebt ihr?«

Gerne gab Kako noch weitere Auskunft: »Wir lügen nicht mehr. Wir betrügen nicht mehr. Wir treiben ehrlichen Handel. Unsere Frauen wahrsagen nicht mehr. Wir leben mit Gott und mit Jesus und erbitten von ihm, was wir zum täglichen Leben brauchen.«

»Wenn ich so leben wollte wie ihr, müsste ich dann auf meinen ganzen Besitz verzichten? Ich bin reich, sehr reich sogar«, wurde der Mann bei Kakos Aussage offenbar unruhig. »Müsste ich das alles abgeben?«

Auf den letzten Teil der Frage antwortete der deutsche Sinto nicht. Er versicherte nur schlicht, aber bestimmt: »Wer mit Gott lebt, bekommt viel mehr, als er mit seinem Handel jemals verdienen kann. Er wird viel reicher.«

Darüber wollte der Baron nun heute doch nicht mehr weiter nachdenken. Gerne gelegentlich später. Der mächtige Mann der russischen Roma wollte jetzt lieber etwas hören über Kultur, Sprache und Sitten der deutschen Zigeuner. Das andere hatte Zeit, oder es interessierte in Wirklichkeit gar nicht.

Wie damals dem römischen Statthalter Felix im Gespräch mit Paulus, ging es Schwester Gertrud durch den Kopf. Sie freute sich sehr über das Zeugnis ihres Zigeunerbruders. Ob Gott wirklich eines Tages unter Kakos russischen Volksgenossen eine Tür für das Evangelium öffnen würde? –

Einen Spalt breit stand die Tür aber wohl sogar schon offen. Das wurde bei einer anderen Reise deutlich, als die deutsch-russische Christengruppe in Lipetzk, etwa 400 Kilometer südöstlich von Moskau, den ehemaligen Major Sergej und seine Frau Nadja besuchte und mit ihnen an der Einweihung eines Gemeindehauses teilnahm.

Das Haus stand in weiten Teilen noch im Rohbau. Der Regen tropfte während des mehr als dreistündigen Gottesdienstes den Leuten aus vielen Löchern auf die Köpfe. Niemand störte sich daran. Vielmehr waren alle mit großer Aufmerksamkeit bei den Predigten und freuten sich auch an den Gesängen eines Chores junger Leute aus einem Ort in der Nähe der Stadt. Sie trugen in schicker, sauberer Kleidung sehr diszipliniert und doch mit großem Temperament ihre Lieder vor. Dieser Chor bestand doch tatsächlich aus lauter jungen Zigeunern!

Der Tatsache musste Schwester Gertrud nachgehen. Ob sich hier Kontaktmöglichkeiten ergaben? Die Missionarin erkundigte sich natürlich sofort nach dem Gottesdienst bei einem der verantwortlichen Brüder nach der Herkunft der jungen Leute. Dadurch ergab sich für sie zunächst die Möglichkeit, in der Festversammlung am Nachmittag Grüße aus dem fernen Deutschland auszurichten und von ihrer Arbeit unter den deutschen Sinti zu erzählen.

Wie freute sie sich, dass sich dadurch die Kontakte zu diesen fröhlichen jungen Roma ergaben. Die Missionarin und ihre Freunde erfuhren bei den Gesprächen von der Entstehung der Gemeinde, zu der der Chor gehörte. Es handelte sich um bettelarme Zigeuner.

Diese Roma-Gemeinde war auch durch den Dienst einer einzelnen Frau entstanden, einer russischen Schwester aus der Lipetzker Gemeinde. Sie war auf Bitten eines Zigeunerjungen ins Lager gekommen. Dort war sie von Zelt zu Zelt, von Behausung zu Behausung gegangen und hatte von der Liebe Jesu erzählt.

Nach kurzer Zeit war unter den Leuten ein Kreis entstanden, der die Hände zum Gebet faltete und in dem die Bibel gelesen wurde. Zunächst musste das die Russin aus der Lipetzker Gemeinde noch tun. Später konnten es die Leute selbst, denn diese Frau hatte sie das Lesen und Verstehen des Evangeliums gelehrt.

Wie sich die Bilder glichen, stand es Schwester Gertrud beim Zuhören vor Augen. Hatte in Hamburg ihre Arbeit nicht ähnlich begonnen? Sie war gespannt, was die jungen Leute noch alles erzählten.

Zurzeit bewegte die junge Roma-Gemeinde das Problem, ein leer stehendes Haus für ihre Gottesdienste und ihre sonstigen Treffen zu erwerben und zum Missionshaus zu machen. Es fehlte ihnen nur das Geld für den Kauf. Umgerechnet 740 Mark sollte das Haus kosten.

Schwester Gertrud fragte vorsichtshalber nach: »Wie teuer soll das Haus sein?« Sie hatte richtig gehört 740 Mark. 800 Mark hatte sie in US-Dollar in der Tasche. Dieses Geld hatten die Hamburger Geschwister ihr mitgegeben, damit sie es bei passender Gelegenheit ausgebe. Das war doch kein Zufall! Das war hier offenbar die von Gott gegebene passende Gelegenheit.

Rasch besprach sie sich mit ihren Begleitern, und alle waren sich sofort einig: Diese Situation hatte Gott für sie vorbereitet. Das Wort des Jakobus stand ihnen bei ihrer kurzen Überlegung vor Augen: »Was hilft's, liebe Brüder, wenn jemand sagt, er habe Glauben und hat doch keine Werke.« Den Glauben hatten sie durch ihre Zeugnisse bekannt, jetzt musste das Werk folgen. So überreichte denn die deutsche Sinti-Missionarin einer russischen Roma-Schwester das Geld zum Kauf ihres neuen Hauses. Wie sich die jungen Männer und Frauen freuten! Tränen der Ergriffenheit rollten auf beiden Seiten. Das Händedrücken und Umarmen wollte schier nicht aufhören. Schade, dass von den Hamburger Sinti-Geschwistern hier niemand dabei sein und erleben konnte, was ihre Gabe bewirkte.

Was bedeuteten 800 Mark für eine deutsche Gemeinde? Sicher auch viel Geld, wenn es mühsam erarbeitet und gespart werden musste, wie es bei den Sinti der Fall war. Aber hier war der Betrag wohl ein Vermögen. Das auszugeben für ein Gotteshaus, was konnte es Schöneres geben?

Ob die Roma-Geschwister es vielleicht auch »Geborgenheit« nennen würden?

Mit diesem überraschenden Ereignis nahm eine neue Verantwortung der Christen einer deutschen Zigeunergemeinde gegenüber den Christen einer russischen Zigeunergemeinde ihren Anfang.

Mochten von diesem Haus ähnliche Wirkungen und ähnlicher Segen ausgehen, wie sie ausgingen und noch ausgehen von der Gemeinde »Geborgenheit« am Georgswerder Ring im fernen Hamburg.

Wer war wohl glücklicher und dankbarer über diese wunderbare Begegnung im fernen Lipetzk als Schwester Gertrud? Schloss sich für sie hier nicht so etwas wie ein Kreis? War diese Zigeunerbegegnung nicht so etwas wie ein Zeichen dafür, dass sie die Arbeit mehr und mehr aus den Händen legen konnte, um sie ihren Sinti-Geschwistern anzuvertrauen? Gott würde sicher weitere Signale setzen, wann der Zeitpunkt für sie gekommen war.

Seine Welt war und ist so groß und doch so klein. Und sie bleibt voller Wunder, von denen das Größte die Liebe Gottes zu den Menschen ist, auch die zu den Zigeunern. Gerne wollte Schwester Gertrud diese reiche Erfahrung noch an viele Menschen in ihrer Umgebung weitergeben, solange Gott ihr die Zeit dazu gab. Die Kraft dafür hatte er ihr immer gegeben. Er würde es auch in der verbleibenden Zeit tun. Und immer und überall würde er die freudige Erkenntnis schenken: »Erkennt doch, dass der Herr seine Heiligen wunderbar führt!«

2. Teil

Du schickst deine Engel zur rechten Zeit

Schwester Gertruds neuer Auftrag –
die »Chali« in Russland

KASERNENEINSÄTZE IN DEN NEUEN BUNDESLÄNDERN

Tage der Wende – ein neuer Auftrag

War das ein Tag gewesen heute! Endlich neigte er sich seinem Ende zu. Ungezählte Telefonate und mehrere Besuche hatten den Vormittag und den frühen Nachmittag dieses 9. November 1989 bis an den Rand des Erträglichen gefüllt. Schwierige Seelsorge hatte Leib und Seele der Sinti-Missionarin Gertrud Wehl wieder einmal an die Grenze des Leistbaren gebracht. Wer in ihrem Arbeitsgebiet wollte es schon wahrhaben, dass sie sich seit einigen Jahren Ruheständlerin nennen konnte? Ihre Sinti nicht und andere Menschen um sie herum auch nicht. Von wegen Ruhestand! Mit dem Datum ihrer Pensionierung hatte sich für die kleine, ein wenig pummelige und immer noch recht wendige ältere Dame nichts an ihrer Tätigkeit geändert. Pensionierung? So etwas konnte es in der Arbeit für Gott auch gar nicht geben. Sie selbst hatte folglich diesen Stichtag vor vier Jahren gar nicht registriert und beachtet. Sie war trotz gelegentlicher gesundheitlicher Schwächen nach wie vor nahezu rund um die Uhr im Einsatz für ihre Leute. Die Sinti brauchten sie immer noch, und Gott hatte seinen Arbeitsauftrag unter ihnen bisher auch nicht zurückgenommen.

Die Frauenstunde am Abend in der Gemeinde »Geborgenheit« war nach den vielfältigen Aufgaben des Tages beinahe erholsam gewesen. Sehr aufmerksam hatten die Frauen der biblischen Besinnung ihrer »Tante Gertrud« oder auch »Schwester Gertrud« über ein Wort Gottes zugehört, das er den Propheten Jesaja weitergeben ließ: »… weil du in meinen Augen so wert geachtet und auch herrlich bist und weil ich dich lieb habe« (Jesaja 43,4). Wie freute sich diese Frauenschar immer wieder neu über die Liebe Gottes, die ihnen im Evangelium vom Heiland Jesus Christus begegnet war und immer wieder neu begegnete. Fröhlich hatten sie anschließend miteinander gebetet und gesungen. Schön, dass diese Liedstrophen für die Sinti-Frauen – wie für ihre Männer – nicht nur Worte und Töne waren, sondern längst tatkräftiges missionarisches Bemühen, freilich zumeist im eigenen Volk. Wer aus anderen Bevölkerungsteilen wollte auch einem Zigeuner oder einer Zigeunerin ihr christliches Zeugnis abnehmen? Dafür waren die Vorurteile gegen die Menschen aus dem Volk der Sinti zu tief eingewurzelt. Also sangen und beteten sie immer wieder:

Führ andre Menschen, o Herr, zu dir,
gib ihnen Freude, du gabst sie auch mir.
Oh möchten viele dich klar versteh'n,
möchten in dir ihren Heiland sie seh'n,
lass mit der Sünde zum Kreuze sie geh'n.
Oh, führ andre Menschen zu dir.

Nach dem letzten Amen hatte es dann bei Kuchen und Tee noch eine fröhliche Plauderei gegeben über dieses und jenes. Ganz am Rande waren unter den ansonsten eher unpolitischen Frauen dabei ein paar nachdenkliche Bemerkungen gefallen zu den Spannungen, die unter der Bevölkerung der DDR in den letzten Tagen offenbar stark zugenommen hatten. Irgendjemand hatte dazu gemeint, denen im anderen Deutschland fehle auch das Evangelium, wo die doch seit Jahrzehnten einen gottlosen Sozialismus gepredigt bekämen.

Schwester Gertrud hatte diese Bemerkung ausdrücklich bestätigt und dabei besonders auf die vielen Russen hingewiesen, die geistlich noch ärmer dran seien als die DDR-Bürger. Bei denen gäbe es noch Kirche und Gemeinde und missionarische Bemühungen, wenn auch unter Schwierigkeiten und nur eingeschränkt. Aber bei den Russen sei das schon anders. Die seien der atheistisch-kommunistischen Ideologie viel stärker ausgesetzt als die Menschen im anderen Deutschland. Damit war dieses Thema aber auch schon wieder vom Tisch.

Die Missionarin ließ den Tag noch einmal Revue passieren und summte dabei das »Führ andre Menschen, o Herr, zu dir« noch einmal vor sich hin, während sie ihren PKW durch

die Nacht nach Hause lenkte. Da gab es schon noch andere, die sie gerne zu Jesus geführt hätte. Aber an die war wohl
nicht so einfach dranzukommen. Die russischen Menschen,
die ihr seit einiger Zeit ähnlich wie ihre Sinti am Herzen
lagen und die ja zu Tausenden in der DDR als Besatzungstruppen mit ihren Angehörigen weitgehend unbeliebt und
abgelehnt in einer Art Quarantäne lebten, waren aber wohl
nie zu erreichen. Es sei denn, Gott öffnete durch ein Wunder
die deutsch-deutsche Grenze und die Tore ihrer vielen
Kasernen und Wohnghettos. Ob sich in den aktuellen Ereignissen in den Städten der DDR und besonders in Leipzig
das Handeln Gottes zeigte und sich sogar ein Wunder Gottes andeutete? So ging es der Missionarin tatsächlich für
einen Moment durch den Sinn. Man konnte gespannt sein,
welchen Ausgang diese Dinge nahmen.

Hätte Schwester Gertrud an diesem Abend doch noch einmal das Radio eingeschaltet! Die tiefe Müdigkeit, die sie
plötzlich überfiel, als sie die Wohnungstür hinter sich geschlossen hatte, wäre wohl im Nu verflogen. Sie wäre wahrscheinlich aus dem Staunen nicht mehr herausgekommen
über dem, was sich im fernen Berlin und dann auch an verschiedenen Grenzübergängen zur Bundesrepublik getan
hatte, während sie mit ihren Frauen hier in Hamburg zu-
sammengesessen hatte. Aber sie war jetzt einfach zu müde,
um sich noch irgendwelche Nachrichten anzuhören. Nur noch
ins Bett und die Augen zu. Also blieb das Radio für heute
still, und ein kurzes Nachtgebet beendete bald den Tag.

Noch ein wenig schlaftrunken schaltete die Missionarin
morgens gegen sieben Uhr ihr Radio ein, und dann war sie
im Nu hellwach. Das war doch nicht wahr, was der Nachrichtensprecher da von sich gab! Das konnte nicht wahr
sein. Seit dem gestrigen Abend bereits waren die Grenzen
zwischen den beiden deutschen Staaten geöffnet?! Es bestand plötzlich Reisefreiheit zwischen der Bundesrepublik
und der DDR?! Hatte Gott tatsächlich den immer drängen-

deren Bürgerprotest der vergangenen Wochen und Tage zum Wunder der Grenzöffnung werden lassen?

Die Missionarin setzte sich vor ihr kleines Radio und hörte aufmerksam zu, ihre Hände schon wie zum Dankgebet zusammengelegt.

Tausende von DDR-Bürgern hatten tatsächlich die Nacht noch genutzt, um die Wahrheit der Botschaft zu testen, die das Politbüromitglied Günter Schabowski bei einer Pressekonferenz im Internationalen Pressezentrum in der Ostberliner Mohrenstraße vor gerade mal zwölf Stunden mitgeteilt hatte. Sie waren spontan und ohne besondere Reisevorbereitungen mal eben nach Westberlin hinübergelaufen oder -gefahren oder sie hatten noch während der Nacht grenznahe Orte in der Bundesrepublik besucht. Niemand hatte sie mehr aufgehalten. Die Schlagbäume waren angehoben. Die Uniformierten standen nur so herum, offenbar unsicher, was sie denn unternehmen sollten. Das anfängliche Bemühen, die vor Begeisterung wie entfesselten Menschen ordnungsgemäß bei den Grenzübertritten abzufertigen, war offenbar bald aufgegeben worden, weil der Andrang einfach zu groß gewesen war und die Grenzer im Falle ihres Widerstandes gegen die Bewegung für sich selbst um Leib und Leben fürchten mussten.

In Berlin und an vielen anderen Orten mussten sich bewegende Szenen der Begegnung und Verbrüderung der Menschen aus Ost und West abgespielt haben. Am Brandenburger Tor hatte es vor, hinter und auf der Mauer wohl ein richtiges nächtliches Fest gegeben. Das alles war ja schier unglaublich. »Wunderbar! Einfach wunderbar! Gott, du bist groß!«, sagte Schwester Gertrud laut zu sich selbst, um dann weiter aufmerksam zuzuhören, was der Nachrichtensprecher noch alles mitzuteilen hatte.

Ein Vertreter der italienischen Nachrichtenagentur ANSA, Riccardo Ehrmann, hatte in der besagten Pressekonferenz die entscheidende Frage nach der vom Zentralkomitee vorgesehenen neuen freizügigen Reiseregelung für Bürger der DDR gestellt. Deshalb wurde dieser Mann von Menschen aus beiden Teilen Berlins am Bahnhof Friedrichstraße wenige Stunden später als »Maueröffner« stürmisch gefeiert. Günter Schabowski hatte wohl eher irrtümlich diese Frage in dem Sinn beantwortet, dass die Neuregelung des Reiseverkehrs »sofort, unverzüglich« in Kraft trete. Und dann war seine Aussage nicht mehr rückgängig zu machen gewesen. Die Grenzübergänge mussten einer nach dem andern geöffnet werden. Sie hätten dem Ansturm der Menschen auch nicht standhalten können.

Was hatte noch im Januar Staats- und Parteichef Erich Honecker gemeint, deutlich machen zu müssen? Schwester Gertrud erinnerte sich genau, dass sie sich damals über diesen Satz schrecklich aufgeregt hatte. Er hatte gesagt, »der antifaschistische Schutzwall« werde »so lange bleiben, wie die Bedingungen nicht geändert werden, die zu seiner Errichtung geführt haben. Er wird auch in 50 und auch in 100 Jahren noch bestehen bleiben.« Und hatte nicht neulich der oberste SED-Ideologe Kurt Hager zu den neuen Parolen des russischen Präsidenten Michail Gorbatschow zur Demokratisierung des politischen Systems der UdSSR festgestellt, man müsse seine Wohnung nicht deshalb neu tapezieren, weil dies der Nachbar mache? Auch diese Festlegung auf die alten sozialistischen Strukturen gegen den Trend zu »Perestroika« und »Glasnost«, der vom großen Bruder Russland ausging, hatte sie aufgeregt.

»Pech gehabt, ihr Herren Hager und Honecker«, ging es der Missionarin durch den Kopf, »ihr werdet eure Wohnung dann wohl doch neu tapezieren müssen, und der antifaschistische Schutzwall war offenkundig doch auf Sand gebaut. Irret euch nicht, Gott lässt sich nicht spotten.« Schwester Gertrud registrierte gerade noch, dass der Nachrichtensprecher mitteilte, Bundeskanzler Helmut Kohl werde für diesen Tag seinen derzeitigen Polenbesuch unterbrechen und vom Balkon des Schöneberger Rathauses zur besonderen Situation eine Rede an die Berliner und alle Deutschen halten. Dann schaltete sie das Radio aus – die weiteren Nachrichten waren vergleichsweise unbedeutend,

– verweilte für ein paar Momente vor ihrem Fenster und schaute versonnen durch die Gardinen in den noch fahlen Morgen hinaus.

Ein leichter Wind zauste das kahle Haselnussgesträuch, aus dem sich gerade eine Schar Sperlinge davonmachte. Auf einem Zweig saß eine weiße Taube und putzte sich. Ein braunes Eichhörnchen turnte in den Ästen, pflückte eine der letzten Nüsse und nahm die Frucht zwischen die Pfötchen, um sie geschickt zu knacken. »Wie schön«, dachte Schwester Gertrud. »Ihr beide solltet wissen …« Was ging der Frau jetzt alles durch den Kopf? Künftig brauchten sich DDR-Bürger nicht mehr über Ungarn oder die Tschechoslowakei aus ihrem Staat davonzumachen. Aber es würde wohl noch mancher Sturm über das Land gehen, würden noch viele Nüsse zu knacken sein, bis die Ereignisse der vergangenen Stunden in geordnete Bahnen gefasst werden konnten. Ob die Taube zur Friedenstaube werden könnte? Vielleicht gar zur Botin eines Friedens, von dem die meisten Menschen in der DDR gar nichts wissen wollten oder konnten? Und die in den russischen Militärobjekten schon mal überhaupt nicht … Ob sich da ein neuer Auftrag ankündigte und ihr inneres Empfinden bestätigte, auf völlig neuem und bisher gänzlich unbekanntem Terrain selbst noch einmal als Friedensbotin Gottes unterwegs zu sein? Sie in ihrem Alter? Sie war schließlich bereits 69 Jahre alt.

Plötzlich war der Missionarin, als hörte sie eine Stimme sagen: »Siehe, ich habe vor dir gegeben eine offene Tür …« Wie von selbst legten sich die Hände der bald siebzigjährigen Frau zum Gebet zusammen. »Ich bin bereit, Gott. Wenn sich das Wort als wahr erweist, will ich gerne durch diese Tür gehen. Du wirst den Ort zeigen, wo die Tür offen steht. Und du wirst die Kraft und die Mittel geben, die erforderlich sind, und die Menschen, die dabei sein sollen.«

Das Klingeln des Telefons riss Schwester Gertrud aus dem stillen Gespräch mit ihrem Herrn. Eine der Frauen vom Vorabend wollte wissen, ob sie schon gehört habe, dass …

»Schwester Gertrud, du wolltest doch schon lange zu den Russen und ihnen das Evangelium bringen. Du wirst gehen können, weißt du das schon? Seit gestern Abend ist die Tür offen! Da bin ich ganz sicher. Und wir stehen alle hinter dir.« Wenn das nicht schon eine erste schöne Bestätigung ihres Gebetes war.

Die Missionarin beschloss, in der nächsten Zeit die Entwicklung der Dinge etwas genauer zu beobachten und zu verfolgen. Es musste ja nichts überstürzt werden. Gott musste Menschen und Bedingungen vorbereiten. Dann würde schon alles recht.

Zunächst ging die Arbeit für Schwester Gertrud weiter wie üblich. Weihnachten nahte. Da gab es manches vorzubereiten für die Weihnachtsfeiern mit den verschiedenen Gruppen und Kreisen ihrer Sinti. Sie selbst und ihre Mitarbeiter waren damit ausreichend gefordert. Dennoch achtete die Missionarin immer wieder darauf, wie sich die Dinge nach dem 9. November weiterentwickelten.

Dass die neue DDR-Regierung unter Ministerpräsident Hans Modrow den Wunsch nach raschen und durchgreifenden Reformen ausdrücklich mit der Forderung nach Erhalt der Eigenstaatlichkeit der DDR verband, war wohl zu verstehen. So schnell gibt kein Staat sich selbst auf und sei er noch so am Ende. Dass Bundeskanzler Helmut Kohl die »Wiedergewinnung der staatlichen Einheit Deutschlands« als das entscheidende Ziel der Politik seiner Regierung bezeichnete, stand dem zunächst einmal deutlich entgegen. Dass der russische Präsident Michail Gorbatschow sich zunächst noch ausdrücklich auf die Seite der DDR schlug, war eigentlich nicht anders zu erwarten. Schließlich war die DDR ein wichtiger strategischer Verbündeter im Militärbündnis des Warschauer Paktes und von daher unverzichtbares Terrain. Eine friedliche Zusammenarbeit der beiden deutschen Staaten könne sich durchaus entwickeln. Die würde er nicht behindern.

Na, das konnte noch spannend werden in den nächsten

Wochen und Monaten. Wann würden sich die Türen wohl öffnen für die ersten missionarischen Aktionen für russische Menschen auf DDR-Gebiet? Gott hatte die Verheißung von der offenen Tür gegeben. Schwester Gertrud hielt an diesem Zuspruch vom Morgen des 10. November unverbrüchlich fest. Eine ganze Reihe ihrer Freunde aus der Nähe und der Ferne, die ihr Streben nach Osten schon länger kannten, hatten sich dieser Zuversicht längst angeschlossen und beteten dementsprechend. Allerdings galt es zunächst noch für alle, Geduld zu üben und weiter auf das Signal Gottes zum Handeln zu warten.

Und Gottes Vorbereitung der Dinge ging weiter. Die Menschen in der DDR brachten ihrer neuen Regierung wenig Vertrauen entgegen. Besonders in Leipzig gingen die Massen bald wieder auf die Straße: »Deutschland, einig Vaterland«, skandierten sie unüberhörbar und später auch »Wir sind ein Volk«. Nach 40 Jahren mit Wahlergebnissen bei jeweils nahe 100 Prozent für die Einheitspartei des Staates gab es dann am 18. März 1990 die ersten freien Wahlen. Aber auch der neue Ministerpräsident Lothar de Maizière konnte den maroden Staat nicht mehr festigen. Zum 1. Juli wurde zwischen Bonn und Berlin der Fahrplan einer Wirtschafts-, Währungs- und Sozialunion vereinbart.

Im Juli signalisierte Michail Gorbatschow sein Einverständnis mit der Wiedervereinigung der beiden deutschen Staaten, natürlich unter bestimmten Bedingungen. Am 31. August unterzeichneten DDR-Staatssekretär Günther Krause und Bundesinnenminister Wolfgang Schäuble den »Einigungsvertrag«. Am 3. Oktober 1990 schließlich trat die DDR der Bundesrepublik Deutschland bei. »Deutschland, einig Vaterland« war nach Jahrzehnten der unseligen Teilung wieder Realität.

Noch vor den Toren

Für Schwester Gertrud begann die Zeit zu drängen. Die Rückführung der sowjetischen Truppen vom Gebiet der DDR in die östlichen Heimatgebiete war bereits für Ende 1994 vereinbart, wobei die Bundesrepublik Deutschland ihre Kostenbeteiligung zugesichert hatte. Wenn den russischen Soldaten und ihren Vorgesetzten das Evangelium gebracht werden sollte, dann musste man bald damit beginnen. Denn es würde in wenig Zeit sehr viel zu tun geben. Gottes Zusage von der »offenen Tür« hatte ihre Gültigkeit. »Also wo, Gott? Mit wem? Mit welchen Mitteln?«

Schwester Gertruds Gebete wurden sehr drängend. Der gegebene Auftrag musste doch endlich umgesetzt werden! Die vielen russischen Menschen auf dem Boden der Noch-DDR warteten darauf. 350.000 Soldaten gehörten zur Westgruppe der sowjetischen Streitkräfte. Wer kannte die Zahl der Frauen und Kinder, die in absehbarer Zeit mit ihren Männern und Vätern in eine unbekannte und ungewisse Zukunft in die UdSSR zurückkehren würden? So viele wie möglich sollten doch wenigstens noch das Evangelium von der Freiheit und Erlösung in Christus mit ins Reisegepäck nehmen können.

Seit dem 1. Juli waren die Grenzkontrollen so gut wie aufgehoben. Ungehinderter Reiseverkehr von West nach Ost und umgekehrt war nun möglich. Verbotenes oder Unbeliebtes brauchte nicht mehr geschmuggelt zu werden. Christliche Literatur konnte endlich offen transportiert werden. Also ein Auto besorgt, den Stauraum mit Bibeln, Kinderbibeln, bester geistlicher Literatur größeren und kleineren Umfangs und selbstverständlich auch mit kleinen Süßigkeiten und nützlichen Dingen gefüllt und dann losgefahren. Leib und Seele mussten selbstverständlich gemeinsam bedacht werden. Das war auch bei ihrer Sinti-Arbeit immer Schwester Gertruds Grundsatz gewesen.

Die Missionarin mit neuem Auftrag, der nun endlich umgesetzt werden konnte, besorgte sich russische Literatur. Bibeln, Kinderbibeln, Neue Testamente und manches andere an Schriften und Kleinschriften. Die Zentrale der Mission für Süd-Ost-Europa in Siegen, für die die Seniorin nun schon seit über 50 Jahren als Missionarin tätig war, hatte ein gut gefülltes Lager. Ein Hamburger Bruder und Freund wartete nur auf den »Einsatzbefehl«, um die kostbare Fracht abzuholen. Einige Kartons Schokolade und andere Süßigkeiten, dazu Seife und Zahnpasta und manches andere nützliche Kleinzeug waren auch bald durch die Hilfe anderer Freunde besorgt. Es konnte losgehen.

Ganz überraschend schenkte Gott den Start. Adolf Segert, ein sprachbegabter Glaubensbruder, von Beruf Export-Kaufmann, sprach Schwester Gertrud nach dem Gottesdienst an: »Schwester Gertrud, hättest du nicht Zeit, mit mir zu russischen Kasrnen in Mecklenburg zu fahren?« Offenbar veranlasste ihn die Liebe zu verlorenen Menschen, seine Sprachkenntnisse in Gottes Missionsdienst zu stellen. In Jahre langer Gefangenschaft in der Sowjetunion hatte er fließend Russisch gelernt. Maßarbeit Gottes! Das erste Team konnte beginnen. Schwester Gertrud schlug vor: »Wir fahren nach Ludwigslust. Das ist nicht sehr weit. Da sind wir bald.«

»Gut, wenn du meinst«, erklärte sich ihr Begleiter einverstanden.

»Nicht ich meine das, Bruder. Gott schickt uns nach Ludwigslust. Und jetzt lass den Motor an und fahr los.«

»Wenn ich auf der Karte den Weg gefunden habe, bin ich schon unterwegs«, schmunzelte der auch nicht mehr gerade junge Ex-Kaufmann, den seine Freunde wegen seines Missioneifers zuweilen einfach »Bruder Adolf« nannten. Er hatte das Ziel und die Fahrtroute bald gefunden, sprach ein kurzes Gebet, startete seinen roten Bus und fuhr los.

Es wurde eine ruhige und doch fröhliche Fahrt zunächst über die Autobahn Richtung Berlin, später noch ein Stück über die Landstraße. Der Verkehr war relativ ruhig, und es ließ sich gut fahren. Die Sonne lachte vom leicht bewölkten Himmel. Die Temperatur draußen war angenehm, und auch im Fahrzeug ließ es sich aushalten. So heiter, wie sich die sommerliche Landschaft draußen zeigte, so heiter waren die Gemüter der beiden Menschen, die sich anschickten, ihren ersten Büchertisch vor den Toren einer russischen Kaserne aufzubauen.

»Dürfen wir das eigentlich, was wir da machen wollen?«, kam plötzlich die Frage vom Lenker des Kleinbusses, als die beiden gerade die Autobahn verlassen hatten. »Du hast doch gar keine Genehmigung für unser Vorhaben.«

»Wozu brauche ich eine Genehmigung? Wer soll mir die denn geben? Ich kenne in Ludwigslust doch niemanden«, gab Schwester Gertrud zurück. »Außerdem stellen wir uns doch nicht auf einen Wochenmarkt.«

»Ja, aber …«

»Nichts aber, lieber Bruder. Wir sind unterwegs im Auftrag Gottes. Der hat die Genehmigung längst erteilt. Da wird uns kein Mensch in die Quere kommen. Zudem ist heute Samstag, und da arbeitet ohnehin keine Behörde.«

»Deine Zuversicht ist einfach umwerfend, Schwester Gertrud.«

»Darf ich dich an die Verheißung erinnern, die über unserer Aktion steht?«

»Du darfst sie mir gerne noch einmal sagen«, forderte der Fahrer.

»›Siehe, ich habe vor dir gegeben eine offene Tür‹, sagt Gott. Und das gilt nicht nur für das kleinasiatische Philadelphia aus Offenbarung 3,8. Das gilt für uns heute«, erklärte die Missionarin voller Überzeugung.

»Also gut, ich glaube dir«, akzeptierte Bruder Adolf. »Ich nehme meine Bedenken zurück.«

»Tu das und bete darum, dass wir das Wunder des offenen Kasernentors erleben.«

»Beten musst du«, gab der Mann zurück. »Ich muss mich

auf den Verkehr konzentrieren. Diese Noch-DDRler fahren auf diesen Alleestraßen manchmal ganz schön riskant.«

»Die werden auch noch manches Lehrgeld bezahlen müssen, bis sie mit der westlichen Fahrzeugtechnik zurechtkommen. Ein BMW, Mercedes, Audi, Opel ist eben kein Trabbi oder Wartburg«, gab sich die Missionarin fachkundig. »Die Zahl der Verkehrstoten ist in den letzten Monaten hier drüben stark gestiegen, haben sie jetzt im Radio gesagt. Da drüben an dem Baum steht auch wieder ein kleines Kreuz.«

»Vielleicht wieder eine Folge des Umstiegs von 30 auf 130 PS. Schade um jeden Betroffenen.«

Dieses Bedauern beendete erst einmal wieder das Gespräch im Kleinbus, und beide Missionare beschäftigten sich wohl mit dem, was in wenigen Minuten auf sie zukam.

Nach etwa zwei Stunden Fahrzeit rollte der rote VW-Bus in die kleine Kreisstadt Ludwigslust ein. Die Spannung bei seinen beiden Insassen stieg. Was würde gleich werden?

»Wie finden wir unser Ziel?«, fragte der Hamburger Bruder.

»Halt da vorn mal kurz an. Ich frage nach dem Weg«, schlug Schwester Gertrud vor. Der Wagen hielt neben einer Gruppe von Leuten, die wohl auf einen Bus warteten.

»Sagen Sie uns bitte den Weg zur russischen Kaserne?«, bat die Missionarin einen jungen Mann, der etwas abseits stand.

Erstaunt kam es zurück: »Was wollen Sie da denn?«

»Wir möchten den russischen Menschen dort das Evangelium von Jesus Christus bringen«, gab Schwester Gertrud Auskunft.

»Was wollen Sie?« Der Mann schien seinen Ohren nicht zu trauen.

»Sie haben richtig gehört. Die russischen Menschen brauchen die Botschaft von der Liebe Gottes, die auch ihnen gilt. Die wollen wir ihnen bringen. Sagen Sie uns bitte den Weg?«

»Liebe Gottes?! Was ist das denn? Und das für diese roten

Socken? Die Sausäcke sollen machen, dass sie hier verschwinden, und zwar bald! Die haben hier keine Existenzberechtigung mehr.«

»Da will ich Ihnen nicht unbedingt widersprechen, junger Mann«, gab Schwester Gertrud zu. »Ich kann Ihren Unmut gegen die russischen Armisten sogar verstehen, wenn ›Sausäcke‹ auch ein bisschen hart klingt. Aber beschreiben Sie uns nun bitte trotzdem …«

»Ganz schön verrückt, Ihre Idee. Aber wenn Sie denn unbedingt wollen.« Der junge Mann beschrieb ihnen den Weg zum Haupttor der Kaserne. »Aber fahren Sie vorsichtig. Sie ruinieren sich sonst Ihre Stoßdämpfer«, ergänzte er noch. Das war dann aber doch wieder nett und fürsorglich.

Schwester Gertrud bedankte sich höflich und gab ihm durch die geöffnete Scheibe noch rasch ein gutes Traktat mit der freundlichen Einladung, es auch zu lesen. »In dem Blatt erfahren Sie, worum es uns geht. Und vielen Dank für die Wegweisung und die Warnung.«

Wenige Minuten später tauchte eine hässliche, grau getünchte Betonmauer vor den Augen der beiden Bücher-Missionare auf. Dahinter ragten ebenso graue Wohnblocks heraus, die ihnen aus vielen hohlen Fenstern entgegenzublicken schienen. Menschen waren nicht zu sehen, weder in den Gebäuden noch anderswo. Langsam bog das Fahrzeug in die breite und wirklich sehr holprige Straße ein, die auf der einen Seite hinter einem schmalen wilden Grünstreifen von der hohen Betonwand begrenzt wurde, während die andere Seite mit großen Laubbäumen bestanden war. Dahinter öffnete sich unbebautes Gelände voller Gestrüpp und Gerümpel, mittendrin ein paar verfallene Hütten. Das war wohl mal ein Gartengelände gewesen, in dem sich nun niemand mehr aufhalten wollte. Wer hätte auch hier in unmittelbarer Kasernennähe sein oder gar wohnen wollen? Bei den DDR-Bürgern waren die Rotarmisten nicht gerade beliebt, wie der junge Mann es eben angedeutet hatte. Von wegen »großer Bruder«. Das hatte nur für eine bestimmte Klasse gegolten. Und die hatte seit der Wende nichts mehr zu sagen. Das einfache Volk hatte sich schon lange danach gesehnt, die russischen Besatzungstruppen loszuwerden.

»Das sieht ja vielleicht alles trostlos aus«, bemerkte Schwester Gertrud. »Gardinen scheinen die hier nicht zu kennen.«

»Farbe auch nicht«, bestätigte ihr Fahrer. »Alles trist und grau. Trotz der schönen Sonne alles nur trist und grau. Die kennen hier anscheinend keinen Sommer, nur grauen November. Asphalt kennen die auch nicht. Die hätten die Straße für unseren Auftritt hier schon ein bisschen herrichten können. Da muss man ja richtig Slalom um die Löcher fahren, wenn das Auto heil bleiben soll.«

»Nun sei mal nicht so anspruchsvoll. Die haben hier halt nicht die Mittel dafür«, kommentierte Schwester Gertrud die Kritik des Mannes. »Dort vorne ist das Haupttor. Da stellen wir uns gerade gegenüber.«

»Gerne, das ist ein guter Platz. Und dann werden wir sehen, ob die Tür offen ist.«

»Wir werden sehen, wie sie sich öffnet, Bruder Adolf. Denk an die Verheißung. Dennoch sollten wir noch einmal mit Gott über die nächste Stunde reden.«

Der Fahrer lenkte den Kleinbus in den Schatten einer großen Kastanie gleich gegenüber dem großen Tor. Nachdem die beiden Insassen für ihren Einsatz gebetet hatten, stiegen sie aus.

Schwester Gertrud und ihr Begleiter öffneten die rückseitige Türe des Fahrzeugs und zogen einen Klapptisch und ein großes Schild heraus. Das Schild stellten sie seitlich an den Bus, so dass es vom Kasernengelände aus zu sehen und zu lesen war. Selbstverständlich war es in Russisch beschriftet, und es lud ein, sich kostenlos Bibeln und andere christliche Literatur abzuholen. Den Tisch stellten die beiden hinter den Bus an den provisorischen Bürgersteig, so dass der

Straßenverkehr nicht behindert wurde, wenn es denn so etwas wie Straßenverkehr gab. Bisher war noch kein Fahrzeug vorbeigekommen, auch kein Radfahrer oder Fußgänger. Ob die Menschen dieser Stadt die Kasernennähe bewusst mieden?

Zunächst tat sich gar nichts. Kein Mensch ließ sich sehen. Waren sie noch nicht bemerkt worden? Oder schauten da nicht doch ein Paar Augen durch den schmalen Schlitz zwischen Pfosten und Tor? Das konnte auch eine Täuschung sein. Geräusche waren auch von jenseits der Mauer und des Tores keine zu hören. Ob die Russen überhaupt zu Hause waren? Blödsinniger Gedanke! Wo sollten sie denn sein? Ausgang oder gar Urlaub gab es doch für die Soldaten kaum oder gar nicht. Die meisten von denen, die in dieser Kaserne lebten, wussten wahrscheinlich kaum, wie ihre Garnisonsstadt eigentlich aussah.

»Vielleicht sollten wir doch einen Schlüssel verwenden, um das Tor zu öffnen«, meinte Schwester Gertrud mehr zu sich selbst als zu ihrem Begleiter.

»Wie meinst du das?«, fragte der zurück.

»Ich denke, wir müssen uns irgendwie bemerkbar machen. Es ist Mittagszeit. Vielleicht sitzen die alle irgendwo beim Essen und das Wachhäuschen ist gar nicht besetzt.«

»Und an was für einen Schlüssel denkst du, Schwester Gertrud?«, wurde der Mann neugierig.

»Warte ab. Ich zeig ihn dir gleich. Der Herr Jesus wird mir vergeben, dass ich sein Wort einfach wild durch die Gegend schleudere.« Die Missionarin nahm ein Neues Testament mit flexiblem Einband, überquerte mit schnellen Schritten die Straße und warf es im hohen Bogen über das Tor. »Das war mein Schlüssel. Pass auf, Bruder Adolf, wie der schließt«, kommentierte sie erwartungsvoll ihre Aktion.

Während die beiden Missionare die letzte Literatur auf dem Tisch aufstapelten, wurde das große Kasernentor mit quietschenden Begleitgeräuschen einen Spaltbreit geöffnet. Ein wenig Öl hätte der Technik dieser Barriere sicher gut

getan. Ein junger Mann in brauner Uniform und mit Schiffchen auf dem Kopf trat heraus, schaute wie sichernd
zunächst nach rechts und links und kam dann rasch herüber. In der Hand hielt er den »Schlüssel«. Er besah sich den
Kleinbus von vorne und von hinten und kontrollierte wohl
die Kennzeichen. Ob er mit HH etwas anfangen konnte?
Dann grüßte er formell und fragte in Russisch, was die
Aktion denn hier bedeuten sollte.

Jetzt erwies es sich als sehr vorteilhaft, dass Bruder Adolf
die Sprache des offenbar abgesandten Fragestellers beherrschte. »Wir sind aus Hamburg hier. Wir möchten
Ihnen gerne Bibeln schenken und andere christliche
Literatur.«

»Was kosten diese Bücher?«, fragte der Soldat nach,
nahm dabei eine Kinderbibel in die Hand, blätterte darin
und las hier und da wohl einen Vers oder betrachtete auch
nur eins der schönen Bilder. Dabei hielt er das »Schlüssel«-
Testament fest unter den Arm geklemmt. Das wollte er wohl
nicht wieder zurückgeben.

»Sie kosten nichts. Wir schenken sie Ihnen«, bekam er zur
Antwort.

»Alles, was Sie hier haben?«, fragte er ungläubig nach
und zeigte mit der freien Hand über den Tisch, auf dem auch
zwei Kartons mit kleinen Toilettenartikeln und Süßigkeiten
standen.

»Alles, was wir haben«, bestätigte der Bruder.

Irgendwie schien ein Strahlen über das Gesicht des jungen Russen zu gehen. Er griff sich eine kleine Tafel Schokolade und ein Stück Seife, nach dem Motto »Wer zuerst
kommt, hat seinen Anteil sicher«, ließ diese Dinge in seinen
Hosentaschen verschwinden, grüßte wieder, drehte sich auf
dem Absatz herum und verschwand mit seinem Testament
und der Bibel hinter dem Kasernentor, das geräuschvoll zunächst einmal wieder geschlossen wurde.

»Na, was wird jetzt werden?«, sinnierte Schwester Gertrud
und packte weitere Bücher auf den Tisch.

»Offene Tür, Schwester«, erinnerte ihr Begleiter. »Pass auf, gleich gehts los.«

Und so war es. Es dauerte vielleicht eine Viertelstunde, bis das Quietschen des großen Metalltors wieder die mittägliche Stille durchbrach. Ein Offizier mittleren Alters kam herüber. Der junge Soldat von eben, seine beiden Bücher immer noch in der Hand haltend, blieb mit einigen Kameraden in der Toröffnung stehen. Ihnen war das Warten wohl befohlen worden. Der Offizier trat an den Büchertisch und nahm nacheinander ein paar der Bücher und Schriften in die Hände. Er las die Klappentexte, schaute auch hinein, um hier und da zu lesen. Dann schaute er die beiden fremden Menschen nacheinander an und wiederholte die Frage, die der junge Soldat vorhin schon gestellt hatte. Er bekam natürlich dieselbe Antwort wie sein Untergebener. Für einen Moment schien der Offizier noch zu überlegen, wie er sich jetzt verhalten sollte. Dass es in ihm arbeitete, konnte man an seinem Gesicht ablesen.

Schwester Gertrud und ihr Begleiter schauten sich fragend an. »Gott, lass ihn die richtige Entscheidung treffen«, ging wohl beiden betend durch den Kopf. Dann drehte der Offizier sich um und winkte zu den Soldaten im Tor hinüber. Sofort kamen sie mit schnellen und großen Schritten über die Straße, als wollte jeder der Erste sein, der sein Buch in Empfang nehmen konnte. Und es kamen in den nächsten Minuten immer mehr. Bald kamen auch einzelne Frauen, jüngere und ältere. Kinder kamen allerdings keine, die waren vielleicht im Hort oder in der Schule.

Die Nachricht von dem besonderen Geschenktisch vor dem Kasernentor musste sich wie ein Lauffeuer auf dem Gelände und in den Gebäuden verbreitet haben. Bald waren der kleine Bus und der Büchertisch mit den beiden Menschen aus Hamburg umringt von einer dichten Traube jüngerer und älterer russischer Menschen in Uniform und in Zivil. Dennoch ging es am Büchertisch sehr diszipliniert zu. Es gab kein unhöfliches Gedränge. Vielleicht war das die Folge eines kurzen Kommandos des Offiziers. Jeder Mann und jede Frau nahm nur das in Empfang, was ihm und ihr von den beiden Menschen am Büchertisch gereicht wurde. Die meisten von ihnen begannen sofort in der Bibel, in dem Buch oder der Schrift zu lesen. Dabei leuchteten Spannung und Freude aus ihren Gesichtern. Einige stellten Fragen, als sie gemerkt hatten, dass der freigebige Mann russisch sprach. Nur wenige konnten sich in gebrochenem Deutsch äußern.

Schade, musste Schwester Gertrud denken. Könnte sie doch jetzt ein Zeugnis geben! Aber das war wohl nicht möglich. Noch nicht, vielleicht bei einem späteren Besuch?

Nach weniger als einer Stunde waren die Kisten und Kartons geleert und der Tisch abgeräumt, und noch längst nicht jeder der russischen Leute hatte eine Bibel, eine Kinderbibel oder andere Literatur empfangen können. Auch die Kleinigkeiten für die »Leibsorge« hatten bei weitem nicht gereicht. Noch einmal schade. Einigen Menschen konnte man die Enttäuschung an ihren Gesichtern ablesen.

»Können Sie nicht wiederkommen und uns mehr Bücher bringen?«, wurde mehrmals gefragt.

»Wenn es Ihnen recht ist, kommen wir sicher wieder. Es wird aber ein paar Wochen dauern«, antwortete Schwester Gertrud spontan. »Dann bringen wir mehr Bibeln mit und andere gute Bücher für Sie alle.«

»Ja, kommen Sie bitte wieder!« – »Lassen Sie uns nicht lange warten!« – »Kommen Sie bald wieder!« – »Bringen Sie uns mehr Bibeln für die anderen von uns!« So und ähnlich lauteten die Reaktionen der Leute, die offenbar überglücklich waren über die vielen kostbaren Geschenke, die sie erhalten hatten. »Biblia! Biblia!«

Zum ersten Mal nahm das Wort Gottes seinen Weg in russische Soldatenunterkünfte und Offizierswohnungen hinter grauen Kasernenmauern. Gott seis gedankt! Mochten sie das Grau der geistlichen Leere dieser Menschen wenigstens etwas aufhellen.

Allmählich leerte sich der Platz vor dem Kasernentor. Aber es bedurfte doch noch eines kurzen Kommandos des Offiziers, damit alle Uniformierten auf ihr Gelände zurückkehrten und das Tor wieder geschlossen werden konnte. Die letzten Frauen schlossen sich an, angeregt miteinander redend und freundlich zurückwinkend.

Viele dankbare Hände hatten die beiden Menschen aus der Hansestadt zuvor drücken müssen, und manches Auge, in das sie dabei blickten, hatte feucht geglänzt. Tränen der Freude und der Dankbarkeit? Bei den letzten vielleicht Tränen der Enttäuschung, leer ausgegangen zu sein.

Wenige Minuten später saßen die Missionarin und ihr Fahrer wieder in ihrem Kleinbus. Bevor sie abfuhren, falteten sie miteinander die Hände und dankten ihrem treuen Gott dafür, dass er seine Verheißung von den offenen Türen wahr gemacht hatte. Und sie beteten darum, dass die Pflänzchen, die sie hier hatten setzen können, in gutem Boden Wurzeln schlagen konnten und vielfältige Frucht brachten. Gab es nicht dafür auch eine Verheißung im Propheten Jesaja? Natürlich gab es die, und die beiden Beter in ihrem nunmehr leeren Auto erinnerten Gott daran, dass er gesagt hatte, sein Wort solle nicht leer zurückkommen, sondern es werde tun, wozu er es gegeben habe, und es werde ihm gelingen, wozu er es gesandt habe.

»Herr, mach auch diese Verheißung wahr! Danke, dass du es tust!«, betete Schwester Gertrud, und Bruder Adolf beendete die Gebetsgemeinschaft mit einem kräftigen »Amen!« und gab damit das Signal zur Rückfahrt nach Hamburg. Die erste Tür hatte sich geöffnet, wenngleich mit ein wenig Nachhilfe. Weitere Türen würden folgen. Darin waren sich die beiden Missionare einig und sicher. Und auch darin, dass sie bald, möglichst wirklich schon in zwei Wochen, diesen Platz wieder aufsuchen würden, um eine weitere Ladung geistlicher Literatur unter die russischen Leute zu bringen. Und sie würden andere Orte aufsuchen. Auch darin waren sie sich einig und sicher. Vielleicht gab es ja weitere Mitarbeiter und ganz andere Möglichkeiten?

Gott hatte es heute gerichtet, und er würde es künftig richten.

Unter den Sinti der verschiedenen Hamburger Gemeinden und Kreise gab es in diesen Wochen weniger zu tun als zu anderen Zeiten. Viele von ihnen waren gar nicht da. Sie befanden sich auf ihren jährlichen Sommerreisen. In der Hütte »Geborgenheit« gab es deshalb nur ein Sparprogramm. Dadurch hatte Schwester Gertrud ein wenig mehr Zeit, sich um Nachschub an Bibeln und anderen Schriften in russischer Sprache zu kümmern. Auf ihre schnellen ersten Berichte an ihre Freunde vom Einsatz in Ludwigslust meldeten sich einige und sagten ihr finanzielle Hilfe zu für weitere Einsätze. Andere boten auch ihre Mitarbeit bei einer der nächsten Fahrten an.

Das ließ sich alles gut an. Gott stand deutlich zu seinem Wort von den offenen Türen. Jetzt hatten sie sich auch zum weiteren Hinausgehen geöffnet. Schwieriger war es schon, in relativ kurzer Zeit genügend Literatur zu bekommen, damit die versprochene zweite Fahrt nach Ludwigslust auch sinnvoll wurde. Die Vorräte im Lager ihrer Missionszentrale waren nicht unerschöpflich. Also mussten auch andere Quellen aufgetan werden. Aber Schwester Gertruds Kontakte und Verbindungen waren sehr vielfältig und sie verstand es, die Notwendigkeit und die Dringlichkeit ihres Anliegens deutlich zu machen. Bei »Licht im Osten«, der »Friedensstimme« und anderen Missionswerken traf sie auf offene Ohren und freigebige Hände. Verteilmaterial stand bald wieder zur Verfügung. Weitere Büchertisch-Einsätze vor Kasernentoren konnten also geplant werden. Wie schön, wenn daraus auch Einsätze hinter den Toren werden könnten.

In ihren Gedanken bewegte die Missionarin die Frage, ob es nicht möglich wäre, mit dem Einsatz in Ludwigslust einen zweiten in Perleberg zu versuchen. Diese Kleinstadt lag nur etwa 40 km von Ludwigslust entfernt. Zeitlich musste das zu schaffen sein. Von der Menge des Materials her eigentlich auch.

Und es war zu schaffen, wie sich erweisen sollte.

An diesem Samstag war das Wetter nicht so schön wie vor ein paar Wochen. Der Tag war eher grau als hell, und es nieselte unangenehm. Der Herbst schien sich schon anzukündigen. Dennoch verlief die Fahrt der beiden Hamburger Bücher-Missionare mit ihrem prall gefüllten roten VW-Bus ohne irgendwelche Behinderungen.

Heute brauchten sie an ihrem ersten Zielort nicht nach dem Weg zu fragen. Sie hatten sich die Route durch die Stadt genau gemerkt. Und so bogen sie bald in die breite Schlaglöcher-Straße vor der Kaserne ein und steuerten auf ihre Kastanie zu, um wieder genau vor dem Tor anzuhalten. Auch heute war hier kein Mensch zu sehen, als wäre die Gegend hier tatsächlich für die Stadtbewohner Tabu-Zone.

»Ob die Leute auch bei diesem Schmuddelwetter kommen?«, deutete Bruder Adolf leise Bedenken an, während er den Motor abstellte.

»Die werden sich von dem bisschen Regen nicht abhalten lassen«, war sich Schwester Gertrud sicher. »Es ist nur gut, dass wir den großen Schirm dabei haben. Es wäre nicht gut, wenn die Bücher nass würden. Die Kastanie schützt auch ein bisschen.«

»Und welchen Schlüssel wirst du heute benutzen?«

»Ich gar keinen. Heute wirst du ihn benutzen«, gab die Missionarin dem Fragesteller zurück. Der schien nicht zu verstehen. »Du drückst jetzt einfach ein paar Mal kräftig auf deine Hupe. Und dann wirst du sehen, was passiert.« Bruder Adolf tat, wie ihm vorgeschlagen.

Tatsächlich, es verging keine halbe Minute, und das große Tor öffnete sich. Der Offizier von neulich steckte seinen Kopf durch den Spalt, als hätte er hinter dem Tor nur auf das Hupsignal gewartet. Schnellen Schrittes kam er über die Straße. Die Freude über den Besuch war ihm deutlich anzusehen. Er grüßte höflich mit Handschlag und bemerkte auf Deutsch: »Schön, dass Sie da sind. Wir haben schon auf Sie gewartet.«

Schwester Gertrud schaute ihn verwundert an. Auf Deutsch angesprochen zu werden, hatte sie nicht erwartet. Sie konnte sich nicht erinnern, dass dieser Mann neulich deutsch gesprochen hätte. Gerne erwiderte sie den Gruß und entschuldigte sich dafür, dass sie das Versprechen, nach zwei Wochen bereits wiederzukommen, nicht hatte einhalten können. Zugleich bat sie um eine Viertelstunde Geduld, damit der Tisch aufgestellt und die Bücher ausgelegt werden könnten. Der Offizier verstand und akzeptierte, wandte sich um und verschwand zunächst wieder hinter seinem großen Tor.

Dort wurde es jetzt unruhig. Da schienen sich inzwischen viele Männer und Frauen einzufinden, die gerne eine Bibel oder andere christliche Literatur erhalten wollten.

Die beiden Missionare beeilten sich, ihren Tisch aufzubauen, den großen Schirm darüber zu spannen und die Bücher auszulegen, die sie an diesem Ort gerne weitergeben wollten. Dabei achteten sie darauf, dass die Kartons mit den Büchern für Perleberg zunächst verborgen blieben. Denn dort wollten die beiden unbedingt auch noch hin.

Nahezu auf die Sekunde genau nach 15 Minuten wurde das Kasernentor wieder geöffnet. Schwester Gertrud und Bruder Adolf fiel auf, dass das heute fast geräuschlos ging. Offenbar war da zwischenzeitlich jemand mit der Ölkanne aktiv gewesen. Sehr diszipliniert kamen vielleicht hundert Soldaten und eine Anzahl Frauen über die Straße und stellten sich in einer Doppelreihe auf wie Kinder einer Schulklasse, um zu empfangen, was die freundlichen deutschen Menschen für sie bereithielten.

Heute gab es für jeden etwas, entweder eine Bibel oder ein gutes christliches Buch, z.B. Wilhelm Buschs »Jesus unser Schicksal« oder Werner Gitts »Wenn Tiere reden könnten«. Nach und nach löste sich die Reihe dann auf, und es kam zu einzelnen Gesprächen mit den beiden Hamburger Gönnern. Leider blieb dafür aber nicht mehr viel Zeit. Schwester Gertrud und Bruder Adolf wollten ja noch weiter nach Perleberg, um dort die andere Hälfte ihrer kostbaren Fracht loszuwerden.

Wie aus einer Eingebung machte die Missionarin gegenüber dem Offizier eine entsprechende Bemerkung und wunderte sich dann über dessen Reaktion: »Ich werde Sie dort anmelden. In einer Stunde sind Sie dort. Vielen Dank, dass Sie uns versorgt haben mit dem teuren Gotteswort.« Sprach dieser Mann nun wirklich deutsch oder hatte er diesen Satz eigens auswendig gelernt, wie vielleicht seine Begrüßungssätze? Jedenfalls verabschiedete er sich mit einem dankbaren warmen Händedruck und noch einmal mit einem deutschen Satz: »Danke, dass Sie gekommen sind. *S'Bogom*. Gott segne Sie!«

»Gott segne Sie!« Diese Worte aus dem Mund eines russischen Offiziers? Einfach zum Staunen und zum Danken! Vielleicht hatte bei dem Mann das Pflänzchen von neulich schon Wurzeln geschlagen. Vielleicht. Gott konnte, nein, er würde dieses Pflänzchen wachsen lassen!

Rasch räumten die beiden Missionare ihren Tisch samt Schirm zurück in ihren VW-Bus. Die Baumkrone über ihnen hatte sich tatsächlich als ein guter zusätzlicher Schutz für den Bücherstand erwiesen. Der Schirm war kaum nass. Dann ging es weiter nach Perleberg. Was würde die beiden dort erwarten? Ob der Offizier ihr Kommen wirklich dort anmelden würde? Das konnte spannend und interessant werden.

Etwa eine Stunde fuhren die beiden Missionare durch die liebliche Landschaft der westlichen Prignitz über die Elde an die Stepenitz, beides Nebenflüsschen der nahen Elbe. Dann hatten sie ihr zweites Tagesziel erreicht. Die Kaserne der örtlichen russischen Einheit hatten sie bald gefunden. Die Zufahrtstraße ließ sich besser fahren als die Löcherpiste in Ludwigslust. Die Straße erschien auch sauberer. Dafür »strahlte« die Kasernenmauer im gleichen tristen Grau wie

Der Büchertisch ist aufgebaut und schon nahen erste Interessenten

die bereits bekannte. Ob die Russen wirklich keine andere Farbe zur Verfügung hatten? Oder war die eintönige Farbgestaltung der Einfriedung ihrer Gelände vielleicht psychologisch zu deuten? Tristes und graues Leben hinter den Mauern musste auch nach außen trist und grau erscheinen?

Neben dem Haupttor gab es bei dieser Kaserne eine Wachstube, von der aus die Zufahrt eingesehen werden konnte. Von außen konnte man allerdings nicht hineinsehen. Passanten des nur dünn fließenden Straßenverkehrs sollten wohl nicht sehen, wer in der Wachstube saß. Hier lebten nämlich Menschen in unmittelbarer Nachbarschaft mit den ummauerten Russen. Typisch sozialistische Absicherung.

Bruder Adolf lenkte seinen Bus an den Straßenrand gegenüber dem Haupttor. Hier standen zwar keine Kastanien, dafür aber wunderschöne Birken. Die wären nur ein geringer Regenschutz gewesen, wenn es noch geregnet hätte. Aber es war in der vergangenen halben Stunde trocken geworden. Gut so, Gott sei Dank!

Nachdem die beiden Bus-Insassen noch einmal gebetet

hatten, stiegen sie aus und begannen sogleich, ihren Büchertisch aufzubauen. Inzwischen hatten sie Übung darin, und so waren sie bald damit fertig. Noch hatte sich niemand am Kasernentor sehen lassen. Ob die Aktion doch nicht angemeldet war? Der Soldat in der Wachstube musste sie doch längst gesehen haben. Aber vielleicht schaute der auch gar nicht so gerne nach draußen. Denn dann hatte er stets die auf die gegenüber liegende Wand gesprühten und nur notdürftig wieder übertünchten Worte vor Augen: »Russen, geht nach Hause, aber bald!«

Gerührt hatte der Wachhabende sich bis jetzt auf jeden Fall nicht. Dafür blieb der eine oder andere Passant kurz stehen, um zu sehen, was das werden sollte. Die russischen Schriftzeichen auf dem Schild und auf den Büchern ließ die Leute dann aber bald weitergehen oder auch weiterfahren. Sich mit den Russen abzugeben, war nicht ihr Ding. Da hielt man sich besser auf Distanz. Auf ein Gespräch am Büchertisch wollte sich auch niemand einlassen. Sollten diese Hamburger Exoten ihr Geschäft ruhig allein machen. Die mussten dabei ohnehin ein bisschen meschugge sein, sich mit einem Büchertisch vor eine Rotarmisten-Kaserne zu stellen. Deutliches Kopfschütteln war die geringste der Reaktionen der Passanten. Schmähworte waren da schon deutlicher. Den »großen Bruder« auch noch hätscheln und ihm den Bart streicheln und die Seele füttern, das fehlte noch und war absolut bescheuert.

Die beiden Büchertisch-Missionare registrierten diese Dinge mit Bedauern und Wehmut. Das waren zwar verständliche Denkweisen für Leute, die, obwohl sie selbst sozialistisch geprägt waren, die Rotarmisten doch nur als üble Besatzer empfanden. Die konnten also kaum anders. Dennoch, die meisten der russischen Leute hatten doch nur ausführende Funktionen und viele waren auch nur Angehörige. Was konnten die denn für die Situation?

Sie selbst jedenfalls waren sich ihres Auftrags für diese Menschen sehr sicher, und sie würden sich in seiner Ausführung von niemandem beeinflussen oder gar hindern lassen.

Der Büchertisch ist reich gedeckt

Schwester Gertrud und Bruder Adolf hatten ihre Vorbereitung bald abgeschlossen. Jetzt konnten die Kasernenbewohner kommen. »Vielleicht sage ich mal im Wachhäuschen Bescheid, dass wir hier sind«, schlug der Mann vor, während er noch einmal über den Tisch blickte, ob auch alles in guter Ordnung sei.

»Brauchst du nicht mehr, Bruder. Schau, der Eingang ist schon offen. Gleich werden sie kommen«, stellte Schwester Gertrud fest und baute sich dabei wie eine Verkäuferin hinter dem Tisch auf. »Die Scharniere müssen gut geölt sein. Ich hab überhaupt nicht gehört, dass sich da was bewegt hat«, gab Bruder Adolf zu.

Dann kamen sie durch das offene Tor, wohl geordnet in einer Zweierreihe, Soldaten in sauberen Uniformen und mit Schiffchen oder knappen Schildkappen auf den Köpfen. Vorneweg ein Offizier, an seiner Mütze erkennbar. Neben ihnen, also in der dritten Reihe, in gleichmäßigen Abständen ebenfalls Bemützte. Das mussten die jeweiligen Gruppenführer sein. Die Anmeldung hatte offenbar funktioniert und dazu geführt, dass bestimmte Mannschafts-

Ein russischer Offizier betrachtet die Auslagen

gruppen abgeordnet worden waren, die Bücher der beiden
deutschen Leute in Empfang zu nehmen. Insgesamt waren
das wohl 100 oder 120 Männer, die jeder eine Bibel oder ein
anderes Buch in Empfang nahmen. Ob denen zuvor gesagt
worden war, dass sie dabei keine Miene verziehen sollten?
Ob sie auch keinen Händedruck erwidern durften? Das
wirkte alles sehr steif und formal. Ein bisschen schade.
Selbst auf das entgegengebrachte Lächeln oder die eine
oder andere Anrede in Russisch reagierte keiner der Soldaten, und einen angebotenen Handschlag wollte niemand
erwidern.

Die wenigen Offiziere hielten sich zunächst im Hintergrund. Erst als die einfachen Soldaten versorgt waren und
mit ihren Gaben wieder hinter dem Kasernentor verschwunden waren, kamen sie aus ihrer Reserve. Die Strenge
wich aus ihren Gesichtern und sie begannen, untereinander
zu reden. Bald waren sie auch im Gespräch mit den beiden
Deutschen, einige auf Russisch, andere auch, soweit sie es
vermochten, auf Deutsch.

Nach einer Weile des Hin und Her riskierte Schwester

Gertrud eine Frage: »Habt ihr keine Frauen? Wir möchten auch euren Frauen Literatur schenken.« Sie bekam auf ihre Frage keine direkte Antwort, aber der führende Offizier von vorhin gab einem Kollegen eine Anweisung, die der sofort befolgte. Er eilte im Laufschritt auf das Kasernengelände, und wenige Minuten später kamen die Frauen der Offiziere heraus und scharten sich um den Büchertisch, der noch immer gut bestückt war. Jetzt wurde es lebendig. Die Frauen waren ja nicht an Weisungen gebunden. Sie griffen selbst zu, blätterten und lasen, kommentierten und fragten. Untereinander natürlich in ihrer Sprache. Aber einige konnten auch ein wenig Deutsch, und sie suchten das Gespräch in der für sie eigentlich fremden Sprache.

Eine der Frauen, sie fiel deutlich auf durch eine knallrote Jacke, war wohl von der Situation besonders angeregt und innerlich bewegt. Mit einer Bibel in der Hand kam sie sogar hinter den Tisch, um näher bei Schwester Gertrud zu sein. Sehr drängend fragte sie. Sie sprach mit einem interessanten Akzent: »Warum ihr kommt aus Hamburg nach hier? Warum ihr gebt uns Gotteswort? Wer ist euer Gott? Ich ihn kenne nicht.«

Die Frau hatte relativ laut gesprochen, für alle verstehbar. Plötzlich verstummten die anderen Gespräche, und alle Gesichter wandten sich den beiden Frauen hinter dem Tisch zu. Auch die der verbliebenen Männer. Jeder wollte wohl die Antwort von Schwester Gertrud hören.

Die wandte sich gerne dieser Frau zu, ohne die anderen aus dem Blick zu verlieren: »Sehen Sie, gute Frau, ich verstehe, dass Sie Gott nicht kennen. Wahrscheinlich hat Ihnen nie jemand von ihm erzählt, und Sie haben nie von ihm hören oder lesen können. Jetzt können Sie es. Lesen Sie die Bibel. In der Bibel lernen Sie Gott kennen. Sie lesen von seiner Liebe zu allen Menschen. Sie lesen von seiner großen Barmherzigkeit für alle Menschen. Und Sie lesen von seiner Erlösungstat für alle Menschen durch seinen Sohn Jesus Christus. Jesus will allen Menschen richtiges Leben schenken, Leben, das nicht mit dem Tod aufhört.

Glauben Sie mir, das gilt alles auch für euch russische Menschen. Schauen Sie, ich schenke Ihnen zu Ihrer Bibel noch ein Buch. ›Jesus unser Schicksal‹. Lesen Sie es genauso sorgfältig wie die Bibel selbst, und dann werden Sie Gott kennen lernen. Und wenn Sie es gelesen haben, geben Sie es an Ihre Freunde weiter. Jesus will auch euer Schicksal in die Hände nehmen. Ich wünsche Ihnen, dass Gott Ihnen hilft zu verstehen, was Sie lesen, und dass er Ihnen seinen Segen schenkt.«

Mit zunehmend großen und erstaunten Augen hatte die Russin zugehört, und die Umstehenden ebenso. Die hatten aber wohl nicht alle verstanden und wollten jetzt von der Frau wissen, was denn die Hamburger *Babuschka* ihr gesagt hatte. Beim Hinhören auf die russische Übersetzung schauten sie immer wieder zu Schwester Gertrud hin. Solche Worte hatten sie wohl noch nie gehört. Fest drückte die Fragestellerin dann der alten Missionarin die Hand. »Danke, Frau, danke. Ich werde lesen. Ich muss kennen lernen euren Gott. Ich werde lesen. Danke, Frau, für Bibel und Buch.« Dann wandte sie sich den anderen Frauen wieder zu, und die Gruppe verschwand bald hinter dem Kasernentor, das sich kurz danach wieder schloss.

Ob die Gespräche unter ihnen wohl jetzt neue Inhalte hatten? Es deutete sich zumindest so an. »Herr, öffne dieser Frau die Augen und all den anderen auch, damit sie recht lesen können und dich finden«, betete Schwester Gertrud im Stillen, »und lass den Samen aufgehen, den wir hier streuen konnten.«

Eine halbe Stunde später saßen die beiden Missionare wieder in ihrem Auto, um nach getaner Arbeit in die Hansestadt zurückzufahren. Dankbar ließen sie die vergangenen Stunden noch einmal vor ihren Augen Revue passieren. »Ob wir jemals erfahren, ob sich unsere Einsätze gelohnt haben?«, fragte Bruder Adolf nachdenklich.

»Spätestens im Himmel«, antwortete Schwester Gertrud überzeugt, »wenn uns die Leute begegnen, die Gott beim

Lesen der Bibel und der anderen Bücher kennen gelernt haben und denen Jesus zu ihrem Schicksal geworden ist.«

»Da bin ich schon jetzt gespannt drauf, wie viele das sein werden.«

»Das werden einige sein, da bin ich ganz sicher. Diese Frau in der roten Jacke wird eine der Ersten sein.«

»›Gott mag es schenken, Gott mag es lenken, er hat die Gnad‹«, zitierte der Fahrer ein bekanntes Volkslied, das ihm wohl gerade in den Sinn kam.

»Ja, Gott kann. Was steht doch bei Hesekiel?«

»Da steht eine ganze Menge, was jetzt passen würde.«

»Ich sag dir, was ich meine, achte du nur auf die Straße. Also, da steht im elften Kapitel: ›Ich will ihnen ein anderes Herz geben und einen neuen Geist in sie geben und will das steinerne Herz wegnehmen aus ihrem Leibe und ihnen ein fleischernes Herz geben, damit sie in meinen Geboten wandeln und meine Ordnungen halten und danach tun‹« (Hesekiel 11,19f).

»›Und sie sollen mein Volk sein, und ich will ihr Gott sein‹«, ergänzte der ebenso bibelkundige Bruder, »wobei du noch eine andere Verheißung zitieren kannst.«

»Sicher mehr als eine. Sag mir, welche du jetzt meinst.«

»Ich meine Jeremia 29.«

»Gut, das passt gut«, bestätigte Schwester Gertrud und zitierte die Verse 13 und 14: »›Ihr werdet mich suchen und finden; denn wenn ihr mich von ganzem Herzen suchen werdet, so will ich mich von euch finden lassen, spricht der Herr, und will eure Gefangenschaft wenden und euch sammeln aus allen Völkern und von allen Orten, wohin ich euch verstoßen habe.‹«

»Selbst das Letzte könnte passen«, kommentierte Bruder Adolf. »Dass die hier in der DDR sein mussten wie andere in Ungarn oder Tschechien oder sonstwo, mag einer Verstoßung aus ihrem eigenen Land gleichkommen. Die hatten hier doch alles andere als ein traumhaftes Leben. Und wenn sie nach Hause kommen in irgendeine Gegend der großen Sowjetunion, werden sie es nicht viel besser haben. Da wird sich schon hier die Angst eingenistet haben, was sie denn dort erwartet. Gott möge ihnen gnädig sein.«

»Recht hast du, Bruder«, bestätigte die Missionarin. »Und jetzt fahr gut weiter. Ich hoffe, du bist noch munter. Ich mache für ein paar Minuten die Augen zu.«

Damit war die Unterhaltung der beiden Heimreisenden zunächst einmal beendet. Jeder hing seinen eigenen Gedanken nach. Schwester Gertrud schlief sogar bald ein und bekam vom Rest der Reise nicht mehr viel mit.

Einlass hinter die Tore

Die Sinti-Sommerpause war inzwischen vorbei. Für Schwester Gertrud bedeutete das, dass die Arbeit wieder zunahm. Die Gemeinde am Georgswerder Ring brauchte sie wie eh und je. Zugleich wollte sie gerne ihre Kaserneneinsätze weiterführen. Die Zeit drängte einfach. Die Missionarin hatte das unbestimmte Empfinden, dass sich irgendwo die Kasernentore längst weit geöffnet hatten. Sie brauchte also nur noch hindurchzugehen. Nur wo das war, vermochte sie nicht zu sagen. Sie betete um Klarheit, und sie bat Freunde, sie in ihrem Gebet zu unterstützen.

Solange sie in dieser Frage keine Gewissheit hatte, organisierte Schwester Gertrud zunächst weitere Büchertischeinsätze in anderen Garnisonsstädten. Sie fand Freunde, die sie begleiteten, wenn Bruder Adolf einmal nicht konnte. Und sie fand immer wieder Menschen, die die Literatur finanzierten. Sie bekam die Bücher zwar mit guten Rabatten, dennoch, bei den Mengen, die sie für ihre Aktionen brauchte, waren die Rechnungen nicht gerade klein.

Bei allen neuen Einsätzen, die in der Regel nach denselben Mustern abliefen wie die ersten in Ludwigslust und Perleberg, bemühte sie sich um ein waches Gespür dafür, wo dieser Ort wohl war, an dem ihrer Meinung nach die

Türen so weit offen standen, dass Einsätze innerhalb des Kasernengeländes möglich waren.

Wie ein Geschenk zum neuen »Tag der deutschen Einheit« bekam Schwester Gertrud Post aus Neustrelitz, einer Stadt am Zierker See, die in ihren Grenzen ebenso viele russische Militärs mit ihren Angehörigen beherbergte wie – seit heute – Bürger der Bundesrepublik Deutschland. Es waren jeweils etwa 25.000. Welche Möglichkeiten würden sich dort ergeben können, wenn …, ja, wenn …

Die Missionarin las den Brief des dortigen Predigers der Landeskirchlichen Gemeinschaft zum zweiten Mal. Der Bruder im neuen Bundesland Mecklenburg-Vorpommern bat doch tatsächlich um russische Bibeln. Er erzählte von einem Büchertischeinsatz auf dem Wochenmarkt seiner Stadt im September. An seinen Tisch seien zwei russische Lehrerinnen gekommen, die nach Bibeln in ihrer Sprache gefragt hätten. Leider hätte er ihnen keine anbieten können, ihnen aber versprochen, schnellstens solche Bücher zu besorgen. Ob sie, Gertrud Wehl, ihm nicht wenigstens zwei russische Bibeln besorgen und zuschicken könnte? Er würde die Rechnung auch …

Bei Schwester Gertrud machte es deutlich »Klick!«. Das musste es sein! Gott hatte in Neustrelitz bereits Türen geöffnet. Wenn russische Lehrerinnen auf einem deutschen Wochenmarkt nach Bibeln in ihrer Muttersprache fragten, dann hatte Gott hier bereits Besonderes vorbereitet. Oder er war dabei, es zu tun.

Die Missionarin legte den Brief beiseite und griff zum Telefon. »Bruder Adolf, wenn ich mich nicht sehr täusche, sollten wir demnächst nach Neustrelitz fahren. Dort wird nach russischen Bibeln gefragt. Schau dir schon einmal die Strecke auf der Karte an. Könnten wir vielleicht an Allerheiligen fahren? Da hab ich nichts Besonderes im Kalender stehen. Ich besorge bis dahin die Ladung. Geht das in Ordnung?« Der alte Hamburger Missionsfreund kam gar nicht mehr dazu, seiner Anruferin zu antworten. Die hatte in ihrer manchmal sehr direkten Art schon wieder aufgelegt. »Das geht in Ordnung, Schwester Gertrud«, bestätigte der Mann kopfnickend also eigentlich nur noch sich selbst.

Der 1. November 1990 war ein Donnerstag, ein trüber Tag, wie es sich für Allerheiligen gehörte. Das Fahren bei Schmuddelwetter machte dem alten Bruder nie so recht Freude. Er fuhr lieber, wenn die Sonne schien. Dann waren die Straßen trocken und nicht nass und schmierig vom Herbstlaub. Und dann war auch die Sicht besser. Seine Augen waren ja auch nicht mehr die jüngsten. Dazu war die Strecke heute erheblich weiter als bei den bisherigen Einsätzen. Das Fahren war schon von daher anstrengender. Da mussten diesmal wohl mehr als 250 km zu bewältigen sein. Aber in Neustrelitz warteten mindestens zwei russische Lehrerinnen auf Bibeln. Und viele ihrer Landsleute sollten auch Bibeln erhalten. Das erlaubte keinen weiteren Aufschub. Gottes Zeit war offenbar gekommen. Also die trübe Novemberstimmung aus dem Herzen verbannt und fröhlich mit dem wieder prall gefüllten VW-Bus auf die Strecke und ans Werk. Zum ersten Mal hinter Kasernentoren?

Die beiden Missionare waren schon eine ganze Weile unterwegs, als Bruder Adolf ganz unvermittelt fragte: »Schwester Gertrud, hast du eigentlich die beiden Bibeln für die Lehrerinnen dabei?«

Die so Angesprochene wandte sich ihrem Fahrer zu: »Du willst mich wohl … Die habe ich doch längst mit der Post geschickt. Ich hoffe, der Kahawe hat die sofort weitergegeben und die beiden Frauen haben bereits fleißig darin gelesen.«

»Sollte ja nur ein Scherz sein, Schwester. Du warst so still. Ich wollte testen, ob du vielleicht eingeschlafen warst.«

»Nein, Bruder, schlafen könnte ich jetzt gar nicht. Dafür

ist die innere Spannung zu groß. Ich glaube, wir werden Großes erleben.«

»Ich wünsche dir, dass du Recht hast. Aber wer ist Kahawe?«, gab der Fahrer zurück.

»So nennen die Frommen den Prediger dort. Das sind die Anfangsbuchstaben seines Namens. Das muss ein fröhlicher, aufgeschlossener Mensch sein. Ich denke, wir lernen ihn kennen.«

»Hat der denn unseren Besuch in irgendeiner Kaserne angemeldet?«

»Lieber Bruder Adolf, woher soll ich das wissen?«, gab die Missionarin in köstlicher geistlicher Naivität zurück. »Aber ich bin überzeugt, dass unser Besuch möglich ist. Gott hat längst vorgesorgt. Zweifelst du etwa daran?«

Die Antwort des Bruders kam etwas zögerlich: »Nein, nein, ich zweifle natürlich nicht. Aber ich hatte gedacht …«

»Der Mensch denkt, Gott lenkt«, wurde der Vielleicht-doch-ein-wenig-Zweifler in seine geistlichen Schranken verwiesen. »So ähnlich steht das in den Sprüchen Salomos. Solltest du eigentlich kennen.«

»Danke für die Korrektur, Schwester. Ich merk mirs«, gab der so Belehrte lächelnd zurück.

Damit war das Gespräch erst einmal wieder zu Ende, und jeder hing seinen eigenen Gedanken nach.

»Einen tollen Schaukasten haben die hier«, bemerkte Bruder Adolf, als die beiden Reisenden in Sachen russische Literatur endlich in der zweitwichtigsten Garnisonstadt der ehemaligen DDR angekommen waren. Noch ehe Schwester Gertrud darauf reagieren konnte, stand für ihren Mitstreiter fest: »Da drüben ist das Haus der Gemeinschaft. Da gehen wir zunächst einmal rein. Und dann sehen wir weiter.«

»Keine Frage. Wir sind in der Sassenstraße. Das ist die Adresse, die der Predigerbruder mir angegeben hat. Also gehen wir hinein.«

Wenige Momente später standen die beiden Kahawe

gegenüber, einem hoch gewachsenen, offenen Menschen, dem die Freude über die Begegnung sofort aus allen Knopflöchern strahlte.

Seine Frau, die hinter ihm auftauchte, freute sich sichtlich genauso. »Herzlich willkommen, ihr Hamburger Geschwister. Unverhofft kommt oft. Das ist schön, dass wir uns persönlich begegnen dürfen. Und das auch noch zur Feier des Tages«, zeigte die Frau gleich ihr ebenso offenes und fröhliches Wesen.

»Zur Feier des Tages?« Schwester Gertrud verstand nicht recht und schaute ihr Gegenüber fragend an.

»Ja, zur Feier des Tages. Kommen Sie rein. Wir sind gerade beim Mittagessen. Feiern Sie mit uns meinen Geburtstag!«, erklärte Kahawe.

»Oh, das ist uns jetzt aber peinlich. Wir wollen doch nicht Ihre Geburtstagsfeier stören«, bemerkte die Missionarin ein wenig unsicher.

»Aber das tun Sie doch nicht«, gab der Jubilar fröhlich zurück. »Ein Liter Wasser in die Suppe, und dann reicht es wieder. Und wo Sie plötzlich hier sind, mag dieser Tag ja auch zu einem anderen Geburtstag werden. Also nur freudig hereinspaziert. Meine paar Gäste werden sich genauso freuen, Sie kennen zu lernen, wie ich und meine Frau.«

Das wurde tatsächlich eine fröhliche wechselseitige Begrüßung im kleinen Kreis der Leute um den Mittagstisch, war doch Schwester Gertrud auch in DDR-Bereichen zumindest dem Namen nach als Hamburger Zigeunermissionarin lange bekannt. Auch die DDR hatte ihre Sinti-Mission gehabt, und da hatte es selbst bei geschlossenen Grenzen Verbindungen gegeben.

»Wie hatten Sie das vorhin gemeint, Bruder, das mit dem anderen Geburtstag?«, fragte Schwester Gertrud wenig später ihren Gastgeber.

»Nun, das will ich Ihnen gerne sagen. Aber vorher streichen wir das förmliche ›Sie‹. Hier in der gottlob ehemaligen DDR haben sich Glaubensgeschwister nie gesiezt.«

»Wunderbar, da bekommen wir keine Probleme«, bestätigte die Missionarin sofort freudig. Und der Hamburger Mitstreiter äußerte sich ebenso einverstanden.

»Also, ihr seid ja nicht gekommen, um meinen Geburtstag zu feiern. Den konntet ihr ja gar nicht wissen«, begann Kahawe seine Erklärung.

»Richtig«, bestätigte Schwester Gertrud.

»Ich denke, ihr habt euren VW-Bus gefüllt mit russischen Bibeln und solchen Sachen.«

»Auch richtig«, bestätigte diesmal Bruder Adolf. »Der Wagen hängt ganz schön in den Stoßdämpfern.«

»Und ihr wollt die Fracht sicher loswerden, ehe ihr nach Hamburg zurückfahrt.«

»Deshalb sind wir doch hier«, betonte Schwester Gertrud.

»Also, wir haben inzwischen zwei russische Freundinnen, die ab und zu hier ins Gemeinschaftshaus kommen. Das sind die, für die du die Bibeln geschickt hast, Schwester Gertrud.«

»Und die lernen wir kennen?«, fragte die gespannt zurück.

»Die beiden tauchen gleich hier auf. Ich habe sie zum Kaffee eingeladen.«

»Nun mach es mal nicht so spannend, Bruder«, drängte die Missionarin.

»Gut, Schwester. Ich denke Folgendes. Die beiden bringen euch zum Armeeobjekt und schaffen euch die Möglichkeit, alles loszuwerden, was ihr in eurem Fahrzeug habt.«

»Und das wird so einfach funktionieren?«, meldete Bruder Adolf leise Bedenken an.

»Das wird funktionieren, Geschwister«, war sich der Prediger sicher. »Gott hat euch doch nicht auf die weite Reise geschickt, damit ihr ohne Erfolg wieder nach Hause fahrt. Leute, wir haben doch einen großen Gott. Der hat die Weichen längst gestellt. Tamara ist die Frau eines der wichtigsten Männer der Garnison. Als Kind war sie häufig krank. Aber sie hatte eine betende Großmutter. Die hat ihr aufs

Herz gelegt, Gott niemals zu vergessen. Seit sie ihre Bibel hat, ist sie auf intensiver Suche. Sie ist die erste Russin, mit der wir hier im Haus gebetet haben.«

»Und die andere?«

»Irina ist etwas jünger und mit einem Offizier befreundet. Die beiden werden bald heiraten. Ein gutes Mädchen. Sie ist genauso auf der Suche nach Gott.«

»Also gut, keine Zweifel, keine Fragen, Gott wirds machen«, bestätigte Schwester Gertrud. »Und doch noch eine Frage: Wann kommen die beiden Frauen?«

»Ich denke, gegen zwei. Und dann solltet ihr euch gleich auf den Weg machen. Ihr wollt ja sicher auch wieder zurück nach Hamburg. Nur solltet ihr vorher ein wenig ruhen und Kräfte sammeln.«

»Danke, Bruder.« Die Missionarin nahm dies Angebot gerne an. »Ich fühle mich wirklich im Moment ein bisschen müde. Und Bruder Adolf sicher auch. Es war für ihn nicht leicht zu fahren. Können wir uns ein wenig zurückziehen?«

»Meine Frau hats schon gerichtet. Zwei gute Ruhesessel stehen bereit.«

Die beiden russischen Frauen waren pünktlich. Sie hätten Mutter und Tochter sein können, die ältere dunkelhaarig, mittelgroß und vollschlank, die jüngere blond, schlank, mit feinen Gesichtszügen. Die beiden Lehrerinnen hatten sich für die Geburtstagsfeier recht schick gemacht. Ihr Erstaunen und ihre Freude über die Begegnung mit den Hamburger Missionaren waren offenkundig. Dieser Frau hatten sie also den Erhalt der Bibeln zu danken. Selbstverständlich waren sie bereit, zunächst einmal auf die Geburtstagsfeier zu verzichten und mit ins Objekt zurückzufahren, damit die kostbare Literatur auch abgegeben werden konnte. Vorher wollte Tamara aber gerne noch telefonieren.

»Wir können fahren. Alles in Ordnung ist«, verkündete sie, als sie vom Telefon zurück in die Stube kam.

»In welches Objekt fahren wir?«, wollte Bruder Adolf wissen.

»Über den Marktplatz in die Prenzliner Straße«, bekam er zur Antwort.

»Also, fahren wir«, freute sich Schwester Gertrud. »Gott ist mit uns. Seine Verheißung gilt: ›Ich habe vor dir gegeben eine offene Tür‹. Gehen wir hindurch.«

Die vier Personen quetschten sich in den VW-Bus, und los ging die Fahrt.

»Ein strammer Kerl, der da oben«, kommentierte Schwester Gertrud das russische Denkmal, das auf einem hohen Sockel den Marktplatz schmückte.

»Der wird sicher die längste Zeit da oben verbracht haben«, vermutete Bruder Adolf und biss sich sofort auf die Lippen. Den Gedanken hätte er mit Rücksicht auf die russischen Frauen im Wagen wohl besser nicht ausgesprochen. Die beiden reagierten nicht. Sie ahnten sicher selbst, dass die Aussage so falsch gar nicht sein konnte.

Wenige Minuten später hielt der eng besetzte und voll beladene VW-Bus gegenüber dem Haupttor des Objekts in der Prenzliner Straße. Tamara stieg als Erste aus, lief rasch hinüber und verhandelte mit dem wachhabenden Soldaten. Der schien erst einmal Schwierigkeiten zu machen und sich zu weigern, Tor und Schlagbaum zu öffnen, die den Weg auf das Gelände freigeben würden. Ihr Telefonat von vorhin war wohl ohne Ergebnis geblieben. Niedergeschlagen und enttäuscht kam die Frau zum Wagen zurück.

»Sie sagen, ihr seid Spione. Und sie wollen das Tor nicht öffnen.«

»Dann müssen wir beten!« Schwester Gertrud wollte sich der Enttäuschung nicht anschließen und legte auch schon die Hände zusammen. »Herr Jesus, deine Verheißung gilt. Nun besorg du auch den Schlüssel, der dieses Kasernentor öffnet und den Schlagbaum hebt. Danke, dass du es tun wirst. Amen.«

Bruder Adolf und Tamara bestätigten das Gebet mit ihrem Amen. Irina hielt sich dabei zurück, noch. Einige Momente später tauchte am Tor vor dem weiß-roten Schlagbaum ein

Der Schlagbaum geht hoch: freie Fahrt für Schwester Gertrud und ihr Team auf das Gelände einer russischen Kaserne

Offizier auf und blickte prüfend zu der kleinen Gruppe am VW-Bus herüber. Tamara lief sofort hinüber und sprach mit energischen Worten und mit nachdrücklichen Gesten mit dem Mann. Dann kam sie winkend zurück. »Ihr könnt kommen. Er lässt das Tor öffnen. Er ist sicher, ihr seid keine Spione.«

Wenige Momente später geschah das Wunder, und die alte Verheißung Gottes von der offenen Tür bestätigte sich. Das große graue Eisentor rollte zur Seite, und der Schlagbaum hob sich.

Welch ein historischer Moment! Zum ersten Mal rollte ein deutsches Auto, bis an den Rand gefüllt mit russischen Bibeln und anderer geistlicher Literatur in derselben Sprache, auf ein Kasernengelände der Westgruppe der sowjetischen Streitkräfte. Es war, als würde der trübe Novembertag plötzlich von einem besonderen übernatürlichen Licht erhellt und die feuchte Kälte würde verschlungen von einer wohltuenden Wärme. Hätte in diesen besonderen Augenblicken jemand Schwester Gertrud nach ihren Empfindungen gefragt, sie hätte für den Moment vielleicht gar nicht antworten können. Ihre Stimme hätte ihr wohl den Dienst versagt. Sie hätte als Antwort ohnehin nur Dankbarkeit und Freude nennen können. Welch ein Ereignis! Gott, du bist groß!

Der Bus wurde auf einen größeren Platz unter einen Bestand kahler Bäume dirigiert und durfte dort anhalten, nur einen Steinwurf weit entfernt von einer Anzahl in sauberer Reihe geparkter, gefährlich anmutender Panzer. Schwester Gertrud und Bruder Adolf stiegen aus und öffneten sofort die Seitentür und die Heckklappe des Fahrzeugs. Den Tisch stellten sie gar nicht auf. Dazu reichte die Zeit auch nicht mehr. Denn Tamaras Anruf war offenbar doch weitergegeben worden. In kürzester Zeit waren die beiden Missionare und ihr Auto nämlich umringt von Uniformierten und Zivilpersonen, von großen und kleinen Leuten, denen der Hunger nach den Dingen aus dem roten Kleinbus in die Gesichter geschrieben stand. Es gab ein richtiges Gedränge. Jeder wollte wohl der Erste sein, der sein Geschenk in die Hände bekam. Hier musste zunächst ein wenig Ordnung in die Menge kommen, damit die Verteilaktion auch in guten Bahnen ablaufen konnte.

Der »Türöffner«-Offizier hatte die Lage aber bald im Griff. Ein paar laute, eindeutig klingende Worte brachten Ordnung in das Chaos, und die Ausgabe der Bücher und der kleinen »weltlichen« Beigaben konnte beginnen. Schade, dass dabei kein Kamerateam zugegen war. Die bewegenden Szenen hätten es verdient gehabt, festgehalten zu werden. Mit welcher Freude und Ergriffenheit die Männer und Frauen die Bibeln, Kinderbibeln, Bücher und Kleinschriften in die Hände nahmen, das war schon sehr bewegend. Die waren ihnen offenbar sogar wichtiger als Seife und Zahnpasta oder anderes Kleinzeug. Manche nahmen ihr Geschenk und drückten es ans Herz oder küssten es sogar.

Wie musste diesen Menschen zumute sein, die als Opfer einer siebzigjährigen Tradition der Lehren des Atheismus an diesem Ort lebten, sicher leben mussten, und die dem geistlichen Vertrocknen ausgeliefert waren. Sie spürten wohl alle, dass ihnen hier eine Quelle angeboten und geschenkt wurde, aus der sie ihren Lebensdurst stillen konnten.

Wie gut, dass es auch eine gut gefüllte Kiste mit süßen Leckereien an Bord des Kleinbusses gab. So bekamen auch die Kleinen, die des Lesens noch nicht kundig waren, ein Geschenk in die Hand. Wie leuchteten ihre Augen und strahlten ihre Gesichter!

Die Zeit auf dem Kasernenplatz verging wie im Flug, und eine tolle Stimmung machte sich breit. Die Panzer im Hintergrund wirkten gar nicht mehr so bedrohlich wie eben noch. Überall auf dem Platz standen kleine Gruppen Männer und Frauen in angeregten Gesprächen zusammen, hier und da offenbar auch Ehepaare. Das mussten schon Offiziersehepaare sein. Natürlich, denn die einfachen Soldaten mit den schlichten Kopfbedeckungen hatten ja auch keine Frauen oder gar Familien bei sich. Zwischen den Gruppen der Großen tummelten sich die Jüngeren mit ihren Kinderbibeln und die Kleinen mit ihren Minibüchlein oder ihren Süßigkeiten. Wie diszipliniert die mit den Schokoladentafeln und Bonbontütchen umgingen nach dem Motto: »Zeig mir, was du hast, ich zeig dir, was ich hab«, das war schon bemerkenswert. Deutsche Kinder hätten die Süßigkeiten längst verputzt. Die russischen Kinder behandelten die Dinge eher wie kleine Heiligtümer, die man besonders pflegen musste.

Nach vielleicht anderthalb Stunden ging der Vorrat im Bus deutlich zur Neige, und noch immer kamen weitere Menschen, um sich eine Gabe abzuholen. Und dann war auch das letzte Buch ausgegeben. Aber da standen noch eine Menge Leute, die gerne noch eine Bibel, eine Kinderbibel oder ein anderes Buch bekommen hätten.

»Wenn Sie uns erlauben, dass wir wiederkommen, oder wenn Sie uns sogar einladen, dann kommen wir gerne wieder und bringen neue Literatur mit. Jeder, der möchte, soll seine Bibel bekommen.«

Mit diesen Worten versuchte Schwester Gertrud das spürbare Bedauern des Offiziers aufzufangen. Der Mann bedankte sich geradezu überschwänglich für die Begegnung und die großzügige Verteilaktion.

»Glauben Sie, Schwester Gertrud« – er hatte wohl diese Form der Anrede irgendwie aufgeschnappt und benutzte sie ganz freimütig –, »die russische Seele ist nicht so hart, wie die Leute das manchmal behaupten. Sie ist eigentlich sehr weich. Und sie muss richtig ernährt werden. Die russische Seele hat viel zu lange die falsche Speise bekommen. Vielleicht ist sie dadurch hart geworden. Bitte kommen Sie wieder und bringen Sie uns neue Speise. Wir brauchen sie. Wir brauchen sie dringend.«

Ob diese Rede wohl alle offiziellen russischen Ohren hätten hören dürfen? Jede Garnison hatte doch ihre KGB-Abteilung. Und diese Kraken dachten sicherlich auch nach »Perestroika« und »Glasnost« noch in den alten Strukturen. Wenn einer in deren Schussfeld geriet und in die Reichweite ihrer Fangarme …

So ging es der Missionarin durch den Sinn. Laut und durchaus mutig fragte sie: »Darf ich Ihre Worte als Einladung verstehen?«

»Sie dürfen, Schwester. Ich werde mich beim Kommandanten dafür einsetzen, dass Sie mehr für uns tun können, als uns nur die Bücher in die Hände zu geben. Ich gebe Ihnen die Nummer eines Ansprechpartners. Bitte melden Sie sich dort. Tun sie es bitte bald.«

Erfreut über diese Aussage nahm die Missionarin das Telefonkärtchen an sich und drückte dem Offizier noch einmal warm und dankbar die Hand. »Leben Sie wohl. Gott segne Sie!«

»Danke, Schwester«, gab der mit einem leisen Seufzer zurück. »Denken Sie bitte ab und zu an Oberleutnant Wolodja. *Do Swidanja*. Auf Wiedersehen. *S'Bogom*.«

Was mochte in den Gedanken dieses Mannes vorgehen?,

fragte sich Schwester Gertrud. Der Mann musste innerlich stark angesprochen worden sein von der Situation und der Tatsache, dass da Menschen von weither kamen, um den inzwischen auch in dieser Stadt immer unbeliebteren russischen Menschen solch einen Dienst zu tun. Es war ihr schon aufgefallen, dass auch in Neustrelitz vereinzelte Graffiti zu lesen waren: »Russen raus« oder »Haut ab, ihr roten Teufel«. Arme Leute, hier keine sinnvolle Gegenwart mehr und dort, wo sie eines Tages hinkamen, wohl auch keine sinnvolle Zukunft.

(Schwester Gertrud ist diesem Mann übrigens nie wieder begegnet. Ob er lediglich strafversetzt wurde? Ob die Krakenarme ihn vielleicht …? Das wäre mehr als bedauerlich, wenn dem Mann als Konsequenz für seine Tor-Öffnung etwas zugestoßen wäre. Nicht auszudenken. Aber Gottes Handeln und Zulassen ist manchmal wirklich merkwürdig und nicht immer auf Anhieb zu verstehen.)

Auf dem Weg nach Hause machten die beiden Hamburger Missionare noch einmal kurz Station im Haus von Kahawe. Sie wollten ja auch Tamara und Irina wieder abliefern, die sie der Geburtstagsfeier entzogen hatten. Zu dem besonderen Anlass war das den beiden Frauen aber wohl sehr recht gewesen. Sie strahlten vor Freude über den Ablauf des Nachmittags. War das ein guter Tag gewesen!

Bisher kaum beachtet, hatte sich den Bücherverteilern aber doch die Novemberkälte in die Kleider geschlichen. Eine große Tasse heißen Tee oder auch Geburtstagskaffee konnte für alle jetzt nur gut sein. Außerdem sollte sich der Bruder um weitere Möglichkeiten der Begegnung mit den russischen Menschen hinter ihren Kasernenmauern kümmern. Er war doch dicht dran an den Leuten und konnte notfalls sogar persönlich vorsprechen.

Gerne war Kahawe zu diesen Dingen bereit. »Ich muss zugeben, wir hatten in den Zeiten des alten Staates wenig Möglichkeiten, nach draußen zu arbeiten, und wir waren sehr mit uns selbst beschäftigt. Das war auch noch in den ersten Monaten der neuen Freiheit so. Wir hätten allerdings früher überhaupt keine Möglichkeiten gehabt, mit Russen in Verbindung zu treten. Die waren im Stadtbild kaum zu sehen, und wenn, dann nur in der Marschkolonne. Denen waren doch jeder Kontakt zur deutschen Bevölkerung untersagt. Jetzt freue ich mich einfach, dass wir Tamara und Irina begegnet sind und dass ihr uns mit eurer Aktion ein wenig die Augen geöffnet habt. Ich hoffe, das zieht Kreise in die Gemeinde, und die engagiert sich dann vielleicht auch ein bisschen. Ich werde euch jedenfalls helfen, die Leute weiter mit Christlichem zu bedienen. Gott mag es schenken, vielleicht ist ja irgendwann eine richtige Evangelisation im ›Haus der Offiziere‹ möglich. Das wäre die Krönung.«

»Bei Gott sind alle Dinge möglich«, bestätigte Schwester Gertrud die Rede des Predigerbruders. »Ich bin sogar sicher, dass Gott hier in Neustrelitz Großes vorhat. Hören wir voneinander?«

»So bald wie möglich, Schwester Gertrud. Ich hänge mich in den nächsten Tagen gleich ans Telefon und mache mich auf die Beine. Und ich melde mich, sobald ich etwas weiß.«

»Und jetzt machen wir uns auf die Reifen. Hamburg wartet.«

»Unser Gott wird euch bewahrt hinbringen. Fahrt in seinem Schutz und Frieden.«

Nach einer herzlichen Verabschiedung vom Predigerehepaar und der kleinen Geburtstagsgesellschaft einschließlich der beiden russischen Frauen waren die beiden Missionare fröhlich und voller Dankbarkeit unterwegs und kamen am späten Abend nach guter Fahrt auch bewahrt, dabei glücklich und dankbar und sehr müde in der Hansestadt an. Der folgende Tag wurde dringend gebraucht für Ruhe und Erholung von den überwältigenden Ereignissen dieses denkwürdigen 1. November. Was konnte und würde der noch für Folgen haben?!

Im »Haus der Offiziere«

Die nächsten Wochen wurden für Schwester Gertrud aufregend und interessant zugleich. Zum einen nahte Weihnachten. Da gab es manches für die Sinti-Gemeinde und die verschiedenen Gruppen vorzubereiten und die Mitarbeiter zu unterstützen. Vor allem die große Weihnachtsfeier am 3. Adventssonntag brachte trotz tatkräftiger Hilfe von außen auch für Schwester Gertrud einiges an Arbeit. Zum andern meldete Kahawe aus Neustrelitz, dass die Türen zum »Haus der Offiziere«, dem Begegnungszentrum für die 25.000 russischen Menschen in und um die Stadt, weit offen stünden. Der zuständige Polit-Oberst habe Kulturveranstaltungen jeder Art befürwortet und ermöglicht. Er habe auch keine Probleme damit, wenn es dabei um christliche Inhalte ginge. Nahezu alles sei möglich. Auch Besuche in Nachbargarnisonen.

Von sich aus ergänzte Kahawe die dringende Bitte, möglichst viel Literatur zu besorgen.

Na, das war doch was! Gott hatte deutlich seine Hand im Spiel und lenkte die Herzen offenbar wie Wasserbäche. Schwester Gertrud begab sich an die Arbeit und bestellte Hunderte von Kinderbibeln, »normale« Bibeln, Neue Testamente und andere Bücher. Irgendjemand fragte sie in diesen Tagen einmal, wie sie das denn alles bezahlen wolle. Die Antwort war typisch für die Missionarin und machte ihre tiefe Überzeugung deutlich, dass sie doch nur den Auftrag ihres Herrn und Gottes ausführte. »Die Bezahlung ist nicht meine Sache. Gott wird das regeln.«

Das war typisch Schwester Gertrud. So einfach und so sicher war das für die Missionarin. Gottes Verheißungen waren nun einmal Ja und Amen. Und sie sollte wieder Recht behalten. Die Summe von etwa 12.000 DM kam von *einem* Ehepaar des Deutschen Frauen-Missions-Gebets-Bundes.

Die Menge der bestellten Bücher wurde nun gar nicht erst

nach Hamburg, sondern gleich per LKW nach Neustrelitz transportiert und dort im Haus der Gemeinschaft eingelagert. Die Geschwister mussten sogar einen Gabelstapler einsetzen, um das Abladen zu erleichtern. Aber von hier aus waren die wertvollen Bücher leichter weiterzugeben. Außerdem hatten die Neustrelitzer Christen aufgrund ihrer Nähe zu den verschiedenen Militärobjekten viel mehr Möglichkeiten, den Russen zu begegnen. Den ersten weihnachtlichen Gottesdienst würden sie bereits am Sonntag vor Heiligabend ausführen. Dafür stand das Material nun schon zur Verfügung.

Das eigentliche Weihnachtsfest lag für die Russen allerdings erst am 6. Januar des kommenden Jahres, der ein Sonntag war. Und zur Ausgestaltung dieses Festes war Schwester Gertrud eingeladen. Zur Veranstaltung seien etwa 600 Personen eingeladen worden, zumeist Offiziersfamilien mit Kindern, dazu die Lehrerinnen und Lehrer der Schule und eine Gruppe von Offizieren aus benachbarten Standorten. Für sie alle musste nun nicht mehr Väterchen Frost gefeiert und bedacht werden. Nein, jetzt konnte offen, frei und fröhlich von der Geburt des Heilandes in der Krippe von Bethlehem gesungen und gesagt werden. Herrlich! Wunderbar!

Schwester Gertrud bemühte ihre Verbindungen ins Land. Die Mannschaft, die das Programm gestalten würde, war bald gefunden. Bruder Adolf würde sie selbst hinfahren. Der Jugendchor einer niedersächsischen Aussiedlergemeinde war bereit, den Weg nach Neustrelitz auf sich zu nehmen, um zu singen, zu musizieren und Zeugnis zu geben. Die Kindergruppe einer rührigen Katechetin der evangelischen Stadtkirche am Ort würde ein Krippenspiel aufführen. Ein guter Verkündiger war auch bald gefunden. Die Übersetzung würde Deutschlehrerin Irina übernehmen. Und den Segen Gottes für die ganze Aktion gab es sicher gratis und reichlich dazu. Gott stand zu seinem Wort!

Der Tag des orthodoxen Weihnachtsfestes kam. Die Feierstunde war auf den frühen Nachmittag festgesetzt, damit die auswärtigen Gäste Zeit genug zur Anreise hatten. Alle Beteiligten an der Weihnachtsfeier im Kinosaal im »Haus der Offiziere«, das bei anderen auch »Haus des Atheismus« hieß, waren trotz des leicht winterlichen Wetters eine gute Stunde vor Beginn am Ort. Politoffizier Major Vitali, der verantwortliche Offizier für kulturelle Veranstaltungen am Standort Neustrelitz, begrüßte die Gäste sehr freundlich und zuvorkommend und bedankte sich vorab schon einmal für ihr Kommen und für ihren Einsatz.

Im großen, bis auf die Bestuhlung noch völlig leeren Saal ließen alle zunächst einmal ihre Blicke in die Runde schweifen. Der Raum, seit Jahren russisches Kino und Versammlungsraum für alle möglichen anderen Kulturveranstaltungen, musste einmal sehr schön gewesen sein. Er zeigte leider nicht mehr viel vom Glanz früherer Zeiten. Der Saal war früher die Aula des »Carolinums« gewesen, des renommiertesten Gymnasiums der Stadt, das die sowjetischen Militärs nach dem Krieg für ihre Zwecke beschlagnahmt hatten. Jetzt wirkte er recht heruntergekommen und ungepflegt. Hier tat eine gründliche Renovierung Not. Ob er seinen alten Glanz wohl jemals wiedergewinnen würde?

Schwester Gertrud setzte sich in die erste Reihe und sinnierte noch eine ganze Weile darüber nach, was Gott bisher im Bereich ihres neuen Auftragsfeldes gegeben hatte und wie das heute hier wohl gehen sollte. Währenddessen bereiteten die jungen Leute des Chores die eine Seite der breiten Bühne für sich vor, suchten die Kinder und ihre Betreuer ihre Plätze für das Krippenspiel in der Nähe der großen, mit bunten Kugeln und Lichtern geschmückten Tanne auf der anderen, füllten Helfer den langen Büchertisch vor der Bühne, und der Prediger sprach mit der jungen Lehrerin, die inzwischen auch gekommen war, über seine vorbereiteten Ausführungen. Für Irina würde das sicher nicht einfach, als eine vom Sozialismus und Kommunismus geprägte Frau eine evangelistische Predigt zu übersetzen. Ob das überhaupt gehen konnte? »Herr, hilf dieser Frau verstehen und übersetzen und lass von der Botschaft nichts verloren gehen«, betete Schwester Gertrud im Stillen, und es erschien ihr einfach wunderbar, dass sie heute mit ihrer Mannschaft in diesem Raum für 600 russische Menschen einen fröhlichen Weihnachtsgottesdienst ausrichten durfte, in dem die Gute Nachricht vom Heiland der Welt verkündet wurde.

Die letzten Vorbereitungen für die Feier waren gerade beendet, der Chor hatte ein paar Takte angesungen und den Sound der Begleitinstrumente eingestellt, die Kinder hatten eine kurze Sprechprobe gemacht, und der Prediger war mit Irina wohl auch klargekommen, als Major Vitali eigenhändig die beiden großen Türen hinten im Saal öffnete. In zwei Strömen kamen sie herein, die Männer in ihren Ausgehuniformen und die Frauen und Kinder im besten Sonntagsstaat. Ein herrliches buntes Bild! Und welch ein menschliches Gewusel! Bald waren die Reihen gefüllt, und damit machte sich eine disziplinierte und erwartungsvolle Stille breit. Die Gastoffiziere hatten wohl alle auf der Empore Platz gefunden. Kein Stuhl blieb frei. Niemand musste stehen. Alles war präzise und generalstabsmäßig geplant.

Das abwechslungsreiche Programm der Weihnachtsfeier konnte beginnen. Das Startsignal gab Major Vitali persönlich, indem er die Beleuchtung des Christbaums einschaltete, die Gäste auf Russisch und Deutsch begrüßte und sich für ihr Kommen bedankte. Schwester Gertrud begrüßte er noch einmal besonders als diejenige, die seit einiger Zeit russische Menschen mit christlicher Literatur versorgte und die auch diese Weihnachtsfeier organisiert und ermöglicht hatte.

Nach dem ersten Lied des Jugendchores begrüßte Schwester Gertrud ihrerseits die große Versammlung und bedankte sich für die Einladung. Zugleich gab sie mit wenigen Sätzen ein Glaubens- und Lebenszeugnis, das deutlich machte, warum sie so glücklich darüber war, jetzt hier zu sein. »Ihr Söhne und Töchter der Sowjetunion, nicht Väterchen Frost, sondern das Kind in der Krippe bestimmt diese Stunde. Ich wünsche allen, die in diesem großen Saal sind, dass sie in dem Krippenkind den Gottessohn Jesus erkennen. Er ist der Retter der Welt und auch der Retter Ihres Lebens. Niemand muss heute mit leerem Herzen nach Hause gehen und auch nicht mit leeren Händen. Dass jeder den Segen Gottes mit nach Hause nimmt, ist mein ganz großer Wunsch für Sie alle.«

Ob Irina diese Worte schon richtig wiedergegeben hatte? Bruder Adolf signalisierte seine Zustimmung. Die Liedtexte des Chores brauchte die junge Deutschlehrerin nicht zu übersetzen. Sie wurden alle in Russisch gesungen, und es war den Zuhörern abzuspüren, wie ihnen diese Lieder in ihrer Muttersprache zu Herzen gingen und die Gemüter erwärmten. Das Krippenspiel der Kinder konnte schlecht übersetzt werden. Aber der Prediger würde auf seinen Inhalt eingehen. Also könnte jeder nachträglich verstehen, was die Kinder in ihrer Szene von dem göttlichen Kind gespielt hatten, für das die Menschen keinen Platz in ihren Herbergen hatten.

Die Predigt zu übersetzen schien Irina keine Probleme zu machen. Im Gegenteil, je länger die Rede dauerte, umso lebhafter und freudiger war die junge Frau bei der Sache. Sie schien die einzelnen kurzen Aussagen mehr und mehr zu ihren eigenen zu machen. Schwester Gertrud schloss dies aus den Gesichtern der jungen Sängerinnen und Sänger und aus spontanen Kommentaren von Bruder Adolf. Die hörten die Predigt ja zweimal und konnten die Übersetzung von daher bestens kontrollieren.

Irina schien bei ihrer Aufgabe begeistert bei der Sache zu sein. Begeistert im guten biblischen Sinne des Wortes. Der Geist Gottes schien sie deutlich in seinem Einfluss zu haben und zu benutzen, so dass wirklich das Weihnachtsevangelium zu den Herzen der großen und kleinen Zuhörer vordringen konnte.

Junge Soldaten in Neustrelitz scharen sich um die angebotenen Schriften

Dass das so war, erwies sich am Ende des Gottesdienstes, als Irina darum bat, selbst noch etwas sagen zu dürfen. Sie durfte. Und dann sprach sie davon – Bruder Adolf flüsterte Schwester Gertrud die Simultanübersetzung ins Ohr –, dass ihr selbst während ihrer Übersetzung ganz persönlich deutlich geworden sei, dass sie diesem göttlichen Kind Platz geben müsse in ihrem Leben. »Wie ich das für mich machen muss, weiß ich noch nicht. Aber Schwester Gertrud wird mir das gleich anschließend sicher sagen. Und dann werde ich das schönste Geschenk mit nach Hause nehmen, das es zu Weihnachten geben kann.«

Noch während der Chor sein Schlusslied sang, kam Irina herüber zu Schwester Gertrud, damit sie die Missionarin gleich in Beschlag nehmen konnte. Die musste ihr möglichst noch heute ihre wichtigste Lebensfrage beantworten, die Frage nämlich, wie sie das göttliche Kind in ihr eigenes Leben aufnehmen konnte.

Während es im Saal dann sehr turbulent zuging, weil jede russische Familie sich ihre Gabe vorne abholen sollte und wollte, saßen die Missionarin und die russische Lehrerin in

Gespräch und Gebet hinter der Bühne und übergaben ein junges Leben dem Heiland und Gottessohn. Halleluja! Gott, hier hast du eine Herzenstür geöffnet. Wie bist du groß und gnädig!

Als Schwester Gertrud mit der strahlenden und glücklichen Irina in den Saal zurückkam, hatte der sich schon weitgehend geleert. Major Vitali stand mit einer hübschen brünetten Frau und zwei Kindern am Büchertisch, der keiner mehr war. Alle Bücher hatten offenbar ihre Empfänger gefunden. »Sie haben nicht gereicht, Schwester Gertrud«, stellte der Offizier ein wenig traurig fest.

»Wie viele haben gefehlt?«

»Vielleicht hundert? Vielleicht mehr? Ich weiß es nicht genau. Aber so ungefähr.«

»Sie werden sie bekommen, Herr Major.«

»Sagen Sie ›Vitali‹ und du, Schwester Gertrud. Das ist Lena, meine Frau. Und das sind Genja und Lisa, unsere Kinder.« Artig reichten die beiden Kleinen der Missionarin die Hand, und auch die Mutter begrüßte sie herzlich.

»Nette Kinder habt ihr«, bemerkte Schwester Gertrud. »Schön, dass ich euch alle kennen lernen konnte.«

»Ich hoffe, Sie kommen wieder, Schwester. Unsere Leute müssen mehr Evangelium hören. Wir wissen nichts von Jesus. Wir müssen mehr wissen. Kennen Sie unser berühmtes ›Wolgalied‹, Schwester Gertrud?«

Die Missionarin schien nicht sofort zu verstehen.

»Ihr Deutschen habt einen guten Sänger, der das Lied sehr bekannt gemacht hat.«

Die Missionarin verstand immer noch nicht.

»Iwan Rebroff singt das Lied wunderbar. Der Text spricht von dem Soldaten, der allein an der Wolga Wache hält und in seiner Einsamkeit betet.«

»Ja«, kam ihr die Erinnerung. »Ich glaube, jetzt weiß ich, was du meinst, Vitali.«

»Ich sage Ihnen den Text trotzdem. Der Soldat betet: ›Hast du da droben vergessen auch mich, es sehnt doch mein Herze nach Liebe sich. Du hast im Himmel viel Engel bei dir. Schick doch einen wohl auch zu mir.‹«

Schwester Gertrud blickte den Politoffizier fragend an. Was wollte der wohl damit sagen?

»Schwester Gertrud, Sie sind ein solcher Engel, den Gott zu uns einsamen Soldaten schickt. Und Sie müssen wiederkommen.«

Jetzt verstand die Missionarin. Aber das mit dem Engel wollte sie nun doch nicht kommentieren, deshalb fragte sie zum letzten Teil der Bemerkung: »Hast du eine Idee, Vitali?«

»Ich möchte Sie mit Ihren Freunden einladen wiederzukommen, sobald ihr könnt.«

»Gerne. Vielleicht klappt das noch im Januar oder Anfang Februar. Aber das kann ich nicht versprechen. Ich werde mich bald melden, damit ihr alles vorbereiten könnt.«

»Das ist gut, Schwester Gertrud, dann müsst ihr auch unsere Krankenstation hier im Komplex besuchen. Die Leute dort brauchen auch guten Zuspruch. Wird das gehen?«

»Wenn wir kommen, muss das gehen. Und das geht auch. Wie groß ist die Krankenstation?«

»Das sind 70 Betten, die fast immer alle belegt sind.«

»Gut, Vitali. Ich werde sehen, was ich ermöglichen kann. Und jetzt müssen wir an die Abreise denken.«

»Noch einen Moment, Schwester Gertrud«, bremste der Major, »unsere Schulleiterin hat noch eine Bitte.«

Eine vornehm wirkende Frau in den Vierzigern hatte bisher respektvoll in ein paar Metern Abstand gewartet und gesellte sich der Gruppe jetzt zu. Sie reichte der Missionarin freundlich die Hand und bedankte sich zunächst in gutem Deutsch für den wunderschönen Nachmittag, der ihr persönlich vieles gegeben habe. Dann fragte sie, ob es nicht möglich sei, ihr Kollegium zu besuchen und vor den Lehrerinnen und Lehrern über die wichtigsten Punkte des christlichen Glaubens zu sprechen. Und auch ihre Schulkinder brauchten Information. »Wir wissen doch beinahe nichts über den Glauben an Gott und an Jesus Christus. Niemand hat es uns gesagt. Wir durften es auch nicht wissen, und unsere Seelen sind darüber gestorben. Ihr Christen habt es in den Händen, ob unsere Seelen zu neuem Leben erweckt werden oder ob sie im Tod bleiben.« Nach ein paar Momenten des Schweigens ergänzte sie: »Die Zeit drängt, Schwester, wir werden nicht mehr lange hier sein.«

Schwester Gertrud atmete ein paar Mal tief durch. Ihr jagten die Gedanken nur so durch den Kopf. »Lieber Herr, was tut sich hier für ein Arbeitsfeld auf. Wer soll das alles leisten? Wer soll das alles bewältigen? Wer soll das alles …? Wer …?« Laut sagte sie: »Ich tue mein Möglichstes, ihr guten Menschen. Ich nehme eure Anfragen gerne mit. Ich werde sehen, wie das alles gehen kann. Aber nur Gott kann es schenken. Vielleicht können auch die Christen in eurer Stadt euch schon helfen. Ich werde mit ihnen reden. Ich melde mich, sobald ich Klarheit habe. Ist das erst einmal gut so?«

»Ja, das ist sehr gut so, Schwester Gertrud.« Vitali zeigte sich erfreut und zufrieden mit der grundsätzlichen Zusage der Missionarin für weitere Einsätze. Dann verabschiedeten sich die neuen Verbündeten in Sachen Kasernenmission.

Schwester Gertrud musste sich jetzt wirklich beeilen, denn alle anderen Akteure hatten den Saal längst verlassen und warteten wohl schon eine Weile, dass sie käme und jeder seine Heimreise antreten könnte.

Beim Hinausgehen traf sie noch einmal auf Irina, die mit Tamara im Gespräch war. Die junge Frau nahm die kleine Missionarin noch einmal herzlich in die Arme. »Danke für deine Glaubenshilfe. Ich will das Kind in der Krippe immer lieb haben und am Heiland Jesus festhalten. Er soll mein Herr sein und bleiben.«

Konnte es ein schöneres Abschiedswort am Ende einer solchen Veranstaltung geben? Nein, es konnte kein schöneres geben. Gott sei gepriesen!

Auf dem Weg nach draußen und zum Auto überkam

Schwester Gertrud plötzlich eine schwere Müdigkeit und völlige Leere. Ihr war, als wollten ihr die Beine versagen. Eine ihrer zuweilen auftretenden Schwächen deutete sich an. Am liebsten hätte sie sich jetzt irgendwo in eine Ecke verzogen. Nichts mehr hören, nichts mehr sehen, nichts mehr sagen. Aber für ein paar Momente musste sie sich noch zusammenreißen. Es gelang ihr nur unter höchster Konzentration. Erst musste sie allen Helfern noch einmal danken und sie verabschieden und sich dann zu Bruder Adolf ins Auto setzen. Was dann auch zum Glück bald geschafft war. Jetzt konnte sie sich endlich fallen lassen und abschalten. Gott würde ihr jetzt Erholung geben und den Bruder auf seiner Fahrt schon schützend umgeben und bewahrt nach Hause bringen.

Das zweite Wochenende im Februar war ein sehr winterliches. Es gab viel Schnee, und die Straßen waren schwierig befahrbar. Dennoch, die für Neustrelitz geplanten Veranstaltungen sollten deshalb nicht abgesagt werden. Wer fahren musste, musste sehr vorsichtig unterwegs sein und längere Fahrzeiten kalkulieren, um pünktlich da zu sein.

An drei Tagen sollten im »Haus der Offiziere« verschiedene Veranstaltungen durchgeführt werden: zwei große Versammlungen im Kino, ein Treffen mit dem Kollegium der Schule im Lehrerzimmer, ein Besuch im Hospital und montags Besuche in den Schulklassen. Welch ein volles Programm. Kahawe hatten das Ganze organisiert, ein paar Leute seiner Gemeinde hatte ihre Mitarbeit zugesagt, und aus dem Westfälischen wollte eine Gruppe junger Leute aus einer Aussiedlergemeinde kommen.

Das Programm stellte hohe Anforderungen an die Kräfte der Beteiligten. Zu dem allen musste Gott schon eine besondere Portion Bewahrung und Zuwendung geben und besonderen Segen für alle Akteure bereithalten. Dass er es tat, daran zweifelte niemand. Schwester Gertrud am wenigsten. Viele Leute irgendwo im Land beteten an diesem Wochenende darum. Und Gott hört Gebet!

Eine große Bewahrung erlebten die jungen Leute bei ihrer Fahrt auf der schneebedeckten und stellenweise eisglatten A 10 westlich von Berlin. Sie hatten mit ihren Fahrzeugen für eine kurze Erholungspause einen Parkplatz angefahren, auch um die Fahrer zu wechseln. Als sie wenig später wieder auf der Autobahn unterwegs waren, passierten sie eine Stelle, an der es offenbar zu einer Karambolage gekommen war, in die eine ganze Anzahl von Fahrzeugen verwickelt war. Der Unfall hatte sich anscheinend erst vor wenigen Minuten ereignet. Viele Menschen standen diskutierend und sicher auch frierend um ihre verkeilten und quer stehenden verbeulten Fahrzeuge herum. Sie warteten wohl alle auf Polizei und Pannen- und Abschleppdienst. Krankenwagen und Feuerwehr schienen nicht gebraucht zu werden, würden aber wahrscheinlich trotzdem kommen.

Zum Glück gab es am Mittelstreifen eine schmale Gasse, die an den auf der rechten Fahrspur ineinander geschobenen Fahrzeugen vorbeiführte. Anhalten würde die Situation nicht verbessern, und zu helfen gab es für die jungen Leute auch nichts. Also machten sie es wie andere Reisende auch. Sie fuhren mit ihren vier PKW vorsichtig an der Unfallstelle vorbei, sicher in Dankbarkeit dafür, dass sie nicht beteiligt waren. Was wäre gewesen, wenn sie nicht Pause gemacht hätten? Wären sie vielleicht in den Unfall verwickelt worden? Das wusste Gott allein. Ihm galt im Moment der besondere Dank der Insassen für die bisherige Bewahrung und später auch der Dank derer, denen sie diese Geschichte berichteten.

Die Zuwendung erfuhren alle Beteiligten durch die fröhliche Gastfreundschaft der Neustrelitzer Christen und die dankbare Aufnahme durch die russischen Menschen bei den verschiedenen Treffen, die auch diesmal von Major Vitali begleitet wurden. Bei seiner ersten Begrüßung der Gäste wurde sein persönliches Interesse für das Evangelium zum ersten Mal öffentlich deutlich. Ganz schön mutig der Mann, der in seiner Position mit Sicherheit unter ständiger und besonderer Beobachtung stand.

Den Segen Gottes erfuhr jeder, der dafür offen war, spürbar und reichlich. Bei den beiden großen Treffen im Kinosaal am Samstagnachmittag und am Sonntagvormittag mit ähnlichen Programmen wie bei der Weihnachtsfeier neulich – das Krippenspiel fiel natürlich aus – waren alle Stühle wieder besetzt und das gesungene und gesprochene Evangelium fand wieder dankbare Zuhörer. Irina war auch diesmal eine gute Übersetzerin. Neu war, dass eine Russin während der ganzen Veranstaltung ihre Videokamera mitlaufen ließ und außerdem zusätzlich ein Tonbandgerät lief, das jedes gesprochene und gesungene Wort festhielt. Was verbarg sich dahinter? Eigenes Interesse der »Kamerafrau« und des »Toningenieurs«? Oder waren die Kontrollorgane des Standortes aufmerksam geworden? Hoffentlich deuteten sich da nicht Zensur und Widerstand an.

Am Abend gab es eine gute Informations- und Gesprächsrunde im Lehrerzimmer, hier ohne Aufnahmegeräte. Bei Tee und Gebäck zeigten Schwester Gertrud und Kahawe die Grundlinien des christlichen Glaubens auf und die Notwendigkeit der persönlichen Hinwendung zu Gott und Jesus Christus.

Sehr bewegend war nach den Vorträgen die Frage eines Lehrers an seine Direktorin: »Warum hat man uns bis jetzt belogen und immer gesagt, es gibt keinen Gott? Wir wollen jetzt endlich die biblischen Wahrheiten hören, auch die Botschaft von der Auferstehung und von der Wiederkunft des Christus.« Die Frau reagierte sichtlich betroffen und vielleicht sogar ärgerlich, ließ diese deutliche Systemkritik aber unkommentiert. Was hätte sie denn auch antworten sollen? Sie hätte dem Mann ja Recht geben müssen. In den Denksystemen des Kommunismus kamen christliche Gedanken und biblische Wahrheiten nun einmal nicht vor. Nur hätte er das in ihrer Anwesenheit nicht so deutlich zu sagen brauchen.

Viele Fragen wurden noch gestellt, und längst nicht alle konnten beantwortet werden. Die Zeit reichte einfach nicht. Es wurde ohnehin sehr spät an diesem besonderen Abend. Eine konkrete Folge hatte er aber: Es sollte demnächst so etwas wie eine regelmäßige Bibelstunde für interessierte Pädagogen der russischen Schule geben. Die Frage des Lehrers hatte wohl dafür die Türe aufgestoßen. Und seine Direktorin widersetzte sich dem Ansinnen nicht. Warum sollte sie auch? Sie hatte ja selbst diesen Abend initiiert. Freilich konnte so etwas sicher nur eine Sache auf Zeit sein. Zwei Jahre blieben nur noch bis zum vereinbarten Abzug der Truppen aus den Standorten in und um Neustrelitz. Die mussten aber nun voll genutzt werden. Die Neustrelitzer würden sich darum kümmern.

Am Sonntagnachmittag passierte dann etwas Besonderes. Die Gruppe um Schwester Gertrud besuchte das Hospital im »Haus der Offiziere«, gab vor Patienten, Ärzten und Pflegepersonal Zeugnis vom Arzt Leibes und der Seele, sang fröhliche Glaubenslieder und verteilte in den Krankensälen Literatur und andere Geschenke. Kahawe konnte leider nicht dabei sein. Er hatte einen befreundeten Pastor gebeten, ihn zu vertreten und für die Patienten ein geistliches Wort zu sagen. Das tat der dann auch, allerdings mit lediglich drei Sätzen: »Wir kommen von Weihnachten her. Wir sind beschenkt worden. Als Beschenkte möchten wir Ihnen mit den Bibeln und Testamenten Empfangenes weiterreichen.«

Das war es schon, was der Mann zu sagen wusste. Irina hatte wie immer übersetzt und schaute den Pastor jetzt ganz entsetzt an. »Ist das alles? Können Sie nicht noch fortfahren? Wir haben doch noch viel Zeit.«

Der jungen Frau war anzusehen, dass sie mit den wenigen Sätzen der Verkündigung überhaupt nicht zufrieden war.

»Es tut mir Leid«, bekam sie mit einem Achselzucken zur Antwort. »Ich habe keine Zeit mehr. Ich muss schnellstens weg. Aber können Sie denn nicht noch weiter sprechen? Sie kennen doch die Weihnachtsbotschaft von neulich.«

»O ja, die habe ich noch gut im Gedächtnis«, bestätigte die junge Frau.

»Dann sagen Sie die den Patienten«, ermutigte der Mann Irina. »Ich muss jetzt leider wirklich gehen.« Er gab ihr die Hand, verabschiedete sich hastig von der einigermaßen konsterniert blickenden Schwester Gertrud und verschwand im Treppenhaus.

Irina schaute die Missionarin mit fragenden Augen an, ob sie wirklich …? Die nickte ihr aufmunternd zu. Da begann die junge russische Christin tatsächlich zu reden. Eine halbe Stunde lang gab die Frau die Weihnachtsbotschaft vom 6. Januar sehr exakt und mit großer Überzeugung wieder. So etwas hatten die Menschen in ihren Betten und drum herum noch nicht gehört. Und das in ihrer Sprache und von einer der Ihren. Sehr bewegend, sehr zu Herzen gehend. Und am Ende verbunden mit einem ganz persönlichen Zeugnis vom jungen Glauben der Lehrerin. Gottes Nähe und Wirken waren zum Greifen spürbar. Welch ein gesegneter Nachmittag!

Der brachte allerdings auch ein neues Problem. Die leitende Ärztin kam auf Schwester Gertrud zu und bat um praktische Hilfe für ihr Hospital. Auch diese Frau sprach ein wenig Deutsch. »Alles uns fehlt, Schwester. Medikamente, Sachen für Verbände, Spritzen für einmal und wegwerfen. Sie uns können helfen? Bitte, wenn Sie können, Sie bitte denken an uns hier?« Die Missionarin versprach, sich darum zu kümmern und zu sehen, was vielleicht möglich war. Der Auftrag wird nicht kleiner, Schwester Gertrud, sagte sie innerlich zu sich selbst. Und ihr ging bereits durch den Kopf, wen sie da wohl in den nächsten Tagen ansprechen konnte. Da war ja auch noch die Bitte eines anderen Offiziers um Weihrauch für einen befreundeten orthodoxen Priester. Auch diesen Wunsch wollte die Missionarin gerne erfüllen, wenn sie an das Zeug herankäme.

»Wie war das mit dem Engel, den Gott dem einsamen Soldaten herunter an seine Wolga geschickt hat, Schwester Gertrud?«, meinte Major Vitali, nachdem er Irina und den Gästen für ihren Einsatz gedankt hatte, und seine Augen schimmerten feucht dabei.

»Er selbst ist heruntergekommen in seinem Sohn, Vitali«, korrigierte die Missionarin, »denk an das Kind in der Krippe.«

»Das weiß ich, Schwester Gertrud. So viel habe ich schon begriffen. Aber du weißt, dass ich das anders meine. Und ich meine, der Engel hat inzwischen einen Ableger bekommen, den wir mit nach Hause an die Wolga nehmen können.«

»Ich freue mich sehr darüber und über Irina, Vitali, wir haben einen großen Gott. Und ich wünsche, dass er euch noch viel mehr solcher Engel schickt. Und dass er sie sich unter euch selbst beruft. Vielleicht sollst du mit deiner Lena auch zu solchen Engeln werden?!«

Der Offizier reagierte auf diesen Wunsch nicht. Er konnte wohl auch nicht. So weit war er offenbar noch nicht. Aber Gott würde sicher weiter mit dem Mann reden. Vielleicht war das nur noch eine Frage der Zeit und weiterer Einsätze in seinem »Haus der Offiziere«, das längst nicht mehr als »Haus des Atheismus« bezeichnet werden konnte. Aber wenn dieser Mann sich bekehrte, würde er einen schweren Stand in seiner Funktion als Politoffizier bekommen. Darin war sich Schwester Gertrud sicher. Ob ihn selbst dieses Wissen daran hinderte, sich dem Evangelium zu öffnen? Die Missionarin beschloss, für Major Vitali und seine Familie ganz besonders zu beten. Sie hatte eine Bemerkung aufgeschnappt, seine Dienstzeit in Deutschland ginge irgendwann demnächst zu Ende.

Der Montagvormittag war ausgefüllt mit dem Besuch in der russischen Schule. Wie freuten sich die Kinder, dass sich die deutsche *Babuschka* Zeit für sie nahm und ihnen Geschichten erzählte von Jesus, dem Kind in der Krippe, das freilich nicht immer ein Krippenkind geblieben war. Dieses Kind war ja der Sohn Gottes, der im Auftrag seines Vaters als Mann hungrigen Menschen zu essen gab, kranke Menschen gesund machte und sogar einige tote Menschen wieder lebendig. Ganz wichtig war aber auch, dass dieser Heiland die Kinder lieb hatte und dass er sie ganz besonders gesegnet hatte.

Mit großen Augen und weit geöffneten Ohren saßen die Kinder vor Schwester Gertrud und hörten ihr zu und sogen die Geschichten auf wie ausgetrocknete Schwämme das Wasser. Gerne nahmen sie auch die schlichten Melodien verschiedener Kinderlieder auf und sangen sie bald mit. Dazu durften sie den Texten entsprechende Bewegungen machen und in die Hände klatschen. »Ja, Gott hat alle Kinder lieb«, »Jesus sagt: Lasst die Kinder zu mir kommen«, »Hallelu-, Hallelu-, Hallelu-, Halleluja! Preiset den Herrn!«.

Die zum Schluss des besonderen Unterrichts geschenkten Kinderbibeln waren dann der i-Punkt auf die Freude, die diese russischen Schulmädchen und -jungen in ihre Herzen aufgenommen und sicher für lange Zeit in ihren Gedächtnissen gespeichert hatten. Was aus diesem Unterrichtsvormittag nun für die Ewigkeit erwuchs, das lag in Gottes Hand.

Neustrelitz und andere Einsatzorte

Die Garnisonstadt Neustrelitz wurde noch sehr häufig Zielort für missionarische Aktionen von Schwester Gertrud und ihren Mitarbeitern. Wie oft Bruder Adolf mit der Missionarin unterwegs war, ist nirgendwo festgehalten. Friedrich und Harry und Walter wurden bald treue Begleiter. Bruder Johannes, der Freund der Zigeuner-Mission, war ab und an dabei und immer wieder andere Gruppen missionarisch gesinnter Gemeinden, in denen die russische Sprache noch gesprochen wurde. Jugendchöre, Männerchöre, gemischte Chöre, kleinere Gesangsgruppen. Auch der Paderborner Prediger mit dem interessanten alttestamentlichen Doppelnamen Jakob Esau vom Missionswerk »Friedensstimme« war immer wieder einmal mit unterwegs. Er brauchte für seine Predigten keine Übersetzung, was der Verkündigung sehr zugute kam. Für andere Fälle gab es ja Irina.

Die meisten Einsätze organisierte Kahawe. Er hatte bald sehr gute Kontakte in die Kreise der verantwortlichen Offiziere, und in den Verwaltungsbüros der verschiedenen Standorte erkannte ihn manche Sekretärin bald an der Stimme.

Aber es gab auch immer wieder besondere Aktionen, die Gott offenbar ganz allein »organisierte« und ermöglichte. Einmal war Schwester Gertrud mit Friedrich Born unterwegs, einem noch jüngeren Bruder, der ein Herz für die russischen Menschen hatte, seit er mit Helena verheiratet war, die vor einiger Zeit von Kirgisien nach Deutschland übergesiedelt war.

Bei der Durchfahrt durch Neustrelitz trafen sie wie zufällig Siegfried, einen deutschen Mann, den die Missionarin von einer früheren Begegnung her bereits kannte. Er lebte eine andere Haltung gegenüber den Russen als die meisten Leute in seiner Stadt. Manche von ihnen hatten auch durch ihn schon Literatur bekommen. Siegfried war sofort bereit, den vorgesehenen Einsatz mitzumachen. Aber er dirigierte ihn zunächst um. Er führte die beiden Hamburger erst einmal zu einem Imbiss in sein wunderschön gelegenes Gartenhaus am Glambecker See, dann dirigierte er das Fahrzeug in ein dichtes Waldgebiet. Das war keine Straße, die sie da befuhren, das war eine entsetzlich miserable, schlechte, holprige Sandpiste. Sie endete nach einigen Kilometern direkt vor dem Tor einer Kaserne, die hier sicher niemand vermutet hätte.

Die drei Missionare hatten ihren Kleinbus gerade angehalten, als sich wie auf Bestellung das breite Tor öffnete und ein großer Mannschaftswagen herausgefahren kam. Das schwere Fahrzeug hielt angesichts des deutschen Kleinbusses sofort an und spuckte eine große Schar junger Offiziere verschiedener sowjetischer Nationalitäten mit ihren Frauen aus, als wüssten sie genau, was sie an dem vergleichsweise mickrigen Fahrzeug erwartete. Wer weiß, wohin deren Ausflug bei dem heutigen milden Vorfrühlingswetter eigentlich gehen sollte. Jetzt war er zunächst einmal am Literaturbus zu Ende. In kürzester Zeit kamen andere Soldaten aus dem hinteren Bereich der Waldkaserne dazu. Irgendjemand musste sie herbeigetrommelt haben. Auch sie wollten beschenkt werden. Und niemand ging leer aus. Die meisten bekamen sogar zum Buch in ihrer Sprache einen Riegel Schokolade dazu.

War das ein Fest mitten im Wald! Und was würde daraus für den Himmel werden können? Gott wusste es, schließlich ging dieser Sondereinsatz ganz allein auf seine Kappe. Er hatte offenbar sehr vorsätzlich diesen Siegfried an die Straße gestellt.

Ein anderes Mal wurde ein Einsatz zur Abschiedsveranstaltung für einen leitenden Oberleutnant. Dieser Tag war sein letzter in Deutschland. Wie musste dem Mann zumute sein, am nächsten Tag zurückkehren zu müssen in die UdSSR in eine vielleicht völlig ungewisse Zukunft. Er war offenkundig sehr unglücklich über seinen bevorstehenden Abschied.

50 junge Leute sangen in der letzten Veranstaltung, die er an seinem alten Dienstort erlebte, fröhliche Evangeliumslieder, drei junge Mädchen ganz speziell für ihn ein russisches Glaubens- und Segenslied. Der Prediger betete sogar besonders für ihn und befahl ihn der Gnade Gottes. Sein Dank im kleinen Kreis blieb dem Offizier beinahe im Hals stecken. Seine Stimme versagte ihm für einen Moment. Der Mann musste sich über die Augen wischen, als Schwester Gertrud ihn herzlich und mit freundlichen Worten verabschiedete und ihm noch einmal den Segen Christi zusprach.

Dessen Auferstehung konnte der Mann am nächsten Tag leider nicht mehr mitfeiern. Da befand er sich bereits auf seinem Flug nach Moskau. Was würde er wohl im Gepäck haben? Würde die Bibel, die er hier erhalten hatte, mit drin sein? Hatte das Evangelium, das er nun schon so häufig an seinem alten Standort gehört hatte, in seinem Herzen schon Wurzeln schlagen können?

Andere Militärs wollten aber die Osterfeier nicht ertragen. Aus Wittstock kam am Nachmittag dieses Tages die Mitteilung, dass die bereits zugesagte Oster-Veranstaltung im dortigen Standort nicht erwünscht sei, folglich abgesagt würde. Eine Begründung wurde nicht genannt.

Schade. Oder doch höhere Planung? Ein paar Telefonate ins nur 25 km entfernte Ravensbrück, Ortsteil von Fürstenberg/Havel, ergaben, dass dort am nächsten Nachmittag eine Freiversammlung möglich wäre und gerne durchgeführt werden könnte. Also mit allen Mitarbeitern auf nach Ravensbrück.

Als sie am nächsten Tag dort angekommen waren, wurde Schwester Gertrud und einigen Leuten aus der diesmal recht großen Mannschaft zunächst ein wenig anders ums Herz. Ravensbrück war doch dieses Konzentrationslager für Frauen und Kinder gewesen, das die Nazis 1939 hier eingerichtet hatten und in dem sie bis 1945 mehr als 130.000 Menschen drangsaliert hatten. Für mehr als 90.000 von ihnen war hier die Endstation ihres Lebens gewesen, darunter auch eine große Zahl Mütter und Kinder aus dem Volk der Sinti und Roma. Und ausgerechnet hier und heute waren einige junge Leute aus der Hamburger Gemeinde »Geborgenheit« mit dabei, um beim Verteilen der Literatur zu helfen.

»Du auferstandener Christus, mach du Gutes aus dieser Situation«, betete Schwester Gertrud im Stillen und hoffte, dass ihre Jugendlichen mit der Lage auch richtig umgehen könnten.

Natürlich waren die Jungen und Mädchen sehr betroffen

von dem, was sie hier über die Vergangenheit dieses Terrains erfuhren. Aber ihr Auftrag brachte sie dann doch bald wieder auf andere Gedanken. Während auf der großen Kreuzung mitten auf dem ehemaligen KZ- und heutigen Kasernengelände ein kleiner Posaunenchor Osterklänge in den hellen Morgen blies, waren sie mit einigen jungen Leuten des Chores unterwegs von Tür zu Tür, um in den Häusern für die Osterfeier einzuladen.

Ungefähr 800 Leute versammelten sich in den nächsten Minuten auf dem großen Platz. Dort, wo in vergangenen Zeiten Zählappelle durchgeführt wurden und den Angetretenen politische und rassistische Parolen um die Ohren geschlagen wurden, wo nach dem Ende jener schrecklichen Zeiten die nationalsozialistische Ideologie ersetzt wurde durch die atheistisch-kommunistische, dort erklang an diesem herrlichen Morgen die christliche Botschaft, von einer Lautsprecheranlage verstärkt und bis in die letzten Winkel vernehmlich: »Christus ist auferstanden! Er ist wahrhaftig auferstanden! Halleluja!«

Welch eine Botschaft an diesem Platz, der gar nicht auf der Liste der Veranstaltungsorte gestanden hatte, und welch eine Veränderung der Dinge! Schwester Gertrud jubelte das Herz. Wie war Gott doch so groß!

Zugleich schlich sich aber auch wieder die Frage ein, wie lange solche Einsätze wohl noch möglich waren. Die ersten russischen Kasernen auf dem Gebiet der alten DDR wurden nämlich bereits geräumt. Auch in der Region um Neustrelitz, in der die Standorte besonders dicht beieinander lagen, deutete sich der Abzug der sowjetischen Truppen bereits an.

Während im Anschluss an die Osterfeier rundum ergreifende Gespräche geführt wurden, war Gott bereits wieder dabei, weitere Türen zu öffnen. Eine Russin kam zu Schwester Gertrud und stellte sich vor als Gattin des Kommandeurs der benachbarten, allerdings geschlossenen und damit für Zivilisten unzugänglichen Funk-Garnison.

»Sie müssen die Botschaft von dem auferstandenen

Christus auch dort sagen, Schwester Gertrud. Unter den Soldaten herrscht eine große und tieftraurige Hoffnungslosigkeit. Sie wissen alle nicht, was aus ihnen wird.«

»Dann helfen Sie uns doch bitte, dass wir dort Eingang finden«, schlug die Missionarin vor.

»Das täte ich gerne. Aber ich kann nicht. Mein Mann darf gar nicht wissen, dass ich hier bin.«

»Oh, Sie Ärmste«, erschrak Schwester Gertrud bei dieser Offenbarung der Frau. »Was ist, wenn er es doch erfährt?«

Auf diese mitfühlende Frage ging die Frau zunächst nicht ein. Dafür erzählte sie einfach: »Wissen Sie, meine Großmutter hat mir als Kind von Jesus erzählt. Sie war eine fromme Frau. Sie hat viel gebetet. Ich weiß, wer Jesus ist, aber er durfte in meinem Denken nicht vorkommen. Ich habe ihn verdrängt. Sie haben die Erinnerung hervorgeholt. Und heute bin ich glücklich, dass Sie gekommen sind und dass ich das fröhliche Osterevangelium gehört habe.«

»Danken Sie Gott dafür«, wies Schwester Gertrud diesen Gedanken in die richtige Richtung, »er hat diese Osterstunde hier möglich gemacht.«

»Mit meinem Mann werde ich schon klarkommen, wenn er erfährt, dass ich hier war«, beantwortete die Frau doch noch die vorhin gestellte Frage.

Schwester Gertrud reichte der Offiziersfrau noch einmal die Hand: »Ich bete dafür, dass Sie da gut rauskommen und dass Ihnen die Freude der Osterbotschaft erhalten bleibt.«

»Danke, Schwester«, sagte sie nur noch und verschwand wieder in der Menge.

Leider ging der Wunsch der Frau des Kommandanten nicht in Erfüllung. Kahawe, Bruder Adolf und Jakob Esau verhandelten am folgenden Tag vor den Toren des Standortes zwei Stunden lang mit dem Politoffizier der Funk-Garnison. Sie boten ihm eine Kino-Veranstaltung an. Es ging dabei um den »Jesus-Film« nach dem Lukasevangelium in russischer Sprache.

Aber alles Verhandeln war vergeblich. Dieser Offizier gab

sich hart wie Granit. Am Ende hieß es lapidar: »Bei den Soldaten unserer Garnison besteht kein religiöser Bedarf.« Das wars dann gewesen. Mit diesem Bescheid ließ der Offizier die drei Männer einfach im Regen stehen, und das leider sogar im buchstäblichen Sinne des Wortes, denn das schöne Osterwetter vom Vortag hatte sich über Nacht verzogen.

Diese Absage hatte sogar weiter gehende Folgen. Auch an anderen Orten gab es negative Bescheide bezüglich »christlicher Konzertveranstaltungen« und einer Vorführung des »Jesus-Films«. Die Raketengarnison Vogelsang, die Fluggarnison Groß Dölln, die Munitionsgarnison Kurtschlag und andere Standorte blieben vorläufig geschlossen. Oranienburg schien grundsätzlich unerreichbar. Selbst in Neustrelitz blieben einige Tore plötzlich versperrt. Wer da wohl im Hintergrund seine Hand im Spiel hatte? Dass der Feind nicht schlief, wo Gottes Wirken offenkundig war, musste nicht verwundern. Das war schon immer so gewesen und ja auch eigentlich zu erwarten. Und er hatte auch zu allen Zeiten seine Handlanger. Aber es war schon interessant, diese Dinge gerade jetzt zu beobachten.

Dafür öffneten sich in den nächsten Monaten mehrere andere Garnisonen und russische Hospitäler und auch verschiedene Schulen für missionarische Filmveranstaltungen, einzelne Religionsstunden und »Konzerte«. So wurden seit einiger Zeit die evangelistischen Veranstaltungen umschrieben, und so falsch war der Begriff ja nun auch nicht.

Bis zur Beendigung dieser besonderen Arbeit mit dem Abzug der letzten Einheiten im August 1994 hatte Schwester Gertrud mit wechselnden Helfern und Helferteams mehr als 30 Standorte kennen gelernt und mit dem geschriebenen, gesprochenen und gesungenen Evangelium bedient. Ihr Traum, auch noch bis in das oberste Hauptquartier der Westgruppe der sowjetischen Streitkräfte in Wünsdorf gelangen zu können, beschäftigte sie immer wieder einmal und in letzter Zeit zunehmend. Bisher konnte sie keinen Weg sehen. Aber irgendwie war in ihr doch die

Ahnung, dass sich ihr geheimer Wunsch noch erfüllen würde. Abwarten, wie Gott die Dinge lenkte. Wenn er es wollte, dann würde es werden ...

Das »Haus der Offiziere« in Neustrelitz blieb den deutschen Freunden, wie sie längst bei vielen Garnisonsangehörigen hießen, allerdings weiterhin offen. Auch für einen Abend mit dem Jesus-Film in russischer Synchronisation, den Bruder Johannes und Harry einige Wochen später dort veranstalteten. Major Vitali hatte sich da offenbar gegen aufgekommenen Widerstand durchgesetzt. »Die Deutschen haben uns noch nie enttäuscht. Ich kann sie jetzt auch nicht enttäuschen. Bei uns wird der Film vorgeführt. Das ›Haus der Offiziere‹ ist dafür offen, und unsere Leute werden zu der Veranstaltung eingeladen.«

Hätte dieser Mann geahnt, welche Konsequenzen seine offene, großzügige Haltung gegenüber den Deutschen für ihn einige Monate später haben würde, vielleicht wäre er doch etwas vorsichtiger geworden. Er geriet dadurch nämlich wesentlich stärker als bisher ins Visier des Geheimdienstes. Die Leute vom KGB setzten ihn spätestens nach der Veranstaltung auf die schwarze Liste, in der er selbst mit seinem Kollegen Alexej zur Gitarre ein geistliches Lied vortrug. Vitali geriet zunehmend unter Druck. Der Krake streckte seine Fangarme aus. Sein Aktionsradius wurde mehr und mehr eingeengt. Gegen Ende des Jahres blieb ihm schließlich nur noch die Möglichkeit, bei Nacht und Nebel Neustrelitz zu verlassen und damit seiner Verhaftung, der Trennung von Frau und Kindern und der Deportation in eine nun wirklich ungewisse Zukunft zu entgehen.

Bei seiner Rettung vor dem Zugriff der Krakenarme des KGB hatte aufgrund einer besonderen göttlichen Fügung auch Schwester Gertrud ihre Hand im Spiel, besser gesagt ihr Auto in der Nähe. Sie hätte keine zehn Minuten später am Kasernentor auftauchen dürfen. So aber wurde dieser treue Mann in quasi letzter Minute gerettet. Seine Frau und die Kinder wurden nahezu gleichzeitig von anderen Christen an einem anderen Ausgang des Geländes aufgegabelt und in Sicherheit gebracht.

War das ein Aufatmen und dankbares Empfinden, als sich die Familie viele Stunden später endlich in einer weit entfernten westdeutschen Stadt in den Armen lag. Der lebendige Herr Jesus Christus, dem Major Vitali und seine Lena inzwischen ihr Leben anvertraut hatten, hatte spürbar seine Hände über dieser Aktion gehalten und hatte sie wunderbar gelingen lassen. Nur: »Engel an der Wolga« würden die beiden nie mehr werden können. Es gab für sie keinen Weg mehr dorthin. Aber als Christen konnten sich die beiden auch am neuen Ort ihres Familienlebens einbringen und bewähren.

Die Verantwortung für das »Haus der Offiziere« ging natürlich auf andere Schultern über. Die waren zunächst einmal nicht so zum Mittragen christlicher »Konzerte« bereit. Aber der neue Mann war nicht gut gelitten. Er wurde bald abgelöst. Dafür waren unter seinem Nachfolger die Türen wieder offen für weitere Einsätze. Und Gott bestätigte die Arbeit durch spürbaren Segen an diesem und an anderen Orten.

Signale für Wünsdorf

Das Telefon klingelte. »Nicht schon wieder«, sprach Schwester Gertrud ein wenig ärgerlich zu sich selbst. Da hatte sie sich gerade einmal für ein paar Momente in ihrem Ruhesessel zurückgelehnt und jetzt schon wieder dieses nervende Geräusch. Wie oft sie das heute schon gehört hatte?! Sie wusste es selbst nicht. Sollte sie, die inzwischen die siebzig schon ein wenig überschritten hatte und der doch wahrhaftig eine Stunde Mittagsruhe zustand, sich nun doch aufrappeln und den Hörer abheben? Wer mochte das schon wieder sein? Was mochte da schon wieder jemand wollen? Das Telefon gab keine Ruhe. Die Missionarin richtete ihren Stuhl auf, erhob sich und griff zum Hörer.

Der Anruf kam aus der Freien evangelischen Gemeinde am Holstenwall, zu der die Missionarin als Mitglied gehörte und die ihre Unternehmungen immer wieder großzügig unterstützte. »Schwester Gertrud, wir bekommen Besuch von einer Gruppe russischer Lehrer, die zu einem Info-Besuch hier in Hamburg sind. Können Sie nicht dabei sein und ein Grußwort sagen?«

»Muss das sein? Habt ihr denn niemand anderen?«, fragte die Missionarin zurück. Wann denn der Termin sei … Nein, so spontan könne sie da nicht zusagen … Sie werde sich das noch überlegen und später zurückrufen …

Schwester Gertrud legte den Hörer auf. Mit der Ruhe war es für sie vorbei. Was hatte das zu bedeuten? Russische Lehrer in Hamburg? Das auch noch im Gottesdienst in ihrer Gemeinde? Und sie sollte ein Grußwort sagen? Sie war inzwischen einer großen Zahl von russischen Lehrerinnen und Lehrern in deren Schulen begegnet. Ob in der Besuchergruppe welche dabei waren, die sie kannte? Die mussten wissen, dass sie in Hamburg zu Hause war, und würden sich über eine Begegnung sicher freuen.

»Herr Jesus, was fädelst du da ein?«, fragte sie betend. »Gib mir ein Signal, was das werden soll. Wenn es dann sein muss, gehe ich hin.« Wie sie es oft tat, wenn sie für eine bestimmte Sache nach einer Wegweisung suchte, langte sie nach ihrer Bibel, die immer griffbereit auf dem Tisch lag. Sie schlug wahllos auf und begann den Psalm 74 zu lesen. Beim Vers 3 blieb sie hängen. »Richte doch deine Schritte zu dem, was so lange wüst liegt. Der Feind hat alles verheert im Heiligtum.«

Eigentlich waren das Worte des Asaph, die er an Gott richtete. Gott selbst sollte sich dessen erbarmen, was »der Feind verheert hatte in seinem Heiligtum.« Das war der Missionarin schon klar. Dennoch hatte sie sofort den Eindruck, als seien das Worte, die Gott an sie richtete. »Du,

Gertrud Wehl, sollst dahin gehen, wo es lange wüst liegt«, meinte sie zu sich selbst, und ihr war sofort klar, dass sie die Einladung zum Grußwort vor den russischen Gästen annehmen musste. Sofort griff sie wieder zum Telefon und bestätigte ihre Bereitschaft und konnte danach sogar für die Störung danken.

Zum Bedauern der Missionarin war in der Besuchergruppe niemand, der ihr schon irgendwo begegnet war. Alles neue Gesichter, aber sympathische Leute, offen für das Evangelium. In ihrem Grußwort erzählte Schwester Gertrud von ihren Begegnungen und Erlebnissen in russischen Schulen, von den Bibelkursen für Lehrer, von Ansätzen eines richtigen Religionsunterrichts, für den sie Material besorgt hatte. Und sie sprach davon, wie russische Menschen bei diesen Einsätzen Christus begegnet waren, sich bekehrt hatten und nun ein Leben mit dem Heiland führten.

Bei ihren Worten registrierte sie eine gespannte Aufmerksamkeit in den Gesichtern der Gäste. Wenn die genauso aufmerksam auf die Predigt hörten, dann bliebe das sicher nicht ohne Folgen, dachte sie für sich und war jetzt schon gespannt auf den informellen Teil dieses Vormittags.

Der letzte Ton des musikalischen Nachspiels war noch nicht lange verklungen, da kam eine junge, adrette Frau auf Schwester Gertrud zu und bat sie um ein Gespräch. Gerne war die Missionarin dazu bereit. Die beiden Frauen zogen sich in einen Nebenraum zurück, um ungestört zu sein. Lidja, so hieß die junge Studentin der Germanistik, sprudelte gleich los und sprach freimütig alles aus – übrigens in ausgezeichnetem Deutsch –, was ihr auf dem Herzen lag. Sie hatte bereits vorher vom Evangelium gehört und davon, dass der Mensch nur dann ewiges Leben haben könnte, wenn er sein Leben mit Gott in Ordnung hätte und die Erlösung durch den Tod Jesu am Kreuz für sich selbst annähme. »Die kommunistischen Lehren haben mein Herz leer gelassen. Mit einem leeren Herzen kann man nicht leben, Schwester Gertrud. Ich möchte, dass mir Jesus die Leere aus dem Herzen nimmt und mein Herz mit seiner Liebe, seiner Freude und seinem Frieden füllt, wie es der Prediger vorhin gesagt hat. Schwester Gertrud, beten Sie mit mir zu Jesus und zu Gott, dass er mich als sein Kind annimmt. Ich weiß nicht, wie das geht mit dem Beten. Ich habe das noch nie gemacht.«

Nach ein paar erklärenden Sätzen der Seelsorgerin gingen die beiden Frauen auf die Knie und sprachen ein Übergabegebet. Satz für Satz sprach Schwester Gertrud der jungen Frau das Gebet vor und Lidja wiederholte. Dann sprach die russische Studentin noch ein paar Sätze ganz freien Gebetes und erhob sich als ein neuer Mensch. Im Himmel konnte wieder einmal ein Fest gefeiert werden.

»Darf ich noch eine Bitte aussprechen, Schwester?«

»Nur zu, wenn ich sie erfüllen kann, tue ich das gerne.«

»Ich hätte gerne eine Bibel, in der der deutsche Text und der russische nebeneinander stehen. Gibt es so etwas?«

Die Missionarin zog die Schultern hoch. »Ich weiß nicht, ob es solche Bibelausgaben gibt. Ich hatte noch keine in der Hand. Aber ich werde es in Erfahrung bringen.«

»Schicken Sie mir das Buch dann, wenn Sie es haben?«

»Selbstverständlich! Ich brauche nur die Anschrift, wo ich es hinschicken soll«, sagte Schwester Gertrud bereitwillig und ließ sich die Adresse auf einen Zettel schreiben.

Nach dem Imbiss, den es in der Gemeinde für die Gäste noch gab, verabschiedeten sich die beiden Frauen und verloren sich für die nächste Zeit wieder aus den Augen. Die jüngere reiste als Christin zurück nach Berlin, die ältere blieb zurück mit einem kleinen Zettel in der Tasche, der einen nicht einfachen Auftrag enthielt.

Einige Woche später reiste Schwester Gertrud mit Harry in die neuen Bundesländer. Ein festes Ziel hatten die beiden eigentlich gar nicht. Sie wollten sich leiten lassen. Seitdem die Kasernen in und um Neustrelitz geräumt waren, war die Missionarin ständig auf der Suche nach neuen Einsatzorten. Es gab gar nicht mehr viele Standorte der restlichen Westgruppe der Streitkräfte der Sowjetunion – nein, nicht mehr Sowjetunion, das hieß doch schon seit einiger Zeit nur noch GUS, »Gemeinschaft unabhängiger Staaten« –, die noch besucht werden konnten. Um Berlin herum waren noch einige übrig geblieben mit ihren Kasernen, Hospitälern und Schulen. Und natürlich in Wünsdorf. Dort gab es immer noch das Hauptquartier als eine uneinnehmbare Festung. Dabei war es doch für Gott ein Kleines, die Mauern dieser Festung einstürzen zu lassen, wie weiland die von Jericho. Er brauchte doch nur ein Wort zu sagen. Aber noch war es wohl nicht so weit, dass Gott dieses Wort sprach.

Irgendwo auf der Autobahn Richtung Berlin meinte Schwester Gertrud plötzlich: »Harry, lass uns nach Oranienburg fahren. Lidja hat neulich in der Freien evangelischen Gemeinde davon gesprochen, dass es dort noch eine Garnison mit Schule gibt. Wir besuchen diese Schule.«

Harry war es recht. Er war doch nur Fahrer und Gehilfe. Die wichtigen Entscheidungen musste schon Schwester Gertrud treffen. Alles andere würde er gerne mitmachen. »Ist das die Stadt, in der es auch ein Nazi-KZ gegeben hat?«

»Sachsenhausen war das, das gehörte schon damals zu Oranienburg«, informierte ihn die Missionarin. »Nach dem Krieg hatten die Russen dort ein Internierungslager für Feinde des Systems.«

»Muss ja ein böser Ort gewesen sein«, mutmaßte Harry.

»Und dabei eine schöne Stadt. Aber wer weiß, wie die heute aussieht.«

»Wir werden es sehen, wenn wir da sind. Hoffentlich lassen die uns da rein.«

»Du meinst in die Schule? Ich bete darum, während du fährst. Und dann werden wir sehen«, beendete Schwester Gertrud dieses Gespräch und lenkte ihre Gedanken betend auf das, was an ihrem Ziel auf sie zukommen würde.

In Oranienburg fragten die beiden sich zur Kaserne und zur russischen Schule durch. Dort angekommen, konnten sie

sich nur darüber wundern, wie bereitwillig die Wachsoldaten den Schlagbaum öffneten und die Durchfahrt zur Kommandantur freigaben. Dort wurde die Missionarin gleich
vom zuständigen Oberst empfangen. Sie zog ihren jungen
Begleiter selbstverständlich mit in das Dienstzimmer.

»Was kann ich für Sie tun?«, wollte der Offizier wissen,
nachdem er nach dem Woher der Fremden gefragt hatte.

Schwester Gertrud kam ohne Umschweife zu ihrem
Anliegen: »Wir möchten gerne an die Jungen und Mädchen
Ihrer Schule Kinderbibeln verteilen.«

»Verschenken? Nicht verkaufen?« Der Mann war offenbar ein Formalist und Freund knapper Formulierungen.

»Nein, verschenken«, bestätigte die Missionarin ebenso
formell.

Der Offizier gab sich zufrieden und griff zum Telefon. Er
bekam die gewünschte Verbindung und führte ein lautstar-
kes Gespräch. Dann legte er auf und sagte nur: »Sie werden
gleich abgeholt. Warten Sie bitte auf dem Flur.« Damit war
die Audienz beendet.

Die beiden Bibelkolporteure schauten sich vielsagend an,
bedankten sich höflich und verließen das Büro. Sie brauchten draußen nicht lange zu warten, bis sie von einem unter-
geordneten Soldaten abgeholt wurden. Der junge Mann
hatte den Auftrag, die Gäste zur Schule zu lotsen.

Das Kollegium war offenbar schon informiert worden,
denn etliche Lehrer warteten bereits auf der Treppe. Sie
winkten dem Besuch sogar entgegen.

»Verstehst du das, Harry?«, wunderte sich Schwester
Gertrud.

»Die tun so, als ob sie uns kennen würden«, meinte Harry.

»Wir werden es gleich wissen.«

Harry steuerte den Wagen vor die Treppe, und die beiden
stiegen aus. Sofort kam ihnen eine der Frauen mit ausge-
streckter Hand entgegen: »Schön, dass wir uns wiedersehen.«

Wiedersehen? Waren sie sich denn schon einmal begegnet? Schwester Gertrud schaute die Frau fragend an.

»Erinnern Sie sich nicht?«, fragte die Frau, die sich als die Direktorin Ludmilla vorstellte. Die Missionarin konnte sich im Augenblick wirklich nicht erinnern. Harry noch weniger. »Wir waren doch neulich bei Ihnen in Hamburg. Im Gottesdienst Ihrer Gemeinde haben Sie uns einen Gruß gesagt.«

»Sie waren bei uns in Hamburg?«, staunte Schwester Gertrud. Sie konnte sich an kein Gesicht erinnern. Aber sie war ja auch hauptsächlich mit Lidja beschäftigt gewesen, als die russische Gruppe am Holstenwall war. So sagte sie es natürlich nicht. Stattdessen sagte sie freundlich: »Verzeihen Sie, Frau Direktorin, dass ich Sie nicht gleich erkannt habe. Ich konnte doch nicht ahnen, Sie jemals wiederzusehen.«

»Umso schöner ist es, Schwester Gertrud«, bestätigte die Frau ihre Freude. »So nennt man Sie doch, wie ich mich erinnere? Kommen Sie, gehen wir für einen Moment in mein Dienstzimmer. Später gehen wir in die Klassen. Meine Kollegen können die Kisten schon einmal mit nach oben nehmen.«

Im Hinaufgehen drückte die Missionarin ihrem Begleiter die Hand, spürbar bewegt von dieser wunderbaren Führung Gottes. »Harry, ist das toll!«, flüsterte sie ihm dabei ins Ohr. Oben im Rektorat trafen die beiden auf die stellvertretende Direktorin, die sich als Galina vorstellte und ebenso erfreut war über den Besuch wie ihre Vorgesetzte. Sie war leider nicht mit in Hamburg gewesen.

Bei Tee und Gebäck entwickelten sich rasch eine herzliche Atmosphäre und ein gutes Gespräch. Unter anderem erzählte Galina von ihrer Tochter, die als Germanistikstudentin in Berlin wohne und immer noch auf der Suche nach einer zweisprachigen Bibel sei.

»Das kann doch nicht wahr sein«, entfuhr es Schwester Gertrud. »Lidja ist Ihre Tochter? Sie hat bei mir diese Bibel erbeten, und ich habe sie nach langer Suche endlich bekommen. Ich habe sie in meinem Auto. Ich werde Sie Ihnen nachher gerne aushändigen.«

»Und ich werde sie bald an meine Tochter weitergeben«,

stimmte die Russin in die Begeisterung des Augenblicks ein. »Wird die sich freuen!«, ergänzte sie noch.

Jetzt wurde die Hamburger Missionarin allerdings ernst. »Sehen Sie, so handelt Gott. Als wir heute Morgen in Hamburg abfuhren, wussten wir noch nicht, wo wir hinfahren sollten. Wir haben Gott die Führung überlassen.«

»Und Gott hat Sie zu uns geführt?«, staunten die beiden Frauen fast gleichzeitig.

»Er hat, wie wir das alle hier erleben. Gott ist groß! Und er macht Maßarbeit. Das ist einfach zum Staunen und zum Danken.«

Plötzlich musste Galina zu ihrem Taschentuch greifen. Ihr rannen doch tatsächlich ein paar Tränen über das hübsche Gesicht.

»Was haben Sie, Frau Galina?«, sorgte sich Schwester Gertrud, und Harry wandte sich ab. Weinende Frauen machten ihm Probleme.

Dann begann die Kodirektorin zu erzählen: »Ich habe früher, zu Hause in Russland, in der Stadtverwaltung gearbeitet. Einmal kamen Kollegen mit einer großen Kiste Bibeln ins Büro. Sie hatten die Bücher bei einer nächtlichen Razzia den Mitgliedern einer Christengemeinde abgenommen. Einfach konfisziert, wissen Sie. Das war so. Ich war für die Vernichtung der frommen Bücher zuständig. Dann habe ich meiner *Babuschka*, meiner Großmutter, davon erzählt. Die alte Frau war entsetzt. Ich erinnere mich sehr genau. ›Kind‹, hat sie gesagt, ›so darfst du nicht mit heiligen Dingen umgehen. Du hättest das heilige Gotteswort retten müssen.‹ Das hat mich damals sehr getroffen und lange beschäftigt. Und dann habe ich mir vorgenommen, wenn ich es kann, dafür zu sorgen, dass andere Menschen das Wort Gottes bekommen. Ich selbst lese seit langem die Bibel, auch wenn ich vieles nicht verstehe.« Den letzten Satz hatte sie etwas leiser gesprochen, als sollte ihre Chefin ihn nicht unbedingt hören. Die reagierte allerdings nur insofern auf die Erzählung ihrer Kollegin, als sie ihr ein neues

Taschentuch reichte, damit sie sich noch einmal über ihre feuchten Augen und die Wangen wischte.

Schwester Gertrud und Harry hatten mit großer innerer Anteilnahme der Frau zugehört. Für ein paar Momente war es still im Raum. Die Missionarin brach schließlich das Schweigen: »Sehen Sie, so wirkt Gott. Ich kann nur staunen. Einfach wunderbar. Dass wir jetzt hier sind und Ihnen begegnen, ist einfach wunderbar.«

»Und jetzt dürfen Sie gerne durch die Klassen gehen. Galina wird Sie begleiten. Sagen Sie den jungen Leuten ein paar gute Worte, und dann verteilen Sie Ihre Bücher. Nachher kommen Sie für eine Tasse Tee noch einmal herein.« Das klang wie ein deutliches Signal der Direktorin, dass sie jetzt anderweitig beschäftigt war.

Eine ganze Stunde lang gingen die drei Personen von Klasse zu Klasse. In jedem Raum wies Galina mit bewegenden Worten darauf hin, dass hier zwei gute Menschen aus dem weit entfernten Hamburg eigens zu ihnen gekommen seien, um ihnen Gottes Wort zu bringen. In jedem Raum konnte Schwester Gertrud ein kurzes Zeugnis ihres Glaubens und ihres Lebens sagen und darauf hinweisen, dass ein Mensch nur als Christ wirklich glücklich werden könne. Harry diente als Übersetzer, fügte aber jedes Mal auch ein paar eigene Sätze an. Die jungen Leute sollten nicht den Eindruck bekommen, christlicher Glaube sei nur etwas für alte Leute. Nein, in jungen Jahren sei es notwendig, sein Leben in die Hände Gottes zu legen. Dann habe es eine gute Zukunft.

Die beiden Missionare registrierten bei den Kindern großes, aufmerksames Interesse, was auch an vielen spontanen Fragen erkennbar war. Leider war die Zeit für ausführliche Antworten viel zu kurz. Dafür gab es beim anschließenden Tee im Zimmer der Direktorin die ausdrückliche und herzliche Einladung, doch noch einmal wiederzukommen und dann, wenn es ginge, mehr Zeit mitzubringen und neue Bücher, vielleicht auch solche, aus denen die Kollegen

Grundsätzliches über den christlichen Glauben lernen und erfahren könnten. Gerne nahm Schwester Gertrud die Einladung an und versprach, die geäußerten Wünsche nach Möglichkeit zu erfüllen. Ein Datum könne sie aber leider nicht angeben.

Unterwegs auf der Heimfahrt hatte Harry dann eine Frage. »Schwester Gertrud, wieso warst du dir plötzlich so sicher, dass wir nach Oranienburg fahren sollten?«, wollte er wissen.

»Du wirst es nicht glauben, Harry. Das Signal für mich war ein Lastwagen.«

»Ein Lastwagen? Wieso denn ein Lastwagen, Schwester Gertrud?« Harry hätte beinahe die Einfahrt in eine Baustelle verpasst vor Überraschung. Er musste plötzlich ziemlich stark auf die Bremse treten. »Oh, entschuldige, Schwester Gertrud. Ich war so überrascht von deiner Antwort.« Der junge Mann konzentrierte sich nun doch erst einmal auf die Baustellendurchfahrt, fragte dann aber nach: »Ein Lastwagen kann für dich Wegweisung Gottes sein?«

»Der LKW war eine Gebetserhörung. Gott antwortet manchmal sehr merkwürdig auf unsere Gebete, Harry. Man muss da schon mal genauer hinsehen, was um einen vorgeht, wenn man auf eine Antwort wartet.«

Harry verstand noch nicht. Die Missionarin erklärte:

»Als ich dir bei der Hinfahrt gesagt habe, dass wir nach Oranienburg fahren, hatten wir gerade einen Lastwagen überholt. Der hatte auf seiner Plane groß und deutlich Oranienburg stehen. ›Fernverkehr S. & G. Havelstein, Oranienburg‹. Ich sehe den Schriftzug noch vor mir. Gelbe Schrift auf blauer Plane. Dabei fiel mir sofort Lidja ein und dass sie von Oranienburg gesprochen hatte.«

»Hatte sie denn auch davon gesprochen, dass ihre Mutter dort arbeitet?«

»Daran kann ich mich nicht erinnern. Ich weiß nicht mehr, warum sie Oranienburg erwähnt hat. Aber der Lastwagen war für mich einfach das erwartete Signal.«

»Das ist super, wie du das machst, Schwester Gertrud. Ich weiß nicht, ob ich das so könnte, so ins Ungewisse losfahren und dabei wissen, dass Gott mir das Ziel zeigen wird.«

»Das kann ich verstehen, Junge. Ich habe das selbst auch erst durch viele Erfahrungen gelernt. Das ist aber auch eine Frage des Vertrauens in die Führung Gottes. Du wirst solche Erfahrungen auch noch machen. Die Kurzform dieses Geheimnisses besteht in fünf A und heißt: Aufgabe abgeben und aufmerksam Antworten abwarten.«

»Die Psychologie würde sagen: Da hört jemand auf seinen Bauch«, versuchte Harry dieses Vertrauen, das die Missionarin meinte, zu erklären. »Ich höre vielleicht noch zu viel auf meinen Kopf. Ich muss die Sachen immer vorher möglichst klar haben.«

»Dieses Vertrauen ist ein schwankendes Ding, Harry, glaub mir. Das ist längst nicht immer gleich«, gestand Schwester Gertrud ein. »Dennoch solltest du es immer wieder riskieren.«

»Ich werde versuchen auszuprobieren, wie das geht«, versprach der junge Mann. »Ich danke dir übrigens für diese Lehrstunde über den Lastwagen als die Antwort Gottes auf ein Gebet und für das Rezept der fünf A.«

Nach einer Weile brach Harry noch einmal das Schweigen im Auto. »Wann fahren wir nach Groß Dölln?«

»Groß Dölln? Wie kommst du auf Groß Dölln?« Jetzt war die Verwunderung auf Seiten der Missionarin.

»Die Kodirektorin hat von einer Kollegin in Groß Dölln gesprochen, die sicher sehr interessiert sei an einem Besuch in der dortigen Russenschule.«

»Du hast Recht, Junge. Nun, wo du es sagst, fällt es mir wieder ein. Tatjana heißt die Kollegin. Groß Dölln war nur bisher immer zu.«

»Vielleicht kriegt diese Tatjana ja das Tor auf?«, mutmaßte der Fahrer und legte wieder den höheren Gang ein, denn die Baustelle war passiert.

»Wir werden sehen. Ich sag dir Bescheid, ob und wann wir fahren. Wenn dein nächster freier Tag in meinem

Kalender steht, dann fahren wir. Auch so kann Gott Termine machen.«

»Mein freier Tag in deinem Kalender. Das ist gut, Schwester Gertrud. Ich ruf dich gleich morgen an.«

Damit war die nächste Fahrt grundsätzlich beschlossen, der Termin stand bereits in zwei Kalendern. Die brauchten nur noch zur Deckung gebracht werden.

Nicht lange nach der Oranienburg-Fahrt wurde der Zweier-Einsatz in Groß Dölln zu einem besonderen Abenteuer, wie es das so noch nicht gegeben hatte. Nur war es nicht Harry, der Schwester Gertrud auf der Fahrt begleitete, sondern Friedrich und sein VW-Bus. In seinem Kalender war der zweite Dezembersamstag als Einsatztag bereits eingetragen gewesen. In Harrys Kalender gab es dagegen für die nächste Zeit keine passende Lücke. Auch so machte Gott Termine.

Das veränderte Team war an diesem Tag schlecht vorwärts gekommen auf seiner 300-km-Reise. Schneeregen, Nebel, schlechte Sicht hatten immer wieder zu langsamer Fahrt gezwungen. Zuletzt war es dann zum Glück trocken geworden. Die beiden waren also für einen Schuleinsatz spät dran. Die Kinder waren sicher schon gar nicht mehr in der Schule erreichbar.

An der Pforte zum Objekt gab es den ersten Widerstand. Man ließ die beiden lange stehen und warten. Dann kam der Bescheid, der Kommandeur sei nicht da und sein Vertreter habe keine Zeit. Die Frage nach der Lehrerin Tatjana hatte dann besseren Erfolg. Die Frau, in einen dicken Wollmantel gehüllt, kam ans Tor, hörte sich interessiert das Anliegen der beiden Hamburger Missionare an, freute sich über die Grüße von Galina und war sofort bereit, für die Öffnung des Schlagbaums zu kämpfen.

»Bibel ist großer Schatz. Wir müssen haben. Auch Kinder müssen haben. Sie werden warten ein paar Minuten. Ich selbst besuche Polit-Kommandant«, sagte sie zum Erstaunen der Besucher und verschwand.

Nach etwa einer Viertelstunde kam sie zurück und sah gar nicht glücklich aus. Sie schien richtig böse zu sein. »Kommandant sagt *njet*. Geht nicht. Morgen russische Wahl, deshalb heute kein Besuch. Dieser Mann verrückt.«

Tatjana schien den Tränen nahe. Dann sprach sie aufgeregt mit den Wachsoldaten. Die schienen eine Idee zu haben, denn sie beschrieben anscheinend mit den Händen auf einer imaginären Karte einen Weg, der zu nehmen wäre.

Schwester Gertrud und Friedrich standen derweil an ihr Fahrzeug gelehnt, beteten wohl im Stillen und machten sich dann Gedanken darüber, welche Macht für diese Leute die biblische Botschaft haben konnte, wenn sie befürchteten, sie hätte Einfluss auf den Ausgang der Wahlen des kommenden Tages.

Plötzlich erinnerte sich Schwester Gertrud an die heutige Tageslosung. »Friedrich, irgendwie werden wir hier hineinkommen.«

»Wieso bist du da so sicher?«

»Den heutigen Losungsspruch dürfen wir ganz persönlich in Anspruch nehmen: ›Haltet mich nicht auf, denn der Herr hat Gnade zu meiner Reise gegeben.‹ Das sagt Abrahams Knecht in 1. Mose 24,56. Wir sind zwar nicht Abrahams Knechte, aber Diener unseres Herrn. Du wirst sehen, die wissen gleich einen Weg für unsere Reise in dieses Objekt.«

Dann kam Tatjana mit einem der Uniformierten ans Gitter. »Ist eine Möglichkeit für Reinkommen. Paar Kilometer in Wald ist Loch ohne Bewachung. Fahren immer links. Ich kommen von innen. Ihr von außen. Wir zu Fuß in Objekt. Aber ist große Risiko für mich. Niemand darf wissen. Geht? Bitte, muss gehen! Bitte!« Die Lehrerin schaute die beiden Besucher abwechselnd mit großen Augen und bittender Mimik an und wiederholte noch einmal. »Bitte, versuchen!« Das war leise gesprochen, klang aber wirklich sehr drängend.

»Was machen wir, Schwester Gertrud?«, fragte Friedrich ein wenig unsicher.

»Wir riskieren den Einstieg durch das Loch. Im Glauben, lieber Friedrich. Der Herr Jesus hat uns nicht hierher fahren lassen, dass wir dem Widerstand klein beigeben. Er wird alles fernhalten, was hinderlich und gefährlich werden könnte. Ich bin da ganz sicher. Denk an die Losung.«

»Kein Problem, Schwester Gertrud, ich glaube mit!« Der junge Mann freute sich anscheinend richtig auf dieses besondere Abenteuer.

»In 15 Minuten bei Loch?«, fragte Tatjana noch einmal bittend.

»In 15 Minuten beim Loch«, bestätigte die Missionarin und ergänzte: »Mit Gott und seiner Hilfe!«

Über das Gesicht der Lehrerin ging ein Strahlen. Sie deutete einen Händedruck an, wandte sich um und verschwand im Gelände des Objekts.

Wer die Szene beobachtet hatte, musste denken, dass hier der Versuch zweier deutscher Exoten, ein russisches Objekt zu betreten, schließlich gescheitert sei und die beteiligten Personen den Versuch aufgegeben hatten. Aber weit gefehlt! Das Abenteuer begann erst richtig.

Die beiden Missionare fanden den Weg tatsächlich und das Loch auch. Sie waren einfach losgefahren im Vertrauen, dass Gott sie jeweils an der richtigen Stelle links abbiegen ließ. Mitten im Wald fanden sie einen kleinen einigermaßen trockenen Platz, auf dem sie den Kleinbus stehen lassen konnten. Von dem Fahrweg, der alles andere war als eine Fahrstraße, ging ein schmaler modderiger Weg wiederum nach links, der zu besagtem Loch führen musste. Friedrich spielte zunächst Spähtrupp und fand nach etwa 250 Metern die angegebene Stelle. Durch dieses Loch in der Stacheldraht-Umzäunung ging es also hinüber zu den Gebäuden. Das war wirklich abenteuerlich.

Schwester Gertrud und ihr Begleiter beluden sich mit so viel Bücherkisten, wie jeder tragen zu können meinte. Wobei die Missionarin dabei durchaus ihre Schwierigkeiten hatte. Sie laborierte nämlich schon seit geraumer Zeit an den

Folgen eines komplizierten Ellenbogen-Trümmerbruches. Den hatte sie sich beim letzten Sinti-Christentreffen zugezogen. Zweimal war sie bereits operiert worden, und die Probleme waren immer noch nicht vollständig behoben. Aber Schwester Gertrud war noch nie jemand gewesen, der gesundheitlichen Begrenzungen ein großes Gewicht beigemessen hätte. Das war alles irgendwie von Gott gegeben oder zugelassen, und da musste sie eben durch. Das galt auch für jetzt. Also, zwei Kisten waren zu bewältigen. Gut so!

Dann setzte sich die kleine Karawane in Bewegung. Tatjana kam ihnen auf dem feuchten Trampelpfad bald entgegen. Sie winkte und kam die letzten Meter im Laufschritt. »Schön, dass gefunden«, meinte sie nur und lächelte. Dabei wischte sie sich den Schweiß vom Gesicht, nahm Schwester Gertrud eine Kiste ab und setzte sich an die Spitze der Gruppe. Niemand sprach ein weiteres Wort. Jedes unnötige Geräusch sollte auch unbedingt vermieden werden. Man konnte ja nicht wissen, wer sich vielleicht trotz des Wetters in diesem Gehölz herumtrieb.

Das war schon eine merkwürdige Situation, wie es sie noch bei keinem der vielen zurückliegenden Einsätze gegeben hatte. Wie Indianer auf dem Kriegspfad, immer wieder nach rechts und links sichernd, pirschten sich die drei Menschen auf ihr Ziel zu, zusätzlich darauf bedacht, im Modder nicht auszurutschen.

Etwa zehn Minuten waren sie gemeinsam unterwegs, bis sie das Schulgebäude von hinten erreicht hatten. Die Last wurde in einem Raum abgestellt, und dann ging es zurück, eine weitere Ladung zu holen. Auch dieser Teil des Unternehmens gelang, ohne dass jemand der Gruppe begegnet wäre oder sie beobachtet hätte. Die drei waren sich da sicher. Diesmal wurde der Weg zur Schule allerdings beschwerlicher. Tatjana drohte schlappzumachen. Es war eine kleine Verschnaufpause nötig. Was war mit der Frau? Hatte sie sich überfordert? Oder war es einfach die Spannung, unter der sie stehen musste? Friedrich nahm ihr eine ihrer Kisten ab und lud sie sich selbst noch auf.

Schließlich war auch der zweite Transport an seinem Ziel. Und dort lag dann ein Zettel auf den Kisten des ersten Durchgangs. Tatjana las ihn und schaute dabei recht ungläubig drein: »Ist von Viktor. Schreibt von Genehmigung für Einfahrt in Objekt.«

»Ist ja wunderbar«, jubelte Schwester Gertrud und hielt sich sofort selbst den Mund zu. Der spontane Ausruf war hoffentlich nicht zu laut gewesen.

»Ist sehr gut«, nahm auch Tatjana die Botschaft freudig auf. Die Frau sah sehr blass aus und musste sich auch wieder den Schweiß von der Stirn wischen. Das Zittern ihrer Hände dabei war nicht zu übersehen. Dann gab sie weitere Weisung: »Ihr gehen zurück an Auto. Kommen an Tor und kommen auf Objekt an Schule. Wird alles gut.«

Ohne weitere Verzögerung wurde diese Weisung umgesetzt, und nach einer entsprechenden Zeit erschien der VW-Bus wieder vor dem Objekttor. Diesmal durften die beiden Besucher sofort einfahren, wurden aber kurz vor dem Schulgebäude von einem Soldaten angehalten. Er wollte den Passierschein für das Gelände sehen. Den gab es natürlich nicht. Aber es gab den Kommandanten, an seiner Uniform erkennbar. Der stand mit zwei anderen Offizieren etwas abseits vor einem Laden.

Friedrich stieg aus, um ihn um Erlaubnis zur Weiterfahrt zu bitten. Der Offizier wandte sich dem Gast zu, sagte allerdings nichts, zeigte nur in Richtung Schule und legte dann den Zeigefinger auf die Lippen. Das hieß wohl: Genehmigung bestätigt. Die Sache durfte nur nicht laut werden.

In Ordnung, deutete Friedrich an, stieg wieder ein und fuhr zur Schule. Dort wartete Tatjana bereits und freute sich königlich über die Wendung der Dinge. Rasch wurde die restliche Bücherladung ins Gebäude gebracht. Schade, dass kein Mensch sonst mehr da war.

Dann lud die Lehrerin die Besucher ein: »Jetzt noch kommen in Wohnung für Kaffee und Tee und viele Fragen an Bibel und Glaube.« Dem konnten sich Schwester Gertrud und Friedrich natürlich nicht entziehen, auch wenn sie am liebsten gleich die Heimfahrt angetreten hätten. Schließlich mussten sie die beinahe 300 km auch noch wieder zurückfahren.

In Tatjanas Wohnung gab es dann die nächste Überraschung: Das Wohnzimmer war gefüllt mit Frauen aus ihrem Umfeld, so dass für die Gäste kaum noch Platz war. Nachbarinnen? Kolleginnen? Eins hatten sie gemeinsam: Sie hatten alle viele Fragen zu den Themen Bibel und Jesus und Glauben und Gott. Zum Glück war Tatjanas passives Sprachverständnis wesentlich besser als ihre Sprachfähigkeit. So konnte sie die Antworten, die Schwester Gertrud und vereinzelt auch Friedrich gaben, richtig verstehen und sicher gut ins Russische übersetzen. Die beiden kamen kaum dazu, ihren Kaffee zu trinken und ihren Kuchen zu essen. Was machte das schon! Die Gelegenheit hier war Gottes Gelegenheit, und die musste genutzt werden, so weit es ging.

Irgendwann ging es dann aber doch nicht mehr. Die beiden Besucher mussten die Fragestunde einfach beenden. Der Heimweg war weit, und es war schon später Nachmittag.

»Aber beten können wir noch mit euch, oder?«, fragte Schwester Gertrud die Gastgeberin. Gerne stimmte die dieser Bitte zu, und so vertrauten die Missionarin und ihr Begleiter die Dinge dieses Tages, die Menschen dieses Standorts und dieser Wohnung und besonders die Gastgeberin und ihren Mann Gottes guter Fürsorge an und beteten darum, dass ihr Hunger nach Nahrung für ihre begierigen Seelen doch wirklich und gründlich gestillt würde. Die Gesundheit Tatjanas und ihres Mannes Viktor wurde auch zum Gebetsthema. Die beiden Besucher hatten nämlich wie beiläufig erfahren, dass die Lehrerin an einer Knochenmarkserkrankung litt und damit erhebliche Probleme hatte. Deshalb also die Schwäche bei dem Büchertransport durch den Wald. Ihr Mann litt an so etwas wie einem Afghanistan-Syndrom, verbunden mit schlimmen Alpträumen und anderen Begleiterscheinungen. Aber Gott konnte sich auch dieser Sachen annehmen, betete die Frau doch seit einiger Zeit schon selbst darum.

Beim Hinausgehen gab es noch eine flüchtige Begegnung mit dem geplagten Viktor und die Möglichkeit, ihm für seine Hilfe bei der Toröffnung zu danken. Schade, dass die Zeit nun wirklich nicht zu mehr reichte. Ob es wohl eine spätere Begegnung mit den beiden freundlichen Leuten geben würde? Ob Gott mit denen noch etwas vorhatte?

Welch ein Tag neigte sich hier seinem Ende zu! Gott hatte wieder einmal Großes getan, das nicht ohne Folgen bleiben würde. »Und jetzt auf den Rückweg nach Hamburg, ihr Missionsleute, die Losung gilt immer noch«, sagten sie sich selbst und waren dann auch bald froh und dankbar unterwegs.

Nach dieser Reise gab es noch einmal eine nach Oranienburg. Auch dieses Mal wieder mit deutlicher Maßarbeit Gottes. Schwester Gertrud kam mit Harry just an dem Tag, als die Schülerinnen und Schüler der Abschlussklassen ihre Zeugnisse der Mittleren Reife und des Abiturs ausgehändigt bekamen. Für die jungen Leute war es der Abschiedstag von der Schule und zugleich der Abschiedstag von ihrem Lern-, Wohn- und Lebensumfeld. Die Garnison wurde in den nächsten Tagen aufgelöst.

Welch eine Gelegenheit, im Schulhaus der beiden freundlichen und offenen Frauen Ludmilla und Galina noch einmal Gottes Wort zu sagen und zu verteilen. Die Missionarin und ihr Begleiter konnten den Schulabgängern in die spürbar gedrückte Stimmung noch gute Worte als Wegweisung und Wegbegleitung mitgeben, dazu jedem ein Exemplar des »roten Buches«. Nein, das war natürlich kein Handbuch des Kommunismus. Es war Wilhelm Buschs »Jesus unser Schicksal«, das inzwischen wegen der Farbe seines Einbandes diese Bezeichnung ertragen musste.

Schon ein wenig Ironie der Geschichte, ist doch dieses Buch neben der Bibel selbst eins von denen, das immer wieder Menschen zum Glauben an Christus führt.

Bei dem anschließenden Gespräch im Zimmer der Direktorin gab es außer Tee und Gebäck dann noch eine Überraschung. Ein Junge und ein Mädchen kamen herein und überreichten Schwester Gertrud mit Verbeugung und Knicks eine Art Urkunde, die irgendjemand auf die Schnelle gestaltet hatte. Der Text war natürlich in Kyrillisch geschrieben. Schade, warum mussten die Russen auch diese merkwürdigen Hieroglyphen für ihre Schrift verwenden. Die Missionarin hatte schon immer bedauert, dass sie diese Schrift nicht lesen konnte, und sie beneidete jeden ihrer Mitarbeiter ein wenig, der diese Kunst beherrschte.

Kodirektorin Galina übersetzte natürlich sofort und schrieb den Text gleich auf einen Papierbogen. Er sollte doch auch später in Hamburg nachlesbar bleiben. Dann las sie vor:

Guten Tag, liebe Freunde!
Die Schüler und Lehrer der russischen Schule 105
drücken hiermit ihren innigsten Dank
aus für die Aufmerksamkeit und Sorge uns gegenüber.
Uns wird in Erinnerung bleiben die Begegnung mit Ihnen
und Ihre guten Worte über Gott. Diese Worte werden wie
ein Same, der in die Erde gefallen ist, aufgehen
und in unseren Seelen bleiben.
Der Herr schütze Euch!

Auf dem Original folgten mehr als 40 Unterschriften. Welch eine Antwort auf diesen Einsatz. »… wie ein Same, der in die Erde gefallen ist, aufgehen und in unseren Seelen bleiben.« Hier deutete sich Frucht an. Herrlich und einfach wieder zum Danken!

Ob es je irgendwo ein Wiedersehen gab mit einem der jungen Menschen? Mit der Direktorin? Mit Galina? Im irdischen Leben war das sehr unwahrscheinlich. Aber vielleicht in der Ewigkeit?! Wenn der Same wirklich aufging und Frucht brachte, dann auf jeden Fall.

Hier im Oranienburger Schulhaus musste zunächst ein

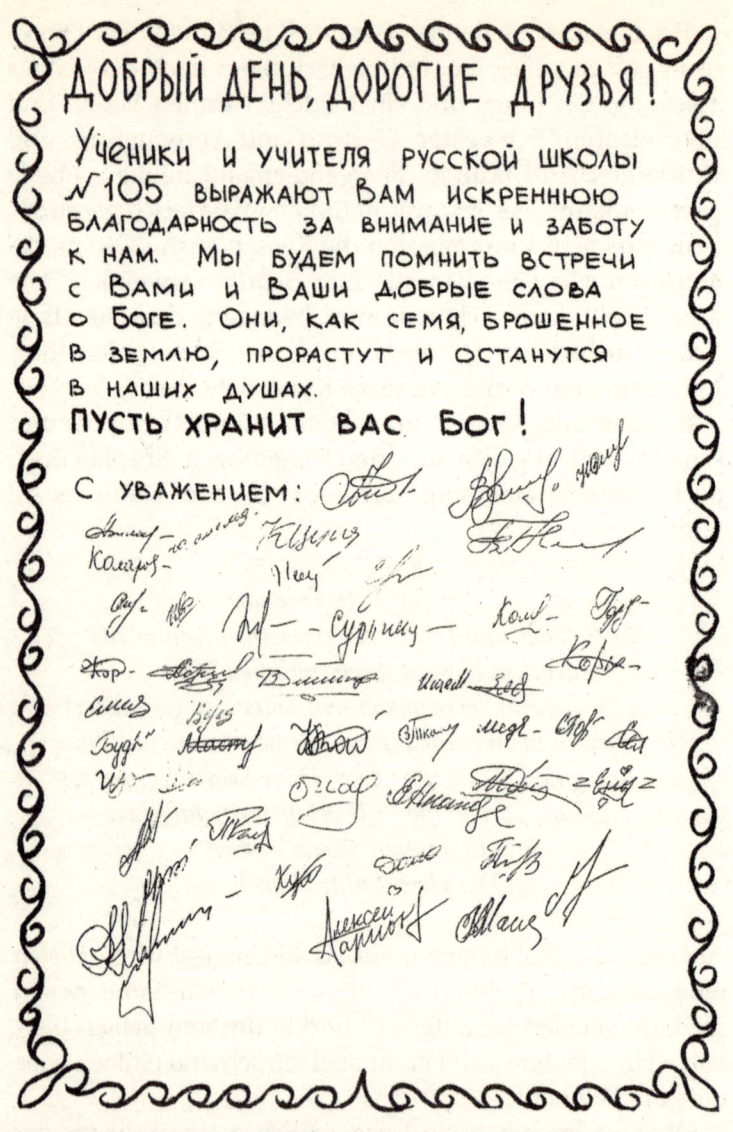

ДОБРЫЙ ДЕНЬ, ДОРОГИЕ ДРУЗЬЯ!

Ученики и учителя русской школы №105 выражают Вам искреннюю благодарность за внимание и заботу к нам. Мы будем помнить встречи с Вами и Ваши добрые слова о Боге. Они, как семя, брошенное в землю, прорастут и останутся в наших душах.

ПУСТЬ ХРАНИТ ВАС БОГ!

С уважением:

Die Urkunde, die für Schwester Gertrud und ihr Team von den dankbaren Kindern und Lehrern der Schule in Oranienburg verfasst wurde mal Abschied ins Ungewisse genommen werden, was schon ein wenig schwierig war und auch nicht ganz ohne Tränen abging. »*Do Swidanja,* ihr lieben Menschen. *S'Bogom!* Möge Gott euch gnädig begleiten und – im doppelten Sinne – nach Hause bringen.«

Nun war es wirklich völlig in Gottes Hand, was aus den Einsätzen in dieser Garnison werden würde, waren Schwester Gertrud und Harry sich einig, als sie sich während der Rückfahrt von dieser besonderen Fahrt noch einmal über die Ereignisse und die schöne Dankes-Urkunde unterhielten und über Gottes wieder einmal deutlich gewordene besondere Maßarbeit.

In der nächsten Zeit gab es auch noch weitere Reisen nach Groß Dölln und gute Kontakte mit Tatjana und Viktor. Beide öffneten sich bald dem Evangelium und kamen zum lebendigen Glauben an Jesus Christus. Auch ihr erwachsener Sohn Wowa. Alle drei ließen sich in einer bewegenden öffentlichen Feierstunde in einem kleinen See unweit ihrer Kaserne taufen. Und das bei nicht gerade sommerlichen Temperaturen. Welch ein Zeugnis vor Atheisten, Kommunisten, Sozialisten, Namenschristen und Mitchristen unter Russen und Deutschen, vor allen, die sich diese Veranstaltung nicht entgehen lassen wollten.

Auch als Tatjana und Viktor dann wegen ihrer Offenheit und der damit verbundenen »Seelenfängerei« aus ihrer Umgebung zunehmend angefeindet wurden, hinderte sie das nicht, ihren Glauben deutlich zu leben und zu bezeugen. Dass ihnen beiden auch gesundheitlich geholfen werden konnte, war eine erfreuliche Nebenerscheinung der Kontakte mit Schwester Gertrud und anderen, die Zeit, Kraft, Geld und vor allem Liebe in diese prächtigen Menschen investierten. Zwischenzeitlich organisierte medizinische Hilfe in Hamburg hatte für beide guten und bleibenden Erfolg.

Wenige Tage nach der Taufe der drei jungen Christen wurde der Standort Groß Dölln aufgelöst und in irgendeine

Stadt im fernen Ural verlegt. Aus der russischen Schule kam zum Abschied noch ein Brief, von 25 Lehrerinnen und Lehrern persönlich unterschrieben und ins Deutsche übersetzt:

»Liebe Brüder und Schwestern! Wir danken Euch von ganzem Herzen, für die Fürsorge, die ihr gegenüber uns im Groß Dölln erzeiget. Jede Eure Fahrt zu uns, bringt uns zur errettenden Erkenntnis unseres Herrn, Jesus Christus. Unsere Seelen und Verstand sind ausgehungert und wir dürsten nach dem Frieden mit Gott. Eure christliche Bücher wecken die Seele des Menschen und führen ihn zu Jesus Christus und geben uns die wunderbare Möglichkeit zu erkennen, wie der Mensch zu Gott zurückkommen kann, um das verlorene Glück wieder zu finden. Wir danken Euch für das Licht und die Wahrheit, die ihr den Menschen bringt. Ihr macht den wichtigsten Dienst auf dieser Erde. – GroßDölln 10.3.94«

Wieder musste ein Kapitel Kasernen-Einsätze geschlossen werden. Aber auch hier durfte das geschehen im Vertrauen auf die Verheißungen Gottes, dass Saat auf gutem Boden aufgehen und vielfältig Frucht bringen würde. Tatjana, Viktor und Wowa würden nicht die einzige Frucht bleiben. Die Ewigkeit würde das einmal zeigen. Schwester Gertrud war sich da ganz sicher, und ihr zuweilen stark strapaziertes Herz war wieder einmal voll tiefer Dankbarkeit.

Zugang zum Hauptquartier

Was aber war mit Wünsdorf? Sollte die Residenz und Schaltzentrale von Generaloberst Matwej Burlakow wirklich bis zu ihrer Auflösung im August verschlossen bleiben? Blieb diese Festung bis zum Schluss tatsächlich uneinnehmbar? Mehr als 60.000 Menschen sollten auf dem Terrain des Hauptquartiers der Westgruppe der GUS-Armee einmal gelebt haben. 20.000 sollten in der in Auflösung begriffenen russischen Stadt noch leben. Und die sollten am Ende auch noch leer ausgehen bei der Weitergabe des Evangeliums? Das konnte doch nicht in Gottes Plan sein?!

Nein, Schwester Gertrud war sich sicher, dass Gott Wünsdorf noch öffnen würde. Sie setzte sich hin und schrieb einen mutigen Brief, in dem sie ihr Anliegen mit blumigen Worten ausführlich beschrieb und dabei verwies auf gelungene Einsätze an vielen Standorten, die bekanntlich aber inzwischen aufgelöst seien. Der Brief endete mit der höflichen, aber nachdrücklichen Bitte, ihr doch einen Termin einzuräumen, an dem sie mit einigen Freunden in den verbliebenen Schulen des Hauptquartiers christliche Literatur und vor allem Bibeln verteilen könnte. Den Brief unterschrieb sie mit »verbindlichen Grüßen und einem herzlichen *S'Bogom*« und befahl ihn dann der Gnade ihres Gottes. Der sollte nun daraus machen, was richtig und gut war. Ein Wunder wäre jetzt nicht schlecht und würde für viele Menschen die Chance eröffnen, das Evangelium mit ins Gepäck zu nehmen für die Rückreise in die GUS-Staaten.

Die Missionarin brauchte nicht sehr lange zu warten, bis sich das erbetene Wunder andeutete. Sie bekam einen Termin für den Jahresanfang nach dem orthodoxen Weihnachtsfest. Sie solle sich am angegebenen Tag, einem Freitag, an der Hauptwache melden. Sie werde dort mit ihren Begleitern abgeholt und zur Schule geleitet.

Die Missionarin las den Brief gleich mehrmals hintereinander und musste sich vor Bewegung dabei ein paar Tränen aus den Augen wischen. Wie hatte Jesus doch zu seinen Jüngern gesagt? »Was ihr bitten werdet in meinem Namen, das will ich tun, auf dass der Vater verherrlicht werde in seinem Sohn. Was ihr mich bitten werdet in meinem Namen, das will ich tun.« (Johannes 14,13f)

Und Jesus tat. Wunderbar! Ihr Herr und Heiland stellte sich deutlich zu ihrem Gebet und dem seiner Leute im

Land. Der himmlische Vater wollte und sollte offenbar tatsächlich noch in besonderer Weise verherrlicht werden. So stand es fest für Schwester Gertrud, nachdem sie diesen Brief aus Wünsdorf zum wiederholten Mal gelesen hatte. »Danke, Herr, so soll es sein! Gib zum Wollen nun auch das Vollbringen und zur Bereitschaft das Gelingen.«

Material und Mannschaft waren bald organisiert und so traf sich am Morgen des festgesetzten Tages die kleine Reisegruppe an ihren beiden Fahrzeugen, um sich mit dem Zuspruch und dem Segen des himmlischen Vaters auf den Weg zu machen. Die Verheißung des Tages stand bei Jesaja: »Ich will vor dir hergehen und das Bergland eben machen, ich will die ehernen Türen zerschlagen und die eisernen Riegel zerbrechen und will dir heimliche Schätze geben und verborgene Kleinode, damit du erkennst, dass ich der Herr bin, der dich beim Namen ruft, der Gott Israels« (Jesaja 45,2f).

Wenn das keine guten Aussichten signalisierte! Also in die Fahrzeuge, ihr Leute Gottes, und auf den Weg! Es galt eine Festung einzunehmen. Das winterliche Wetter sollte dem nicht entgegenstehen. Und für die vielleicht notwendige Übersetzung war durch die Teilnahme von Harry auch gesorgt.

Seit über einer Stunde standen die beiden Hamburger Fahrzeuge nun schon in der kalten Wintersonne vor dem Haupttor des größten russischen Standortes, den es auf deutschem Boden gegeben hatte und noch gab. Der Verweis auf die schriftliche Zusage des Besuchs der Schulen im Objekt machte den Wachhabenden keinen Eindruck. Der Schlagbaum blieb unten. Alles freundlich bittende oder auch fordernde Verhandeln führte zu keiner Gesinnungsänderung der finster dreinblickenden Soldaten. Sture Typen. Wovor die wohl Angst hatten?

Was tun? Galt die Verheißung des Tages anderen Leuten, aber nicht ihnen?, fragten sich die Hamburger Besucher.

Nein, das konnte nicht sein. Es ging hier um nicht weniger als um die Ehre Gottes.

Schwester Gertrud scharte die Freunde um sich zum Gebet. Und dann gab sie Weisung: »Wir fahren an einen anderen Eingang. Dort werden sie uns reinlassen.« Wie der Ort zu finden war, würde Gott schon zeigen. Er hatte doch schon oft die Wege gezeigt. Und das würde diesmal nicht anders sein.

Nach kurzer Fahrt führte die Straße durch ein Waldgebiet und endete vor einem Tor, hinter dem sich die weit gestreute riesige russische Siedlung zeigte. Vor dieser Barriere standen zwei Offiziere, die sich sicher über die beiden deutschen Kleinbusse wunderten. Aber diese Männer waren freundlich. Sie ließen mit sich reden und akzeptierten sofort den vorgelegten Brief der Kommandantur. Sie waren sogar bereit, die Schuldirektorin von dem Besuch zu benachrichtigen. Was einer von ihnen dann auch gleich tat.

Und dann geschah das Wunder: Galina kam. Galina, neulich noch Kodirektorin in Oranienburg, jetzt Schuldirektorin hier in Wünsdorf. Das konnte doch nicht wahr sein! Welch fantastische Führung Gottes! Galina in Wünsdorf!

Als die Frau die beiden Fahrzeuge jenseits des Tores gewahr wurde, geriet sie schier aus dem Häuschen. Hatte sie etwa Halluzinationen? Das war doch unmöglich! Die Hamburger Freunde vor ihrem Kasernentor?! »Ihr seid hier?!«, rief sie erstaunt von jenseits der Gitterstäbe herüber. »Aber hier kommt ihr doch gar nicht rein. Ohne die Erlaubnis der höchsten Generalität kommt hier keiner rein. Selbst ihr nicht. Was machen wir da?«

Die Frau geriet augenblicklich in große Not, gar in Verzweiflung und nahezu Panik. Sie wollte doch die Besucher nicht einfach zurückgeschickt wissen. Die waren von sehr weit her gekommen. Da musste man sie doch hereinlassen. Außerdem kamen sie mit einer guten Sache, einer sehr guten sogar. Heftig gestikulierend redete Galina auf die beiden Offiziere ein und kam dann mit raschen Schritten durch das Fußgängertürchen nach draußen. Was sollte das jetzt werden?

An den Fahrzeugen fiel Galina zunächst einmal Schwester Gertrud um den Hals. »Unmöglich! Unmöglich, dass ihr hier seid!«, sagte sie mehrfach, und ihre Stimme klang vor Bewegung dabei stark belegt. Schwester Gertrud war allerdings auch kaum in der Lage, die Begrüßung mit klarer Stimme zu beantworten. So sehr war auch sie ergriffen von dieser besonderen Situation.

»Und jetzt einsteigen. Der Offizier übernimmt die Verantwortung und öffnet. Schnell jetzt einsteigen und losfahren!«, gab Galina Anweisung und quetschte sich neben Schwester Gertrud in den VW-Bus.

Und tatsächlich: Die eisernen Riegel wurden gelöst, das Tor wurde geöffnet, und die beiden Kleinbusse rollten frei und ohne besondere Eskorte in die am meisten abgesicherte Kasernenanlage auf deutschem Boden.

Wenig später schon wurden die Bücher mit der besten Nachricht der Welt in der Eingangshalle des großen Schulgebäudes auf Tischen ausgebreitet und lagen zur Verteilung bereit. Die Klassen hatten noch Unterricht. In die eine Klasse 11 wurden Schwester Gertrud und Harry hineingebeten. Die »eherne Türe« öffnete sich für die Lebens- und Glaubenszeugnisse zweier fröhlicher Christenmenschen und für die Beantwortung einer Fülle von Fragen über Gott und seine Botschaft an die Welt.

Ob sich bei dem einen oder anderen Jungen oder Mädchen die Tür zum Herzen auch schon wenigstens einen Spalt breit öffnete? Das Interesse an Fragen des Glaubens war jedenfalls riesig. Die Zeit für Antworten leider sehr knapp. Schade, einfach bedauerlich. Aber die Türen waren zerschlagen, die Riegel zerbrochen, heimliche Schätze waren geortet, und die ersten verborgenen Kleinode deuteten sich an. Hier würde in der verbleibenden Zeit mehr möglich sein.

*Schwester Gertrud in einer russischen Grundschule
beim Verteilen von Kinderbibeln*

Am Abend dieses denkwürdigen Tages waren für Schwester Gertrud und ihre Mitstreiter drei Dinge sicher: Zum einen hatte Gott sein Wort gehalten, wenn er seine Leute dabei auch ein wenig auf die Folter gespannt hatte. Zu leicht durfte er es ihnen wohl auch nicht machen, damit sie bei allen guten Erfahrungen immer schön auf dem Boden blieben und nicht der Gefahr unterlagen, sich für ihre Leistungen selbst auf die Schultern zu klopfen. Zum anderen hatte er die Bedingungen geschaffen, mit weiteren Veranstaltungen nach Wünsdorf zu kommen. Galina würde sich schon darum kümmern. Zum dritten hatte Gott eine 900-km-Reise für zwei Fahrzeuge und ihre Besatzungen bestens bewahrt und zu einem bleibenden Erlebnis werden lassen, das für alle Beteiligten das Bedürfnis nach mehr geweckt hatte und die Bereitschaft, es auszuführen. In wenigen Monaten würde Wünsdorf geräumt sein. Bis dahin gab es noch viel zu tun.

Die rührige Schulleiterin Galina kämpfte sich in Wünsdorf von einer Instanz zur nächsten, um den Hamburger Freun-

den die Türen in die Schulen und ins »Haus der Offiziere«
ihrer Restgarnison zu öffnen. Die Frau argumentierte dabei
wohl sehr überzeugend und hatte damit Erfolg. Sie ver
mochte selbst den für Bildungsfragen zuständigen Oberst
Dr. Alexander Karmenow zu gewinnen, sein Einverständnis
für weitere Schuleinsätze zu geben. Der Mann war Doktor
der historischen Wissenschaft und nach Einsatzjahren in
Afghanistan schon zu DDR-Zeiten als »Bildungsminister«
zuständig und verantwortlich für 5.500 Lehrer an 170 Schulen mit etwa 50.000 Schülern.

Selbst der Polit-Offizier, Spezialist für »Gehirnwäsche«,
den sie in Wünsdorf und anderswo den »Roten Satan«
nannten wegen seiner fanatischen und brutalen Art, die
atheistisch-kommunistische Ideologie zu vertreten, selbst
der wurde innerlich so stark bewegt von dem Angebot
christlicher Menschen aus dem fernen Hamburg, russischen
Kindern Bibeln zu schenken, dass er seinen Widerstand
gegen die von Genossin Galina nachdrücklich gewünschten
und beantragten Veranstaltungen aufgab und sich sogar für
ihre Durchführung stark machte.

Es schien, als hätten diese Menschen endlich begriffen,
dass sie Jahrzehnte lang betrogen worden waren und sich
selbst und andere betrogen hatten. Steine, härtesten Basalt,
statt Brot hatte ihnen ihre Ideologie geboten. Sie hatten sich
ihre Zähne daran ausgebissen, und ihre Seelen waren dabei
verhungert und verdurstet. Und selbst den Hunger und den
Durst ihrer Seelen hatten sie verdrängt. Sie hatten in einer
unendlichen Wüste gelebt und hatten es selbst nicht
bemerkt. Jetzt meldeten sich ihre Seelen, und sie schienen
zu spüren, dass sie im »dürren Land« lebten, in dem kein
Wasser war. Aber hier gab es Wasser, »Wasser auf das Durstige und Ströme auf das Dürre« (Jesaja 44,3). Diese Gelegenheit durfte nicht verpasst werden. Sie musste genutzt
werden in all ihren Möglichkeiten. Oberst Karmenow und
sein »Roter Satan« gaben grünes Licht und öffneten damit
quasi die Schleusen, die das Wasser des Lebens in ihre hoff-
nungslose Dürre hineinströmen ließen. Wie hatte einer der

Offiziere gemeint, der an den Verhandlungen beteiligt war? »Im Grunde kommt ihr viel zu spät. Wir sind ein armes verführtes Volk, ideologisch verseuchte Leute. Es ist gut, dass ihr uns bringt, was uns zum Leben und zur Wahrheit führt und was uns gesund machen kann.« Einsichtige und zugleich mutige Worte.

In rascher Folge konnte Schwester Gertrud mit ihren alten und auch immer wieder mit neuen Freunden und Helfern mehrere Einsätze in den Wünsdorfer Schulen durchführen und auch solche im »Haus der Offiziere« und in den Lazarettabteilungen. Wechselnde Mannschaften waren jeweils aus Hamburg, Niedersachsen, Westfalen oder auch nur aus dem nahen Berlin unterwegs ins Teltower Gebiet, um den drängenden Auftrag auszuführen. Viele Hunderte von Bibeln, Kinderbibeln und anderen Büchern geistlichen Inhalts, Kleinschriften und Traktaten wurden in diesen wenigen Monaten weitergegeben. Wie viele es wirklich waren, wusste auch die rührige Missionarin nicht zu sagen, auch wenn die weitaus meisten auf Grund ihrer Bestellung geliefert worden waren. Und alle Rechnungen waren bezahlt. Wunderbar!

Ein kleines Wunder am Rande war sicherlich auch, dass die alte Dame diese intensive Zeit bei relativ stabiler Gesundheit durchstehen durfte. Zwar war sie manchmal mit ihren Kräften am Rande des Erträglichen, aber eben nur am Rande und nicht bereits jenseits. Auch darin hatte Gott sehr viel Gnade geschenkt. Die Hamburger Arbeit hatte freilich in dieser Zeit etwas zurückstehen müssen. Ihre Sinti hatten aber Verständnis dafür, waren sie doch auch ein wenig daran beteiligt, den befristeten Auftrag an den Russen auszuführen.

Irgendjemand schlug bei einem der Einsätze in Wünsdorf einmal vor, die liebenswerte Missionarin in diesem besonderen Arbeitsbereich zur Oberschwester zu befördern. »Welch ein Unsinn!«, wehrte sie gespielt ärgerlich und dennoch lächelnd ab und wies dieses sicher auch nur scherzhaft gemeinte Ansinnen weit von sich. »Ihr wisst wohl nicht, dass ich nur nach Psalm 115,1 handle. Sonst würde ich sofort aufhören.«

»Was steht da, Schwester Gertrud?«, fragten ein paar junge Leute nach.

»Das solltet ihr eigentlich auch wissen!« Die Missionarin wurde wieder ernst. »Aber ich sags euch: ›Nicht uns, Herr, nicht uns, sondern deinem Namen gib Ehre um deiner Gnade und Treue willen.‹ Gott allein die Ehre, meine Lieben! Wie beim großen Bach: Unter jedem Werk *s. d. g.,* *soli deo gloria!* Russisch: *Slawa Boga!* Und jetzt ans Werk!« Damit war das Thema vom Tisch, und die Arbeit war wieder dran.

In den Schulen fielen durchweg die positiven Lernbedingungen auf, die Offenheit der Schülerinnen und Schüler, ihre Disziplin und Höflichkeit und ihr schier unstillbarer Wissensdurst. – »Hier könnten sich deutsche junge Leute ruhig mal eine kräftige Scheibe abschneiden«, meinte einmal ein Mitarbeiter, der zu Hause mit Jugendlichen zu tun hatte. – Zu spüren war aber auch bei manchem jungen Menschen die Angst vor der Zukunft, die immer näher kam und bedrängend ungewiss war. Gut, dass bei den Einsätzen im Unterricht immer wieder Mitarbeiter dabei waren, die selbst russisch sprachen, so dass sie nicht übersetzt zu werden brauchten. Das ließ Zeit gewinnen und verlieh dem Gesagten mehr Nachdruck.

Im »Haus der Offiziere« hörten nach und nach Hunderte von Offizieren und einfachen Soldaten das Evangelium in vielfältiger Weise. Was störte es, wenn zuweilen die Heizung nicht funktionierte und die Akteure und ihre Zuhörer in dicken Jacken und Mänteln sein mussten? Es sollte ihnen allen schon warm werden beim Reden, Singen und Hören. Die russischen Menschen sogen die biblische Botschaft auf wie ausgetrocknetes, dürres Land den warmen Regen. Ob das freilich die 300 moslemischen Soldaten aus Tadschikistan, Turkmenistan oder Usbekistan oder auch die Gruppe der buddhistisch geprägten Männer aus Kalmykien, die zum Gottesdienst abkommandiert worden waren, ebenfalls taten, wer vermochte das zu empfinden oder gar zu sagen? Diese Männer zeigten kaum Regungen. Die angebotenen Bibeln und Bücher nahmen sie natürlich auch mit. Hoffentlich nicht nur aus Höflichkeit, sondern wirklich zum Lesen.

In den Lazarettabteilungen konnte nicht nur das Evangelium an Patienten und Personal weitergegeben werden. Hier konnte auch materiell manchem Mangel an Medikamenten, Verbandsmaterial, Einwegspritzen und anderem abgeholfen werden. Die zuständigen Stellen hatten das Bemühen wohl schon stark reduziert oder auch bereits eingestellt, die Materiallager auf Vordermann zu halten. Aufbruchstimmung an allen Stellen, auch in den Kliniken. Die Leidtragenden solchen Handels waren die Menschen, die um so dankbarer waren für die Hilfen durch die Besucher.

Bei einem der Einsätze war übrigens als Übersetzer Wladimir Ryagusow dabei. Dieser Mann irgendwo in den Dreißigern war ein promovierter Architekt aus Moskau. Er war zurzeit Student an einem freikirchlichen Bibelseminar in Hamburg, um sich auf seine Aufgabe als künftiger Leiter des »Theologischen Instituts der Evangeliumschristen Baptisten – ECB –« in Moskau vorzubereiten. Eines Sonntags war der angehende Theologe im Gottesdienst der Hamburger Sinti-Gemeinde aufgetaucht als eine leibhaftige Gebetserhörung Schwester Gertruds. Die hatte intensiv um einen Übersetzer gebetet, der zum nächsten Einsatz nach Wünsdorf mitfahren könnte. Ihre bisherigen Helfer waren alle verhindert. Aber das war in Gottes Planung wohl so vorgesehen. Denn es gab doch Dr. Wladimir Ryagusow, der eigentlich die Hütte »Geborgenheit« nur aufgesucht hatte, um

Grüße eines Moskauer Bruders bei Schwester Gertrud Wehl abzuliefern. Und dann hatte der Mann sofort die größeren Zusammenhänge begriffen und spontan seine Bereitschaft erklärt, als Übersetzer mit nach Wünsdorf zu fahren und seinen Landsleuten den Dienst zu tun. Im Auftauchen Wladimir Ryagusows zeigte sich wieder einmal Gottes genaue Maßarbeit.

Die Begegnungen des Mannes mit der Missionarin sollten nicht auf Hamburg und Wünsdorf beschränkt bleiben. Dass die beiden eines Tages gemeinsam durch die Weiten Russlands unterwegs sein würden, konnten sie zu diesem Zeitpunkt noch nicht ahnen.

Eine besondere Aufbruchstimmung gab es am 9. Juli. Nicht in Hamburg oder sonst irgendwo im Land. Nein, diesmal in Wünsdorf. Der Richtungspfeil stand an diesem Samstagmorgen auch nicht nach Osten, sondern nach Nordwesten. Jürgen Herold, ein junger Praktikant der Hamburger Zigeunermission, stand bereits zu sehr früher Stunde mit seinem VW-Bus am Haupttor des Hauptquartier-Geländes. Seine Aufgabe war es, »Bildungsminister« Oberst Dr. Karmenow und einen kleinen Stab seiner Mitarbeiter zu einem Tagesbesuch nach Hamburg zu holen.

Die Einladung dazu hatte Schwester Gertrud zwei Wochen zuvor bei einem Besuch in der Residenz des hohen Offiziers ausgesprochen als Dank dafür, dass er die Einsätze in den Schulen ermöglicht und an den anderen Plätzen des Standortes Wünsdorf befürwortet hatte. Der Oberst hatte tatsächlich die Einladung angenommen und einen weiteren Offizier, der als »Schulrat« und Geschichtslehrer arbeitete, Direktorin Galina und Tatjana, eine weitere Lehrerin zur Mitreise berufen. Es war die erste und wahrscheinlich zugleich die letzte Reise dieser Menschen in eine Stadt der alten Bundesrepublik.

Wie musste den vier Russen zumute sein? Was mochten sie empfinden bei diesem Privileg? Jedenfalls bestimmten deutliche Vorfreude und gespannte Erwartung die 450-km-

Reise durch für die Reisenden völlig unbekanntes Land. Der Sonne schien diese Reise nicht zu gefallen. Sie hielt sich hinter Wolken verborgen; dafür hielt sich freundlicherweise der Regen zurück. Dennoch schade, dass die lieblichen Landschaften rechts und links der Autobahnen nicht weit einsehbar waren. Sonst hätten die Reisenden sicher manches schöne Landschaftsbild mit grasenden Kühen, stolzierenden Störchen, trabenden Pferden, kreisenden Milanen und Bussarden, streifenden Pulks weißer Möwen in sich aufnehmen und für die spätere Erinnerung konservieren können. Als Jürgen einmal mit Bedauern darauf hinwies, wie schön die Gegenden eigentlich waren, wenn sie im strahlenden Sonnenlicht lägen, meinte Galina: »Es ist schon gut so und schön. Wenn es noch schöner wäre, wollten wir vielleicht gar nicht mehr nach Hause fahren.« Wobei sie offen ließ, was sie denn in diesem Moment mit »nach Hause fahren« meinte, heute Abend wieder zurück nach Wünsdorf oder demnächst nach Moskau oder anderswohin in die Staaten der GUS.

Kleider machen Leute, musste Schwester Gertrud denken, als sich Stunden später in Hamburgs Steinfeldtstraße der Oberst und »Bildungsminister« in ziviler Kombination und offenem Hemd ganz schlicht mit »Alexander« vorstellte. Sein Mitarbeiter im Anzug mit Hemd und Krawatte hieß ohne seine Uniform nur »Viktor«. Und das Verhalten der beiden gestrengen Männer war plötzlich sehr entkrampft und gelockert. Das vertrauliche Du beherrschte den sprachlichen Umgang. Wer hätte jemals davon zu träumen gewagt, geschweige denn eine Ahnung gehabt, dass es einmal in einer privaten Hamburger Wohnung zwischen deutschen Zivilisten und russischen Militärs so locker zugehen würde?

Das gehörte wohl auch zu den zahlreichen Wundern Gottes bei dem zu Ende gehenden besonderen Arbeitsauftrag von Schwester Gertrud!

In einer fröhlichen und offenen Atmosphäre wurde zunächst einmal ausgiebig in der Wohnung der Missionarin gefrühstückt. Dabei kamen bald Fragen des Evangeliums und des Glaubens ins Gespräch. Alexander, der persönlich an keinem der bisherigen Wünsdorfer Einsätze teilgenommen hatte, bekannte sich dabei sehr freimütig zum Marxismus-Leninismus. »Wissen Sie, auch wenn ich Ihre Aktivitäten in Wünsdorf ermöglicht und gefördert habe und sie auch für gut halte, halte ich doch an meiner Ideologie fest. Ich bin überzeugt, dass sie noch die ganze Welt erobern wird.«

Guter Mann, ob du dich da mal nicht täuschst?, mussten die deutschen Teilnehmer der Frühstücksrunde und sicher auch Galina und Wladimir denken. Die Höflichkeit gebot es natürlich, bei der Antwort auf dieses Bekenntnis nicht mit der Tür ins Haus zu fallen. Dennoch hielt niemand der Christen in diesem Kreis mit seinem Glauben hinter dem Berg. Schwester Gertrud begründete ihr Engagement für die russischen Menschen auch noch einmal sehr deutlich von ihrem christlichen Glauben her und von der selbst erfahrenen Liebe Gottes, die allen Menschen in gleicher Weise galt. »Es geht kein Mensch über die Erde, den Gott nicht liebt«, zitierte sie einen unter Christen häufig auf ihren Autos gezeigten Aufkleber.

Dr. Wladimir Ryagusow übersetzte die deutschen Beiträge aus der Runde und fügte manchen guten geistlichen Gedanken an und manche eigene Glaubenserfahrung. Wenn er als gestandener Mann und zugleich russischer promovierter Wissenschaftler von seinem Glauben redete, machte das sicher einen besonderen Eindruck auf seine Landsleute. Bei ihm mochten Argumente zum Nachdenken anregen, bei Schwester Gertrud und ihren deutschen Mitstreitern war das wohl eher die aufopfernde Liebe. Jedenfalls äußerten sich Alexander und Viktor und auch Tatjana sehr beeindruckt von allem, was ihnen hier an Zuwendung und Liebe begegnete. Galina konnte die Dinge ohnehin alle viel locke-rer und mit anderer innerer Anteilnahme sehen.

Sie wusste doch schon lange, worum es ging und dass sie nicht ohne ihren neu gewonnenen Glauben nach Russland zurückkehren wollte. Den brauchte sie dort unbedingt, um sich in ihrer Heimat nach Jahren der Abwesenheit wieder zurechtzufinden. Genauso brachte sie ihren Standpunkt auch in das Gespräch ein.

Nach dem Frühstück ging es in die Hamburger Innenstadt zur Besichtigung und zum Bummel. Für diesen Teil des Besuches vergrößerte sich die Gruppe. Ein paar Mitarbeiter der Hamburger Arbeit von Schwester Gertrud kamen dazu, Dorothea, Irene, Jürgen, Bruder Johannes, dazu auch Harry und Elisabeth, eine russlanddeutsche Frau, die in den vergangenen Monaten auch an verschiedenen Einsätzen teilgenommen hatte. Die beiden Letztgenannten sprachen Russisch und erleichterten folglich die Verständigung mit den Wünsdorfer Besuchern. So konnten kleine Gruppen gebildet werden, die sich getrennt auf den Weg machten, um den Gästen die wichtigsten Sehenswürdigkeiten der Freien und Hansestadt Hamburg wenigstens im groben Überblick zu zeigen.

Wer hätte das vor ein paar Jahren noch gedacht oder auch nur geträumt: Ein russischer Oberst und »Bildungsminister« defiliert auf dem Jungfernstieg und in der Mönckebergstraße; ein russischer Offizier und »Schulrat«, genauer ein ukrainischer, erklimmt den »Michel« und macht in jungenhaftem Übermut ein Kaufhaus unsicher, eine russische Schuldirektorin und ihre Kollegin stöbern in Hamburger Boutiquen und Parfümerien, und alle zusammen staunen über den dichten Straßenverkehr und die vielen Menschen. Sie besuchen die Landungsbrücken und bewundern große und kleine Fahrgast- und Frachtschiffe und das ständige Hin und Her im Hafen. Einfach herrlich und wunderbar! Nur viel zu kurz.

»Ist das schön hier«, schwärmte Galina, während ihr Blick über die »Skyline« des Hafens schweifte und sie das Treiben eines Pulks Möwen beobachtete, die sich um die Brotkrumen stritten, die andere Menschen ihnen vom Kai aus zuwarfen. »Warum eilt die Zeit hier bei euch so schnell?«, fragte sie ein wenig traurig.

»Kann man die Zeit denn nicht einmal für eine Stunde anhalten?«, schlug ihre Kollegin vor.

»Das würden wir schon gerne für euch machen«, versuchte Schwester Gertrud die beiden Russinnen zu trösten. »Aber es geht leider nicht wie damals bei Josua. Da hatte Gott tatsächlich einmal für beinahe einen ganzen Tag die Sonne mitten am Himmel stehen gelassen. Das steht im Buch Josua im 10. Kapitel.«

»Ich werde die Geschichte einmal nachlesen«, versprach Tatjana und schaute weiter den Möwen zu, bis die drei Frauen dann doch den anderen aus der Gruppe wieder folgen mussten, um den Anschluss nicht zu verlieren.

Zum späten Mittagessen trafen sich dann alle Gastgeber und Gäste in den historischen »Kramer Amtsstuben«. Welch fröhliche Gesellschaft saß da an den Tischen, schön deutsch-russisch gemischt, damit die Unterhaltungen nach rechts und links erleichtert wurden. Die Hauptthemen waren zunächst natürlich die Eindrücke des Stadt- und Hafenrundganges. Dann aber bald wieder der christliche Glaube und die Botschaft der Bibel. Und wieder erzählten die Christen in der Runde ganz schlicht von ihren Erfahrungen mit den Führungen Gottes und der Freude der Nachfolge Jesu, erzählten wohl auch das ein oder andere Erlebnis der vergangenen Jahre vor und in russischen Kasernen.

Alexander und Viktor zeigten sich sehr beeindruckt, wobei Alexander dennoch betonte, er sei nun mal Kommunist und werde es auch bleiben. Aber so ganz unberührt von den Lebenszeugnissen war der Oberst dann doch nicht geblieben, wie sich noch zeigen sollte.

Gegen Ende des Besuchs erhob sich zunächst Viktor, um sich für die Einladung nach Hamburg zu bedanken und für den wunderschönen Tag in dieser herrlichen Stadt mit solchen besonderen Menschen. Dann gab er so etwas wie ein

Zeugnis, indem er feststellte: »Ich halte die Bibel für die beste Botschaft, Jesus Christus für den besten Lehrer der Welt und aller Zeiten. Auf den sollten alle Menschen hören. Auch die Menschen in Russland.« Beachtliche Worte, hoffentlich nicht nur aus Höflichkeit gesprochen, um den Gastgebern zu schmeicheln. Sicher nicht, denn nachher bat er Schwester Gertrud noch um eine ukrainische Bibel, die er selbstverständlich als Gastgeschenk auch erhielt.

Sein Vorgesetzter erhob sich danach ebenso und bedankte sich mit bewegenden Worten für die Erlebnisse und Erfahrungen dieses Tages. Dann bat er: »Schwester Gertrud, bitte beten Sie noch mit uns.«

Die Missionarin erschrak schon ein wenig bei dieser Bitte, hatte sie so etwas doch nicht erwartet. Hier im Lokal öffentlich und laut beten? »Wladimir, das ist deine Aufgabe«, schob sie den Auftrag an den russischen Bruder. »Du bist ein Mann.«

Wladimir wehrte jedoch ab. »Nein, Schwester, du bist die Gastgeberin, und du bist jetzt dran. Ich übersetze Satz für Satz.« So geschah es dann auch.

So etwas hatte dieses altehrwürdige Lokal sicher noch nie erlebt. Da erhob sich eine ganze Tischgesellschaft, dankte dem allmächtigen Gott stehend in zwei Sprachen für die Begegnung an diesem besonderen Tag und betete für das Heil und die Bewahrung der russischen Gäste. Im Lokal gab es dafür sicher manches Kopfschütteln, im Himmel dagegen aber wohl Freude.

Draußen vor dem Lokal gab es zum endgültigen Abschied der Gäste dann noch ein Ständchen. Viktor nahm seine Knopfharmonika aus dem VW-Bus und hängte sie sich um. Er hatte sie offenbar eigens zu diesem Zweck mitgebracht. Viktor bediente den Balg und die Knöpfe und spielte einige russische Weisen, schwer, melancholisch und doch voller Temperament und Feuer. Und was tat sein Oberst? Er griff sich eine Handrassel, um den Rhythmus zu stützen, und wiegte seinen Körper echt russisch zu den Melodien seines

Mitarbeiters und hatte selbst offenbar den größten Spaß dabei. Der Beifall der zahlreichen Zuhörer und Zuschauer war den beiden Akteuren gewiss. Sie bedankten sich dafür mit Verbeugungen nach allen Seiten.

Ob Galina und Tatjana die beiden Männer jemals so erlebt hatten? Ob sie sie jemals wieder so erleben würden? Ein recht unwahrscheinlicher Gedanke.

Dann wurde Abschied genommen, nicht ohne gewisse emotionale Regungen. Die freilich weniger bei den Männern als bei den Frauen, die doch zu ihren Taschentüchern greifen mussten. Aber die Zeit drängte. Der Oberst bedankte sich noch einmal bei jedem einzelnen der Gastgeber mit Handschlag und herzlichen Worten. Beim Einsteigen meinte er dann noch einmal: »Bitte, betet weiter für uns. Eure Botschaft ist so überzeugend! Wir wissen nicht, was in Russland auf uns zukommt. Da brauchen wir etwas, an dem wir uns festhalten können.«

Offenbar war der Mann doch stärker angesprochen, als er das zuvor gezeigt hatte. Sein Tänzchen zur Harmonika und Rassel hatte wohl sein wahres Inneres etwas gelockert und in diesem letzten Satz dann auch deutlich werden lassen.

Do Swidanja, ihr russischen Freunde!

Jürgen hatte jetzt noch einen langen Weg vor sich. 900 km sollten am Abend und in der Nacht hin und zurück noch gefahren werden. Gut, dass Harry sich anbot, mitzufahren und Jürgen am Steuer abzulösen. *S'Bogom!*

Erfüllter Auftrag

In Wünsdorf gab es nach diesem Hamburger Besuchstag noch einen letzten Einsatz und ein kurzes Abschiedstreffen im Büro von Dr. Alexander Karmenow, der hier freilich seinen Hamburger Gästen wieder in Uniform und als »Herr Oberst« begegnete. Viktor, Galina und Tatjana waren auch zugegen. Noch einmal dankte der großzügige und freundliche »Bildungsminister« in bewegenden Worten für das, was die deutschen Freunde in selbstlosem Einsatz und unter hohen Kosten für die Soldaten, die Offiziere, ihre Frauen und Kinder nicht nur hier in Wünsdorf getan und geleistet hatten. Dabei überreichte er sogar ein Geschenk seines Generaloberst Burlakow als Dank für alle Einsätze in den vielen Standorten seiner Truppen auf deutschem Gebiet.

In ihrer Antwort und dem Dank für dieses Geschenk und für die Offenheit, die sich an vielen Orten manchmal nach anfänglichen Schwierigkeiten ergeben hatte, wehrte Schwester Gertrud noch einmal alle Anerkennung und alles Lob ab und lenkte beides dorthin, wo es hingehörte. »Der Dank steht uns nicht zu, ihr lieben Freunde. Wir sind und bleiben bei allem nur unnütze Knechte. Wir haben alle nur getan, was uns zu tun aufgetragen war. Und wir haben es gerne getan. Dabei sind wir sicher, dass unsere Arbeit nicht vergeblich gewesen ist. Die Ewigkeit wird es einmal zeigen, wie groß der Segen Gottes wirklich war und wie umfangreich die Frucht ist, die er hat wachsen lassen und die er in Zukunft noch wachsen lässt.«

Wenige Minuten nach diesem Abschiedszeugnis senkten sich die Schlagbäume Wünsdorfs zum letzten Mal hinter dem Kleinbus der Hamburger Missionare. Ehe das Fahrzeug sich dann auf die Heimfahrt begab, betete Schwester Gertrud Worte des 138. Psalms: »Ich danke dir von ganzem Herzen; ich will deinen Namen preisen für deine Güte und Treue; denn du hast deinen Namen und dein Wort herrlich gemacht über alles.« Amen! So stand es fest.

Den endgültig letzten Einsatz für russische Menschen gab es am Mittwoch, dem 31. August, an dem Tag, an dem Generaloberst Matwej Burlakow auf dem Gendarmenmarkt in Berlin vor einer imposanten Kulisse von Ehrenformationen, Ehrengästen und geladenen Zuschauern vor dem Präsidenten seines eigenen Landes Boris Jelzin und vor Bundeskanzler Helmut Kohl die berühmten Worte sprach:

»Ich melde, der zwischenstaatliche Vertrag über die Bedingungen des begrenzten Aufenthaltes und des planmäßigen Abzuges der sowjetischen Truppen aus dem Gebiet der Bundesrepublik ist erfüllt. Das gesamte Personal ist nach Russland abgezogen und bereit, weitere Aufgaben zu erfüllen.«

Dass einige von den Hamburger Freunden und Mitarbeitern dieses denkwürdige Geschehen aus nächster Nähe bzw. großer Höhe miterleben konnten, hatten sie ihren Russischkenntnissen und einigen »Zufällen« zu verdanken. Jedenfalls war die Freude groß über die »Ehrenplätze« an den Fenstern der Mansardenwohnung einer unbekannten Berlinerin im achten Stock. Diese selbst hatte an den Ereignissen unten auf dem weiträumig abgeriegelten Platz wenig Interesse. Umso interessierter ließ sie sich, am Bügelbrett stehend, erzählen, was diese Hamburger Leute in den vergangenen vier Jahren in den russischen Standorten gemacht hatten. Das alles konnte sie nur mit Staunen und Kopfschütteln aufnehmen. Ein gutes Traktat nahm sie beim Abschied ihrer Gäste dann auch noch an. Sie werde es sicher lesen, versprach sie und schloss die Tür hinter der kleinen Gruppe der Hamburger Schaulustigen.

Unten leerte sich der Platz nach der offiziellen Zeremonie bald. Die Hamburger trafen sich noch einmal, um sich zunächst auch zum Treptower Park hinüberzubegeben. Dort am russischen Ehrenmal gab es sicher im Umfeld der Kranzniederlegung von Präsident Jelzin und Kanzler Kohl, die hier stattfinden sollte, noch die Möglichkeit, unter den anwesenden Russen Literatur weiterzugeben.

Es gab sie, und jeder nutzte sie auf seine Weise. Einer der Letzten, dem Schwester Gertrud »Jesus unser Schicksal« in die Hand geben konnte, war ein junger Offizier, der an ihr vorbeieilte und sich doch für einen Moment aufhalten ließ. Angesichts des Buchtitels leuchtete sein Gesicht auf. Gerne nahm er das »rote Buch« und überreichte der Missionarin dafür seine rote Nelke, die er im Knopfloch seiner Uniformjacke getragen hatte. »Danke! Herzlichen Dank!« Und schon eilte er weiter und war im Nu in der Menge verschwunden.

Die Hamburger Missionare teilten sich dann in zwei Gruppen, um sich an ihre nun wirklich letzten beiden Einsatzorte zu begeben. Die einen fuhren hinüber nach Karlshorst, um dort am Tor der Kaserne, von der sie erfahren hatten, dass sie noch besetzt war, noch einmal Bibeln und andere Literatur zu verteilen. (Der Zeitpunkt der offiziellen Verabschiedung der letzten russischen Einheiten war ja nicht unbedingt identisch mit dem Zeitpunkt ihrer tatsächlichen Abreise.) Die andere Gruppe fuhr noch einmal nach Wünsdorf, um dort auf dem Bahnhof abreisenden Russen noch ein wenig geistlichen Reiseproviant ins Gepäck zu geben.

Während diese zweite Gruppe dabei durchaus »erfolgreich« arbeiten konnte, blieb die erste um Schwester Gertrud in Karlshorst vor verschlossenen Toren. Die letzte aufgesuchte Kaserne blieb zu. Das Tor öffnete sich gerade mal einen Spaltbreit. Als Harry dem Soldaten eine Bibel reichen wollte, schloss der Mann das Tor sofort wieder. Er hatte das Buch nicht genommen. Schade. Dafür konnten ein paar junge Leute auf der Straße vor der Kaserne sich Buch und Traktat mit nach Hause nehmen, auf Deutsch, versteht sich. War nicht ohnehin ab jetzt die Arbeit unter deutschen Menschen wieder angesagt? Dann war die Begegnung mit den drei jungen Berlinern ja schon wieder ein Anfang …

Am nächsten Morgen, am Donnerstag, dem 1. September, hörte Schwester Gertrud im Radio noch einmal eine Reportage über die Berliner Ereignisse von gestern, hörte auch noch einmal die Abmeldung des russischen Befehlshabers und den Beitrag eines Journalisten, der beim Abschied von Generaloberst Burlakow am Abend des gestrigen Tages dabei gewesen war.

Matwej habe bei der Einholung der weiß-rot-blauen Fahne der russischen Föderation auf dem Fliegerhorst keine Gesichtsregung gezeigt, aber Tränen in den Augen gehabt. Dann sei er mit schweren Schritten die mobile Treppe hinaufgestiegen, habe sich noch einmal umgewandt und zurückgewinkt. Nach seinem letzten militärischen Gruß und einem »*Do Swidanja!*« sei er in seinem Flugzeug verschwunden. Den Abschiedsgruß habe man ihm aber lediglich von den Lippen ablesen können. Seine Stimme habe ihm anscheinend versagt. Die endgültige Rückkehr in seine Heimat sei dem Mann offenbar äußerst schwer gefallen. Das Lob seines Präsidenten für ausgezeichnete Arbeit in den vergangenen Jahren hätten dem General seinen Abschied wohl nicht erleichtern können und auch nicht die Absichtserklärung Jelzins, Burlakow zum stellvertretenden Verteidigungsminister zu machen. Vielleicht befürchtete der General ja auch bereits, die Gerüchte um Korruption in der russischen Westgruppe könnten sich nach erwarteten weiteren journalistischen Recherchen bewahrheiten. Dann würde es wohl nichts mit dem Aufstieg des Mannes in die Regierung …

Wäre schade drum, musste Schwester Gertrud denken, wenn der Generaloberst tatsächlich in Korruptionsaffären verwickelt wäre oder wenn er auch nur für andere schließlich den Kopf hinhalten müsste. Gott mochte dem Mann gnädig begegnen, auch dafür, dass er in den letzten Monaten den missionarischen Aktivitäten in seinem Hauptquartier wohlwollend begegnet war und sich schließlich mit dem Geschenk sogar bedankt hatte. Aber das alles war von gestern auf heute zur Geschichte geworden. Dankbar von Gott empfangene und für ihn gestaltete Geschichte.

Wie hatte Friedrich gestern bei der Rückfahrt im Auto festgestellt und den weisen König Salomo zitiert? »Ein jegliches hat seine Zeit, und alles Vorhaben unter dem Himmel hat seine Stunde« (Prediger 3,1). So war es nun. Der Auftrag, vor vier Jahren nach der politischen Wende und der

Öffnung der deutsch-deutschen Grenze deutlich gegeben, war erfüllt und erledigt. Dankbar konnte er zurückgegeben werden, ähnlich wie Generaloberst Burlakow seinen Auftrag zurückgegeben hatte.

Für die nächsten Tage blieb noch ein geringer Rest an Arbeit. Eine Schule in St. Petersburg sollte noch mit Kinderbibeln beliefert werden, einem russischen Mädchen war ein Untersuchungstermin in einer Hamburger Klinik zu besorgen, ein Rollstuhl für ein behindertes Kind sollte beschafft werden, abschließende Berichte an die Freunde waren zu schreiben und spezielle Informations- und Dankesbriefe. Später, Schwester Gertrud, später, ausnahmsweise mal nicht sofort. Das hatte Zeit bis morgen.

Die inzwischen 74-jährige Missionarin griff ihre Bibel, um für sich selbst noch einmal nachzulesen, wie das bei Salomo stand, was Friedrich zitiert hatte. Ein paar Verse las sie gleich mehrmals. Die trafen besonders ihre Situation und ihre Gedanken: »Er hat alles schön gemacht zu seiner Zeit, auch hat er die Ewigkeit in ihr Herz gelegt; nur dass der Mensch nicht ergründen kann das Werk, das Gott tut, weder Anfang noch Ende. Da merkte ich, dass es nichts Besseres dabei gibt als fröhlich sein und sich gütlich tun in seinem Leben. Denn ein Mensch, der da isst und trinkt und hat guten Mut bei all seinem Mühen, das ist eine Gabe Gottes« (Prediger 3, 11-13). Die Missionarin legte ihre Hände zusammen und dankte ihrem Gott für eben diese Gabe und auch dafür, dass er über dem allen der Herr gewesen war und bleiben würde.

Schwester Gertrud drückte ihren Sessel in die Ruhelage. Das tat jetzt richtig gut, für ein paar Momente die Augen zu schließen und einmal richtig abzuschalten und an nichts zu denken.

Hoffentlich klingelte nicht gleich schon wieder das Telefon …

MISSIONSREISEN IN DIE
WEITEN RUSSLANDS

Zu Besuch bei russischen Freunden

»Ihr seid lange genug an diesem Berg gewesen. Wendet euch und ziehet in das Land, das vor euch liegt. Siehe, das Land hat dir Gott gegeben. Fürchte dich nicht und nimm es ein.« (Nach 5. Mose 1,6-8) Schwester Gertrud hielt eine Karte in ihrer Hand mit diesem Text, der sie seit 1986 immer wieder beschäftigt hatte. Damals war sie sich sicher gewesen, dass Gott ihr mit diesen Versen aus dem fünften Mosebuch Wichtiges hatte sagen wollen. Hatte er ja auch. Nach der Öffnung der deutsch-deutschen Grenze hatte er sie in viele Standorte der Westgruppe der Sowjetarmee geschickt. Das war neues Land gewesen, das Gott ihr gegeben hatte. Sie hatte es an vielen Orten einnehmen dürfen. Eine gute, aufregende, interessante und reich gesegnete Zeit für sie und alle Beteiligten.

Dann aber war mit dem Abzug der letzten russischen Einheiten im September des vergangenen Jahres der Auftrag erfüllt. Die Missionarin war inzwischen zurückgekehrt zum alten »Berg«. Hier unter ihren Sinti hatte sie seitdem wieder und auch weiterhin ihre vornehmliche Aufgabe.

Oder wollte Gott doch anderes? Wieder neues Land? Mit einigen der russischen Menschen, die sich in den vergangenen Jahren bekehrt hatten, hatte sie brieflichen Kontakt, den sie auch gerne weiter pflegen wollte. Sie in ihrer Heimat einmal zu besuchen, war zwar ein interessanter Gedanke. Aber sollte sie als Seniorin im biblischen Alter solche Reisestrapazen auf sich nehmen? Mit der Aeroflot nach Moskau? Auf wer weiß was für Wegen in die russische Pampa?

Nein, Schwester Gertrud, das musste nicht sein. Wenn Dr. Wladimir Ryagusow im Sommer nach Moskau zurückkehrte, konnte der gerne den einen oder anderen aufsuchen und sich nach seinem Ergehen erkundigen. Sie hatte doch früher schon drei Reisen nach Moskau und in andere größere Städte der damaligen Sowjetunion gemacht. Das konnte eigentlich reichen.

Irgendwie wurde die Missionarin bei diesen Gedanken aber doch innerlich unruhig. Warum gab ihr Gott gerade jetzt diese alte Karte wieder in die Hand mit diesem Wort, das er einst an Israel gerichtet hatte? Hatte das eine Bedeutung? War das Kapitel »Russen« doch noch nicht abgeschlossen? Sollte sie in irgendeiner Weise weitermachen? Oder wollte Gott etwas ganz anderes, Neues von ihr? Die Missionarin bat Gott um ein Zeichen und um Klarheit, wie er sich ihre weitere Arbeit vorstellte.

Die Antwort wurde ihr gegeben nach einem der nächsten Sonntagsgottesdienste in der Hütte »Geborgenheit«. Der russische Freund und Bruder Wladimir war wieder einmal dabei und sprach Schwester Gertrud nach dem Schlusslied, dem Segen und dem abschließenden Amen an. »Schwester Gertrud, du möchtest doch gerne Sergej und Nadja wiedersehen oder Julia oder auch das Bibelinstitut kennen lernen. Das ist doch so, oder?«

»Wie kommst du gerade heute auf diese Frage, Wladimir?«, wunderte sich die Angesprochene.

»Weil ich dich fragen wollte, wann wir beide nach Moskau fliegen.«

Mit großen und erstaunten Augen schaute sie den russischen Bruder an. »Ich mit dir nach Moskau fliegen? Du machst vielleicht Scherze, Bruder. Aber ich werde darüber nachdenken«, bekundete sie ihre grundsätzliche Offenheit für diesen Gedanken. »Ich rufe dich an und gebe dir Bescheid.« Aber vorher wollte sie doch erst eingehend und gründlich mit Gott über diese Frage reden und ihn um eindeutige Weisung bitten.

Schon am nächsten Morgen rief Helene an, Harrys Frau. Es ging um Julia. Diesem netten Mädchen aus der Garnison Groß Dölln hatte seit seiner Geburt eine Ohrmuschel gefehlt. Für einen jungen Menschen eine tragische Sache, die man auf Dauer nicht mit der Frisur kaschieren konnte. Auf Initiative von Harry und Schwester Gertrud und mit finanzieller Hilfe des »Hamburger Abendblattes« konnte dem Mädchen geholfen und der Fehler durch mehrere kosmetische Operationen in Hamburg reguliert werden. Harry und Helene waren jedes Mal die Gastgeber gewesen, wenn sich Julia mit ihrer Mutter in Hamburg aufhielt. Und so hatte sich eine Freundschaft zwischen ihnen und Julia ergeben. Und jetzt hatte die Siebzehnjährige wieder einmal geschrieben.

»Schwester Gertrud, ich habe Post von Julia. Ich soll dich grüßen. Es geht ihr gut. Sie fragt, ob wir sie nicht einmal besuchen wollten. Sie würde sich riesig freuen.«

Die Missionarin ging gar nicht auf den Gruß des jungen Mädchens ein, an das sie sich natürlich gut erinnern konnte. Sie fragte sofort zurück: »Und, was denkt ihr?«

»Wozu, Schwester Gertrud?« Helene schien irritiert.

»Na, werdet ihr reisen?«, wurde die Frage konkreter.

»Wir würden schon gerne fliegen, nur nicht unbedingt allein. Wenn du zum Beispiel mit uns fahren würdest?«, kam die Antwort.

Das war Gottes Hinweis!, schoss es der Missionarin sofort durch den Sinn. Laut fragte sie: »Wann könntet ihr?«

»Ende März, Schwester Gertrud, dann würde uns das passen. Was denkst du?«

»Ich denke, dass wir gemeinsam reisen, wenn Wladimir dann auch frei hat. Der möchte nämlich auch gerne fliegen. Den zieht es nach Moskau.«

»Sprichst du mit Wladimir und gibst uns dann Nachricht?«

»Mach ich noch heute, wenn ich ihn erreiche. Und Harry würde sich um die Visa und die Tickets kümmern?«

»Das macht der sicher, Schwester Gertrud. Also ist die Sache schon gebongt?«

»Das ist sie, meine Liebe, richte schon mal den Koffer.« Die Bemerkung klang natürlich ein wenig übertrieben, denn so schnell vermochten selbst die Preußen nicht zu schießen. Aber das erbetene Zeichen war gesetzt, denn Wladimir würde sicher Ende März reisen können. Sein Bibelseminar hatte dann nämlich Ferien.

*Schwester Gertrud mit »Riese« Wladimir Schitow
und seiner Frau*

Dass Schwester Gertrud hier eine Absprache getroffen hatte
für die erste einer ganzen Reihe von Reisen in die verschiedensten Gegenden des schier unendlichen Russland,
konnte sie in diesem Moment sicher nicht ahnen. In den
folgenden Jahren konnte sie es dafür am eigenen Leibe erleben, wie gut die Straßen Russlands sind, wie es sich mit
vielen Personen in einem Raum schläft, wie weit es ist bis
zum »Ende der Erde« oder gar bis zum »Ende der Welt«, wie
Feuer speiende Berge aussehen, wie gastfrei russische
Menschen sind, wie sie hungern nach dem Evangelium und
wie eifrig ihre viel zu wenigen Pastoren und Missionare
unterwegs sind …

Am 22. März war es dann soweit. Die vier Russland-Rei-
senden stellten sich mit ihrem Gepäck am Abfertigungs-
schalter der russischen Fluggesellschaft Aeroflot an, mit
mehreren Koffern und Handgepäck.
   »Ganz schön schwer, dein Blauer«, frozzelte Harry, als er
bemerkte, wie schwer Wladimir an dem Stück zu tragen
hatte.

»Sind ein paar Gramm zu viel, ich weiß. Bücher wiegen nun mal, sind ja auch ursprünglich aus Holz«, gab der Russe gut gelaunt zurück.

»Wir müssen beten, dass die Waage klemmt«, kommentierte Schwester Gertrud, die »Mutter« der Reisegruppe.

»Recht hast du, Schwester Gertrud, es könnte sonst teuer werden. 20 Kilo pro Koffer sind nur erlaubt.«

»Wie wäre es mit Durchschnittsgewicht aller Gepäckstücke?«, fragte Helene. »Unsere Koffer wiegen doch kaum etwas.«

»Geht nicht«, wies ihr Mann zurück. »Wir haben kein Gruppenticket. Hier muss jeder für sein Übergewicht selber zahlen.«

»Gut, dass ich schlank bin«, lachte Wladimir und schaute an sich selbst herunter. »Schlank wie eine deutsche Tanne, meine Lieben.«

»Da bin ich sicher am ehesten gefährdet«, meinte Schwester Gertrud als die Kleinste und vielleicht tatsächlich relativ Schwerste des Quartetts in ehrlicher Selbsterkenntnis. »Aber jetzt im Ernst. Betet im Stillen, dass der Bücherkoffer ohne Mehrkosten vom Band geht.«

»Tun wir doch schon die ganze Zeit«, bestätigten die beiden Jüngsten, und Wladimir nahm das Ergebnis schon vorweg. Der bibelfeste Mann streckte seinen Körper, nahm Haltung an und deklamierte einen modernisierten Abschnitt aus Psalm 107:

»Die mit Flugzeugen durch den Äther fuhren und trieben ihren Handel mit zu schweren Gewichten, die des Herrn Werke erfahren haben und seine Wunder in der Luft, wenn er sprach und einen guten Flug gab ohne Turbulenzen, so dass ihre Seelen in großer Ruhe sein konnten und nicht taumelten und wankten wie ein Trunkener und wussten keinen Rat mehr, die dann zum Herrn schrien in ihrer Übergewichts-Not, und er führte sie aus den Ängsten und stillte das Bangen und schenkte, dass die Waage klemmte und sie froh wurden, dass es still geworden war und er sie zum erwünschten Land brachte: Die sollen dem Herrn danken für seine Güte, die er an Menschenkindern tut, und ihn in der Gemeinde preisen und bei den Alten rühmen. Amen.«

Die jungen Eheleute amüsierten sich köstlich bei Wladimirs Vorstellung. Schwester Gertrud tat dagegen ein wenig empört über diese Variation des Psalms: »Na, na, mein Lieber, da ist aber mehr Ryagusow drin als Bibeltext.« Dabei blitzten ihre Augen ebenso belustigt.

Der russische Bruder tat pikiert. »Mag sein, Schwester Gertrud, aber falsch war es doch wohl nicht. Oder zweifelst du daran?«

»Nein, tue ich natürlich nicht. Wir haben tatsächlich einen Gott, der Wunder tut«, gab sie überzeugt zurück.

»Das war eine tolle Textvariation, Wladimir«, bemerkte Helene noch, und dann waren die vier an der Reihe mit der Abfertigung. Der russische Bruder war der Letzte. Schwer wuchtete er seinen blauen Koffer auf die Waage. Die nette Dame auf der anderen Seite runzelte die Stirn, sah den Mann mit dem gelockten Haupt und den lustigen Augen ein wenig missbilligend an.

»Ich weiß, ich weiß«, gab Wladimir mit einem entwaffnenden Lächeln zu. »Es sind ein paar Gramm zu viel.«

»Ein paar Gramm? Sie meinen wohl Kilogramm«, kam es vermeintlich streng zurück. »Aber weil Sie es sind, drücke ich ein Auge zu.«

»Oh, vielen Dank, meine Dame! Herzlichen Dank!«, freute sich Wladimir und deutete eine Verbeugung an. »Gott tue ihnen wohl dafür. Vielen Dank!« Das hatte er allerdings ganz ernst gemeint.

Die anderen drei der Gruppe hatten die Szene gespannt und mit angehaltener Luft aus geringer Entfernung beobachtet. Jetzt atmeten sie alle auf. Die Waage hatte tatsächlich »geklemmt«. Zehn Kilo Übergewicht waren nicht berechnet worden. Danke, Gott! Du bist einer, der Wunder tut auch in diesen kleinen Dingen!

Kaum im Flugzeug, begann für Schwester Gertrud der Missionsdienst. Die Missionarin hatte sich natürlich ein paar evangelistische Schriften eingesteckt, um sie bei passender Gelegenheit weiterzugeben. Die Maschine war kaum richtig in der Luft und die Passagiere hatten ihre Sicherheitsgurte gelöst, da reichte Schwester Gertrud ihrer Nachbarin, einer Dozentin, wie sich herausstellte, die Broschüre »Von neuem geboren«. Die Frau las den Titel und fragte sofort: »Was ist das: Von neuem geboren?«

Aus dieser Frage entspann sich ein lebhaftes Gespräch, in dem der russische Bruder gerne den Dolmetscher spielte und auch manchen Gedanken aus seiner Sicht der Dinge beitrug. Kurze Zeit vor der Landung des Fliegers auf seinem Zielflughafen Moskau-Sheremetyewo – die Gurte waren bereits wieder angelegt – betete diese Frau mit Tränen in den Augen um Vergebung ihrer Sünden und darum, dass Jesus Christus ihr Herz einnehme. Neugeburt in 5.000 Metern Höhe! Das war das zweite Wunder dieser Reise. Das dritte sollte sich auch bald ereignen. Und das war eins der Bewahrung gegenüber der Taxi-Mafia der russischen Metropole.

In der bedrückend düsteren Empfangshalle des Flughafens hatten die vier Ankömmlinge gerade ihr Gepäck in Empfang genommen, als sie schon umringt waren von einer Schar finsterer Gestalten, die sie bedrängten, mit ihren Autoschlüsseln fuchtelten und von allen Seiten auf sie einredeten. Auf zurückweisende Erklärungen von Wladimir und Harry reagierten sie nicht. Sie wurden eher noch aufdringlicher. Ihre Absicht war eindeutig: Sie wollten das Gepäck transportieren. Ob sie die Leute dann auch mitgenommen hätten, blieb offen. Aber es war bekannt, dass diese Burschen mit allen Wassern gewaschen waren und mit allen Tricks arbeiteten.

Helene schlug vor, das Gepäck in die Mitte zu nehmen und für die Leute zu beten. Gesagt, getan. Nach einer Weile merkten die Kerle, dass sie hier nichts ausrichten konnten.

Sie ließen schimpfend und fluchend von den vier Menschen ab und verzogen sich. Tief atmeten die schließlich durch. Jetzt war es auch nicht mehr lange, bis der Bus sie in die Stadt bringen würde.

Die nächsten Tage waren für Schwester Gertrud und ihre jungen Begleiter angefüllt mit Begegnungen aller möglichen Art. So lernten sie einen ehemaligen Olympiasieger kennen, der nach seiner Bekehrung seine erfolgreiche Leichtathletikkarriere eingetauscht hatte gegen eine sicher ebenso mühevolle missionarische Arbeit unter Gehörlosen. Dann begegneten sie einem Menschen, vor dem die Missionarin zunächst einen Schrecken bekam. Der Mann schien wie ein Riese, groß wie ein russischer Bär und offenbar stark wie ein solcher. Schwester Gertrud kam sich dem Mann gegenüber richtig klein und mickrig vor. Hatte der Hände! Und dass es für seine Füße überhaupt noch Schuhe gab! Dagegen hatte er offenbar das Gemüt eines Lammes. Ein freundlicher und liebenswürdiger Mensch. Sicher ein besonderes Original Gottes.

Wladimir Schitow, den seine Studienkollegen »Elia« nannten, arbeitete weit im Norden unter sibirischen Nomadenvölkern. Dort, wo der Sommer nur wenige Wochen alt wird und die Quecksilbersäule des Thermometers im Winter manchmal auf minus 65 Grad sinkt. Da wurde einem ja schon lausig kalt, wenn man nur daran dachte. Und da sollten Menschen leben?

Die Hamburger Christen begegneten den Geschwistern einer Moskauer Gemeinde, in der Wladimir Ryagusow gewöhnlich predigte. Diese lebendige Gemeinde war innerhalb von drei Jahren von 15 auf 200 Glieder gewachsen. Zeichen für gesegnete Arbeit unter den Leuten. Wie freudig wurden die Gäste aufgenommen und mit welch großer Offenheit ihr Zeugnis vom Handeln Gottes in ihrem eigenen Land.

Bei Fahrten und Gängen durch die Stadt lernten sie den Unterschied zwischen Prunk und Elend kennen, die sie in der russischen Metropole an vielen Orten unmittelbar nebeneinander antrafen. Kinder und alte Mütterchen, Alkoholiker und Krüppel, um die sich offenbar niemand kümmerte, standen, saßen oder lagen auf den Gehsteigen entlang der Prachtgebäude an den Edel-Prospekten der Stadt und suchten mit ihren ausgestreckten Händen und den Schildern, die sie vor sich hatten, das Erbarmen der Passanten zu gewinnen. Andere boten irgendwelche Kleinigkeiten zum Verkauf an, damit sie sich anderes zum Leben leisten konnten. Daneben waren die zuweilen sehr breiten Straßen verstopft mit ungezählten Bussen und LKW, mit Ladas, Wolgas und Moskwitsch und anderen russischen Kleinwagen und Limousinen und allen möglichen Fabrikaten westlicher Nobelkarossen. Auf den Gehwegen war vor Menschen zuweilen kaum ein Durchkommen.

Wie passten goldene Kirchturmkuppeln, auf Hochglanz polierter Karosserielack, Marmorfassaden, Hermelinmäntel, italienische Maßanzüge und bettelnde orthodoxe Nonnen und Mönche und um Almosen heischende ausgestreckte Hände von in Lumpen gekleideten Menschen jeden Alters zusammen? Und das im so genannten »real existierenden Sozialismus«?! Das Ganze war wie ein brodelnder Kessel, der irgendwann einmal überkochen musste.

Wenn sie doch alle hier wüssten, ging es Schwester Gertrud mit einem innerlichen Seufzer durch den Kopf, dass da einer gesagt hatte: »Kommt her zu mir, alle, die ihr mühselig und beladen seid; ich will euch erquicken« (Matthäus 11,28). Der Heiland würde gerne den Reichen, den Mafiosi, den Popen, den Armen und Bettlern ihre Lebenslasten abnehmen. Vielleicht käme es dann ja zu einem Ausgleich zwischen den Extremen, deren Erscheinungsbild einem wehtat.

Helene und Harry freuten sich an einem der Moskauer Tage besonders über den Besuch von Viktor und Julia. Der Vater, seinerzeit Ingenieur am Standort Groß Dölln, und die Tochter mit dem neuen Ohr hatten eine weite Reise gemacht, um ihre Hamburger Freunde hier in der Hauptstadt zu treffen. Damals hatte der Mann »den Glauben probieren« wollen, heute lebte er ihn in großer Freude. Welch schöne Frucht der Arbeit von damals! Welch schöne Begegnung, garniert mit einem Strauß Nelken für Schwester Gertrud, die über das Treffen natürlich ebenso erfreut war.

Am Tag nach diesem Besuch war Schwester Gertrud mit ihren Begleitern 18 Stunden lang mit der Bahn unterwegs in die Millionenstadt Samara, die bis vor wenigen Jahren noch Kujbyschew hieß und ein wichtiger Umschlaghafen an der Wolga ist. Die Fahrt barg ein besonderes Problem und Risiko. Sie war für die drei Deutschen eigentlich gar nicht erlaubt, weil ihre Pässe und Visa in Moskau hinterlegt werden mussten. Aber eine Reise im Namen Gottes stand auch unter dem besonderen Schutz Gottes, war sich die Seniorin der kleinen Reisegruppe wieder einmal sicher. Ihr besonderes Pech oder auch ihre besondere Last war, dass sie nicht sprechen durfte, sobald fremde russische Menschen mit im Abteil waren. Ihr Deutsch würde unter Umständen unangenehm auffallen. Die anderen drei sprachen ja Russisch. Nun denn, das war auch zu überstehen durch Lesen, stilles Beten und Ausnutzen der Pausen, in denen die Reisegruppe unter sich war.

Harry und seine Frau fuhren als »Russen« allein weiter nach Kasan, um dort einen Freund aus früheren Zeiten zu überraschen, der mit seiner Familie in der Autonomen Republik Tatarstan lebte und als Missionar arbeitete.

Schwester Gertrud besuchte derweil mit Wladimir Ryagusow die Bibelschule und die Gemeinde in Samara. Der russische Bruder hielt dort Vorträge und gab Orientierung in Fragen zu besonderen pfingstlerischen Strömungen, zu Feminismus, Spiritismus, Okkultismus und vielen anderen Themen.

Vor allem brannte den Bibelschülern und den Geschwistern der Gemeinde in Samara die Thematik »Okkultismus«

auf den Nägeln. In der Person einer älteren Frau kam sie den Leuten immer wieder leibhaftig entgegen. Diese Frau verfügte über »heilende Astralkräfte«, war aber nicht davon zu überzeugen, dass sie damit kein Licht verbreitete, sondern dunkelste Finsternis. Für biblische Argumente zu ihrem Verhalten war sie absolut verschlossen und unempfänglich. Hier musste Gott schon selbst die Verhärtungen aufweichen und die Verirrungen auflösen.

Schwester Gertrud konnte gerade an diesem Thema immer wieder anknüpfen, wenn sie Zeugnis gab von ihrer Arbeit unter den Zigeunern und den ungezählten Wundern, die Gott an den Menschen dieses Volkes getan hatte. Wie viele von ihnen hatte Jesus, der Herr, schon aus den Klauen finsterster Gebundenheiten befreit? Sie hatte nicht gezählt und wusste es nicht.

Als Folge ihres Berichts lud der Pastor der Gemeinde sie ein, im kommenden Jahr doch wieder nach Samara zu kommen und dort unter den Zigeunern zu evangelisieren. Die Missionarin versprach, das Anliegen mit zu ihren Freunden nach Deutschland zu nehmen. Was daraus würde, läge in Gottes Hand.

Als sie dann einmal auch von ihrer Arbeit vor und in den russischen Kasernen erzählte, kam ein Ehepaar nach vorne und bat ums Wort. Der Mann berichtete, dass er während seines Dienstes als Offizier in Deutschland mit der frohen Botschaft konfrontiert worden sei. Nach der Lektüre des Buches »Jesus unser Schicksal« und dem Lesen der Bibel habe Gott ihn und seine Frau durch Jesus Christus aus seiner sündigen Verlorenheit gerettet. »Geschwister, in unseren Objekten bekamen wir von unserem Kommandeur den dienstlichen Befehl, uns nicht mit den Leuten vor den Toren der Kaserne an ihren Büchertischen abzugeben, weil diese Leute ganz sicher Spione seien. Aber das überzeugte uns nicht. Diese Christen hatten eine besondere Ausstrahlung. Wir fühlten uns zu ihnen hingezogen. Ich kannte bis dahin Gott nicht, war vorher in keinerlei Beziehung zu ihm gekommen. Heute möchte ich es vor euch bezeugen: Ich fand in Deutschland Jesus Christus als meinen persönlichen Heiland.« Er sei sehr froh, fügte der Mann noch an, dass er jetzt in dieser Gemeinde sein könne, und er dankte Schwester Gertrud noch einmal sehr bewegt für ihren guten Einsatz unter den russischen Militärs.

Schön, durfte die Frau wieder einmal denken, die Arbeit hatte sich gelohnt. Sie musste allerdings den russischen Menschen wie ein besonderes, sehr außergewöhnliches wunderbares Wirken Gottes erscheinen. Denn eine solche Arbeit war in Russland überhaupt nicht möglich.

Wladimir gab ihr später die Begründung dafür. Er erklärte ihr, in Russland bestünde eine große natürliche Kluft zwischen der Zivilbevölkerung und den Angehörigen des Militärs, besonders den höher gestellten. Mission unter Offizieren sei bei ihnen nicht denkbar, geschweige denn durchführbar.

Jeder Soldat der Armee müsse regelmäßig Gespräche mit seinem zuständigen Polit-Offizier führen, der für die Linientreue seiner Leute verantwortlich sei. Er selbst sei als Christ immer wieder stark unter Druck gesetzt worden, seinem Glauben abzuschwören. Anderen Christen sei es ebenso gegangen. Es sei schon ein kleines Wunder, nein, ein großes, dass er den Attacken seiner Polit-Offiziere standgehalten habe.

»Das musste so sein, lieber Bruder«, bestätigte Schwester Gertrud diese letzte Bemerkung des Freundes. »Wer hätte mich sonst in Wünsdorf als Übersetzer unterstützt?«

»Und wer hätte dich in diesen Tagen nach Russland entführt?«, musste Wladimir lachen. »Du wärst niemals nach Samara gekommen und auch nicht nach Lipetzk. Da fahren wir nämlich morgen hin. Nadja und Sergej warten.«

»Darauf freue ich mich. Aber dann lass uns mal für heute unser Quartier aufsuchen, Bruder«, schlug die Seniorin vor. »Ich habe jetzt das Recht, müde zu sein.«

Auch in Lipetzk besuchten die vier Freunde die Christen in ihren Versammlungen und gaben Zeugnis von der weltumspannenden Liebe Gottes. Ihr Hauptinteresse galt aber dem Besuch von Sergej und Nadja mit ihren Kindern. Das Ehepaar war in Neustrelitz zum Glauben gekommen. Wieder in Russland, gab es dann große Probleme. Der Mann musste zunächst weiterhin in der Armee dienen, fernab im Ural. Nadja blieb mit den Kindern bei Verwandten in Lipetzk. Als Sergej zurückkam, hatte sich die Familie auseinander gelebt. Die Eheleute hatten sich bald gar nichts mehr zu sagen. Und das hatte sich bis heute kaum geändert.

Dennoch trafen die Besucher beide an. Eine bedrückende Atmosphäre. Die Wiedersehensfreude hielt sich sehr in Grenzen. Sie musste ja auch getrübt sein bei den Bedingungen eines gestörten Familienlebens. Zudem schienen sich beide Eltern vor ihren Gästen zu schämen.

Aber den beiden musste doch geholfen werden, auch wenn das sicher schwierig werden würde, war sich Schwester Gertrud sicher, die diese beiden Menschen schon damals in ihr Herz geschlossen hatte. Diese Situation war wohl nur durch intensives Gebet und durch Gottes Handeln zu bewältigen.

Wladimir knüpfte entsprechende Kontakte zu einer örtlichen Gemeinde, und sowohl Sergej als auch Nadja ließen sich zum Gottesdienst einladen. Nadja wünschte sogar, dass ihr Kind dort gesegnet würde. Das geschah auch. Aber Freude kam dabei nicht auf. Wie denn auch, wenn der Vater nicht mit nach vorne ging, um bei Frau und Kind zu stehen und auch den Segen zu empfangen?

Nach dem Gottesdienst bat der Gemeindeleiter Nadja, doch im Chor mitzusingen. Ihren Mann fragte er, ob er nicht beim Bau des Gemeindehauses mithelfen könne. Die Antworten der beiden waren zunächst ausweichend. Sie wussten doch selbst nicht …

Noch am selben Tag mussten die Gäste sich schon wieder verabschieden. Der Zug nach Moskau wartete nicht. Auf dem Bahnsteig passierte dann das erbetene Wunder. Sergej stand ein paar Schritte abseits von Nadja, sein Kind auf dem Arm. Die äußerliche Trennung der Eheleute entsprach der inneren. In Sergejs Gesicht arbeitete etwas. Schwester Gertrud verstand es, in Gesichtern zu lesen. »Na, nun geh schon, Mann, nimm sie in die Arme!«, ging es ihr durch den Sinn, und sie schickte noch einmal ein Stoßgebet zum Himmel.

Plötzlich tat Sergej ein paar Schritte auf Nadja zu, reichte das Kind an Helene, die davon sehr überrascht wurde und gar nicht begriff, was sich hier tat. Dann nahm der Mann seine Frau in die Arme, wobei er ihr irgendetwas ins Ohr zu flüstern schien. Beiden rannen dann die Tränen, und es schien ihnen nichts auszumachen, dass da etliche Leute zuschauten. Die meisten wussten ohnehin nicht, was sich hier gerade ereignete. Schwester Gertrud, Wladimir Ryagusow, Harry und Helene wussten es. Hier zersprangen Eispanzer, die sich um zwei Herzen gelegt hatten. Hier fand das Wunder einer Versöhnung statt, das auch den vier Besuchern die Tränen in die Augen trieb. Helene strich dem Kind der beiden Eltern, die sich immer noch in den Armen hielten, über die Wange und sagte zu ihm: »Siehst du, Kleines, jetzt haben sich Papa und Mama wieder lieb. Das hat der liebe Gott gemacht. Und alle Leute dürfen sich darüber freuen.«

Das wurde doch jetzt ein ganz anderer Abschied. Es war, als hätte die Sonne in ihrem Glanz ein paar Lux zugelegt, und die vielfältigen Geräusche des Bahnhofs vermischten sich zu einer Art himmlischer Musik. Sergej hielt seine Nadja noch lange im Arm, so gut das ging mit dem Kind auf dem Arm und den Freunden im Zug nachwinkend …

Schwester Gertrud, der auch auf dieser Reise wieder das Schweigen auferlegt war, betete im Stillen: »Jetzt halte die beiden bei dir und dann auch beieinander. Segne sie und das Kind und schenke ein glückliches Wiedersehen.« Ein Wiedersehen mochte es durchaus geben, wenn denn die Einladung zum 70-jährigen Jubiläum der Gemeinde in zwei Jahren angenommen und umgesetzt werden konnte. Aber auch das lag in Gottes Hand.

So wunderbar – im buchstäblichen Sinne des Wortes –, wie diese Russlandreise begonnen hatte, so wunderbar ging sie zu Ende. Wladimir hatte in der deutschen Botschaft schon lange ein Besuchervisum für die Bundesrepublik für seine Frau beantragt. Seine Irina sollte doch an seinem Abschied vom Bibelseminar in Hamburg Anfang Juli teilnehmen können. Er wollte vor seiner Abreise diese Angelegenheit gerne erledigt wissen. Und was passierte? Schwester Gertrud sprach in der Halle der Botschaft mit einem deutschen Beamten. Wladimir stand in der Nähe und hörte, wie jemand aufgerufen wurde. Für ihn hatte sich das angehört wie »Doktor Ryagusow«. Er wurde mit seiner Frau auch in den Raum gebeten, war aber eigentlich der falsche Mann. Die beiden behielten ihren Platz in der Warteschlange und standen gerade in dem Moment vor dem Diplomatenschalter, als dieser geöffnet wurde. Sie wurden tatsächlich sofort bedient, obwohl sie doch gar keinen Diplomatenstatus besaßen. Leider waren die vorgelegten Papiere aber nicht vollständig. Es fehlte der »Kostennachweis für eventuell notwendig werdende medizinische Versorgung«. Was tun? Im Inneren beten und nach außen freundlich schauen und bitten. Das konnten beide recht gut. Und dann ließ Gott auch dieses Wunder geschehen. Die nette Dame am Schalter war einsichtig und zu einer Ausnahme bereit.

Wenig später hielt Irina ihr Visum für eine Besuchsreise nach Deutschland im Juli in ihrer Hand. Halleluja! Vor Freude drückte ihr Mann ihr einen Kuss auf die Wange.

»Ich wusste es doch schon immer. Gott lenkt Menschenherzen wie Wasserbäche«, kommentierte Schwester Gertrud den Ablauf der vergangenen Stunde unter leichter Veränderung des Originalverses aus den Sprüchen Salomo.

Der bibelfeste russische Bruder setzte noch eins drauf. Ähnlich wie neulich in Hamburgs Flughafen-Abfertigungshalle deklamierte er mit schelmischem Gesicht:

»Wie köstlich ist deine Güte, Gott, dass Botschaftsbeamte unter dem Schatten deiner Macht Weisung bekommen! Sie werden gelenkt von den guten Absichten deiner Pläne, und du tränkst deine Leute mit Wonne wie mit einem Strom. Denn bei dir ist die Quelle richtiger Entscheidungen des Lebens, und in deinem Licht sehen wir die Ziele der kommenden Zeit. Psalm 36!«

»In der herrlichen Variation von Wladimir Ryagusow«, ergänzte Harry, ehe Schwester Gertrud den Vortrag kommentieren konnte. Ein Schmunzeln konnte sich die alte Missionarin dann auch wieder nicht verkneifen. Genauso wenig wie Helene. Nur die arme Irina wusste nicht, was hier gespielt wurde, und sie schaute mit großen fragenden Augen. Ihr Mann erklärte es ihr aber dann. Dabei musste er seine Psalmvariation schon richtig ins Russische übersetzen. Harry und Helene konnten ihn ja kontrollieren. Frau Ryagusow durfte sich also noch nachträglich über den Schalk ihres Mannes amüsieren.

Auf den musste die Russin zunächst aber noch einmal für ein Vierteljahr verzichten, denn am nächsten Tag nahm ihn ein Flieger der Aeroflot zunächst wieder mit nach Hamburg. Er musste doch seine Missionsschwester und die beiden anderen deutschen Freunde wieder heil in der Freien und Hansestadt Hamburg abliefern. Außerdem musste er selbst noch ein paar Prüfungen ablegen und dann in Ruhe seine Zelte abbrechen. Dass der Düsenjet wegen technischen Defekts zunächst einmal beinahe drei Stunden auf dem Rollfeld stehen blieb, kostete die Fluggäste ein wenig Nerven, Geduld und wieder Gebet. Dann aber ging es ohne weitere Turbulenzen hinauf auf etwa 8.000 Meter Höhe und dann geradewegs in Flugrichtung Westsüdwest nach Hamburg.

Gut, dass Irina von der Panne keine Ahnung hatte und ihren Mann und seine Begleiter längst in hohen Lüften wähnte. Sie hätte sich sicher aufgeregt und große Sorgen gemacht.

So wähnte sie den bewahrten Flug schon beendet, als die Maschine kaum gestartet war. Das Dankgebet dafür sprachen die anderen, nachdem sie dann endlich glücklich gelandet waren und den Ausgang des Hamburger Flughafengebäudes hinter sich hatten.

Dann kam bald der Nachmittag Anfang Juli mit der bewegenden Verabschiedungsfeier der Sinti-Geschwister für Dr. Wladimir Ryagusow, den sie längst als ihren Bruder lieb gewonnen hatten. Leider war seine Frau nun doch nicht dabei. Sie würde erst später an der offiziellen Feier des Bibelseminars teilnehmen können.

In der Hütte »Geborgenheit« wurde ein sehr schöner und abwechslungsreicher Gottesdienst gefeiert, in dem nach den Gruß- und Segensworten mehrerer Brüder auch der Kinderchor seinen Auftritt hatte. Es war beeindruckend, die Kleinen der Gemeinde in bester Sonntagskleidung auf der Bühne stehen zu sehen und sie singen zu hören. Jedes von ihnen hielt eine rosa Nelke in der Hand mit einem farbigen Herzen daran, auf dem jeweils ein biblischer Zuspruch stand. Zuletzt sangen die Jungen und Mädchen den zentralen Vers aus Psalm 91: »Denn er hat seinen Engeln befohlen, dass sie dich behüten auf allen deinen Wegen, dass sie dich auf den Händen tragen und du deinen Fuß nicht an einen Stein stoßest« (Psalm 91,11f).

Dann lasen sie alle ihre Sprüche und überreichten ihre Nelken dem erstaunt schauenden Bruder, dem doch tatsächlich vor Ergriffenheit die Tränen liefen. Solch eine Liebe seitens der Sinti-Christen hatte er nicht erwartet. Er bedankte sich mit einem eigenen russischen Segenslied und mit einem Wort über Römer 15,7: »Nehmt einander an, wie Christus euch angenommen hat zu Gottes Lob.« Dankbar im Rückblick und Mut machend im Vorausblick verband er diese Worte mit denen des Petrus über die »lebendigen Steine«, die zu sein alle Christen in Deutschland und Russland berufen seien, auch wenn es da einen offenkundigen und bedauerlichen Unterschied gebe. Der russische

Bruder formulierte ihn so: »Die Christen in Deutschland sprechen immer vom Genießen. Die Christen im Osten berichten von Kampf, Verfolgung und Opfer. Obwohl sie äußerlich Not leiden und wenige Botschafter des Evangeliums haben, leben sie mit der Bibel und den Verheißungen Gottes und sind lebendige Zeugen seiner Treue. Eben ›lebendige Steine‹.«

Gerade an diesen Satz knüpfte Schwester Gertrud bei ihrem Schlusswort an. Sie hatte den beschriebenen Unterschied bei ihrer Reise kennen gelernt und konnte ihn bestätigen. Stellvertretend für die Gemeinde versprach sie: »Was uns Gott anvertraut hat, diene in Zukunft immer wieder eurem Mangel. Wenn wir so handeln, dann gewinnen wir die Freude, geben zu können, und ihr gewinnt die Freude, empfangen zu dürfen. Ein erstes Beispiel haben wir bereits gegeben. Lass dich überraschen, lieber Wladimir.«

Vielfältiges Nicken und einzelne hörbare Kommentare bestätigten die Zusage der Missionarin. Die Gemeinde antwortete dann, wie immer von guter Musik begleitet, mit Manfred Siebalds Segenslied: »Geh unter der Gnade …« Nicht jeder konnte dabei an allen Stellen mitsingen. Dem einen und anderen schnürte es doch immer wieder ein wenig den Hals zu. Abschiednehmen ist nun einmal nicht leicht, wenn es um lieb gewonnene Menschen geht.

Schwester Gertrud hatte schon vor einiger Zeit ein besonderes Abschiedsgeschenk initiiert und organisiert – ein erstes Beispiel der abgegebenen »Erklärung«. Die Hamburger Zigeuner-Gemeinde gab dem russischen Bruder »zur Förderung des Evangeliums« einen Lada – »Mein Freund Lada« – mit Anhänger mit auf den Weg nach Hause. Der Anhänger war natürlich gefüllt bis an die Gewichtsgrenze mit allerlei nützlichen Hilfsgütern für das Moskauer Bibelinstitut, einer Beton-Mischmaschine und wertvollen Werkzeugen für einen Gemeindehausbau sowie Kleidung, Lebensmitteln und Medikamenten für bedürftige Menschen in seiner Heimat, vornehmlich für Prediger und

Pastoren und für andere Geschwister und Freunde, die diese Dinge dringend zum Lebensunterhalt benötigten. Dazu gaben die Sinti-Geschwister die Zusage, den Transport betend zu begleiten, führte doch der Weg quer durch Polen und Weißrussland. Leider gab es in diesen Ländern an den Durchgangsstraßen eine Menge Wegelagerer und dunkles Gesindel, das es auf solche Transporte abgesehen hatte.

Eine Woche nach der Abschiedsfeier faxte der russische Bruder die glückliche Ankunft von Menschen – auf der Rückfahrt war seine Frau dabei –, Technik und Ladung in Moskau nach bewahrter Fahrt auf der 2.000-km-Strecke. Gott seis gedankt! »Ihr sollt euch freuen des Herrn und fröhlich sein in Gott, unserem Heil. Wir tun es immer wieder«, zitierte er am Ende des Faxes eine Stelle aus dem 3. Kapitel des Propheten Habakuk, natürlich wieder einmal ein wenig variiert.

Schwester Gertrud kümmerte sich in den folgenden Monaten und Jahren in unterschiedlichster Weise rührig und unermüdlich darum, das Anliegen umzusetzen, als lebendige Steine zu leben und zu wirken und den russischen Geschwistern Handreichung zu tun. Etliche Freunde zogen dabei mit, so, wie Gott es ihnen aufs Herz legte und ihnen Möglichkeiten schenkte.

Die alte Missionarin organisierte mit Freunden, vor allem mit Friedrich und seiner Frau Olga, in vielfältiger Kleinarbeit weitere Hilfsgütertransporte nach Russland. Ein LKW mit sechs Tonnen unterschiedlichster Dinge kam zum Beispiel, vom russischen Zoll wochenlang festgehalten und dann doch gnädig behandelt, wohlbehalten in Moskau an, als die Missionarin zu neuen Diensten und Begegnungen gerade wieder dort war. Die Sachen dienten in der Hauptsache zur Unterstützung der Bibelschüler und ihrer Familien. Während die Männer und Väter im Institut ihrer Ausbildung nachgingen, fehlte doch zu Hause das Einkommen. Also musste geholfen werden. Diese Familien lebten aus dem Glauben und rechneten nach dem Beispiel des Elia mit der Versorgung durch die »Raben Gottes«. Immer wieder »Rabe Gottes« zu sein, bereitete Schwester Gertrud einfach Freude und anderen aus ihrem weiten Umfeld auch.

So bekam eine etwa 40-jährige Frau aus Samara orthopädische Schuhe. Tatjana Egorzewa war mit sieben Jahren an einer merkwürdigen Deformierung ihrer Füße erkrankt. Sie musste hinfort mit Klumpfüßen leben und konnte nur noch mühsam und mit maßgefertigten Schuhen laufen. Die hatte sie im Abstand mehrerer Jahre auch immer wieder bekommen. Nun war der Schuhmacher, der sie ihr gemacht hatte, aber inzwischen verstorben, und es gab weit und breit keinen anderen fähigen Handwerker. Die letzten Schuhe waren bald so weit abgenutzt, dass die Frau sich nicht mehr außerhalb ihrer Wohnung bewegen konnte. Das machte ihr großen Kummer, besonders weil sie die Gottesdienste der Gemeinde nicht mehr besuchen konnte.

Schwester Gertrud erfuhr bei ihrem zweiten Besuch in Samara von der Not dieser Frau und machte sie sofort zu ihrer eigenen. »Unser Überfluss diene ihrem Mangel«, argumentierte sie und organisierte von zu Hause aus Tatjanas Reise nach Deutschland, ihr Quartier bei Freunden aus einer Aussiedlergemeinde in Hamm, die Russisch sprachen, einen Termin bei einem Facharzt für Orthopädie zur ärztlichen Begutachtung der Füße, einen guten orthopädischen Schuhmacher und die Kostenübernahme durch Freunde ihrer Russen-Mission.

Die Freude, die Tatjana erfüllte, als sie das erste Mal in neuen Schuhen wieder auf ihren Füßen stehen und mit ihnen gehen konnte, war schier unbeschreiblich. Aber Schwester Gertrud wies allen Dank weit von sich. »›Was ihr getan habt einem unter diesen meinen geringsten Brüdern, das habt ihr mir getan‹, hat der Herr Jesus gesagt. Dabei hat er die Schwestern sicher nicht ausgeschlossen. Ich freue mich jetzt einfach, dass Tatjana wieder laufen und auch in die Gemeinde gehen kann. Und ich danke allen Freunden, die das Geld gegeben haben, damit wir der lieben Schwester helfen konnten.«

Damit war dieser Fall für die Missionarin gelöst, auch gegen den einen oder anderen Widerspruch aus frommen Kreisen, die meinten ihr sagen zu sollen, sie möge sich doch um deutsche Nöte kümmern nach dem Motto »Warum in die Ferne schweifen …« Ihre Hilfe sei doch kaum ein Tropfen auf den heißen Stein.

Schwester Gertrud ließ sich nicht irritieren. Sie ging weiter unbeirrt ihrem Auftrag nach. Dabei hatte sie auch immer wieder den Satz im Ohr, den Dr. Ryagusow einmal mit deutlicher Bekümmernis geäußert hatte: »In Deutschland haben viele Christen vergessen, dass russische Menschen auch einen Leib haben. Auch Jesus hat nicht nur gepredigt, sondern den Leuten auch zu essen gegeben.«

Genauso sah die Missionarin ihr Bemühen, und so setzte sie es um. Sollte Gott diesen Auftrag an russischen Menschen einmal widerrufen, dann wäre das schon recht. Noch aber hatte er nicht widerrufen. Im Gegenteil, er rief immer wieder nach Russland und zu russischen Menschen, die Orientierung, Verkündigung und Zeugnis wünschten. Schwester Gertrud wurde für die nächsten Jahre Stammkundin bei der Aeroflot, der russischen Fluggesellschaft.

Auf zu neuen Ufern

»Nach 70 Jahren Diktatur einer atheistischen Regierung lebt das russische Volk in hoffnungsvoller Erwartung großer Entspannung und Freiheit. Mit dem Zusammenbruch marxistisch-atheistischer Ideologie fragen viele Menschen nach bleibenden Werten, fragen nach Gott. Der Zustrom zu den christlichen Gemeinden ist erstaunlich.

Auf der anderen Seite wächst die Arbeitslosigkeit und erschreckende Armut überall. Viele ausländische Firmen bauen Produktionsstätten auf, bezahlen ihre Angestellten gut, andere wieder machen Konkurs oder können ihren Leuten die Löhne kaum noch in Geld auszahlen. So entlohnen sie sie mit ihren Produkten von Lebensmitteln bis hin zu gefertigten Möbeln. Viele Arbeitnehmer warten länger als sechs Monate auf ihren Lohn. Überall auf den Straßen verkaufen Menschen Brot, Eier, Gemüse – zum Teil aus ihren eigenen kleinen Gärten – oder Möbel und andere Waren aus ihren Fabriken.

Die wirtschaftliche Not ist so groß, dass die Menschen keinerlei Perspektiven für die Zukunft haben. Deshalb gehen sie zu Wahrsagern, Besprechern und Zauberern, um Hilfe zu erfahren. Viele müssen die Hilfe mit ihrer Psyche teuer bezahlen. Sie geraten in Ängste und Verzweiflung. Der Zauberer Kaspirowski wirkt Wunder übers Fernsehen. Viele Betrogene beginnen dann nach Gott zu fragen und wenden sich ihm zu. Weil die Orthodoxe Kirche ihnen Hilfe nicht bieten kann, kommen sie in die Gemeinde Jesu …

Viele Pastoren sind hilflos und brauchen dringend Aufklärung über dämonische Praktiken und benötigen Ausrüstung, Angefochtenen zu helfen. Studenten der Bibelseminare gehen in eine dunkle Zukunft bis nach Sibirien. Keiner kann ihnen Lebensunterhalt garantieren. Sie versuchen durch irgendeine Arbeit ihr Brot zu verdienen und predigen abends und am Wochenende das Evangelium. Sie sind erfüllt von einem starken Rettersinn. Überall entstehen Gemeinden.

Auch die Gläubigen gehen durch viel Not und Armut. Aber sie leben täglich mit dem Wort Gottes, verlassen sich auf Gottes Verheißungen und erleben Gebetserhörungen und Wunder. Sie können mit hoher Theologie nicht viel anfangen. Ihr Glaube lebt aus der Bibel. Sie sagen: ›So stehts im Wort Gottes geschrieben!‹

Die Orthodoxe Kirche sieht mit Argwohn auf die Gemeinde Jesu und bekämpft sie.«

Originaltext Schwester Gertruds nach der Rückkehr von einer Reise im späten Frühjahr 1997, die es in sich hatte. Aber auch diese Reise hatte ja ihre Vorgeschichte.

Irkutsk, Angarsk, Tscheremchowo, Burjatija, Baikalsk? Nie gehört, geschweige denn gewusst, wo in dem riesigen Russland diese Städte wohl zu finden waren. Schwester Gertrud bemühte das Lexikon und ihren »Neuen Atlas der Welt«. Mithilfe des zum Glück sehr umfangreichen Registers wurde sie schließlich fündig. Diese Städte lagen alle im Süden Ostsibiriens in den Gebieten um den Baikalsee, dem größten Süßwasserreservoir und tiefsten See der Erde. 1620 Meter maß der an seiner tiefsten Stelle und war dabei doppelt so groß wie Schleswig-Holstein. Mehr als 50 Mal würde der Bodensee in diesen See hineinpassen und das nur auf seine Oberfläche bezogen. Das Schwäbische Meer floss ja bekanntlich in den Rhein, der wiederum wohl nur ein mickriges Rinnsal war im Vergleich zum mehr als dreimal so langen und in seinem Unterlauf x-mal so breiten Jenissei, der sein junges Wasser über die Angara auch aus dem Baikalsee bezog. Der wiederum bekam seine Fluten aus 350 Zuflüssen aus den umliegenden Gebirgen, die es mit den Alpen durchaus aufnehmen konnten. Im Baikalgebirge gab es auch Gipfel, die höher waren als 2.500 Meter und die das ganze Jahr über Schneemützen trugen. Und reiche Goldvorkommen enthielten diese Berge. Ob da mal wenigstens ein kleines Klümpchen irgendwo zu finden war? Was könnte man damit alles machen? Mussten die Menschen Russlands eigentlich so arm sein, wenn der Reichtum aus der Natur Sibiriens und auch der Baikal-Region als schier unerschöpflich beschrieben wurde?

Burjatija hieß übrigens dem Atlas nach Ulan-Ude. Irgendwann war wohl der Name dieser Stadt geändert worden, wie das bei vielen anderen Städten auch gemacht worden war.

Die Missionarin geriet ins Staunen über dem, was sie da alles las. In ihre Seele pflanzte sich eine gewisse Spannung und frohe Erwartung. Hier sollte sie hinkommen, wenn die Planung des russischen Bruders zu realisieren war. Wladimir Ryagusow hatte seinen Reise- und Veranstaltungsplan für die Missionsfahrt Ende Mai bis Anfang Juni 1997 gefaxt. Moskau und Samara als Reiseziele waren ihr ja von zwei Besuchen her schon bekannt. Hier gab es sicher manche Freude des Wiedersehens und auch solche neuer Begegnungen. Aber von den Dingen, die sie an den neuen Orten antreffen würde, musste sie sich schon überraschen lassen. Das Stichwort »Schamanismus« hakte sich aber schon einmal bei ihr ein, und sie griff noch einmal zum Lexikon. Dort konnte sie lesen:

»**Schamane** der, Geisterbeschwörer, bes. in Sibirien, Zentralasien und bei den Indianern, der mit Dämonen oder Seelen Verstorbener in Verbindung treten soll. Nach dem Glauben seiner Anhänger (**Schamanismus**) sendet der S. seine Seele zu den Geistern aus, um übersinnl. Erkenntnisse zu gewinnen, böse Geister zu bannen und Segen für die Menschen zu erflehen.«

Schwester Gertrud erschreckte das schon sehr. Das konnte ja was werden! Mit Erscheinungen des Okkultismus war sie ja schon vielfach konfrontiert worden. Aber das schien jetzt doch wohl eine Steigerung zu werden. Willi Buchwald vom »Missionswerk Neues Leben« würde wieder viel Arbeit bekommen. Der Evangelist war schon im vergangenen Jahr mit auf der Reise gewesen. Er würde auch diesmal dabei sein und zuständig sein für die Vorträge zur Aufklärung über die Erscheinungsweisen von Spiritismus, Okkultismus und jetzt eben auch Schamanismus. Nun, der Bruder würde das aus dem Fundus seines Wissens und seiner Erfahrung mit Gottes Hilfe schon richten.

Ihre eigene Aufgabe wäre wieder die Unterstützung der Ausführungen durch Zeugnisse vom Handeln Gottes im eigenen Leben und an Menschen ihres Umfeldes und wohl auch die Seelsorge, die im Anschluss an die Versammlungen sicherlich sehr umfangreich und intensiv wahrzunehmen war. Wladimir wollte und würde als organisierender und begleitender Reiseleiter selbstverständlich als Übersetzer und ebenso als Verkündiger des Evangeliums dabei sein.

Zu übersetzen wären übrigens zwei weitere Brüder. Rudi Pieper, Leiter der Zigeunermission in Hamburg, also quasi aktiver Kollege der Ruheständlerin Gertrud Wehl, und Kako, selbst ein Sinto, würden sich für ein paar Tage in Samara der Gruppe anschließen. Es war nämlich auch vorgesehen, unter russischen Roma zu evangelisieren. Wenn es denn funktionierte und die Leute sich einladen ließen. Die beiden Brüder würden die folgende Reise aber nicht weiter mitmachen, sondern nach getaner Arbeit in Samara wieder nach Hamburg zurückfliegen.

Über eins war sich Schwester Gertrud beim Nachdenken über die kommende Reise heute schon klar: Es würde dringend nötig sein, dieses Vorhaben besonders in das Bewusstsein von Beterinnen und Betern in den Freundeskreisen und darüber hinaus zu rücken. Die Leute Gottes brauchten für ihre Dienste an diesen Orten besonderen Gebetsschutz. Je dichter an den Zentren des Teufels, um so gefährdeter und angefochtener waren sie als Christen und in ihrem Dienst. Eine alte Erfahrung aus der Geschichte der Gemeinde Jesu.

Schwester Gertrud schrieb einen Rundbrief, in dem sie auf den Reisetermin hinwies und der den Satz enthielt: »Diese drei Wochen werden eine sehr ausgefüllte Zeit sein, geistlich und körperlich anstrengend. Deswegen sind wir für allen Gebetsrückhalt in dieser Zeit sehr, sehr dankbar.« Sie war sich sicher, dass dieser Gebetsaufruf im Land gehört und befolgt wurde. Das anfängliche Erschrecken durfte sich also gerne wieder verflüchtigen.

In Moskau hielt sich die zunächst noch dreiköpfige Reisegruppe diesmal nicht lange auf, sondern flog bald weiter nach Samara an »Mütterchen Wolga«, Europas größten

Fluss. Welch ein imponierender Anblick beim Anflug auf den Airport, die riesige Wasserfläche des angestauten russischen Stroms, das Kraftwerk und die weitläufigen Industrie- und Hafenanlagen und Wohngebiete der Millionenstadt entlang dem Gewässer von oben zu sehen. Aus dem Flieger bekam man einen ganz anderen Eindruck von dieser Region als bei der Durchfahrt mit Bahn oder Auto.

Wie viele Menschen mochten dort unten leben in Angst und Verzweiflung, in Not und Entbehrung durch Arbeitslosigkeit oder Krankheit, in Abhängigkeiten von finsteren Mächten? Wie viele waren wirklich glücklich und zufrieden mit den Bedingungen ihres Lebens? Wie dicht mochten Glück und Elend nebeneinander wohnen? Wie hoch war wohl der Prozentsatz der Christen in dieser Stadt? Oder war der gar nur in Promille zu messen? Diese Gebietsmetropole und ihre kommunistisch verblendeten Menschen brauchten das Erbarmen Gottes dringend – ebenso dringend wie das ganze Land, zu dem sie gehörten.

Was konnte ihre Arbeit da eigentlich ausrichten?, ging es Schwester Gertrud durch den Sinn. Das waren doch wirklich nur Tropfen auf heiße Steine. Man konnte bei dem Gedanken verzagen und ans Aufgeben denken. Das mochte wirklich so sein, tröstete sie sich selbst, aber diese Tropfen waren doch wenigstens Tropfen aus Lebenswasser. Die hinterließen immer Spuren und verdunsteten nicht einfach ins Nichts wie normales Wasser. Also doch kein Verzagen! Schwester Gertrud faltete ihre Hände: »Herr Jesus, du bist da. Das ist gut zu wissen. Und du wirst unseren Einsatz segnen, so dass er Spuren hinterlässt. Danke, dass du es tust. Und dass Menschen Befreiung erfahren von den Mächten der Finsternis. Amen!«

Unten auf dem »Boden der Tatsachen« komplettierte sich die Gruppe wie geplant auf fünf Reisende in Sachen Evangelium. Fünf Tage waren sie dann gemeinsam unterwegs in der Bibelschule, in der Zentralgemeinde und in anderen Kreisen der Großstadt Samara.

Sie lernten dabei eine ganze Anzahl Bibelschüler kennen, denen sie Orientierung und Wegweisung weitergeben konnten. Sie lernten auch Wladimirs Bruder Viktor kennen und die Mutter der beiden. Diese freundliche alte Glaubensschwester lebte in ihren bescheidenen Verhältnissen eine erstaunliche Christuserwartung. Sie war richtig traurig darüber, dass sie von einer schweren Krankheit genesen war und nicht hatte heimgehen können, um ihrem Heiland für seine Erlösung am Kreuz zu danken. Dass sie wieder gesund geworden war, weil Gott sie offenbar als Lebende noch gebrauchen wollte, wie ihre Söhne und die Geschwister der Gemeinde ihr gesagt hatten, mochte sie gar nicht gerne hören, geschweige denn selbst glauben.

»Rechnen die Christen in Deutschland auch jeden Tag mit der Wiederkunft des Herrn Jesus?«, war eine ihrer vielen Fragen, die sie loswerden musste und die Schwester Gertrud und ihre deutschen Freunde sehr zum Nachdenken brachte. Beteten nicht viele Christen in der Heimat eher mit den Worten eines modernen Liedes: »Herr, komm doch wieder, nur nicht so bald«? Zumindest lautete der Text so ähnlich und die Gebete der meisten Leute auch. Warum eigentlich? Was hielt die Menschen auf dieser jammervollen Erde eigentlich so fest? Und sie selbst, Missionarin ohne Ruhestand? Und die Brüder? Im Gespräch über die Frage der *Babuschka* waren sie sich alle einig, dass sie ihre persönliche Haltung zur Frage der eigenen Naherwartung Jesu überdenken mussten.

Schwester Gertrud hatte schon in der Vorbereitung der Reise den Wunsch geäußert, den russischen Zigeunerbaron besuchen zu können, der seine Residenz in Samara hatte. Für den wäre es bestimmt interessant, einem deutschen Zigeuner zu begegnen. Und besonders Kako würde als Sinto sicher ein gutes Zeugnis vor dem mächtigen Mann aus dem Volk der Roma abgeben können. Vielleicht wären ja auch größere Zigeunertreffen möglich, in denen den Menschen das Evangelium gesagt werden könnte.

Der Baron gewährte tatsächlich die Audienz für die ausländischen Gäste. Zum vereinbarten Zeitpunkt trafen sie ihn in seinem Haus an, einem Palast, gegen den sich ein Einfamilienhaus deutscher Bauart wie eine Hundehütte ausmachte. Umgeben war der kleine, rundliche, dunkelhäutige Mann von mehreren Ältesten der russischen Zigeuner und einer zahlreichen Dienerschaft. Zum obligatorischen Gastmahl wurde aufgetragen, dass sich die Tischplatten bogen. Eine Schande angesichts der Not, die die Gäste bereits kennen gelernt hatten und die sicher in weiten Teilen der Arbeiterschaft auch dieser Stadt herrschte.

Nach dem opulenten Mahl ging es dann um das Woher, Wohin und Wozu der Gäste. Kako übernahm in der Hauptsache das Wort, von Wladimir Ryagusow übersetzt. Als der deutsche Sinto dem russischen Roma dann etwas von einem persönlichen Glauben an Jesus Christus erzählte und davon, dass Zigeuner-Christen in Deutschland nicht mehr lügen und betrügen, nicht mehr wahrsagen und Versöhnung statt Blutrache leben und die Kraft für ihre harte Arbeit um den notwendigen täglichen Unterhalt aus den Händen Gottes erbitten, da wurde es dem Mann anscheinend heiß und eng ums Herz. Er reagierte wie weiland Statthalter Felix im Gespräch mit dem Apostel Paulus. »Für diesmal geht! Zu gelegener Zeit will ich dich wieder rufen lassen« (Apostelgeschichte 24,25), hatte der Römer damals den ›geistlichen Angriff‹ des Apostels abgewehrt. Ob er jemals die Gelegenheit gesucht hatte, Paulus noch einmal zu hören, ist unbekannt. Ob der Russe noch einmal die Gelegenheit bekäme oder selbst suchen würde, blieb genauso offen. Jedenfalls hatten er und seine Roma-Kollegen Kakos gutes und offenes Zeugnis gehört, und sie mussten irgendwie damit umgehen.

Zu einem größeren Treffen mit Samaras Zigeunern kam es leider nicht. Der Baron hatte zu dieser Anfrage seine

Hände nicht gerührt. Ob er es je tun würde, durfte bezweifelt werden.

Der nächste Tag wurde dann zum Kontrastprogramm. Hier gab es doch wenigstens ein Roma-Minitreffen. Schwester Gertrud und ihre Begleiter besuchten den Zigeunerbruder Nikolai und seine Frau Tatjana. Die beiden lebten in einer Hütte, die beim besten Willen nicht mehr als Wohnhaus bezeichnet werden konnte. Einraumwohnung mit natürlicher Belüftung, armseligster Möblierung bei fehlender Heizung und ausreichend Sitzgelegenheit für die Gäste auf dem Fußboden. Die Armut und das Elend lugten aus allen Ecken und Winkeln des kargen Wohnraums. Nur nicht aus den Gesichtern seiner Bewohner. Die strahlten nämlich vor Freude über die Begegnung.

Vor einem Jahr hatten die beiden Roma ihr Leben in die Hände Gottes gelegt und Jesus als ihren Heiland angenommen. Seitdem konnten sie die offenkundigen Einschränkungen, Entbehrungen und Leiden ihres bescheidenen Alltags nach zwei Herzinfarkten des Mannes und einer bestehenden Krebskrankheit der Frau viel leichter tragen und ertragen. »Wir haben doch einen Herrn, der für uns sorgt. Warum sollen wir selber sorgen?«

Wenn sie gekonnt hätte, hätte Schwester Gertrud diese Szene gerne festgehalten, um sie zu Hause bei Gelegenheit vorzuführen in christlichen Häusern und Ehen, wo auf hohem Niveau über alles und jedes geklagt und gejammert wurde. Hier konnte sich deutsche Frömmigkeit und Hingabe mehr als eine Scheibe abschneiden.

Ein Vorbild nehmen konnte sich deutsches Glaubensleben auch daran, dass eine russische Frau in der Gemeinde auf die Missionarin zukam, ihr um den Hals fiel und mit strahlenden Augen drei Rosen überreichte. »Ich kann wieder laufen, Schwester Gertrud. Ich kann wieder zur Gemeinde kommen und Gottes Wort hören. Jetzt ist alles gut.« Dabei zeigte Tatjana Egorzewa auf ihre auf Hochglanz gebrachten orthopädischen Schuhe aus Deutschland. »Sind die nicht schön, Schwester Gertrud? Ich kann dir und deinen Freunden nicht genug dafür danken.«

»Danke dem Herrn Jesus, liebe Tatjana«, wehrte die Missionarin ab. »Er hat das alles möglich gemacht.«

Dann aber wandelte sich plötzlich die Freude im Gesicht der Frau schlagartig in Trauer, und sie begann zu weinen.

»Was ist mit dir, Tatjana?«, erkundigte sich Schwester Gertrud voll Anteilnahme.

Dann kam es heraus: »Helena braucht auch solche Schuhe. Ich kann jetzt gehen, und sie muss weiter zu Hause bleiben.«

»Das tut mir Leid, Kind. Ich habe nicht gewusst …«

»Konntest du ja auch nicht, Schwester Gertrud«, gab Tatjana mit Tränen in den Augen zu. »Ich hatte davon nichts gesagt. Ich hatte nur an mich gedacht. Meine alten Schuhe hatten Helena auch gepasst, aber meine neuen Schuhe passen ihr nicht.« Die gute Frau war völlig zerknirscht.

»Beruhige dich, Tatjana«, tröstete die Missionarin und strich ihr über die Haare. »Ich verspreche dir, dass deine Schwester auch versorgt wird. Es wird einen Weg geben. Gott wird ihn zeigen.«

»Ist Gott mir jetzt böse für meinen Egoismus?«

»Wenn er es wäre, hätte er deine Tränen schon als Zeichen der Reue und der Buße verstanden. Gott ist groß. Er vergibt auch deinen Egoismus. Und jetzt freu dich wieder. Oder ist deine Schwester dir böse?«

»Nein, sie ist nur traurig, und sie weint oft, wenn ich in die Gemeinde gehe oder sonst wohin.«

»Dann braucht sie nur noch etwas Geduld und freut sich eben später über neue Schuhe. Der Herr Jesus wird es möglich machen.«

Der Herr Jesus machte es auch möglich, dass die jetzt wieder auf drei Personen geschrumpfte Reisegruppe am 27. Mai pünktlich und sicher im südostsibirischen Irkutsk landete, in der Stadt, die einmal das »Zentrum der Verschickten« war.

So hatte man die ungezählten Zwangskolonisten und Sträflinge, die politisch Missliebigen und Kriminellen vornehm
bezeichnet, die seit Jahrhunderten in diese Wildnis verbannt
worden waren und die diese an Bodenschätzen reiche
Gegend kultiviert und zivilisiert hatten.

Schade, dass die Sicht nach unten durch eine dichte
Wolkenschicht verdeckt war. Einfach schade. Hier im Tal der
Angara sollte es sehr schön sein. Vielleicht waren die
Wolken ja beim Abflug vom Himmel gefegt, war der ge-
heime Wunsch von Schwester Gertrud. Sie sah gerne auch
etwas von der Landschaft, in der sie sich gerade aufhielt.
Unten, durch die Autoscheiben, war der Blick immer sehr
begrenzt und auch zumeist auf die Straße gerichtet oder auf
das, was sich Straße nannte.

Der Leiter der Bibelschule von Irkutsk holte die Gäste am
Flughafen ab und brachte sie in ihr Quartier. Noch am selben Tag hielt Willi Buchwald vor Studenten und Leuten der
Gemeinde einen Vortrag über Fragen des Okkultismus. Dem
schlossen sich ernste Seelsorgegespräche an, die sich über
den ganzen nächsten Tag hinzogen und in die auch
Schwester Gertrud einbezogen war.

Im Auto ging es später weiter nach Angarsk, einem
Chemie-Standort und einer Militärstadt. Hier gab es bis vor
kurzem noch gar keine Gemeinde. Seit Bibelschüler aus
Irkutsk hier immer wieder missionierten, gab es bereits drei.
Zum gemeinsamen Gottesdienst kamen etwa 200 Leute.
Und auch hier schloss sich stundenlange Seelsorge an, so
dass das Abendessen endlich nach Mitternacht eingenom-
men werden konnte. Das war eigentlich gar nicht gut so
kurz vor dem Schlafengehen. Der Magen war dann doch
sehr belastet, was für eine erholsame Nachtruhe nicht
unbedingt förderlich war. Aber die russische Gastfreundschaft durfte nicht enttäuscht werden.

Nach einer wiederum kurzen Nacht ging die Reise weiter
nach Tscheremchowo, einer vom Kohlebergbau geprägten

Stadt, schwarz und rußig, in der sehr viele Zigeuner lebten. Nur ob dieses Gemeinwesen wirklich als Stadt bezeichnet werden konnte? Nun ja, im Inneren schon, aber in den Außenbereichen gab es nur armselige Holzhäuser, unvorstellbar schlechte und dreckige Straßen ohne Kanalisation, dafür Wasserbrunnen im Freien für die Allgemeinheit. Dagegen lebten die Kumpel und Stahlarbeiter in den schlichtesten Bergbausiedlungen des Ruhrgebiets wie im Paradies.

Die miserablen Straßen forderten bald ihren Tribut. Zum Glück gab es in dieser Stadt so etwas wie eine Tankstelle mit Reifenhandel. Der mit fünf Personen besetzte und überladene uralte Moskwitsch brauchte unbedingt neue Reifen, wollte die Reisegruppe in den nächsten Tagen auch noch unterwegs sein, um andere Orte und Gemeinden aufzusuchen. Er bekam sie, finanziert aus dem Notfonds, von Freunden in der Heimat angelegt, den die deutschen Geschwister auch auf dieser Reise bei sich hatten.

Für die Christen hier in Tscheremchowo wurde der Besuch der Gäste zum großen Fest. Noch nie zuvor hatten sie ausländischen Besuch gehabt. Und jetzt kamen gleich zwei Menschen aus dem fernen Deutschland, die gar nicht mehr so jung waren. Aber die waren Diener Gottes. Das war wichtig.

Mit großer Freude und Begeisterung sang die nicht sehr große, dafür aber internationale Gemeinde die deutsch-russische Version des alten Kinder- und Jugendliedes:

Lass die Herzen immer fröhlich und mit Dank erfüllet sein.
Denn der Vater in dem Himmel nennt uns seine Kinderlein.
Immer fröhlich, immer fröhlich, wenn auch mal kein
Sonnenschein.
Voller Schönheit ist der Weg des Lebens. Fröhlich lasst uns
immer sein!

Drei Stunden dauerte der Gottesdienst im schlichten Raum auf schmalen Bänken, die den Rücken schon bald schmerzen ließen. Willi Buchwald predigte, Schwester Gertrud gab Zeugnis und Wladimir Ryagusow übersetzte und predigte selbst auch. Zwischen den einzelnen Programmteilen wurde gesungen. Und wie gesungen wurde! Nicht unbedingt schön, aber aus vollen und frohen Herzen. Einfach ergreifend. Zum Schluss noch einmal das Eingangslied. Es war schon sehr bewegend, diese offenkundig materiell sehr armen Menschen und doch wohl so reichen Christen ihr Bekenntnis singen zu hören:

Gott führt uns an Vaterhänden, schützet uns in Kampf und Streit.
Seine Gnade ists, die täglich Kraft und Stärke uns verleiht.
Immer fröhlich! Immer fröhlich, wenn auch mal kein Sonnenschein.
Voller Schönheit ist der Weg des Lebens! Fröhlich lasst uns immer sein!

Wieder bewegte Schwester Gertrud der innere Wunsch, diesen Gottesdienst zu konservieren, um Geschwister in Deutschland daran teilnehmen zu lassen. In deutschen Gemeinden durfte doch über alles gepredigt werden, nur nicht über 20 Minuten, wenns hoch kam 30 Minuten. Und im Musikbereich musste Begleitung und Gesang immer in der Nähe der Schallplattenreife sein. Hier kamen Aufnehmen und Wiedergeben einfach aus den Herzen. Da spielten Zeit und Qualität absolut untergeordnete Rollen.

Armes Deutschland, arme Christen, hier könntet ihr lernen, ging es der Missionarin durch den Kopf. Willi Buchwald ging es ähnlich. Auch er war fasziniert von dieser Art, Gottesdienst zu feiern und zu erleben.

Von Tscheremchowo ging es dann zunächst wieder zurück nach Irkutsk, ins Zentrum Südostsibiriens. Für eine Rundfahrt durch die bald 350 Jahre alte Stadt war zwar nicht viel Zeit, aber die Gäste konnten sich doch einen kleinen Eindruck verschaffen vom historischen Stadtkern mit seinen alten Holzhäusern und Villen und der Neustadt als modernem Verwaltungs-, Handels-, Industrie- und Kulturzentrum. Eine durchaus ansehnliche Stadt rechts der Angara. Man durfte sie nur nicht mit Stuttgart oder Dortmund oder einer anderen deutschen Stadt ähnlicher Größe vergleichen. Hier war alles sehr viel schlichter und weniger ansehnlich. Eben Russland und tiefes Sibirien.

Dann ging es bald weiter ins Zentrum des Schamanismus, ins mehr als 400 km entfernte Ulan-Ude und in andere Orte Burjatiens, östlich des Baikalsees. Konstantin Galejko, der Direktor der Irkutsker Bibelschule, fuhr seine Gäste im alten Auto auf neuen Reifen hinüber.

Nach etwa 70 km Fahrt war sie dann erreicht und lag in herrlichem Sonnenschein: die »Perle Sibiriens«, für die Menschen der Gegend das als göttlich verehrte »Heilige Meer«. Welch erhebender Anblick, dieser im hellen Sonnenlicht glitzernde See, eingebettet in hohe Saumgebirge mit reich bewaldeten Hängen, die in allen möglichen Grüntönen leuchteten!

Nachdem die vier Reisenden in Sachen Frohe Botschaft in ihrem Moskwitsch schon eine ganze Weile am Ufer des Sees entlang der Trasse der Transsibirischen Eisenbahn unterwegs waren, lenkte der Fahrer seinen Wagen in der Nähe der Siedlung Tachnoj auf einen Parkplatz direkt am Wasser und hielt an. Eine Viertelstunde Schauen musste möglich sein. Die Füße vertreten nach bereits mehr als drei Stunden Fahrt tat auch gut.

Einige Minuten standen die vier Menschen schweigend und einfach den Blick genießend am Ufer. Schwester Gertrud brach das Schweigen. »Ist das schön hier!«, schwärmte sie und fragte dann: »Was sieht man dort hinten schwimmen? Das sind doch keine Schiffe?« Sie zeigte auf mehrere merkwürdige Gegenstände, die weit im Hintergrund zu sehen waren.

Konstantin konnte die Frage beantworten. »Was ihr dort auf dem Wasser seht, sind Eisschollen, die manchmal im Juli noch vom Nordostwind hierher getrieben werden. Im hinteren Teil des Sees hält sich das Eis sehr lange. Was ihr über dem Wasser seht, ist eine Nebelbank. Ich vermute sie etwa 15 km entfernt. Das kommt oft vor bei großen Temperaturunterschieden zwischen oben und unten, dass bei strahlender Sonne sich plötzlich solche Nebelschichten bilden. Zuweilen gibt es hier auch merkwürdige Luftspiegelungen. Und manchmal gibt es fürchterliche Stürme, wenn der Wind von den hohen Bergen mit großer Wucht auf den See herunterstürzt.«

»Aber das passiert doch nicht heute?«

»Nein, nicht bei der augenblicklichen Wetterlage. Die muss sich erst ändern. Was natürlich innerhalb weniger Stunden möglich sein kann.«

»Und was ist das dort drüben auf der Sandbank?«, fragte Willi Buchwald.

»Das sind unsere Haustiere«, lachte der russische Bruder. »Baikalrobben, die sich in der Mittagssonne räkeln. Wie die hierher gekommen sind, weiß bis heute kein Mensch.«

»Die wird der Schöpfer hier angesiedelt haben. Aus dem Nordmeer können sie wohl kaum bis hierher geschwommen sein.«

»Muss schon so sein«, kommentierte Wladimir. »Robben gehören ja eigentlich ins Salzwasser. Das müssen hier Süßwasserrobben sein.«

»Sind es sicher, eine Besonderheit der Schöpfung. In diesem See gibt es aber auch noch eine andere Besonderheit«, erweiterte Konstantin die Information. »Hier gibt es den Golomianka. Und den gibt es nirgends sonst auf der Welt, nur in diesem See.«

»Golo… wie auch immer. Was ist das denn für ein Tier? Etwa so ein Ungeheuer wie das im schottischen Loch Ness?« Schwester Gertrud vermochte den Namen so schnell gar nicht zu wiederholen. Momente später wusste sie, was ein Golomianka ist.

»Golomianka! Ein Golomianka ist kein Ungeheuer mit mehreren Köpfen und peitschendem Schwanz, sondern ein seltsamer Fisch. Der ist wie aus Glas. Man kann fast durch ihn hindurchschauen. Und dann legt der keinen Rogen, also keine Eier, sondern bringt seine Jungen lebend zur Welt.« Wundersame Schöpfung!

An dieser Stelle der Erklärung wurden die vier Menschen am Ufer des Sees abgelenkt durch das näher kommende und lauter werdende Geräusch eines Zuges der »Transsib«, deren Trasse hier etwas entfernt jenseits der Straße am Hang entlangführte.

»Wie viele Menschen haben beim Bau dieser 9.300 Kilometer langen Bahntrasse zwischen Moskau und Wladiwostok wohl ihr Leben gelassen?«, sinnierte Schwester Gertrud, während sie den Leuten an den Fenstern der vielen Wagen des vorbeistampfenden langen lindwurmartigen Zuges zuwinkte. Die schienen das aber gar nicht wahrzunehmen, denn niemand winkte zurück.

»Die hat wohl niemand gezählt, Schwester Gertrud, das waren sicher viele, viele Tausende«, gab Willi Buchwald zurück.

»Die meisten Bauleute waren Verbannte und Strafgefangene. Deren Leben galt doch sowieso nichts. Da kam es auf einen gar nicht an. Die Gräber entlang der Strecke hat noch niemand gezählt und sie sind auch nirgendwo registriert«, ergänzte Wladimir.

»Früher hatten die Züge übrigens Casinowagen, in denen man viel Geld gewinnen konnte«, berichtete Konstantin.

»Du meinst verlieren, lieber Bruder«, unterbrach sein russischer Landsmann.

»Wahrscheinlich hast du Recht«, bestätigte der Irkutsker Bibelschuldirektor. »Deshalb wurden die Wagen wohl auch abgekoppelt.«

»Die ›Russisch-Bäder-Wagen‹ und die ›Zigeunerwagen‹ wurden auch abgehängt.«

»Also nichts mehr mit rollendem Badevergnügen und heißen Tanzfesten?«, fragte Willi Buchwald.

»Nichts mehr, Bruder. Dazu müsste man die Aufenthaltszeiten auf den Bahnhöfen nutzen. Aber die reichen meist nur zum Einkaufen.«

»Zum Einkaufen? Gibt es da etwa Kaufhäuser an der Strecke?«, wunderte sich Schwester Gertrud.

»Das nicht. Aber der ambulante Handel an den Stationen blüht. Das ist auch gut so. Da verdienen sich manches Mütterchen und mancher Familienvater ihren Lebensunterhalt.«

»Es sei ihnen wirklich von Herzen gegönnt«, bestätigte die Missionarin und fragte nach dem ›Kirchenwagen‹, von dem sie einmal gelesen hatte.

»Der wurde leider auch abgehängt«, informierte sie Wladimir. »Popen im Dienst reisen nicht mehr, und Glöckchen werden nicht mehr geläutet, seit wir keine Zaren mehr haben, die ab und zu durchs Land reisen. Und die heutigen Staatsführer brauchen zwar die orthodoxe Kirche. Aber sie brauchen Gott nicht.«

»Aber es reisen doch Tausende von Menschen. Mit einem ›Kirchenwagen‹ am Zug könnte man denen doch auf den langen Fahrten das Evangelium anbieten.«

»Das wäre eine tolle Möglichkeit, Schwester Gertrud. Man müsste darüber nachdenken, wie eine solche Idee umsetzbar wäre.«

»Das könnt ihr ja im Auto machen. Wir müssen uns jetzt nämlich von diesem schönen Fleck Erde losreißen, meine Freunde. Da warten andere Leute darauf, dass wir ihnen das Evangelium bringen. Bitte einsteigen zur Weiterfahrt nach Ulan-Ude.«

Konstantin Galejko drängte jetzt ein wenig. Die Reisenden hatten bis zu ihrem Zielort nämlich noch fast 200 km vor sich. Das entsprach wenigstens vier Stunden Fahrt.

Wenn es die nur gewesen wären! Es wurden viel mehr, und es wurde Abend, bis die vier ihr Ziel in Ulan-Ude oder auch Burjatija erreicht hatten. Einmal war es der Keilriemen der Kühlanlage, der zerfetzte und dadurch Probleme machte. Zum Glück hatte der Fahrer ein solches Ding bei sich, so dass der Schaden behoben werden konnte. Dann streikte die Zündung des Moskwitsch, die durch Reinigung der Kerzen wieder auf Vordermann gebracht werden musste. Vor Kabansk war es ein Nagel, der den ersten Plattfuß verursachte. Der Reifen war schnell gewechselt. Beim zweiten Plattfuß war dann allerdings kein Reifen zum Wechseln mehr da. Hier musste die Werkstatt helfen, die es in Kabansk zum Glück gab. Dann war es schließlich ein so genannter Beinah-Unfall, der an den Straßenrand zum Durchatmen zwang.

»Die Schamanen«, begründete Konstantin Galejko die Pannenserie. »Sie mögen es nicht, wenn Leute Gottes in ihr Gebiet eindringen.«

»Haben die denn eine so starke Macht?«

»Sie haben, liebe Schwester. Und sie sind unberechenbar. Möchtet ihr ein Beispiel hören?«

»Bitte!«, kam es fast gleichzeitig aus mehreren Mündern.

»Also«, begann der Bruder aus Irkutsk zu erzählen, »im vorigen Jahr hat es den ganzen Sommer über nicht geregnet. Die Hitze war unerträglich und es gab eine große Anzahl von Waldbränden. Die vielen Feuer konnte man schließlich nicht mehr bekämpfen. Die Feuerwehren wussten sich bald keinen Rat mehr. Und die Behörden noch weniger.«

»Und dann sind die zu einem Schamanen gerannt?«, unterbrach Schwester Gertrud.

»Genau so war es, ganz offiziell«, bestätigte der Erzähler. »Der Oberschamane wusste die Lösung.«

»Was hat er gemacht?«

»Er ließ sich eine Kiste mit 20 Litern Schnaps bringen, trank erst einmal selbst eine Flasche aus und schüttete dann den Rest auf die Erde. Die Geister bekamen also reichlich Alkohol und wurden dadurch besänftigt. Und sie wurden barmherzig. Denn nach dem Gebet des Schamanen vor dem ›Großen Buddha‹ begann es tatsächlich zu regnen. Es regnete gleich so stark, dass die meisten Feuer in den Wäldern von allein verlöschten. Solche Macht haben die

Schamanen. Wir müssen da schon auf der Hut sein. Das steht doch schon im Petrusbrief.«

»Euer Widersacher, der Teufel, geht umher wie ein brüllender Löwe und sucht, welchen er verschlinge« (1. Petrus 5,8), zitierte die bibelkundige Missionarin.

Willi Buchwald ergänzte: »Dem widerstehet, fest im Glauben!«

»Das werden wir, ihr Brüder«, versicherte Schwester Gertrud mit großem Nachdruck, »wobei wir wohl sehr aufmerksam sein müssen, denn der Teufel verstellt sich gerne als Engel des Lichts« (2. Korinther 11,14).

»Und ›seine Diener verstellen sich als Diener der Gerechtigkeit‹, sagt Paulus«, fügte diesmal Wladimir an.

»Aber: ›Deren Ende wird sein nach ihren Werken.‹ Und das ist sehr tröstlich und verheißungsvoll«, beendete Schwester Gertrud dieses Gespräch.

In den nächsten Tagen besuchten die vier Missionsleute im Schnelldurchgang ein ethnologisches Museum, um sich ein wenig über Land und Leute zu orientieren. In einem der Häuser, einer Art buddhistischem Tempel, in dem sich auch eine Gebetsstätte befand, kam Schwester Gertrud mit einer Schamanin ins Gespräch. Die Frau konnte tatsächlich Englisch. Zugegeben, der Missionarin war dabei nicht sehr wohl in ihrer Haut. Sie spürte deutlich den Widerstand, der von der Frau ausging. Dennoch bekam sie den Mut, der Geisterbeschwörerin auf ihren mit großer Überzeugung geäußerten Satz »Hier regiert Buddha!« zu antworten: »Aber Jesus ist stärker. Jesus ist größer als alles. Auch größer als Buddha!« Damit war das Gespräch dann allerdings sofort zu Ende, wobei die umgehende Verabschiedung der Frau dennoch erstaunlich freundlich war. Gott konnte schenken, dass das kurze Zeugnis über die Größe Jesu die Schamanin irgendwie beschäftigte und nicht mehr losließ.

Das Hauptinteresse des Missionsteams in den wenigen Tagen in der Industriestadt Ulan-Ude galt natürlich den vielen kleinen Gemeinden und Kreisen in der burjatischen

Hauptstadt und in den Dörfern und Siedlungen der gebirgigen Umgebung. Bei jedem Besuch, in jedem Gottesdienst, bei jeder Begegnung ging es um das Thema »Schamanismus« und um Fragen von Gebundenheiten als Folgen der teuflischen Aktivitäten der Geisterbeschwörer und Zauberpriester. Viele von ihnen waren aggressive und militante Buddhisten, die den Gläubigen sehr zusetzten und sie zuweilen regelrecht offen bekämpften.

Manche Christen dieser Region, alte und junge, gehörten zu den 95 Prozent der Menschen, die irgendwie mit dieser Religion in Verbindung standen. Und viele waren mehr oder weniger unwissend bereits Opfer irgendeines Schamanen geworden. Die Folgen bei den Leuten, die doch Christus anhängen wollten, waren tiefe Zweifel, große Glaubensunsicherheiten, quälende Depressionen, in manchen Fällen sogar richtige körperliche Krankheiten mit Kopfschmerzen, Gliederschmerzen, Schlaflosigkeit, mit Symptomen, gegen die dann kein Kraut gewachsen und kein Medikament zu kaufen war.

Wie nötig war hier eine intensive Aufklärung, die Willi Buchwald in feiner und doch deutlicher und fundierter Weise zu geben wusste. Wie gut taten auch die Zeugnisse von Schwester Gertrud, die wie immer beispielhaft von Menschen berichtete, die durch die Kraft des Blutes Christi von ihren bösen Belastungen und Verstrickungen frei geworden waren.

Die anschließenden Seelsorgegespräche waren oft schwierig und in vielen Fällen langwierig. Aber sie lohnten sich. Viele Menschen, die in die Aussprache kamen, fanden erst jetzt richtig zum Glauben, wurden frei von Abhängigkeiten und von Fesseln, die ihnen die Schamanen mit ihren Praktiken angelegt hatten. Was machte es, wenn Gesprächswillige zuweilen Stunden warten mussten, bis sie endlich an die Reihe kamen. Die Leute nahmen sich Zeit und hatten Geduld. Nachher weinten viele von ihnen Tränen der Erleichterung, der Befreiung und der Freude.

Die vier Seelsorger gerieten in diesen Tagen allerdings

mehr und mehr an die Grenzen des Leistbaren. Der Druck der besonderen Situation war deutlich zu spüren. Die Nächte als Zeiten der Erholung wurden immer kürzer. Die Kräfte nahmen deutlich ab. Viel Gebet war nötig. Dennoch machten sie alle die Erfahrung, die die Älteste von ihnen – Schwester Gertrud war immerhin inzwischen 77 Jahre alt – mit drei Versen aus Psalm 84 auf den Punkt brachte:

»Wohl den Menschen, die dich für ihre Stärke halten und von Herzen dir nachwandeln! Wenn sie durchs dürre Tal ziehen, wird es ihnen zum Quellgrund, und Frühregen hüllt es in Segen. Sie gehen von einer Kraft zur andern und schauen den wahren Gott in Zion« (Psalm 84,6-8).

So hatten es die vier erlebt. Gott hatte sich gerade hier im Lande der Schamanen als der Starke und Mächtige erwiesen. Die Kraft reichte sogar, auf der Rückfahrt nach Irkutsk die Strecke entlang dem Baikalsee doch wieder zu genießen und die Bilder dieser herrlichen Landschaft noch einmal aufzunehmen und innerlich für eine gewisse Zeit zu konservieren. Ausgeruht wurde später nach der Verabschiedung von Direktor Konstantin Galejko im Flugzeug zurück nach Moskau. Und Erholung gab es noch später zu Hause in Hamburg und im Westerwald. Ob Wladimir Ryagusow in Moskau Zeit bekäme, sich ein wenig zu erholen, durfte bezweifelt werden. Wer weiß, was sich für den Bruder in seinem Institut alles an Arbeit angesammelt hatte. Aber der Mann war ja noch jung und so schnell nicht mürbe zu machen und kleinzukriegen.

Bis nach Hamburg hatte die rüstige und wendige Seniorin die Sibirienreise ja nun gut überstanden – Willi Buchwald war von Moskau aus gleich nach Frankfurt geflogen –, aber hier in der Halle des Flughafengebäudes in Fuhlsbüttel musste sie ihr Gepäck doch aus den Händen geben und sich ans Herz fassen. Das war doch nicht möglich, was ihr da vor Augen und Ohren kam! Das war beinahe zu viel für ihr 77-jähriges Herz. Da stand doch tatsächlich ein großer

Haufen ihrer geliebten Sinti-Frauen als Empfangskomitee mit Bündeln schönster Blumen in den Händen und stimmte vor allen Menschen ein frohes Loblied an.

Lobe den Herrn, meine Seele, und seinen heiligen Namen.
Was er dir Gutes getan hat, Seele, vergiss es nicht. Amen.
Lobe! Lobe den Herrn! Lobe den Herrn, meine Seele!
Lobe! Lobe den Herrn! Lobe den Herrn, meine Seele!

War das lieb! War das bewegend! Ihre Sinti-Frauen holten sich ihre »Tante Gertrud« höchstpersönlich am Flugzeug ab. Einfach herrlich! Wurde das ein Umarmen und Grüßen und Fragen und Erzählen. Lobe den Herrn, meine Seele!

Zu Hause hatte Schwester Gertrud noch lange diesen schönen Chorus im Ohr. Die herrlichen Bilder der Landschaften der Baikalregion kamen ihr beim Lesen und Schauen in einem Bildband über »Länder und Völker Osteuropas«, den sie sich für eben diese Erinnerung kaufte, wieder vor die Augen. Und mit ihnen die Erinnerungen an eine aufregende, erlebnisreiche, bewahrte, reich gesegnete und wunderbar fröhlich beendete Reise.

Damit die Missionsfreunde im Land Anteil nehmen konnten und auch den Dank für die betende Begleitung erfuhren, gab es dann bald den üblichen Rundbrief. Er enthielt neben den besonderen Eindrücken über die Missionsfahrt ein Zitat von Wladimir Ryagusow: »Wir sind sehr dankbar, dass durch den Dienst Willi Buchwalds und Schwester Gertruds viele Verkündiger Anregungen für ihre Aufgaben in Predigt und Seelsorge erhalten konnten. Wir wollen die Verbindung mit ihnen aufrechterhalten und laden sie auch in Zukunft zur Mitarbeit dringend ein.«

Dabei hatte Schwester Gertrud die Einladung schon längst angenommen, freilich unter dem Vorbehalt nach Jakobus 4,15: »So der Herr will und wir leben ...« Wer wusste denn heute, was Gott bis zum vereinbarten neuen Reisetermin mit ihr vorhatte?

Ein Jahr würde die Pause für die Missionarin dauern, bis es wieder nach Moskau ginge und von dort aus in neue Regionen, zu neuen Zielen, zu anderen Menschen, denen die Botschaft von der Größe Gottes gebracht werden sollte. Und ein Jahr war lang.

Ans »Ende der Erde«

Schwester Gertrud hielt wieder einmal einen Brief des russischen Freundes und Bruders Wladimir Ryagusow in der Hand. Unter anderem las sie: »Wir warten dringend auf euch. Die Türen sind noch offen. Wir müssen jeden Tag nutzen, um die kostbaren Seelen für den Himmel zu gewinnen. Viele durstige Seelen verlangen nach Gottes Wort. Ihr werdet auch große Dunkelheit und Armut im Norden sehen.«

Im Norden? Am Nachmittag wälzte die Missionarin mal wieder das Lexikon, um einige Stichworte aus dem Brief des Bruders nachzuschlagen. Ein bisschen wollte sie schon Bescheid wissen, ehe sie die nächste große Reise antrat. Bisher sah es ja so aus, als würde Gott seinen Segen zu dieser Unternehmung geben. Also ran an die Vorbereitung.

»Ob« – das war zwar eine Konjunktion in der deutschen Sprache. Aber hier war das wohl etwas anderes. Richtig, das war einer der großen Ströme Russlands jenseits des Ural.

»**Ob**, der, Hauptstrom W-Sibiriens, Russland, entspringt im Altai, mit Irtysch 5400 km lang, mündet in die Karasee.«

Nenzen? Zu diesem Stichwort versagte ihr Lexikon. Evenken? Auch dazu Fehlanzeige. Chanten? Wieder Fehlanzeige. Nach dem, was der russische Bruder geschrieben hatte, waren das Namen von kleinen Volksgruppen, die im Norden Sibiriens lebten. Anscheinend vergessene Völker, wenn nicht einmal eine Notiz in einem eigentlich renommierten Handlexikon zu finden war und sie offenbar keiner

Erwähnung wert waren. Umso wichtiger war es wohl, dass sich Christen um diese Leute kümmerten.

Salechard. Das musste ja wohl ein kleines Nest sein, wenn der Ort im Lexikon auch nicht erwähnt war. Dabei war Salechard eine der wenigen russischen Städte, die nördlich des Polarkreises in ihrem Atlas eingetragen waren. Also musste diese Stadt schon Bedeutung haben. Und in der Nähe des Ortsnamens und -zeichens fand sich auch der Name »Nenzen«, und das gleich in verschiedenen Regionen westlich und östlich des Ural. Das Wort »Chanten« fand sie im mittleren Bereich Westsibiriens auch. Also konnte es doch von diesen Völkern so wenige Menschen nicht geben.

Noch ein Versuch zur Information aus dem schlauen Buch. Stichwort Jamal. Im Atlas hatte Schwester Gertrud den Namen schon oberhalb von Salechard gefunden. Die Auskunft im Lexikon bestand aus einem Dreizeiler:

»**Jamal**, Halbinsel im N Westsibiriens, Russland, 122.000 km²; Erdgasgewinnung (Erdgasleitung nach Mittel- und Westeuropa).«

In diese Region sollte es also in der zweiten Maihälfte gehen, wie gehabt mit dem eingespielten Dreierteam Willi Buchwald, Wladimir Ryagusow und Schwester Gertrud Wehl. »Denn man tau, gute Frau«, sagte die Missionsseniorin zu sich selbst. Mit Gottes Hilfe war die Aufgabe auch mit 78 noch zu lösen. Und sie freute sich darauf. Sie würde zum Beispiel Wladimir Schitow wieder begegnen, dem bärenhaften Missionar mit der Schuhgröße Elbkahn, der in seiner Gegend wie eine brennende Fackel sein sollte. Auf Daniel Slobodenko war sie gespannt. Von dem hatte Wladimir schon ein paar Mal geschrieben. Das musste ein besonderer Mensch sein. Den würde sie allerdings in Ucholowo kennen lernen, das im Rjasanskaja-Gebiet südlich von Moskau lag. Dort sollte es zunächst hingehen und später nach Elektrostalj, einer Stadt östlich von Moskau. Danach sollte die Arbeit hinter dem Ural fortgesetzt werden.

Gut, die Reiseroute hatte Wladimir festgelegt, und auch das Programm hatte er gemacht, sicher unter Gebet und genauer Überlegung. Sie, die Zeugin ihres Herrn, wollte auch diesmal wieder gerne alles mitmachen, hatte Gott ihr doch ein besonderes Wort aus dem Propheten Jesaja für den Einsatz gegeben: »Ich habe mein Wort in deinen Mund gelegt und habe dich unter dem Schatten meiner Hände geborgen« (Jesaja 51,16). Das machte Mut und gab Zuversicht, dass auch diesmal die Reise gelingen würde.

Schwester Gertruds Missionseinsatz begann auch diesmal schon wieder im Flugzeug. Mit der Aeroflot flogen in der Regel hauptsächlich Russen. In diesem Flieger sicher auch. Als die Flughöhe erreicht war und die Gurte gelöst werden konnten, machte sie einen Rundgang durch die Maschine und überreichte den Mitgliedern der Crew das Buch »Jesus, unser Schicksal«. Den Passagieren gab sie ein gutes Traktat und das Mini-Büchlein mit den »goldenen Worten« der Bibel.

In der ersten Klasse traf sie auf eine vornehme Erscheinung im dunklen Anzug, anscheinend ein erfolgreicher Geschäftsmann, der damit beschäftigt war, seine Dollar zu zählen. Von denen besaß er offenbar eine ganze Menge. Was mochte das für ein Mann sein? Ein Mafioso? Ein ehrlicher Makler? Egal, auch ihm galt die Liebe Gottes. Also auch diesen Herrn angesprochen.

Das Traktat der Missionarin lehnte der Mann zunächst einmal ab. Er tat das in deutscher Sprache. Deshalb gab die Missionarin auch nicht gleich auf und kam dann doch mit dem Mann in ein langes Gespräch. Dazu nahm sie einfach auf dem leeren Sitz neben ihm Platz. Im Verlauf des weiteren Fluges wurde der vornehme Russe, der eigentlich nicht Kaufmann war, sondern verhinderter Wissenschaftler, immer stiller, und er hörte immer aufmerksamer zu. Ehe Schwester Gertrud dann doch auf ihren Platz zurückkehren musste, fragte sie ihn, ob es ihm vielleicht recht sei, dass sie ein Gebet spräche. Zur Freude der Missionarin lehnte er nicht ab. Im Gegenteil, er war sehr bewegt dabei und bedankte sich nachher wortreich und mit einem angedeuteten Handkuss, wobei er die Tränen in seinen Augen nicht verbergen konnte. Gott konnte es schenken, dass sein Flug Hamburg – Moskau für ihn Ewigkeitswert bekäme.

Auf dem Moskauer Flughafen Sheremetyewo wartete Wladimir Ryagusow mit seinem Sohn Michael. Willi Buchwald würde auch gleich einfliegen. Er kam wieder direkt aus Frankfurt. So begegneten sich die drei Mitglieder des eingespielten Teams schon in der Halle des Abfertigungsgebäudes. Gemeinsam fuhren sie dann in die Stadt, um mit ihrer Arbeit möglichst bald zu beginnen.

Zunächst geschah das wieder hier im Moskauer Bibelinstitut. Der deutsche Evangelist hielt wie gehabt Vorträge zur Information und Zurüstung der angehenden Prediger und Pastoren. Die Thematik war unverändert: Aufklärung über praktizierten Okkultismus, Anleitung zur Seelsorge mit belasteten und geschädigten Menschen. Der Referent informierte fundiert über Praktiken wie Pendeln und Hypnose, über Heilmagnetismus und Steinmagie, über Telepathie und Parapsychologie und über andere Formen des modernen Heidentums und des gerade auch in Russland weit verbreiteten Aberglaubens.

Die Studenten sogen die Ausführungen des Bruders auf wie ausgehungerte und ausgetrocknete Wölfe. Solche Informationen bekamen sie ja auch nicht jeden Tag. Den russischen Dozenten des Bibelseminars fehlten diese Informationen und Handreichungen doch weitgehend selbst. Ihnen ging es auch eher darum, ihren Männern die biblischen Grundlagen für ihre Arbeit zu vermitteln. Der Dienst von Willi Buchwald hatte für sie unschätzbaren Wert, was Lehrer und Schüler immer wieder deutlich machten.

Wie auch bereits praktiziert, unterstützte Schwester Gertrud durch Beispiele und Erfahrungen aus ihrer nunmehr 45-jährigen Arbeit unter den Sinti. Wie viele von den Männern und Frauen dieses Volkes durch den Glauben an Jesus Christus von okkulten Bindungen und aus der Knechtschaft der Dämonen frei geworden waren, konnten wohl nur die himmlischen Statistiker angeben, falls es die überhaupt gab.

Von Moskau ging es dann Richtung Südosten per Auto 350 km quer durchs Land nach Ucholowo. Der Gastgeber des Teams in diesem kleinen Ort war Daniel Slobodenko mit seiner Familie. Zu der gehörten seine Frau Tanja und seine drei Söhne André, Igor und David. Alles nette und dazu gläubige Menschen.

Die Slobodenkos waren tatsächlich besondere Leute. Nach dem Zusammenbruch der UdSSR waren sie 1991 aus der Kaukasus-Republik Georgien nach Russland ausgewandert, weil ihre Kinder als Russen in den Schulen nicht mehr ihre Muttersprache lernen und sprechen konnten. Daniel und seine drei Brüder ließen bei der Umsiedlung eine blühende Landwirtschaft zurück. Hier im Rjasanskaja-Gebiet wurde ihnen von der Gorbatschow-Regierung in Moskau neues Land zugewiesen, auf dem sie nahezu bei Null anfangen mussten.

Auf 600 Hektar Acker- und Weideland einer ehemaligen Kolchose wurde wieder mit der Arbeit begonnen, und bald konnte Daniel Slobodenko einer großen Zahl von Menschen Arbeit und Brot geben. Diese Leute mussten freilich vor ihrer Einstellung einer Bedingung zustimmen, die schon bedenkenswert war. Die Männer und Frauen mussten sich verpflichten, während der Arbeit nicht zu rauchen und keinen Alkohol zu trinken. Das war hart für manchen Arbeitsuchenden, sind doch die Russen allgemein als äußerst trinkfest bekannt. Alkohol gehörte einfach zum russischen Alltag, Nikotin für sehr viele Menschen genauso.

Dass die Leute den Arbeitstag mit einer gemeinsamen Andacht beginnen mussten, war für sie dagegen vergleichsweise einfach. Die frommen Worte konnte man sich ja ruhig anhören, wenn man anschließend sein Geld verdienen konnte und wusste, dass man dabei nicht übers Ohr gehauen wurde, was bei »weltlichen« Arbeitgebern zuweilen der Fall war. Der fromme Chef war zuverlässig und ehrlich.

Bemerkenswert an Daniel Slobodenko war auch, dass er auf seinem neuen Grund nicht zuerst ein Wohnhaus gebaut hatte, sondern zunächst ein wunderschönes Gebetshaus, in dem sich inzwischen schon eine ansehnliche Gemeinde versammelte. Erst als dieses Gebäude fertig gestellt war, ging er daran, seiner Familie eine anständige Wohnung zu bauen. Bis dahin hatten die fünf Menschen in einem Zelt und einer besseren Bretterbude gelebt und dabei manche Einschränkungen und Entbehrungen auf sich genommen.

Welche christliche Unternehmerfamilie in Deutschland würde wohl so verfahren?, fragte sich Schwester Gertrud, während sie der Geschichte der Familie Slobodenko zuhörte. Von ihren weiten Reisen zu Berichtsdiensten bei Freundeskreisen im Lande kannte sie manche Luxuswohnung von Christen, deren Gemeindehäuser im Vergleich dazu eher ärmlich und erbärmlich aussahen.

Dem verzweigten landwirtschaftlichen Betrieb gliederte der rührige Mann dann auch noch ein Betonwerk an, in dem zumindest im Sommer eine große Arbeiterschaft Bausteine, Bodenplatten und Mauerelemente herstellte, die in erster Linie dafür verwendet wurden, dass Gemeinden im weiten Umfeld sich Gebetshäuser nach ihren Bedürfnissen bauen und die Grundstücke und Zufahrten anständig pflastern und einfrieden konnten. Die Bauleute kamen dann auch häufig von der Firma Slobodenko.

Für die Sommermonate organisierte der Landwirt und Betonbauer große Jugendlager in einem ehemaligen Krankenhaus für bis zu 200 Kinder und junge Leute. Die staatlichen Genehmigungen bekam er meistens erst nach anfänglichen Schwierigkeiten, für die Kosten musste er weitgehend selbst aufkommen. Viele russische Familien konnten die Teilnehmerbeiträge für ihre Kinder nicht bezahlen. Dazu reichten die Einkommen nicht oder die Leute waren nicht bereit, in eine christliche Maßnahme zu investieren. Die Väter oder auch beide Eltern waren häufig Alkoholiker oder saßen im Gefängnis. Wo sollte da Geld herkommen? Die Lager boten immer auch einigen Frauen und Männern im Versorgungsbereich wenigstens für ein paar Wochen Verdienstmöglichkeit. Ein guter Nebeneffekt, der seine Spuren hinterließ. Hörten diese Menschen doch auch täglich das Evangelium.

Wer konnte ahnen, was diesem Mann noch alles an Projekten einfallen würde, mit denen er den Menschen dienen und das Reich Gottes bauen konnte? Schwester Gertrud und auch Willi Buchwald waren fasziniert und begeistert von den Slobodenkos. Wie denen sollte manchem deutschen Geschäftsmann das Herz für Jesus und für verlorene Menschen brennen. Vieles könnte ganz anders bewegt werden und anders sein im bundesrepublikanischen Neuheidentum.

Der Versuchung, nach Kalifornien auszuwandern wie eine ganze Reihe ihrer Verwandten, hatte die Familie übrigens widerstanden mit dem Argument, schließlich müsse doch jemand in Russland bleiben, damit das Evangelium verbreitet würde und Menschen zum ewigen Heil und Frieden fänden. Welch edles Argument!

In Ucholowo hatte Daniel Slobodenko in den zurückliegenden Wochen eine Evangelisation in zwei Kulturzentren der kleinen Stadt vorbereitet. Zur Unterstützung der Vorträge hatte er eine christliche Musikgruppe angeheuert. Junge Menschen musizierten auf Balaleikas, Dombren und einem E-Piano. Ein Chor sang einladende christliche Lieder. Die Plakataktion des orthodoxen Popen gegen die Evangelisation erwies sich als ein Schlag ins Wasser. Mit seiner zornigen Propaganda gegen die Veranstaltungen hatte er die Leute wohl eher dazu animiert, jetzt erst recht zu den deutschen Verkündigern in die Kulturhäuser zu strömen.

Viele dieser Menschen hörten sicher zum ersten Mal die befreiende Botschaft der Bibel. Manche kamen zur Aussprache, und einige lieferten ihr Leben an den Retter Jesus aus und tauschten die Hoffnungslosigkeit ihres russischen Alltags aus gegen Glauben und Vertrauen in die Liebe Gottes und seines Christus.

Schwester Gertrud in einem russischen Kinderheim

Die Freude im Himmel darüber war auf der Erde spürbar. Am meisten freute sich wohl der Organisator der Veranstaltungen über diesen Segen Gottes.

Für einen der Tage hatte der rührige Unternehmer für das Evangelisations-Team die Möglichkeit erwirkt, ein Frauengefängnis mit etwa 500 Insassen jeden Alters zu besuchen und auch dort zu evangelisieren. Viele, sehr viele der Frauen und Mädchen kamen und wollten hören, was die Besucher über Vergebung von Sünde und Errettung aus Schuld und Verderben zu sagen hatten. Der größte Raum der Strafanstalt war zu klein, um allen Besucherinnen Platz zu bieten. Hauptsprecherin hier war Schwester Gertrud. Von Frau zu Frau hatte das Evangelium eine andere Wirkung, als hätte ein Mann es gepredigt. Dass der Übersetzer ein Mann war, spielte dabei eine untergeordnete Rolle. Er war ja nur Sprachrohr. Die meisten Mädchen und Frauen hingen der Frau förmlich an den Lippen und sogen begierig auf, was ihnen gesagt wurde.

Schade, dass es hier keine Möglichkeit zur persönlichen

Seelsorge gab. Die ließ die Gefängnisleitung nicht zu. Die musste ein Betreuer übernehmen, der selbst als mehrfacher Mörder über 20 Jahre im Gefängnis gesessen und dort zum Glauben gefunden hatte. Dieser Mann betreute die Frauen und Mädchen dieser Einrichtung ohnehin schon länger. Nach der Veranstaltung mit Schwester Gertrud und ihrem russischen Übersetzer hatte er wohl sehr viel zusätzliche Arbeit bekommen.

Elektrostalj, eine Stadt östlich von Moskau, war eine weitere Station der Evangelisationstour. Die Arbeit hier hatte Wladimir Ryagusow mit ansässigen Christen selbst vorbereitet.

Hier kam als einer unter Hunderten Sergej in die Versammlung, ein vierschrötiger Mann mittleren Alters, der sich als entlassener Strafgefangener in einer verzweifelten Lage befand. Er bekam seine Beine nicht so recht auf den Boden. Wer wollte auch schon mit einem Mörder Umgang haben? Selbst der orthodoxe Priester, der ihm doch eigentlich anders hätte begegnen sollen, hatte ihn abgewiesen. Er solle sehen, wie er klarkäme.

Aber Sergej kam nicht klar. Als er das Plakat las, hatte er gerade seinen letzten Entschluss gefasst und war auf dem Weg, seinem Leben ein Ende zu setzen. Dann kam diese Einladung vor seine Augen. Er ließ sich ansprechen und zunächst einmal von seinem Vorhaben abhalten.

Zum Versammlungshaus kam er viel zu früh. Christen nahmen ihn zunächst freundlich auf und versorgten ihn mit Essen und Trinken und nahmen ihn dann mit in die Veranstaltung. Dort hörte er mit wachsender Aufmerksamkeit dem Vortrag von Willi Buchwald über die Heimkehr des verlorenen Sohnes zu. Dann staunte er über das, was diese kleine Frau am Katheder über Kriminelle unter den Zigeunern berichtete, die durch Jesus Christus von der Last ihrer Schuld frei geworden waren und die dennoch ihre Strafe abgesessen hatten, jetzt aber als fröhliche Christen lebten. Diese Zeugnisse machten Eindruck auf Sergej. Er öffnete sich der Botschaft und ging anschließend zu Wladimir Ryagusow in die Aussprache. Sein russischer Landsmann konnte ihm noch einmal den biblischen Heilsweg erklären und mit ihm ein Übergabegebet sprechen. Sergej, der Mörder und verlorene Sohn, war heimgekehrt, sein Leben war gerettet für Zeit und Ewigkeit.

In Elektrostalj wohnte das Evangelisationsteam in der Hochhauswohnung einer Mutter mit acht Kindern. Lena war eine geplagte Frau. Ihr Mann war ein Säufer und ein brutaler Typ. Wenn er denn mal zu Hause war, randalierte er herum und schlug häufig zu, ohne hinzuschauen, wen er da gerade traf. Schlimme Verhältnisse. Und doch kam aus dem Mund der Frau kein Wort der Klage. Im Gegenteil, sie sprach eher liebevoll von ihrem Mann, und sie hielt ihre Kinder an, dennoch Achtung vor ihrem Vater zu haben. So leben und handeln konnte Lena nur aus der Liebe Christi, von der sie selbst lebte und die auch die Kinder bereits in ihren Herzen trugen. Es war allerdings deutlich spürbar, dass sie die Gelegenheit gerne nutzte, ihrer Seele einmal Luft zu machen und sich auszusprechen. Das tat der Frau gut. Es war für sie einfach wohltuend, dass Wladimir, der Betreuer und Seelsorger der Familien, zusammen mit den deutschen Geschwistern bei ihr zu Gast war.

Eher aus einem Nebensatz erfuhr Schwester Gertrud, dass Lena gerne einige ihrer Kinder zu Daniel Slobodenko ins Sommerlager geschickt hätte. Aber das Geld dazu war nicht da. Ihre abendliche Arbeit bei verschiedenen Putzstellen brachte kaum das ein, was für den großen Haushalt nötig war. Da blieb für besondere Dinge wie Ferienlager nichts übrig.

Das war allerdings jetzt die Gelegenheit für die deutschen Missionare. Wozu hatten sie denn den Fonds, den Freunde ihnen auch diesmal für besondere Notfälle mitgegeben hatten? Hier zeigte sich ein besonderer Notfall. Dafür, dass diese Frau und ihre Kinderschar in der kleinen Wohnung noch dichter zusammenrückte, damit die Gäste einen Platz hatten, ihre müden Häupter auszuruhen, dafür, dass für sie mehrmals am Tag der Tisch gedeckt werden musste, dafür musste Lena und ihren Kindern wohlgetan werden. Willi Buchwald und Schwester Gertrud überreichten der Mutter einen guten Betrag aus ihrem Notfonds.

Was dann geschah, war schon bemerkenswert. Lena schaute ein paar Mal ungläubig zwischen dem Geldbündel in ihrer Hand und den Gebern hin und her. Dabei füllten sich ihre Augen mit Tränen. Dann fiel die Frau auf ihre Knie, und die anwesenden Kinder mit ihr, und sie dankte Gott weinend für dieses besondere Geschenk. »Gott, wie bist du groß! Herr Jesus, ich danke dir. Du schickst deine Engel zur rechten Zeit. Danke für die Engel, die ich beherbergen durfte. Danke für deine Treue!«

Welch eine rührende Szene, welch eine vorbildliche Szene, ging es Schwester Gertrud durch den Sinn, und sie wünschte, die eigentlichen Geber zu Hause könnten die Freude und Dankbarkeit dieser Frau miterleben.

Von Elektrostalj ging es später zunächst nach Moskau zurück, von dort vom Inlandsflughafen Domodedowo aber bald weiter nach Osten und später nach Norden ans »Ende der Erde«. Jamal hieß »Ende der Erde« und am Fuß der Halbinsel lag die Stadt Salechard, das nächste Ziel dieser Missionsfahrt.

Mehr als drei Stunden war das vergleichsweise kleine und, nach Aussehen und Ausstattung zu urteilen, auch schon recht betagte silberne Propellerflugzeug in der Luft. Wie hieß es doch so beruhigend in Schwester Gertruds Geleitwort für die Reise? »… und bedecke dich unter dem Schatten meiner Hände.« Es würde schon alles gut gehen, war sich die Missionarin sicher und verjagte schnellstens die angesichts dieses Vogels aufgekommenen Zweifel.

Es wurde tatsächlich ein herrlicher Flug bei meistens gutem Wetter. Die wenigen Schlaglöcher auf der Luftstraße, sprich Luftlöcher und Turbulenzen, wenn es durch Schlechtwettergebiete ging, ließen die Reisenden zwar immer wie der einmal den Atem anhalten und ein besonderes Gebet sprechen, die herrlichen Ausblicke nach unten versöhnten dann aber jeweils wieder.

Herrliche Landschaften lagen unter der Flugstraße. »Mütterchen Wolga« grüßte herauf und die Großstadt Nischnij Nowgorod, das frühere Gorki; später das Staustufensystem der Karma und die Großstadt Perm, eingebettet in eine weitläufige Mittelgebirgsregion. Dann musste der Flieger etwas höher hinauf, denn es galt, den Ural zu überqueren. Jenseits dieses über 2.000 km langen Grenzgebirges zwischen Europa und Asien entlang dem sechzigsten Längenkreis Ost leuchteten die unendlich erscheinenden Weiten der westsibirischen Taiga in vielfältigen Grün- und Brauntönen herauf, durchwoben von ungezählten Flüssen und Seen.

Und dann kam das Flusssystem des Ob ins Blickfeld. Wie groß musste dieser Strom in Wirklichkeit sein, wenn er von hier oben schon so breit und mächtig aussah! Fantastische Schöpfung!

»Herr, wie sind deine Werke so groß und viel. Du hast sie alle weise geordnet, und die Erde ist voll deiner Güter« (Psalm 104,24). Schade, der Flieger tauchte wieder einmal in eine Wolke, und die Sicht nach unten war versperrt. Schwester Gertrud griff nach ihrem Neuen Testament mit Psalmen und schlug den 104. Psalm auf. Den lohnte es unter den Eindrücken dieses Fluges wieder einmal zu lesen. Dann riss die Wolkendecke doch wieder auf und der Ob und seine vielen Flussarme grüßten erneut herauf. Ob das Eis war, was die Wasserfläche an vielen Stellen bedeckte? Und war das Schnee, was da an manchen Stellen heraufleuchtete? Das musste wohl so sein, denn in dieser Region hatte der Frühling ja noch kaum begonnen.

Dann wurde am Horizont die 30.000-Einwohner-Stadt sichtbar, auf deren kleinem Flugplatz der Flieger bald landen würde. Aber so eine richtige Skyline schien Salechard nicht zu haben. Woher auch und wozu auch? Da gab es offenbar kaum Häuser mit mehr als drei Stockwerken. Die meisten Gebäude waren niedrig und wirkten recht mickrig. Es gab ein paar Schlote, die rauchten, und Türme, auf denen offenbar Gas abgefackelt wurde. Natürlich, in Salechard wurde doch seit einiger Zeit mit amerikanischer und kanadischer Hilfe Erdöl gefördert und Erdgas gewonnen. Die zugehörigen Industrieanlagen schienen beachtlich groß. Was da sonst noch beim Landeanflug draußen zu erkennen war, waren kleine Holzhäuser und bescheidene Hütten. Und immer wieder Flächen, die offenbar noch mit Schnee bedeckt waren.

Sehr bescheiden nahm sich auch das Flughafengebäude mit dem kleinen Tower aus, das die Fluggäste nach der gottlob relativ weichen Landung des Fliegers zu Fuß erreichen mussten. Wie auch bei ihren bisherigen Stationen, denn hier war ja nicht Moskau oder eine andere Metropole mit einem richtig großen Flughafen, wo man nach der Landung mit dem Bus zum Terminal gefahren wurde oder gar eine Fluggastbrücke benutzen konnte. Es standen dennoch erstaunlich viele Maschinen auf dem Flugfeld. Die flogen sicher auch in andere Richtungen als nur nach Moskau.

Und dann sahen sie ihn, den Riesen Wladimir Schitow. Mit beiden Armen winkend stand er an der Tür der bescheidenen Empfangshalle. Er war nicht zu übersehen – gut einen Kopf größer als alle anderen Menschen, die auch dort drüben auf Ankömmlinge warteten, ragte er aus der Gruppe heraus. Die Freude über die Begegnung und das Wiedersehen leuchteten dem großen Mann aus Gesicht und Augen.

Dass die alte Schwester tatsächlich heraufkam an den Polarkreis, dass sie mit ihren 78 Jahren sich dieser Mühe unterzog und in Kauf nahm, einige Tage in primitivsten Verhältnissen zu leben und unter Umständen rohen Fisch zu essen, das war etwas ganz Besonderes, das gab es wahrscheinlich in der frommen Welt nicht noch einmal. Dass die Männer kamen, war sicher bemerkenswert, aber eine Frau aus dem hoch zivilisierten Deutschland?

Wladimir Schitow ging seinen Gästen die letzten Meter mit ausgestreckten Armen entgegen, um sie herzlich willkommen zu heißen. Schwester Gertrud hätte er am liebsten dabei in die Arme genommen. Aber dazu hätte der Zwei-Meter-Mann die kleine Frau erst hochheben oder sie auf einen Stuhl stellen müssen. Das wollte er dann aber lieber doch nicht tun. So beugte er sich nur zu ihr hinunter und drückte ihr mit seiner prankenhaften Rechten vorsichtig die Hand. Willi Buchwald konnte er die Hand schon etwas fester drücken, und er begrüßte ihn zusätzlich mit einem brüderlichen Kuss. Seinen Lehrer aus früheren Moskauer Ausbildungszeiten konnte er dann endlich in seine großen Arme schließen. Wie herrlich war das, die Glaubensgeschwister in seiner Stadt begrüßen zu können! *Slawa Boga!*

»Willkommen im größten Gefängnis Russlands«, setzte der Hüne zu einer kurzen Rede an. Rasch stellte Wladimir Ryagusow sich zwischen die beiden Deutschen, damit er simultan übersetzen konnte. »Ich freue mich, dass ich euch hier oben am Polarkreis begrüßen kann«, fuhr der Gastgeber der nächsten Tage fort. »Hier in Salechard leben Nenzen, Evenken, Chanten und Selkupen. Hier leben auch Tartaren, Usbeken, Kasachen und Vertreter vieler anderer russischer Völker. Auch richtige Russen gibt es und ein paar Menschen aus Nordamerika. Ich freue mich, dass hier jetzt auch zwei Deutsche mit uns leben. Und ich freue mich noch mehr, dass die kleine Zahl der Christen in unserer Stadt und Region wenigstens für ein paar Tage um zwei größer wird. Ich bete darum und habe die große Hoffnung, dass die Zahl noch größer geworden ist, wenn ihr nach euren Evangeliums-Diensten wieder nach Hause fahrt. Und jetzt gehen wir in unser Gebetshaus. Da wartet meine Frau mit zwei Schwestern und einem bescheidenen Begrüßungsessen. *Slawa Boga!* Amen!« Der Mann sprachs, ergriff das Gepäck der Missionarin und bat darum, ihm zu folgen.

Zugegeben, auf der holprigen Straße und dem Gehweg, die beide diese Bezeichnungen kaum verdienten und die hier und da auch recht schlüpfrig waren, ließ es sich nicht sehr gut laufen. Mach bitte nur nicht so große Schritte, Wladimir, ging es Schwester Gertrud durch den Kopf. Wo der Riese zwei Schritte machte, musste sie doch wenigstens drei machen. Aber der Bruder wusste sich anzupassen, und die Gäste, die allesamt mehr als einen Kopf kleiner waren, kamen doch gut mit.

Ab und an fuhren Autos im »städtischen« Verkehr, meist große Lastwagen oder geländegängige Fahrzeuge. Was hätte hier auch jemand mit einer modernen Limousine aus Hamburg oder Moskau anfangen wollen? Es gab aber auch eine Menge kleiner Motorräder und Mopeds und doch tatsächlich auch Fahrräder. Ob die im langen Winter auch auf Kufen oder mit Spikes fahren konnten? Blödsinn, dann lagerten die sicher in irgendwelchen Verschlägen. Im langen Winter bewegten sich die Leute hier wohl eher auf Skiern.

Nach einem etwa halbstündigen Fußweg erreichte die kleine Gruppe die Stadt und nach noch einmal einer halben Stunde das kleine Gebetshaus der Salecharder Christen, ein einfaches, aber sauberes Holzhaus unweit des ebenso schlichten Stadtzentrums.

Nach dem fröhlichen Händedrücken und unter den Frauen auch Umarmen gab es zur Begrüßung noch eine Überraschung. Die drei Frauen und der große Pastor der hiesigen Gemeinde sangen in einer für westliche Ohren ungewohnten Melodik ein Refrainlied, das sie als »Jamal-Hymne« bezeichneten.

»Das war schön! Vielen Dank für dieses schöne Lied!«, meinte Schwester Gertrud und bat um die Übersetzung des Textes. Der Moskauer Wladimir war natürlich gleich bereit, vom gedruckten russischen Text her ins Deutsche zu übertragen.

Wie lang erwartet, wie heiß ersehnt:
Tag warmen Regens, der vom Himmel kommt,
Tag heller Sonne nach dunklen Wolken,
ein Tag, der neue Lieder bringt voll Glück.

 Du bist gekommen, bist endlich da:
 Tag voller Glaube, Liebe, Hoffnung.
 Gott ist gekommen, er selbst ist da,
 Strom neuen Lebens fließt durch Jesu Blut.

Menschen aus Jamal heben ihre Hände
dem Sohn zu Ehren und dem großen Gott.
Er löst die Fesseln, zerreißt die Bande,
er ist Retter, der Herr Jesus Christ.

 So bringt die Botschaft über Jamals Tundra
 auch gegen Widerstände, ohne Furcht.
 Lasst Gottes Segen die Menschen finden,
 damit sie Jesus lieben, ihren Herrn.

Zu Jesu Ehre! Zu Jesu Ehre!
So singen Ob, Tundra und Ural.
Zu Jesu Ehre! Zu Jesu Ehre!
So jubelt laut das gerettete Jamal.

Ein schöner Text, der die Geschichte, die Sehnsucht, das Erleben und den Auftrag der Christen vom »Ende der Erde« in schlichte Worte fasste. Die letzte Strophe musste den Gästen wie eine Bestätigung ihres eigenen Auftrags für diese Polar-Region erscheinen. Dazu waren sie ja auch tatsächlich gekommen, die Botschaft der befreienden Liebe Gottes über Jamals Tundra zu bringen. Dabei würden sie sicher manche Widerstände zu überwinden haben. Ja, Gottes Segen sollte die Menschen erreichen, »damit sie Jesus lieben, ihren Herrn«.

Beim schlichten, aber reichhaltigen Essen, das in der Hauptsache aus Rentierfleisch und Fisch bestand, ließen sich die beiden deutschen Gäste dann noch ein wenig informieren, wo sie denn hier eigentlich waren und wieso Wladimir Schitow sie im größten Gefängnis Russlands begrüßt hatte. Also gab der große Bruder den gewünschten Bericht:

Schon in der zaristischen Zeit, die bekanntlich mit der Februarrevolution 1917 zu Ende gegangen war, wurden aus allen Gegenden Russlands Schwerverbrecher, Gauner und Ganoven beiderlei Geschlechts nach hier verbannt, um in dieser unwirtlichen Region ihre Strafen zu verbüßen. Die lange Polarnacht, die Einsamkeit, die Kälte und der Hunger sollten wohl den beabsichtigten Effekt der Verbannungsstrafe erhöhen, dienten aber weniger der Besserung der Menschen, sondern vielmehr ihrer weiteren Verrohung und Brutalisierung.

Später waren es die Gegner des kommunistischen Regimes, die nach hier verschickt wurden. Und dann waren es auch die Christen, die ja von ihrer glaubensmäßigen Überzeugung her schon gegen den Bolschewismus eingestellt waren und von daher vor allem im stalinistischen Terrorsystem zu den Verbrechern gezählt wurden. Sollten sie in den Lebensbedingungen dort oben doch ruhig verrecken und umkommen! Was zählte schon ihr Leben? (An der Verbannung der Christen hatte übrigens auch die Orthodoxe Kirche ihren Anteil. Bibelgläubige Menschen waren für sie schon immer Ketzer und Sektierer, die man bekämpfen musste. Wenn der Staat ihnen diese Arbeit abnahm, um so besser. Es hatte allerdings auch Zeiten gegeben, in denen auch orthodoxe Christen unter Verfolgung und Verbannung zu leiden hatten.)

Ungezählte Männer, Frauen und Kinder kamen in den Zeiten der Verbannungen um. Wo die alle beerdigt waren, wusste niemand. Die Region um Salechard musste ein einziger großer Friedhof sein. Nur denen, die es fertig gebracht hatten, sich mit den Bedingungen zu arrangieren, war es gelungen zu überleben, häufig nur auf Kosten anderer.

Die Sträflinge aller Zeitabschnitte und Hintergründe hatten häufig ihre Familien dabei, denn das wussten sie von vornherein: Der Weg zum fernen Polarkreis war für sie eine Einbahnstraße. Ein Zurück würde es nicht oder nur schwerlich geben. Also richteten sie sich auch familiär auf den

Daueraufenthalt in der Unwirtlichkeit Salechards und seiner Umgebung ein.

Hier konnte es im Winter bis zu minus 65 Grad Celsius kalt werden, und der Schnee lag bis zu zwei Meter hoch. Der Boden war ständig bis in große Tiefen gefroren. In der kurzen, nur wenige Wochen dauernden »Sommerzeit«, in der das Thermometer vielleicht gerade einmal auf plus 15 Grad kletterte, taute die Oberfläche höchstens mal zwei, drei Handbreit auf. Da das Schmelzwasser des vielen Schnees nicht abfließen konnte und auch nur langsam verdunstete, verwandelte sich das Land dann immer in einen furchtbaren Morast, in dem es kaum ein sicheres Fortkommen gab. Nur in dieser kurzen Zeit blühte und gedieh die spärliche Vegetation der Tundra, konnten auch einige wenige Früchte angebaut werden, die den Speiseplan für kurze Zeit ergänzten. Ansonsten mussten die Menschen schon von dem leben, was ihnen das Land bot: Fleisch und Fisch.

Rentiere gab es genug, dazu Bären und Wölfe, Luchse und Füchse und das ein oder andere Kleingetier der Polarregion. Zum Fischen musste man halt das Eis der Flüsse und Seen aufschlagen, denn im Sommer taute am Unterlauf des Ob nur das Eis der oberen Schichten auf und bildete dann eine Wasserfläche auf eisigem Untergrund.

Das alles hatte sich bis heute wenig geändert, außer, dass es jetzt Luftstraßen gab und jedes Flugzeug aus der Zivilisation moderne Lebensmittel mitbrachte, die es früher eben nicht gegeben hatte. Die Versorgung war wesentlich einfacher geworden. Auch die Versorgung für andere Bereiche des Lebens. Für das Wohnen und Kleiden zum Beispiel. Nur waren die importierten Güter in der Regel recht teuer und für manchen Bewohner der Gegend gar nicht erschwinglich.

Gelebt haben die großen und kleinen Verbrecher früherer Zeiten und solche Menschen, die dazu erklärt wurden, in primitivsten Holzhäusern, von denen heute noch welche in

Nenzen vor einem Holzhaus in Salechard

Salechard standen, und in Zelten, deren Bauweisen sie den Nomadenvölkern des Nordens abgeschaut hatten.

Die Nenzen leben als Nomadenvolk heute noch, zumindest überwiegend, mit ihren meist recht großen Familien in Zelten, die schon immer aus einem Stangengerüst bestanden, über das Rentierfelle gehängt wurden. Rentierfelle und daraus hergestellte Schuhe, Hosen, Hemden, Jacken dienten nicht nur ihnen, sondern dann auch den unfreiwilligen Begründern von Salechard zur Kleidung. Rentierkleidung hielt warm und war ein guter Schutz gegen die Unbilden des Wetters. So konnten diese Menschen früher einigermaßen überleben. Die Nomadenvölker der Tundra überlebten heute noch so. Die Städter hatten sich in Fragen der Bekleidung allerdings inzwischen umgestellt. Jetzt konnte man auch einen Anzug und ein Kleid, einen Mantel und einen Anorak kaufen. Und Schuhwerk, das die Füße trocken und warm hielt.

So hatten auch die Vorfahren der meisten Christen der Stadt und der Region überlebt. Wladimir Schitow freilich war ein freiwillig Zugereister. Er war vor Jahren mit seiner Frau nach Salechard gekommen, weil er in der neuen und wachsenden Öl- und Gasindustrie Arbeit suchte. Aber der Mann war damals krank und zum Arbeiten im Kombinat nicht fähig. Jemand gab ihm den Tipp, in die Bergbaustadt Workuta auf der anderen Seite des Ural zu fahren, die auch einmal ein sowjetisches Zwangsarbeiterlager war. Dort könnten orthodoxe Priester ihm helfen.

Die Schitows fuhren mit der Bahn hinüber ins europäische Russland. Dort in Workuta hatten die Popen wirklich einen guten Rat für den »Riesen«. Er könne gesund werden, wenn er ihnen eine Kirche baute, schlugen sie ihm vor. Das tat der Mann dann auch unter Einsatz von sehr viel Kraft und Geld. Nur besserte sich seine Gesundheit dadurch nicht. Im Gegenteil, er wurde kränker und am Ende so krank, dass ihm Ärzte schließlich nur noch wenige Wochen zu leben gaben.

Irgendjemand in der Erzstadt wies ihn dann auf zwei fromme Schwestern hin, die in Salechard wohnten und Nachkommen einer früher verbannten Christenfamilie waren. Die könnten ihm helfen. Wladimir reiste also nach Nordsibirien zurück und fand auch die beiden Frauen. Von ihnen erfuhr er, dass sie schon lange um eine Erweckung in und um Salechard beteten. Vielleicht sei er mit seiner Frau ja ihre ersehnte Gebetserhörung? Zu diesem Zeitpunkt zweifelten die beiden Schitows allerdings noch stark an dieser Hoffnung.

Der Hüne bat die Beterinnen dennoch um Hilfe. Er nahm wohl an, sie verfügten über Medikamente für seine Magen- und Darmprobleme. Sie hatten aber einen ganz anderen Rat für ihn. »Du musst beten, Brüderchen«, sagten sie zu ihm. »Gott kann dich gesund machen. Bei ihm sind alle Dinge möglich, wenn du daran glaubst und deinen Unglauben wegwirfst. So steht das in einer Bibelgeschichte von einem Kranken, der gesund werden sollte.« Schlichter Glaube mit großer Wirkung.

Der sibirische Wladimir und seine Frau ließen sich auf den Rat der gläubigen Frauen ein, die fortan mit den beiden um seine Gesundheit beteten.

»Seht ihr, Geschwister«, beendete der Prediger seine Information und seinen Bericht, »Gott ist groß. Ich sage es mit Jesu Worten aus dem Johannesevangelium: ›Vater, ich danke dir, dass du mich erhört hast‹. Ich bin gesund geworden, wir haben uns bekehrt, meine liebe Frau und ich, und ich habe dann angefangen, das Evangelium zu lernen und weiterzusagen. Daraus ist dann hier eine Erweckung entstanden. Wir hatten viele Taufen im Ob bei tiefsten Minusgraden. Wir mussten große Löcher ins Eis schlagen, um die Leute richtig unterzutauchen. Dabei ist übrigens noch nie jemand krank geworden. Irgendwann haben wir dieses Gebetshaus gebaut, weil die Wohnungen zu klein wurden für unsere Gottesdienste. Und dieses Haus wird uns inzwischen auch wieder zu klein. Wir werden ein neues bauen. Dann habe ich gemerkt, ich weiß zu wenig von der Bibel, und ich weiß zu wenig, wie richtige und gute Verkündigung geht. Darum bin ich zu dem lieben Bruder Wladimir nach Moskau gegangen und habe dort das Handwerk eines Pastors richtig gelernt. Und jetzt können wir Gott viel besser dienen. Und ich sage noch einmal, dass ich mich sehr darauf freue, dass wir ein paar Tage unserem Herrn und Gott gemeinsam dienen können. *Slawa Boga!*«

»Gott die Ehre!« Das galt. Dennoch zollten die drei Besucher an dieser Stelle dem Bruder als Dank für seine Ausführungen einen richtigen Beifall. Danach gab es eine deutsch-russische Gebetsrunde. Und dann konnte die Arbeit beginnen.

Im Gebetshaus fanden nun einige Tage lang regelmäßig ein oder zwei Versammlungen statt, in denen Willi Buchwald predigte, Schwester Gertrud Zeugnisse der Führungen Gottes in ihrem Leben und Wirken gab und Wladimir Ryagusow einmal die beiden deutschen Referenten übersetzte, dann aber auch sich selbst in Zeugnissen und Kurzpredigten einbrachte. Der deutliche Ruf zur Entscheidung fehlte dabei nie.

Notwendigerweise musste Willi Buchwald auch hier am

Polarkreis deutlich auf die Erscheinungen des Okkultismus, des Spiritismus und des Schamanentums hinweisen. Diese furchtbaren Dinge beherrschten und knebelten auch hier die Menschen. Das war häufig ihren Behausungen schon von außen anzusehen. Sie schmückten die Giebel mit Tierschädeln, Gehörnen und geschnitzten Fratzen zur Abwehr von bösen Geistern. In den Wohnungen standen Bilder von Verstorbenen, die die Lebenden schützen sollten. Tierblut galt als Heilmittel, und zuweilen wurden Neugeborene in kaltem Tierblut gebadet. Wenn sie dieses Bad überlebten, galt das als gutes Zeichen der Götter und Geister, wenn nicht, dann war das ein schlechtes Omen für die Familie, und es mussten weitere Opfer gebracht werden.

Viele Menschen lebten in ständiger Angst vor Geistern und Dämonen. Ihre Gesichter spiegelten es wider. Manche von diesen Geplagten ließen sich einladen, um von dem zu hören, der alle Ängste dieser Welt besiegt hatte. Das Gebetshaus war bei jeder Veranstaltung überfüllt. Auch hier in Salechard gab es viele und lange Aussprachen mit deutlichen Absagen an böse Verstrickungen und ehrlichen Lebensübergaben an den Heiland Jesus Christus. Wenn diese Leute sich künftig zur Gemeinde hielten, hatte sich der Wunsch des großen Wladimir bei der Begrüßung der beiden deutschen Gäste schon nach der ersten Veranstaltung erfüllt.

Einer, der zum Hören kam, war Igor, ein ausgesprochenes Schlitzohr und selbst ernannter Arzneimittelfachmann. Gegen alle erdenklichen Krankheiten verkaufte er Vitamine der besonderen Art. Die heilten garantiert. Dafür kosteten sie auch nur 300 Dollar pro Packung. Das Mittel sollte sogar weitere besondere Wirkungen haben. Es sollte soziale Sicherheit garantieren und den Frauen zur Emanzipation verhelfen.

Ein Scharlatan der übelsten Sorte, ein Halsabschneider, dieser Mann, der sich an den Ängsten und Nöten naiver und verängstigter Menschen unverschämt bereicherte. In seinen Tüten befand sich nämlich lediglich gefrorenes Gras. Welch skrupelloser Betrüger!

Alles Reden mit ihm hatte bisher nichts bewirkt. Wladimir Schitow hatte den Mann besucht, um ihn von seinem betrügerischen Handeln abzubringen. Andere Brüder der Gemeinde hatten Ähnliches versucht. Vergeblich. Der Mann liebte das Geld und den erworbenen Reichtum zu sehr und hatte bei all dem offenbar kein Empfinden für sein unrechtes Verhalten.

Dann kam er in eine Veranstaltung mit den deutschen Gästen und dem Mann aus Moskau. War er getrieben von einem schlechten Gewissen oder gezogen vom Heiligen Geist? Wer wusste es? Aber es sollte wohl so sein, dass ihn der Aufruf zur Buße mitten ins Herz traf. Vielleicht hatte ja das Zeugnis von Schwester Gertrud über einen Sinto den Ausschlag gegeben. Der Mann hatte in ähnlicher Weise die Leute übers Ohr gehauen und für sein falsches Verhalten öffentlich Buße getan. Der »Spezialapotheker« hier in Salechard begriff ebenso sein Tun als Sünde und tat Buße vor der ganzen versammelten Gemeinde. Welch ein Wirken und Handeln des Geistes Gottes!

Ein anderer von denen, die nach vorne kamen, um öffentlich Buße zu tun für ihr bisheriges gottloses Leben, war der Bauherr, der das neue Gebetshaus errichten sollte. Sein Gebet beeindruckte sehr: »Ich habe ein unreines Herz, Gott. Ich habe unreine Hände, Jesus. Mit einem unreinen Herzen und mit unreinen Händen kann ich kein Gebetshaus bauen. Gott, du bist heilig. Ich bitte dich, heiliger Gott, dass du mein Herz und meine Hände reinigst, damit ich dein Haus mit sauberen Händen bauen kann und damit du es segnen kannst. Und dann will ich auch an dich glauben und dir dienen. Amen.«

Halleluja! Im Himmel konnte wieder einmal gefeiert werden.

Dann kam der Tag des großen Abenteuers von Schwester Gertrud und Willi Buchwald am Polarkreis. Der sibirische Wladimir hatte den Moskauer Wladimir gefragt, ob die deutschen Gäste wohl bereit wären, in ein weit entlegenes 400-Seelen-Dorf zu fahren, um auch dort die wenigen Christen im Glauben zu stärken. Der kleinere der beiden Namensvettern wollte die Frage gerne weitergeben.

»Und wie kommen wir dahin?«, wollte die Missionarin natürlich zunächst wissen.

»Mit dem Boot, Schwester«, bekam sie zur Antwort.

»Müssen wir etwa rudern?«, hakte sie nach.

»Müssen wir nicht, Schwester Gertrud«, lachte der kleine Wladimir. »Wir fahren mit Motorkraft.«

»Mit einem richtigen Schiff?«

Jetzt musste der große Wladimir genauer werden. »Nein, Schwester, nicht mit einem großen Schiff, sondern mit einem kleinen Motorboot.«

»Und das geht? Da ist doch Eis auf dem Fluss.«

»Da ist immer Eis auf dem Fluss, Schwester Gertrud. Aber das liegt zurzeit etwas unter Wasser und ist außerdem weich und bricht unter dem Kiel des Bootes. Da kommen wir schon durch.«

»Und wer fährt das Boot?«, wollte die durchaus zu diesem Abenteuer bereite Missionarin noch wissen.

»Das macht ein Bruder aus der Gemeinde. Der beherrscht sein Bootsfahrerhandwerk. Du kannst ganz unbesorgt sein, Schwester Gertrud.«

Zunächst informierte die Frau im Team Willi Buchwald, der bei dem Gespräch nicht dabei gewesen war.

»Na, das kann ja ein Ereignis werden«, meinte der Evangelist nur lapidar. »Dann machen wir uns mal bereit, den Ob zu erobern.«

Dann erschraken die beiden Deutschen doch ein wenig, als sie dick vermummt, wegen der Temperaturen knapp über Null mit Mantel, Schal und Handschuhen bewehrt, die Nussschale am Landesteg des riesigen Flusses gewahr wurden. Das war doch wohl nicht ihr Boot, das da grün und schwankend an seiner Leine hing mit einer einzelnen Person darin? Und wozu diente die Axt auf dem Boden des Schiffleins? Und da lagen ja doch Ruder drin! Das schien alles wenig Vertrauen erweckend, zumal am Lenkrad nun doch ein Mann saß, den sie vorher noch nie gesehen hatten. Er war seiner Kleidung nach ein Chante.

»Der Kahn ist ja kleiner als der, den die Jünger für Jesus am See bereithielten«, entsetzte sich die Missionarin zunächst.

Das war dann wieder der Moment des Wladimir Ryagusow. Er wusste zu antworten. In seiner bekannten Haltung deklamierte er und zeigte dabei wieder sein schelmisches Lachen.

»›Siehe, auch die Schiffe, obwohl sie so klein sind und von einem starken Außenbordmotor getrieben werden, werden sie doch gelenkt mit einem kleinen Ruder, wohin der Bruder will, der es führt.‹ Apostel Jakobus, Kapitel drei.«

Jetzt musste auch die Missionarin wieder lachen. »Du verstehst es, einem die Angst zu nehmen, Bruder.«

»Dann lasst uns todesmutig einsteigen«, ergänzte Willi Buchwald, »Jesus ist mit uns im Schiff.«

»Notfalls werden wir ihn wecken, damit er dem Wind gebiete oder auch dem Eis«, meinte Schwester Gertrud, die Geschichte aus dem Markusevangelium aufgreifend.

Jetzt war es der große Wladimir, der sich einschaltete. »Seid ihr etwa furchtsam?«, zitierte er ein wenig frei dieselbe Geschichte.

»Nein, sind wir nicht«, stellte die einzige Frau auf dem Schiff jetzt deutlich fest und wandte sich an den Chanten. »Auf, Bootsmann, wirf den Motor an! Die Leine los! Der Herr ist groß!«

»Ich wusste gar nicht, dass du auch Reime dichten kannst, Schwester Gertrud«, stellte Willi Buchwald fest und setzte sich auf einen undefinierbaren Stoffballen, der im Boot lag.

»Hab ich das? Ist mir gar nicht aufgefallen«, gab die Missionarin zurück und bemühte sich ihrerseits, festen Sitz zu gewinnen. Und als hätte der Bruder aus dem Volk der Chanten die Aufforderung verstanden, warf er den Motor der Nussschale an, und los ging die Fahrt. Zunächst im offenen Wasser, dann aber bald unter schwierigeren Bedingungen mit Eis unterm Kiel, das immer wieder aufgeschlagen werden musste, und mit Treibeis rechts und links, das mit den beiden Rudern von den Bootswänden ferngehalten werden musste. Da mussten alle Fahrgäste mit an die Geräte. Das war in den »Fahrpreis« eingerechnet. Der Bootsmann musste bei allem sein Steuer fest in der Hand halten, damit er sein grünes Gefährt heil durch die Fährlichkeiten hindurchsteuern konnte.

Die Bootsreise wurde ein wahres Abenteuer. Die mutige Missionarin aus der Stadt am großen deutschen Strom hatte nie im Traum daran gedacht, dass sie in ihrem Alter noch so etwas auf sich nehmen würde. Wasser war sie ja gewöhnt, auch unruhiges, und Bootsfahrten waren ihr durchaus nichts Unbekanntes. Aber das hier …

Ihrem deutschen Bruder ging es sicher genauso. Der war nur zudem noch eine richtige Landratte. Die beiden russischen Brüder nahmen die Dinge sehr gelassen. Zumindest hielten sie sich mit Zeichen der inneren oder auch äußeren Erregung zurück.

Endlich, nach mehreren atemberaubenden, abenteuerlichen Stunden mit viel Gebet und Flehen – wie oft hatten die Bootsinsassen Jesus wohl »geweckt«? – und mit vielen Pausen, in denen die Fahrrinne geöffnet und Eisbarrieren vor dem Bug des kleinen Schiffes beseitigt werden mussten, kam das Ziel in Sicht und die Bootsgesellschaft konnte dankbar aufatmen. Der Einzige, der während der strapaziösen Fahrt keine besondere Regung gezeigt hatte, war der Chante gewesen. Nun ja, der war solche Dinge auch gewöhnt und hatte Übung in der Handhabung der

Schwierigkeiten. Er hatte sie auch diesmal bestens gemeistert.

Als der Motorkahn schließlich am Ufer unterhalb des oben am Hang liegenden Dorfes Halt gemacht hatte, stellte sich heraus, dass die Bedingungen auf dem Land nicht viel besser waren als die auf dem Wasser. Dicker Morast, Unrat, Dreck, fauler Sumpf auf dem beschwerlichen Pfad nach oben. Einmal musste einer der Männer Schwester Gertrud helfen, ihren Schuh aus dem Schlamm zu ziehen. Sie brauchte das gute Stück doch und konnte nicht darauf verzichten. Warum auch trug sie keine hüfthohen Anglerstiefel? Die hätten selbst Rock und Mantel noch geschützt.

Dann wieder gab es eine Passage, die durch mehr als knietiefen Schnee führte. Welch ein mühsamer Aufstieg! Endlich oben, mussten die vier Menschen vor momentaner Erschöpfung zunächst ein paar Minuten verschnaufen, damit sie anschließend den Blick frei hatten für die urige Schönheit dieses Dorfes mit seinen Holzhäusern und Hütten und großen Zelten, die an vielen Stellen dazwischen standen.

Das Heidentum der hiesigen Menschen war schon äußerlich erkennbar an den Tierköpfen, den Gehörnen und den merkwürdigen fratzenhaften Schnitzereien an Giebeln und Eingängen ihrer teils sehr schlichten Wohnstätten – alles Gegenstände, die zur Abwehr der bösen Geister und Dämonen dienen sollten. Arme Leute, wenn ihr doch erkenntet, was euch zum Frieden dient, betete Schwester Gertrud im Stillen die Worte, die Jesus über Jerusalem gebetet hatte, während die Gruppe sich ihrem Ziel näherte, von vielen Dörflern argwöhnisch betrachtet.

Das Schulhaus und Kulturzentrum mit angeschlossenem Internat für die Nenzenkinder, deren Eltern irgendwo in der Tundra lebten und ihre Rentierherden weideten, war wohl das größte Gebäude des Dorfes. Dort endlich konnte Schwester Gertrud sich auf einem ordentlichen Stuhl ausruhen und richtig durchatmen. Die Strapazen der letzten Stunden waren ihr doch ein wenig an die Substanz gegangen. Die Männer waren da schneller wieder bei Kräften. Sie waren ja auch alle wesentlich jünger.

Ein guter heißer Tee und ein kräftiger Imbiss aus Fisch und Brot und Rentierfleisch taten das Ihre dazu, die Lebensgeister wieder zu wecken.

Vorbereitet hatten dies eine freundliche Mutter und ihre Tochter, zwei russische Frauen, die hier als Lehrerinnen und Internatsbetreuerinnen arbeiteten. Gleich kamen nämlich ihre Kinder, denen die deutsche Missionarin und der russische Gast aus Moskau biblische Geschichten erzählen sollten und mit denen sie auch gerne singen würden.

Das wurde eine fröhliche Zeit mit den Kindern des Dorfes und den wenigen Erwachsenen, die sich hatten einladen lassen, um von Gott und von Jesus zu hören. Sie lernten sogar das Lied »Gott ist die Liebe« und sangen es bald aus vollen Kehlen.

Schnell, viel zu schnell war die Zeit der Versammlung auch schon wieder vorbei. Aber es war ein Anfang gesetzt für eine Arbeit, an der die beiden Lehrerinnen anknüpfen konnten und in die auch immer wieder einmal Wladimir Schitow eingreifen mochte.

Anschließend ergab sich ein gutes Gespräch mit diesen beiden Frauen. Sie hatten im Dorf keinen leichten Stand, seit sie dem Pastor aus Salechard Zugang ins Kulturzentrum ermöglicht hatten und ihm immer wieder gerne zuhörten, wenn er im missionarischen Dienst zweimal im Monat die strapaziöse Fahrt nach hier auf sich nahm.

Seine Vorführung des »Jesus«-Films hatte vor einiger Zeit für sie die Konsequenz gehabt, dass anschließend aufgebrachte Dörfler ihnen sämtliche Fensterscheiben einschlugen, und das bei minus 45 Grad. Die Täter waren wahrscheinlich Anhänger des führenden Schamanen der Ansiedlung, der sie aus wildem Hass auf die christliche Botschaft zu dieser Tat angestiftet hatte.

Willi Buchwald konnte heute den beiden Frauen in knapper Form Informationen geben über die Arbeits- und Wirkungsweise der Geisterbeschwörer. Schwester Gertrud erzählte Beispiele, wie Menschen von teuflischen Gebundenheiten frei geworden waren, und Wladimir Ryagusow ergänzte die Beiträge durch die Übersetzung und sein eigenes Zeugnis. Alle zusammen beteten zum Schluss mit Mutter und Tochter für die beiden selbst und für die Menschen ihres Dorfes.

Das alles war für die Frauen wie Balsam auf ihre wunden und verängstigten Seelen. Und auch hier geschah wieder das Wunder der Hingabe zweier Menschen an den Retter aus allen Zwängen und Ängsten.

Auf Schwester Gertruds Bitte schrieb der große Wladimir den beiden Frauen einen Jesaja-Vers auf einen Zettel: »Wir haben eine feste Stadt, zum Schutz schafft Gott Mauern und Wehr« (Jesaja 26,1). Diesen Spruch sollten sie sich täglich vor Augen führen, wenn ihnen wieder einmal der Widerstand der Schamanisten zu schaffen mache. Gott baue um sie einen Schutzwall, und Jesus sei einfach größer als das alles und er werde ihnen sicher durchhelfen.

Schade, dass die Zeit des Besuches so begrenzt war und die Rückfahrt angetreten werden musste. Schade, dass hier zwei Menschen zurückbleiben mussten, die eigentlich noch eine Weile betreut werden sollten. Das musste nun ihr Pastor aus Salechard verstärkt übernehmen. Der versprach, so bald wie möglich wiederzukommen zur weiteren geistlichen Zurüstung und Stärkung.

Als die Bootsgesellschaft nach wiederum abenteuerlicher Fahrt endlich wieder in der Stadt angekommen war, gab es ein großes Aufatmen und Danken. Jesus war offenkundig mit im Boot gewesen und hatte bewahrt und Wind und Wetter, Wellen und Eis geboten, die Reisenden nicht zu beschädigen. Die wurden nämlich noch gebraucht.

Vor dem Abschied der drei Gäste vom »Ende der Erde« zurück in die westliche Zivilisation veranstaltete die Gemeindejugend noch ein besonderes Picknick. Einer der jungen Leute steuerte dazu einen alten Mannschaftswagen des Militärs durch Sumpf und Schlamm, Morast und Schnee, beladen mit einer fröhlichen Fracht aus zwei Generationen, vielleicht sogar drei. Die Fahrt ging weit in die Tundra auf einer Bahntrasse, die Stalin einmal von Zwangsarbeitern hatte bauen lassen. Reste von Bauhütten oder auch ehemaligen Behausungen waren hier und da rechts und links der Trasse erkennbar. Sehr viel wusste der große Wladimir nicht dazu zu erzählen. Der Bahndamm barg seine Geheimnisse.

Schwester Gertrud und Willi Buchwald mochten sich gar nicht ausmalen, welche Dramen und Schicksale sich hier abgespielt haben mussten. Diese insgesamt 240 km lange Trasse musste ein riesiger langgestreckter Friedhof sein. Die Toten hatte man doch damals einfach in den Gleisbetten verscharrt und zugeschottert. Schlimm und entsetzlich! Dabei war auf den Gleisen nie ein Zug gefahren. Wieso das so war, wusste niemand von den Picknickfreunden zu erklären. Die Gleise waren im wilden Gras auch kaum noch zu erkennen. Wohin die Trasse eigentlich führen sollte, wusste auch niemand. Wahrscheinlich nach Irgendwo im Nirgendwo. Böse Laune eines brutalen Diktators.

Auf dieser »Friedhofstrasse« waren die jungen Christen mit ihren älteren Freunden also unterwegs, um an einem schnee- und eisfreien und einigermaßen trockenen Platz die Feuerstelle zu errichten und Fleisch und Fisch zu grillen. Gut, dass die ansteckende Freude der jungen Leute die trüben Gedanken zumindest der beiden deutschen Erwachse-nen zu vertreiben vermochten. Hier wuchs eine andere, eine neue Jugend heran, gemischt aus verschiedenen russischen Völkern, aber friedlich vereint in Jesus Christus, ihrem gemeinsamen Herrn. Junge Leute, die solche Zeiten hoffentlich nie wieder erleben mussten. Diese Juri, Anatolij, Alexej, Michail, Iwan, Wadim, Kostja, Olga, Anuschka und Ludmilla würden ihren Weg machen, angeleitet und betreut von einem »Riesen«, der in seiner Stadt

Picknick mit einer Jugendgruppe in der Tundra auf einem ehemaligen Eisenbahnkörper

eine brennende Fackel war und sicher irgendwann diese jungen Menschen auf einen eigenen guten Glaubensweg entlassen konnte.

»Wladimir, erzähl doch noch einmal die Bärengeschichte«, forderte einer der Jungen zwischen zwei Liedern seinen Pastor auf, als die Mannschaft nach dem Essen noch für eine Weile um die Flammen saß.

»Aber die kennt ihr doch schon«, zierte sich der große Mann.

»Aber Schwester Gertrud und Willi kennen sie nicht«, drängten die Mädchen nach, die diese Geschichte auch immer wieder gerne hörten.

»Bitte, Bruder, erzähl«, forderte dann auch der Moskauer Namensvetter auf. »Ich werde übersetzen.«

»Wenn es denn sein soll!« Wladimir Schitow holte Luft und erzählte. »Das war so: Es war vielleicht vor acht oder zehn Jahren. Ich war schon bekehrt. Ich hatte aber noch Kontakte zu meinen alten Freunden. Wir gingen gerne zusammen auf die Jagd. Einmal waren wir draußen in der

Tundra und hatten unsere Kote aufgestellt und wollten uns schlafen legen. Ich habe natürlich wie immer gebetet, und meine Kumpel haben wie immer über mich gelacht. ›Ein Russe betet nicht‹, haben sie mir auch diesmal wieder gesagt. ›Beten ist was für alte Weiber.‹ Mich hat das nicht gestört. Im Ernst wollte sich ja keiner mit mir anlegen. Ich war schon immer der Größte und der Stärkste. Also, wir haben dann geschlafen, und am Morgen haben ein paar Kumpel aus dem Zelt geschaut und vor Schreck laut aufgeschrieen. ›Was ist los?‹, hab ich gefragt. ›Bärenspuren, ganz frische Bärenspuren‹, haben sie mit Entsetzen festgestellt. ›Dass wir noch leben, ist ein Wunder.‹ ›Richtig‹, hab ich gesagt, ›wir leben, weil ich um Bewahrung gebetet habe. Und ihr Typen habt mich wieder einmal ausgelacht. Hätte ich nicht gebetet, wärt ihr jetzt alle Bärenfutter. So ist das. Ich glaube an einen großen und mächtigen Gott. Der hindert Bären daran, mich zu fressen. Und ihr wart zu eurem Glück in meiner Nähe. Aber ihr müsst euch nicht bei mir bedanken, sondern bei Jesus Christus, der mein Gott und Herr ist.‹ So hab ich mit den Kerlen geredet.«

»Welchen Eindruck hat dieses Zeugnis auf die Kumpel gemacht?«, wollte Schwester Gertrud wissen.

»Leider wenig. Sie haben weiter gelacht und dann einmal erlebt, dass ein Bär ihnen ihr Zelt verwüstet hat.«

»Da hatte wohl niemand gebetet«, meinte einer der jungen Leute.

»Nein, hatte nicht. Ich war diesmal nicht dabei. Aber ich bete immer noch dafür, dass den Kerlen die Augen endlich aufgehen, wer der Herr dieser Welt ist, der Bären daran hindern kann, Menschen zu überfallen.«

»Tolle Geschichte, tolles Zeugnis«, freute sich Schwester Gertrud und dankte dem großen Bruder für seine Erzählung und für sein Glaubenszeugnis und bat dann darum, vor dem Aufbruch doch noch einmal die »Jamal-Hymne« zu singen.

Als die Missionarin später im Flieger zurück nach Moskau aus dem Fenster sah, konnte sie beim Aufstieg der Maschine den Bahndamm unten noch schwach erkennen, und sie dachte dankbar an diese Abschiedsbegegnung mit Wladimir Schitow und seinen jungen Leuten zurück. Auch noch einmal an seine Bären-Geschichte und die »Jamal-Hymne«. Wie hieß doch noch die vorletzte Strophe dieses Liedes?

Menschen aus Jamal heben ihre Hände
dem Sohn zu Ehren und dem großen Gott.
Er löst die Fesseln, zerreißt die Bande,
er ist der Retter, der Herr Jesus Christ.

Willi Buchwald mochte sich gewundert haben, wieso seine Nachbarin plötzlich ein lautes »Amen, so war es, so ist es und so wird es sein! *Slawa Boga!*« von sich gab. Schwester Gertrud musste wohl eingeschlafen sein und von dem Bahndamm-Erlebnis geträumt haben.

»Ob wir den Wunsch des Bruders nach einem Geländefahrzeug erfüllen können?«, sinnierte die Missionarin, weil ihr auch diese Frage gerade wieder einfiel. Die Isolation der Nenzen und Chanten in der Polarkreisregion beschäftigte sie sehr. Wie sollten die Verkündiger des Evangeliums im harten Winter in die entlegenen Siedlungen gelangen, wenn der Ob monatelang fest zugefroren war und Bootsfahrten nicht möglich waren?

»Das liegt in Gottes Hand, Schwester. Wenn er will, wird er es regeln«, antwortete Willi Buchwald.

»Und wie wäre ein solches Fahrzeug nach Salechard zu kriegen?«, fragte sie nach, und ihre Stimme klang schon wieder sehr müde.

»Das wird Gott auch zeigen«, gab Wladimir Ryagusow zurück.

Ob die Missionsseniorin diese Antwort noch gehört hatte? Die Strapazen der vergangenen Tage forderten ihren Tribut. Schwester Gertrud befand sich schon wieder in einer anderen Welt.

Nur gut, dass der Flieger zurzeit ruhig in der Luft lag und keine Turbulenzen den Flug störten. Turbulenzen gab es später sicher wieder genug, vielleicht schon bald in Moskau. Sicher aber später wieder in Hamburg, und vielleicht in einem Jahr wieder irgendwo in den Weiten Russlands ...

Turbulenzen und anderes

Die nächsten Turbulenzen ließen natürlich nicht lange auf sich warten. Da kam zum Beispiel die Information mit der Post, die eine Mut machende Antwort brauchte. Der KGB hatte einen der russischen Bekannten angeworben, die christlichen Gemeinden seiner Umgebung auszuspionieren. Für den Mann und arbeitslosen Familienvater war das eine große Versuchung gewesen, die er gottlob von sich gewiesen hatte. Hoffentlich hatte seine Standhaftigkeit für ihn keine negativen Folgen. Gott würde dem Mann, seiner Frau und seinen Kindern sicher gnädig sein und ihm zur »Wiedergutmachung« einen ehrlichen Arbeitsplatz verschaffen.

Dann kam der Dank von Konstantin Galejko für die Finanzierung eines neuen Satzes Reifen. Bei den katastrophalen Verhältnissen auf den Straßen dort in der Region Irkutsk hielten Reifen nur wenige tausend Kilometer, und die waren bald gefahren. Das Geld für die neuen Schuhe seines Autos war von der Hamburger Zigeuner-Gemeinde gespendet worden und gerade zur rechten Zeit bei ihm angekommen.

Später kam die vorsichtige Anfrage von Wladimir Schitow, dem sibirischen Riesen, wegen einer Hilfe zur Instandsetzung seines maroden Hauses. Diese Hütte glich tatsächlich einer kümmerlichen Bruchbude. Schwester Gertrud hatte sich neulich davon überzeugen können. Der holprige Fußboden war mit Schmelzwasser bedeckt gewesen, das wegen des gefrorenen Bodens nirgendwohin versickern konnte. Abzupumpen war es auch nicht. Also standen Betten, Stühle, Tisch und selbst der Ofen auf Steinen mitten drin. Die vier Bewohner, Eltern und zwei Töchter, mussten in der Wohnung Gummistiefel tragen. Die Räume warm zu halten war ein großes Problem. Meist trugen die Leute im Bett noch ihre Mäntel und wärmten ihre Körper mit aufgeheizten Ziegelsteinen. Die Familie Schitow lebte wirklich in ärmlichsten Verhältnissen und dennoch fröhlich und unter der Segenshand Gottes, dem besonders der Bruder in großer geistlicher Vollmacht diente.

Dem Hilferuf aus Salechard musste nachgegangen werden. Hilfe musste organisiert und auf den Weg gebracht werden. Sie kam als Folge eines entsprechenden Berichts von Bruder Johannes Lichtenberg in einer Freien evangelischen Gemeinde. Eine Glaubensschwester dieser Gemeinde stellte einen namhaften Betrag zur Verfügung, mit dem der Not der Pastorenfamilie am fernen Polarkreis abgeholfen werden konnte. Von hier kam später herzlicher Dank und ein »Vergelts Gott«.

Und noch ein Projekt trieb Schwester Gertrud um und beschäftigte ihre Freunde. Es bestand die Gefahr, dass die Versorgung Dr. Wladimir Ryagusows, seiner Mitarbeiter und seiner Studenten am Moskauer Bibelinstitut nicht mehr möglich war. Es fehlten einfach die Mittel. Die Hamburger Missionarin bekam sie zusammen aus vielen kleinen Spenden treuer Freunde ihrer Mission und sandte sie nach Moskau. Gottlob, die Arbeit konnte weitergeführt werden. Welcher Balsam auf die wunde Seele des Bruders, der gerade mit einem gebrochenen Bein nur sehr reduzierten Dienst machen konnte, was dem Mann erheblichen Kummer bereitete. Der Heilungsprozess wurde durch die Gabe seiner deutschen Freunde sicher wesentlich beschleunigt. Wie hatte der fleißige Bibelschuldirektor doch einmal gesagt: »Russische Menschen haben nicht nur eine Seele, sondern auch einen Leib, der Fürsorge braucht.«

Diesem Prinzip war Schwester Gertrud seit ihren Anfangstagen in der Zigeunermission immer nachgegangen. Von dem wollte sie auch im Alter nicht abweichen. Wie gut, dass sie hierin sehr viele Mitstreiter hatte.

So hatte die Missionsseniorin auch ein sehr gutes Empfinden, als sie per Kurier eine Geldsumme nach Moskau expedierte, die für eine Gruppe Frauen bestimmt war, die einen Gebetskreis bildeten, wegen ihrer sehr geringen Witwengelder oft am Hungertuch nagten und das im Sinne des Wortes. Weil diese Frauen einen äußerst unverzichtbaren und unschätzbaren Dienst für das Bibelinstitut und für die Christen in Moskau und darüber hinaus taten, musste ihnen einfach einmal Gutes getan werden. Das Geld hatte übrigens ein Missionskreis in Blekendorf zur Verfügung gestellt.

In einem späteren Dankesbrief stand dann, dass diese Frauen vor Freude geweint hätten, als ihnen das Geld überreicht worden war. Sie seien spontan auf die Knie gegangen, um Gott zu danken und seinen Segen für die Geber zu erbitten. Diese Menschen bekamen den erbetenen Segen deutlich zu spüren. Einige von ihnen lebten selbst unter Bedingungen, in denen sie nicht aus dem Vollen schöpfen konnten. Aber sie hielten sich dabei an Gottes Weisung über den »Zehnten« und an seine eigene Zusage: »… prüft mich hiermit, spricht der Herr Zebaoth, ob ich euch dann nicht des Himmels Fenster auftun werde und Segen herabschütten die Fülle« (Maleachi 3,10).

Die Sache mit dem Geländewagen für Wladimir Schitow sorgte auch für manches Kopfzerbrechen. Sie ließ sich zwar gut an, brauchte aber einige Monate im alten Jahr und auch noch Wochen im neuen Jahr, bis sie schließlich zum guten Ende gekommen war.

Schwester Gertrud machte fleißig Werbung für dieses besondere Anliegen. Sie telefonierte und schrieb Briefe und Faxe und konnte bald feststellen: Ein Spenderkreis war bereit, das Fahrzeug, seine Ladung mit Hilfsgütern aller Art und seine Überführung zu finanzieren. Wenn nur der Zoll nicht immer solche Schwierigkeiten machte. Und wohin sollte das schwere Fahrzeug sinnvollerweise verschifft werden? Nach Murmansk, dem einzigen eisfreien Hafen des russischen Nordens oben an der Kolabucht? Oder nach Archangelsk im Mündungsgebiet der Nördlichen Dwina ins Weiße Meer, weil dieser Hafen sehr viel näher an Salechard lag? Oder auch nur über die Ostsee nach Helsinki oder Sankt Petersburg?

Aber Gott hatte seine eigene Lösung längst in der Planung, und die war dann sogar auch die billigere. Im Februar 1999 kam ein Ehepaar aus Salechard nach Hamburg, um das Fahrzeug auf dem Landweg an den Polarkreis hinter dem Ural zu holen. Welch abenteuerliches Unterfangen quer durch Polen und Weißrussland mit seinen mafiösen Wegelagerern. Aber, wie gesagt, die Lösung entsprach der Planung Gottes. Und der macht keine Fehler.

Für ein paar Tage waren Anatolij und Olga Gäste in Hamburg bei Harry und Helene und auch in verschiedenen Sinti-Familien, ehe sie sich auf ihren langen Rückweg machten.

Am Abend des 14. Februar kam die Meldung aus Salechard, das Allradfahrzeug habe samt seiner wertvollen Ladung sein Ziel bewahrt und wohlbehalten erreicht. Spontan habe die Gemeinde einen Dankgottesdienst gefeiert. »Und sie entsetzten sich alle über die Herrlichkeit Gottes … und verwunderten sich über alles, was Gott tat« (Lukas 9,43). Das taten die Christen übrigens nicht nur in Salechard, sondern auch im etwa 5000 km entfernten Hamburg. *Slawa Boga!* Nur ihm gebührte die Ehre!

In der zurückliegenden Adventszeit hatte es infolge einer Notiz im »Hamburger Abendblatt« besondere »Turbulenzen« in den Gedanken der Missionarin gegeben, die zu Taten werden sollten und in die ihre Sinti-Gemeinde einbezogen werden musste trotz der vielen Weihnachtsfeiern, die in diesen Wochen am Georgswerder Ring, in Billstedt, in Lurup, Neugraben und in anderen Stadtteilen Hamburgs durchgeführt wurden. Worum es ging? Auf der »Peute« im Hamburger Freihafen lagen russische LKW-Fahrer mit ihren Fahrzeugen fest. Sie hatten keine Aufträge und ihnen fehlte das Geld für die Rückfahrt in die östliche Heimat. Ihre Chefs hatten sie einfach in der fernen Hafenstadt mittellos ihrem Schicksal überlassen.

Diesen armen Kerlen musste doch wenigstens für ein paar Stunden irgendwie ein Zeichen christlicher Liebe gegeben werden. Schwester Gertrud bemühte ihre kleinen grauen Zellen, die trotz ihres Alters noch hervorragend funktionierten, und hatte bald ihren Plan fest. Sie schrieb einen Brief, den Harry übersetzte und vervielfältigte und mit Freunden auf der »Peute« verteilte. Der Brief enthielt eine Einladung zu einem Mittagessen in der Hütte »Geborgenheit« am Georgswerder Ring in HH-Wilhelmsburg.

Würden die Männer kommen? Wie viele würden kommen? Dass die Sinti-Frauen ein so umfangreiches Mahl vorbereiteten, war eine riskante Sache. Im Extremfall konnten sie ihr Gebratenes, Gekochtes und Gebackenes selbst essen und den Kaffee selbst trinken.

Pech für die Frauen und die anderen Mitarbeiter des Treffens. Sie wären von den Resten nicht satt geworden. Die Berge von Frikadellen, Kartoffeln und Gemüse, dazu Kaffee und Kuchen imponierten den mehr als 20 russischen Gästen sehr, und sie langten kräftig zu. Wann in den letzten Tagen oder auch Wochen hatten sie so gut essen können? Am Ende war nicht mehr viel in den Schüsseln. Wunderbar. Da freuten sich die Hausfrauen.

Dass die russischen Männer quasi zum Nachtisch eine gute Portion Evangelium mit auf den Weg bekamen, hier in der Hütte zum Hören und zum späteren Nachlesen in ihren LKW-Kojen, verstand sich von selbst. Ein wunderbarer Nachmittag, dessen Folgen hoffentlich in irgendeiner Weise im Himmel wiederzufinden waren.

Die Cheforganisatorin dieser Aktion vorweihnachtlicher Liebe rieb sich hinterher vor Freude die Hände. Nein, nicht doch, sie faltete sie zu besonderem Dank an den Geber aller guter Ideen, aller einsatzfreudigen, lieben Helfer und aller guten Gaben. Dennoch, ein Jammer, wie die Spediteure des Ostens mit ihren Fahrern umgingen. Hier herrschten offenbar noch immer alte sowjetische Strukturen, in denen der Mensch zuweilen weniger galt als nichts.

Schwester Gertruds kleine graue Zellen gerieten erneut in Turbulenzen, als quasi als Weihnachtsgeschenk die Einladung aus Moskau kam, Ende Mai bis Anfang Juni wieder nach Russland zu kommen und diesmal nach dem Besuch bekannter Orte südlich von Moskau noch einmal den Ural zu überqueren und die Christen in Surgut und im orthodoxen Zentrum Sibiriens in Tobolsk zu besuchen. »Du stellst meine Füße wahrhaft auf weiten Raum, Herr«, ging ihr spontan durch den Kopf, als sie den Weihnachtsbrief von Wladimir Ryagusow ein zweites Mal las. Dass sie die Einladung auch absagen könnte, weil sie ja nun schon bald 79 würde, kam ihr gar nicht in den Sinn. Russland war ihr längst zum selbstverständlichen Missionsauftrag geworden, und für Jesus unterwegs sein zu können, war doch eine gute Sache. »Also, Schwester Gertrud, stell dich schon mal darauf ein, dass du alte Bekannte wieder triffst und dass du neue Leute kennen lernst«, sagte die Missionarin halblaut zu sich selbst.

Mit ihrem Rundbrief zum Jahreswechsel informierte sie auch gleich ihre vielen Freunde im Land, damit die schon einmal langfristig diese Reise im Gebet mit vorbereiten konnten. Im Mai konkretisierte sie dann das Gebetsanliegen mit einem genauen Reiseplan, den ihr der Moskauer Bruder geschickt hatte.

Der Flug in die russische Metropole verlief wieder gut und missionarisch. Die Landung auf dem internationalen Flughafen Sheremetyewo erfolgte weich und problemlos, und die Begrüßung in der Empfangshalle war herzlich wie immer. Wieder einmal war das eingespielte Dreierteam zusammen und dienstbereit.

*Schwester Gertrud bei den »Kanonen«, dem Frauen-Gebetsteam
in Wladimirs Moskauer Gemeinde*

Die Ersten, die Schwester Gertrud neu kennen lernte, waren die »Kanonen«. Nicht, dass sie mit den beiden Brüdern als Erstes ein Kriegsmuseum oder eine Kaserne der Artillerie besucht hätte. Nein, die Missionare besuchten den Frauenkreis, dem der Missionskreis in Blekendorf durch Schwester Gertrud doch im vergangenen Herbst einmal eine Finanzhilfe gewährt hatte.

Waren das liebe Frauen! Einige von ihnen mussten ihren zerfurchten und faltigen Gesichtern nach schon richtig alt sein. Sehr schlicht waren sie gekleidet, und alle trugen Kopftücher. Das gehörte bei ihnen offenbar dazu, wenn sie zum Beten zusammen waren. Ihnen strahlte die Güte und die Liebe aus den Augen, aus den Gesichtern, aus ihrem ganzen Wesen. Und wie freuten sie sich über die Begegnung.

Das also war Wladimir Ryagusows starke Rückendeckung und zugleich Voraustrupp. Wie viele Stunden diese Frauen in einer Woche auf Knien beteten, war wohl auch nur im Himmel bekannt. Herrlich, sie kennen zu lernen, ihnen von der eigenen Arbeit zu erzählen und ihnen Gutes zu tun in Form einer Nähmaschine für alle zusammen. Willi Buchwald hatte das Elektrogerät mitgebracht, damit die Spezialistin für solche Sachen ihre Betschwestern günstig mit Kleidung ausstatten konnte. Groß war die Freude und herzlich der Dank an die Menschen und größer noch der an Gott.

Weil die Frauen ja vorher gewusst hatten, dass Schwester Gertrud unter Zigeunern arbeitete, hatten die »Kanonen« eine kleine farbige Skulptur einer russischen Zigeunerin besorgt, die sie jetzt überreichten als Dank für ihre Hilfe, aber auch verbunden mit der Bitte, sich doch auch um die russischen Zigeuner zu kümmern.

Über die Skulptur freute sich die Zigeunermissionarin aus Deutschland sehr. Die Figur gefiel ihr. Aber zu dem Wunsch konnte und wollte sie zunächst einmal nichts sagen. Das musste Gott lenken, so oder so.

Dann erzählte eine der Frauen, Olga, die offenbar die Leiterin des Gebetskreises war, die Geschichte vom Erwerb des Hauses, in dem sie sich heute hier begegneten.

Die Gemeinde, zu der die »Kanonen« gehörten, hatte vor fünf Jahren Räume in einer Schule gemietet. Damals gab es etwa 30 Mitglieder. Inzwischen war »das Baby gewachsen«. 300 Personen gehörten inzwischen dazu. Die Folge war die Kündigung der Räume durch die Vermieterin mit dem Argument, sie sei damals belogen worden. Dass eine christliche Gemeinde mitten in Moskau wachsen konnte, ging der Schuldirektorin nicht in den Kopf. Dafür stand Wladimir Ryagusows Gemeinde jetzt ohne Räume da. Monatelang beteten und fasteten die »Kanonen« intensiv um neue.

Nach sechs Monaten antwortete Gott. Die Direktorin eines Unternehmens bat die Gemeindeleitung um ein Gespräch und bot das Kulturhaus ihrer Firma zum Kauf an, einen Palast mit einem großen Saal mit 400 Plätzen und vielen Nebenräumen und ausgezeichnetem Interieur und vollem Inventar. Kaufpreis 1,35 Millionen US-Dollar. Die Firma brauche das Geld, um Löhne zahlen zu können.

War das ein Angebot!? Auf den ersten Blick ganz sicher. Ein besseres konnte es kaum geben. Aber wer sollte das bezahlen? Alles Rechnen half nicht weiter, diese Summe war von der Gemeinde einfach nicht aufzubringen. Die Gemeindeglieder hatten allerdings ihre Rechnung ohne die »Kanonen« gemacht. Die sagten ganz schlicht: »Das Haus wird unser Gebetshaus. Wir können es im Glauben kaufen.« Kopfschütteln, Achselzucken, fragende Gesichter bei den Verantwortlichen. Aber die Frauen waren sich ganz sicher, dass Gott die Lösung der Finanzierungsfrage schon bereit hielt. Eine der Frauen betete sehr schlicht: »Herr, du hast sehr große Taschen. Gib uns doch das Geld, das wir so nötig brauchen. Ich glaube, dass du es tun wirst.«

Und so war es. Eine Woche später besuchte eine amerikanische Christin Moskau und hörte von den Problemen dieser Gemeinde. Sie kam, war begeistert von dem Gebäude und überreichte einen Scheck über 800.000 US-Dollar mit den schlichten Worten: »Gott hat mit klargemacht, dass Sie mein Geld brauchen.« Einen besonderen Dank lehnte die Dame ab. Der gehöre Gott, der sie mit den Mitteln ausgestattet habe.

Fortan konnte in dem Haus, in dem zu Stalins Zeiten politische Reden gehalten wurden und atheistische Kundgebungen stattgefunden hatten, die Bibel gelesen und das Wort Gottes gepredigt werden. Und die Gemeinde wuchs weiter …

Ob es in deutschen Gebetskreisen solchen Glaubensmut gab? Ob es unter Deutschlands Reichen solche Gebefreudigkeit gab?

Schwester Gertrud beschloss, diese besondere Erfahrung ihren Freunden und besonders den Gebetskreisen des DFMGB, des Deutschen Frauen-Missions-Gebets-Bundes, dem sie selbst seit vielen Jahren angehörte, möglichst bald als Motivation und Mutmacher weiterzugeben. –

Nach der Übernachtung der deutschen Gäste im Bibel-institut fuhr das Team am nächsten Tag zu einer Vortrags-veranstaltung in die Stadt Luchovicy. Thema im Kulturpalast entsprechend der örtlichen Bedingungen und Bedürfnisse: »Okkultismus, Drogen und Befreiung«.

Besondere Turbulenzen gab es in dieser von Prediger Wladimir Damjan per Plakataktion bestens vorbereiteten Veranstaltung durch einen Satanisten, der immer wieder die Veranstaltung durch seine giftigen Zwischenrufe störte, indem er mit glühenden Augen in einem fratzenhaften Gesicht und wild gestikulierend aus irgendwelchen Zauber-büchern zitierte und das Gotteswort und seine deutsch-rus-sischen Prediger ins Lächerliche zog. Ein widerlicher Typ und doch zugleich sehr armer Kerl! Beim Gebet verließ er laut protestierend den Saal.

Solchen offenen Widerstand hatte Willi Buchwald und mit ihm sein Übersetzer in Russland noch nicht erlebt. Schwester Gertrud bisher auch nicht. Aber wo vom Licht die Rede ist, da meldet sich die Finsternis zu Wort, meistens leise und hinterhältig, hier jedoch laut und für alle ver-nehmlich.

Auch diese Erfahrung sollte wohl einmal gemacht wer-den. Dennoch, dieser Jünger Satans würde den Lauf des Wortes nicht hindern können.

Noch am selben Abend ging die Fahrt weiter nach Ucho-lowo, wo Daniel Slobodenko bereits auf seine Freunde war-tete. Er hatte für den nächsten Morgen zum besonderen Gottesdienst mit den bereits in seiner Gemeinde bekannten Gästen eingeladen. Natürlich freute er sich mit seiner Familie auch sehr über die private Begegnung mit Schwes-ter Gertrud und Willi Buchwald. Ebenso freute er sich über die Begegnung mit Wladimir Ryagusow, der inzwischen sein Freund geworden war.

Nach dem Gottesdienst bedankte sich Nikolaj, ein Polizei-Major, für die gute, Mut machende Predigt, die sei-nem jungen Glauben und dem seiner Frau sehr gut getan

*Eine Großmutter und ihre Enkelinnen in Ucholowo,
deren Eltern an einer Kohlenmonoxid-Vergiftung starben,
erhalten Geschenke*

habe. Beide Menschen waren erst vor kurzem zum Glauben gekommen.

Leider drängte auch hier schon wieder die Zeit. Im 200 km entfernten Lipetzk warteten zum einen Sergej und Nadja mit ihren Kindern und zum anderen die Gemeinde, der ein Abendgottesdienst mit den Gästen angekündigt war. Auch hier gab es große Freude über das Wiedersehen und geistliche Stärkung für die durch verschiedene Umstände immer wieder sehr angefochtene Familie.

Quasi als himmlische Gegenleistung hatten die Eltern allerdings die Freude, dass ihre Siebenjährige einige Wochen zuvor im Gottesdienst nach vorne gegangen war und vor der Gemeinde gebetet hatte: »Herr Jesus, ich bin die größte Sünderin der Welt. Herr Jesus, vergib mir meine Schuld.«

Manche Besucher hatten mit Kopfschütteln auf diese Szene reagiert, der Prediger aber sehr weise. Er hatte das Mädelchen auf seine Arme genommen, ihm die Tränen getrocknet und mit ihm gebetet, dass der Herr Jesus ihm die Sünden vergebe und es als sein Kind annehme. Der Kleinen hatte das sicher wohlgetan. Ob es aber die Gemeinde überzeugt hatte von der Echtheit der Bekehrung des Mädelchens, blieb fraglich.

»Auch Kinderbekehrungen können ein Leben lang halten«, zerstreute Schwester Gertrud die vorsichtigen Bedenken der Eltern. Und sie berichtete von einigen Beispielen aus ihrer Sinti-Gemeinde, in der heute gestandene Männer und Frauen mit Freude dabei sind, die sich vor Jahrzehnten als Kinder bekehrt hatten.

Turbulente Tage! Schon am nächsten Abend ging die Reise weiter nach Samara. Den prächtigen Rosenstrauß, den Schwester Gertrud von den Geschwistern der Gemeinde in Lipetzk zur Begrüßung bekommen hatte, schenkte sie beim Abschied Nadja. Sie hätte die herrlichen Blumen ja auch gar nicht mitnehmen können auf die nächste Reiseetappe. Sollte sich die liebe Frau mit ihrem geplagten Sergej und den Kindern doch gerne daran freuen.

14 Stunden Liegewagen der russischen Bahn brachten die drei Musketiere des Evangeliums dann an »Mütterchen Wolga« und zum Wiedersehen mit Wladimir Ryagusows Bruder Viktor und deren alter Mutter. Die lebte noch und wurde offenbar immer noch von ihrem Herrn und Gott gebraucht. Es war eine herrliche Begegnung!

Auch die mit dem Zigeunerehepaar Nikolai und Tatjana. Den beiden konnte Schwester Gertrud ein paar Schachteln Medikamente gegen ihre Herzbeschwerden und Schmerzen geben. Welches Geschenk! Die Leutchen konnten sich selbst keine Medikamente kaufen. Die waren in Russland durch die mafiösen Strukturen dieses Marktes einfach für normale Menschen unerschwinglich.

Im Gottesdienst gab es die Begegnung mit einem Halbzigeuner, auch ein Nikolai, der lange vor Beginn der Veranstaltung an der benachbarten Straßenbahnhaltestelle die Fahrgäste in freundlicher Art ansprach und zum Gottesdienst einlud. Heute hatte der »Menschenfischer« zwei fremde Frauen in seinem »Netz« und brachte sie mit in den Saal. Die neuen Gäste traf die Botschaft des Predigers gleich mitten in ihre Existenz. Sie wurden regelrecht vom Evangelium erschüttert. Nach dem Aufruf zur Entscheidung gegen Ende des Gottesdienstes kamen beide nach vorne, taten öffentlich Buße für ihr bisheriges Leben ohne Gott, ließen mit sich beten und beteten auch selbst und vertrauten ihr Leben Jesus an. Wieder war Freude im Himmel angesagt.

Die Freude in der Gemeinde wurde dadurch deutlich, dass die beiden Frauen spontan ein »Geburtstagslied« gesungen bekamen und Pastor Viktor Ryagusow ihnen neue Bibeln überreichte.

Im persönlichen Nachgespräch, das zugleich ein Nachtgespräch im Flieger nach Surgut war, fragten sich die beiden deutschen Missionare, warum sich solche Dinge eigentlich so wenig in den Gottesdiensten und Versammlungen in ihrer fernen Heimat ereigneten, warum sich viele Christen darüber aufregten, wenn ein Prediger oder Evangelist zur Entscheidung für Christus aufrief, warum Mission und Evangelisation einen so geringen Stellenwert hatten im geistlichen Bewusstsein von vielen Kirchenleitungen, Pfarrern und Predigern, von Gemeinden und manchen Christen. Die Kritiker der Evangelisation mit deutlichem Aufruf sollten einmal eine Exkursion in russische Gemeinden machen. Vielleicht würden sie daraus lernen.

Beim Anflug auf Surgut, der 400-jährigen Stadt mitten in der westsibirischen Tiefebene, der Öl- und Gasstadt, der Stadt mit dem größten Kraftwerk Russlands, fehlten dem neuen Tag schon wieder zwei Stunden. Die Fluggäste mit der besten Nachricht der Welt in ihrem Gepäck mussten ihre Uhren für diese Reise schon zum zweiten Mal um zwei Stunden nach vorn korrigieren. Erstaunlich, dass der vermeintliche Zeitverlust Schwester Gertrud wenig ausmachte. Sie vermochte diese zusätzliche Belastung zu den vielen

In Surgut am Ob.
(v.l.n.r. Willi Buchwald, Schwester Gertrud,
Dr. Wladimir Ryagusow, Sergej und Evgenija Kubata)

anderen Reiseturbulenzen recht gut auszugleichen, indem
sie Lücken im Programm ausnutzte und immer wieder einmal für ein paar Minuten die Augen schloss. Gott war ihr
auch in diesen Dingen sehr gnädig. Die Missionarin musste
selbst darüber staunen, wie ihr die nötigen Kräfte zuflossen.
Von Kraft zu Kraft. Das war auch in diesen sibirischen Tagen
so, wo sich an verschiedenen Plätzen die Veranstaltungen
ohne nennenswerte Pausen aneinander reihten.

Zentral-Westsibirien erwies sich als eine finstere Gegend
selbst unter der hellsten Maisonne. Die landschaftlichen
Schönheiten der Taiga waren beeindruckend mit ihren
schier unendlichen Birken- und Lärchenwäldern im frischen Frühjahrsgrün, und ebenso die ausgedehnten
Flusslandschaften des hier bereits recht breiten Ob. Auch
das Stadtbild war recht ansehnlich mit seinen Prospekten
und Straßen, dem vergleichsweise erträglichen Autoverkehr
und den vielen Menschen auf den Straßen, manche von
ihnen in den bunten Gewändern der Chanten. Das alles
konnte aber nicht darüber hinwegtäuschen, dass auch hier

die Verblendung des Schamanimus und des Geisterglaubens gepaart mit den Fesseln eines weit verbreiteten Alkoholismus den Alltag und den Sonntag der Leute regierte. Der Wodka bestimmte für viele Männer den Tag. Ihre Frauen und Kinder hatten darunter zu leiden. Sie selbst wahrscheinlich auch. Die zunehmende Arbeitslosigkeit förderte die ohnehin verbreitete Perspektivlosigkeit und Hoffnungslosigkeit der Menschen der Stadt und der Region.

In diesen Bedingungen hatte zu Zeiten von »Glasnost« und »Perestroika« eine kleine Schar Baptisten begonnen, sich ein Gebetshaus zu bauen, in der Mehrheit Frauen und – erstaunlicherweise – junge Leute. Inzwischen versammelten sich mehr als 200 Christen in ihrem schmucken, in freundlichem Blau strahlenden Gebäude und zusätzlich in vielen Haus- und Gebetskreisen.

Diesen Menschen galt in den nächsten Tagen die Zuwendung und die Arbeit des Dreierteams. Die Aufteilung der Dienste und Aufgaben musste nicht neu abgesprochen werden, die waren schon zur Routine geworden. Jeder kannte seine Themen, die an den verschiedenen Plätzen nur geringfügig variierten. Jeder hatte auch das Gespür dafür, die Schwerpunkte seines Beitrags der momentanen Situation anzupassen.

Hätten die Tage doch nur wenigstens vorübergehend mehr als 24 Stunden gehabt! Und ein paar davon waren ja auch zum Schlafen noch nötig. Es herrschte Aufbruchstimmung unter den Leuten, die zwar meistens bekehrt, die aber in vielen Dingen einfach nicht informiert waren und deshalb sehr unwissend. Aber sie waren offen und wissbegierig und bereit, Zeit zu investieren, um zu hören und wieder zu hören, Fragen zu stellen und wieder zu hören. Hier ging es auch nicht zuerst um Evangelisation, sondern um Vermittlung gesunder biblischer Lehre. Wie viel Müll und Unrat dennoch bei den Gesprächen und der persönlichen Lebenshilfe entsorgt wurden, wie viele Menschen eine ganz neue Freiheit gewannen, war wohl wieder nur den himmlischen Statistiken zu entnehmen.

Hier wehte spürbar der Geist Gottes, wie Jesus es selbst nach Johannes 16 beschrieben hatte. Er öffnete vielen Menschen die Augen »über die Sünde und über die Gerechtigkeit und über das Gericht; über die Sünde: dass sie nicht an mich glauben; über die Gerechtigkeit: dass ich zum Vater gehe und ihr mich hinfort nicht seht; über das Gericht: dass der Fürst dieser Welt gerichtet ist« (Johannes 16,8-11).

Das Schicksal der neunjährigen Larissa machte Schwester Gertrud und ihre beiden Brüder besonders traurig. Ihre Mutter hatte dieses arme Kind von einer *Babuschka* besprechen lassen. Seitdem wurde das Mädchen gequält von nervösem Augenzucken und ständigem Schütteln ihres Kopfes. Man mochte gar nicht hinschauen. Schwärmerisch eingestellte Leute hatten dann gemeint, sie könnten dem Kind durch Handauflegen helfen. Vergebliches Bemühen. Diese Menschen hatten dazu offenbar weder Auftrag noch Vollmacht. Seitdem waren sie selbst geistlich völlig blockiert, litten unter Depressionen und brauchten sogar psychiatrisch-klinische Behandlung. Hier musste Jesus schon selbst eingreifen, die Glaubenskraft seiner Diener erwies sich in einigen Fällen als zu schwach.

Willi Buchwald gab der Gemeinde zunächst Aufschluss und Hilfestellung über Seelsorge an okkult belasteten Menschen. Danach betete er gemeinsam mit Wladimir Ryagusow, Schwester Gertrud und Pastor Sergej Kubata mit dem Kind. Der Gemeindepastor wollte sich dann auch darum kümmern, dass sich ein besonderer Kreis fand, der sich der kleinen Larissa und ihres Problems weiterhin annahm.

Bedrückend war der Besuch in einem Sonder-Gefängnis, in dem Strafgefangene mit offener Tbc einsaßen. Diese armen, hageren und glatzköpfigen Kerle in ihren dürftigen Knastanzügen waren wohl alle dem baldigen Tod geweiht. Der schaute ihnen doch schon aus ihren blassen, eingefallenen

Wladimir Ryagusow mit Chanten bei Surgut

Gesichtern mit den hohlen Augen. Ob die Botschaft der Liebe Gottes und des Heilandes für Leib und Seele, die die meisten von ihnen aufzusaugen schienen wie der sprichwörtliche trockene Schwamm das Wasser, wenigstens den ein oder anderen noch erreichen konnte? Ob sich in diesem mit hohen Mauern und Stacheldraht umgebenen Gelände mitten in den Wäldern überhaupt jemand für die Seelen dieser Menschen interessierte? Aber Gott war kein Ding unmöglich, auch nicht, dass die hier ausgestreute Saat wenigstens an einigen Stellen aufgehen würde.

Spannend wurde der vielstündige Ausflug in die wilde Tundra in ein Dorf der Chanten, bei denen es einige Christen gab, die in ihrer animistisch geprägten Umgebung keinen leichten Stand hatten. Es gefiel manchen Mitbewohnern ihrer kleinen Ansiedlung unter Birken und Lärchen und anderem Gehölz nicht, dass sie den Bärenkopf gegen das Kreuz ausgetauscht hatten und statt der Anbetungslieder für die Geister, gesungen zu dumpfen rhythmischen Trommelschlägen der schamanischen Vorsänger, jetzt ihre frohen Glaubenslieder sangen.

437

Die kleine Christenschar freute sich riesig, als sie erkannten, dass die fremden Besucher ihres Dorfes Christen waren, die gerne mit ihnen geistliche Gemeinschaft haben wollten. Russen und Deutsche in ihren Wald- und Steppengebieten?! Und dann auch noch Christen?! Diese Nachricht verbreitete sich wie ein Lauffeuer durch die »Straßen« bis in die entferntesten »Häuser«, die in den meisten Fällen eher Bretterbuden waren. Dazwischen standen allerdings auch einige recht ansehnliche Gebäude, schön blau oder braun oder rot gestrichen mit kunstvoll verzierten und farblich abgesetzten Fenster- und Türrahmen.

Es war den Besuchern nicht erfindlich, welches wirksame Informationssystem die Chanten benutzten, damit auch die Familien Nachricht bekamen, die weit weg in den Wäldern und in der Steppe lebten. Auf jeden Fall sammelten sie sich bald in einem Haus am Rande des Dorfes und hatten viel Freude an der unverhofften Gemeinschaft untereinander und mit den Gästen. Die mussten hier allerdings einen zweiten Übersetzer dabeihaben, der die Sprache der Chanten beherrschte und das Russische. Diesen Bruder, selbst ein Chante, hatten die westlichen Missionare aus der Siedlung Fedorowskij mitgebracht, wo sie sich am Vortag mit den Christen der kleinen Stadt getroffen hatten. Den 23. Psalm brauchte der Mann allerdings nicht zu übersetzen. Den kannten sie alle. Aber dass eine Vierjährige den vollständigen Text zum Eingang der Versammlung auswendig aufsagte, war schon bemerkenswert und dazu sehr bewegend.

Dort, wo Eltern ihren kleinen Kindern schon Bibeltexte dieser Art ins Gedächtnis prägten und so ins Leben mitgaben, da war ein guter Pfad für die Zukunft des jungen Menschen gelegt. Wie viele deutsche oder auch russische Vierjährige mochten den 23. Psalm auswendig aufsagen können?

Schwester Gertrud und Willi Buchwald mussten immer wieder staunen, welchen Glauben sie an ihren Besuchsorten vorfanden, wie schlicht und einfach das Zeugnis der Leute oft war, wie wenig sie die biblischen Wahrheiten hinterfragten und einfach als geschrieben und deshalb gültig hinnahmen.

Manchem westlichen Theologen stünden sicher die Haare zu Berge angesichts solch »naiven« Glaubens. Aber sie könnten sicher eine Menge lernen von diesen schlichten Menschen, die Jesus zu seiner Zeit schon in seinem Gebet gemeint hatte: »Ich preise dich, Vater, Herr des Himmels und der Erde, weil du dies den Weisen und Klugen verborgen hast und hast es den Unmündigen offenbart.« (Matthäus 11,25)

Die vielstündige Fahrt mit der Bahn nach Tobolsk bot viel Zeit, Gedanken über diese Frage auszutauschen und sie im Gebet vor Gott auszubreiten. Die gemächliche Reise bot auch viel Zeit zur inneren und äußeren Entspannung und zum Betrachten der vorbeiziehenden Landschaften der Taiga. Wald, Wald und immer noch Wald, meist Lärchen, je weiter nach Süden, desto mehr Birken, dann auch Eichen und Ahorn, dazwischen immer wieder größere und kleinere Wasserflächen und Sumpfgebiete. Hier und da wurden kleine Ansiedlungen sichtbar, bestehend aus schlichten Holzhütten und riesigen Stapeln Holz. Menschen waren ganz selten zu sehen. Dafür ab und an Rotwild. Einmal ließ sich sogar ein Bär vom Pfeifsignal des gemächlich dahinratternden Zuges aufschrecken. Herrliche Fahrt, deren Ende die Reisenden dann aber mehr und mehr herbeisehnten. Sie fühlten sich am Ende stark durchgeschüttelt. Der Gleisunterbau war mit dem einer deutschen ICE-Strecke nicht gerade vergleichbar.

Dann endlich die Ankunft in der orthodoxen Metropole Sibiriens am Zusammenfluss von Tobol und Irtysch. Diese 100.000-Einwohner-Stadt besaß allein 40 Kathedralen und Kirchen und zwei große Klöster mit angeschlossenen Priesterseminaren. Hier residierte auch der östliche Metropolit als Erzbischof in einem prunkvollen Palast. Herrliche Bauwerke beherrschten das Bild dieser viele Jahrhunderte alten Stadt. Aber eben auch triste Mietskasernen und

Das Dreierteam Schwester Gertrud, Wladimir Ryagusow und Willi Buchwald

schlichte Holzhäuser und solche, die den Anschein gaben, sie würden beim nächsten Windhauch umfallen.

Aber diese Hütten trotzten sogar den Wassern der beiden großen Flüsse der Stadt. Tobol und Irtysch führten zurzeit Hochwasser. Manchen Anrainern standen ihre Hütten mit allem Inventar im Wasser. Das floss auch bei den Christen nicht am Grundstück vorbei, und manche Brüder und Schwestern der Gemeinde konnten sich nur mit Gummistiefeln in den eigenen Wänden bewegen. Es ging ihnen ähnlich wie dem »Riesen« Wladimir Schitow und seiner Familie viele hundert Kilometer nördlich von hier, bevor der sein Haus hatte renovieren können.

»Das Hochwasser hat auch einen Vorteil«, meinte Willi Buchwald bei einem Besuch in einem solchen Haus ohne eine besondere Gesichtsregung. »Ihr könnt die Fische gleich in der Küche fangen und verarbeiten.« Weil diese Leute ihre Lage sehr gelassen hinnahmen, konnte der Evangelist sich diese trockene Bemerkung leisten.

»Du wirst lachen, Bruder«, gab der Hausherr zurück, »aber das ist schon häufig vorgekommen, dass wir Fische in der Küche hatten, die wir nur zu greifen brauchten.« Dabei schlug er sich selbst auf die Wange, denn dass sich bei Sonnenschein auch die Mücken breit machten, war der unangenehmere Teil der Geschichte. Den Einheimischen machte das wenig aus. Sie waren diese Attacken gewöhnt nach dem Motto: Alle Jahre wieder … Sie schmierten sich dann eben zur Abwehr des Ungeziefers mit einem undefinierbaren stinkenden Zeug ein oder schlugen auch nur zu.

Auch im Haus des Gastgebers von Schwester Gertrud, Willi Buchwald und Wladimir Ryagusow tanzten und surrten diese Viecher herum, setzten sich auf jede erdenkliche freie Körperstelle und stachen unerbittlich zu, um sich vollzusaugen. Dabei schienen sie unersättlich zu sein. Gut, dass es in der Reiseapotheke Gegenmittel gab und die geistliche Atmosphäre im Haus des ehemaligen Mafioso und seiner Familie einfach sehr gut war. Das entschädigte für den Kampf gegen die kleinen geflügelten Plagegeister.

Ob die orthodoxen Menschen in Tobolsk so fromm waren, wie es das äußere Bild vorgab?, fragten sich die Besucher bei einem Rundgang durch die Stadt. Oder zeigten sie den Gästen dieser besonderen Tage nur wunderschöne christliche Fassaden ohne Leben dahinter? Die Gottesdienste, die Schwester Gertrud mit den beiden Brüdern, ihrem Gastgeber und anderen einheimischen Gliedern der Gemeinde besuchte, zeugten wenig von lebendigem Glauben. Da war nur viel Liturgie mit unverständlichen Texten und mächtigem Gesang, vielfältiger Bekreuzigung, häufigem Kniefall vor Ikonen und Heiligenbildern, zuweilen den Atem raubender Weihwasser- und Weihrauchduft und das Flackern ungezählter Kerzen.

Aber von dem, der gesagt hatte, er sei das Licht der Welt und er gebe das Wasser des Lebens umsonst, von dem war nicht die Rede. Da war keine Predigt über einen Text aus Mose und den Propheten, aus einem der Erzählbücher des Neuen Testaments oder aus einem der Briefe des Apostels

Paulus. Evangelium haben die drei und ihre christlichen Freunde aus der Stadt nicht zu hören bekommen.

Schade, sehr schade. Diese Kirche vermochte den Menschen nicht zu ihrem Seelenheil zu verhelfen. Sie brachte es ihrem jungen Nachwuchs auch nicht bei. Die völlig in Schwarz gekleideten Studenten eines der Priesterseminare mussten annehmen, Wladimir Ryagusow und seine beiden ausländischen Begleiter kämen von einem anderen Stern, als sie in einem der Parks der Stadt miteinander ins Gespräch kamen. Die jungen Männer vermochten auf manche Frage nach ihrem Glauben und der Botschaft, die sie doch einmal weiterzugeben hätten, nur mit den Schultern zu zucken und die Fragesteller dann als Ketzer und Ungläubige zu beschimpfen. Ihre vorherige Freundlichkeit schlug rasch um in Ablehnung und spürbaren Hass. Wie gut, dass das Gruppenbild mit Dame bereits im Kasten war. Jetzt hätten sich die Männer wohl nicht mehr fotografieren lassen.

Zum Glück waren vor Jahren einmal Menschen in diese Stadt gekommen, die nicht der orthodoxen Tradition anhingen, sondern die saubere biblische Botschaft gebracht hatten und die gelebt hatten, wie Christen leben. Das hatte einigen imponiert, die nach Lebenssinn suchten. Sie hatten nachgefragt und gehört und sich geöffnet und bekehrt. So war Gemeinde Jesu entstanden, zu der auch der Gastgeber des Teams gehörte.

Den Mann von seinem Glauben und von seiner Taufe im Tobol berichten zu hören, war einfach erquicklich. »Gott scheut auch nicht vor einem großen Gauner zurück«, erzählte er. »Ich wusste nichts vom Evangelium. Ich war aber auch nie richtiger Kommunist. Ich war orthodox, wie die meisten Menschen hier. Aber die Kirche mit ihren unzähligen Ikonen und Heiligenbildern und ihren Weihrauchzeremonien hat mir nichts bedeutet. Ich hatte mein eigenes Rechtsempfinden und die entsprechenden Genossen zum Lügen und Betrügen, zum Saufen und Huren. Gott kam bei uns nicht vor. Nur wir selbst kamen vor. Aber Gott kam mir nach und hat mich eingeholt und herausgerettet aus der Finsternis des Betrugs und des Verbrechens und der Arroganz und der Gleichgültigkeit und so weiter. Und er hält mir nichts mehr vor. Der Schuldbrief gegen mich hängt am Kreuz. Nichts kann mich mehr verdammen. Ich bin frei! *Slawa Boga!* Das Taufbad mitten im Winter im Eiswasser des Tobol hat mir auch nicht geschadet. Ich habe das Loch noch selbst in die Decke geschlagen, so groß, dass der Pastor mit mir reinpasste. Ich habe nicht einmal einen Schnupfen bekommen. Der Pastor auch nicht. Dabei war der wegen der anderen Taufen viel länger im Wasser. Aber ich bin glücklich, dass ich jetzt zu Jesus gehöre und meine Familie auch. Jesus versorgt uns, und wir haben keinen Mangel. *Slawa Boga!*« Glückliche und selige Menschen!

Als Schwester Gertrud sich später nach einer abenteuerlichen Autofahrt durch die Taiga in der Abfertigungshalle des Flughafens Tjumen von diesem Mann verabschiedete, bedankte der sich für den Segen, den sie und die Brüder mit ihrer Verkündigung und den Zeugnissen in die Gemeinde und in sein Haus gebracht hätten. Die Missionarin wehrte diesen Dank entschieden ab. »Ihr wart mir und uns ein Segen. Ihr seid eine lebendige Familie. Bei euch herrschen die Liebe, der Frieden und die Freude des Herrn Jesus. Ihr seid zwar nicht unser Brief, aber ihr seid ein Brief Christi, den noch viele Menschen in eurer Stadt lesen müssen und ganz sicher auch lesen werden. Die ganze Reise bisher hat mich geistlich sehr bereichert. Und euer Haus war für mich eine Segensstätte. Danke, lieber Bruder. Gott segne dich!«

Willi Buchwald und Wladimir Ryagusow schlossen sich gerne diesem Votum an und verabschiedeten sich von diesem Mann in russischer Weise mit Umarmung und Kuss.

Wenig später hob der Flieger ab, um seine Insassen nach stundenlangem, zuweilen sehr unruhigem Flug auf dem Rollfeld von Domodedowo sanft wieder auf den Boden zu setzen. Hier korrigierten alle wieder ihre Uhren, denn sie bekamen zwei Stunden zurückerstattet.

»Wie lange waren wir jetzt eigentlich unterwegs?«, fragte die Missionarin, während sie den Zeigerstand ihrer Taschenuhr, die sie immer an einer Halskette trug, zwei Runden zurückdrehte.

»Knapp zwei Wochen, Schwester Gertrud«, antwortete Willi Buchwald.

»Mir kommt das vor, als wären wir zwei Monate unterwegs gewesen«, stellte sie fest mit deutlicher Müdigkeit in der Stimme.

»Du bist recht geschafft, stimmts?«, vermutete der deutsche Weg- und Dienstgefährte.

»Ja, bin ich. Jetzt, wo die Anspannung der Dienste und Begegnungen raus ist und dieser turbulente Flug gut überstanden ist, jetzt merke ich, wie müde ich bin. Die Luftlöcher ließen einen ja gar nicht zur Ruhe kommen.«

»Du wirst dich ein paar Tage in Hamburg ausruhen, Schwester Gertrud. Am besten gehst du für ein paar Wochen irgendwohin zur Kur. Gunzenhausen wär mal wieder dran. Du hast es verdient«, schlug er mitfühlend vor.

»Du musst auch neu auftanken für die nächste Reise«, mischte sich der russische Bruder ein.

»Sag so was nicht, lieber Wladimir«, widersprach die Missionarin. »Wenn ich das nächste Jahr erlebe, bin ich 80. Und dann sollte ich mich vielleicht doch zur Ruhe setzen.«

»Wenn Gott das zulässt, setz dich zur Ruhe. Wenn er dich noch einmal nach Russland schickt, dann bereite ich alles wieder gut vor, und dann sind wir drei wieder im Auftrag unseres Herrn unterwegs«, meinte Wladimir Ryagusow. »Außerdem, eine Jubiläumsreise zum 80. Geburtstag hat doch auch was für sich, oder nicht?«, ergänzte er noch.

»Deine Worte zunächst in Gottes Ohren, lieber Bruder. Und dann hören wir auf seine Antwort.«

»Klingt schon viel besser, Schwester Gertrud. Ich liege Gott in den Ohren und dann werden wir hören. Russland braucht auch im Millenniumsjahr 2000 das Evangelium.

Und wenn ihr beide es verkündigen sollt, werdet ihr es tun«, gab der russische Bruder mit einem schelmischen Augenzwinkern zurück und deklamierte wieder einmal variierten biblischen Text, diesmal aus dem Propheten Jesaja:

»Wie lieblich sind in den Weiten Russlands die Füße der deutschen Freudenboten, die da Frieden verkündigen, Gutes predigen, Heil verkündigen, die da sagen zu Moskau und anderswo: Dein Gott ist König!«

Die müde Missionarin antwortete darauf nicht mehr. Jetzt wollte sie darauf auch nicht antworten, wenngleich sie innerlich schmunzeln musste und dem Bruder Recht gab. Wenn Gott es wollte, dann würde sie doch auch mit 80 noch einmal irgendwo in den Regionen dieses Landes unterwegs sein und Frieden und Heil und Rettung durch Jesus Christus verkündigen.

Ob das dann tatsächlich die letzte Reise würde? Schwester Gertrud war sich da gar nicht sicher. Dafür brannte die zweite Seele in ihrer Brust nun einmal für Russland, und die Menschen lagen ihr sehr dicht am Herzen. Außerdem musste diese Frage eben Gott überlassen bleiben. Der würde den Weg schon zeigen. Punkt.

Damit war das Gespräch über diese Angelegenheit erst einmal zu Ende. Aber die Weichen für die nächste Reise waren bereits gestellt. Im Rundbrief, der einige Wochen später an die Freunde herausging, stand es schon zu lesen: »Wir werden, so Gott will, am 15. Juni 2000 noch einmal zum Dienst nach Russland reisen.«

Bis ans »Ende der Welt«

Es war ein sehr schönes und bewegendes Fest, das die Sinti-Geschwister ihrer »Tante Gertrud« oder auch »Schwester Gertrud« Anfang Januar zum besonderen Geburtstag gestalteten. Die Zahl der Gratulanten war riesig. Kaum auszudenken, wenn die Menge der guten Wünsche in Erfüllung ginge. So lange konnte kein Mensch leben, bis das alles verarbeitet und umgesetzt war. Dabei wäre Schwester Gertrud an diesem Tag am liebsten allein und ungestört geblieben. So musste sie einen Dank nach dem anderen abweisen bzw. nach oben weiterleiten. *Slawa Boga!* Gott gehörte die Ehre! Ihrem Herrn Jesus Christus gehörte der Ruhm! Sie selbst hielt es doch viel lieber mit Erzvater Jakob, der gebetet hatte: »Herr, ich bin zu gering aller Barmherzigkeit und aller Treue, die du an mir getan hast« (1. Mose 32,11). Aber sie hatte sich dem Tag dann doch nicht entziehen können. Ihre Sinti-Kinder hätten das nicht verstanden und auch nicht akzeptiert.

Einer der besonderen Gäste und quasi Abordnung der russischen Freunde war übrigens Nadja aus Lipetzk, die mit Töchterlein Gertrud zum Gratulieren nach Hamburg gekommen war. Schade, dass Sergej nicht hatte mitkommen können. Der war froh, endlich Arbeit zu haben, und so musste er seine Frau allein reisen lassen. Dafür wurde ein Treffen im Juli in Lipetzk vereinbart.

Die 2000er »Jubiläumsreise« war wieder zweigeteilt. Zunächst besuchten Schwester Gertrud, Willi Buchwald und Wladimir Ryagusow bereits bekannte Kreise und Gemeinden und einzelne Geschwister im Rjasanskaja-Gebiet, um ihnen Glaubensstärkung zu bringen und hier und da auch materielle Hilfe weiterzugeben, die ihr deutsche Geschwister und auch Hamburger und andere Sinti getreu der paulinischen Vorgabe vom Lastentragen aus dem Galaterbrief zur Verfügung gestellt und mitgegeben hatten.

Später sollte es dann an den Westrand des Ural gehen, in die Millionenstadt Perm an der Kama, die auch schon einmal Molotow hieß und die wegen ihrer Rüstungsindustrie eine geschlossene Stadt gewesen war.

Zunächst aber waren das Moskauer Bibelseminar und die »Kanonen« dran. In den nächsten Tagen dann sollten Pastor Damjan in Luchovicy, Daniel Slobodenko mit seiner Tanja

Auf diesem Grundstück in Kasimow (Rjasanskaja-Gebiet)
soll ein Gemeindehaus entstehen

und den Jungen und der Polizei-Major Nikolaj in Ucholowo und schließlich Sergej und Nadja mit ihren Kindern in Lipetzk besucht und bedient werden. Zusätzlich waren für die wenigen Tage eine ganze Reihe anderer Dienste und Begegnungen geplant. Die Nächte waren zum Reisen da. Ruhezeiten mussten sich ergeben.

Die fünf Slobodenkos freuten sich riesig über die erneute Begegnung mit Schwester Gertrud, Willi Buchwald und dem Moskauer Freund. Die staunten ihrerseits darüber, wie Gott das Werk Daniels durch Erweiterung und Vertiefung sichtbar segnete.
   Nikolaj hatte inzwischen seinen Dienst quittiert, weil er als Christ die korrupten Machenschaften seiner Behörde nicht mehr mitmachen konnte und auch nicht mehr ertragen wollte. Dass er jetzt zunächst einmal arbeitslos war, bekümmerte den Mann schon, es machte ihn aber nicht unglücklich.
   Schwester Gertrud bekräftigte ihn gerne in seiner konsequenten Haltung. Sie ermutigte ihn, mit seiner Familie fröhlich seinen Weg zu gehen, und nannte ihm zwei der Weisheiten Salomos: »Besser wenig mit der Furcht des

Herrn als ein großer Schatz, bei dem Unruhe ist« (Sprüche 15,16). und »Besser wenig mit Gerechtigkeit als viel Einkommen mit Unrecht« (Sprüche 16,8).

»Unser Herr Jesus hat uns bisher nicht im Stich gelassen«, bestätigte der Mann. »Er wird uns auch weiter versorgen.«

Eine neue Begegnung in Ucholowo ergab sich mit Viktor, dem Bürgermeister des Bezirks. Der Mann hatte ja nun mitbekommen, welche Folgen die christlich motivierten und auch so geprägten Aktivitäten seines Bürgers Daniel Slobodenko seit Jahren hatten und welche Rolle in der Entwicklung der Gemeinde die deutsche Missionarin, ihr Begleiter und der Moskauer Übersetzer spielten. Deshalb wollte er sie gerne persönlich kennen lernen und lud sie mit ihrem Gastgeber zum Empfang ein.

Der Bürgermeister hatte den Christen seiner Stadt inzwischen das Gebäude eines ehemaligen Krankenhauses zur Nutzung überlassen. Das marode Objekt wurde zurzeit von Daniels Leuten und anderen aus der Gemeinde renoviert, soweit die Mittel dazu zur Verfügung standen. Das nächste Kinder-Sommerlager sollte auf jeden Fall schon hier stattfinden. Langfristig sollte das Haus zur Rehabilitation von Alkoholkranken und Drogensüchtigen dienen.

Der Bürgermeister war von diesen Vorhaben sehr angetan, und er lobte die angestoßenen Initiativen. Er selbst war dem Christlichen gegenüber eher zurückhaltend. »Wissen Sie«, meinte er in seiner Begrüßungsrede, »ich glaube nicht an Gott. Ich wurde zwar als Säugling in der orthodoxen Kirche getauft, aber im Geist des Atheismus erzogen. Was hilft mir das also? So bin ich halt ein orthodoxer Atheist. Aber ich habe große Achtung vor dem christlichen Leben von Daniel Slobodenko und seinen Freunden, und ich bin überzeugt, dass Daniels Pläne gut sind. Darum werde ich ihn unterstützen, diese Pläne umzusetzen auch gegen den Widerstand der Kirche, der diese Sachen nicht gefallen. Das ist aber wohl nicht zu ändern. Ich verstehe nicht viel von diesen christlichen Dingen, aber ich glaube, die orthodoxe Kirche versteht noch weniger davon. Das ist sehr bedauerlich, weil die orthodoxe Kirche in unserem Staat eine wichtige Rolle spielt und viel Macht hat. Liebe Freunde, ich hebe mein Glas auf Sie und auf das, was Sie für uns in unserem Ort und in der Gemeinde von Daniel hier getan haben und noch tun. Zum Wohl.«

Im folgenden Gespräch hatte die Seniorin dieses Kreises, für Viktor ganz offensichtlich eine besondere Respektsperson, die Möglichkeit, den Hintergrund für das Handeln seines Bürgers noch einmal von der biblischen Botschaft des Jesus Christus her zu erklären. Sie erläuterte dem Politiker Jesu Zusammenfassung der Gebote und ihre Umsetzung ins praktische Leben. »Was Christen anderen Menschen tun, das tun sie ihrem Herrn und Gott. Daniel tut nur, was wir Christen zu tun schuldig sind als die unnützen Knechte unseres Herrn. Aber es ist sehr schön, dass Sie ihn darin unterstützen. Gott wird Sie dafür segnen, da bin ich sicher.«

Das war jetzt wirklich eine schöne Begegnung gewesen. Wenn dieser Viktor zum Glauben käme, könnte der zu einem starken Mitarbeiter der Gemeinde werden, sinnierte die Missionarin später am Tisch ihres Gastgebers.

»Vorsicht, Schwester Gertrud«, dämpfte Willi Buchwald ein wenig die Euphorie seiner Mitstreiterin. »Das könnte der sicher werden. Aber wohl nicht mehr aus der Position des Bürgermeisters. Denk an Nikolaj, der die Korruptionserscheinungen nicht mehr ertragen hat. Viktor müsste wohl konsequenterweise seinen Posten drangeben. Ob er das könnte?«

»Worum sollen wir dann beten?«, fragte die Missionarin ein wenig verunsichert.

»Gott möge diesem Mann das Herz auftun und die Hände nicht verschließen«, antwortete der Evangelist.

»Amen!«, bestätigten die beiden russischen Brüder, »Gott kann es schenken.«

Die Begegnung mit einer jungen Ärztin des Ortes war dagegen sehr beklemmend. Der Einblick in ihre Arbeitsmöglichkeiten musste einfach wehtun. Leere Regale, keine Geräte oder solche, die aus Urzeiten zu stammen schienen wie ihr etwa hundert Jahre altes und mehrfach geleimtes Stethoskop.

»Russland, wie gehst du mit deinen Menschen um?«, kam es Schwester Gertrud über die Lippen.

»Sie haben Recht«, ließ die Ärztin ihr durch Wladimir sagen, der ihr diese Bemerkung übersetzt hatte. »In Russland darf man nicht krank werden. Wer soll einem Kranken helfen? Sie sehen ja, welche Medikamente in meinem Schrank sind. Ein paar gegen Kopfweh und ein paar gegen Durchfall und ein paar Wundsalben. Nur wer reich ist, kann sich bei uns eine Krankheit leisten und sich die Medikamente auf dem Schwarzmarkt kaufen. Den Armen bleiben die Kräuter und die Wadenwickel, die man sich selber machen kann.«

»Und Sie sind trotzdem Ärztin geworden?«, fragte die Missionarin.

»Ich war einmal Idealistin. Ich hatte geglaubt, der Kommunismus könnte die Verhältnisse tatsächlich zum Idealen hin verändern. Ich bin sehr nüchtern geworden. Die Realität sieht anders aus. Der Kommunismus hat wenige sehr reich gemacht und viele sehr arm. Ich hoffe inzwischen auf die Veränderungen, die die neue Regierung auf ihre Fahnen geschrieben hat. Boris Jelzin hat noch nicht viel auf die Reihe gebracht. Ich hoffe jetzt auf Staatspräsident Wladimir Wladimirowitsch Putin. Der ist jung und dynamisch und offen für neue Ideen.«

»Ich wünsche Ihnen, dass Sie Recht haben und dass sich unter Putin das Gesundheitswesen Ihres Landes verändert, damit Sie mit mehr Freude arbeiten und Menschen helfen können. Leider kann ich Ihnen nicht viel helfen, aber was ich habe, lasse ich Ihnen gerne hier.«

Zwei Dinge hatte Schwester Gertrud dabei, die sie an dieser Stelle weitergeben konnte, ein paar Päckchen Herzmittel und das Buch »Jesus unser Schicksal«. »Mit den Medikamenten können Sie vielleicht ein paar Leuten für kurze Zeit Erleichterung verschaffen. Mit dem Buch können Sie sich selbst das Beste geben und besorgen, was es gibt: Leben mit Jesus. *S'Bogom!* Gott sei mit Ihnen.«

Eine neue Station dieser Missionsreise war Tambow, eine Großstadt an der Zna östlich von Lipetzk. Eine groß angelegte Plakataktion hatte die Menschen dieser Stadt eingeladen zu einem Vortragsabend zum Thema »Brennpunkt Okkultismus und Befreiung«. Dass dieses Thema nicht aus der Luft gegriffen war oder auch nur das Steckenpferd eines deutschen Referenten, konnten Willi Buchwald, Schwester Gertrud und ihr Übersetzer Wladimir Ryagusow dem Zuspruch der Veranstaltung ablesen. Etwa 500 Männer und Frauen jeden Alters wollten hören, was es dazu zu sagen gab. Der große Saal des Kulturhauses quoll förmlich über von Menschen, die mit höchster Konzentration zwei Stunden lang der Botschaft der Gäste zuhörten.

Manche gingen still und in sich gekehrt später hinaus, andere heftig diskutierend. Eine große Zahl Menschen blieb zurück, um das Angebot der Referenten anzunehmen, mit ihnen zu sprechen und auf Wunsch auch zu beten. Erschütternd, was in den mehr als zwei folgenden Stunden ausgesprochen wurde an Not und Elend, das seine Wurzeln in finsteren Verstrickungen und Verflechtungen hatte.

Leider konnte heute nur wenigen Menschen wirklich geholfen werden. Zu eng und festgezurrt waren die Fesseln, mit denen viele gebunden waren. Da konnte ein erstes Gebet nur ein momentaner Trost sein, kaum aber eine dauerhafte Hilfe. Die Christen dieser Stadt hatten an diesem Abend Arbeit bekommen. Ob sie die leisten konnten? Ob sie den Mut und die Kraft hatten, gegen die Mächte der Finsternis anzurennen? »Guter, starker Gott, rüste deine Kinder in dieser Stadt aus mit der Waffenrüstung, die sie nötig brauchen, um diesem Kampf gewachsen zu sein, und dann schenke ihnen deinen Sieg!«, betete

Schwester Gertrud mit beinahe letzter Kraft am Ende dieses Tages.

Das war heute sehr anstrengend gewesen. Und die Nachtfahrt durch die Wälder nach Lipetzk brachte nicht unbedingt die dringend notwendige Erholung. Die Straße war schlecht und das Wild zahlreich. Daniel Slobodenko musste mit hoher Konzentration unterwegs sein, um sein Auto um die Schlaglöcher herum zu steuern und nicht einen Wolf oder ein paar Wildschweine über den Haufen zu fahren. Das hätte den Tieren, den Menschen und der Technik nicht gut getan. Gut, dass es am frühen Vormittag im Hause von Nadja und Sergej noch ein paar Stunden Ruhe gab. Dennoch, der Herr Jesus selbst musste Energie nachlegen, damit die Aufgaben dieses Tages zu bewältigen waren. Denn auch hier wartete ein dreistündiger Gottesdienst zur Einweihung eines größeren Gebetshauses, warteten viele seelsorgerliche Gespräche, warteten viele Begegnungen am Rande. Und es sollte ja auch in den nächsten Tagen weitergehen.

Schwester Gertrud, was mutest du dir zu, ging es der alten Missionarin immer wieder einmal durch den Sinn. Auf der anderen Seite spürte sie, dass Gott ihren Dienst bestätigte, dass die Leute zuhörten, dass sie gedanklich mitgingen. Das vertrieb dann doch wieder die aufkommende Müdigkeit und machte Mut und gab Kraft. Die liebevolle Fürsorge von Nadja tat ihr Übriges. Also auf zu neuen Taten.

Zum Beispiel zu einer Taufveranstaltung in Schatzk, einem Dorf der Region. Hier gab es eine fröhliche und rührige Gemeinde, die der örtliche Bürgermeister gerne in den Wald verbannt hätte. Vergeblich, die Leute hatten sich dennoch ein schmuckes Gebetshaus bauen können, in dem sich mehr und mehr Menschen versammelten und heimisch fühlten. Es gab immer wieder Bekehrungen und in ihrer Folge dann auch Taufen.

An einer solchen Veranstaltung teilzunehmen und durch

Predigt und Zeugnis daran mitwirken zu können und das auch noch am Pfingstfest, war eine besondere Freude für das missionarische Dreierteam.

Schauplatz der Taufe in der mehrteiligen Tagesveranstaltung war ein uriger Teich abseits des Dorfes. Nach dem Gottesdienst zog alles hinaus. Als freuten sie sich mit, lachte die Junisonne vom Himmel und zwitscherten die Vögel in den Zweigen der Erlen, Birken und Weiden. Als die ersten Täuflinge im Wasser vom Pastor untergetaucht wurden, begannen die Frösche im Teich zu quaken. Ein lustiger »Posaunenchor«. Ihr Konzert dauerte genau so lange, wie die Täuflinge im Wasser waren. Danach verstummte es wieder. Die Kreatur freute sich offenkundig mit den Menschen. »Dann jauchzt mein Herz dir, großer Herrscher, zu: Wie groß bist du!«, sang die Versammlung zum Ende der Tauffeier am Teich.

Die Leute feierten dann später im Gebetshaus weiter, nicht nur das anschließende Abendmahl, sondern auch danach bei Kuchen und Tee und anderen Getränken.

Nach außen und innen ein reicher Tag! Der heilige Geist wird sich gefreut und eine besondere Portion seiner Kraft verströmt haben.

Die wurde dann später in Rjazan auch wieder dringend benötigt, in dieser historischen Stadt und Zentrum einer großen Agrarregion nahe der Oka. Hier war es ähnlich wie einige Tage zuvor in Tambow. Die Menschen strömten nur so herbei, um zu hören, was die deutschen Referenten mit ihrem russischen Übersetzer zu sagen hatten. Die große Halle war deutlich zu klein, um die Menschen zu fassen. Sie standen dicht gedrängt noch in den Gängen. Die meisten waren offenbar gekommen, weil sie Not hatten mit den Erscheinungen okkulter Machenschaften bestimmter Leute. Eine Gruppe schwarz gekleideter, finster dreinblickender Satanisten hatte sich unter die Menge gemischt – wohl eher, um die Veranstaltung massiv und lauthals zu stören. Sie taten das so lange, bis sie von interessierten Zuhörern deutlich in ihre Schranken verwiesen wurden. Nachdem Wladimir Ryagusow dann mit den Männern in Ruhe geredet hatte, während die deutschen Missionare ernsthaft beteten, verließen sie laut schimpfend und die Versammlung verwünschend das Haus. Ihre Attacken vermochten nichts auszurichten.

Eine schwierige Veranstaltung. Dennoch blieben die Akteure ruhig und gelassen und ließen sich nicht in ihren Beiträgen beeinträchtigen. Auch nicht von dem orthodoxen Nationalisten, der sich plötzlich meldete. Der Mann protestierte lauthals dagegen, dass die Veranstaltungsleiter und die Referenten öffentlich beteten, wo doch orthodoxe Zuhörer im Raum seien. Das sei eine schlimme Lästerung der Kirche und der Religion und aller Heiligen. Wladimir Ryagusow sprach später mit dem Fanatiker und erreichte es, dass er doch sehr nachdenklich wurde.

Rjasan wurde zu einem Beispiel dafür, dass man den Satz auch umkehren konnte: Wo viel Schatten ist, ist auch viel Licht. Diese Erfahrung machten die Missionare dann eben auch: Menschen kamen, bekannten ihre Sünden, lösten sich von finsteren Verstrickungen und ordneten ihr Leben vor Gott.

Auch in dieser Großstadt ließen die Gäste den einheimischen Christen eine Menge Arbeit zurück. Hoffentlich konnten die den Anforderungen wenigstens einigermaßen gerecht werden. Das Wollen dazu hatten diese Aufrichtigen; Gott würde es ihnen gelingen lassen.

Nach diesem Kampftag begann der zweite Teil der 2000er Reise. Über Moskau ging es nach einem kurzen Zwischenstopp und Gesprächen mit den leitenden Brüdern des geistlichen Zentrums des russischen Baptistenbundes mit dem Flieger gen Nordosten nach Perm an der Kama. Diese Großstadt hatten die Missionsleute früher schon einmal von oben anschauen können. Jetzt fuhren sie mitten hinein in die pulsierende Industriemetropole. Auf dem Flugplatz wurden sie abgeholt von dem baptistischen Bruder Alexander

Gusevs mit seiner Frau Tatjana. Mit einem Fahrzeug, das vor Jahren einmal ein Auto gewesen sein musste, ging es in die Stadt und ins Quartier. Nach mehreren Pannenstopps unterwegs kamen sie sogar an. »Gebetsauto«, nannte der Bruder die Schrottkiste. »Sie fährt zwar mit Diesel, aber wichtiger ist das Gebet«, meinte Alexander. »Gott hat bisher immer Gnade geschenkt, dass es irgendwie weiterging. Ich hoffe, er bleibt mir noch ein wenig gnädig und dem Auto auch. Ein neues kann ich mir nicht kaufen.« Jedenfalls für die Abholung hatte das Fahrzeug seinen Dienst wieder einmal getan. Dass es noch weiter Dienst tun könnte, dafür beteten auch die beiden älteren Frauen, bei denen die Gäste in den nächsten Tagen untergebracht und liebevoll versorgt wurden.

»Es wäre für uns sehr schlimm, wenn Bruder Gusevs nicht mehr fahren könnte«, begründeten die beiden ihr spezielles Gebet. »Er braucht das Auto für die weiten Wege. Und das Geld für ein anderes reicht noch nicht.« Daraufhin konnten Schwester Gertruds Freunde eine kleine Summe für notwendigste Reparaturen zur Verfügung stellen. Für diesen Fall gab es noch eine Reserve im Notfonds. Und sie äußerte die Hoffnung, dass ein deutscher Bruder sich um ein Ersatzfahrzeug kümmern würde.

Nach den geistlichen Strapazen im Rjasanskaja-Gebiet wurden die fünf Tage in Perm zum Erlebnis der Herrlichkeit Gottes. Hier war reifes Erntefeld. In die täglichen Vortragsveranstaltungen und Gottesdienste kamen trotz schlechten Wetters mit Sturm und Regen Hunderte hungriger Menschen und konnten nicht genug bekommen an Botschaft der Liebe Gottes, an Angebot ihrer Erlösung durch Jesus Christus, an Einladung zur Freude und zum ewigen Leben. Gottes Geist wehte spürbar in diesen nachpfingstlichen Tagen. Die Referenten und ihr Übersetzer wirkten wie besonders beflügelt. Selbst nach zwölf Stunden Arbeit für, an und mit Menschen kam kaum Müdigkeit auf. Besonders Schwester Gertrud mit ihren 80 Lenzen wunderte sich im-

Das missionarische Dreierteam in Perm

mer wieder über ihre eigene Konstitution, ihre Kraft und Frische.

Hier in Perm hatte Gott offenbar Besonderes vor. Hier stand dem auch niemand im Weg, keine krakeelenden Satanisten und keine fanatischen Orthodoxen. Gesegnete Tage! Herrliche Tage mit vielen befreienden Aussprachen und Übergaben! Die Engel im Himmel kamen aus dem Feiern gar nicht heraus.

Da kam Rose in eine der Veranstaltungen, eine intelligente junge Russin. Die Frau wirkte gesichtslos, traurig und depressiv. Ihre lange Suche nach sinnvollem Leben war bisher erfolglos gewesen. Im Lokalradio hatte sie dann vor ein paar Tagen eine christliche Sendung gehört, an deren Schluss auf die Gemeinde in Perm hingewiesen wurde. Jetzt saß sie zum ersten Mal in einem christlichen Gottesdienst und kam aus dem Staunen nicht heraus über dem, was sie dort hörte. Später reihte sie sich ein unter die, die eine Aussprache suchten, und als sie dran war, packte sie aus. Sie sprach gutes Englisch, und so brauchten die Seelsorger keinen Dolmetscher. Das erleichterte das Gespräch.

Welche Not eines jungen Menschen kam da zu Tage! Aus ihrer Tasche kramte sie verschiedene Gegenstände, die sie von praktizierenden Okkultisten als Lebenshilfe erhalten hatte, andere, die sie von orthodoxen Priestern als besonders geweihte Fetische gekauft hatte. Alle teuer bezahlt und völlig nutzlos. Im Gegenteil. Diese Dinge hatten ihr Leben eher beschwert und ärmer und mühsamer gemacht, als dass sie ihr Hilfen gewesen wären.

»Nehmen Sie diese Dinge«, bat sie unter Tränen, »ich will sie nicht mehr. Sie sollen mich nicht länger blockieren. Werfen Sie sie weg. Ich tausche sie ein gegen das Kreuz, an dem Jesus für mich gestorben ist.«

Rose kam jeden Tag, und jedes Mal brachte sie andere Gegenstände und auch Bücher über Parapsychologie und Magie mit, die dann in den Müll wanderten. Jeden Tag hellte sich das Gesicht der jungen Frau ein wenig mehr auf, bis es am Ende strahlte vor Freude über die Befreiung von allen Lasten und in Erwartung des Weges, den Gott mit ihr in Zukunft gehen würde.

Irene, eine Frau mittleren Alters, kam in die Seelsorge und weinte sich aus. Ihre Lebensbedingungen in der Familie und in ihrer Heimatgemeinde waren desolat. Hier herrschte der erhobene Zeigefinger und die gesetzliche Drohpredigt, die keine Freude und kein Lachen zuließ, dort herrschte der Unglaube, der alles christliche Bemühen verhöhnte und verspottete, bei dem der Frau auch das letzte Lachen noch vergangen war. Die Frau war schier verzweifelt. Wenn so das Leben war, dann wollte sie nicht mehr leben. Schwester

Gertrud und Wladimir Ryagusow konnten Irene die Tränen trocknen und ihr ein anderes Gottesbild vermitteln, das des liebenden Vaters, der schon durch seine Engel auf den Feldern von Bethlehem die große Freude verkünden ließ, die allem Volk widerfahren sollte. Irene begriff und öffnete sich dieser Freude. Als sie von der alten Missionarin zum Abschied noch etwas Hilfe bekam, damit sie ab und an die weite Strecke in den Gottesdienst nach Perm fahren konnte, flossen dann noch einmal die Tränen, diesmal vor Dank und Freude für dieses besondere Geschenk.

Noch einmal griff Schwester Gertrud in ihr besonderes Täschchen. Diesmal half sie einem alten frommen Mütterchen, das mit zitternden Händen und brüchiger Stimme seine besondere Not klagte. Das kleine zierliche Persönchen – Schwester Gertrud kam sich ihr gegenüber richtig groß vor – versorgte einen Enkel, der wegen verschiedener Lebensmitteldiebstähle zu einer hohen Geldstrafe verurteilt worden war. Nachdem er sich bekehrt hatte und seinen Weg mit Jesus ging, hatte sich der Junge selbst angezeigt. Mit der Last der Schuld hatte er nicht leben wollen. Nur war er kaum in der Lage, seine Strafe auch abzuzahlen. Die Oma half aus mit Teilen ihrer kleinen Rente. Der Siebzehnjährige sollte doch standhaft bleiben können. Aber es fiel ihr sehr schwer, und manchmal fragte sie in Geschäften nach unverkäuflichen Lebensmitteln oder Speiseresten oder sie suchte die Müllplätze ab, um sich und den Jungen über Wasser zu halten. Dazu war sie sich nicht zu schade. Jedenfalls war sie bisher nicht verhungert und ihr Enkel auch nicht. »Gott sorgt treu«, sagte sie, »und er wird mich alte Frau nicht im Stich lassen und den Jungen vor dem Bösen bewahren.« Die kleine finanzielle Hilfe war für das Mütterchen sicher wie ein besonderes Weihnachtsgeschenk mitten im Jahr.

Nach den vielen gesegneten Diensten verließen Schwester Gertrud und die Brüder in großer Freude die Stadt am Ural,

um nach Hause zu reisen nach Hamburg, in den Westerwald oder nur nach Moskau. Die Freude der besonderen
Erfahrung des Segens Gottes trug lange durch und führte zu
einer wichtigen Erkenntnis. »Der Missionsauftrag in Russland ist noch lange nicht erfüllt«, konnten die informierten
Missionsfreunde später im Rundbrief der Missionarin lesen.

Diese Überzeugung der Streiterin Gottes und Christi
wurde durch verschiedene Nachrichten aus den russischen
Dienstorten und besonders durch solche von Wladimir Ryagusow immer wieder verstärkt.

Viele Gemeinden meldeten Zulauf und riefen vermehrt
nach ausgebildeten Predigern.

Der Druck der orthodoxen Kirche auf evangelikale Gemeinden und ihre missionarischen Bestrebungen stieg. Ihr
Einfluss auf die kleine und große Politik wuchs, was die
christlichen Kreise vielerorts und in vielfältiger Weise zu
spüren bekamen.

Die Finsternis vergriff sich zunehmend am Licht. Aus den
kleinen vom Schamanismus beeinflussten Völkern kamen
einzelne Informationen, dass die gläubigen Menschen stark
angefeindet würden. Vor kurzem hatten in einem der Dörfer
im Norden Sibiriens Zauberer die fromme Daria gegriffen
und am Grab ihrer Mutter aufgehängt. Wladimir Schitow,
der »Riese«, hatte die traurige Aufgabe, die Frau zu beerdi-
gen, wenig später auch ihren Mann. Mit dem machten es
die Geisterbeschwörer nämlich genauso. Zehn Kinder
waren durch diese brutalen Angriffe auf den Glauben der
Christen jetzt ohne Eltern und mussten sich künftig selbst
durchs Leben schlagen. Wer mochte verstehen, warum Gott
diese Geschichte zugelassen hatte? Vielleicht sollte ja das
Sprichwort deutlich werden, dass das Blut der Märtyrer der
Same der Kirche sei. Das von den Schamanen statuierte
Exempel hatte nämlich genau den gegenteiligen Effekt. Seit
diesem Ereignis kamen viel mehr Menschen in die Gottesdienste als vorher, vor allem kamen jetzt Männer, die bei
den Christen nach Lebenssinn suchten.

Die Zeit drängte auch, weil seit Auflösung der UdSSR die

vielen unterschiedlichen Völkerschaften ihre eigenen Identitäten entdeckt hatten und mehr und mehr auf dem politischen Feld darauf drängten, auch ihre eigenen Sprachen verwenden zu können. Die missionarische Arbeit würde dadurch erschwert.

Schwester Gertrud fand in einer Zeitschrift ein Zitat, das dem jüdischen Religionsphilosophen Martin Buber zugeschrieben wurde. »Älter werden ist ein köstlich Ding, solange man nicht verlernt, immer noch wieder Neues zu beginnen«, war da zu lesen. Das war ein guter Gedanke, dem man nur zustimmen konnte. Martin Buber war 87 geworden und bis ins hohe Alter aktiv gewesen. Schwester Gertrud war gerade mal 81. Da konnte noch manches Neue kommen. Schwester Gertrud hatte doch schon vor der politischen Wende in Deutschland immer wieder das Gebet des Jabez für sich selbst gebetet, das zurzeit durch viele Veröffentlichungen die fromme Szene beschäftigte.

Wie hatte dieser »mit Kummer geborene« und ansonsten eher unbekannte »Sohn der Schmerzen« gebetet? Die Missionarin konnte dieses Gebet selbstverständlich auswendig. »Ach, dass du mich segnetest und mein Gebiet mehrtest und deine Hand mit mir wäre und schafftest, dass mich kein Übel bekümmere!« (1. Chronik 4,10) Sie kannte auch die modernere Form: »Segne mich und erweitere mein Gebiet! Steh mir bei und halte Unglück und Schmerz von mir fern!« (Gute-Nachricht-Übersetzung)

Warum also nicht weitermachen? Noch nicht mit 81 aufhören! Gott hatte bisher reich gesegnet. Er hatte das Gebiet erweitert. Er hatte immer beigestanden und Unglück und Schmerz ferngehalten. Die kleinen Problemchen nach dem Unfall damals mit dem Arm, die seit ihrer Jugend immer wieder einmal auftretenden körperlichen Schwächen und hier und da aufkommende altersbedingte Wehwehchen waren doch gar nicht erwähnenswert. Also mutig noch einmal der Erfahrung entgegen, die der unbekannte Mann aus dem Chronikbuch hatte machen können als Antwort auf sein Gebet: »Und Gott ließ kommen, worum er bat.« Gott würde auch kommen lassen, worum sie, die Missionarin, und die Brüder und die Geschwister im Lande beteten.

Warum beschäftigte sie das eigentlich gerade jetzt? Das musste an dem Fax liegen, das da vor ihr lag und mit dessen Inhalt Schwester Gertrud sich gedanklich auseinander setzte. Sie musste darauf reagieren. Das Fax war wieder einmal eins aus Moskau.

Dr. Wladimir Ryagusow hatte eine dringende Einladung vom »Ende der Welt« erhalten, von Christen unter Russen, Tschuktschen, Lanuten und anderen kleinen Völkern, die selten oder nie besucht worden waren. Wer hatte denn auch schon nach Kamtschatka reisen können, neun Flugstunden von Moskau entfernt? Diese Halbinsel konnte ja erst seit Gorbatschows »Perestroika« und »Glasnost« besucht werden. Vorher war sie militärisches Sperrgebiet gewesen und nur für besonders auserwählte Leute zugänglich. So schrieb es der Moskauer Bruder und gab die Einladung der Gläubigen vom »Ende der Welt« dringend weiter.

Kamtschatka? Schwester Gertrud hatte lediglich eine blasse Ahnung aus früheren Schulzeiten. Das war eine Halbinsel im fernen Osten am Pazifik. Mehr gab das Gedächtnis nicht her, also bemühte die Missionarin wieder einmal Atlas und Lexikon. Sie fand:

»Kamtschatka, asiat. Halbinsel zw. Beringmeer und Ochotsk. Meer, Russland, 370 000 km², gebirgig, viele tätige Vulkane, raues Klima, reich an Wäldern und Pelztieren, Fisch- und Seetierfang (Krabben); geotherm. Kraftwerke; Erdgas; Wirtschaftszentrum: Petropawlowsk-Kamtschatski.«

War das ein Name. Der war ja schier nicht auszusprechen. Schwester Gertrud musste es ein paar Mal lesen, silbenweise, ehe sie Petropawlowsk-Kamtschatski einigermaßen hinbekam. Sie beschloss, diesen Namen nie in seiner vollständigen Länge zu benutzen, sondern sich auf die erste

Hälfte zu beschränken. Petropawlowsk ließ sich nach ein bisschen Übung aussprechen. Bei denen war es jetzt übrigens schon abends acht, während es bei ihr gerade mal vormittags zehn Uhr war. Zehn Stunden Zeitverschiebung, das bedeutete neuen Rekord in ihrer Reisetätigkeit.

Dort sollte es also hingehen. Ob wohl vor ihr eine Touristin ihres Alters diese besondere Gegend der Welt besucht hatte? Ob das nicht doch ein bisschen anstrengend und gefährlich werden konnte auf dem furchtbar langen Flug, auf schlechten Straßen mit wer weiß was für einem Fahrzeug, durch große Wälder mit vielen Bären, zu den Füßen tätiger Vulkane? Wenn nun gerade im Juni der Kljutschewskaja Sopka oder einer von den anderen zehn oder mehr Unaussprechlichen ausbrach oder mal wieder ein Erdbeben verursachte? Unsinn, die Vulkankegel und -krater waren doch sicher weit weg von dem bisschen Zivilisation, das es dort gab. Man musste den Feuer speienden Bergen ja auch nicht zu nahe kommen. Und Bären mochten sicher kein »Menschenfleisch in der Dose«. Adlerkolonien sollte es auf der Halbinsel geben, wie sie sonst nirgendwo in der Welt vorkamen. Ob sie eine solche Adlerkolonie zu sehen bekäme oder wenigstens ein paar dieser mächtigen Könige der Lüfte?

Das konnte interessant und sehr spannend werden. Reisezeit sollte die erste Junihälfte werden.

Vor dieser Reise machten ein paar Russen zunächst eine Reise in umgekehrter Richtung. Ende April kamen Wladimir Ryagusow und Daniel Slobodenko aus Ucholowo mit seinem Bezirksbürgermeister Viktor, dem »orthodoxen Atheisten«, und dessen Kollegen Juri für ein paar Tage in die Bundesrepublik. Sie wollten erkunden, wie man in Deutschland effektive Landwirtschaft betrieb, und sie wollten erfahren, wie man hierzulande therapeutisch mit Alkoholkranken und Drogenabhängigen umging. Zwei Tage und zwei Nächte hatten die vier Russen für die lange Reise gebraucht, eingeklemmt in die engen Sitze eines Fernbusses. Das war

*Schwester Gertrud mit ihren russischen Gästen
in ihrem Wohnzimmer*

wesentlich preisgünstiger gewesen als zu fliegen. Dafür
auch wesentlich anstrengender. Die Fürsorge der Hamburger Freunde entschädigte aber bald für die erlittenen
Strapazen.

Schwester Gertrud nahm sich selbstverständlich sofort
der Gäste und ihres Anliegens an, organisierte Treffen mit
einem bekannten Agrarwissenschaftler und seinen Leuten
auf einem Versuchsgut der Christian-Albrecht-Universität
Kiel und mit Mitarbeitern des Geistlichen Zentrums in
Krelingen in der Heide und des evangelisch-diakonischen
Werks in Serrahn am Krakower See in Mecklenburg. Aus
allem Weiteren konnte sich die Missionarin dann heraus-
halten, denn die verschiedenen Transportdienste teilten sich
erfreulicherweise Friedrich Born und Johannes Lichtenberg.
Für die notwendigen Übersetzungen sorgte der Moskauer
Bruder selbst. Jetzt brauchten die Gäste an den besuchten
Orten also nur noch Augen und Ohren offen zu halten,
Fragen zu stellen, Fotos zu machen und die gesammelten
Erfahrungen mitzunehmen, auszuwerten und zu Hause
umzusetzen, wenn sie denn dazu die Mittel hatten.

Am vorletzten Tag des Deutschlandaufenthaltes der vier russischen Männer, einem Sonntag, machten die beiden deutschen Fahrer als Führer mit ihnen einen Rundgang durch die Innenstadt Hamburgs und an den Hafen. Wie waren die Gäste begeistert von dem, was sie vor die Augen bekamen und auch von der Liebe, die sie hier in Hamburg erfuhren. Wie meinte Viktor an einer Fischbude zu den beiden deutschen Freunden: »Ich würde euch ja gerne zu einem Fischessen einladen, nur müsstet ihr selber bezahlen.«

Friedrich und Bruder Johannes verstanden den Wink mit dem Zaunpfahl natürlich und luden die Gäste ihrerseits zu einem Fischessen ein. Leider blieb wirklich nur der Platz an der Bude, denn das Fischlokal nebenan war hoffnungslos überfüllt. Dennoch, die Freude war ebenso groß wie der Appetit, und jeder war zufrieden.

Den krönenden Abschluss dieser Informationsreise bildete der Gottesdienst am Abend in der Hütte »Geborgenheit«. Große Freude kam auf unter den Sinti, Wladimir Ryagusow zu sehen und zu hören und seine Begleiter kennen zu lernen, vor allem Daniel, von dem Schwester Gertrud schon oft berichtet hatte. Der Abend wurde zu einer fröhlichen Bekenntnisfeier, die auf die beiden Staatsdiener einen großen Eindruck machte. Das konnten sie auch als Erfahrung mit nach Ucholowo nehmen: Wer sein Christsein ernst nimmt, lebt es auch und macht es deutlich in Liebe und Offenheit für den Fremden und in Gastfreundschaft auch für den Ungläubigen. Der mochte davon ins Fragen kommen nach dem Ursprung des Glaubens. Vielleicht machte er sich dann auch auf den Weg, ihn zu finden und für sich anzunehmen. Daniel Slobodenko würde bei seinen beiden Bürgermeistern sicher immer wieder einmal an die Hamburger Erfahrungen erinnern.

Am Pfingstsamstag 2001 flog Schwester Gertrud nach Moskau, um sich dort wieder mit Wladimir Ryagusow und mit Willi Buchwald zu treffen. Gegen manche warnende

Freundesstimme, in ihrem Alter solle man sich einer solchen Reise nicht mehr stellen. Sie sei in der Folge eines Schleudertraumas nach einem Auffahrunfall doch zurzeit gar nicht gesund. Was sogar richtig war, denn die Kopf- und Nackenschmerzen waren schon heftig und lästig. Dennoch, andere Freunde hatten der Missionarin dafür als Mutmacher aufgeschrieben, was Gott vor Jahrhunderten seinem Volk auf den Weg mitgegeben hatte: »Siehe, ich sende einen Engel vor dir her, der dich behüte auf dem Wege und dich bringe an den Ort, den ich bestimmt habe« (2. Mose 23,20). Das war ihr genug.

Zwei Dinge waren es dann, die Schwester Gertrud bestätigten, dass sie doch auf dem richtigen Weg war. Zum einen gingen ihr die Kopfschmerzen irgendwo in großer Höhe über dem westlichen Russland verloren. Sie fühlte plötzlich keine Beschwerden mehr. Zum anderen lenkte Gott sie auf dem Moskauer Flughafen durch einen Ausgang, an dem es keinerlei Kontrolle gab. Ihr kam das zwar merkwürdig vor, aber sie nahm es gerne hin.

»Herzlich willkommen, du Diplomatin Gottes«, wurde sie von Wladimir Ryagusow lachend begrüßt. Bei ihm war Daniel Slobodenko, der sich als Chauffeur für die nächsten Tage zur Verfügung gestellt hatte. Die Missionarin hatte tatsächlich unwissend den Ausgang »Nur für Diplomaten« benutzt. Niemand hatte sie daran gehindert.

»Was kann ich dafür, wenn ihr Russen zum Schreiben solche merkwürdigen Hieroglyphen benutzt, die ich nicht entziffern kann«, lächelte sie zurück, wobei sie ergänzte, während sie den beiden Männern die Hände schüttelte und sich von ihnen umarmen ließ: »Ganz falsch ist das ja wohl auch nicht. Ich bin doch eine höhere Beamtin im auswärtigen Dienst meines Herrn.«

»Na ja, höhere Beamtin ist bei deiner Größe ein wenig übertrieben«, feixte der Moskauer Bruder, und der Schalk blitzte ihm mal wieder aus den Augen. »Höhere Beamte müssen größer sein als ein Meter sechzig.«

»Was kann ich dazu, dass ich als Kind immer einen Stein

auf dem Kopf trug, damit ich nicht größer wachsen konnte und immer schön unten blieb«, mokierte sie sich gespielt. »Dafür bin ich um so widerstandsfähiger. Das müsst ihr ja wohl zugeben.«

»Unwidersprochen, Schwester Gertrud, Gott muss dich besonders lieb haben, dass er dich so stark sein lässt«, bestätigte Wladimir Ryagusow und zeigte hinüber zum Ausgang für normale Passagiere. »Dort kommt Willi. Und dann sind wir wieder komplett.«

Wenig später saßen sie zu viert in Daniels Wagen, um nach einer kurzen Stippvisite bei den »Kanonen« in Wladimirs Moskauer Gemeinde nach Luchovicy zu Pastor Damjan zu fahren. Dort übernachteten sie alle mit der Familie in einem Raum. Mehr Platz gab es nicht. Dennoch wurden alle mit gutem Schlaf gesegnet. Nach zwei gelungenen und gesegneten Veranstaltungen am nächsten Tag in einem Hauskreis in Ozery, einem Nachbarort und Wladimir Ryagusows »Sommer-Gemeinde«, und im Kulturpalast von Luchovicy ging die Fahrt weiter nach Ucholowo zu einem Gegenbesuch bei den beiden Bürgermeistern Viktor und Juri.

Das wurde eine schöne Begegnung im schlichten Rathaus, bei der auch das damalige Hamburger geistliche Zeugnis aufgefrischt werden konnte. Die beiden Männer waren wesentlich offener für die Botschaft als damals. Hamburg musste sie sehr nachhaltig beeindruckt haben. Das war auch daran zu merken, dass sie den Aktivitäten von Daniel Slobodenko viel mehr Interesse entgegenbrachten und ihn an vielen Stellen auch gegen orthodoxen Widerstand unterstützten. Den Kauf eines Hauses in Korablino, einem Ort ohne Gemeinde, hatte vor allem Bürgermeister Juri unterstützt, obwohl er wusste, dass in dem maroden Gebäude später ein Gebetshaus und eine Sonntagsschule eingerichtet werden sollten. Zwei junge missionarische Ehepaare sollten dort mit der Arbeit beginnen. Juri wollte auch dafür sorgen, dass Daniel im nächsten Jahr in dieser Stadt eine Evangelisation durchführen konnte.

Schon erstaunlich, wie der atheistische Mann sich für die Frommen ins Zeug legte. Herrlich, wie Gott Menschen gebrauchte, um sein Reich zu bauen. Manchmal mussten sie bauen, ohne eigentlich zur Baukolonne zu gehören. Einfach herrlich und zum Danken.

»Habt ihr schon über die Besonderheiten des heutigen Tages nachgedacht?«, begrüßte Wladimir Ryagusow die beiden deutschen Verkündiger morgens beim Frühstück, das leider ohne die Gastgeber stattfinden musste, weil die irgendwo ihrer Arbeit nachgingen. Dabei wäre in der kleinen Küche ohnehin nicht mehr Platz gewesen als für vier Personen.

»Ich habe bereits für heute gebetet«, bestätigte Schwester Gertrud. »Wir haben es ja nicht alle Tage mit einem Obergauner zu tun und mit Männern, die heute nicht wissen, ob sie die nächsten Wochen überleben. Die brauchen besondere Fürbitte.«

Willi Buchwald war mit seinen Gedanken wohl noch nicht ganz da. »Ich verstehe nicht«, meinte er.

»Ehe wir zu den Fallschirmjägern fahren, besuchen wir Wolodja, einen Mafioso aus der oberen Etage.«

»Müssen wir vor dem Angst haben?«, fragte er nach.

»Der tut keiner Fliege was. Das kann der arme Kerl gar nicht mehr. Ihr werdet sehen. Aber der ist ein Gottsucher«, gab Daniel Auskunft. Das sollte einer verstehen, ein harmloser Mafiaboss und Gottsucher, wie passte das zusammen?

»Und die Fallschirmjäger?«, wollte Willi Buchwald wissen.

»Die fliegen in den nächsten Tagen ab nach Tschetschenien. Putin braucht sie in diesem schlimmen Krieg.«

»Und er wird sie verheizen«, vermutete Schwester Gertrud.

»Die Gefahr für die jungen Männer ist groß. Tschetschenien ist ein schmutziger Krieg. Warum Putin einfach nicht auf die Kaukasusrepublik verzichtet, das verstehe, wer will.«

»Das scheint für den eine reine Machtfrage zu sein …«

»… bei der es auf ein Menschenleben nicht ankommt.«

»Umso wichtiger ist es, dass diese Männer noch eine gute Portion Evangelium mit auf ihren ungewissen Weg bekommen«, stellte die Missionarin fest. »Wann fahren wir?«

»Wir haben noch Zeit für unsere Morgenandacht. Nachher machen wir uns auf den Weg. Wolodja ist sicher kein Frühaufsteher. Entschuldigung«, erschrak Daniel vor seiner eigenen Bemerkung, »der Satz war jetzt nicht gut.«

»Auf den Mann bin ich sehr gespannt«, wunderte sich Schwester Gertrud über die Nachbemerkung und beendete damit dieses Tischgespräch.

Später saßen und standen die vier Leute des deutsch-russischen Teams dieser Tage am Bett eines kräftigen Mannes mit kahlem Kopf und tieftraurigem Gesicht. Die beiden an ihren Ketten zerrenden und wütend kläffenden Hunde hatten die Fremden nicht hindern können, das Haus zu betreten. Wolodja lag leicht auf der Seite, den rechten Arm hielt er unter der Decke. Seine Gäste begrüßte er mit der Linken, wobei er seinen bloßen Oberkörper nicht anheben konnte. Der etwa 40-jährige Mann war querschnittsgelähmt. Seit einem Unfall vor ein paar Jahren – Wolodja hatte ein Kind retten wollen und war dazu per Kopfsprung in zu flaches Wasser gehechtet – konnte er nur noch seinen Kopf und die Finger seiner linken Hand bewegen. Ein Häufchen Elend, eher ein Haufe desselben. Wie musste der Mann leiden unter seiner Situation, die doch die Folge einer guten Absicht war. Einer der einflussreichsten Männer der Region nahezu ohne jeden Einfluss auf seinen eigenen Körper. Ein Bild des Jammers.

Es dauerte auch gar nicht lange, da brach all seine Not aus ihm heraus. Was nützte ihm sein Reichtum, wenn es in ganz Russland offenbar keine Möglichkeit gab, ihm seine Gesundheit zurückzugeben? Was nützte ihm seine Villa und sein fürstliches Anwesen, das er gar nicht mehr betreten und genießen konnte? Was half ihm seine eigene orthodoxe Kapelle auf seinem Grundstück, wenn alle Gebete und Zeremonien des hauseigenen Popen seinen Zustand nicht zu verändern vermochten? Ein Leben zum Wegwerfen, wenn er dazu noch die Möglichkeit hätte.

Aber Wolodja hatte selbst diese Möglichkeit nicht mehr. Er war zum Liegen verurteilt und dazu, sich von seiner Frau und von Freunden versorgen zu lassen. Er, von dem ungezählte Leute immer noch abhängig waren, war selbst abhängig von anderen. Das machte ihn wütend und böse und zugleich tieftraurig. »Vielleicht ist das auch der Lohn für mein gottloses Wesen und für mein gesetzloses Handeln«, sinnierte er schließlich mit leiser Stimme. Dabei rollten ihm ein paar Tränen über die Wangen.

Das war jetzt der Moment und die Gelegenheit, die Schwester Gertrud ergreifen musste. Einer Missionarin, die dazu in hohem Alter war, würde dieser Mann Trost und Zuspruch eher abnehmen als den gestandenen und vor Gesundheit strotzenden Männern in ihrer Begleitung. So erzählte Schwester Gertrud schlicht von Jesus, der sich den Mühseligen und Beladenen zugewandt hatte, um ihnen seine Erquickung anzubieten. Wladimir Ryagusow übersetzte auch das folgende Gebet, das den Mann so bewegte, dass er anschließend darum bat, die Christen in Deutschland möchten doch für ihn beten. Das würde ihm sicher besser helfen als das unnütze Brimborium seines Popen.

Gott hatte offenbar die Tür zu Wolodjas Herzen bereits einen kleinen Spaltbreit aufgestoßen. Vielleicht gab es ja eine Möglichkeit, dem Mann zu einer gewissen Mobilität zu verhelfen, die in der Lage wäre, das Türchen noch weiter zu öffnen nach dem Motto der Feststellung des Paulus von der Güte Gottes, die zur Umkehr leitet. Bei Schwester Gertrud hakte sich ein Gedanke ins Bewusstsein, ein recht verwegener Gedanke, den sie zu Hause gerne weiterdenken wollte.

Die spätere Veranstaltung im Saal der Fallschirmjäger-Kaserne verglich Schwester Gertrud mit einer der vielen, die sie in den Kasernen Mecklenburg-Vorpommerns erlebt hatte. Einige hundert Soldaten im Saal, einer wie der andere und alle sehr diszipliniert, auf der Bühne ein Chor und eine Musikgruppe mit herrlichen Evangeliumsliedern und persönlichen Lebenszeugnissen, am Rednerpult zwar nicht Jakob Esau oder ein anderer Verkündiger, sondern Willi Buchwald, sein Übersetzer und danach Gertrud Wehl mit demselben Sprachhelfer.

Wie gerne hätte die Missionarin jedem der »jungen Söhne Russlands« zum Neuen Testament noch ein »Jesus, unser Schicksal« mitgegeben. Doch die Bücher standen hier leider nicht zur Verfügung. Aber das Wort Gottes, wenn die Männer es denn lesen würden, würde seine Wirkung auch so nicht verfehlen.

Nach einer Woche Arbeit im Rjasanskaja-Gebiet ging es dann von Moskau aus per Langstreckenflieger neun Stunden lang nach Osten ans »Ende der Welt«. Neun Stunden Zeitverlust mussten die Fluggäste hinnehmen, und als sie ankamen, war es bereits der nächste Tag.

Herrlich leuchteten die leicht umwölkten schneebedeckten Gipfel des Hochgebirges auf der Halbinsel in der Morgensonne, als die Maschine sich über dem Ochotskischen Meer dem Land näherte. Einige von ihnen trugen Rauchfahnen. An der Westküste wurde eine kleine Hafenstadt sichtbar. Das musste eine Siedlung von Krabbenfischern sein. Dann überflog der Jet riesige Wälder, die die Gebirgstäler füllten entlang vieler kleinerer und größerer Flüsse und einzelner Seen und die sich bis auf große Höhen hinaufzogen. Ob es in diesen unendlichen Wäldern Menschen gab? Größere Siedlungen waren nicht erkennbar, kaum irgendwelche Schneisen, die Menschen angelegt haben könnten. Auch keine Straßen oder vielleicht landwirtschaftlich genutzte Flächen. Paradiesisches Land, offenbar weitgehend unberührt, zumindest machte es beim Überflug den Eindruck.

Petropawlowsk an der Ostküste ließ sich wegen einer Dunstschicht über dem Pazifik zunächst nicht sehen. Erst wenige Minuten vor der Landung wurde die weit gestreute

Metropole der Halbinsel mit seinem Fischereihafen und dem etwas abseits gelegenen größeren Militärhafen sichtbar.

»Ist ja direkt mickrig im Vergleich zu Hamburg«, meinte Schwester Gertrud zu dem neben ihr sitzenden Wladimir Ryagusow.

»Den Vergleich darfst du gar nicht anstellen, Schwester. Was soll in dem Hafen denn verschifft werden außer Fischen und Fischprodukten und ein bisschen Holz? Die geothermischen Schätze des Landes kann man nicht exportieren. Und für die 200.000 Menschen dieser Stadt und die anderen 100.000, die an der Küste und in den Flusstälern leben, werden nicht viele Waren angeliefert. Russland ist an dieser Gegend wenig interessiert. Kreuzfahrtschiffe kommen hier auch keine hin. Also, wozu ein großer Hafen? Die Militärs haben ihren eigenen Bereich. Aber auch der sieht von oben nicht sehr groß aus.«

»Ich bin gespannt auf die Menschen, die uns begegnen.«

»Das werden alles liebe Leute sein. Die Dummköpfe sind unter den anderen.« Schwester Gertrud verstand die Bemerkung nicht.

»Nun ja, unser russischer Schriftsteller Nikolai Gogol hat einmal gesagt: ›In Russland gibt es zwei große Probleme: viele Dummköpfe und schlechte Straßen.‹ Die schlechten Straßen wirst du erleben. Von den Dummköpfen nur die, die klug werden wollen.«

»Wie meinst du das, Bruder?«

»Ich meine mit den Dummköpfen die, die nicht nach Gott fragen. ›Gottes Wort macht klug‹, sagt der Psalmist.«

»›Lehre uns bedenken, dass wir sterben müssen, auf dass wir klug werden‹«, zitierte die Missionarin den 90. Psalm, »und ich hoffe, dass wir doch einigen begegnen, die klug werden wollen.«

»Wir werden sehen. Die ersten Klugen werden Sergej sein und ein paar andere Brüder. Die holen uns ab. Aber jetzt müssen wir uns anschnallen. Gleich gehts zu Boden.«

Mit ausgestreckten Händen und strahlenden Gesichtern kamen die »Klugen« der kleinen Besuchergruppe entgegen. »Schön, dass ihr kommt in unser vergessenes Land. Wir haben für euch extra die Sonne rausgehängt, damit ihr gleich einen guten Eindruck von Kamtschatka bekommt. Bis gestern hat es nämlich geregnet.«

»Und wann stellt ihr die Dusche wieder an?«, feixte Wladimir Ryagusow.

»Solange ihr hier seid, können wir auf die Wolkendusche verzichten. Da hoffen wir für uns alle auf die himmlische Dusche des Gottessegens. Und ihr müsst euch mit der missionarischen Dusche zufrieden geben«, gab Sergej, einer der Brüder, zurück.

»Missionarische Dusche?«, fragte Willi Buchwald.

»Der Bach hinterm Haus, die heiße Quelle im Hof, der Regenwassersammler, je nachdem, was gerade da ist«, klärte Sergej auf. Na, das konnte heiter werden.

Das wurde es auch. Das sonnige Wetter hielt sich während des viertägigen Aufenthalts der Missionsleute auf der Halbinsel. Es gab keinen Vulkanausbruch, und die Erde verhielt sich auch ruhig. Das Miteinander mit den russischen Geschwistern und denen aus anderen Völkern war von Wohlbehagen und Freude geprägt. Die weiteren Dinge wurden von den Mitteleuropäern einfach auf der heiteren Seite verbucht, auch wenn sie zuweilen andere Empfindungen hervorriefen. Die Armut und die Schlichtheit der Verhältnisse ließ zuweilen den Atem stocken. Schlafen aller in einem Raum, diverse Besuche Ekel erregender kleiner Vierbeiner, kamtschatkisch essen, Waschen am Bach oder unter der Zisterne, Toilette in Gottes freier Natur – »Wo die Toilette ist? Die Toilette ist überall!« –, das machte den verwöhnten Besuchern aus dem fernen Westen zuweilen Mühe.

Aber erstens musste das um der Liebe willen ertragen werden, und zweitens waren die Bedingungen ja nicht grundsätzlich neu. Damals am Polarkreis war es ähnlich schlicht zugegangen. Und alle hatten überlebt und waren auch gesund geblieben dabei. Wie hatte das große geistliche Vorbild aller Missionare vor 2000 Jahren formuliert? »Ich vermag alles durch den, der mich mächtig macht«, hatte der Apostel Paulus den Philippern geschrieben und festgestellt, dass er sich in allem genügen lassen könne. Dann musste das seinen Nachahmern doch auch wieder einmal für ein paar Tage möglich sein. Erholt von diesen Einschränkungen wurde sich später zu Hause.

Schwester Gertrud, Willi Buchwald und Wladimir Ryagusow waren in den nächsten Tagen mit Sergej in dessen altem Toyota unterwegs. Seit den politischen Veränderungen konnten vereinzelt auch ausländische Fahrzeuge nach Russland importiert werden. Hier im fernen Osten überwiegend sogar auf legale Weise. Und von Japan und Südkorea, Nationen mit hoher Automobilproduktion, war der Seeweg nicht weit. Und Nordamerika lag auch näher als die Landeshauptstadt. Auch von dort kamen ab und an Importe ausrangierter Fahrzeuge, die im Haupthafen der Halbinsel zu einigermaßen erschwinglichen Preisen verhökert wurden.

Sergej fuhr also einen alten Toyota, sein »Kollege« Evgenij einen alten Pontiac. Beide Männer waren auf besondere Weise von Gott in den Missionsdienst am »Ende der Welt« berufen worden. Sergej hatte in seiner südrussischen Heimat von seinem Bruder, einem ausgebufften Mafioso, eine Bibel in die Hand gedrückt bekommen. »Lies das Buch Prediger. Ich hatte alles: Reichtum, Frauen, Alkohol, Erfolg. Aber mein Herz war leer. Jetzt habe ich Jesus, und jetzt bin ich reich. Du musst auch reich werden.« So hatte Sergej über dem Lesen der Bibel zum Glauben gefunden und später eine Bibelschule besucht. Dann war er auf »göttliche Weisung« hin auf die Kamtschatka umgesiedelt, um dort als Missionar zu arbeiten.

Der erklärte Atheist und Jäger Evgenij musste erst einer Bärin in die Pranken fallen. Dieses Ungeheuer hatte ihn böse zugerichtet und ihm das halbe Gesicht zerfetzt. Ein Wunder, dass der Mann die Attacke überhaupt überlebt hatte. Aber offenbar gehörte dies Ereignis in den Plan Gottes mit diesem Menschen, dessen Frau als Christin schon lange für seine Rettung gebetet hatte. Jetzt waren schwierige Operationen erforderlich und dazu Begegnungen mit Schweizer Chirurgen, die Evgenij in mehreren Behandlungen einen Plastik-Unterkiefer und ein neues Gesicht verpassten und die dem Russen deutlich machten, dass Gott ihm wohl eine neue Chance zu leben gegeben hatte. Das hatte Evgenij überzeugt, und er war Christ geworden. Jetzt lebte er ein neues Leben mit ganz neuen Aufgaben. Nicht zuletzt auch zur großen Freude seiner Frau. Und in diesen Tagen auch zur Freude der westlichen Besucher.

Mancher Kamtschatski oder Kamtschadale oder Kamtschatskaner oder wie auch immer die Menschen hier im fernen Osten genannt werden mussten, war durch diese beiden Brüder schon »klug« geworden, hatte zu neuem Leben gefunden und den Alkohol und den Drogenpilz durch die lebendige Hoffnung des christlichen Glaubens ersetzt. Schön war es, solchen Menschen zu begegnen. Viele von ihnen wohnten weit weg von dem bisschen Zivilisation dieses Landes. Weite Wege mussten gefahren werden auf Straßen, die in den meisten Fällen diese Bezeichnung nicht verdienten. In beiden Fahrzeugen wurden ständig zwei oder drei Ersatzreifen mitgeführt, weil es einfach »normal« war, dass es auf den nur dürftig mit grobem Schotter befestigten Pisten außerhalb der Ortschaften immer wieder Pannen gab. Später bestand das Abschiedsgeschenk für Sergej und Evgenij aus neuen Reifen für ihre Autos. Sie hatten sich diesen »Lohn« unbedingt verdient.

Große Veranstaltungen wie in manchem Kulturhaus im Rjasanskaja-Gebiet oder in Perm oder andernorts gab es während dieser Tage nicht. Dafür viele kleine Treffen, aber mit denselben Themen. Auch hier am »Ende der Welt«

spielten der Aberglaube und der Geisterglaube unter den Menschen eine große Rolle. Auch hier waren die Leute belastet durch die über Jahrzehnte gepredigte atheistische Lehre. Deshalb war es notwendig, fundierte biblische Unterweisung zu bieten und durch Zeugnisse vom Wirken Gottes im Leben von Zigeunern und anderen Menschen zum Glauben einzuladen und zum Bleiben und Wachsen im Glauben zu ermuntern.

Eine der Reisestationen war das Städtchen Esso in der »russischen Schweiz«. Ein idyllischer Ort, wenn er denn ein wenig gepflegter aussehen würde. Aber es fehlte den Menschen hier an nahezu allen Dingen, die sie brauchten, um ihren Ort wenigstens ein bisschen ansehnlicher zu gestalten. Warmes Wasser hatten sie dafür reichlich. Das kam bestens vorgeheizt aus dem Erdboden, füllte ein schlichtes Badebecken und wärmte die Häuser der Menschen. Gnadenloses Frieren wie andernorts auf Kamtschatka kannten die Leute hier nicht. Nahezu ideale Bedingungen zur Anlage eines richtigen Thermalbades. »Bad Esso« – das hörte sich doch gut an. Hier würde den Ort auch sicher niemand mit einer überdimensionalen Tankstelle verwechseln, wo man den »Tiger in den Tank« packen konnte. Außerdem gab es in den Wäldern um Esso ohnehin keine Tiger, sondern Bären, Wölfe und andere Ungeheuer.

Alexej Solomius, ein promovierter Geologe, der seine Arbeit an der Universität für seinen Glauben aufgegeben hatte, und seine Frau Irina freuten sich riesig über den Besuch der Gäste. In kürzester Zeit hatten sie ein Festessen bereitet aus Kartoffeln, Fisch und Brot, den Hauptnahrungsmitteln der Region. Ebenso rasch hatten sie auch für die Zeit nach dem Essen eine Versammlung der Gläubigen ihres Städtchens organisiert. Herrliche deutsch-russische Gemeinschaft mit den Geschwistern und mit denen, die sie mitgebracht hatten. Bei der Ankündigung, es seien Men-schen aus dem fernen Westen zu Besuch, war doch mancher Nachbar eines Frommen neugierig geworden und hatte sich kurzfristig einladen lassen. Es war schon gut und sinnvoll, die Botschaft des Evangeliums einmal aus anderem Mund zu hören als aus dem der Nachbarn.

Dass unter den Verkündigern eine *Babuschka* von 81 Jahren war, das war für die Leute etwas sehr Erstaunliches. Schon diese Tatsache brachte manchen bisher nur fragenden oder interessierten Zuhörer zum Nachdenken. Wenn eine so alte Frau eine so weite Reise unternahm, um ihre Botschaft von der Liebe Gottes ans »Ende der Welt« zu bringen, dann musste an dieser Botschaft wirklich viel Wahres dran sein. Auch in Esso, »am Ort, den Gott bereitet hatte«, gab es anschließend Ursache für die Engel im Himmel, ein Fest zu feiern.

Das Ehepaar Solomius nutzte die Möglichkeiten ihres Städtchens übrigens auch für besonders beliebte missionarische Aktivitäten. In den Sommermonaten veranstalteten sie vor allem Kinder-Ferienlager, ähnlich wie Daniel Slobodenko in Ucholowo. Bis zu 150 Kinder kamen dann jeweils nach Esso. Hier bekamen sie ein interessantes Programm geboten und sie wurden endlich mal wieder richtig satt. Der Auftrag Jesu an seine Jünger – »Gebt ihr ihnen zu essen!« – wurde hier in Esso in doppelter Weise erfüllt. Der Segen blieb nie aus. Manche der Kinder nahmen den neu gewonnen Glauben mit in die heimischen Familien, wo er wie gutes Saatgut wirkte. Etliche Eltern kamen dadurch ins Nachdenken und Nachfragen und in die kleinen Gemeindekreise, um Antworten zu hören.

Koljas Vater war nur ein Beispiel für diese göttliche Reaktionskette. Er konnte seinem Sohn dessen Frage nicht beantworten, womit Gott den Adam für seine Sünde bestraft hatte. »Er hat dem Adam die Eva gegeben«, war wohl nicht richtig und wurde von dem Jungen auch sofort als falsch zurückgewiesen. Der Vater holte sich die richtige Antwort bei den Gläubigen, blieb bei ihnen hängen, kam zum Glauben und wurde zum aktiven Mitglied der Gemeinde.

Schade, dass das nächste Kinderlager noch in der laufenden Vorbereitung steckte. Gerne hätten die Gäste einmal einen unmittelbaren Einblick in diese Arbeit getan. So blieb ihnen nur die Information des Leiterehepaares und das Bad im Becken des schlichten Freizeit-Zentrums, das mit natürlichem warmen Wasser gefüllt war. Das stank wegen seines vulkanischen Ursprungs ein wenig nach Schwefel, tat aber dem Körper gut.

Natürlich gingen nur die Brüder baden. Schwester Gertrud juckte es höchstens für einen Moment in den Gliedern, dann zog sie sich doch nicht um und überließ das Vergnügen lieber den Männern.

Auf der Fahrt nach Milkowo, einer Stadt mitten auf der Halbinsel am Oberlauf des Kamtschatka-Flusses, verließ Sergej mit dem Wagen plötzlich die Straße, die längst diesen Namen nicht mehr verdiente, und bog in einen schmalen und noch schlechteren Weg ab.

»Wo fährst du uns hin?«, fragte Schwester Gertrud erstaunt.

»Überraschung, meine Freunde«, gab der Fahrer zurück. »Ich hoffe, sie gelingt. Ihr hattet einen Wunsch geäußert.«

Die Spannung im Auto wuchs, je länger die Fahrt durch das dichte urwaldähnliche Gehölz aus Steinbirken, Ahorn und einzelnen Edeltannen ging. Der holprige Weg führte meistens abwärts und endete auf einem freien Platz am schattigen Ufer eines nicht sehr breiten, aber langgestreckten Sees, dessen Enden allerdings nicht auszumachen waren. Am Rande der kleinen Lichtung stand eine Art Fischerhütte. Im flachen Wasser lagen ein paar Boote, die auf ihre Benutzer warteten. Hinter dem gegenüberliegenden Ufer erhob sich als Vorhut eines höheren Bergrückens eine hohe zerklüftete Felswand, die im Licht der Morgensonne in vielen Gelb-, Braun- und Grautönen herüberstrahlte.

»Hier sind sonst immer Fischer bei der Arbeit«, informierte der Fahrer. »Die sind hier auf Lachse aus. Genau wie die Freunde da drüben.« Er zeigte mit der Hand ans gegenüberliegende flache Ufer am Fuß der Felswand.

»Bären! Und wie viele!«, entfuhr es Schwester Gertrud mit einem freudigen Schrecken.

Drüben auf der Sonnenseite standen tatsächlich eine größere Anzahl der großen braunen Pelzträger in Abständen von vielleicht 15 oder 20 Metern bis an die Knie im flachen Wasser und griffen oder schlugen mit ihren Tatzen immer einmal wieder hinein, um sich ihr Frühstück zu angeln. Das planschende Geräusch gemischt mit gelegentlichem wohligen Brummen klang bis zu den Betrachtern herüber. Ein idyllisches und zugleich phantastisches Bild.

»Die holen sich ihr Frühstück. Eine Delikatesse für die Tiere«, erklärte Sergej mit gedämpfter Stimme, als wolle er vermeiden, dass die Pelztiere sie bemerkten.

»Die stehen da so friedlich, als wären sie die besten Kumpel. Tun die sich gegenseitig nichts?«, fragte Schwester Gertrud.

»Die gehen sehr friedlich miteinander um, wenn jeder dem anderen sein schmales Revier überlässt. Beute gibt es mehr als genug. Um die brauchen sich die Bären nicht zu streiten. Unsere Seen und Flüsse wimmeln nur so von Lachsen.«

»Können die Bären uns hier nicht auch gefährlich werden? Wenn die nun plötzlich herübergeschwommen kommen?«, sorgte sich die Missionarin.

»Wenn sie genug zu fressen haben, kümmern die sich nicht einmal um die Fischer, die hier sonst zugange sind. Die Pelzriesen interessieren sich nicht für uns«, informierte Evgenij. »Im Winter und im frühen Frühjahr, wenn sie hungrig sind, können sie sehr böse und aggressiv werden. Schau mich an. Jetzt, Mitte Juni, mögen die nur Lachse.«

»Entschuldige, Evgenij, ich wollte nicht …«, bedauerte sie ihre Frage.

»Schon gut, Schwester. Wenn die Bärin mich damals nicht angegriffen und verletzt hätte, stünde ich heute wahrscheinlich gar nicht hier. Diese schlimme Geschichte gehört wohl zu Gottes besonderem Weg mit meinem Leben.«

»Gibt es an diesem See auch Adler?«, fragte jetzt Willi Buchwald, während er die Felswand mit zusammengekniffenen Augen absuchte. Der leuchtende Stein blendete ein wenig und ließ keinen freien Blick zu. »Hier soll es doch so viele Adler geben wie sonst nirgends auf der Welt.«

»Weiter unten am See gibt es eine Kolonie mit etlichen Horsten«, wusste Sergej. »Hier in diesem Bereich habe ich selten welche gesehen.«

»Dafür *höre* ich einen. Mal ganz still«, bat Evgenij. »Da ist der Schrei wieder. Und er kommt näher. Vielleicht tut uns einer den Gefallen und lässt sich sehen.«

Wladimir Ryagusow sah den mächtigen Vogel zuerst. »Dort drüben kommt er. Es sind sogar zwei!« Er zeigte nach oben. Tatsächlich, zwei dieser mächtigen Vögel steuerten mit wenigen Flügelschlägen die Felswand an, drehten noch eine Runde, ließen sich dann auf Vorsprüngen in der Sonne nieder, schüttelten ihr Gefieder und beäugten die Bären tief unter sich. Die kleine Menschengruppe schienen sie nicht bemerkt zu haben oder sie interessierten sich nicht für die federlosen Zweibeiner. Ihre weißen Schultern, denen die majestätischen Vögel ihren Namen zu verdanken hatten, leuchteten herüber und ließen die Profile ihrer Köpfe auch über die Entfernung deutlich werden. Welch edle Häupter, welche Schnäbel, welch majestätische Vögel.

»Schade, dass wir kein Fernglas zur Verfügung haben«, bedauerte Schwester Gertrud, die die Vögel gerne etwas näher vor den Augen gehabt hätte. Wann würde sie je wieder einen solchen Weißschulteradler zu Gesicht bekommen?

Aber dieses Erleben an dem stillen See mit Bären und Adlern war einfach herrlich. Die Missionarin begann ein Lied zu summen, das ihr gerade in den Sinn kam. Willi Buchwald stimmte mit dem Text ein, und so sangen die beiden die drei Strophen dieses alten Liedes.

Auf Adlers Flügeln getragen übers brausende Meer der Zeit,
getragen auf Adlers Flügeln bis hinein in die Ewigkeit.
Über Berge und Täler und Gründe immer höher zur
himmlischen Höh.
Die Flügel sind stark, die mich tragen, die Flügel,
auf denen ich steh.

Und unter denselbigen Flügeln, wie wunderbar ruhe ich aus!
Da ist meine Zufluchtstätte, mein festes, sicheres Haus.
Der Feind mag über mir kreisen und zielen und spähn,
wie er will;
die Flügel sind stark, die mich decken, und unter den Flügeln
bleibts still.

Ja, unter den Flügeln geborgen und auf den Flügeln bewahrt,
das gibt ein seliges Ruhen, das gibt eine glückliche Fahrt;
das gibt ein sicheres Wissen bei wechselnder Pilgerschaft,
denn unter den Flügeln ist Frieden, und auf den Flügeln
ist Kraft.

Richtig feierlich war es geworden in dieser Morgenstunde am
See. Die Leute der kleinen Menschengruppe standen mit
gefalteten Händen und schauten und hörten und sangen
und summten die Melodie mit. Lob- und Dankminuten für
den Schöpfer dieses so herrlich ausgestalteten Fleckchens
Erde am »Ende der Welt«.

»Und jetzt bitte wieder in die Autos. Wir müssen weiter.
Walja wartet«, mahnte Sergej zum Aufbruch, um dann sein
Fahrzeug den maroden Waldweg aufwärts zurück auf die
Straße zu lenken. Evgenij folgte in geringem Abstand.

»Das war jetzt ein schöner Abstecher, Bruder. Bären und
Adler«, schwärmte Schwester Gertrud. »Für das Erlebnis
können wir dir nur herzlich danken.«

Für die Begegnung mit Walja dankte die Missionarin später
auch noch. Ein bemerkenswerter Mensch war diese kleine
vom Leben gebeutelte Frau. Welch ein Zeugnis fröhlichen
Glaubens in ihrer heidnischen Umgebung! Als Waisenkind

aufgewachsen, von ihrem Mann mit dem Sohn allein gelassen, seit einem Autounfall frühzeitig invalide, wegen einer bösen Polyarthritis ständig voller Schmerzen und ohne hilfreiche Medikamente, in äußerst ärmlichen Verhältnissen lebend doch sehr zufrieden und glücklich und voller Freude über den Besuch der Geschwister.

Dieser Frau muss irgendwie geholfen werden, hakte es sich bei Schwester Gertrud wieder einmal an einer bestimmtem Stelle ihrer grauen Zellen ein, während sie Walja weiter zuhörte.

»Der Herr ist mein Hirte. Mit ihm habe ich keinen Mangel. Er ist immer bei mir, und einmal nimmt er mich auf in sein Paradies.« Das war ihr Bekenntnis, das sie vor den Leuten ihrer Umgebung fröhlich lebte und bekundete. Von den Nachbarn wurde sie deshalb immer wieder verspottet. »Aber wenn Not kommt und die Erde bebt und ein Sturm tobt oder einer krank wird«, so erzählte sie den Gästen, »dann kommen sie zu mir und sagen: ›Bete, Walja, bete zu deinem Gott, dass er uns nicht umbringt, sondern bewahrt und rettet.‹«

»Weißt du, Schwester Gertrud«, fügte sie an, »die Leute hier sind alle viel reicher als ich. Aber sie sind dabei sehr arm. Ich bin sehr arm und bin dabei doch so reich. Mein Reichtum ist der gute Hirte und Heiland Jesus. Auf den will ich nie wieder verzichten. Sag das den Menschen in deinem Land, dass sie Jesus brauchen, wenn sie glücklich leben und selig sterben wollen.«

Das zu versprechen fiel Schwester Gertrud natürlich nicht schwer. Das wollte sie wohl gerne tun, wenn sie wieder zu Hause war unter ihren Sinti und anderswo. Sie wollte diese Botschaft weitersagen auch für Menschen in Russland, solange Gott ihr dazu die Gelegenheit gab.

Der Auftrag gilt weiter

Zurück in Hamburg, brauchte Schwester Gertrud zunächst eine längere Zeit der Erholung. Während der Reise war es der alten Missionarin erstaunlich gut gegangen. Jetzt aber folgte doch eine Phase größerer Schwäche und vermehrter Beschwerden. Leise Vorwürfe nach dem Motto »Musstest du auch in deinem Alter ...« wies sie allerdings immer entschieden zurück. Sie hatte getan, was Gott ihr zu tun aufgetragen hatte. Und sie würde auch künftig tun, was er ihr auftrug. Noch hatte Gott sie nicht auf ein Abstellgleis geschoben.

Oder vielleicht doch? Oder aber nur vorübergehend? Eine Fazialis-Parese aus heiterem Himmel nahm die fleißige Missionarin für ein paar Wochen aus dem Geschirr und zwang sie zur Ruhe. Dennoch, Gott erwies sich wieder einmal als sehr gnädig. Die halbseitige Gesichtslähmung ging erstaunlich schnell zurück und hinterließ keine nennenswerten Spuren. Und manches ließ sich doch auch vom Krankenbett aus organisieren und auf den Weg bringen.

Zum Beispiel das Paket mit Hilfsgütern für Walja, wobei das Korsett wohl das wertvollste Stück für die ferne Schwester war.

Zum Beispiel die beiden Autos für die missionarischen Einsätze in Moskau. Eins davon wurde zu Wladimir Ryagusows »Königsläufer«, mit dem der Moskauer Bruder nun viel leichter unterwegs sein konnte, um seine Studenten an deren Einsatzorten zu betreuen und um selbst als Evangelist zu arbeiten.

Zum Beispiel auch der elektrische Rollstuhl für Wolodja, den querschnittsgelähmten Mafioso, der Schwester Gertrud für den Spottpreis von 1.500 DM angeboten wurde. Ein tolles Gerät und genau passend mit Bedienung für die linke Hand. Und toll auch, wie das Fahrzeug und sein Transport von Freunden aus den Sinti- und aus deutschen Gemeinden finanziert wurde.

»Wie kriegen wir das Ding nur nach Russland?«, fragte Schwester Gertrud ihren jungen Freund Friedrich Born, der seit 20 Jahren ehrenamtlicher Mitarbeiter in der Sinti-Arbeit war und dem seit den früheren Kaserneneinsätzen in den neuen Ländern auch die Arbeit für und in Russland auf dem Herzen lag, als die beiden sich wieder einmal begegneten.

»Nach dem Motto ›klug wie die Schlangen und ohne Falsch wie die Tauben‹, Schwester Gertrud«, erwiderte er trocken.

Die Missionarin stand für einen Moment offenbar auf der Leitung.

»Wie alt bist du?«, fragte Friedrich nach.

»Ich werde bald 82«, bekam er zur Antwort.

»Na, siehst du, Schwester Gertrud, in deinem Alter sitzen viele Menschen in einem Rollstuhl.«

»Da hast du Recht, Friedrich«, begriff die Missionarin nun sofort und freute sich über diesen Vorschlag, »so kann das gehen. Ich setze mich rein, und du schiebst mich.«

»Den Elektrostuhl muss ja keiner schieben. Der fährt allein. Aber ich mit dir nach Russland?« Das kam für den jungen Mann dann doch etwas überraschend.

»Daran hatte ich gedacht. Du wolltest doch schon immer gerne wissen, wo Wladimir und Daniel wohnen und was die so machen.«

»Hm, das ist richtig. Wann denkst du …?« Friedrich dachte angestrengt nach, ob und wann das von seiner Firma aus für ihn gehen könnte, auch darüber, was wohl seine Familie zu den plötzlichen Reiseplänen sagen würde.

»Noch vor Weihnachten!« Die Missionarin schien ihren Plan schon fertig zu haben. »Wolodja soll das Gerät zu Weihnachten bekommen. Dann wird es ihm leichter fallen, das eigentliche Weihnachtsgeschenk Gottes anzunehmen.«

»Gut, ich fahre mit«, erklärte sich Friedrich einverstanden. »Das wird eine gute Reise werden.«

»Wir müssen dennoch die Sache in Gottes Hand legen.«

»Müssen wir, richtig. Aber wenn Gott schon den Rollstuhl besorgt hat, wird er auch dafür sorgen, dass er an sein Ziel kommt.«

Am Mittwoch vor Weihnachten war es so weit. Die alte Missionarin im Rollstuhl, eingepackt in mehrere Wolldecken, dahinter ein junger Mann, der ihr Sohn hätte sein können, warteten in der kleinen Schlange Reisewilliger am Schalter der russischen Fluggesellschaft Aeroflot auf ihre Abfertigung. Die beiden waren kaum bemerkt worden, da wurde hinter dem Schalter ein paar Mal lebhaft telefoniert. Bald kam ein Mann des Roten Kreuzes mit einem einfachen Rollstuhl. Die alte Dame wechselte den Platz und wurde in den Warteraum und später zum Flieger geschoben, während ein anderer Uniformierter sich um das Elektrofahrzeug kümmerte. Friedrich brauchte nur noch das Gepäck zu versorgen.

Nach der Landung im winterlichen Sheremetyewo ging es ähnlich zu. Schwester Gertrud wurde in einem kleinen Rollstuhl durch die Abfertigung geschoben, ohne weitere Kontrolle, während ein anderer Mitarbeiter des Flughafens das leere Elektrogerät versorgte. Der Aeroflot-Bedienstete war allerdings von der Technik dieses Dinges so begeistert, dass er sich selbst hineinsetzte und den Rollstuhl lachend und feixend an den Männern des Zolls vorbei in die Halle fuhr. Wunderbar, so handelte Gott! Die Beamten bekamen gar keine Chance, für das spezielle Gerät Zoll einzufordern.

Groß war die Freude der beiden Hamburger über den gelungenen Auftakt dieser besonderen Winterreise. Ebenso groß die Freude von Wladimir Ryagusow, seinem Sohn Michael und Daniel Slobodenko, die zum Empfang der beiden Rollstuhl-Transporteure gekommen waren. Noch größer war der Dank für das freundliche Walten Gottes, das im spontanen Gebetskreis noch in der Empfangshalle laut wurde.

Nachdem dann die schwere Technik in ein Auto und die Menschen in ein zweites »verladen« waren, ging es zunächst in die Gemeinde von Wladimir Ryagusow zum Treffen mit den »Kanonen«, die in Erwartung des Besuchs schon den ganzen Tag zum Gebet zusammen waren. Eine herzliche Wiedersehensbegegnung mit den Frauen, die sich auch von Eis und Schnee nicht abhalten ließen, lange Wege zu Fuß zurückzulegen, weil die Busse nicht fuhren.

Später im Bibelinstitut war die Begegnung ebenso herzlich. Hier erfuhren Schwester Gertrud und Friedrich allerdings einen besonderen Kummer: Die Behörden hatten die Institutsküche geschlossen, weil sie nicht den Hygienevorschriften entsprach. Das hatte zehn Frauen den Arbeitsplatz gekostet und zugleich deren Gebetskreis gesprengt. Die Studenten und Mitarbeiter der Einrichtung bekamen künftig leider keine warmen Mahlzeiten mehr und kein gemeinsames Fürbittengebet.

Mittel zur Renovierung der Küche hatten die Behörden natürlich nicht zur Verfügung gestellt. Im Gegenteil, sie behinderten sogar den Unterrichtsbetrieb zusätzlich dadurch, dass sie aufgrund des neu erlassenen Religionsgesetzes besondere Lizenzen für die Dozenten forderten, damit die überhaupt den Unterricht halten durften. Hier hatte die Orthodoxe Kirche ganz deutlich ihre Hand im Spiel.

Am nächsten Morgen fuhren die beiden Deutschen und ihre russischen Freunde in den zwei Autos bei dichtem Schneetreiben nach Süden ins Rjasanskaja-Gebiet. Das wurde eine abenteuerliche Fahrt, bei der die Straße zuweilen nur »gefühlt« werden konnte, weil sie nicht mehr zu sehen war. Immer wieder einmal mussten die Fahrer anhalten, um anderen zu helfen, die von der Fahrbahn abgekommen waren, und sie passierten manche Unglücksstelle. Sie selbst blieben vor Unfall und Schaden bewahrt. Gott sei Dank! Daniel Slobodenko hatte mit seinem einen funktionierenden Auge trotz dicht tanzender Schneeflocken immer genug gesehen. *Slawa Boga!*

Als Schwester Gertrud und ihr Begleiter – zum Glück erst später – von der Behinderung des Bruders erfuhren, wurde ihnen nachträglich noch ein wenig komisch. Da hatte Gott wirklich vor Angst behütet und deutlich mit seinen Augen geleitet und ans Ziel gebracht. Zugleich hakte sich bei der Missionarin aber auch wieder der Gedanke ein, dass dem treuen Bruder, wenn nicht in Russland, dann aber doch in Deutschland, geholfen werden musste.

Als die Reisenden endlich am Abend in Korablino ankamen, hatten sie unterwegs erst noch einen Hausgottesdienst in Ozery besucht bei »alten Bekannten« von früher, zu denen auch eine blinde Hundertjährige gehörte, die trotz ihrer gebrochenen Stimme vor Freude wieder ihr Lieblingslied anstimmte: »Lass die Herzen immer fröhlich und mit Dank erfüllet sein …« Sehr beachtlich, wie ein alter Mensch mit dieser Behinderung so fröhlich und zuversichtlich glauben und leben konnte.

In Wolodjas Vorgarten stand immer noch die kleine orthodoxe Kapelle, aus deren Fenster heute gedämpftes Licht schien, und es bellten auch heute die beiden Hunde und zerrten wie wild an ihren Ketten. Olga, Wolodjas Frau, begrüßte die Gäste, besonders Schwester Gertrud, wie beste Freunde nach russischer Art, mit Umarmung und Kuss. Ihrem Mann blieb dann schier die Luft weg, als die Missionarin und ihre Begleiter seine Stube betraten. »O wie schön! O wie gut!«, sagte er ein ums andere Mal. »Ich habe schon so lange auf euch gewartet!« Tränen traten dem Mann in die Augen. Als dann auch noch der Rollstuhl ins Zimmer gefahren wurde, war es mit seiner Beherrschung vorbei, und sein ganzer Körper begann vor Erregung zu zittern. Der Mann brauchte eine ganze Weile, bis er sich beruhigt hatte und er sich endlich bedanken konnte für das besondere Geschenk zu Weihnachten, das ihm künftig ein wenig Mobilität ermöglichen sollte.

Dann erzählte Wolodja, dass er seit der letzten Begegnung vor einem halben Jahr die Bibel lese und zu dem allmächtigen Gott bete. Das hier sei heute seine erste deutliche Gebetserhörung. Dennoch habe er seinen hauseigenen Popen bisher nicht entlassen. Der müsse immer noch seine Zeremonien in der Kapelle für ihn abhalten und die Heiligen anrufen und die Ikonen verehren. Noch könne er nicht auf den Dienst des Mannes verzichten.

Diese Stelle des Berichts war dann das Signal für seine russischen Freunde, mit der Weihnachtsbotschaft einzuhaken. Seit Jesu Kommen in diese Welt sei er der einzige Heiland und Helfer und Seligmacher. Heilige und Ikonen vermochten noch nie etwas auszurichten und er, Wolodja, solle sich ganz allein auf das Kind in der Krippe verlassen, das später als Mann am Kreuz auch für ihn und seine Sünde gestorben sei.

Still und aufmerksam hörte der Mann zu. Vielleicht lag hier ja die Antwort auf seine Frage, die ihn umtrieb, warum er die besten Jahre seines Lebens als Gelähmter verbringen musste. Daniel Slobodenko zeigte ihm diese Gedankenfolge noch einmal auf: »Hättest du nicht das Mädchen retten wollen, wärest du nicht verunglückt und müsstest jetzt im Bett liegen. Dann wären wir dir wahrscheinlich nie begegnet. Du hättest nie das Evangelium gehört, und du lebtest noch dein altes Leben. Jetzt hast du von unseren deutschen Freunden ein besonderes Weihnachtsgeschenk bekommen und noch einmal die Chance, Gottes persönliches Weihnachtsgeschenk für dich anzunehmen: Jesus, den Gottessohn. Genauso gilt das für deine Olga, für euer Kind, für die Mutter und für deinen Freund in der Küche. Wenn ihr alle dieses Geschenk Gottes annehmt, dann wird es für euch erst richtig Weihnachten.«

Ob Wolodja das schaffte? War er bereit, sich von der Liebe der deutschen und der russischen Freunde und noch mehr von der Liebe des himmlischen Vaters retten zu lassen? Gott selbst musste noch an dem Mann arbeiten. Weit weg vom Glauben war der nicht mehr.

»Das war eine der schönsten Weihnachtsfeiern, die ich erlebt habe«, meinte Schwester Gertrud wenig später im Auto. »Da roch es so richtig nach Bethlehem. Da spürte man den Weihnachtsfrieden.« Friedrich musste der Missionarin zustimmen. Eine so bewegende Weihnachtsfeier hatte auch er noch nicht erlebt.

Und das Feiern ging weiter. Die nächsten Tage sollten noch reich gefüllt sein mit fröhlichen Begegnungen und guten Diensten.

Schön, Sergej und Nadja aus Lipetzk zu treffen.

Herrlich zu erleben, dass Irina nach vielen Kämpfen zum Glauben fand und es so leichter ertragen konnte, dass man ihr das Gas abgestellt hatte, weil sie die Rechnung nicht hatte bezahlen können.

Erfreulich zu hören, dass der Ex-Polizist Nikolaj endlich eine neue Arbeitsstelle hatte.

Zum Danken, dass Daniels Aktivitäten sich ausgeweitet hatten und dass seine Bürgermeister-Freunde seine Arbeit inzwischen in allen Bereichen tatkräftig unterstützten.

Interessant zu hören, dass ein orthodoxer Priester Daniel zu seinem Seelsorger auserwählt hatte.

Abenteuerlich und bewegend der Nachmittagsbesuch bei einer russlanddeutschen Familie 30 km außerhalb von Ucholowo.

»Wen besuchen wir denn da?«, wollte Schwester Gertrud wissen, um sich gedanklich auf die Begegnung einzustellen.

»Eine arme deutschstämmige Witwe«, bekam sie zur Antwort, »du wirst dich wundern und dich freuen.«

Recht sollte er behalten, der gute Daniel Slobodenko, der seine Gäste per altem Mercedes durch den Winter kutschierte. Wäre auf dieser Strecke doch nur einmal ein Schneepflug gefahren, dann hätte es wenigstens ein Vorwärtskommen gegeben. So wurden die 30 Kilometer sehr lang. Irgendwann hörte die »Straße« dann ganz auf, und der Rest des Weges in die Siedlung musste zu Fuß zurückgelegt werden. Und das bei einer Schneetiefe von zuweilen Kniehöhe und mehr. Gut, dass es wenigstens aufgehört hatte zu schneien. So war zumindest der Blick frei, und die Siedlung war zu sehen. Der Weg schien gar nicht so weit.

Dennoch, Schwester Gertrud ging bei der Anstrengung beinahe die Luft aus, und ihr Herz begann unangenehm zu rasen. Sie musste öfter stehen bleiben und verschnaufen.

Umkehren? Doch nicht so kurz vor dem Ziel! Daniel eilte voraus, so gut das ging, und kam den Freunden mit einem Schlitten wieder entgegen, vor den eigentlich ein Pferd gehörte. Wurde das ein Hallo: die Missionarin auf dem Schlitten, drei Männer als Zugtiere an und in der Gabeldeichsel voreweg. Aber die vier erreichten ihr Ziel, und die Seniorin unter ihnen konnte wieder durchatmen. Nach einem kräftigen Tee in der Stube der deutschen Großmutter kamen die schlaffen Lebensgeister bald wieder zurück.

Was die Oma (ob die wohl älter war als Schwester Gertrud?) inmitten von Kindern und Enkelkindern dann erzählte, ließ den Besuchern hier und da das Blut gefrieren. Gras hatte die Frau vor Jahren ihren Kindern zu essen geben müssen und wilde Kräuter, nachdem ihr Mann gestorben war. Hunde und Ratten und Mäuse und anderes Ungeziefer hatten auf dem Küchenplan gestanden. Ohne diese Nahrung hätten sie wohl kaum überlebt. Auch heute sei das Leben sehr hart und entbehrungsreich. Gerade das Nötigste zum Leben sei da. Haus und Wohnung könnten kaum instand gehalten werden. Der junge Präsident in Moskau sorge ja nicht einmal dafür, dass die Leute Medikamente kaufen könnten. Wie gerne würde sie mit ihrer Familie nach Deutschland ausreisen. Dort gebe es irgendwo noch Verwandte, die sicher zu finden wären. Leider fehlten für eine Übersiedlung die Mittel. Die gingen alle drauf für den täglichen Bedarf. Aber der Gott, der bis hierher geholfen hatte, würde auch weiter helfen.

Bewegend, wie die alte Lutheranerin mit zittriger Stimme zwei Strophen des Liedes sang, das ihr wohl das wichtigste des Reformators war. Ihre Kinder und Enkel stimmten ein und auch die Nachbarn, die inzwischen die Stube gefüllt hatten, soweit sie denn die deutsche Sprache noch kannten:

Ein feste Burg ist unser Gott, ein gute Wehr und Waffen.
Er hilft uns frei aus aller Not, die uns jetzt hat betroffen.
Der alt böse Feind mit Ernst ers jetzt meint;
groß Macht und viel List sein grausam Rüstung ist,
auf Erd ist nicht seinsgleichen.

Mit unsrer Macht ist nichts getan, wir sind gar bald verloren;
es streit für uns der rechte Mann, den Gott hat selbst erkoren.
Fragst du, wer der ist? Er heißt Jesus Christ,
der Herr Zebaoth, und ist kein anderer Gott,
das Feld muss er behalten.

Nach dieser Strophe verschlug es dem Mütterchen dann doch die Stimme, und Tränen flossen ihr über das zerfurchte Gesicht. Auch die anderen sangen nicht mehr weiter.

Schwester Gertrud versuchte ihr und den anderen alten und jungen Menschen in der Stube Trost aus der Weihnachtsbotschaft zu sagen und deutlich zu machen, wie diese Botschaft in den harten Alltag hineinwirken konnte. Einige verstanden noch die deutsche Sprache, für die anderen musste Wladimir ins Russische übersetzen. So hörten ein paar der Anwesenden die Botschaft doppelt.

»Das wird so sein und bleiben. Das Feld muss er behalten«, bestätigte die Frau am Ende des Besuchs und drückte besonders Schwester Gertrud ein ums andere Mal die Hände und wollte die deutsche Schwester schier nicht aus ihren Armen lassen. Dann gab sie den Gästen die letzten beiden Zeilen von Luthers Abendsegen mit auf den Weg: »Gottes heiliger Engel sei mit euch, dass der böse Feind keine Macht an euch finde. Amen.«

Draußen wartete derweil der Nachbar mit dem Pferdeschlitten, um die Besucher zu ihrem Auto zurückzubringen – besonders für Schwester Gertrud eine willkommene und gern angenommene Hilfe.

Nach der Abendveranstaltung im Gebetshaus und einer weiteren Übernachtung mit bester Fürsorge von Tanja Slobodenko ging es am Montag in aller Frühe mit dem »Königsläufer« nach Moskau zurück und ohne Verzögerung per Düsenjet weiter nach Hamburg. Friedrich Born kam dank der Zeitverschiebung noch rechtzeitig zur Familienfeier am Heiligen Abend. Schwester Gertrud freute sich einfach darauf, ein paar Tage einmal nichts um die Ohren zu haben und keinen Weg unter die Füße nehmen zu müssen. Einfach die Seele baumeln lassen und tun, wozu gerade die Lust aufkam, lesen, ausruhen, ein paar persönliche Briefe und den neuen allgemeinen Rundbrief schreiben und wieder ausruhen. Und abwarten, wie Gott weiter führen würde.

Im Rundschreiben vom April 2002 konnten die erstaunten Briefempfänger dann Folgendes lesen: »Beten Sie bitte auch für die notwendigen Kräfte für uns Mitarbeiter! Wir sind oft an unseren Grenzen. Ein weiteres Anliegen ist unser Dienst in Russland vom 15. Juni bis 2. Juli. Zusammen mit Willi Buchwald und Wladimir Ryagusow wollen wir erneut den Dienst am Evangelium in Russland tun. Zunächst reisen wir nach Smolensk. Dort herrscht der Okkultismus und Satanismus besonders stark. Weiter fahren wir nach Rostov und ins Krasnodarskaja-Gebiet, nicht weit weg von Tschetschenien. Wir werden mit Auto, Bahn, Bus und Flugzeug unterwegs sein. Bitte beten Sie für den Dienst mit allen körperlichen, seelischen und geistigen Anforderungen und um ständige Bewahrung auf den vielen weiten Wegen!«

Dass die alte Missionarin sich das noch zutraute! Da mag mancher Missionsfreund im Land den Kopf geschüttelt haben. Aber wenn Gott rief, dann musste seine Dienerin folgen. Und sie tat es und erlebte eine Reise, die ganz anders war als die früheren. 5.500 km Fahrt in Wladimir Ryagusows »Königsläufer«, einem Golf 3, den ihm ein deutscher Missionsfreund geschenkt hatte. Auf 5.500 km unmittelbar

Zu Besuch in einer russischen Gemeinde

hautnahes Erleben von Land und Leuten. Übernachtungen bei vielen Glaubensgeschwistern unter manchmal erbärmlichsten Verhältnissen in Einraumwohnungen, mit Schlafplatz und Sitzgelegenheit auf dem Fußboden, mit Ratten, Mäusen und anderen üblen Hausgästen, mit fließendem Wasser im Bach hinter dem Haus, mit weiträumigen Toilettenanlagen in freier Natur …

Und doch schrieb die rüstige Missionarin später über ihren Reisebericht: »Wir sahen seine Herrlichkeit.« Worin die bestanden hatte? In ungezählten Kleinigkeiten und in einzelnen großen Glaubenserfahrungen. Ein paar seien noch aufgezählt:

Im spürbaren Wirken des Heiligen Geistes, der an allen besuchten Orten alte und junge Menschen aus der Finsternis vieler Gebundenheiten herauszog und ins helle Licht der Freiheit des Evangeliums stellte. Überall wuchsen die Gemeinden und gaben deutliche Zeugnisse nach außen in ihre oft sehr heidnische Umgebung, einladende Zeugnisse von der Existenz und der Liebe Gottes in einer atheistisch geprägten Welt.

In der erfreulichen Feststellung, dass an dem ehemaligen

Mafioso Wolodja eine wunderbare Veränderung seines Wesens vorgegangen war. Der Mann hatte dem Alkohol abgeschworen, er rauchte nicht mehr, er las regelmäßig in seinem Neuen Testament, er bezeugte vor allen Besuchern, dass Christus sein Herr sei.

In der Tatsache, dass Daniel Slobodenko mit ganz neuer Motivation an der Arbeit war, nachdem er seit einer Operation in Deutschland auf beiden Augen wieder richtig sehen konnte und die Straße unter den Rädern seines Autos nicht mehr zu »fühlen« brauchte.

Im Erleben einer besonders gesegneten Arbeit von Pastor Michael Schalnev in der Fast-Millionenstadt Woronesch am gleichnamigen Fluss südlich von Lipetzk. Der Mann war seinerzeit in Potsdam während seines Militärdienstes zum Glauben gekommen. Nach Hause zurückgekehrt, war er in die Fußstapfen seines Großvaters und seines Vaters getreten, die beide als verfolgte Christen und Pastoren umgekommen waren. Auch er ging für seinen Glauben zwischenzeitlich für ein Jahr ins Gefängnis. Die Gemeinde dieses unerschrockenen Predigers, die sich jahrelang nur im Untergrund versammeln konnte, war trotz dieser Einschränkung stetig gewachsen. Und sie wuchs weiter, wobei sie sich heute offen im eigenen Gebetshaus versammeln konnte.

Darin, dass durch eine Überschwemmungskatastrophe im Süden Russlands die Tschetschenische Republik nicht mehr erreicht werden konnte. Schade. Schade? Wer wusste denn, was die Missionsreisenden in dieser unruhigen Gegend erwartet hätte? Gott macht keine Fehler! Dafür schenkte er in der Flughafenhalle in Moskau die Begegnung mit Pastor Adam, einem ehemaligen Moslem, dem Gott gerade noch rechtzeitig das Messer aus der Hand genommen hatte, mit dem er den Prediger umbringen wollte, bei dem sich seine Frau bekehrt hatte. Im Wort vom heimkehrenden Sohn fand er sich selbst wieder und kehrte heim, ehe er die geplante Blutschuld auf sich laden konnte. Hier in Moskau wartete er auf einen Kindertransport, der von München ankommen sollte. Dort waren schwer verletzte tschetschenische Kinder in Kliniken behandelt und mit Prothesen versehen worden. Pastor Adam wollte sie in die Region Grosny zurückbringen und dort weiter versorgen.

Im Gespräch mit diesem Mann ergab sich – von selbst oder von Gott so gelenkt? – die Einladung, im kommenden Jahr gleich nach Tschetschenien zu kommen, um dort im bewährten Dreierteam das Evangelium zu verkündigen. Dazu konnte hier und heute nun niemand Genaueres sagen. Das musste Gott selbst vorbereiten und klären. Schwester Gertrud, Willi Buchwald und Wladimir Ryagusow wären bereit, wenn die himmlische Antwort entsprechend ausfiele.

Einer der letzten Sätze im erwähnten Reisebericht hieß: »Ja, ich möchte wiederholen: ›Wir sahen Jesu Herrlichkeit!‹« Die hatte Schwester Gertrud auf allen ihren Reisen immer wieder gesehen, auch wenn sie das nicht jedes Mal so formuliert hatte. Die würde sie sicher immer wieder sehen, wenn sie im Gehorsam des Glaubens auch in der Zukunft unterwegs war. Spielte denn dabei das Alter eine Rolle? Die Kräfte für die alte, rührige und immer noch agile Missionarin kommen auch künftig von oben. Aus derselben Quelle, von demselben Herrn, der die Aufträge gibt. Solange sie gehen und unterwegs sein soll, wird sie auch künftig von »Kraft zu Kraft« gehen. Und das alles so lange, bis es heißen wird: »Das war es jetzt, Schwester Gertrud. Auf Erden hast du lange genug die Erfahrung gemacht, dass der Herr seine Heiligen wunderbar führt. Komm jetzt heim, damit du Jesus selbst und seine Herrlichkeit in Ewigkeit sehen kannst.« Auch hierin liegen Ort und Zeit bei Gott. Er macht es recht.
Slawa Boga!

Verzeichnis der zitierten Bibelstellen
(nach der Lutherbibel, revidierte Ausgabe 1956/64)

1. Mose 12,1: Und der Herr sprach zu Abram: Geh aus deinem Vaterland und von deiner Verwandtschaft und aus deines Vaters Hause in ein Land, das ich dir zeigen will.

1. Mose 28,15: Und siehe, ich bin mit dir und will dich behüten, wo du hinziehst, und will dich wieder herbringen in dies Land ... bis ich alles tue, was ich dir zugesagt habe.

2. Mose 14: – Der Durchzug des Volkes Israel durch das Schilfmeer.

2. Mose 32: – Die Geschichte vom »Goldenen Kalb«.

5. Mose 1,6-8+21: Der Herr, unser Gott, redete mit uns am Berge Horeb und sprach: Ihr seid lange genug an diesem Berge gewesen; wendet euch und zieht hin, dass ihr zu dem Gebirge der Amoriter kommt und zu allen ihren Nachbarn ... Siehe, ich habe das Land vor euren Augen dahingegeben. Zieht hinein und nehmt das Land ein, von dem der Herr euren Vätern Abraham, Isaak und Jakob geschworen hat, dass er's ihnen und ihren Nachkommen geben wolle ... Sieh her, der Herr, dein Gott, hat dir das Land hingegeben; zieh hinauf und nimm's ein, wie der Herr, der Gott deiner Väter, dir zugesagt hat. Fürchte dich nicht und lass dir nicht grauen.

1. Samuel 14,6: Und Jonathan sprach zu seinem Waffenträger: Komm, lass uns hinübergehen zu der Wache dieser Unbeschnittenen! Vielleicht wird der Herr etwas für uns tun, denn es ist dem Herrn nicht schwer, durch viel oder wenig zu helfen.

Hiob 1,20-21: Da stand Hiob auf und zerriss sein Kleid und schor sein Haupt und fiel auf die Erde und neigte sich tief und sprach: Ich bin nackt von meiner Mutter Leibe gekommen, nackt werde ich wieder dahinfahren. Der Herr hat's gegeben, der Herr hat's genommen; der Name des Herrn sei gelobt!

Psalm 32,8: Ich will dich unterweisen und dir den Weg zeigen, den du gehen sollst; ich will dich mit meinen Augen leiten.

Psalm 40,4+14: Er hat mir ein neues Lied in meinen Mund gegeben, zu loben unsern Gott. Das werden viele sehen und sich fürchten und auf den Herrn hoffen ... Lass dir's gefallen, Herr, mich zu erretten; eile, Herr, mir zu helfen!

Psalm 50,15: Rufe mich an in der Not, so will ich dich erretten, und du sollst mich preisen.

Psalm 98,1+4-6: Singet dem Herrn ein neues Lied, denn er tut Wunder ... Jauchzet dem Herrn alle Welt, singet, rühmet und lobet! Lobet den Herrn mit Harfen, mit Harfen und mit Saitenspiel! Mit Trompeten und Posaunen jauchzet vor dem Herrn, dem König! (Siehe auch Psalm 150)

Psalm 103,2: Lobe den Herrn, meine Seele, und vergiss nicht, was er dir Gutes getan hat.

Psalm 127,1: Wenn der Herr nicht das Haus baut, so arbeiten umsonst, die daran bauen.

Psalm 149,4: Denn der Herr hat Wohlgefallen an seinem Volk, er hilft den Elenden herrlich.

Sprüche 3,3: Gnade und Treue sollen dich nicht verlassen. Hänge meine Gebote an deinen Hals und schreibe sie auf die Tafeln deines Herzens.

Jesaja 1,18: Wenn eure Sünde auch blutrot ist, soll sie doch schneeweiß werden, und wenn sie rot ist wie Scharlach, soll sie doch wie Wolle werden.

Jesaja 43,16: So spricht der Herr, der im Meer einen Weg und in starken Wassern Bahn macht ...

Jesaja 54,10: Denn es sollen wohl Berge weichen und Hügel hinfallen, aber meine Gnade soll nicht von dir weichen, und der Bund meines Friedens soll nicht hinfallen, spricht der Herr, dein Erbarmer.

Jesaja 55,11: Das Wort, das aus meinem Munde geht, soll nicht leer zurückkommen, sondern wird tun, was mir gefällt, und ihm wird gelingen, wozu ich es sende.

Hesekiel 37,4-6: Und er sprach zu mir: Weissage über diese Gebeine und sprich zu ihnen: Ihr verdorrten Gebeine, höret des Herrn Wort! So spricht Gott der Herr zu diesen Gebeinen: Siehe, ich will Odem in euch bringen, dass ihr wieder lebendig werdet. Ich will euch Sehnen geben und lasse Fleisch über euch wachsen und überziehe euch mit Haut und will euch Odem geben, dass ihr wieder lebendig werdet; und ihr sollt erfahren, dass ich der Herr bin.

Daniel 6,11: Als nun Daniel erfuhr, dass ein solches Gebot ergangen war, ging er hinein in sein Haus. Er hatte aber an seinem Obergemach offene Fenster nach Jerusalem und er fiel dreimal am Tag auf seine Knie, betete, lobte und dankte seinem Gott, wie er auch vorher zu tun pflegte.

Jona: Das Buch Jona erzählt die Geschichte von der Flucht des Propheten vor Gottes Auftrag, von seiner »Rettung« durch einen großen Fisch und von seinem folgenden Gehorsam.

Haggai 2,8: Denn mein ist das Silber und mein ist das Gold, spricht der Herr Zebaoth.

Matthäus 10,32: Wer nun mich bekennet vor den Menschen, den will ich auch bekennen vor meinem himmlischen Vater. Wer mich aber verleugnet vor den Menschen, den will ich auch verleugnen vor meinem himmlischen Vater.

Matthäus 16,18: Und ich sage dir auch: Du bist Petrus, und auf diesen Felsen will ich bauen meine Gemeinde, und die Pforten der Hölle sollen sie nicht überwältigen.

Markus 9,23: Jesus aber sprach zu ihm: Wie sprichst du: Kannst du was? Alle Dinge sind möglich dem, der da glaubt.

Markus 10,13-14: Und sie brachten Kinder zu ihm, dass er sie anrührte. Die Jünger aber fuhren die an, die sie trugen. Da es aber Jesus sah, ward er unwillig und sprach zu ihnen: Lasset die Kinder zu mir kommen und wehret ihnen nicht; denn solcher ist das Reich Gottes.

Lukas 15,7: Ich sage euch: So wird auch Freude im Himmel sein über einen Sünder, der Buße tut, mehr als über neunundneunzig Gerechte, die der Buße nicht bedürfen.

Johannes 5,7: Der Kranke antwortete ihm: Herr, ich habe keinen Menschen, wenn das Wasser sich bewegt, der mich in den Teich bringe; wenn ich aber komme, so steigt ein anderer vor mir hinein.

Johannes 8,36: Wenn euch nun der Sohn frei macht, so seid ihr recht frei.

Apostelgeschichte 16,31: Sie sprachen (zu dem Kerkermeister von Philippi): Glaube an den Herrn Jesus, so wirst du und dein Haus selig!

Apostelgeschichte 24,25: Als aber Paulus redete von Gerechtigkeit und Enthaltsamkeit und von dem zukünftigen Gericht, erschrak Felix und antwortete: Gehe hin für diesmal; wenn ich gelegene Zeit habe, will ich dich wieder rufen lassen.

Römer 8,31: Was wollen wir nun hierzu sagen? Ist Gott für uns, wer mag wider uns sein?

2. Korinther 1,20: Denn auf alle Gottesverheißungen ist in ihm das Ja; darum sprechen wir auch durch ihn das Amen, Gott zu Lobe.

2. Korinther 5,17: Darum, ist jemand in Christus, so ist er eine neue Kreatur; das Alte ist vergangen, siehe, Neues ist geworden.
(So die Lutherbibel 1984. Die Lutherbibel 1956/64 schreibt: »siehe, es ist alles neu geworden!«)

2. Korinther 12,9: Und er hat zu mir gesagt: Lass dir an meiner Gnade genügen; denn meine Kraft ist in den Schwachen mächtig.

Galater 3,1: O ihr unverständigen Galater! Wer hat euch bezaubert, denen doch Jesus Christus vor die Augen gemalt war als der Gekreuzigte?

Galater 6,2: Einer trage des anderen Last, so werdet ihr das Gesetz Christi erfüllen.

Epheser 4,25: Darum leget die Lüge ab und redet die Wahrheit, ein jeglicher mit seinem Nächsten, weil wir untereinander Glieder sind.

Kolosser 3,9-10: Belüget einander nicht; denn ihr habt ja ausgezogen den alten Menschen mit seinen Werken und angezogen den neuen, der da erneuert wird zur Erkenntnis nach dem Ebenbilde des, der ihn geschaffen hat.

1. Petrus 1,8-9: Jesus Christus habt ihr nicht gesehen und habt ihn doch lieb; und nun glaubt ihr an ihn, wiewohl ihr ihn nicht sehet; und freut euch mit unaussprechlicher und herrlicher Freude, die ihr das Ziel eures Glaubens davonbringt (erlangt), nämlich der Seelen Seligkeit.

1. Petrus 5,8-9: Seid nüchtern und wachet; denn euer Widersacher, der Teufel, geht umher wie ein brüllender Löwe und sucht, welchen er verschlinge. Dem widerstehet, fest im Glauben.

1. Johannes 1,8-9: Wenn wir sagen, wir haben keine Sünde, so verführen (betrügen) wir uns selbst, und die Wahrheit ist nicht in uns. Wenn wir aber unsre Sünden bekennen, so ist er treu und gerecht, dass er uns die Sünden vergibt und reinigt uns von aller Untugend (Ungerechtigkeit).

Hebräer 13,13-14: So lasset uns nun zu ihm hinausgehen aus dem Lager und seine Schmach tragen. Denn wir haben hier keine bleibende Stadt, sondern die zukünftige suchen wir.

Jakobus 2,14: Was hilft's, liebe Brüder, so jemand sagt, er habe Glauben, und hat doch keine Werke? Kann denn der Glaube ihn selig machen? Wenn aber ein Bruder oder eine Schwester Mangel hätte an der täglichen Nahrung und jemand unter euch spräche zu ihnen: Gehet hin in Frieden! Wärmet euch und sättiget euch!, ihr gäbet ihnen aber nicht, was dem Leibe Not ist: – was hülfe ihnen das? So auch der Glaube, wenn er nicht Werke hat, ist er tot in sich selber.